吉安统计年鉴

Ji'an Statistical Yearbook

2017

吉 安 市 统 计 局
国家统计局吉安调查队 编

二〇一七年九月

图书在版编目（C I P）数据

吉安统计年鉴. 2017 / 吉安市统计局编. -- 北京 :
中国统计出版社, 2017.9
ISBN 978-7-5037-8366-1

Ⅰ. ①吉… Ⅱ. ①吉… Ⅲ. ①统计资料－吉安－2017－年鉴 Ⅳ. ①C832.563-54

中国版本图书馆 CIP 数据核字(2017)第 229440 号

吉安统计年鉴-2017

作　　者/ 吉安市统计局
责任编辑/ 陈越月
装帧设计/ 刘刚　彭杰
出版发行/ 中国统计出版社
地　　址/ 北京市丰台区西三环南路甲 6 号　邮政编码/100073
电　　话/ 邮购（010）63376909　书店（010）68783171
网　　址/ http://csp.stats.gov.cn
印　　刷/ 温州大草原印业有限公司
经　　销/ 新华书店
开　　本/ 890mm×1240mm　1/16
字　　数/ 1470 千字
印　　张/ 42.75
版　　别/ 2017 年 9 月第 1 版
版　　次/ 2017 年 9 月第 1 次印刷
定　　价/ 350 元

如有印装差错，由本社发行部调换。

《吉安统计年鉴》编辑委员会、[illegible]工作人员

编 者 说 明

一、按国家统计局统一要求，统计年鉴的年份必须是编制年份，《吉安统计年鉴—2017》收录了2016年全市和各县(市、区)经济和社会各方面的统计数据，同时对一些主要指标增列了历年或主要年份的数据。

二、《吉安统计年鉴—2017》是一本统计信息密集、综合性强的资料书。它通过统计数字，向广大读者系统地、全面地介绍吉安市国民经济、科学技术和社会发展等情况，为各级领导和有关部门研究吉安经济发展战略、制订规划、管理经济提供有参考价值的统计数据；为农、工、商企业，外商，科研机构，大专院校组织生产，进行贸易，投资决策，科研教学提供较全面、翔实的经济信息。

三、本《年鉴》内容分为综合，人口，从业人员和职工工资，固定资产投资，能源、原材料消费与库存，农业，工业，建筑业，交通运输、邮电通讯业，商业、外贸和旅游，财政、金融，科教、文卫、民政，人民生活等共13篇。篇末附有《主要统计指标解释》，对主要统计指标的含义、统计范围和统计方法等作了简要说明。

四、本《年鉴》在内容上能够全面、准确、系统地反映本地区经济、科技和社会发展等情况，指标体系科学配套，资料完整适用，数据翔实可靠，可与全国和其他地方统计年鉴配套使用。

五、从2011年起，规模以上工业统计口径为主营业务收入2000万元以上，固定资产投资统计口径为投资额500万元以上。

六、为使本《年鉴》不断改进和完善，更好地满足社会各界的需要，希望广大读者提出宝贵的意见和建议。

使 用 说 明

为了使读者更方便地使用本《年鉴》，特作以下几点说明：

一、关于计算价值指标的价格

地区生产总值等价值指标的绝对数、构成(比重)、按人口平均数一般都是按当年价格计算的数字，其发展(或增长)速度均按可比价格计算。

二、关于“可比价格”和指数表的使用

地区生产总值、工业、农业总产值等价值指标，在计算发展(或增长)速度时，一般用可比价格计算。“可比价格”指在不同时期的价值指标对比时，扣除了价格变动因素，以确切表示物量的变化。按可比价格计算有两种方法：一种是直接按产品产量乘其不变价格计算，一种是用物价指数换算。我们在实际工作中，一般利用指数来计算。本《年鉴》中列有一些指数表，如 17 页、114 页。这些指数表实际上是剔除了价格因素的发展速度表。利用他们，就可以很方便地计算发展(或增长)速度。举例说明：要计算农业总产值 2010 年比 2000 年的发展(或增长)速度，则可查到 114 页的“历年农林牧渔业总产值指数”表，直接用“以 1978 年为 100”的指数，2010 年数与 2000 年数相除即可，即 $\frac{526.85}{317.24}\times 100\%=166.07\%$，这就是农业总产值 2010 年比 2000 年的发展速度，发展速度减去 100%，则为增长速度(166.07%-100%=66.07%)。若要进一步计算 2001-2010 年时期平均发展速度，则用发展速度开 N 次方即可得出。式中 N=时期间隔年数，在上例中间隔期为 10 年(基期年至 2000 年不能计算在内)。上例平均发展速度为：$\sqrt[10]{\frac{526.85}{317.24}}\times 100\%=\sqrt[10]{166.07}\times 100\%=105.20\%$。相应的平均增长速度=105.20%-100%=5.20%。

三、关于按人口平均指标的计算

在计算按人口平均的指标时，是用总量指标比人口数。一般来说，总量指标是时期数，应该使用年平均人口来计算，例如，计算按人口平均的地区生产总值、粮食生产量等；如果总量指标是时点数，则应该使用年末总人口来计算，例如，计算按人口平均的居民年末储蓄存款余额等。

四、关于统计表中的符号使用

在统计表，“…”表示数据不足本表最小计量单位数；“空白”表示该项统计指标数据不详或为“0”；“#”表示其中的主要项。

五、关于统计指标解释

本《年鉴》每一篇之后，都附有相应的主要统计指标解释，读者若有不明之处，统计指标解释可以给您提供帮助。

目　　录

一、综合

二、人口

三、从业人员和职工工资

四、固定资产投资

五、能源、原材料消费与库存

六、农业

七、工业

八、建筑业

九、交通运输、邮电通讯业

十、商业、外贸和旅游

十一、财政、金融

十二、科教、文卫、民政

十三、人民生活

综　　合　1

GENERAL SURVEY

- 全市土地面积 25283 平方公里。
- 2016 年，全市设 10 个县，1 个县级市，2 个市辖区。
- 2016 年，全市地区生产总值 1467.03 亿元(含研发)，可比增长 9.2%。

本篇章

资料整理	微机处理
高志华	高志华
董小琴	董小琴

吉安市2016年经济和社会发展统计公报

2016年，面对错综复杂的国内外经济环境，在市委、市政府的坚强领导下，全市上下以习近平总书记视察吉安、井冈山为强大动力，坚持稳中求进工作总基调，践行新发展理念，以推进供给侧结构性改革为主线，统筹做好稳增长、促改革、调结构、优生态、惠民生等各项工作，全市经济社会继续保持平稳运行态势，实现了“十三五”良好开局。

一、综合

初步核算，全年全市实现生产总值1461.37亿元，增长9.2%。分产业看，第一产业增加值233.21亿元，增长4.3%；第二产业增加值708.96亿元，增长9.1%；第三产业增加值519.20亿元，增长11.6%。三次产业结构为16.0:48.5:35.5。人均生产总值达到29772元，增长8.8%。非公有制经济增加值858.13亿元，增长9.5%，占GDP的比重达58.7%。

全年全市实现财政总收入229.08亿元，增长4.1%，占GDP比重为15.7%；实现公共财政预算收入157.02亿元，下降2.9%，其中税收收入110.39亿元，下降4.3%，占公共财政预算收入的比重为70.3%。全年全市完成公共财政预算支出382.84亿元，增长6.5%，其中教育支出增长4.5%，农林水事务支出增长0.3%，社会保障和就业支出增长18.7%，住房保障支出增长3.4%，文化体育与传媒支出增长0.3%。

全年全市居民消费价格总水平为101.3%，比上年同期上涨1.3%。从八大类别看，呈现“六涨两降”格局。食品烟酒类价格上涨3.0%，衣着类价格上涨0.3%，居住类价格上涨1.3%，生活用品及服务价格下降0.1%，交通和通信类下降1.4%，教育文化和娱乐上涨1.0%，医疗保健类上涨1.5%，其他用品和服务类上涨1.2%。全年全市商品零售价格总水平为100.1%，比上年同期上涨0.1%。

年末城镇就业人员102.74万人，比上年末增加4.83万人。年末城镇登记失业人员2.46万人，年末城镇登记失业率为2.9%。

二、农业和农村经济

全年全市实现农林牧渔业总产值391.29亿元，增长4.4%。年末全市共有214个乡镇，乡村总户数103.23万户，乡村总人口404.68万人。乡村劳动力资源总数235.32万人，乡村从业人员203.93万人，外出(离乡)的从业人员108.33万人，其中出省从业的76.35万人。

全年全市粮食产量423.76万吨，比上年增加3.1万吨，增长0.9%；油料产量18.89万吨，增长0.4%；水果产量48.23万吨，增长8.2%；水产品产量23.20万吨，增长3.2%，其中特种水产品产量7.72万吨，增长4.6%；生猪出栏384.69万头，下降4.1%，年末生猪存栏221.9万头，下降4.8%；出笼家禽9528.92万羽，增长7.1%，年末家禽存栏3557.44万羽，增长3.8%；出售和自宰肉用牛55.27万头，增长1.8%，年末牛存栏91.01万头，下降1.2%。

全市农机总动力达到308.3万千瓦，其中农用排灌动力41万千瓦。拥有农用排灌柴油机6.02万台，农用水泵7.27万台，农田水灌溉13.29千公顷；农业生产燃油消耗14.46万吨，增长3.3%。

全年全市第一产业投资55.18亿元，增长5.2%，财政用于农林水事务支出66.56亿元，增长0.3%。

三、工业和建筑业

年末全市共有1163家规模以上工业企业，实现增加值760.8亿元，增长9.4%，实现总产值3317.66亿元，增长10.3%。在规模工业总产值中，按行业分，国有经济增长20.1%，集体经济增长16.4%，股份制经济增长11.2%，其他经济下降10.3%；按轻重工业分，轻工业增长10.0%，重工业增长9.8%。

全市规模工业企业资产总计1549.9亿元，增长9.3%；实现主营业务收入3278.8亿元，增长8.6%；实现利润总额266.52亿元，增长8.5%；实现利税总额410.94亿元，增长3.4%。

全市共有13个高新技术开发区和工业园区，共完成基础设施投入82.37亿元；实现工业增加值683.43亿元，增长9.5%；吸纳从业人员30.83万人，增长3.6%；实现利润总额247.12亿元，增长11.1%；实现利税总额379.58亿元，增长5.4%。

全年全市全社会建筑业实现增加值110.82亿元，增长8.6%。

四、固定资产投资

全年全市完成固定资产投资1710.16亿元，增长15%。全年全市施工项目1038个，新增固定资产900.16亿元。

在固定资产投资中，国有投资451.25亿元，增长12.9%；非国有投资1258.91亿元，增长15.8%。第一产业完成投资55.18亿元，增长5.2%；第二产业完成投资1041.72亿元，增长18.3%；第三产业完成投资613.26亿元，增长10.7%。

全年全市房地产开发投资93.92亿元，增长14.5%。商品房施工面积1121.75万平方米，增长8.5%，其中住宅828.23万平方米，增长9.2%；商品房竣工面积158.26万平方米，增长15.4%，其中住宅116.07万平方米，增长14.6%；商品房销售面积305.54万平方米，增长46.3%，其中住宅270.12万平方米，增长50.3%。

五、国内贸易

全年全市完成社会消费品零售总额448.66亿元，增长12.6%，其中限额以上社会消费品零售总额140.93亿元，增长16.0%。分城乡看，完成城镇消费品零售额357.93亿元，增长12.3%，其中城区295.41亿元，增长13.3%；完成乡村消费品零售额90.73亿元，增长13.9%。

全年全市批发和零售业完成销售总额794.36亿元，其中批发业完成销售额284.07亿元，增长9.6%；零售业完成销售额510.29亿元，增长15.8%。住宿和餐饮业完成营业额62.15亿元，其中住宿业完成营业额11.36亿元，增长12.2%；餐饮业完成营业额50.78亿元，增长17.6%。

六、对外经济

全年全市进出口总额504599万美元，增长4%，其中出口425310万美元，增长1.4%。

全年全市新签外资项目数116个，合同引资117440万美元，实际进资97473万美元，增长10.4%。

七、交通运输、仓储和邮政业

全年全市交通运输、仓储和邮政业实现增加值59.34亿元。

2016年全年全市公路实现货物运输量10309万吨，增长6.4%，货运周转量4059987万吨公里，增长4.1%；发送旅客4744万人，下降0.5%，客运周转量322770万人公里，下降0.9%。铁路(吉安站)全年实际发送旅客429.3万人，增长10%，到达旅客430.2万人，增长4%；货物发送8.4万吨；货物到达334万吨，下降14%。

年末全市境内公路通车里程为23129公里，其中高速公路651.6公里。年末全市机动车保有量50.84万辆，其中汽车类保有量达到32.40万辆，私人汽车类保有量28.53万辆。

全年全市实现邮电主营业务收入28.79亿元，增长12.1%。年末全市固定电话用户数为41.24万部，移动电话用户数为355.01万户。

八、旅游和金融业

全年全市累计接待游客6436.17万人次，增长28.3%，实现旅游总收入568.12亿元，增长38.6%。其中：境外游客22.21万人次，增长4.9%，旅游外汇收入7446.8万美元，增长5.1%；国内游客6413.96万人次，增长28.3%；国内旅游总收入563.06亿元，增长38.9%。

全年全市实现金融业增加值58.58亿元，增长18.8%。年末全市金融机构人民币存款余额2292.16亿元，比年初增加353.53亿元；金融机构人民币贷款余额1273.20亿元，比年初增加217.84亿元。

九、教育和科学技术

全年全市普通高等教育招生12290人，在校生34833人，毕业生10491人。中等职业学校招生9217人，在校生25592人。普通中学招生95733人，在校生269667人，毕业生85427人。普通小学招生78778人，在校生469774人，毕业生61637人。幼儿园招生69469人，在校生181572人。

全年全市申请专利4327件，增长27.9%；授权专利3524件，增长90.3%。

十、文化、卫生和体育

年末全市共有艺术表演国有团体12个，文化馆13个，群艺馆1个，公共图书馆15个，博物馆17个。年末全市共有县广播电台11个，电视发射台14座，广播综合人口覆盖率为98.5%，电视综合人口覆盖率为99.31%。

年末全市共有卫生机构4775个，其中医院52个，乡镇卫生院231个，疾控中心14个。全市拥有卫生技术人员20449人，其中执业（助理）医师7619人。全市拥有病床床位21944张，其中医院13777张，乡镇卫生院 6884 张。

体育活动全面开展，在省级青少年比赛中达优 87 人，一级运动员的发展人数 5 人，二级运动员的发展人数 29 人。

十一、人口、人民生活和社会保障

年末全市总人口为 491.79 万人，比上年末增加 1.89 万人。全年全市出生人口 6.67 万人，出生率为 13.62‰；死亡人口 2.95 万人，死亡率为 6.03‰；自然增长率为 7.59‰。全市城镇化率为 47.76%，比上年提高 1.59 个百分点。

全年全市农村居民人均可支配收入 11380 元，增长 9.9%；城镇居民人均可支配收入 29307 元，增长 8.2%。农村居民人均住房建筑面积 58.7 平方米，城镇居民人均住房建筑面积 44.7 平方米。

全年全市新增转移农村劳动力 8.48 万人，工业园区定向培训 4.46 万人，创业培训 1.7 万人。共有 22.65 万人参加了失业保险，54.61 万城镇职工参加了工伤保险，54.92 万职工参加了基本养老保险，139.08 万人参加了城镇基本医疗保险。

全年全市征缴失业保险 6598 万元，工伤保险 14467 万元，养老保险 239248 万元。

年末全市拥有各种福利收养单位 229 个，收养床位 21716 床，城镇居民最低生活保障人数 8.64 万人。

全年全市农民人均纯收入 7102.86 元，增长 12.6%，城镇居民人均可支配收入 20133.68 元，增长 13.8%。农村居民家庭恩格尔系数为 44.2%，城镇居民家庭恩格尔系数为 40.6%。农村和城镇居民人均住房面积分别为 39.12 平方米和 37.39 平方米。

十二、资源、环境

年末全市拥有 15 个环境监测站，全市用于当年审批的建设项目环保投资总额 7.29 亿元。全市设 15 个赣江吉安段及其主要支流监测断面，其水质达到Ⅱ-Ⅲ类标准，水质整体状况优良；全市中心城区饮用水水源地水质监测设 3 个断面，水源地水质达标率均为 100%；中心城区环境空气质量按年度均值评价为超二级，环境空气优良率 88.8％；全市酸雨监测设 2 个点，全年酸雨(PH 值≤5.6)频率为 29.5％，PH 年均值为 5.48；全市中心城区道路交通噪声设 50 个监测点，道路交通噪声平均等效声级值为 66.9 分贝(标准值≤70 分贝)，声环境质量为较好；全市中心城区区域环境噪声设 108 个监测点，城市环境噪声等效声级平均值为 55.0 分贝(标准值≤60 分贝)，声环境质量较好。

说明：

1. 本公报部分指标数据系有关部门（行业）提供。
2. 本公报发布的数据为年度快报初步统计数。
3. 人口为 1%抽样调查数。
4. 本公报地区生产总值、各产业增加值绝对数按当年价格计算，增长速度按可比价格计算。
5. 公报数与年鉴数不一致时，以年鉴数为准。

2017 年 3 月 29 日

1-1 行 政 区 划

(截止 2016 年 12 月 31 日)

县(市、区)名	乡、镇、街道办事处(个)	乡、镇、街道办事处名称
吉 州 区	11	古南街道办事处 永叔街道办事处 文山街道办事处 习溪桥街道办事处 北门街道办事处 白塘街道办事处 禾埠街道办事处 兴桥镇 樟山镇 长塘镇 曲濑镇
青 原 区	9	河东街道办事处 滨江街道办事处 天玉镇 值夏镇 新圩镇 富滩镇 富田镇 文陂镇 东固畲族乡
吉 安 县	21	金鸡湖街道办事处 高新街道办事处 敦厚镇 永阳镇 天河镇 横江镇 固江镇 万福镇 永和镇 桐坪镇 油田镇 敖城镇 凤凰镇 浬田镇 梅塘镇 北源乡 大冲乡 官田乡 登龙乡 安塘乡 指阳乡
吉 水 县	18	文峰镇 阜田镇 盘谷镇 枫江镇 黄桥镇 金滩镇 八都镇 双村镇 醪桥镇 螺田镇 白沙镇 白水镇 丁江镇 乌江镇 水南镇 尚贤乡 水田乡 冠山乡
峡 江 县	11	水边镇 马埠镇 巴邱镇 仁和镇 砚溪镇 罗田镇 桐林乡 福民乡 戈坪乡 金江乡 金坪民族乡
新 干 县	14	洋峰街道办事处 金川镇 三湖镇 大洋洲镇 七琴镇 麦斜镇 界埠镇 溧江镇 桃溪乡 城上乡 潭丘乡 神政桥乡 沂江乡 荷浦乡
永 丰 县	21	恩江镇 坑田镇 沿陂镇 古县镇 瑶田镇 藤田镇 石马镇 沙溪镇 佐龙乡 八江乡 潭城乡 鹿冈乡 七都乡 陶唐乡 中村乡 上溪乡 潭头乡 三坊乡 上固乡 君埠乡 龙冈畲族乡
泰 和 县	22	澄江镇 碧溪镇 桥头镇 禾市镇 螺溪镇 苏溪镇 马市镇 塘洲镇 冠朝镇 沙村镇 老营盘镇 小龙镇 灌溪镇 苑前镇 万合镇 沿溪镇 石山乡 南溪乡 上模乡 水槎乡 上圯乡 中龙乡
遂 川 县	23	泉江镇 雩田镇 碧洲镇 草林镇 堆子前镇 左安镇 高坪镇 大汾镇 衙前镇 禾源镇 汤湖镇 枚江镇 珠田乡 巾石乡 大坑乡 双桥乡 新江乡 五斗江乡 西溪乡 南江乡 黄坑乡 戴家埔乡 营盘圩乡
万 安 县	16	芙蓉镇 五丰镇 枧头镇 窑头镇 百嘉镇 高陂镇 潞田镇 沙坪镇 夏造镇 罗塘乡 弹前乡 武术乡 宝山乡 涧田乡 顺峰乡 韶口乡
安 福 县	19	平都镇 浒坑镇 洲湖镇 横龙镇 枫田镇 洋溪镇 严田镇 竹江乡 瓜畲乡 钱山乡 赤谷乡 山庄乡 洋门乡 金田乡 彭坊乡 泰山乡 寮塘乡 甘洛乡 章庄乡
永 新 县	23	禾川镇 石桥镇 龙源口镇 澧田镇 龙门镇 沙市镇 文竹镇 埠前镇 怀忠镇 高桥楼镇 曲白乡 坳南乡 才丰乡 烟阁乡 在中乡 三湾乡 台岭乡 龙田乡 高溪乡 高市乡 莲洲乡 象形乡 芦溪乡
井冈山市	19	红星街道办事处 厦坪镇 龙市镇 古城镇 新城镇 大陇镇 茨坪镇 拿山镇 黄垇乡 下七乡 长坪乡 坳里乡 鹅岭乡 柏露乡 茅坪乡 葛田乡 荷花乡 睦村乡 东上乡

1-2 各县(市、区)基本情况一览表

(截止 2016 年 12 月 31 日)

县(市、区)	乡、镇、街道(个)	村委会(个)	居委会(个)	面积(平方公里)	耕地(公顷)	户数(万户)	年末人口(万人)
吉安市	227	2512	333	25283	443786	166.41	535.25
吉州区	11	77	54	424	14689	10.79	36.34
青原区	9	106	24	916	16197	6.56	22.41
吉安县	21	312	34	2122	48343	16.19	52.06
吉水县	18	249	29	2506	53132	19.16	56.14
峡江县	11	85	7	1298	24988	6.31	18.88
新干县	14	134	25	1245	33617	12.29	35.34
永丰县	21	217	17	2710	44651	13.52	48.81
泰和县	22	291	31	2660	58409	20.40	59.54
遂川县	23	309	30	3102	34296	18.15	61.79
万安县	16	132	19	2038	26222	9.69	31.86
安福县	19	256	18	2793	45343	12.22	41.96
永新县	23	238	24	2181	33198	16.33	53.14
井冈山市	19	106	21	1288	10700	4.80	16.97

注：①全市乡镇街道 227 个中，有乡 94 个（其中少数民族乡 3 个），镇 120 个，街道办事处 13 个。

②面积为省测绘部门反馈给省统计局的数据。

③耕地为国土部门数据。

④户数及年末人口为公安年报数。

1-3　主要年份主要指标情况一览表

指　　标	单　位	1978年	1980年	1985年	1990年	1995年	2000年
一、年末总人口	万人	354.01	364.99	385.28	420.17	447.74	452.02
二、社会从业人员	万人	127.48	135.47	169.24	196.04	227.76	224.27
#职工	万人	22.72	23.28	27.42	31.16	34.52	25.03
三、地区收入总值(当年价格)	亿元	8.59	10.06	18.56	48.72	99.07	173.46
地区生产总值(当年价格)	亿元	8.59	10.06	18.02	43.13	93.65	164.86
第一产业	亿元	5.07	5.78	9.81	22.44	44.72	61.52
第二产业	亿元	2.25	2.67	5.26	10.73	26.80	52.68
第三产业	亿元	1.27	1.61	2.95	9.96	22.13	50.66
人均生产总值(当年价格)	元	246	277	471	1040	2309	3663
四、农业							
1、农林牧渔业总产值(当年价格)	亿元			14.14	29.83	73.72	95.33
2、主要农产品产量							
#粮食	万吨	141.25	158.71	200.23	217.11	223.59	227.42
油料	万吨	1.73	1.28	2.77	6.40	14.38	16.70
甘蔗	万吨	4.81	4.36	30.92	26.83	25.24	26.59
烟叶	吨	400.25	335.60	314.65	3451	1992	3404
茶叶	吨	246.95	302.90	461.80	835	1221	1050
黄红麻	吨	1468.70	3581.15	16937.80	6855	3960	1057
水果	万吨	0.55	1.47	2.41	4.59	7.46	4.73
#柑桔	万吨	0.44	1.25	1.96	4.00	6.00	3.81
肉类总产量	万吨	4.50	4.94	6.84	11.65	22.87	21.27
水产品产量	万吨	0.46	0.74	1.72	3.45	6.74	10.03
猪年末存栏	万头	115.52	126.24	143.29	178.69	210.87	157.36
当年出栏肉猪	万头	72.88	83.58	102.67	147.95	266.44	238.36

指　　标	单　位	2005年	2010年	2013年	2014年	2015年	2016年
一、年末总人口	万人	468.23	481.61	486.62	488.12	489.90	491.79
二、社会从业人员	万人	239.97	260.30	275.09	280.59	286.48	295.23
#职工	万人	20.64	18.61	31.10	32.94	34.44	34.93
三、地区收入总值(当年价格)	亿元	318.19	737.78	1143.09	1262.25	1349.70	
地区生产总值(当年价格)	亿元	303.14	720.53	1123.90	1242.11	1328.52	1467.03
第一产业	亿元	83.35	143.00	193.09	204.05	217.40	253.95
第二产业	亿元	109.58	363.74	574.83	634.30	657.23	637.12
第三产业	亿元	110.21	213.79	355.99	403.77	453.89	575.96
人均生产总值(当年价格)	元	6492	15002	23126	25486	27168	29888
四、农业							
1、农林牧渔业总产值(当年价格)	亿元	138.52	245.34	331.54	350.40	364.71	431.16
2、主要农产品产量							
#粮食	万吨	301.31	374.68	411.97	421.30	423.45	423.76
油料	万吨	11.05	15.91	17.79	18.33	18.82	18.89
甘蔗	万吨	12.42	4.52	4.79	4.92	5.16	5.06
烟叶	吨	1730	5994	11947	17012	15513	17302
茶叶	吨	1145	1957	3843	4663	5812	6798
黄红麻	吨	205	50	38	23	23	23
水果	万吨	7.93	29.34	38.42	41.26	44.58	48.23
#柑桔	万吨	6.84	27.19	35.33	33.22	40.53	42.00
肉类总产量	万吨	29.54	44.15	49.79	51.68	53.79	52.65
水产品产量	万吨	13.63	17.95	20.65	21.60	22.49	23.20
猪年末存栏	万头	159.25	217.86	241.18	237.27	233.04	221.90
当年出栏肉猪	万头	275.00	352.95	394.96	409.09	401.13	384.69

注:本表2000年–2010年的年末总人口、人均生产总值数据为第六次人口普查修正数；从2011年起，规模以上工业统计口径为2000万元以上；2016年起，地区生产总值含研发支出。

1-3 续表 1

指　　标	单　位	1978 年	1980 年	1985 年	1990 年	1995 年	2000 年
五、工业							
1、规模以上工业总产值	亿元						36.48
2、主要工业产品产量							
纱	吨		4037.22	4162.00	4298.95	6622.00	6473.00
布	万米	1982.25	2683.35	2389.24	2543.63	3699.00	3090.40
机制纸及纸板	万吨	0.81	1.31	2.13	3.49	5.13	1.28
原煤	万吨	101.07	99.12	134.70	126.43	52.33	92.56
发电量	亿千瓦	2.24	2.75	4.16	5.46	20.59	3.49
水泥	万吨	9.67	13.85	32.69	40.44	68.07	136.04
3、规模以上工业企业财务指标							
企业数	个						252
产品销售收入	万元						322279
利税总额	万元						20617
利润总额	万元						7459
总资产	万元						705012
六、运输、邮电							
1、客、货运量和周转量							
客运量	万人	962	913	2180	2745	2661	3566
客运周转量	万人公	41887	44074	78404	83421	92006	168281
货运量	万吨	253	176	108	1035	1493	1951
货运周转量	万吨公	31635	30999	35230	64136	156947	167786
2、邮电业务总量	万元	739.56	954.33	1248.77	2285.90	10647.73	55933
七、固定资产投资							
1、全社会固定资产投资额	亿元	1.13	1.08	4.24	8.33	17.18	39.93
固定资产投资	亿元	0.77	0.66	2.09	5.56	7.96	27.74

指　　标	单　位	2005 年	2010 年	2013 年	2014 年	2015 年	2016 年
五、工业							
1、规模以上工业总产值	亿元	146.26	1134.93	2220.22	2774.74	3015.07	3281.74
2、主要工业产品产量							
纱	吨	3082.00	9622.00	31000.00	45703.00	61886.90	59103.00
布	万米	396.00	1806.90	1772.10	3326.10	5352.00	4979.70
机制纸及纸板	万吨	19.63	74.35	31.50	19.65	15.51	18.82
原煤	万吨	84.69	137.28				
发电量	亿千瓦	50.38	106.89				
水泥	万吨	262.79	562.13	752.70	802.89	863.66	853.25
3、规模以上工业企业财务指标							
企业数	个	417	768	935	1046	1168	1247
产品销售收入	万元	1399016	11231230	22059540	27472307	29426868	3320.75
利税总额	万元	134954	1325632	3126819	3748229	3639616	382.21
利润总额	万元	53486	787609	1974188	2281976	2436197	270.46
总资产	万元	1405553	5275336	7782599	10081267	14361347	1573.23
六、运输、邮电							
1、客、货运量和周转量							
客运量	万人	4285	3487	5961	6143	4771	4744
客运周转量	万人公	206173	182197	388858	399937	325545	322770
货运量	万吨	2501	6645	8984	10205	9685	10309
货运周转量	万吨公	236094	2411739	2944016	3198231	3899032	4059987
2、邮电主营业务收入	万元	101100	195267	230454	236545	256940	287924
七、固定资产投资							
固定资产投资	亿元	115.63	764.86	1064.63	1270.11	1486.95	1710.16

注：2008 年度客货运数据为全国运管系统专门调查修正数；2011 年全社会固定资产投资数据为修正调整数。

1-3 续表 2

指 标	单 位	1978 年	1980 年	1985 年	1990 年	1995 年	2000 年
八、贸易							
1、社会消费品零售总额	万元	34609	47374	79759	135060	330344	591883
2、出口贸易总额	万美元	370.56	629.44	1151.11	2348	4050	1661
3、实际利用外资额	万美元			93	345	1284	2580
九、公共财产预算收入	万元	6440.8	8290.3	12722.7	28708.7	54956	90718
公共财政预算支出	万元	9260.6	12596.7	23370.8	43140.0	90724	169745
十、教育							
普通高等学校在校学生数	人	801	1445	1548	2772	3684	4611
中等职业学校在校学生数	人	2092	3429	4313	4292	7278	8462
普通中学在校学生数	万人	16.92	15.12	16.02	20.33	20.42	30.91
小学在校学生数	万人	63.24	58.78	70.58	55.46	48.44	45.29
学龄儿童入学率	%	93.0	90.2	96.8	97.8	99.1	99.7
十一、医疗卫生							
机构总数(含诊所)	个	602	603	639	642	630	813
#卫生机构数	个	290	317	300	307	291	383
卫生技术人员	人	6884	7382	10009	11811	12091	14713
#执业医师、助师	人	3535	3281	3861	4679	5582	5484
医院病床数	张	7233	7458	8077	8438	8618	5835
十二、人民生活							
职工年平均工资	元/人	541.00	686.00	916.00	1676.37	3820.00	6237.00
城镇居民人均年可支配收入	元			529.00	1048.00	2988.00	4703.61
农村居民人均年纯收入	元	140.00	199.00	347.38	656.43	1444.89	2106.40
城乡居民储蓄存款年末余额	万元	4339	9493	38799	137947	574933	1204219

指 标	单 位	2005 年	2010 年	2013 年	2014 年	2015 年	2016 年
八、贸易							
1、社会消费品零售总额	万元	861168	2028251	3019335	3407844	3964807	4486619
2、出口贸易总额	万美元	9084	99529	332283	402141	424470	425310
3、实际利用外资额	万美元	18700	44005	68427	78585	88323	97477
九、公共财政预算收入	万元	178356	570967	1214410	1425680	1617308	1570217
公共财政预算支出	万元	484200	1583585	2852905	3086929	3596439	3834014
十、教育							
普通高等学校在校学生数	人	15290	18160	17711	19254	18745	34833
中等职业学校在校学生数	人	8368	19097	23163	35608	36399	25592
普通中学在校学生数	万人	30.35	27.64	25.65	25.85	26.24	26.97
小学在校学生数	万人	38.11	37.71	41.40	43.16	45.52	46.98
学龄儿童入学率	%	100.0	100.0	100.0	100.0	100.0	100.0
十一、医疗卫生							
机构总数(含诊所)	个	830	652	5110	4803	4781	4775
#卫生机构数	个	316	369	4605	4535	4484	4469
卫生技术人员	人	11127	15044	17913	18582	19629	20449
#执业医师、助师	人	4976	5833	6883	8661	7694	7619
医院病床数	张	5194	7073	10693	19309	20687	21944
十二、人民生活							
职工年平均工资	元/人	11315.00	23093.00	39297.00	43175.00	48312.00	52402.00
城镇居民人均年可支配收入	元	8604.19	15546.99	22278.32	24796.52	27078	29307
农村居民人均年可支配收入	元	3266.77	5569.58	8311.01	9261.78	10355	11380
城乡居民储蓄存款年末余额	万元	2627746	5733233	9772243	11191692	12760476	14487192

注：1.从 2011 年起，医疗卫生数含村卫生室数据；国家统计局实施城乡一体化住户调查改革，2014 年一季度开始，正式对外发布新口径城、乡居民人均可支配收入数据。

2.普通高等学校在校学生数含吉安职业技术学院，中等职业学校在校学生数 2013 年以前年份的数据为普通中等专业学校在校学生数。

1–4　主要年份主要指标发展(增长)速度

指　　标	2016 年为下列各年%								
	1978 年	1980 年	1985 年	1990 年	1995 年	2000 年	2005 年	2010 年	2015 年
一、年末总人口	138.39	134.22	127.15	116.60	109.42	108.38	104.63	101.72	100.39
二、社会从业人员	224.73	211.47	169.27	146.13	125.78	127.74	119.38	110.06	103.05
#职工	151.58	147.94	125.60	110.53	99.77	137.59	166.86	185.06	101.42
三、地区收入总值	15712.49	13416.53	7272.10	2770.33	1362.37	778.11	424.18	182.94	108.69
地区生产总值	15465.89	13205.96	7372.47	3080.27	1418.60	805.85	438.25	184.38	109.99
第一产业	4288.03	3761.30	2216.14	968.82	486.14	353.39	260.83	152.03	116.81
第二产业	29210.26	24615.39	12494.88	6125.17	2452.35	1247.59	599.77	180.69	96.29
第三产业	35739.03	28191.66	15385.96	4557.09	2051.00	895.94	411.84	212.30	126.68
人均生产总值	11043.90	9807.94	5768.15	2612.31	1176.61	741.69	418.48	181.10	109.58
四、农业									
1、农林牧渔业总产值			2579.27	1222.62	494.72	382.57	263.29	148.65	118.22
2、主要农产品产量									
#粮食	299.79	266.81	211.48	195.04	189.39	186.20	140.54	113.02	100.07
油料	1087.73	1470.14	679.34	294.03	130.86	112.68	170.30	118.28	100.38
甘蔗	107.35	118.43	16.70	19.25	20.46	19.42	41.57	114.24	97.99
烟叶	3875.83	4622.47	4930.24	449.52	778.77	455.73	896.71	258.81	111.53
茶叶	2353.51	1918.79	1258.55	696.05	476.00	553.52	507.60	296.99	116.96
黄红麻	1.57	0.64	0.14	0.34	0.58	2.18	11.22	46.00	100.00
水果	8106.04	3032.87	1849.93	971.31	597.63	942.56	562.21	151.95	108.18
#柑桔	9210.55	3242.11	2067.67	1013.16	675.44	1063.69	592.49	149.05	103.64
肉类总产量	1195.37	1088.90	786.43	461.73	235.21	252.90	182.10	121.84	97.88
水产品产量	4889.13	3039.19	1307.56	651.88	333.68	224.23	165.00	125.29	103.16
猪年末存栏	201.73	184.60	162.64	130.42	110.51	148.09	146.34	106.97	95.22
当年出栏肉猪	550.39	479.93	390.70	271.12	150.55	168.29	145.86	113.65	95.90
五、工业									
1、规模以上工业总产值						8265.00	2061.45	265.66	108.84
2、主要工业产品产量									
纱		1532.91	1486.95	1439.58	934.57	956.08	2008.01	643.18	95.50
布	270.00	199.45	224.00	210.41	144.69	173.18	1351.52	296.20	93.04
机制纸及纸板	1914.54	1183.80	728.07	444.35	302.30	1211.55	79.00	20.86	121.36
原煤									
发电量									
水泥	8931.35	6235.82	2641.98	2135.66	1268.78	634.86	328.65	153.64	98.79
3、规模以上工业企业财务指标									
企业数						463.49	280.10	152.08	106.76
产品销售收入						9130.87	2103.40	262.01	112.85
利税总额						17653.47	2696.93	274.56	105.01
利润总额						32661.17	4554.83	309.32	111.02
总资产						2037.04	1021.76	272.24	109.55

1-4 续表

指　　标	2016年为下列各年%								
	1978年	1980年	1985年	1990年	1995年	2000年	2005年	2010年	2015年
六、运输、邮电									
1、客、货运量和周转量									
客运量	495.95	522.56	218.85	173.81	179.29	133.79	111.34	136.82	99.43
客运周转量	777.20	738.63	415.21	390.24	353.83	193.45	157.90	178.68	99.15
货运量	3828.06	5502.84	8967.59	935.75	648.69	496.41	387.25	145.75	106.44
货运周转量	12325.06	12577.93	11067.36	6079.32	2484.30	2323.81	1651.47	161.67	104.13
2、邮电业务总量	34742.28	26923.60	20575.45	11240.21	2413.10	459.37	254.14	131.58	112.06
七、固定资产投资									
固定资产投资	193110.61	225295.71	71146.01	26743.74	18680.30	5360.32	1285.96	194.41	115.01
八、贸易									
1、社会消费品零售总额	11456.0	8369.16	4970.98	2935.59	1200.21	669.86	460.40	195.48	113.16
2、出口贸易总额	114548.25	67436.13	36874.84	18077.94	10480.74	25555.09	4672.72	426.48	100.20
3、实际利用外资额			94970.97	25600.87	6878.74	3423.37	472.32	200.71	110.36
九、公共财政预算收入	25110.36	19508.44	12711.99	5633.51	2942.91	1782.79	906.79	283.26	97.09
公共财政预算支出	38835.92	28550.64	15388.60	8336.67	3964.15	2118.73	742.76	227.11	106.61
十、教育									
高等学校在校学生数	2340.20	1297.23	1210.92	676.23	508.82	406.53	122.60	103.22	185.83
中等职业学校在校学生数									70.31
普通中学在校学生数	155.10	173.57	163.82	129.09	128.52	84.90	86.47	94.95	102.77
小学在校学生数	71.99	77.45	64.50	82.09	93.98	100.52	119.46	120.72	103.20
十一、医疗卫生									
机构总数(含诊所)	794.19	792.87	748.20	744.70	758.89	588.07	576.02	733.28	99.87
卫生机构数	1546.21	1414.51	1494.67	1460.59	1540.89	1170.76	1418.99	1215.18	99.67
卫生技术人员	285.14	265.90	196.11	166.19	162.34	133.41	176.41	130.48	104.18
执业医师、助师	217.65	234.50	199.27	164.44	137.84	140.30	154.62	131.90	99.03
医院床位数	286.01	277.38	256.12	245.16	240.04	354.53	398.29	292.48	106.08
十二、人民生活									
职工年平均工资	8930.13	7042.57	5274.24	2881.94	1264.71	774.60	426.97	209.21	108.47
城镇居民人均年可支配收入			5118.71	2583.78	906.22	575.69	314.71	174.17	108.23
农村居民人均年可支配收入	7396.43	5203.52	2980.89	1577.47	716.66	491.60	316.98	185.92	109.90
城乡居民储蓄存款年末余额	294087.95	134419.85	32888.67	9250.27	2219.47	1059.65	485.61	222.57	113.53

1-5 主要年份主要指标每人年平均水平

指　　标	单位	1978年	1980年	1985年	1990年	1995年	2000年
一、地区生产总值(当年价格)	元	246	277	471	1040	2309	3663
二、主要农产品产量							
粮食	公斤	403.94	437.53	523.18	523.79	502.25	495.16
油料	公斤	4.95	3.53	7.24	15.44	32.30	36.36
甘蔗	公斤	13.76	12.02	80.79	64.73	56.70	57.89
水果	公斤	1.57	4.05	6.30	11.07	16.76	10.30
肉类总产量	公斤	12.87	13.62	17.87	28.11	51.37	46.31
水产品产量	公斤	1.32	2.04	4.49	8.32	15.14	21.84
三、主要工业产品产量							
纱	公斤		1.11	1.09	1.04	1.49	1.33
布	米	5.67	7.40	6.24	6.14	8.31	6.07
机制纸及纸板	公斤	2.32	3.61	5.57	8.42	11.52	2.79
发电量	千瓦时	63.49	74.43	106.87	131.72	462.51	50.08
四、社会消费品零售总额	元	98.97	130.60	208.40	325.84	742.05	1288.71
五、公共财政预算收入	元	18.42	22.85	33.24	69.26	123.45	197.52
六、人民生活							
职工年平均工资	元	541.00	686.00	916.00	1676.37	3820.00	6237.00
城镇居民人均年可支配收入	元			529.00	1048.00	2988.00	4703.61
农村居民人均年纯收入	元	140.00	199.00	347.38	656.43	1444.99	2106.40
城乡居民储蓄存款年末余额	元	12.26	26.01	100.70	328.31	1284.08	2663.73

指　　标	单位	2005年	2010年	2013年	2014年	2015年	2016年
一、地区生产总值(当年价格)	元	6492	15002	23126	25486	27168	29888
二、主要农产品产量							
粮食	公斤	645.27	780.11	847.69	864.43	865.95	863.33
油料	公斤	23.66	33.13	36.60	37.61	38.48	38.48
甘蔗	公斤	26.60	9.41	9.86	10.09	10.56	10.31
水果	公斤	16.98	61.09	79.06	84.66	91.17	98.26
肉类总产量	公斤	63.26	91.92	102.44	106.04	110.00	107.26
水产品产量	公斤	29.19	37.37	42.49	44.32	45.99	47.27
三、主要工业产品产量							
纱	公斤	0.66	2.00	6.38	9.38	12.66	12.04
布	米	0.85	3.76	3.64	6.82	10.94	10.15
机制纸及纸板	公斤	42.04	154.80	64.82	40.32	31.71	38.34
发电量	千瓦时	1078.91	2225.51				
四、社会消费品零售总额	元	1844.23	4222.94	6212.73	6992.28	8107.87	9140.61
五、公共财政预算收入	元	381.96	1188.79	2498.83	2925.24	3307.33	3199.01
六、人民生活							
职工年平均工资	元	11315.00	23093.00	39297.00	43175.00	48312.00	52402.00
城镇居民人均年可支配收入	元	8604.19	15546.99	22278.32	24796.52	27078.00	29307.00
农村居民人均年可支配收入	元	3266.77	5569.58	8311.01	9261.78	10355.00	11380.00
城乡居民储蓄存款年末余额	元	5627.42	11936.93	20107.83	22963.34	26094.67	29514.84

注：本表数据除“六、人民生活”这一小节外其它指标均按年平均人口计算，2000年–2010年的数据为第六次人口普查修正数。

1-6 2016年主要指标占全省的比重

指　　标	单　位	全　省	吉安市	吉安市占全省%
一、土地面积	万平方公里	16.69	2.53	15.1
二、年末总人口	万人	4592.26	491.79	10.7
三、在岗职工人数	万人			
四、地区生产总值(当年价格)	亿元	18499.00	1467.03	7.9
第一产业	亿元	1904.53	253.95	13.3
第二产业	亿元	8829.54	637.12	7.2
第三产业	亿元	7764.93	575.96	7.4
五、农业总产值	亿元	3130.29	431.16	13.8
主要农产品产量				
#粮食	万吨	2138.11	423.76	19.8
油料	万吨	122.20	18.89	15.5
甘蔗	万吨	66.91	5.06	7.6
烟叶	万吨	64089	17302.00	27.0
茶叶	吨	57528	6798	11.8
黄红麻	吨	588	23	3.9
水果	万吨	405.37	48.23	11.9
肉类总产量	万吨	351.62	52.65	15.0
水产品产量	万吨	271.61	23.20	8.5
六、工业增加值(规模以上)	亿元			
主要工业产品产量				
布	万米	134572	4980	3.7
机制纸及纸板	万吨	200.34	18.82	9.4
水泥	万吨	9513.03	853.25	9.0
七、固定资产投资额	亿元	19378.69	1710.16	8.8
房地产开发投资	亿元	1770.94	93.92	5.3
八、社会消费品零售总额	亿元	6634.63	448.66	6.8
九、公共财政预算收入	亿元	2151.47	157.02	7.3
十、在校学生数				
普通高等学校在校学生数	万人	103.90	28.88	27.8
中等职业学校在校学生数	万人	22.00	1.73	7.9
普通中学在校学生数	万人	274.57	26.97	9.8
小学在校学生数	万人	422.76	46.98	11.1
十一、卫生技术人员	万人	30.17	2.83	9.4
#执业医师、助师	万人	7.92	0.76	9.6
床位数	万张	20.91	2.19	10.5
十二、在岗职工工资总额	亿元	2455.30	180.75	7.4

1-7 历年地区生产总值

（按当年价格计算） 单位：万元，元/人

年 份	收入总值	生产总值	第一产业	第二产业			第三产业	#交通运输邮电业	#批发零售住宿餐饮业	人均生产总值（元）
					工 业	建筑业				
1978	85886	85886	50692	22483	17356	5127	12711			246
1979	93280	93293	53354	25291	19934	5357	14648			261
1980	100621	100649	57847	26717	21046	5671	16085			277
1981	113917	113964	64844	31233	24976	6257	17887			311
1982	121246	121314	68308	33913	26772	7141	19093			328
1983	140130	135649	75988	37944	29697	8247	21717			363
1984	159916	152919	84231	43901	34486	9415	24787			404
1985	185616	180235	98097	52658	41843	10815	29480			471
1986	213823	196977	103365	57386	45878	11508	36226			508
1987	244646	225486	113461	66103	53703	12400	45922			573
1988	315001	293866	145263	84673	68904	15769	63930			736
1989	371669	349773	168941	98006	79844	18162	82826			863
1990	487208	431361	224433	107319	86819	20500	99609			1040
1991	525358	471531	237504	119250	95429	23821	114777			1115
1992	589293	527341	250219	137982	111770	26212	139140			1231
1993	640855	598116	266816	198479	169066	29413	132821	24120	18550	1395
1994	863840	814528	359509	276156	240755	35401	178863	27453	41744	1852
1995	990677	936480	447155	268039	225233	42806	221286	34724	50274	2309
1996	1193057	1135076	525231	328634	259000	69634	281211	45850	64457	2522
1997	1386360	1318252	579126	382612	302020	80592	356514	59790	73528	3037
1998	1504220	1432171	598401	432217	339216	93001	401553	72605	84363	3116
1999	1609581	1530699	608919	475360	356334	119026	446420	81652	93328	3297
2000	1734592	1648636	615236	526791	389739	137052	506609	94629	105928	3663
2001	1844933	1752254	624457	566441	427267	139174	561356	109011	116152	3859
2002	2018392	1917888	638677	657919	485836	172083	621292	130380	137208	4187
2003	2347601	2208465	678086	823060	579650	243410	707319	139562	155530	4785
2004	2738300	2599126	790800	863400	566500	296900	944926	193700	217700	5597
2005	3181941	3031422	833536	1095800	732630	363170	1102086	223138	251855	6492
2006	3680678	3517803	859672	1394195	981327	412868	1263936	259758	283530	7493
2007	4242086	4060052	972441	1731732	1361300	370432	1355879	272946	310336	8604
2008	5328449	5156101	1198259	2391231	1961231	430000	1566611	324756	380596	10866
2009	6010957	5841087	1292476	2837615	2367702	469913	1710996	323823	440953	12233
2010	7377816	7205251	1429970	3637391	3108660	528731	2137890	410335	557108	15002
2011	8965771	8790619	1637804	4659389	4043224	616165	2493426	462195	669759	18202
2012	10241625	10062610	1805108	5205864	4477288	728576	3051638	526378	773353	20755
2013	11487089	11295200	1930875	5861216	5034424	826792	3503109	489106	860753	23242
2014	12622467	12421109	2040491	6342960	5415792	927168	4037658	546080	998433	25486
2015	13497026	13285198	2174032	6572309	5555210	1017099	4538857	570142	1090684	27168
2016	14893813	14670327	2539504	6371196	5262259	1108937	5759627	593421	1178439	29888

注：2000 年-2010 年的人均生产总值数据为第六次人口普查修正数，2013 年数据为三经普调整数。

1-8 历年地区生产总值指数

(按可比价格计算) 单位：%

年 份	以上年为100						以1978年为100					
	收 入 总 值	生 产 总 值	第一产	第二产	第三产	人均生 产总值	收 入 总 值	生 产 总 值	第一产业	第二产	第三产	人均生 产总值
1978	110.39	110.40	91.40	158.40	135.30	107.82	100.00	100.00	100.00	100.00	100.00	100.00
1979	107.59	107.60	106.77	106.39	113.24	105.33	107.59	107.60	106.77	106.39	113.24	105.33
1980	106.30	106.32	104.95	109.61	106.10	104.71	114.37	114.40	112.05	116.61	120.14	110.29
1981	109.33	109.35	107.56	113.30	109.43	108.41	125.05	125.10	120.52	132.11	131.47	119.56
1982	107.03	107.04	105.05	109.58	110.03	105.97	133.83	133.91	126.60	144.77	144.65	126.70
1983	109.87	109.92	107.76	114.69	109.23	108.54	147.05	147.19	136.42	166.05	158.01	137.52
1984	108.67	108.68	107.38	112.99	105.31	107.56	159.80	159.97	146.49	187.62	166.40	147.92
1985	109.47	109.51	107.57	112.96	109.70	108.21	174.94	175.18	157.58	211.94	182.54	160.06
1986	105.16	105.13	102.29	107.75	109.83	103.67	183.97	184.16	161.18	228.37	200.48	165.93
1987	108.67	108.64	106.56	110.38	112.13	107.15	199.92	200.08	171.74	252.08	224.80	177.80
1988	111.28	111.33	105.56	119.01	114.33	109.78	222.47	222.76	181.29	300.01	257.03	195.18
1989	108.47	108.66	106.55	109.68	112.67	106.95	241.32	242.05	193.16	329.05	289.59	208.75
1990	113.28	113.49	112.69	114.40	113.92	111.83	273.37	274.70	217.68	376.43	329.89	233.44
1991	106.77	106.80	105.04	108.59	108.83	105.70	291.87	293.38	228.66	408.76	359.01	246.75
1992	108.77	108.29	105.05	113.30	109.53	107.55	317.47	317.69	240.22	463.13	393.21	265.37
1993	115.29	119.37	100.33	122.42	108.45	118.53	366.00	379.24	241.00	566.98	426.44	314.55
1994	118.30	118.30	107.44	136.20	114.58	117.21	432.96	448.65	258.93	772.23	488.60	368.67
1995	116.39	116.46	107.10	127.26	115.85	115.08	503.93	522.49	277.31	982.77	566.04	424.28
1996	113.18	113.80	109.17	114.90	118.96	112.69	570.37	594.59	302.75	1129.17	673.38	478.11
1997	110.53	113.30	107.76	115.00	120.45	112.31	630.40	673.67	326.24	1298.54	811.09	536.96
1998	110.71	109.29	103.45	112.49	114.04	108.19	697.89	736.25	337.49	1460.75	924.95	580.92
1999	108.87	108.79	103.65	111.89	111.93	107.74	759.81	800.94	349.80	1634.42	1035.32	625.90
2000	107.97	107.89	100.84	111.89	112.63	107.07	820.37	864.10	352.75	1828.74	1166.13	670.16
2001	107.87	107.88	103.75	108.68	112.03	106.94	884.93	932.23	365.98	1987.44	1306.45	716.67
2002	110.98	110.89	105.15	119.32	109.13	109.91	982.08	1033.78	384.84	2371.32	1425.69	787.69
2003	114.79	113.90	103.75	124.33	113.74	113.04	1127.29	1177.48	399.27	2948.32	1621.53	890.41
2004	113.38	114.30	106.05	104.99	132.48	113.61	1278.17	1345.88	423.44	3095.46	2148.13	1011.59
2005	114.42	114.84	104.01	124.72	114.72	114.20	1462.48	1545.61	440.42	3860.66	2464.34	1155.24
2006	112.93	113.29	102.36	120.91	113.98	112.68	1651.54	1751.07	450.83	4668.07	2808.90	1301.72
2007	113.52	113.60	104.30	125.10	107.79	113.02	1874.84	1989.22	470.22	5839.75	3027.63	1471.20
2008	115.34	116.30	108.16	125.56	110.31	115.66	2162.44	2313.46	508.59	7332.39	3339.78	1701.59
2009	113.19	113.70	107.86	120.21	108.40	112.99	2447.67	2630.41	548.57	8814.27	3620.32	1922.63
2010	113.80	114.20	104.01	119.00	113.34	113.53	2785.45	3003.93	570.57	10488.98	4103.27	2182.76
2011	112.54	112.80	104.30	115.29	114.26	112.18	3134.75	3388.43	595.10	12092.75	4688.40	2448.62
2012	111.11	111.30	104.73	113.68	111.24	110.87	3483.02	3771.32	623.25	13747.04	5215.38	2714.78
2013	110.82	110.90	105.05	113.43	110.03	110.64	3859.19	4182.53	654.72	15593.12	5738.25	3003.57
2014	110.10	110.20	105.30	110.20	112.70	109.90	4248.96	4609.15	689.42	17183.62	6467.00	3300.92
2015	109.52	109.60	104.30	110.00	111.60	109.20	4653.46	5051.63	719.07	18901.98	7217.17	3604.60
2016	109.14	109.20	104.30	109.10	111.60	108.80	5078.60	5516.38	749.98	20622.06	8054.36	3921.81

注：2000年-2010年的人均生产总值数据为第六次人口普查修正数，2013年数据为三经普调整数。

1-9 历年地区生产总值构成

(以生产总值为 100)

单位:%

年 份	第一产业	第二产业	工 业	建筑业	第三产业	#交通运输邮电业	#批发零售住宿餐饮业
1978	59.02	26.18	20.21	5.97	14.80		
1979	57.19	27.11	21.37	5.74	15.70		
1980	57.48	26.54	20.91	5.63	15.98		
1981	56.90	27.40	21.91	5.49	15.70		
1982	56.30	27.96	22.07	5.89	15.74		
1983	56.02	27.97	21.89	6.08	16.01		
1984	55.08	28.71	22.55	6.16	16.21		
1985	54.42	29.22	23.22	6.00	16.36		
1986	52.48	29.13	23.29	5.84	18.39		
1987	50.31	29.32	23.82	5.50	20.37		
1988	49.43	28.82	23.45	5.37	21.75		
1989	48.30	28.02	22.83	5.19	23.68		
1990	52.03	24.88	20.13	4.75	23.09		
1991	50.37	25.29	20.24	5.05	24.34		
1992	47.46	26.16	21.19	4.97	26.38		
1993	44.61	33.18	28.26	4.92	22.21	4.03	3.10
1994	44.14	33.90	29.56	4.34	21.96	3.37	5.12
1995	47.75	28.62	24.05	4.57	23.63	3.71	5.37
1996	46.28	28.95	22.82	6.13	24.77	4.04	5.68
1997	43.94	29.02	22.91	6.11	27.04	4.54	5.58
1998	41.78	30.18	23.69	6.49	28.04	5.07	5.89
1999	39.78	31.06	23.28	7.78	29.16	5.33	6.10
2000	37.32	31.95	23.64	8.31	30.73	5.74	6.43
2001	35.64	32.32	24.38	7.94	32.04	6.22	6.63
2002	33.31	34.30	25.33	8.97	32.39	6.80	7.15
2003	30.70	37.27	26.25	11.02	32.03	6.32	7.04
2004	30.43	33.22	21.80	11.42	36.35	7.45	8.38
2005	27.50	36.15	24.17	11.98	36.35	7.36	8.31
2006	24.44	39.63	27.90	11.73	35.93	7.38	8.06
2007	23.95	42.65	33.53	9.12	33.40	6.72	7.64
2008	23.24	46.38	38.04	8.34	30.38	6.30	7.38
2009	22.13	48.58	40.54	8.04	29.29	5.54	7.55
2010	19.85	50.48	43.14	7.34	29.67	5.69	7.73
2011	18.63	53.00	45.99	7.01	28.37	5.26	7.62
2012	17.94	51.73	44.49	7.24	30.33	5.23	7.69
2013	17.09	51.89	44.57	7.32	31.01	4.33	7.62
2014	16.43	51.07	43.60	7.46	32.51	4.40	8.04
2015	16.37	49.47	41.82	7.66	34.16	4.29	8.21
2016	17.30	43.40	35.87	7.56	39.30	4.05	8.03

注：2013 年数据为三经普调整数。

1-10 2016年地区生产总值

单位：万元，%

项　　目	按现价计算(万元)			按可比价计算发展速度(%)
	2016年	2015年	比上年增减	
地区收入总值	14893813	13497026	1396787	109.1
一、地区生产总值	14670327	13285198	1385129	109.2
按产业分：				
第一产业	2539504	2174032	365472	104.3
第二产业	6371196	6572309	-201113	109.1
工业	5262259	5555210	-292951	109.2
建筑业	1108937	1017099	91838	108.6
第三产业	5759627	4538857	1220770	111.6
农林牧渔服务业	71277	48417	22860	105.7
批发和零售业	789741	735090	54651	103.5
交通运输、仓储及邮政业	593421	570142	23279	105.6
住宿和餐饮业	388698	355594	33104	105.3
信息传输、计算机服务和软件业	347631	183532	164099	120.3
金融业	730307	488207	242100	117.3
房地产业	448620	323313	125307	117.2
租赁和商务服务业	280531	162393	118138	109.9
科学研究、技术服务和地质勘查业	76390	55378	21012	108.1
水利、环境和公共设施管理业	58487	46375	12112	109.8
居民服务和其他服务业	262771	150897	111874	114.6
教　育	480634	416757	63877	114.6
卫生、社会保障和社会福利业	239648	207941	31707	116.9
文化、体育和娱乐业	180030	74362	105668	112.8
公共管理和社会组织	811441	720459	90982	116.4
按支出法分：				
(一)最终消费支出	7550016	6836561	713455	109.8
1、居民消费	5687055	5182977	504078	109.0
农村居民	1780822	1625068	155754	109.2
城镇居民	3906233	3557909	348324	109.0
2、政府消费	1862961	1653584	209377	112.0
(二)资本形成总额	7226443	6564360	662083	108.4
1、固定资本形成总额	6925639	6284522	641117	108.5
2、存货增加	300804	279838	20966	106.7
(三)货物和服务净流出(+)净流入(-)	-106131	-115723	9592	98.4
按结构项目分：				
劳动者报酬	7278833	6591377	687456	
生产税净额	1686607	1525421	161186	
固定资产折旧	2279506	2102428	177078	
营业盈余	3425381	3065972	359409	
二、地区外净要素收入	223486	211828	11658	

1-11 各县(市、区)生产总值

(按当年价格计算) 单位：万元，元/人

县(市、区)	生产总值	第一产业	第二产业			第三产业			人均生产总值(元)
				工业	建筑业		#交通运输邮电业	#批发零售住宿餐饮业	
吉州区	1425635	99503	543123	318925	224198	783009	61030	190761	41251
青原区	903431	95649	505453	414773	90680	302329	65524	85636	44178
吉安县	1571602	286888	808202	721915	86287	476512	57195	102337	33163
吉水县	1334391	292855	560174	486207	73967	481362	64125	88999	26083
峡江县	653266	138437	297683	256161	41522	217146	62149	43888	34748
新干县	1141685	210173	559177	464450	94727	372335	81527	71024	33948
永丰县	1376518	259016	635322	533346	101976	482180	52458	113782	31499
泰和县	1470570	292823	712206	639266	72940	465541	51868	94317	28134
遂川县	1135371	187435	524907	434334	90573	423029	63636	68901	20753
万安县	678159	155021	292303	223073	69230	230835	25730	67383	22034
安福县	1311992	241015	640641	573090	67551	430336	66874	98070	33291
永新县	934441	201977	391981	324852	67129	340483	28439	52975	19259
井冈山市	628832	78712	173086	145617	27469	377034	26048	154224	40439

1-12 各县(市、区)生产总值指数

(按可比价格计算，以上年为100) 单位：%

县(市、区)	生产总值	第一产业	第二产业			第三产业			人均生产总值
				工业	建筑业		#交通运输邮电业	#批发零售住宿餐饮业	
吉州区	109.4	103.9	107.5	109.9	104.2	111.6	105.6	106.4	109.0
青原区	109.1	104.5	108.6	108.1	110.8	111.7	103.4	104.7	108.7
吉安县	109.5	104.4	110.0	109.7	113.1	111.9	106.7	120.2	109.1
吉水县	109.6	104.4	109.6	109.3	112.2	112.4	103.2	106.7	109.2
峡江县	108.7	104.0	109.4	109.3	109.7	110.7	98.2	106.8	108.3
新干县	109.2	104.4	109.6	108.9	113.3	111.5	109.9	110.3	108.8
永丰县	109.5	104.7	109.4	109.1	111.4	112.1	105.7	109.2	109.1
泰和县	109.3	103.9	110.0	109.8	111.2	111.9	103.3	106.5	108.9
遂川县	109.1	104.6	109.2	109.1	109.4	110.9	105.9	113.7	108.7
万安县	108.8	103.9	109.6	109.3	110.6	110.8	113.3	112.3	108.4
安福县	109.0	104.4	109.6	109.4	110.7	111.0	113.6	112.3	108.4
永新县	108.9	104.0	109.4	109.1	110.9	111.2	103.0	112.9	108.5
井冈山市	109.8	104.7	106.5	109.6	96.2	112.3	111.4	113.1	109.3

1-13 各县(市、区)生产总值构成

(按当年价格计算，以地区生产总值为 100) 单位：%

县(市、区)	第一产业	第二产业	工业	建筑业	第三产业	#交通运输邮电业	#批发零售住宿餐饮业
吉 州 区	6.98	38.10	22.37	15.73	54.92	4.28	13.38
青 原 区	10.59	55.95	45.91	10.04	33.46	7.25	9.48
吉 安 县	18.25	51.43	45.93	5.49	30.32	3.64	6.51
吉 水 县	21.95	41.98	36.44	5.54	36.07	4.81	6.67
峡 江 县	21.19	45.57	39.21	6.36	33.24	9.51	6.72
新 干 县	18.41	48.98	40.68	8.30	32.61	7.14	6.22
永 丰 县	18.82	46.15	38.75	7.41	35.03	3.81	8.27
泰 和 县	19.91	48.43	43.47	4.96	31.66	3.53	6.41
遂 川 县	16.51	46.23	38.25	7.98	37.26	5.60	6.07
万 安 县	22.86	43.10	32.89	10.21	34.04	3.79	9.94
安 福 县	18.37	48.83	43.68	5.15	32.80	5.10	7.47
永 新 县	21.61	41.95	34.76	7.18	36.44	3.04	5.67
井冈山市	12.52	27.52	23.16	4.37	59.96	4.14	24.53

1-14 各县(市、区)最终消费及构成

(按当年价格计算)　　单位：万元，%

县(市、区)	最终消费(万元)	居民消费	农村居民	城镇居民	政府消费	最终消费=100 居民消费	最终消费=100 政府消费	居民消费=100 农村居民	居民消费=100 城镇居民
吉安市	7550016	5687055	1780822	3906233	1862961	75.3	24.7	31.3	68.7
吉州区	804247	685730	93673	592057	118517	85.3	14.7	13.7	86.3
青原区	387561	236985	71331	165654	150576	61.1	38.9	30.1	69.9
吉安县	824465	549586	221903	327683	274879	66.7	33.3	40.4	59.6
吉水县	673867	557746	238046	319700	116121	82.8	17.2	42.7	57.3
峡江县	339748	270001	101740	168261	69747	79.5	20.5	37.7	62.3
新干县	587177	467057	227805	239252	120120	79.5	20.5	48.8	51.2
永丰县	687781	577751	259431	318320	110030	84.0	16.0	44.9	55.1
泰和县	664714	581641	239902	341739	83073	87.5	12.5	41.2	58.8
遂川县	896943	618891	204234	414657	278052	69.0	31.0	33.0	67.0
万安县	351095	288891	126434	162457	62204	82.3	17.7	43.8	56.2
安福县	712082	438520	193567	244953	273562	61.6	38.4	44.1	55.9
永新县	662395	551439	196977	354462	110956	83.2	16.8	35.7	64.3
井冈山市	241530	195357	37388	157969	46173	80.9	19.1	19.1	80.9

1-15 各县(市、区)居民消费水平

单位：元、万人

县(市、区)	一、当年价格 居民消费水平	农村居民	城镇居民	二、可比价格 居民消费水平	农村居民	城镇居民	三、居民平均人口 合计	农村居民	城镇居民
吉安市	11564	6932	16631	11493	6905	16511	491.79	256.91	234.88
吉州区	19842	13478	21444	19442	13433	20955	34.56	6.95	27.61
青原区	11589	6438	17679	11558	6421	17634	20.45	11.08	9.37
吉安县	11597	8729	14915	11556	8924	14601	47.39	25.42	21.97
吉水县	10902	8765	13321	10626	8360	13190	51.16	27.16	24.00
峡江县	14362	9473	20876	14223	9439	20597	18.80	10.74	8.06
新干县	13888	11311	17736	13665	11126	17455	33.63	20.14	13.49
永丰县	13221	10274	17253	13115	10174	17140	43.70	25.25	18.45
泰和县	11106	9467	12643	10999	9438	12462	52.37	25.34	27.03
遂川县	11312	6305	18578	11259	6248	18531	54.71	32.39	22.32
万安县	9370	6970	12802	9272	6897	12667	30.83	18.14	12.69
安福县	11127	8676	14325	11507	9557	14050	39.41	22.31	17.10
永新县	11365	7535	15838	11142	7388	15528	48.52	26.14	22.38
井冈山市	12563	6559	16037	12054	6571	15228	15.55	5.70	9.85

主要统计指标解释

国内（地区）生产总值 指按市场价格计算的一个国家（或地区）所有常住单位在一定时期内生产活动的最终成果。地区生产总值有三种表现形态，价值形态、收入形态和产品形态。从价值形态看，它是所有常住单位在一定时期内所生产的全部货物和服务价值超过同期投入的全部非固定资产货物和服务价值的差额，即所有常住单位的增加值之和；从产品形态看，它是最终使用的货物和服务减去进口货物和服务。在实际核算中，国内（或地区）生产总值的有三种计算方法，即生产法，收入法和支出法。三种方法分别从不同的方面反映国内（或地区）生产总值及其构成。

地区收入总值 即国民生产总值，指一个国家（或地区）所有常住单位在一定时期内收入初次分配的最终成果，它等于地区生产总值加上来自国外的劳动者报酬和财产收入减去支付给国外的劳动者报酬和财产收入，与地区生产总值不同，地区生产总值是一个生产概念，而地区收入总值是一个收入概念。

支出法地区生产总值 是从最终使用的角度反映一个国家（或地区）一定时期内生产活动最终成果的一种方法，包括最终消费支出、资本形成总额及货物和服务净出口三部分。计算公式为：支出法地区生产总值=最终消费支出+资本形成总额+货物和服务净出口。

最终消费支出 指常住单位为满足物质、文化和精神生活的需要，从本国经济领土和国外购买的货物和服务的支出。它不包括非常住单位在本国经济领土内的消费支出。最终消费支出分为居民消费支出和政府消费支出。

居民消费支出 指常住住户在一定时期内对于货物和服务的全部最终消费支出。居民消费支出除了直接以货币形式购买的货物和服务的消费支出外，还包括以其他方式获得的货物和服务的消费支出，即所谓的虚拟消费支出。居民虚拟消费支出包括如下几种类型：单位以实物报酬及实物转移的形式提供给劳动者的货物和服务；住户生产并由本住户消费了的货物和服务，其中的服务仅指住户的自有住房服务；金融机构提供的金融媒介服务；保险公司提供的保险服务。

政府消费支出 指政府部门为全社会提供的公共服务的消费支出和免费或以较低的价格向居民住户提供的货物和服务的净支出，前者等于政府服务的产出价值减去政府单位所获得的经营收入的价值；后者等于政府部门免费或以较低价格向居民住户提供的货物和服务的市场价值减去向居民住户收取的价值。

资本形成总额 指常住单位在一定时期内获得减去处置的固定资本和存货的净额，包括固定资本形成总额和存货增加两部分。

固定资本形成总额 指常住单位在一定时期内获得的固定资产减处置的固定资产的价值总额。固定资产是通过生产活动生产出来的，且其使用年限在一年以上，单位价值在规定标准以上的资产，不包括自然资产。可分为有形固定资本形成总额和无形固定资本形成总额。有形固定资本形成总额包括一定时期内完成的建筑工程、安装工程和设备器具购置（减处置）价值，以及土地改良、新增役、种、奶、毛、娱乐用牲畜和新增经济林木价值。无形固定资本形成总额包括矿藏的勘探、计算机软件等获得减处置。

存货增加 指常住单位在一定时期内存货实物量变动的市场价值，即期末价值减期初价值的差额，再扣除当期由于价格变动而产生的持有收益。存货增加可以是正值，也可以是负值，正值表示存货上升，负值表示存货下降。包括生产单位购进的原材料、燃料和储备物资等存货，以及生产单位生产的产成品、在制品和半产品等存货。

货物和服务净出口 指货物和服务出口减货物和服务进口的差额。出口包括常住单位向非常住单位出售或无偿转让的各种货物和服务的价值；进口包括常住单位从非常住单位购买或无偿得到的各种货物和服务的价值。由于服务活动的提供与使用同时发生，一般把常住单位从非常住单位得到的服务作为进口，非常住单位从常住单位得到的服务作为出口。货物的出口和进口都按离岸价格计算。

当年价格 指报告期的实际价格，如工厂的出厂价格，农产品的收购价格，商业的零售价格等。按当年价格计算，是指一些以货币表现的物量指标如社会总产值、工农业总产值、国民收入、国民生产总值等，按照当年的实际价格来计算总量。使用当年价格计算的数字，是为了使国民经济各项指标互相衔接，便于考察当年经济效益，便于对生产和流通、生产和分配、生产和消费进行经济核算和综合平衡。按当年价格计算的价值指标，在不同年份之间进行对比时，因为包含有各年间价格变动因素，不能确切地反映实物量的增减变动。必须消除价格变动因素后，才能真实反映经济发展动态。因此，在计算增长速度时都使用按可比价格计算的数字。

可比价格 指在不同时期的价格指标对比时，扣除了价格变动的因素，以确切表示物量的变化。按可比价格计算有两种方法：一种是直接按产品产量乘其不变价格计算，一种是用物价指数换算。

不变价格 用某一时期的同类产品的平均价格作为固定价格，来计算各个时期的产品价值。新中国成立后，随着工农业产品价格水平的变化。国家统计局先后五次制定了全国统一的工业产品不变价格和农业产品不变价格。从1949年到1957年使用1952年工(农)业产品不变价格，从1957年到1971年使用1970年不变价格，从1981年开始使用1980年不变价格，1990年开始使用1990年不变价格。

平均每年增长速度 在我国计算平均速度有两种方法，一种是习惯上经常使用的“水平法”，又称几何平均法，是以间隔期最后一年的水平同基期水平对比来计算平均每年增长(或下降)速度。另一种是“累计法”，又称代数平均法或方程法，是以间隔期内各年水平的总和同基期水平对比来计算平均每年增长(或下降)速度。在一般正常情况下，两种方法计算的平均每年增长速度比较接近，但在经济发展不平衡，出现大起大落时，两种方法计算的结果差别较大。本《年鉴》内所列的平均每年增长速度，除固定资产投资用“累计法”计算外，都是用“水平法”计算的。从某年到某年平均增长速度的年份，均不包括基期年在内。如建国44年的平均增长速度是以1949年为基期计算的，则写为1950年-1993年平均增长速度，其余类推。

三次产业 依据《国民经济行业分类2011》、《三次产业划分规定2012》，我国的三次产业划分是：第一产业是指农、林、牧、渔业（不含农、林、牧、渔服务业）。第二产业是指采矿业（不含开采辅助活动），制造业（不含金属制品、机械和设备修理业），电力、热力、燃气及水生产和供应业，建筑业。第三产业是指除第一、第二产业以外的其他行业。

固定资产折旧 指一定时期内为弥补固定资产损耗按照规定的固定资产折旧率提取的固定资产折旧，或按国民经济核算统一规定的折旧率虚拟计算的固定资产折旧。它反映了固定资产在当期生产中的转移价值。各类企业和企业化管理的事业单位的固定资产折旧是指实际计提的折旧费。不计提折旧的政府机关、非企业化管理的事业单位和居民住房是按照统一规定的折旧率和固定资产原值计算的虚拟折旧。原则上，固定资产折旧应按固定资产当期的重置价值计算，但是目前我国尚不具备对全社会固定资产进行重估价的基础，所以暂时只能采用上述办法。

劳动者报酬 指劳动者因从事生产活动而获得的全部报酬。包括劳动者获得的各种形式的工资、奖金和津贴，既包括货币形式的，也包括实物形式的，还包括劳动者所享受的公费医疗和医药卫生费、上下班交通补贴、单位支付的社会保险费、住房公积金等。对于个体经济来说，其所有者所获得的劳动报酬和经营利润不易区分，这两部分统一作为劳动者报酬处理。

生产税净额 指生产税减生产补贴后的余额，生产税是指政府对生产单位从事生产、销售和经营活动以及因从事生产活动使用某些生产要素（如固定资产、土地、劳动力）所征收的各种税、附加费和规费。生产补贴与生产税相反，指政府对生产单位的单方面转移支出，因此视为负生产税，包括政策亏损补贴、价格补贴等。

营业盈余 指常住单位创造的增加值扣除固定资产折旧、劳动者报酬和生产税净额后的余额，它相当于企业的营业利润加上生产补贴，但要扣除利润中开支的工资、福利等。

统计上大中小微型企业划分办法

一、根据工业和信息化部、国家统计局、国家发展改革委、财政部《关于印发中小企业划型标准规定的通知》（工信部联企业〔2011〕300 号），结合统计工作的实际情况，特制定本办法。

二、本办法适用对象为在中华人民共和国境内依法设立的各种组织形式的法人企业或单位。个体工商户参照本办法进行划分。

三、本办法适用范围包括：农、林、牧、渔业，采矿业，制造业，电力、热力、燃气及水生产和供应业，建筑业，批发和零售业，交通运输、仓储和邮政业，住宿和餐饮业，信息传输、软件和信息技术服务业，房地产业，租赁和商务服务业，科学研究和技术服务业，水利、环境和公共设施管理业，居民服务、修理和其他服务业，文化、体育和娱乐业等 15 个行业门类以及社会工作行业大类。

四、本办法按照行业门类、大类、中类和组合类别，依据从业人员、营业收入、资产总额等指标或替代指标，将我国的企业划分为大型、中型、小型、微型等四种类型。具体划分标准见附表。

五、企业划分由政府综合统计部门根据统计年报每年确定一次，定报统计原则上不进行调整。

六、本办法自印发之日起执行，国家统计局 2003 年印发的《统计上大中小型企业划分办法（暂行）》（国统字〔2003〕17 号）同时废止。

附表：

统计上大中小微型企业划分标准

行业名称	指标名称	计量单位	大型	中型	小型	微型
农、林、牧、渔业	营业收入(Y)	万元	Y≥20000	500≤Y＜20000	50≤Y＜500	Y＜50
工业 *	从业人员(X)	人	X≥1000	300≤X＜1000	20≤X＜300	X＜20
	营业收入(Y)	万元	Y≥40000	2000≤Y＜40000	300≤Y＜2000	Y＜300
建筑业	营业收入(Y)	万元	Y≥80000	6000≤Y＜80000	300≤Y＜6000	Y＜300
	资产总额(Z)	万元	Z≥80000	5000≤Z＜80000	300≤Z＜5000	Z＜300
批发业	从业人员(X)	人	X≥200	20≤X＜200	5≤X＜20	X＜5
	营业收入(Y)	万元	Y≥40000	5000≤Y＜40000	1000≤Y＜5000	Y＜1000
零售业	从业人员(X)	人	X≥300	50≤X＜300	10≤X＜50	X＜10
	营业收入(Y)	万元	Y≥20000	500≤Y＜20000	100≤Y＜500	Y＜100
交通运输业 *	从业人员(X)	人	X≥1000	300≤X＜1000	20≤X＜300	X＜20
	营业收入(Y)	万元	Y≥30000	3000≤Y＜30000	200≤Y＜3000	Y＜200
仓储业	从业人员(X)	人	X≥200	100≤X＜200	20≤X＜100	X＜20
	营业收入(Y)	万元	Y≥30000	1000≤Y＜30000	100≤Y＜1000	Y＜100
邮政业	从业人员(X)	人	X≥1000	300≤X＜1000	20≤X＜300	X＜20
	营业收入(Y)	万元	Y≥30000	2000≤Y＜30000	100≤Y＜2000	Y＜100

住宿业	从业人员(X) 营业收入(Y)	人 万元	X≥300 Y≥10000	100≤X＜300 2000≤Y＜10000	10≤X＜100 100≤Y＜2000	X＜10 Y＜100
餐饮业	从业人员(X) 营业收入(Y)	人 万元	X≥300 Y≥10000	100≤X＜300 2000≤Y＜10000	10≤X＜100 100≤Y＜2000	X＜10 Y＜100
信息传输业 *	从业人员(X) 营业收入(Y)	人 万元	X≥2000 Y≥100000	100≤X＜2000 1000≤Y＜100000	10≤X＜100 100≤Y＜1000	X＜10 Y＜100
软件和信息技术服务业	从业人员(X) 营业收入(Y)	人 万元	X≥300 Y≥10000	100≤X＜300 1000≤Y＜10000	10≤X＜100 50≤Y＜1000	X＜10 Y＜50
房地产开发经营	营业收入(Y) 资产总额(Z)	万元 万元	Y≥200000 Z≥10000	1000≤Y＜200000 5000≤Z＜10000	100≤Y＜1000 2000≤Z＜5000	Y＜100 Z＜2000
物业管理	从业人员(X) 营业收入(Y)	人 万元	X≥1000 Y≥5000	300≤X＜1000 1000≤Y＜5000	100≤X＜300 500≤Y＜1000	X＜100 Y＜500
租赁和商务服务业	从业人员(X) 资产总额(Z)	人 万元	X≥300 Z≥120000	100≤X＜300 8000≤Z＜120000	10≤X＜100 100≤Z＜8000	X＜10 Z＜100
其他未列明行业 *	从业人员(X)	人	X≥300	100≤X＜300	10≤X＜100	X＜10

说明：

1.大型、中型和小型企业须同时满足所列指标的下限，否则下划一档；微型企业只须满足所列指标中的一项即可。

2.附表中各行业的范围以《国民经济行业分类》（GB/T4754-2011）为准。带*的项为行业组合类别，其中，工业包括采矿业，制造业，电力、热力、燃气及水生产和供应业；交通运输业包括道路运输业，水上运输业，航空运输业，管道运输业，装卸搬运和运输代理业，不包括铁路运输业；信息传输业包括电信、广播电视和卫星传输服务，互联网和相关服务；其他未列明行业包括科学研究和技术服务业，水利、环境和公共设施管理业，居民服务、修理和其他服务业，社会工作，文化、体育和娱乐业，以及房地产中介服务，其他房地产业等，不包括自有房地产经营活动。

3.企业划分指标以现行统计制度为准。（1）从业人员，是指期末从业人员数，没有期末从业人员数的，采用全年平均人员数代替。（2）营业收入，工业、建筑业、限额以上批发和零售业、限额以上住宿和餐饮业以及其他设置主营业务收入指标的行业，采用主营业务收入；限额以下批发与零售业企业采用商品销售额代替；限额以下住宿与餐饮业企业采用营业额代替；农、林、牧、渔业企业采用营业总收入代替；其他未设置主营业务收入的行业，采用营业收入指标。（3）资产总额，采用资产总计代替。

人 口 2

POPULATION

●2016 年，全市年末总户数 166.41 万户，总人口 535.25 万人，人口密度 212 人/平方公里。

●全市总人口中，乡村人口 312.86 万人，占 58.5%；城镇人口 222.39 万人，占 41.6%。

本 篇 章

资料整理	**微机处理**
李玲东	李玲东

027/036

2-1 历年户数和人口数

年 份	年末总户数 (户)	年末总人口 (人)	男	女	年平均人数 (人)	人口密度 (人/平方公里)
1949		1762746	845828	916918	1868776	70
1950	459673	1816900	901991	914909	1789822	72
1951	526273	1876471	933817	942654	1846685	74
1952	529686	1877665	942390	935275	1877068	74
1953	550508	1936844	960630	976214	1907255	77
1954	548492	1968259	978367	989892	1952552	78
1955	546366	1996540	992397	1004143	1982400	79
1956	541662	2004186	997335	1006851	2000362	79
1957	542100	2037736	1016328	1021408	2020960	81
1958	531397	2075298	1037088	1038210	2056517	82
1959	535854	2153559	1084758	1068801	2114428	85
1960	539902	2165446	1089348	1076098	2159503	86
1961	537635	2221510	1113808	1107702	2193478	88
1962	552271	2248377	1124344	1124033	2234944	89
1963	552174	2313344	1155865	1157479	2280860	92
1964	550257	2351386	1181992	1169394	2332366	93
1965	553898	2429739	1221097	1208642	2390563	96
1966	559500	2513688	1267338	1246350	2471714	99
1967	562866	2593226	1316674	1276552	2553456	103
1968	580563	2668392	1344785	1323607	2630810	106
1969	612667	2777441	1402516	1374925	2722917	110
1970	603954	2864663	1450543	1414120	2821052	113
1971	609781	2943143	1490255	1452888	2903904	116
1972	614264	3014872	1527482	1487390	2979007	119
1973	619362	3107919	1576935	1530984	3061395	123
1974	625533	3197569	1625419	1572150	3152744	127
1975	629958	3281382	1673194	1608188	3239476	130
1976	642753	3376831	1723540	1653291	3329106	134
1977	643244	3453674	1762606	1691068	3415252	137
1978	653678	3540120	1809351	1730769	3496897	140
1979	660600	3604955	1840579	1764376	3572537	143
1980	670813	3649906	1862228	1787678	3627431	144
1981	689192	3667654	1874069	1793585	3658780	145
1982	693006	3723942	1901868	1822074	2695798	147

2-1 续表1

年　份	年末总户数(户)	年末总人口(人)	男	女	年平均人数(人)	人口密度(人/平方公里)
1983	698062	3761854	1925911	1835943	3742898	149
1984	712686	3801650	1949759	1851891	3781752	150
1985	734758	3852845	1977680	1875165	3827247	152
1986	768084	3909335	2008512	1900823	3881090	155
1987	791147	3960919	2036880	1924039	3935126	157
1988	824134	4021043	2069679	1951364	3990980	159
1989	856595	4088256	2105655	1982601	4054650	162
1990	893956	4141677	2130401	2011276	4114967	164
1991	908600	4173677	2150804	2022873	4157677	165
1992	932509	4198904	2168617	2030287	4186291	166
1993	958781	4233254	2182498	2050756	4216079	168
1994	985471	4277698	2207660	2070038	4255476	169
1995	1006412	4318414	2241806	2076608	4306323	172
1996	1029217	4362727	2248408	2114319	4348837	173
1997	1062893	4411699	2286125	2125574	4387213	175
1998	1092393	4452144	2307321	2144823	4431921	176
1999	1118757	4497525	2339323	2158202	4474834	178
2000	1163292	4475907	2327405	2148502	4486716	177
2001	1225430	4521517	2349715	2171802	4498712	178
2002	1256308	4573243	2372998	2200245	4547380	181
2003	1286460	4626108	2404949	2221159	4599676	182
2004	1323084	4666533	2433870	2232663	4646321	185
2005	1353280	4661312	2429146	2232166	4663923	185
2006	1385591	4710117	2461499	2248618	4685714	186
2007	1427980	4797154	2510494	2286660	4753635	187
2008	1490514	4852544	2542088	2310456	4824849	192
2009	1486629	4891038	2559153	2331885	4871791	194
2010	1545913	4950346	2601388	2348958	4920692	196
2011	1549337	5015618	2633397	2382221	4982982	198
2012	1608353	5055136	2662099	2393037	5035377	199
2013	1618770	5091358	2689241	2402117	5073247	201
2014	1663685	5267355	2777168	2490187	5179357	208
2015	1639181	5303568	2798401	2505167	5285462	210
2016	1664110	5352547	2824855	2527692	5328058	212

2-2　历年农业、非农业人口数

单位：人

年　份	按农业与非农业分	
	农业人口	非农业人口
1949		
1950		
1951		
1952	1666612	211053
1953	1748288	188556
1954	1781475	186784
1955	1806993	189547
1956	1805014	199172
1957	1829340	208396
1958	1837897	237401
1959	1858928	294631
1960	1860541	304905
1961	1946953	274557
1962	1996510	251867
1963	2061909	251435
1964	2099654	251732
1965	2157136	272603
1966	2220598	293090
1967	2282954	310272
1968	2404488	263904
1969	2490881	286560
1970	2558132	306531
1971	2626397	316746
1972	2683104	331768
1973	2765749	342170
1974	2850488	347081
1975	2929265	352117
1976	3014267	362564
1977	3081798	371876
1978	3155450	384670
1979	3203063	401892
1980	3226780	423126
1981	3217596	450058
1982	3259699	464243

2–2 续表 1

年 份	按农业与非农业分	
	农业人口	非农业人口
1983	3287815	474039
1984	3304476	497174
1985	3314988	537857
1986	3361759	547576
1987	3397409	563510
1988	3445613	575430
1989	3495043	593213
1990	3549724	591953
1991	3572279	601398
1992	3584579	614325
1993	3590621	642633
1994	3601181	676517
1995	3612986	705428
1996	3641710	721017
1997	3669661	742038
1998	3689438	762706
1999	3719062	778463
2000	3642170	833737
2001	3625318	896199
2002	3624725	948518
2003	3640502	985606
2004	3648952	1017581
2005	3639037	1022275
2006	3667289	1042828
2007	3732397	1064757
2008	3748712	1103832
2009	3784296	1106742
2010	3833765	1116581
2011	3890831	1124787
2012	3920504	1134632
2013	3960969	1130389
2014	4128526	1138829
2015	2088811	3214757
2016	2223901	3128646

2-3 各县(市、区)户数和人口

县(市、区)	年末总户数(户)	年末总人口(人)	#女性	年平均人口数(人)	平均每户人口数(人)
吉安市	1664110	5352547	2527692	5328058	3.20
吉州区	107931	363415	177791	361564	3.35
青原区	65612	224073	105494	222810	3.40
吉安县	161872	520628	245368	518028	3.20
吉水县	191627	561448	257912	559147	2.92
峡江县	63098	188845	87617	188346	2.98
新干县	122890	353401	164001	351776	2.86
永丰县	135230	488143	225589	486148	3.59
泰和县	203968	595355	284218	591452	2.90
遂川县	181504	617912	291601	614372	3.38
万安县	96912	318575	152321	317816	3.28
安福县	122488	419615	200157	417834	3.41
永新县	163258	531394	253095	529615	3.24
井冈山市	48020	169743	82528	169150	3.52

2-4 各县(市、区)农业、非农业、出生、死亡人口

单位：人

县(市、区)	按城镇与农村分		出生人口	死亡人口
	城镇人口	乡村人口		
吉安市	2223901	3128646	82457	21784
吉州区	260729	102686	5160	1417
青原区	86351	137722	3170	778
吉安县	214776	305852	8845	2405
吉水县	247337	314111	8255	1761
峡江县	70389	118456	2734	955
新干县	160988	192413	5297	1340
永丰县	231761	256382	6944	1910
泰和县	202605	392750	11487	2116
遂川县	195955	421957	10279	2228
万安县	128008	190567	4324	1606
安福县	138122	281493	6643	1865
永新县	205070	326324	6926	2772
井冈山市	81810	87933	2393	631

2–4 续表 1

单位：万人

县(市、区)	2011 年			2012 年			2013 年		
	总人口	城镇人口	乡村人口	总人口	城镇人口	乡村人口	总人口	城镇人口	乡村人口
吉安市	484.29	191.87	292.42	485.36	202.01	283.35	486.62	209.88	276.74
吉州区	34.08	25.90	8.18	34.16	26.21	7.95	34.25	26.61	7.64
青原区	20.16	7.61	12.55	20.21	8.03	12.18	20.26	8.33	11.93
吉安县	46.76	17.61	29.15	46.86	18.68	28.18	46.98	19.30	27.68
吉水县	50.48	20.67	29.81	50.59	21.34	29.25	50.72	22.08	28.64
峡江县	18.55	6.66	11.89	18.60	7.04	11.55	18.64	7.35	11.30
新干县	33.18	10.71	22.47	33.25	11.46	21.79	33.34	12.00	21.33
永丰县	43.12	14.70	28.42	43.22	15.65	27.57	43.33	16.44	26.89
泰和县	51.57	19.52	32.05	51.68	21.51	30.17	51.82	22.61	29.21
遂川县	53.98	17.01	36.97	54.10	18.30	35.79	54.24	19.25	34.99
万安县	30.37	9.98	20.39	30.44	10.61	19.83	30.52	11.10	19.42
安福县	38.82	13.50	25.32	38.90	14.31	24.59	39.00	15.23	23.77
永新县	47.88	19.23	28.65	47.99	19.85	28.14	48.11	20.39	27.72
井冈山市	15.34	8.78	6.56	15.37	9.01	6.36	15.41	9.19	6.22

县(市、区)	2014 年			2015 年			2016 年		
	总人口	城镇人口	乡村人口	总人口	城镇人口	乡村人口	总人口	城镇人口	乡村人口
吉安市	488.12	217.94	270.17	489.90	226.19	263.71	491.79	234.88	256.91
吉州区	34.35	27.02	7.34	34.48	27.41	7.07	34.63	27.68	6.95
青原区	20.33	8.7	11.67	20.41	9.01	11.40	20.49	9.39	11.1
吉安县	47.13	20.29	26.84	47.30	21.15	26.15	47.48	22.01	25.47
吉水县	50.87	22.94	27.93	51.06	23.81	27.25	51.25	24.77	26.48
峡江县	18.70	7.62	11.08	18.77	7.90	10.87	18.83	8.23	10.6
新干县	33.44	12.57	20.87	33.56	13.16	20.39	33.69	13.81	19.88
永丰县	43.46	17.27	26.20	43.62	18.05	25.57	43.79	18.84	24.95
泰和县	51.98	23.42	28.56	52.17	24.30	27.87	52.37	25.34	27.03
遂川县	54.41	20.33	34.08	54.61	21.33	33.28	54.81	22.32	32.49
万安县	30.61	11.63	18.98	30.72	12.15	18.58	30.83	12.69	18.14
安福县	39.12	15.73	23.39	39.26	16.39	22.87	39.42	17.1	22.31
永新县	48.26	21.09	27.17	48.43	21.93	26.50	48.62	22.82	25.79
井冈山市	15.46	9.37	6.08	15.51	9.60	5.91	15.58	9.87	5.71

主要统计指标解释

人口数 指一定时点、一定地区范围内有生命的个人总和。

年度统计的年末人口数指每年 12 月 31 日 24 时的人口数。年度统计的全国人口总数内未包括香港、澳门特别行政区和台湾省以及海外华侨人数。

城镇人口和乡村人口 城镇人口是指居住在城镇范围内的全部常住人口；乡村人口是除上述人口以外的全部人口。

出生率（又称粗出生率） 指在一定时期内（通常为一年）一定地区的出生人数与同期内平均人数（或期中人数）之比，用千分率表示。本资料中的出生率指年出生率，其计算公式为：

$$出生率=\frac{年出生人数}{年平均人数}\times1000‰。$$

式中：出生人数指活产婴儿，即胎儿脱离母体时（不管怀孕月数），有过呼吸或其他生命现象。

年平均人数指年初、年底人口数的平均数，也可用年中人口数代替。

死亡率（又称粗死亡率） 指在一定时期内（通常为一年）一定地区的死亡人数与同期内平均人数（或期中人数）之比，用千分率表示。本资料中的死亡率指年死亡率，其计算公式为：

$$死亡率=\frac{年死亡人数}{年平均人数}\times1000‰。$$

人口自然增长率 指在一定时期内（通常为一年）人口自然增加数（出生人数减死亡人数）与该时期内平均人数（或期中人数）之比，用千分率表示。计算公式为：

$$人口自然增长率=\frac{本年出生人数-本年死亡人数}{年平均人数}\times1000‰。$$

$$=人口出生率-人口死亡率$$

从业人员和职工工资 3

EMPLOYMENT AND WAGE

●2016 年，全市社会从业人员 295.23 万人，其中：私营企业和个体从业人员 69.03 万人。

●2016 年，全市在岗职工（含劳务派遣）人数 34.93 万人，在岗职工工资总额 178.50 亿元，年平均工资 52402 元。

本篇章

资料整理 牛 瑛

微机处理 牛 瑛

3-1 历年按城乡分的社会从业人员年末数

单位：万人

年 份	合 计	城 镇	#国有经济单位	#集体经济单位	#其他经济单位	#城镇个体	乡 村	#乡镇企业
1978	127.48	22.88	19.91	2.81		0.07	104.60	6.49
1979	129.23	22.25	19.30	2.83		0.07	106.98	6.32
1980	135.47	23.36	20.68	2.60		0.08	112.11	6.61
1981	137.54	23.90	20.89	2.80		0.15	113.64	6.45
1982	141.38	24.92	21.53	2.96		0.43	116.46	5.99
1983	144.95	25.72	21.04	3.17		1.09	119.23	5.76
1984	164.29	27.50	21.08	4.49		1.06	136.79	10.55
1985	169.24	28.77	22.37	5.02	0.03	1.29	140.47	15.25
1986	171.69	29.97	23.35	5.08	0.02	1.31	141.72	16.81
1987	179.41	30.92	24.11	5.23	0.04	1.32	148.49	13.35
1988	187.16	32.89	25.62	5.27	0.04	1.58	154.27	16.26
1989	191.83	33.84	25.77	4.99	0.06	1.92	157.99	16.77
1990	196.04	34.21	26.13	4.98	0.05	1.95	161.83	17.20
1991	203.36	35.35	26.83	4.94	0.17	2.31	168.01	18.28
1992	208.06	38.01	27.83	4.99	0.23	3.36	170.05	21.27
1993	209.75	40.63	27.50	4.49	0.44	4.43	169.12	25.82
1994	219.21	47.18	30.00	4.30	0.45	6.41	172.03	28.10
1995	227.76	52.96	30.84	4.31	0.45	8.64	174.80	30.19
1996	228.95	53.41	30.85	4.22	0.44	8.66	175.54	30.40
1997	229.38	47.69	31.07	4.52	0.38	6.39	181.69	25.84
1998	230.84	40.95	24.07	3.48	3.45	4.52	189.89	23.04
1999	227.66	39.11	22.82	2.31	1.43	4.11	188.55	24.43
2000	224.27	44.88	22.09	2.11	1.48	3.98	179.39	25.51
2001	222.96	46.77	21.12	1.68	1.39	4.10	176.19	25.79
2002	224.13	48.71	26.56	10.88		6.53	175.42	16.08
2003	229.49	52.01	25.09	10.22		8.24	177.48	15.98
2004	235.07	54.92	26.84	10.29		8.39	180.15	16.52
2005	239.97	56.19	27.58	10.30		8.54	183.78	17.75
2006	244.52	59.79	29.71	14.81		8.69	184.73	18.79
2007	247.81	63.36	30.46	15.72		16.42	184.45	20.75
2008	251.83	67.21	17.74	6.73		17.63	184.62	20.80
2009	255.89	71.14	18.27	6.83		18.82	184.75	20.82
2010	260.30	75.27	18.82	6.93		19.86	185.03	20.84
2011	264.99	79.70	19.39	7.03		20.96	185.29	20.86
2012	269.76	82.92	20.71	7.57		18.07	186.84	20.33
2013	275.09	87.42	22.12	8.04		18.91	187.67	19.75
2014	280.59	92.87	23.66	9.7		19.47	187.72	19.95
2015	286.48	97.91	25.06	4.7		17.82	188.57	15.12
2016	295.23	102.74	36.62	4.69		18.42	192.49	15.12

注:由于 1998 年的经济类型分组有改动，所以 98 年后的国有经济单位、集体经济单位、其他经济单位的数字应分别对应为国有单位。

3-2 历年按三次产业分的社会从业人员数

年 份	社会从业人数(万人)	第一产业	第二产业	第三产业	构成(以合计数为 100) 第一产业	第二产业	第三产业
1978	127.48	101.64	14.21	11.63	79.73	11.15	9.12
1979	129.23	104.24	13.32	11.67	80.66	10.31	9.03
1980	135.47	108.87	13.97	12.63	80.36	10.31	9.33
1981	137.54	109.67	13.58	14.29	79.74	9.87	10.39
1982	141.38	113.17	13.82	14.39	80.05	9.78	10.17
1983	144.95	116.25	13.25	15.45	80.20	9.14	10.66
1984	164.29	134.04	15.06	15.19	81.59	9.17	9.24
1985	169.24	130.15	17.25	21.84	76.90	10.19	12.91
1986	171.69	129.83	20.38	21.48	75.62	11.87	12.51
1987	179.41	137.06	19.80	22.55	76.39	11.04	12.57
1988	187.16	143.16	20.49	23.51	76.49	10.95	12.56
1989	191.83	142.59	23.96	25.28	74.33	12.49	13.18
1990	196.04	145.45	24.30	26.29	74.19	12.40	13.41
1991	203.36	151.52	25.10	26.74	74.51	12.34	13.15
1992	208.06	153.49	24.84	29.73	73.77	11.94	14.29
1993	209.75	144.57	28.09	37.09	68.92	13.39	17.69
1994	219.21	146.27	29.79	43.15	66.73	13.59	19.68
1995	227.76	147.46	33.19	47.11	64.74	14.57	20.69
1996	228.95	148.94	32.06	47.95	65.05	14.00	20.95
1997	229.38	145.70	33.77	49.91	63.52	14.72	21.76
1998	230.84	138.14	36.95	55.75	59.84	16.00	24.16
1999	227.66	138.42	26.67	62.57	60.80	11.71	27.49
2000	224.27	134.20	26.59	63.48	59.84	11.86	28.30
2001	222.96	129.65	27.51	65.80	58.15	12.34	29.51
2002	224.13	130.97	28.31	64.85	58.44	12.63	28.93
2003	229.49	128.46	32.66	68.37	55.98	14.23	29.79
2004	235.07	129.69	35.26	70.12	55.18	14.99	29.83
2005	239.97	130.88	37.10	71.99	54.54	15.46	30.00
2006	244.52	123.08	57.32	64.12	50.34	23.44	26.22
2007	247.81	123.65	58.45	65.71	49.90	23.59	26.51
2008	251.83	124.25	59.64	67.94	49.34	23.68	26.98
2009	255.89	124.74	60.76	70.39	48.75	23.74	27.51
2010	260.30	125.24	61.95	73.11	48.11	23.80	28.09
2011	264.99	125.81	63.20	75.98	47.48	23.85	28.67
2012	269.76	125.91	64.80	79.05	46.68	24.02	29.30
2013	275.09	126.01	66.73	82.35	45.81	24.26	29.93
2014	280.59	126.11	69.06	85.42	44.94	24.61	30.45
2015	286.48	125.87	73.41	87.20	43.93	25.62	30.44
2016	295.23	105.75	82.46	107.02	35.82	27.93	36.25

3-3 全社会从业人员数

单位：万人

分　组	合　计	城　镇	乡　村
总　　计	295.23	102.74	192.49
一、按就业身份分组			
1.城镇单位从业人员	51.58	37.39	14.19
2.私营业主	3.47	2.21	1.26
3.个体户主	14.43	13.27	1.16
4.私营企业和个体从业人员	69.03	28.10	40.93
5.乡镇企业从业人员	28.32	13.20	15.12
6.农村从业人员	119.83		119.83
7.其他	8.57	8.57	
二、按经济类型分组			
1. 国有	36.62	36.62	
2. 集体	149.61	4.69	144.92
3. 股份合作	7.87	3.92	3.95
4. 联营	2.25	2.25	
5.有限责任公司	9.46	6.70	2.76
6. 股份有限公司	8.82	8.82	
7. 私营	34.63	15.47	19.16
8. 个体	34.40	18.42	15.98
9. 港、澳、台商投资	5.85	5.85	
10. 外商投资	4.18		4.18
11.其他	1.54		1.54
三、按国民经济行业分组			
(一)农、林、牧、渔业	105.75	6.33	99.42
(二)采矿业	1.63	1.63	
(三)制造业	55.31	22.87	32.44
(四)电力、燃气及水的生产和供应业	2.31	2.31	
(五)建筑业	23.21	4.62	18.59
(六)交通运输、仓储和邮政业	17.12	9.24	7.88
(七)信息传输、计算机服务业和软件业	2.23	2.23	
(八)批发和零售业	26.76	17.37	9.39
(九)住宿和餐饮业	17.90	4.12	13.78
(十)金融业	1.24	1.24	
(十一)房地产业	1.26	1.26	
(十二)租赁和商务服务业	2.05	2.05	
(十三)科学研究、技术服务和地质勘查业	1.68	1.68	
(十四)水利、环境和公共设施管理业	1.16	1.16	
(十五)居民服务和其他服务业	10.01	4.52	5.49
(十六)教育	9.10	7.64	1.46
(十七)卫生、社会保障和社会福利业	5.25	3.16	2.10
(十八)文化、体育和娱乐业	5.46	3.51	1.95
(十九)公共管理和社会组织	5.80	5.80	

3-4 城镇非私营单位就业人员年末人数、工资

分　组	就业人员人数（人）	就业人员工资总额（千元）	就业人员平均工资（元）
总计	373161	18856725	51158
按经济类型分组			
1、国有单位	165979	9625804	58347
2、集体单位	15546	640259	42681
3、其他单位	191636	8590662	45544
按执行会计标准分组			
1、企业	230598	10262462	45218
2、事业	94393	5453023	58344
3、机关	47806	3127467	65380
4、民间非营利组织			
5、其他	364	13773	39922
按国民经济行业分组			
（一）农、林、牧、渔业	8296	343320	41509
（二）采矿业	2309	96948	42225
（三）制造业	138879	6150297	45066
（四）电力、热力、燃气及水生产和供应业	4729	222805	47075
（五）建筑业	34354	1251682	37478
（六）批发和零售业	9905	378688	38399
（七）交通运输、仓储和邮政业	15489	766454	49631
（八）住宿和餐饮业	3247	111900	34452
（九）信息传输、软件和信息技术服务业	3723	226325	61053
（十）金融业	12357	974361	78902
（十一）房地产业	4083	199124	49472
（十二）租赁和商务服务业	3111	142837	47048
（十三）科学研究和技术服务业	4553	287331	63150
（十四）水利、环境和公共设施管理业	7876	321136	40769
（十五）居民服务、修理和其他服务业	953	49800	53148
（十六）教育	45289	2703699	60603
（十七）卫生和社会工作	21035	1285524	61250
（十八）文化、体育和娱乐业	2401	133004	55326
（十九）公共管理、社会保障和社会组织	50572	3211490	63733

3-5 城镇非私营单位在岗职工（含劳务派遣）年末人数、工资

分 组	在岗职工（劳务派遣）人数（人）	在岗职工（劳务派遣人数）工资总额（千元）	在岗职工（劳务派遣人数）平均工资（元）
总计	349349	18074660	52402
按经济类型分组			
1、国有单位	154835	9353507	60747
2、集体单位	10684	452355	43931
3、其他单位	183830	8268798	45772
按执行会计标准分组			
1、企业	214311	9674748	45912
2、事业	88825	5311361	60384
3、机关	45854	3074828	66991
4、民间非营利组织			
5、其他	359	13723	40362
按国民经济行业分组			
（一）农、林、牧、渔业	7651	335194	43782
（二）采矿业	2128	90154	42606
（三）制造业	137561	6065031	44949
（四）电力、热力、燃气及水生产和供应业	4600	219537	47674
（五）建筑业	22439	853018	39430
（六）批发和零售业	9615	370608	38860
（七）交通运输、仓储和邮政业	14937	752279	50209
（八）住宿和餐饮业	2962	102580	34986
（九）信息传输、软件和信息技术服务业	3311	206864	62800
（十）金融业	11836	948455	80180
（十一）房地产业	3691	184790	49795
（十二）租赁和商务服务业	2944	137817	48120
（十三）科学研究和技术服务业	4243	280035	65767
（十四）水利、环境和公共设施管理业	6934	301914	43541
（十五）居民服务、修理和其他服务业	926	48553	52832
（十六）教育	43853	2669987	61814
（十七）卫生和社会工作	19354	1227738	63600
（十八）文化、体育和娱乐业	2217	129691	58446
（十九）公共管理、社会保障和社会组织	48147	3150415	65630

3-6 城镇非私营单位各种分组的就业人员数

单位：人

分 组	合计	其中：国有单位	集体单位	其他单位
总计	373161	165979	15546	191636
按执行会计标准分组				
1、企业	230598	23813	15209	191576
2、事业	94393	94231	102	60
3、机关	47806	47806		
4、民间非营利组织				
5、其他	364	129	235	
按国民经济行业分组				
（一）农、林、牧、渔业	8296	8285	11	
（二）采矿业	2309	369		1940
（三）制造业	138879	1181	403	137295
（四）电力、热力、燃气及水生产和供应业	4729	3616		1113
（五）建筑业	34354	3372	13805	17177
（六）批发和零售业	9905	2509	395	7001
（七）交通运输、仓储和邮政业	15489	7775	307	7407
（八）住宿和餐饮业	3247	1185		2062
（九）信息传输、软件和信息技术服务业	3723	852	14	2857
（十）金融业	12357	4926	541	6890
（十一）房地产业	4083	1292	2	2789
（十二）租赁和商务服务业	3111	2196		915
（十三）科学研究和技术服务业	4553	3790		763
（十四）水利、环境和公共设施管理业	7876	6460	14	1402
（十五）居民服务、修理和其他服务业	953	118	2	833
（十六）教育	45289	44690	52	547
（十七）卫生和社会工作	21035	20499		536
（十八）文化、体育和娱乐业	2401	2292		109
（十九）公共管理、社会保障和社会组织	50572	50572		

3-7 城镇非私营单位各种分组的在岗职工(含劳务派遣）人数

单位：人

分 组	合计	其中：国有单位	集体单位	其他单位
总计	349349	154835	10684	183830
按执行会计标准分组				
1、企业	214311	20157	10347	183807
2、事业	88825	88700	102	23
3、机关	45854	45854		
4、民间非营利组织				
5、其他	359	124	235	
按国民经济行业分组				
（一）农、林、牧、渔业	7651	7640	11	
（二）采矿业	2128	346		1782
（三）制造业	137561	985	400	136176
（四）电力、热力、燃气及水生产和供应业	4600	3491		1109
（五）建筑业	22439	1021	8971	12447
（六）批发和零售业	9615	2366	375	6874
（七）交通运输、仓储和邮政业	14937	7599	302	7036
（八）住宿和餐饮业	2962	907		2055
（九）信息传输、软件和信息技术服务业	3311	839	14	2458
（十）金融业	11836	4820	541	6475
（十一）房地产业	3691	1206	2	2483
（十二）租赁和商务服务业	2944	2107		837
（十三）科学研究和技术服务业	4243	3483		760
（十四）水利、环境和公共设施管理业	6934	5518	14	1402
（十五）居民服务、修理和其他服务业	926	118	2	806
（十六）教育	43853	43305	52	496
（十七）卫生和社会工作	19354	18829		525
（十八）文化、体育和娱乐业	2217	2108		109
（十九）公共管理、社会保障和社会组织	48147	48147		

3-8 城镇非私营单位各种分组的就业人员工资总额

单位：千元

分 组	合计	其中：国有单位	集体单位	其他单位
总计	18856725	9625804	640259	8590662
按执行会计标准分组				
1、企业	10262462	1049726	624310	8588426
2、事业	5453023	5442025	8762	2236
3、机关	3127467	3127467		
4、民间非营利组织				
5、其他	13773	6586	7187	
按国民经济行业分组				
（一）农、林、牧、渔业	343320	343035	285	
（二）采矿业	96948	17199		79749
（三）制造业	6150297	43071	15172	6092054
（四）电力、热力、燃气及水生产和供应业	222805	144543		78262
（五）建筑业	1251682	85405	563437	602840
（六）批发和零售业	378688	145737	17929	215022
（七）交通运输、仓储和邮政业	766454	421165	9541	335748
（八）住宿和餐饮业	111900	40341		71559
（九）信息传输、软件和信息技术服务业	226325	38780	588	186957
（十）金融业	974361	359006	29840	585515
（十一）房地产业	199124	75751	55	123318
（十二）租赁和商务服务业	142837	107538		35299
（十三）科学研究和技术服务业	287331	240022		47309
（十四）水利、环境和公共设施管理业	321136	269189	822	51125
（十五）居民服务、修理和其他服务业	49800	5927	40	43833
（十六）教育	2703699	2684070	2550	17079
（十七）卫生和社会工作	1285524	1265058		20466
（十八）文化、体育和娱乐业	133004	128477		4527
（十九）公共管理、社会保障和社会组织	3211490	3211490		

3-9 城镇非私营单位各种分组的在岗职工（含劳务派遣）工资总额

单位：千元

分　组	合计	其中：国有单位	集体单位	其他单位
总计	18074660	9353507	452355	8268798
按执行会计标准分组				
1、企业	9674748	970504	436406	8267838
2、事业	5311361	5301639	8762	960
3、机关	3074828	3074828		
4、民间非营利组织				
5、其他	13723	6536	7187	
按国民经济行业分组				
（一）农、林、牧、渔业	335194	334909	285	
（二）采矿业	90154	16494		73660
（三）制造业	6065031	39947	15082	6010002
（四）电力、热力、燃气及水生产和供应业	219537	141783		77754
（五）建筑业	853018	34168	376282	442568
（六）批发和零售业	370608	143412	17458	209738
（七）交通运输、仓储和邮政业	752279	417133	9353	325793
（八）住宿和餐饮业	102580	31269		71311
（九）信息传输、软件和信息技术服务业	206864	38332	588	167944
（十）金融业	948455	354088	29840	564527
（十一）房地产业	184790	72776	55	111959
（十二）租赁和商务服务业	137817	105733		32084
（十三）科学研究和技术服务业	280035	232822		47213
（十四）水利、环境和公共设施管理业	301914	249967	822	51125
（十五）居民服务、修理和其他服务业	48553	5927	40	42586
（十六）教育	2669987	2651427	2550	16010
（十七）卫生和社会工作	1227738	1207741		19997
（十八）文化、体育和娱乐业	129691	125164		4527
（十九）公共管理、社会保障和社会组织	3150415	3150415		

3-10 城镇非私营单位各种分组的期末从业人员平均工资

单位：元

分 组	合计	其中：国有单位	城镇集体单位	其他单位
总计	51158	58347	42681	45544
按执行会计标准分组				
1、企业	45218	44272	42522	45547
2、事业	58344	58328	85068	37267
3、机关	65380	65380		
4、民间非营利组织		51054		
5、其他	39922		33273	
按国民经济行业分组				
（一）农、林、牧、渔业	41509	41530	25909	
（二）采矿业	42225	47908		41171
（三）制造业	45066	36656	37554	45162
（四）电力、热力、燃气及水生产和供应业	47075	39874		70634
（五）建筑业	37478	26118	42501	35732
（六）批发和零售业	38399	58063	45275	30912
（七）交通运输、仓储和邮政业	49631	54435	31078	45377
（八）住宿和餐饮业	34452	33039		35303
（九）信息传输、软件和信息技术服务业	61053	45516	42000	65807
（十）金融业	78902	72600	55157	85315
（十一）房地产业	49472	58813	27500	45089
（十二）租赁和商务服务业	47048	48837		42325
（十三）科学研究和技术服务业	63150	63397		61923
（十四）水利、环境和公共设施管理业	40769	41702	54800	36336
（十五）居民服务、修理和其他服务业	53148	50229	20000	53651
（十六）教育	60603	60966	49038	31923
（十七）卫生和社会工作	61250	61831		38761
（十八）文化、体育和娱乐业	55326	55933		42308
（十九）公共管理、社会保障和社会组织	63733	63733		

3-11 城镇非私营单位各种分组的在岗职工（含劳务派遣）平均工资

单位：元

分 组	合计	其中：国有单位	集体单位	其它单位
总计	52402	60747	43931	45772
按执行会计标准分组				
1、企业	45912	48243	43737	45773
2、事业	60384	60360	85068	41739
3、机关	66991	66991		
4、民间非营利组织				
5、其他	40362	52710	33273	
按国民经济行业分组				
（一）农、林、牧、渔业	43782	43808	25909	
（二）采矿业	42606	48512		41475
（三）制造业	44949	40804	37611	45002
（四）电力、热力、燃气及水生产和供应业	47674	40498		70429
（五）建筑业	39430	34865	43851	36658
（六）批发和零售业	38860	60588	46431	30871
（七）交通运输、仓储和邮政业	50209	55089	30970	45828
（八）住宿和餐饮业	34986	34286		35302
（九）信息传输、软件和信息技术服务业	62800	45688	42000	68801
（十）金融业	80180	73174	55157	87537
（十一）房地产业	49795	60495	27500	44676
（十二）租赁和商务服务业	48120	50134		42495
（十三）科学研究和技术服务业	65767	66578		62041
（十四）水利、环境和公共设施管理业	43541	45350	54800	36336
（十五）居民服务、修理和其他服务业	52832	50229	20000	53299
（十六）教育	61814	62155	49038	33079
（十七）卫生和社会工作	63600	64283		38754
（十八）文化、体育和娱乐业	58446	59263		42308
（十九）公共管理、社会保障和社会组织	65630	65630		

3-12 历年在岗职工工资总额和平均工资

年　份	职工工资总额（万元）		平均工资(元)
		国有经济	
1978	12207	10956	541
1979	13052	11669	594
1980	15745	14241	686
1981	16119	14353	704
1982	17007	15150	708
1983	17494	15560	730
1984	20892	17986	859
1985	24112	20292	916
1986	29383	24954	1065
1987	30934	27267	1092
1988	40485	34845	1362
1989	45635	39511	1515
1990	51416	44902	1676
1991	55287	47816	1792
1992	66229	57742	2042
1993	73422	64429	2309
1994	107365	96225	3250
1995	123391	110052	3820
1996	138213	124009	4161
1997	139928	125731	4255
1998	130179	114399	4748
1999	144042	127662	5604
2000	154704	138071	6237
2001	170488	154657	7210
2002	176317	159149	7917
2003	182443	162838	8777
2004	203291	179370	9857
2005	232894	202440	11315
2006	251962	220232	12242
2007	300063	264063	15413
2008	346837	312046	19031
2009	382125	345021	20614
2010	429604	383693	23093
2011	550157	456571	27505
2012	682495	556421	33204
2013	1285339	652588	39297
2014	1399095	743568	43175
2015	1640530	877456	48312
2016	1785019	930609	52561

3-13 各县(市、区)非私营单位期末从业人员人数

单位：人

县(市、区)	合 计	#国有单位	集体单位	其它单位	#企业	事业	机关	其他
吉 州 区	60460	27657	533	32270	38785	9617	12058	
青 原 区	23522	9541		13981	15266	6698	1558	
吉 安 县	45097	12855	1644	30598	33220	8619	3258	
吉 水 县	22515	11829	2587	8099	11776	7266	3473	
峡 江 县	11085	7246	764	3075	5687	3589	1809	
新 干 县	18169	10065	2115	5989	8515	6903	2751	
永 丰 县	26302	15306	4272	6724	12416	10683	3203	
泰 和 县	45323	14055	1316	29952	33328	8664	3331	
遂 川 县	18684	13042	145	5497	6827	9035	2822	
万 安 县	18636	8765	433	9438	10941	4053	3642	
安 福 县	34571	12216	818	21537	24187	7012	3137	235
永 新 县	19724	13503	737	5484	8573	7470	3681	
井冈山市	13265	9578	138	3549	5267	4786	3209	3

3-14 各县(市、区)非私营单位在岗职工(含劳务派遣）人数

单位：人

县(市、区)	合 计	#国有单位	集体单位	其它单位	#企业	事业	机关	其他
吉 州 区	53155	24889	521	27745	32318	9462	11375	
青 原 区	23127	9318		13809	15032	6580	1515	
吉 安 县	42845	11296	1644	29905	32504	7235	3106	
吉 水 县	18005	10783	185	7037	8114	6585	3306	
峡 江 县	10913	7240	761	2912	5515	3589	1809	
新 干 县	17885	10018	1896	5971	8278	6871	2736	
永 丰 县	23790	13885	3236	6669	11070	9734	2986	
泰 和 县	43646	13309	129	29308	31063	8625	3058	
遂 川 县	18384	12766	145	5473	6756	8851	2777	
万 安 县	17844	8276	430	9138	10604	3693	3547	
安 福 县	34464	12202	818	21444	24094	7012	3123	235
永 新 县	17851	12112	733	5006	7693	6561	3597	
井冈山市	12091	8450	138	3503	5020	4028	3040	3

3–15 各县(市、区)非私营单位期末从业人员平均工资

单位：元

县(市、区)	合 计	#国有单位	集体单位	其它单位	#企业	事业	机关	其他
吉州区	61936	70781	22979	55085	54331	76873	78815	
青原区	56073	74399		43493	46691	71927	78883	
吉安县	41596	51941	43268	35727	37569	47397	66058	
吉水县	49957	56537	37179	44165	42249	58306	58005	
峡江县	51029	56301	24639	45162	36021	59139	67560	
新干县	54610	62392	57220	40458	45434	59296	70656	
永丰县	49939	50122	46206	51867	47584	49814	59216	
泰和县	56590	55483	45584	57593	55830	60487	54062	
遂川县	55546	57838	32129	50292	48692	58264	62408	
万安县	47328	55717	34760	39974	39457	57745	59053	
安福县	43066	57530	36147	35148	35162	59744	67800	33273
永新县	48655	51479	45050	41516	40219	52966	58394	
井冈山市	42592	45461	33571	35031	34558	40849	58404	24000

3–16 各县(市、区)非私营单位在岗职工(含劳务派遣）平均工资

单位：元

县(市、区)	在岗劳务合 计	#国有单位	集体单位	其它单位	#企业	事业	机关	其他
吉州区	66452	76143	23047	58620	59397	77605	77287	
青原区	56295	75190		43425	46727	72399	80448	
吉安县	42256	55614	43268	35642	37546	51761	67833	
吉水县	53724	59813	32071	44773	44388	62002	59743	
峡江县	51345	56251	24641	46126	36319	59139	67560	
新干县	54837	62582	59787	40091	45481	59480	70904	
永丰县	51888	52955	48351	51341	48601	52458	61867	
泰和县	57860	57463	44574	58101	57044	61225	56645	
遂川县	56101	58615	32129	50393	48994	59019	63001	
万安县	48078	57659	34794	39833	39375	61186	60051	
安福县	43083	57570	36147	35151	35165	59744	68002	33273
永新县	49363	53144	45205	40048	39527	54915	59174	
井冈山市	44767	48939	33571	35008	35227	45223	59825	24000

主要统计指标解释

从业人员　指从事一定社会劳动并取得劳动报酬或经济收入的全部劳动力。包括(1)全部职工；(2)城镇私营企业从业人员；(3)城镇个体劳动者；(4)农村社会劳动者；(5)其他社会劳动者。

单位从业人员　各单位的就业人员是指在各级国家机关、政党机关、社会团体及企业、事业单位中工作，取得工资或其他形式的劳动报酬的全部人员。包括在岗职工、再就业的离退休人员、民办教师以及在各单位中工作的外方人员和港澳台方人员、兼职人员、借用的外单位人员和第二职业者。不包括离开本单位仍保留劳动关系的职工。

职工　指在国有经济、城镇集体经济、联营经济、股份制经济、外商和港澳、台投资经济、其他经济单位及其附属机构工作，并由其支付工资的各类人员。

国有经济单位职工　指在各级党政机关、人民团体及其所属国有经济企业、事业单位工作，并由其支付工资的各种人员。具体包括：正式职工、合同制职工、临时职工。

正式职工　指在国家机关和事业单位中，经国家有关部门分配、安排或批准招收录用的职工。包括原固定职工和使用期限在一年以上的合同制职工。

合同制职工　指各单位根据国务院国发(1986)77号文件和国务院令第99号的规定，通过签订有固定期限劳动合同、无固定期限劳动合同和以完成一项工作为期限劳动合同所使用的职工。包括实行全员劳动合同制单位的全部职工。

长期职工　指用工期限在一年以上(含一年)的职工。包括原固定职工、合同制职工、长期临时工以及国有单位使用的城镇集体单位的人员和其他使用期限在一年以上的原计划外用工。

临时职工　指用工期限不超过一年的职工。包括各单位根据国家有关规定招用的，签订一年以内的劳动合同或使用期不超过一年的临时性、季节性用工。

其他从业人员　指劳动统计制度规定不作职工统计但实际参加社会劳动并取得劳动报酬的人员。

城镇集体经济单位职工　指在集体所有制企业、事业及其管理部门中工作，并由其支付工资的各种人员。包括正式职工、临时职工、季节工、轮换工等。

其他各种经济单位职工　指在全民与集体合营、全民与私人合营、集体与私人合营，中外合资、中外合作、华侨或港澳台工商业者经营、外资经营企业、事业单位中工作并由其支付工资的人员。全民与集体合营单位包括与乡村集体所有制单位合营，在统计职工人数时，包括参加劳动的乡村劳动力。中外合资、中外合作、华侨或港澳台工商业者经营和外资经营单位职工人数中不包括外藉职工和港澳职工。

工资总额　指各单位在一定时期内直接支付给本单位全部职工的劳动报酬总额。在原工资总额统计范围基础上，根据国统字(1994)37号“关于机关和事业单位工作人员工资制度改革后劳动统计若干总是的通知”，对工资总额统计口径作适当调整，机关、事业单位工作人员工资制度改革后，原统计在保险福利费用的洗理卫生费、上下班交通费补贴已纳人工资总额，企业洗理卫生费、上下班交通费补贴，一律计人工资总额“津贴和补贴”中的津贴项内。

职工平均工资　指企业、事业、机关等单位的职工在一定时期内平均每人所得的货币工资额。它表明一定时期职工工资收入的高低程度，是反映职工工资水平的主要指标。计算公式为：

$$\text{职工平均工资}=\frac{\text{报告期实际支付的全部职工工资总额}}{\text{报告期全部职工平均人数}}$$

城镇私营企业人员　指在工商行政管理部门办理登记，并领取营业执照的各类私营企业中，从事经营管理和参加生产，并取得经营收入和劳动报酬的全部人员。包括离、退休后在私营企业从业的人员。

城镇个体劳动者　指个人参加生产劳动，生产资料和产品(或收入)归个人所有，经工商行政管理部门批准并领取“个体营业执照”的城镇劳动者。

乡村劳动者　指乡村人口中经常参加社会劳动并取得劳动报酬的劳动力。包括在乡镇企业及其他集体经济组织和农户中参加各项生产的劳动者及外从事个体经营的劳动者。从事家庭副业，其收入相当于当地一个社会劳动者最低收入水平或参加社会劳动累计在三个月以上的劳动者，也包括在内。

城镇失业人员　指有非农业户口，在一定劳动年龄动能力，无业而要求就业，并在当地就业服务机构进行登记求职的人员。

内(16岁以上及男50岁以下，女45岁以下)，有劳

城镇失业率　是城镇失业人数同城镇从业人数加城镇失业人数之比。计算公式为：

$$城镇失业率=\frac{城镇失业人数}{城镇从业人数+城镇失业人数}\times 100\%$$

第一产业　指农业(包括林、牧、渔业等)。

第二产业　指工业和建筑业。

第三产业　指上述第一、第二产业以外的其他行业。

固定资产投资 4

INVESTMENT IN FIXED ASSETS

●2016年，全市完成固定资产投资1710.16亿元，比上年增长15%。

本篇章

资料整理	微机处理
刘青兰	刘青兰
周杨晶	周杨晶

4-1 固定资产投资

指　　标	2016 年	2015 年	增长速度(%)
本年完成投资	17101622	14869517	15.0
其中：工业	10419824	8806102	18.3
其中：住宅	919407	707716	29.9
1、按登记注册类型分			
内资企业	16479228	14660198	12.4
国有企业	4197377	3831104	9.6
集体企业	37592	64992	-42.2
股份合作企业	23820	7500	217.6
联营企业		137317	-100
有限责任公司	2864446	1084561	164.1
股份有限公司	496718	639600	-22.3
私营企业	8365415	8487548	-1.4
其他企业	493860	407576	21.2
港、澳、台商投资企业	383855	205419	86.9
外商投资企业	238539		
个体经营		3900	-100
2、按建设性质分			
其中：新建	13850533	13060309	6.1
扩建	2494997	1460249	70.9
改建和技术改造	675900	271247	149.2
3、按投资构成分			
建筑工程	11089718	9951439	11.4
安装工程	1318396	1047067	25.9
设备工器具购置	3261289	2695359	21
其他费用	1432219	1175652	21.8
5、按产业分			
第一产业	551833	524634	5.2
第二产业	10417174	8806852	18.3
第三产业	6132615	5538031	10.7
本年资金来源合计	16646652	15995480	4.1
1、上年末结余资金	821868	329038	149.8
2、本年资金来源小计	15824784	15666442	1
(1)国家预算内资金	1312867	1554158	-15.5
(2)国内贷款	838236	875565	-4.3
(3)债券	100	0	
(4)利用外资	70949	5000	1319
(5)自筹资金	11995991	11839993	1.3
(6)其他资金来源	1606641	1391726	15.4
本年新增固定资产	9001595	10642876	-15.4
本年施工房屋面积	22428924	21621609	3.7
其中：住宅	10177180	8703736	16.9
本年竣工房屋面积	5140439	5197012	-1.1
其中：住宅	1831199	1993993	-8.2

4-2 按行业登记注册类型

行业	本年合计	内资企业				
			国有企业	集体企业	股份合作企业	有限责任公司
本年完成投资	17101622	16479228	4197377	37592	23820	2864446
（一）农、林、牧、渔业	595528	595528	206457			66905
农业	420066	420066	169463			11000
林业	15385	15385	2680			12705
畜牧业	116382	116382	2669			43200
渔业						
农、林、牧、渔服务业	43695	43695	31645			
（二）采矿业	129648	129648				
煤炭开采和洗选业						
黑色金属矿采选业	1464	1464				
有色金属矿采选业						
非金属矿采选业	125184	125184				
开采辅助活动	3000	3000				
其他开采业						
（三）制造业	9289046	8759905	57476	29600	22900	1584371
农副食品加工业	497514	497514	51461	2900		24067
食品制造业	147634	147634				31586
酒、饮料和精制茶制造业	312988	312988				199230
烟草制品业	40300	40300				40300
纺织业	427240	427240				68000
纺织服装、服饰业	419091	360681				59287
皮革、毛皮、羽毛及其制品和制鞋业	432704	396004				
木材加工及木、竹、藤、棕、草制品业	191018	191018	5965			21560
家具制造业	109925	109925				10000
造纸和纸制品业	299636	299636				
印刷业和记录媒介的复制	126500	75000				
文教、美工、体育和娱乐用品制造业	47350	47350				
石油加工、炼焦和核燃料加工业	32980	32980				
化学原料和化学制品制造业	1006620	907765				235601
医药制造业	552913	552913				32000
化学纤维制造业						
橡胶和塑料制品业	209289	209289				12000
非金属矿制品业	646556	646556				21800
黑色金属冶炼和压延加工业	47767	47767		26700		
有色金属冶炼和压延加工业	92498	92498				41750
金属制品业	289617	289617				56540
通用设备制造业	186846	186846				10000
专用设备制造业	251073	251073				34256

4-2 续表 1

行　业	本年合计	内资企业	国有企业	集体企业	股份合作企业	有限责任公司
汽车制造业	225682	225682				47349
铁路、船舶、航空航天和其他运输设备制造业	19814	19814				7000
电气机械及器材制造业	900111	724911				173928
计算机、通信和其他电子设备制造业	1681219	1577155			22900	458117
仪器仪表制造业						
其他制造业	71498	71498				
废弃资源综合利用业	22663	18251	50			
金属制品、机械和设备修理业						
（四）电力、热力、燃气及水生产和供应业	1001130	1000808	653861			167206
电力、热力的生产和供应业	733324	733002	488022			129026
燃气生产和供应业	139159	139159	37850			38180
水的生产和供应业	128647	128647	127989			
（五）建筑业	350	350	350			
房屋建筑业						
土木工程建筑业	350	350	350			
建筑安装业						
建筑装饰和其他建筑业						
（六）批发和零售业	403738	403738	99582			49810
批发业	253367	253367	20715			16001
零售业	150371	150371	78867			33809
（七）交通运输、仓储和邮政业	405217	405217	125078			155283
铁路运输业						
道路运输业	268136	268136	121736			40200
水上运输业						
航空运输业	1385	1385				1385
管道运输业	2215	2215				2215
装卸搬运和运输代理业	33043	33043				31483
仓储业	100438	100438	3342			80000
邮政业						
（八）住宿和餐饮业	328997	328997				24535
住宿业	328997	328997				24535
餐饮业						
（九）信息传输、软件和信息技术服务业	160080	160080				145500
电信、广播电视和卫星传输服务						
互联网和相关服务						
软件和信息技术服务业	160080	160080				145500
（十）金融业	3720	3720			920	

4-2 续表 2

行　业	本年合计	内资企业	国有企业	集体企业	股份合作企业	有限责任公司
汽车制造业	225682	225682				47349
铁路、船舶、航空航天和其他运输设备制造业	19814	19814				7000
电气机械及器材制造业	900111	724911				173928
计算机、通信和其他电子设备制造业	1681219	1577155			22900	458117
仪器仪表制造业						
其他制造业	71498	71498				
废弃资源综合利用业	22663	18251	50			
金属制品、机械和设备修理业						
（四）电力、热力、燃气及水生产和供应业	1001130	1000808	653861			167206
电力、热力的生产和供应业	733324	733002	488022			129026
燃气生产和供应业	139159	139159	37850			38180
水的生产和供应业	128647	128647	127989			
（五）建筑业	350	350	350			
房屋建筑业						
土木工程建筑业	350	350	350			
建筑安装业						
建筑装饰和其他建筑业						
（六）批发和零售业	403738	403738	99582			49810
批发业	253367	253367	20715			16001
零售业	150371	150371	78867			33809
（七）交通运输、仓储和邮政业	405217	405217	125078			155283
铁路运输业						
道路运输业	268136	268136	121736			40200
水上运输业						
航空运输业	1385	1385				1385
管道运输业	2215	2215				2215
装卸搬运和运输代理业	33043	33043				31483
仓储业	100438	100438	3342			80000
邮政业						
（八）住宿和餐饮业	328997	328997				24535
住宿业	328997	328997				24535
餐饮业						
（九）信息传输、软件和信息技术服务业	160080	160080				145500
电信、广播电视和卫星传输服务						
互联网和相关服务						
软件和信息技术服务业	160080	160080				145500
（十）金融业	3720	3720			920	

4-2 续表 3

行　业	本年合计	内资企业	国有企业	集体企业	股份合作企业	有限责任公司
货币金融服务	3720	3720			920	
资本市场服务						
保险业						
其他金融业						
（十一）房地产业	1189382	1158159	315955	392		379305
房地产开发投资	939192	907969	89199			357763
房地产业	250190	250190	226756	392		21542
（十二）租赁和商务服务业	130599	130599	27850			378
租赁业						
商务服务业	130599	130599	27850			378
（十三）科学研究和技术服务业	113624	63624	58024			
研究和试验发展	84524	34524	34524			
专业技术服务业						
科技交流和推广服务业	29100	29100	23500			
（十四）水利、环境和公共设施管理业	2637763	2626055	1980990	5600		286093
水利管理业	57207	57207	57207			
生态保护和环境治理业	70130	70130	65110			5020
公共设施管理业	2510426	2498718	1858673	5600		281073
（十五）居民服务、修理和其他服务业						
居民服务业						
机动车、电子产品和日用产品修理业						
其他服务业						
（十六）教育	133965	133965	132315			
（十七）卫生和社会工作	130457	130457	116407			
卫生	127387	127387	113337			
社会工作	3070	3070	3070			
（十八）文化、体育和娱乐业	54953	54953	31607			5060
新闻和出版业						
广播、电视、电影和影视录音制作业	11560	11560				5060
文化艺术业	4253	4253	4253			
体育	29474	29474	27354			
娱乐业	9666	9666				
（十九）公共管理、社会保障和社会组织	393425	393425	391425	2000		
中国共产党机关						
国家机构	391425	391425	391425			
社会保障						
群众团体、社会团体和其他成员组织						
基层群众自治组织	2000	2000		2000		

4-2 续表 4

行　业	内资企业			港、澳、台商投资企业	外商投资企业
	股份有限公司	私营企业	其他企业		
本年完成投资	496718	8365415	493860	383855	238539
（一）农、林、牧、渔业	41700	201071	79395		
农业	7000	169171	63432		
林业					
畜牧业	30000	27700	12813		
渔业					
农、林、牧、渔服务业	4700	4200	3150		
（二）采矿业		126648	3000		
煤炭开采和洗选业					
黑色金属矿采选业		1464			
有色金属矿采选业					
非金属矿采选业		125184			
开采辅助活动			3000		
其他开采业					
（三）制造业	345334	6561128	159096	298076	231065
农副食品加工业		413046	6040		
食品制造业		116048			
酒、饮料和精制茶制造业		109628	4130		
烟草制品业					
纺织业		359240			
纺织服装、服饰业	4100	297294			58410
皮革、毛皮、羽毛及其制品和制鞋业		396004		36700	
木材加工及木、竹、藤、棕、草制品业		163493			
家具制造业		99925			
造纸和纸制品业		299636			
印刷业和记录媒介的复制		75000			51500
文教、美工、体育和娱乐用品制造业		47350			
石油加工、炼焦和核燃料加工业		32980			
化学原料和化学制品制造业	32750	639414		62600	36255
医药制造业		510053	10860		
化学纤维制造业					
橡胶和塑料制品业		197289			
非金属矿制品业		622656	2100		
黑色金属冶炼和压延加工业		21067			
有色金属冶炼和压延加工业		50748			
金属制品业	414	232663			
通用设备制造业		176846			
专用设备制造业		192934	23883		

4–2 续表 5

行　业	内资企业			港、澳、台商投资企业	外商投资企业
	股份有限公司	私营企业	其他企业		
汽车制造业		178333			
铁路、船舶、航空航天和其他运输设备制造业		12814			
电气机械及器材制造业		550983		175200	
计算机、通信和其他电子设备制造业	308070	675985	112083	19164	84900
仪器仪表制造业					
其他制造业		71498			
废弃资源综合利用业		18201		4412	
金属制品、机械和设备修理业					
（四）电力、热力、燃气及水生产和供应业	39950	131791	8000		322
电力、热力的生产和供应业	39950	68004	8000		322
燃气生产和供应业		63129			
水的生产和供应业		658			
（五）建筑业					
房屋建筑业					
土木工程建筑业					
建筑安装业					
建筑装饰和其他建筑业					
（六）批发和零售业	16000	238346			
批发业		216651			
零售业	16000	21695			
（七）交通运输、仓储和邮政业		124856			
铁路运输业					
道路运输业		106200			
水上运输业					
航空运输业					
管道运输业					
装卸搬运和运输代理业		1560			
仓储业		17096			
邮政业					
（八）住宿和餐饮业		304462			
住宿业		304462			
餐饮业					
（九）信息传输、软件和信息技术服务业	4980	9600			
电信、广播电视和卫星传输服务					
互联网和相关服务					
软件和信息技术服务业	4980	9600			
（十）金融业	2800				

4-2 续表 6

行业	内资企业			港、澳、台商投资企业	外商投资企业
	股份有限公司	私营企业	其他企业		
货币金融服务	2800				
资本市场服务					
保险业					
其他金融业					
（十一）房地产业	26423	434584	1500	24071	7152
房地产开发投资	26423	434584		24071	7152
房地产业			1500		
（十二）租赁和商务服务业	11100	56771	34500		
租赁业					
商务服务业	11100	56771	34500		
（十三）科学研究和技术服务业		5600		50000	
研究和试验发展				50000	
专业技术服务业					
科技交流和推广服务业		5600			
（十四）水利、环境和公共设施管理业	8431	150322	194619	11708	
水利管理业					
生态保护和环境治理业					
公共设施管理业	8431	150322	194619	11708	
（十五）居民服务、修理和其他服务业					
居民服务业					
机动车、电子产品和日用产品修理业					
其他服务业					
（十六）教育		1650			
（十七）卫生和社会工作		300	13750		
卫生		300	13750		
社会工作					
（十八）文化、体育和娱乐业		18286			
新闻和出版业					
广播、电视、电影和影视录音制作业		6500			
文化艺术业					
体育		2120			
娱乐业		9666			
（十九）公共管理、社会保障和社会组织					
中国共产党机关					
国家机构					
社会保障					
群众团体、社会团体和其他成员组织					
基层群众自治组织					

4–3 分行业固定资产投资年报对比表

行　业	2016 年	2015 年	增长速度(%)
一、计划投资			***
1、计划总投资	33199486	33933372	−2.2
其中：本年新开工项目	25938036	27137584	−4.4
2、自开始建设至本年底累计完成投资	23091612	24935181	−7.4
二、本年完成投资	17101622	14869517	15
其中：国有经济控股	4930275	4128494	19.4
其中：住宅	919407	707716	29.9
其中：本月完成投资	1114500	942109	18.3
1、按登记注册类型分			***
内资企业	16479228	14660198	12.4
国有企业	4197377	3831104	9.6
集体企业	37592	64992	−42.2
股份合作企业	23820	7500	217.6
联营企业		137317	−100
国有联营企业		130900	−100
集体联营企业		2800	−100
国有与集体联营企业		3617	−100
其他联营企业			
有限责任公司	2864446	1084561	164.1
国有独资公司	315101	36033	774.5
其他有限责任公司	2549345	1048528	143.1
股份有限公司	496718	639600	−22.3
私营企业	8365415	8487548	−1.4
其他企业	493860	407576	21.2
港、澳、台商投资企业	383855	205419	86.9
外商投资企业	238539		***
个体经营		3900	−100
2、按建设性质分			***
其中：新建	13850533	13060309	6.1
扩建	2494997	1460249	70.9
改建和技术改造	675900	271247	149.2
3、按投资构成分			***
建筑工程	11089718	9951439	11.4
安装工程	1318396	1047067	25.9
设备工器具购置	3261289	2695359	21
其中：用于更新的设备	0	551008	−100
其他费用	1432219	1175652	21.8

4–3 续表 1

行　业	2016 年	2015 年	增长速度(%)
4、按国民经济行业分			***
（一）农、林、牧、渔业	595528	547628	8.7
农业	420066	327654	28.2
林业	15385	57852	–73.4
畜牧业	116382	138028	–15.7
渔业		1100	–100
农、林、牧、渔服务业	43695	22994	90
（二）采矿业	129648	202469	–36
煤炭开采和洗选业			
石油和天然气开采业			
黑色金属矿采选业	1464	34956	–95.8
有色金属矿采选业		26852	–100
非金属矿采选业	125184	140661	–11
开采辅助活动	3000		***
其他开采业			
（三）制造业	9289046	7890146	17.7
农副食品加工业	497514	530333	–6.2
食品制造业	147634	159224	–7.3
酒、饮料和精制茶制造业	312988	354112	–11.6
烟草制品业	40300	48000	–16
纺织业	427240	228115	87.3
纺织服装、服饰业	419091	283085	48
皮革、毛皮、羽毛及其制品和制鞋业	432704	283104	52.8
木材加工及木、竹、藤、棕、草制品业	191018	124842	53
家具制造业	109925	106047	3.7
造纸和纸制品业	299636	148935	101.2
印刷业和记录媒介的复制	126500	195008	–35.1
文教、美工、体育和娱乐用品制造业	47350	70269	–32.6
石油加工、炼焦和核燃料加工业	32980	10100	226.5
化学原料和化学制品制造业	1006620	963753	4.4
医药制造业	552913	249276	121.8
化学纤维制造业			
橡胶和塑料制品业	209289	158403	32.1
非金属矿制品业	646556	704409	–8.2
黑色金属冶炼和压延加工业	47767	19600	143.7
有色金属冶炼和压延加工业	92498	302614	–69.4

4-3 续表 2

行　业	2016 年	2015 年	增长速度(%)
金属制品业	289617	267615	8.2
通用设备制造业	186846	269466	-30.7
专用设备制造业	251073	244984	2.5
汽车制造业	225682	107381	110.2
铁路、船舶、航空航天和其他运输设备制造业	19814	15807	25.3
电气机械及器材制造业	900111	744794	20.9
计算机、通信和其他电子设备制造业	1681219	952238	76.6
仪器仪表制造业		273900	-100
其他制造业	71498	52000	37.5
废弃资源综合利用业	22663	22732	-0.3
金属制品、机械和设备修理业			
(四)电力、热力、燃气及水生产和供应业	1001130	713487	40.3
电力、热力的生产和供应业	733324	508774	44.1
燃气生产和供应业	139159	84807	64.1
水的生产和供应业	128647	119906	7.3
(五)建筑业	350	750	-53.3
房屋建筑业			
土木工程建筑业	350	750	-53.3
建筑安装业			
建筑装饰和其他建筑业			
(六)批发和零售业	403738	412081	-2
批发业	253367	248500	2
零售业	150371	163581	-8.1
(七)交通运输、仓储和邮政业	405217	312303	29.8
铁路运输业		200	-100
道路运输业	268136	251216	6.7
水上运输业			
航空运输业	1385		***
管道运输业	2215	190	1065.8
装卸搬运和运输代理业	33043		***
仓储业	100438	56280	78.5
邮政业		4417	-100
(八)住宿和餐饮业	328997	256966	28
住宿业	328997	231546	42.1
餐饮业		25420	-100
(九)信息传输、软件和信息技术服务业	160080	89580	78.7
电信、广播电视和卫星传输服务			

4-3 续表 3

行　业	2016 年	2015 年	增长速度(%)
互联网和相关服务			
软件和信息技术服务业	160080	89580	78.7
（十）金融业	3720	9510	-60.9
货币金融服务	3720	9510	-60.9
资本市场服务			
保险业			
其他金融业			
（十一）房地产业	1189382	1155365	2.9
房地产开发投资	939192	820018	14.5
房地产业	250190	335347	-25.4
（十二）租赁和商务服务业	130599	361026	-63.8
租赁业			
商务服务业	130599	361026	-63.8
（十三）科学研究和技术服务业	113624	8480	1239.9
研究和试验发展	84524		***
专业技术服务业		8480	-100
科技交流和推广服务业	29100		***
（十四）水利、环境和公共设施管理业	2637763	2124540	24.2
水利管理业	57207	144576	-60.4
生态保护和环境治理业	70130	50633	38.5
公共设施管理业	2510426	1929331	30.1
（十五）居民服务、修理和其他服务业		100	-100
居民服务业		100	-100
机动车、电子产品和日用产品修理业			
其他服务业			
（十六）教育	133965	138662	-3.4
教育	133965	138662	-3.4
（十七）卫生和社会工作	130457	156907	-16.9
卫生	127387	153516	-17
社会工作	3070	3391	-9.5
（十八）文化、体育和娱乐业	54953	151575	-63.7
新闻和出版业			
广播、电视、电影和影视录音制作业	11560	1950	492.8
文化艺术业	4253	118953	-96.4
体育	29474	13972	111
娱乐业	9666	16700	-42.1
（十九）公共管理、社会保障和社会组织	393425	337942	16.4

4-3 续表 4

行　业	2016 年	2015 年	增长速度(%)
中国共产党机关			
国家机构	391425	335385	16.7
人民政协和民主党派			
社会保障		2057	-100
群众团体、社会团体和其他成员组织			
基层群众自治组织	2000	500	300
（二十）国际组织			
国际组织			
三、本年新增固定资产	9001595	10642876	-15.4
四、项目个数			***
（1）施工项目个数	1038	1036	0.2
其中：本年新开工	596	565	5.5
（2）本年投产项目个数	509	562	-9.4
五、房屋建筑面积			***
（1）本年施工房屋面积	22428924	21621609	3.7
其中：住宅	10177180	8703736	16.9
（2）本年竣工房屋面积	5140439	5197012	-1.1
其中：住宅	1831199	1993993	-8.2
六、用地面积			***
规划用地面积	0	0	***
本年实际征用和购置土地面积	0	0	***
本年实际征用和购置土地成交价款	0	0	***
七、本年资金来源及应付款			***
（一）本年资金来源合计	16646652	15995480	4.1
1、上年末结余资金	821868	329038	149.8
2、本年资金来源小计	15824784	15666442	1
(1)国家预算资金	1312867	1554158	-15.5
(2)国内贷款	838236	875565	-4.3
(3)债券	100	0	***
(4)利用外资	70949	5000	1319
其中：外商直接投资	32500	0	***
(5)自筹资金	11995991	11839993	1.3
其中：企、事业单位自有资金	4603635	2473548	86.1
(6)其他资金来源	1606641	1391726	15.4
（二）各项应付款	2855969	1768732	61.5
其中：工程款	1736089	456211	280.5
中国共产党机关			

4-4 按资金来源分固定资产投资

行　业	一、本年资金来源合计	1.上年末结余资金	2.本年资金来源小计	(1)国家预算内资金	(2)国内贷款	(3)债券
合计	16646652	821868	15824784	1312867	838236	100
4、按国民经济行业分						
（一）农、林、牧、渔业	589711	9172	580539	35205	11937	0
（二）采矿业	117339	0	117339	1500	0	0
（三）制造业	8617964	158913	8459051	0	402783	0
（四）电力、燃气及水的生产和供应业	934897	185	934712	444134	7400	0
（五）建筑业	350	0	350	350	0	0
（六）批发零售业	322222	1302	320920	2600	12820	0
（七）交通运输	392835	41321	351514	50064	14500	0
（八）住宿餐营业	295570	2000	293570	0	10000	0
（九）信息传输软件业	161700	0	161700	0	0	0
（十）金融业	3925	0	3925	0	0	0
（十一）房地产业	2052694	507960	1544734	73569	145704	0
（十二）租赁和商务服务业	99324	2809	96515	904	800	0
（十三）科学研究、技术服务和地质勘查业	93381	581	92800	2400	0	0
（十四）水利、环境和公共设施管理业	2333946	85912	2248034	508934	86672	100
（十五）居民服务和其他服务业						
（十六）教育	111591	9615	101976	51299	0	0
（十七）卫生、社会保障和社会福利业	110803	0	110803	44139	30300	0
（十八）文化、体育和娱乐业	51216	1998	49218	28716	1220	0
（十九）公共管理和社会组织	357184	100	357084	69053	114100	0

4-4 续表 1

行业	(4)利用外资	其中：外商直接投资	(5)自筹资金	其中：企、事业单位自有资金	(6)其他资金来源
合计	70949	32500	11995991	4603635	1606641
4、按国民经济行业分					
（一）农、林、牧、渔业	4000	2500	519319	225801	10078
（二）采矿业	0	0	115839	9844	0
（三）制造业	10000	7000	7425119	2785068	621149
（四）电力、燃气及水的生产和供应业	11000	11000	449005	39307	23173
（五）建筑业	0	0	0	0	0
（六）批发零售业	500	0	258900	50166	46100
（七）交通运输	0	0	285550	86607	1400
（八）住宿餐营业	0	0	283570	49520	0
（九）信息传输软件业	0	0	161700	150700	0
（十）金融业	0	0	3925	0	0
（十一）房地产业	0	0	672517	327695	652944
（十二）租赁和商务服务业	0	0	94811	88791	0
（十三）科学研究、技术服务和地质勘查业	0	0	89700	38100	700
（十四）水利、环境和公共设施管理业	45449	12000	1385383	660486	221496
（十五）居民服务和其他服务业					
（十六）教育	0	0	49321	25625	1356
（十七）卫生、社会保障和社会福利业	0	0	35614	100	750
（十八）文化、体育和娱乐业	0	0	19282	10457	0
（十九）公共管理和社会组织	0	0	146436	55368	27495

4-5 投资施工、投产项目个数　本年新增固定资产

行　业	施工项目个数	投产项目个数	本年新增固定资产
合计	1038	509	9001595
（一）农、林、牧、渔业	62	32	343676
农业	35	17	265505
林业	3	2	12700
畜牧业	9	3	44749
渔业			
农、林、牧、渔服务业	15	10	20722
（二）采矿业	8	7	161458
煤炭开采和洗选业			
黑色金属矿采选业	1		1464
有色金属矿采选业			
非金属矿采选业	6	6	159994
开采辅助活动	1	1	0
其他开采业			
（三）制造业	470	239	5164962
农副食品加工业	37	16	348457
食品制造业	10	2	65251
酒、饮料和精制茶制造业	14	8	161883
烟草制品业	1		0
纺织业	25	23	315008
纺织服装、服饰业	34	20	235275
皮革、毛皮、羽毛及其制品和制鞋业	30	15	231544
木材加工及木、竹、藤、棕、草制品业	15	6	126310
家具制造业	8	5	51900
造纸和纸制品业	11	6	114978
印刷业和记录媒介的复制	2	2	75000
文教、美工、体育和娱乐用品制造业	4	3	3536
石油加工、炼焦和核燃料加工业	1	1	32980
化学原料和化学制品制造业	35	17	658568
医药制造业	24	12	407543
化学纤维制造业			
橡胶和塑料制品业	11	7	90505
非金属矿制品业	41	21	413132
黑色金属冶炼和压延加工业	2	2	47767
有色金属冶炼和压延加工业	6	1	5000
金属制品业	30	8	120007
通用设备制造业	9	3	72800
专用设备制造业	16	7	78878

4-5 续表 1

行　业	施工项目个数	投产项目个数	本年新增固定资产
汽车制造业	10	7	82849
铁路、船舶、航空航天和其他运输设备制造业	2		0
电气机械及器材制造业	32	19	529148
计算机、通信和其他电子设备制造业	53	24	805597
仪器仪表制造业			
其他制造业	3	2	70000
废弃资源综合利用业	4	2	21046
金属制品、机械和设备修理业			
（四）电力、热力、燃气及水生产和供应业	44	14	374005
电力、热力的生产和供应业	25	6	234302
燃气生产和供应业	5	2	63066
水的生产和供应业	14	6	76637
（五）建筑业	3		0
房屋建筑业			
土木工程建筑业	3		0
建筑安装业			
建筑装饰和其他建筑业			
（六）批发和零售业	26	12	130875
批发业	15	6	51130
零售业	11	6	79745
（七）交通运输、仓储和邮政业	29	9	214724
铁路运输业			
道路运输业	19	4	121084
水上运输业			
航空运输业	1		0
管道运输业	1		0
装卸搬运和运输代理业	2		0
仓储业	6	5	93640
邮政业			
（八）住宿和餐饮业	9	5	265600
住宿业	9	5	265600
餐饮业			
（九）信息传输、软件和信息技术服务业	4		0
电信、广播电视和卫星传输服务			
互联网和相关服务			
软件和信息技术服务业	4		0
（十）金融业	2	1	2280
货币金融服务	2	1	2280

4-5 续表 2

行　业	施工项目个数	投产项目个数	本年新增固定资产
资本市场服务			
保险业			
其他金融业			
（十一）房地产业	23	13	495194
（十二）租赁和商务服务业	10	2	75610
租赁业			
商务服务业	10	2	75610
（十三）科学研究和技术服务业	4	3	55187
研究和试验发展	2	1	30000
专业技术服务业			
科技交流和推广服务业	2	2	25187
（十四）水利、环境和公共设施管理业	228	123	1356997
水利管理业	16	11	56266
生态保护和环境治理业	3	1	28410
公共设施管理业	209	111	1272321
（十五）居民服务、修理和其他服务业			
居民服务业			
机动车、电子产品和日用产品修理业			
其他服务业			
（十六）教育	38	22	93127
（十七）卫生和社会工作	19	4	87346
卫生	16	4	87346
社会工作	3		0
（十八）文化、体育和娱乐业	9	3	8894
新闻和出版业			
广播、电视、电影和影视录音制作业	1	1	6423
文化艺术业	4	2	2271
体育	2		0
娱乐业	2		200
（十九）公共管理、社会保障和社会组织	50	20	171660
中国共产党机关			
国家机构	48	18	169660
人民政协和民主党派			
社会保障			
群众团体、社会团体和其他成员组织			
基层群众自治组织	2	2	2000
（二十）国际组织			
国际组织			

4–6 各县（市、区）按资金来源分固定资产投资

县（市、区）	本年资金来源合计	上年末结余资金	本年资金来源小计	(1)国家预算内资金	(2)国内贷款	(3)债券	(4)利用外资	其中：外商直接投资	(5)自筹资金	其中：企、事业单位自有资金	(6)其他资金来源
吉安市	16646652	821868	15824784	1312867	838236	100	70949	32500	11995991	4603635	1606641
吉州区	1700209	360409	1339800	91577	308340		24719	11700	732436	472643	182728
青原区	538097	23740	514357	9021	39170				360853	75046	105313
吉安县	1391066	32475	1358591	0	28287				1312339	723806	17965
吉水县	1433169	22125	1411044	102493	15000		1000		1068028	83648	224523
峡江县	669655	17551	652104	32672	71071		18230		475163	134073	54968
新干县	1462466	10343	1452123	612689	24904				656473	111156	158057
永丰县	1976946	25376	1951570	86410	112900				1178220	25000	574040
泰和县	1503399	74927	1428472	123880	1300				1252583	167814	50709
遂川县	1125638	44707	1080931	33919	66973		2300	300	895990	269061	81749
万安县	707703	16570	691133	81641	100600	100	4200	2500	498072	199193	6520
安福县	1577774	147413	1430361	134265	48791		13500	11000	1160828	883618	72977
永新县	980910	28137	952773	0	900				898978	619637	52895
井冈山市	749950	8095	741855	4300					720358	289940	17197
井冈山经开区	829670	10000	819670	0	20000		7000	7000	785670	549000	7000

4–7 各县（市、区）按登记注册类型分的固定资产投资

县（市、区）	本年合计	内资企业								港、澳、台商投资企业	外商投资企业
			国有企业	集体企业	股份合作企业	有限责任公司	股份有限公司	私营企业	其他企业		
吉安市	17101622	16479228	4197377	37592	23820	2864446	496718	8365415	493860	383855	238539
吉州区	1484012	1469011	597692			410109	18096	398131	44983	15001	
青原区	606872	591052	147553	2000	22900	240334	28531	133851	15883	8346	7474
吉安县	1835091	1744121	519687			803304	41700	348880	30550	4570	86400
吉水县	1502126	1502126	380860			92752		1028416	98		
峡江县	806456	806456	240907	5992		46114	2800	508543	2100		
新干县	1326374	1326374	634120			3195	11087	661024	16948		
永丰县	1924225	1924225	257369	26700		186996		1413230	39930		
泰和县	1431535	1321771	170019		920	170186	220950	680931	78765	59764	50000
遂川县	1392237	1389727	261984	2900		147261		955862	21720	2510	
万安县	743562	743562	182967			95575	14580	233360	217080		
安福县	1394639	1358384	319484			204530	2700	805867	25803		36255
永新县	1128864	1033754	254667			119523	35304	624260		36700	58410
井冈山市	729493	729493	229798			199467	4980	295248			
井冈山经开区	796136	539172	270			145100	115990	277812		256964	

4-8 各县（市、区）按构成分固定资产投资

县（市、区）	本年合计	建筑工程	安装工程	设备工器具购置	其他费用
吉安市	17101622	11089718	1318396	3261289	1432219
吉州区	1484012	1277339	71833	74642	60198
青原区	606872	473286	39690	48136	45760
吉安县	1835091	1699557	45945	73145	16444
吉水县	1502126	1259718	121050	99264	22094
峡江县	806456	462210	148025	152164	44057
新干县	1326374	1085091	59346	125526	56411
永丰县	1924225	235819	53542	753723	881141
泰和县	1431535	693442	251427	440306	46360
遂川县	1392237	990068	122940	168946	110283
万安县	743562	579607	58327	62137	43491
安福县	1394639	909424	177889	240285	67041
永新县	1128864	532272	63329	495704	37559
井冈山市	729493	618856	90293	20344	0
井冈山经开区	796136	273029	14760	506967	1380

4-9 各县（市、区）按建设性质分固定资产投资

县（市、区）	本年合计	新建	扩建	改建和技术改造
吉安市	17101622	13850533	2494997	675900
吉州区	1484012	1231102	223460	17650
青原区	606872	527303	43849	16428
吉安县	1835091	1672641		162450
吉水县	1502126	1203048	194068	100010
峡江县	806456	673325	128146	4985
新干县	1326374	1300801	25573	
永丰县	1924225	822755	1074770	26700
泰和县	1431535	1098760	188365	101410
遂川县	1392237	1282071	79050	31116
万安县	743562	739562		4000
安福县	1394639	1167348	186707	39484
永新县	1128864	619588	351009	158267
井冈山市	729493	716093		13400
井冈山经开区	796136	796136		

4-10 各县（市、区）工业投资

县（市、区）	工业投资	采矿业	制造业	电力、燃气及水的生产和供应业
吉安市	10419824	129648	9289046	1001130
吉州区	368080		364797	3283
青原区	267479		259157	8322
吉安县	1179530		1147730	31800
吉水县	1048814		997716	51098
峡江县	519859		516814	3045
新干县	944146		539036	405110
永丰县	1556164		1369248	186916
泰和县	847905	50300	748485	49120
遂川县	918182	68170	673558	176454
万安县	362580	3000	352780	6800
安福县	793810	8178	774723	10909
永新县	728183		712710	15473
井冈山市	134286		81486	52800
井冈山经开区	750806		750806	

4-11 各县（市、区）投资建设项目和新增固定资产

县（市、区）	施工项目个数	其中：本年新开工	本年投产项目个数	本年新增固定资产
吉安市	1038	596	509	9001595
吉州区	101	29	45	426884
青原区	58	28	40	419496
吉安县	57	32	23	724398
吉水县	97	74	44	1291597
峡江县	97	62	45	300341
新干县	73	49	32	809679
永丰县	56	46	35	1314879
泰和县	72	52	34	669221
遂川县	107	53	73	1090897
万安县	56	25	22	130093
安福县	107	54	43	608439
永新县	87	54	34	375292
井冈山市	40	27	25	402033
井冈山经开区	30	11	14	438346

4-12 各县（市、区）500万元以上固投对比表

县（市、区）	2016年	2015年	增长速度（%）
吉安市	17101622	14869517	15
吉州区	1484012	1281686	15.8
青原区	606872	627199	-3.2
吉安县	1835091	1577178	16.4
吉水县	1502126	1299430	15.6
峡江县	806456	705271	14.3
新干县	1326374	1147098	15.6
永丰县	1924225	1655616	16.2
泰和县	1431535	1227431	16.6
遂川县	1392237	1205867	15.5
万安县	743562	646283	15.1
安福县	1394639	1202051	16
永新县	1128864	986328	14.5
井冈山市	729493	630279	15.7
井冈山经开区	796136	677800	17.5

4-13 各县（市、区）固投一产对比表

县（市、区）	2016年	2015年	增速
总计	551833	524634	5.2
吉州区	9430	19631	-52
青原区	16200		***
吉安县	97140	12600	671
吉水县		38455	-100
峡江县	5026	1700	195.6
新干县	56129	61598	-8.9
永丰县	16420		***
泰和县	71200	88100	-19.2
遂川县	28940	22740	27.3
万安县	41680	44685	-6.7
安福县	105909	105459	0.4
永新县	71659	73466	-2.5
井冈山市	32100	56200	-42.9
井冈山经开区			

4-14 各县（市、区）固投二产对比表

县（市、区）	2016 年	2015 年	增速
吉安市	10417174	8806852	18.3
吉州区	368080	633809	-41.9
青原区	267479	325395	-17.8
吉安县	1179530	1113800	5.9
吉水县	1048814	749555	39.9
峡江县	519859	524858	-1
新干县	944146	764824	23.4
永丰县	1556164	1092668	42.4
泰和县	848255	634211	33.7
遂川县	918182	745886	23.1
万安县	359580	338674	6.2
安福县	793810	596044	33.2
永新县	728183	598328	21.7
井冈山市	134286	84900	58.2
井冈山经开区	750806	603900	24.3

4-15 各县（市、区）固投三产对比表

县（市、区）	2016 年	2015 年	增长速度（%）
吉安市	6132615	5538031	10.7
吉州区	1106502	628246	76.1
青原区	323193	301804	7.1
吉安县	558421	450778	23.9
吉水县	453312	511420	-11.4
峡江县	281571	178713	57.6
新干县	326099	320676	1.7
永丰县	351641	562948	-37.5
泰和县	512080	505120	1.4
遂川县	445115	437241	1.8
万安县	342302	262924	30.2
安福县	494920	500548	-1.1
永新县	329022	314534	4.6
井冈山市	563107	489179	15.1
井冈山经开区	45330	73900	-38.7

4–16 各县（市、区）固投工业对比表

县（市、区）	2016 年	2015 年	增速
总计	10419824	8806102	18.3
吉州区	368080	633809	–41.9
青原区	267479	325395	–17.8
吉安县	1179530	1113800	5.9
吉水县	1048814	749555	39.9
峡江县	519859	524858	–1
新干县	944146	764824	23.4
永丰县	1556164	1092668	42.4
泰和县	847905	633461	33.9
遂川县	918182	745886	23.1
万安县	362580	338674	7.1
安福县	793810	596044	33.2
永新县	728183	598328	21.7
井冈山市	134286	84900	58.2
井冈山经开区	750806	603900	24.3

4-17 按经济类型分的房地产开发投资

指标	总计（按经济注册类型分）	国有单位投资	股份有限公司	私营及个体投资	其他内资	港澳台商投资	外商投资
计划总投资	5505320	417401	427056	2295944		84667	24800
自开始建设累计完成投资	3750530	315310	303931	1598120		81747	9206
本年完成投资	939192	89199	26423	434584		24071	7152
其中：本月完成	62221	9361	1660	11290		140	
按构成分：建筑工程	702058	76759	16399	315547		19578	6968
按构成分：安装工程	89002	580	8065	46473		3125	55
按构成分：设备工器具购置	15625		1149	3663		200	
按构成分：其他费用	132507	11860	810	68901		1168	129
其中：旧建筑物购置费	897			247			
其中：土地购置费	102917	4710		57454			
按工程用途分：商品住宅	720471	79898	17187	326261		13406	7152
其中：90 平方米及以下	123537	51913	3972	26506		4328	
其中：90-144 平方米	523746	26485	12380	271775		9078	
其中：144 平方米及以上	73188	1500	835	27980			7152
其中：别墅、高档公寓	2712			2712			
按工程用途分：办公楼	18246		2085	8664		2510	
按工程用途分：商业营业用房	169413	5929	4107	83181		7516	
按工程用途分：其他	31062	3372	3044	16478		639	
本年新增固定资产	370385	32946	11000	196483		27844	
一、本年实际到位资金合计	1880419	342595	80336	783895		42639	4722
1.上年末结余资金	489330	161488	32065	202418		2636	317
2.本年实际到位资金小计	1391089	181107	48271	581477		40003	4405
(1)国内贷款	142902	116000	2415	10407			
银行贷款	142152	116000	2415	10407			
非银行金融机构贷款	750						
(2)利用外资							
其中：外商直接投资							
(3)自筹资金	594153	25623	4780	274568		19877	3579
其中：自有资金	306711	11623	2100	123237		19877	
其中：股东投入资金	97837			70384			
其中：借入资金	57229		780	24680			3579
(4)其他资金来源	654034	39484	41076	296502		20126	826
其中：定金及预收款	320052	28086	22558	136137		16927	626
其中：个人按揭贷款	291740		17968	156895		3199	200
二、本年各项应付款合计	499423	9630	16492	268632		12720	3349
其中：工程款	277418	2335	12422	147524		6720	3284
待开发土地面积	171783			104163			
本年土地购置面积	352881	44197		230253			
本年土地成交价款	99892	14291		71227			
其中：拆迁补偿费	480						
土地使用权出让金	61957	8491		39572			
契税	1511	339		1030			

4–18　房地产开发面积综合表

单位：平方米、万元

指　　标	合计	住宅	90平米及以下住房	144平米及以上住房	别墅、高档公寓	办公楼	商业营业用房	其他房屋
房屋施工面积	11217474	8282345	1248801	560036	121576	156302	1922991	855836
其中：本年新开工面积	2528175	1817972	222903	121616	9600	20652	479003	210548
本年房屋竣工面积	1582556	1160721	196561	56759	82525	90431	190078	141326
其中：不可销售面积	128727	70555	66505			9528	5895	42749
本年住宅竣工套数		11490	3280	286	598			
本年房屋竣工价值	306996	222797	25282	14252	30389	16034	39424	28741
房屋出租面积	28487						20714	7773
本年商品房销售面积	3055413	2701145	314952	301394	74117	52461	267757	34050
其中：本月销售面积	676987	568825	72715	105122	11937	16112	88656	3394
现房销售面积	788065	643160	92220	80227	65247	8986	107630	28289
期房销售面积	2267348	2057985	222732	221167	8870	43475	160127	5761
本年商品房销售额	1379056	1165580	156427	128627	29812	20567	171414	21495
其中：本月销售额	313329	246050	42479	45225	4355	5243	60601	1435
现房销售额	370288	275584	41828	30816	26326	3366	72549	18789
期房销售额	1008768	889996	114599	97811	3486	17201	98865	2706
本年商品住宅销售套数		22945	4061	1381	563			
现房销售套数		5761	1314	485	533			
期房销售套数		17184	2747	896	30			
待售面积	1068685	623856	34419	112202	49144	17279	276527	151023
其中：待售1–3年面积	443741	231617	16811	34590	25896	12000	103440	96684
其中：待售3年以上面积	21839	16799	2000	7846	3303		5040	

4-19 房地产开发投资对比表

单位：万元

指　　标	2016 年	2015 年	增幅（%）
计划总投资	5505320	4962371	10.9
自开始建设累计完成投资	3750530	3099640	21
本年完成投资	939192	820018	14.5
其中：本月完成	62221	70546	-11.8
按构成分：建筑工程	702058	621909	12.9
按构成分：安装工程	89002	86857	2.5
按构成分：设备工器具购置	15625	15826	-1.3
按构成分：其他费用	132507	95426	38.9
其中：旧建筑物购置费	897	1055	-15
其中：土地购置费	102917	69700	47.7
按工程用途分：商品住宅	720471	587034	22.7
其中：90 平方米及以下	123537	122291	1
其中：90-144 平方米	523746		***
其中：144 平方米及以上	73188	47704	53.4
其中：别墅、高档公寓	2712	5995	-54.8
按工程用途分：办公楼	18246	25365	-28.1
按工程用途分：商业营业用房	169413	159785	6
按工程用途分：其他	31062	47834	-35.1
本年新增固定资产	370385	520280	-28.8
一、本年实际到位资金合计	1880419	1536787	22.4
1.上年末结余资金	489330	259201	88.8
2.本年实际到位资金小计	1391089	1277586	8.9
(1)国内贷款	142902	167502	-14.7
其中：银行贷款	142152	141741	0.3
其中：非银行金融机构贷款	750	25761	-97.1
(2)利用外资			***
其中：外商直接投资			***
(3)自筹资金	594153	514176	15.6
其中：自有资金	306711	184336	66.4
其中：股东投入资金	97837	166317	-41.2
其中：借入资金	57229	29003	97.3
(4)其他资金来源	654034	595908	9.8
其中：定金及预收款	320052	311095	2.9
其中：个人按揭贷款	291740	203033	43.7
二、本年各项应付款合计	499423	334690	49.2
其中：工程款	277418	205021	35.3
待开发土地面积	171783	438070	-60.8
本年土地购置面积	352881	264969	33.2
本年土地成交价款	99892	62945	58.7
其中：拆迁补偿费	480	1239	-61.3
其中：土地使用权出让金	61957	60545	2.3
契税	1511	3203	-52.8

4-20 各县（市、区）房地产开发投资

单位：万元

指　　标	吉安市	吉州区	青原区	吉安县	吉水县	峡江县	新干县
计划总投资	5505320	1863792	573843	324913	162667	133615	246345
自开始建设累计完成投资	3750530	1329489	404510	177327	45151	88168	182775
本年完成投资	939192	236011	86190	71674	10292	41270	83054
其中：本月完成	62221	21161	2022	2276	1303	4490	140
其中：配套工程投资	702058	200068	66211	47822	9792	19211	76180
按构成分：建筑工程	89002	18824	4984	5657		4790	5573
按构成分：安装工程	15625	3234	519	1751	200	104	631
按构成分：设备工器具购置	132507	13885	14476	16444	300	17165	670
按构成分：其他费用	897			240		7	
其中：旧建筑物购置费	102917	8914	11450	14500	150	16320	
其中：土地购置费	720471	200184	62147	56781	6477	14616	67680
按工程用途分：商品住宅	123537	63621	7657	2649	2230	6502	5424
其中：90 平方米及以下	523746	112239	39233	46762	3397	8114	54848
其中：144 平方米及以上	73188	24324	15257	7370	850		7408
其中：别墅、高档公寓	2712						
按工程用途分：办公楼	18246	5832	1650	1200		1125	350
按工程用途分：商业营业用房	169413	19093	21657	9664	3665	20660	11034
按工程用途分：其他	31062	10902	736	4029	150	4869	3990
本年新增固定资产	370385	72338	44529	17303	10015	35763	25587
一、本年资金来源合计	1880419	762262	127105	97263	23544	44265	130222
1.上年末结余资金	489330	296403	21893	32025	9125	150	3643
2.本年资金来源小计	1391089	465859	105212	65238	14419	44115	126579
(1)国内贷款	142902	125320	9630	1787		400	
其中：银行贷款	142152	125320	9630	1037		400	
其中：非银行金融机构贷款	750			750			
(2)利用外资							
其中：外商直接投资							
(3)自筹资金	594153	195017	15524	45486	8589	38259	67014
其中：自有资金	306711	127235	500	28248	8069	34756	
其中：股东投入资金	97837	1000	4325	1000		400	17200
其中：借入资金	57229	8282	9149	8500	520	200	
(4)其他资金来源	654034	145522	80058	17965	5830	5456	59565
其中：定金及预收款	320052	86889	45955	10655	5830	2209	19442
其中：个人按揭贷款	291740	48057	30215	7310		3247	40123
二、本年各项应付款合计	499423	125205	49552	15890	1495	2710	89741
其中：工程款	277418	71867	37584	15590		1110	13798
待开发土地面积	171783	22500	45620				
本年购置土地面积	352881	31490		36045		37960	48225
本年土地成交价款	99892	8491		7500		11934	20300
其中：拆迁补偿费	480						
其中：土地使用权出让金	61957	8491		7500		3334	
契税	1511	339				20	

4-22 续表 1　　　　单位：万元

指　　标	吉安市	吉州区	青原区	吉安县	吉水县	峡江县	新干县
计划总投资	366671	452024	447210	49615	200853	298548	385224
自开始建设累计完成投资	231040	307988	359394	34116	133882	212685	244005
本年完成投资	91876	118645	76121	14650	32806	48466	28137
其中：本月完成	1000	2201	3139	1030	2055	2179	19225
其中：配套工程投资	51501	86484	49680	12590	17598	36812	28109
按构成分：建筑工程	16391	9823	10085	40	7287	5525	23
按构成分：安装工程		300	1407		6461	1013	5
按构成分：设备工器具购置	23984	22038	14949	2020	1460	5116	
按构成分：其他费用			650				
其中：旧建筑物购置费	21900	20614	6609	2000	460		
其中：土地购置费	65080	98092	57876	13590	19902	40640	17406
按工程用途分：商品住宅	5176	5986	9830	2000	3671	1491	7300
其中：90 平方米及以下	56174	91394	38619	11190	13751	38869	9156
其中：144 平方米及以上	3730	712	9427	400	2480	280	950
其中：别墅、高档公寓		302	2410				
按工程用途分：办公楼	700	60	2539		190		4600
按工程用途分：商业营业用房	24698	19277	13606	1060	11829	7039	6131
按工程用途分：其他	1398	1216	2100		885	787	
本年新增固定资产	72306	25984	20059		3500	32601	10400
一、本年资金来源合计	114716	202390	127383	24866	80197	100934	45272
1.上年末结余资金	4376	32423	36586	1566	24780	18265	8095
2.本年资金来源小计	110340	169967	90797	23300	55417	82669	37177
(1)国内贷款			2450		2415	900	
其中：银行贷款			2450		2415	900	
其中：非银行金融机构贷款							
(2)利用外资							
其中：外商直接投资							
(3)自筹资金	11200	119658	14998	23300	1091	35737	18280
其中：自有资金	2000	93248	1262	800		5083	5510
其中：股东投入资金	1200	23380	10586	22500	1090	15156	
其中：借入资金		30	3050			14798	12700
(4)其他资金来源	99140	50309	73349		51911	46032	18897
其中：定金及预收款	34367	21039	32549		24552	20314	16251
其中：个人按揭贷款	50712	23977	38019		21716	25718	2646
二、本年各项应付款合计	17642	82682	39987	22500	11387	36744	3888
其中：工程款	12621	52832	32060		9890	26283	3783
待开发土地面积			16992			86671	
本年购置土地面积	27000	43388	49381		46057	33335	
本年土地成交价款	3500	20931	11236		5000	11000	
其中：拆迁补偿费			480				
其中：土地使用权出让金	1550	20126	4956		5000	11000	
契税	50	805	197		100		

主要统计指标解释

全社会固定资产投资 固定资产投资是社会固定资产再生产的主要手段。固定资产投资额是以货币表现的建造和购置固定资产活动的工作量，它是反映固定资产投资规模、速度、比例关系和使用方向的综合性指标。全社会固定资产投资包括国有经济单位投资、城乡集体经济单位投资、城乡居民个人投资和其他各种经济类型单位投资。按照我国计划管理体制，国有经济单位固定资产投资总额分为基本建设、更新改造、房地产开发投资和其他固定资产投资四个部分；城乡集体经济单位投资包括城镇集体所有制单位投资和农村集体所有制单位投资；城乡居民个人投资包括城市、县城、镇、工矿区所辖范围内的个人建房和农村个人建房及购买生产性固定资产(使用年限在二年以上，单位价值在500元以上的生产资料)的投资。其他各种经济类型单位投资包括联营经济、股份制经济、外商投资经济、港澳台投资经济及其他经济类型的单位投资。

基本建设投资 基本建设是指以扩大生产能力或工程效益为主要目的的新建、扩建工程及有关工作，包括工厂、矿山、铁路、桥梁、港口、农田水利、商店、住宅、学校、医院等工程的建造和机器设备、车辆、船舶、飞机等的购置。基本建设投资额是以货币表现的基本建设完成的工作量，是反映一定时期内基本建设规模和建设进度的综合性指标。它是根据工程的实际进度按预算价格(预算价格是编制施工图预算时所用的价格)计算的工作量。没有形成工程实体的建筑材料和没有开始安装的设备，都不计算投资完成额。

更新改造投资 更新改造一般指现有企业、事业单位对原有设施进行固定资产更新和技术改造，以及相应配套的工程和有关工作(不包括大修和维护工程)。更新改造投资是以货币表现的更新改造完成的工作量。根据我国现行统计制度，基本建设和更新改造的划分是：(1)列入基本建设计划的项目作为基本建设投资，列入更新改造计划的项目作为更新改造投资；(2)更新改造计划与基本建设计划结合安排的项目和未列入计划的项目，根据工程性质分别作为基本建设投资或更新改造投资。属于对企业、事业单位原有设施进行技术改造或更新的项目和增建主要生产车间、分厂等，其新增生产能力或效益尚未达到大中型标准的项目，以及由于城市环境保护和安全生产的需要而进行的迁建工程，作为更新改造投资。

其他固定资产投资 是指按照国家规定不纳入基本建设和更新改造计划管理，其总投资在500万元以上的固定资产投资，具体包括：国有经济单位及油田维护费和石油开发基金进行的油田维护和开发工程；矿山、森工等采掘采伐工业用维简费进行的开拓延伸工程；交通部门用公路养路费对原有公路、桥梁进行改建的工程；商贸、粮食、供销部门用简易建筑建造的仓库。

房地产开发投资 是指各种经济类型的房地产开发公司、商品房建设公司及其他房地产开发单位统一开发的商品住宅、厂房、仓库、饭店、宾馆、度假村、写字楼、办公楼等房屋建筑物和配套的服务设施，以及土地开发工程，如道路、给水、排水、供电、供热、通讯、平整场地等工程完成的投资。房地产开发投资不包括单纯的土地交易活动和房地产开发单位本身自建自用的房屋、设备购置等投资。

固定资产投资金来源 是指基本建设单位、更新改造企事业单位和其他固定资产投资单位在报告期收到的，用于固定资产建造和购置的各种资金。

上年末结余资金 是指上年资金来源中没有形成固定资产投资额而结余的资金。包括尚未用到工程上去的材料价值、未开始安装的需要安装设备价值及结存的现金和银行存款等。

国家预算内资金 又称国家投资，分为国家预算内拨款和国家预算内“拔改贷”两部分。包括中央财政和地方财政中由国家统筹安排的基本建设拨款和更新改造拨款、中央财政安排的专项拨款中用于基本建设的资金和基本建设拨款改贷款的资金。

国内贷款 指报告期固定资产投资单位向银行及非银行金融机构借人的用于固定资产投资的各种

国内借款，包括银行利用自有资金及吸收的存款发放的贷款、上级主管部门拨入的国内贷款、国家专项贷款，地方财政专项资金安排的贷款、国内储备款、周转贷款等。

股票 是股份制企业通过发行股票筹集到的，用于固定资产投资的资金。

债券 是企业(公司)或金融机构通过发行各种债券筹集到的用于固定资产投资的资金，包括由银行代理国家专业投资公司发行的重点企业债券和重点建设债券。

利用外资 是指报告期收到的用于固定资产建造和购置的国外资金(包括设备、材料、技术在内)，包括对外借款(外国政府贷款、国际金融组织贷款、出口信贷、外国银行商业贷款、对外发行债券和股票)、外商直接投资及外商其他投资。不包括我国自有外汇资金(国家外汇、地方外汇、留成外汇、调挤外汇和中国银行自有资金发行的外汇贷款等)。其中，国家统借统还的外资，是指由我国政府出面同外国政府、团体或金融组织签订贷款协议，并负责偿还本息的国外贷款。

自筹资金 是指固定资产投资单位报告期收到的，由各地区、各部门及企事业单位筹集用于固定资产投资的预算外资金，包括中央各部门、各级地方和企事业单位的自筹资金。

其他资金来源 是指在报告期收到的除以上各种资金之外其他用于固定资产投资金，包括群众集资、个人资金、无偿捐赠的资金及其他单位拨入的资金等。

本年各项应付款 指本年用于固定资产投资的应付未付的投资款。包括当年应付工程款、应付器材款、应付工资、应付有偿调入器材及工程款、其他应付款、应交税金、应交基建收入、应交投资包干结余、应交能源交通建设基金、应交预算调节基金及其他应交款。各项应付款填报本报告期实际增加数(或发生数)，不是填报开始建设以来的累计数。

固定资产投资按国民经济行业分 国民经济行业分类是按企、事业单位所从事的生产或其他经济活动性质的同一性进行的分类。固定资产投资按国民经济行业分类，基本建设项目按建成投产后的主要产品种类或主要用途及社会经济活动种类来划分。一般情况下，一个基本建设项目，只能属于一种国民经济行业；更新改造，其他固定资产投资根据整个企、事业单位只能属于一种国民经济行业。为了更准确地反映国民经济各行业之间的比例关系，联合企业(总厂)所属分厂属于不同行业的，原则上按分厂划分行业。

固定资产投资按建设性质分 建设项目的性质一般分为新建、扩建、改建、迁建、恢复。基本建设按建设项目划分建设性质，更新改造、国有单位其他固定资产投资及城镇集体投资按整个企业、事业单位的建设情况确定建设性质。目前基本建设和更新改造和根据我国现行的计划管理体制区分的，所以基本建设和更新改造都可以分别按新建、扩建和改建等划分。

(1)新建 一般是指从无到有，“平地起家”新开始建设的单位。有的单位原有的基础很小，经过建设后其新增加的固定资产价值超过原有固定资产价值(原值)三倍以上的也算新建。

(2)扩建 一般指为扩大原有产品的生产能力，在厂内或其他地点增建主要车间(或主要工程)、独立的生产线或总厂之下的分厂的企业；事业单位和行政单位在原单位增建业务用房(如学校增建教学用房、医院增建门诊部或病床用房，行政机关增建办公楼等)也作为扩建。

(3)改建 一般是指现有企业、事业单位为了技术进步，提高产品质量，增加花色品种，促进产品升级换代、降低消耗和成本，加强资源综合利用和三废治理，以及劳保安全等，采用新技术、新工艺、新设备、新材料等对现有设施、工艺条件进行技术改造或更新(包括相应配套的辅助性生产、生活福利设施)。有的企业为充分发挥现有生产能力，进行填平补齐而增建不增加本单位主要产品生产能力的车间等，也属于改建。

固定资产投资按用途分 固定资产投资按工程经济用途分为农林牧渔业用、工业建筑业用、商业运输邮电业用、住宅和其它五部分的建设，是研究不同用途的固定资产投资之间比例关系的重要指标。基本建设投资、国有经济单位其他固定资产投资及城镇集体投资的用途按单项工程确定，现有企业、事业单位更新改造投资的用途按更新改造项目确定。

固定资产投资按构成分 固定资产投资活动按其工作内容和实现方式分为建筑工程，安装工程，设备、工具器具购置，其他费用四个部分。

(1)建筑安装工程(建筑工作量) 指各种房屋、建筑物的建造工程和多种设备、装置的安装工程。包括各种房屋建造工程；各种用途设备基础和各种工业窑炉的砌筑工程；为施工而进行的各种准备工作和临时工程以及完工后的清理工作等；铁路、道路的铺设，矿井的开凿及石油管道的架设等；水利工程；防空地下建筑等特殊工程；及各种机械设备的安装工程；为测定工作质量，对设备进行试运行工作。在安装工程中，不包括被安装设备本身的价值。

(2) 设备、工具、器具购置　指购置或自制达到固定资产标准的设备、工具、器具的价值。固定资产的标准按财务部门规定。新建单位、扩建单位的新建车间，按照设计和计划要求购置或自制的全部设备、工具、器具，不论是否达到固定资产标准均计入“设备、工具、器具购置”中。

(3) 其他费用　指除建筑安装工程和设备、工具、器具购置以外的投资完成额。它包括两种性质的费用，一种是属于增加固定资产的费用，主要有：建设单位管理费、土地、青苗等补偿费和安置补助费、勘察设计费、研究实验费、农林单位牲畜购置费、各种经济林木的营造费、办公和生活家具、器具购置费。引进技术和进口设备项目的其他费用、联合试运转费等；一种是属于不增加固定资产的费用，主要有：施工机构转移费、生产职工培训费、农业开荒费用及报废工程损失费等。

基本建设项目按大中小型划分　基本建设划分大中小型项目原则上应按照上级批准的设计任务书或初步设计所确定的总规模或总投资划分，没有正式批准设计任务书或初步设计的，按国家或省、自治区、直辖市年度基本建设总规模或总投资划分。上述两条均不具备的，按本年计划施工工程的建设总规模或总投资划分。生产单一产品的工业项目。按产品的设计能力划分；生产多种产品工业项目，按其主要产品的设计能力划分；品种繁多，难经按生产能力划分的，按全部计划投资额划分。划分标准以国家颁发的《大中小型建设项目划分标准》为依据。国家曾在 1958 年、1962 年、1972 年、1977 年和 1979 年五次修订《大中小型建设项目划分标准》。因此各历史时期的大中型项目数不完全可比。

施工项目　指报告期内曾进行建筑或安装施工活动的建设项目。包括报告期内新开工项目，报告期以前开工跨入报告期继续施工的项目，报告期施工并在报告期内全部建成投产或停缓建的项目。

全部建成投产项目　工业项目是指设计文件规定形成生产能力的主体工程及其相应配套的辅助设施全部建成，经负荷试运转，证明具备生产设计规定合格产品的条件，并经过验收鉴定合格或达到竣工验收标准，与生产性工程配套的生活福利设施可以满足近期正常生产的需要，正式移交生产的建设项目；非工业项目是指设计文件规定的主体工程和相应的配套工程全部建成，能够发挥设计规定的全部效益，经验收鉴定合格或达到竣工验收标准，正式移交使用的建设项目。

新增生产能力　指通过固定资产投资活动而增加的设计能力或工程效益，它是用实物形态表示的固定资产资产投资的成果。新增生产能力的计算，是以能独立发挥生产能力或效益的单项工程(或项目)为对象。当单项工程(或项目)建成，经有关部门鉴定合格、正式移交投入生产，即可计算新增生产能力。新增生产能力的数量一般按设计能力计算。设计文件中规定的在正常情况下能够达到的生产能力，而不论投产后的实际产量如何。以设备数量、建筑物容积、面积、长度等表示为新增生产能力(或效益)，则按建成的实际数量计算。

施工和竣工房屋建筑面积　房屋建筑面积是从房屋外墙线算起的各层平面面积的总和，包括房屋结构(如柱、墙)占用的面积和地下室面积，多层建筑按各自然层面积和计算，包括房屋内的楼隔屋，突出墙面的眺望间、门斗、有柱雨罩的面积。不包括突出墙面的眺望间、门斗、有柱雨罩的面积。不包括突出墙面结构的构件、艺术装饰等所占的面积，如台阶等。凹阳台、挑阳台按其水平投影面积一半计算建筑面积。

施工面积　指报告期内施工的全部房屋建筑面积。包括本期新开工的面积和上期开工跨入本期继续施工的房屋面积，以及上期已停建在本期继续施工的房屋建筑面积。

竣工面积　指在报告期内房屋建筑按照设计要求已全部完工，达到住人和使用条件，经验收鉴定合格，正式移交使用单位的建筑面积。

新增固定资产　指通过投资活动所形成的新的固定资产价值。包括已经建成投入生产或交付使用的工程价值和达到固定资产标准的设备、工具、器具的投资及有关应摊入的费用。它是以价值形式表示的固定资产投资成果的综合性指标，可以综合反映不同时期、不同部门、不同地区的固定资产投资成果。

能源、原材料消费与库存 5

PRODUCTION AND CONSUMPTION OF ENERGY

●2016 年，能源消费总量 479.96 万吨标准煤，比上年增长 7.99%。

本篇章

资料整理	微机处理
胡刚华	胡刚华
卢玉玲	卢玉玲

5-1 能源平衡表（实物量）

指标名称	煤合计（万吨）	原煤（万吨）					洗精煤（万吨）	其它洗煤（万吨）	煤制品（万吨）
			无烟煤（万吨）	烟煤		褐煤（万吨）			
				炼焦烟煤（万吨）	一般烟煤（万吨）				
一.可供本地区消费的能源量	472.31	472.10	5.82	0.03	448.46	17.79		0.21	
1.一次能源生产量	131.33	131.33	99.26		32.07				
2.外省（区、市）调入量	429.25	429.03	1.65		410.19	17.19		0.22	
3.进　口　量									
4.境内轮船和飞机在境外加油量									
5.本省（区、市）调出量（－）	-95.20	-95.20	-95.20						
6.出　口　量(-)									
7.境外轮船和飞机在境内加油（－）									
8.库存增（－）、减（+）量	6.93	6.95	0.11	0.03	6.20	0.60		-0.01	
二.加工转换投入(-)产出(+)量	-332.02	-332.02			-314.23	-17.79			
1.火力发电	-320.19	-320.19			-313.62	-6.57			
2.供　　热	-11.83	-11.83			-0.61	-11.22			
3.煤 炭 洗 选									
4.炼　　焦									
5.炼油及煤制油									
其中：油品再投入量(-)									
6.制　　气									
其中：焦炭再投入量(-)									
7.天然气液化									
8.煤制品加工									
9.回收能									
三.损 失 量									
四.终端消费量	140.29	140.08	5.82	0.03	134.23			0.21	
1.农.林.牧.渔业	2.60	2.60	0.02		2.58				
2.工　　业	105.83	105.62	5.77	0.03	99.82			0.21	
#用作原料.材料									
3.建 筑 业									
4.交通运输.仓储和邮政业	3.88	3.88			3.88				
5.批发、零售业和住宿、餐饮业	14.29	14.29			14.29				
6.其他	6.62	6.62			6.62				
7.生活消费	7.07	7.07	0.03		7.04				
城　　镇	1.83	1.83	0.01		1.82				
乡　　村	5.24	5.24	0.02		5.22				
五.平衡差额 (+、-)									
六.消费量合计	472.31	472.10	5.82	0.03	448.46	17.79		0.21	

5-1 续表 1

指标名称	煤矸石（万吨）	焦炭（万吨）	石油合计（万吨）	原油（万吨）	汽油（万吨）	煤油（万吨）	柴油（万吨）	石油沥青（万吨）	石油焦（万吨）
一.可供本地区消费的能源量		0.43	64.24		30.82		30.75	0.46	2.21
1.一次能源生产量									
2.外省（区、市）调入量		0.42	64.26		30.82		30.75	0.47	2.22
3.进 口 量									
4.境内轮船和飞机在境外加油量									
5.本省（区、市）调出量（－）									
6.出 口 量(–)									
7.境外轮船和飞机在境内加油量（－）									
8.库存增（－）、减（+）量		0.01	–0.02					–0.01	–0.01
二.加工转换投入(–)产出(+)量									
1.火力发电									
2.供　　热									
3.煤 炭 洗 选									
4.炼　　焦									
5.炼油及煤制油									
其中：油品再投入量(–)									
6.制　　气									
其中：焦炭再投入量(–)									
7.天然气液化									
8.煤制品加工									
9.回收能									
三.损 失 量									
四.终端消费量		0.43	64.24		30.82		30.75	0.46	2.21
1.农.林.牧.渔业			3.11		1.20		1.91		
2.工　　业		0.43	22.47		10.21		9.61	0.44	2.21
#用作原料.材料									
3.建 筑 业			3.90		2.22		1.66	0.02	
4.交通运输.仓储和邮政业			16.35		5.38		10.97		
5.批发、零售业和住宿、餐饮业			3.89		2.37		1.52		
6.其他			1.56		1.09		0.47		
7.生活消费			12.96		8.35		4.61		
城　　镇			6.79		4.76		2.03		
乡　　村			6.17		3.59		2.58		
五.平衡差额 (+、–)									
六.消费量合计		0.43	64.24		30.82		30.75	0.46	2.21

5-1 续表 2

指标名称	液化石油气（万吨）	炼厂干气（万吨）	其它石油制品（万吨）	天然气(亿立方米)	液化天然气（万吨）	热力（万百万千焦）	电力(亿千瓦时)	其它能源(万吨标煤)
一.可供本地区消费的能源量				0.31	0.46		4.57	35.14
1.一次能源生产量							55.26	35.12
2.外省（区、市）调入量				0.31	0.46		57.26	
3.进 口 量								
4.境内轮船和飞机在境外加油量								
5.本省（区、市）调出量（－）							-107.95	
6.出 口 量(-)								
7.境外轮船和飞机在境内加油量（－）								
8.库存增（－）、减（+）量								0.02
二.加工转换投入(-)产出(+)量						104.08	84.99	-12.02
1.火力发电						-42.73	84.99	-12.02
2.供　　热						118.29		
3.煤 炭 洗 选								
4.炼　　焦								
5.炼油及煤制油								
其中：油品再投入量(-)								
6.制　　气								
其中：焦炭再投入量(-)								
7.天然气液化								
8.煤制品加工								
9.回收能						28.52		
三.损 失 量							0.24	
四.终端消费量				0.31	0.46	104.08	89.32	23.12
1.农.林.牧.渔业							1.13	
2.工　　业				0.14		104.08	56.42	23.12
#用作原料.材料								
3.建 筑 业							2.09	
4.交通运输.仓储和邮政业							1.69	
5.批发、零售业和住宿、餐饮业							4.49	
6.其他							6.29	
7.生活消费				0.17	0.46		17.21	
城　　镇				0.17	0.36		8.08	
乡　　村					0.10		9.13	
五.平衡差额 (+、－)								
六.消费量合计				0.31	0.46	146.81	89.56	35.14

5-2 能源消费构成表

	商品能源（不包括回收能）等价值			能耗构成	
	本期数	同期数	增长（%）	本期	同期
能源消费总量	479.96	444.45	7.99	100.00	100
(一)第一产业	9.55	9.3	2.66	1.99	2.09
(二)第二产业	308.82	288.1	7.19	64.34	64.82
1.工　业	296.97	277.72	6.93	61.87	62.49
规上工业	266.90	242.27	10.17	55.61	54.51
规下工业	30.07	35.45	-15.17	6.27	7.98
2.建 筑 业	11.84	10.77	9.96	2.47	2.42
(三)第三产业	84.47	77.64	8.80	17.60	17.47
1.交通运输.仓储和邮政业	31.36	28.94	8.37	6.53	6.51
(四)生活消费	77.13	69.01	11.77	16.07	15.53
1. 城　镇	37.74	33.82	11.60	7.86	7.61
2. 乡　村	39.39	35.19	11.93	8.21	7.92

5-3 分行业电力占消费比重

	2016 年	2015 年
一产	34.72	28.06
工业	55.97	51.28
建筑业	51.77	41.04
三产合计	43.31	37.88
三产（除交通运输）	59.54	51.76
城镇居民	62.80	54.73
农村居民	68.00	60.01

5-4 工业企业能源购进、消费与库存

能源名称	计量单位	企业单位数（个）	年初库存量	1-本月购进量	1-本月消费量
					购自省外
原煤	吨	132	395357	4239573	3333706
其中：1.无烟煤	吨	37	2002	57191	16510
2.炼焦烟煤	吨	2	347		
3.一般烟煤	吨	95	376965	4009159	3295925
4.褐煤	吨	5	16043	173223	21271
洗精煤	吨				
其它洗煤	吨	3	65	2202	
煤制品	吨	1		336	
焦炭	吨	6	218	7959	4238
其它焦化产品	吨	1			
焦炉煤气	万立方米				
高炉煤气	万立方米				
转炉煤气	万立方米				
发生炉煤气	万立方米				
天然气（气态）	万立方米	9	43	1580	
液化天然气（液态）	吨	3		4700	4578
煤层气（煤田）	万立方米				
原油	吨				
汽油	吨	32	1	963	263
煤油	吨	3	1	9	
柴油	吨	41	290	5674	196
燃料油	吨	2		486	
液化石油气	吨	3	33	12	
炼厂干气	吨				
石脑油	吨				
润滑油	吨				
石蜡	吨				
溶剂油	吨				
石油焦	吨	1	896	22160	22160
石油沥青	吨	1		4676	4676
其它石油制品	吨				
热力	百万千焦	2			
电力	万千瓦时	1110		588258	
煤矸石用于燃料	吨	3	17	34835	
城市垃圾用于燃料	吨	3		4586	
生物质废料用于燃料	吨	27	257	360766	3260
余热余压	百万千焦	4		435508	
其它工业废料用于燃料	吨	3		5189	
其他燃料	吨标准煤	8	778	7432	
能源合计	吨标准煤	1110			

5-4 续表 1

能源名称	1-本月消费量					年末库存量
	合计	1.工业生产消费	用于原材料	2.非工业生产消费	合计中：运输工具消费	
原煤	3918330	3901751	4358	16579	30	325841
其中：1.无烟煤	58333	57865		468		858
2.炼焦烟煤						
3.一般烟煤	3680773	3664663	4358	16111	30	314971
4.褐煤	179224	179224				10012
洗精煤						
其它洗煤	2094	1994	1610	100	15	173
煤制品	336	336				
焦炭	7951	7951	3240			84
其它焦化产品	294	294				
焦炉煤气						
高炉煤气						
转炉煤气						
发生炉煤气						
天然气（气态）	1567	1531	102	36		55
液化天然气（液态）	4700	4700				
煤层气（煤田）						
原油						
汽油	951	190	20	761	665	2
煤油	57	42		15		1
柴油	5843	5042	1135	802	933	257
燃料油	486	458		28		
液化石油气	12			12		
炼厂干气						
石脑油						
润滑油						
石蜡						
溶剂油						
石油焦	22138	22138	22138			918
石油沥青	4807	4807	4807			71
其它石油制品						
热力	1182928	1182928				
电力	647170	630067		17102	3500	
煤矸石用于燃料	34843	34843				
城市垃圾用于燃料	4586	4586				
生物质废料用于燃料	368680	368673		6		81
余热余压	435508	435508				
其它工业废料用于燃料	5189	5189				
其他燃料	7391	7331		60		656
能源合计	4165983	4129542		36441		

5-5 工业企业能源购进、消费与库存(分品种能源产出量合计)

指标	本月					
	原煤(吨)	无烟煤(吨)	一般烟煤(吨)	褐煤(吨)	其它洗煤(吨)	煤制品(吨)
全部工业企业	3918329.9	58332.5	3680773.2	179224.2	2094.0	336.3
一、按工业行业门类分						
(一)轻工业	308401.0	17496.7	112716.3	178188.0	1977.8	
(二)重工业	3609928.9	40835.8	3568056.9	1036.2	116.2	336.3
(三)采矿业	319.0	319.0				
06.煤炭开采和洗选业	319.0	319.0				
07.石油和天然气开采业						
08.黑色金属矿采选业						
09.有色金属矿采选业						
10.非金属矿采选业						
11.开采辅助活动						
12.其他采矿业						
(四)制造业	765915.8	58013.5	528678.1	179224.2	2094.0	336.3
13.农副食品加工业	3516.5	2302.1	1214.4			
14.食品制造业	179540.6	1038.0	680.0	177822.6	1610.0	
15.酒、饮料和精制茶制造业	9350.7		9350.7			
16.烟草制品业						
17.纺织业	311.3		311.3			
18.纺织服装、服饰业					367.8	
19.皮革、毛皮、羽毛及其制品和制鞋业	6810.5	1007.0	5803.5			
20.木材加工和木、竹、藤、棕、草制品业	3460.0	780.0	2680.0			
21.家具制造业						
22.造纸和纸制品业	3333.4		3333.4			
23.印刷和记录媒介复制业						
24.文教、工美、体育和娱乐用品制造业						
25.石油加工、炼焦和核燃料加工业	3217.0		3217.0			
26.化学原料和化学制品制造业	74010.1	16825.9	56148.0	1036.2		
27.医药制造业	64191.6	10595.6	53596.0			
28.化学纤维制造业						
29.橡胶和塑料制品业	4213.0	270.0	3943.0			
30.非金属矿物制品业	379547.0	16198.8	363348.2			336.3
31.黑色金属冶炼和压延加工业	16480.0		16480.0			
32.有色金属冶炼和压延加工业	5742.7	2667.1	3075.6			
33.金属制品业	1310.6	390.0	920.6			
34.通用设备制造业	4692.0	4692.0				
35.专用设备制造业						
36.汽车制造业						
37.铁路、船舶、航空航天和其他运输设备制造业						
38.电气机械和器材制造业	1831.9	780.0	686.5	365.4	116.2	
39.计算机、通信和其他电子设备制造业	467.0	467.0				
40.仪器仪表制造业						
41.其他制造业	3890.0		3890.0			

5-5 续表 1

指标	本月					
	原煤(吨)	无烟煤(吨)	一般烟煤(吨)	褐煤(吨)	其它洗煤(吨)	煤制品(吨)
42.废弃资源综合利用业						
43.金属制品、机械和设备修理业						
(五)电力、热力、燃气及水生产和供应业	3152095.1		3152095.1			
44.电力、热力生产和供应业	3152095.1		3152095.1			
45.燃气生产和供应业						
46.水的生产和供应业						
二、分部门						
煤炭	319.0	319.0				
石油石化	3217.0		3217.0			
冶金	17400.6		17400.6			
有色	5742.7	2667.1	3075.6			
建材	379547.0	16198.8	363348.2			336.3
化工	73363.1	16178.9	56148.0	1036.2		
轻工	214307.1	6434.1	29685.0	178188.0	1610.0	
烟草						
纺织	311.3		311.3		367.8	
医药	64191.6	10595.6	53596.0			
机械	6158.5	5472.0	686.5		116.2	
电子	467.0	467.0				
电力	3152095.1		3152095.1			
其他	1210.0		1210.0			
三、特殊分组						
中部地区	3918329.9	58332.5	3680773.2	179224.2	2094.0	336.3
高耗能行业	3631091.9	35691.8	3594363.9	1036.2		336.3
万家重点耗能企业						
四、分能源消费量（吨标准煤）						
5000 吨以下	124901.2	24512.1	98987.5	1401.6	2094.0	336.3
5000 吨以上	3793428.7	33820.4	3581785.7	177822.6		
1 万以上	3733942.4	14135.8	3541984.0	177822.6		
5 万以上	3663686.8	9443.8	3476420.4	177822.6		
10 万以上	3289503.9		3289503.9			
15 万以上	3152095.1		3152095.1			
五、按企业登记注册类型分						
国有企业						
集体企业						
股份合作企业						
股份制企业	744163.4	53944.5	512030.9	178188.0	1726.2	336.3
外商及港澳台商投资企业	3171027.3	2285.0	3168742.3		367.8	
其他经济类型企业	3139.2	2103.0		1036.2		

5-5 续表 2

指标	本月					
	焦炭(吨)	其它焦化产品(吨)	天然气（气态）(万立方米)	液化天然气（液态）(吨)	汽油(吨)	煤油(吨)
全部工业企业	7950.7	294.2	1567.5	4700.0	951.0	57.0
一、按工业行业门类分						
(一)轻工业		294.2	639.8	4700.0	333.7	
(二)重工业	7950.7		927.7		617.2	57.0
(三)采矿业	3.9				62.4	3.2
06.煤炭开采和洗选业					12.0	
07.石油和天然气开采业						
08.黑色金属矿采选业					46.0	
09.有色金属矿采选业	3.9				4.4	3.2
10.非金属矿采选业						
11.开采辅助活动						
12.其他采矿业						
(四)制造业	7946.9	294.2	1567.5	4700.0	870.9	53.8
13.农副食品加工业		294.2			113.0	
14.食品制造业					60.0	
15.酒、饮料和精制茶制造业			150.1			
16.烟草制品业						
17.纺织业					2.4	
18.纺织服装、服饰业			60.0		25.8	
19.皮革、毛皮、羽毛及其制品和制鞋业					1.0	
20.木材加工和木、竹、藤、棕、草制品业					12.7	49.0
21.家具制造业					13.4	
22.造纸和纸制品业						
23.印刷和记录媒介复制业						
24.文教、工美、体育和娱乐用品制造业				26.0	9.1	
25.石油加工、炼焦和核燃料加工业						
26.化学原料和化学制品制造业					7.0	
27.医药制造业					91.3	
28.化学纤维制造业						
29.橡胶和塑料制品业			101.0		5.7	
30.非金属矿物制品业			1083.7	4674.0		4.8
31.黑色金属冶炼和压延加工业						
32.有色金属冶炼和压延加工业	7946.9		120.0			
33.金属制品业						
34.通用设备制造业					19.9	
35.专用设备制造业						
36.汽车制造业						
37.铁路、船舶、航空航天和其他运输设备制造业						
38.电气机械和器材制造业					165.5	
39.计算机、通信和其他电子设备制造业			52.7		344.1	
40.仪器仪表制造业						
41.其他制造业						

5-5 续表 3

指标	本月					
	焦炭(吨)	其它焦化产品(吨)	天然气（气态）(万立方米)	液化天然气（液态）(吨)	汽油(吨)	煤油(吨)
42.废弃资源综合利用业						
43.金属制品、机械和设备修理业						
(五)电力、热力、燃气及水生产和供应业					17.7	
44.电力、热力生产和供应业						
45.燃气生产和供应业						
46.水的生产和供应业					17.7	
二、分部门						
煤炭					12.0	
石油石化						
冶金					46.0	
有色	7950.7		120.0		4.4	3.2
建材			1083.7	4674.0		4.8
化工					7.0	
轻工		294.2	251.1	26.0	202.3	
烟草						
纺织			60.0		28.2	
医药					91.3	
机械					185.4	
电子			52.7		344.1	
电力						
其他					30.4	49.0
三、特殊分组						
中部地区	7950.7	294.2	1567.5	4700.0	951.0	57.0
高耗能行业	7946.9		1203.7	4674.0	7.0	4.8
万家重点耗能企业						
四、分能源消费量（吨标准煤）						
5000 吨以下	7950.7	294.2	860.8	122.0	610.7	57.0
5000 吨以上			706.7	4578.0	340.3	
1 万以上					60.0	
5 万以上					60.0	
10 万以上						
15 万以上						
五、按企业登记注册类型分						
国有企业						
集体企业						
股份合作企业						
股份制企业	7950.7	294.2	788.4	4674.0	921.7	52.2
外商及港澳台商投资企业			629.0	26.0	29.3	4.8
其他经济类型企业			150.1			

5-5　续表 4

指标	本月					
	柴油(吨)	燃料油(吨)	液化石油气(吨)	石油焦(吨)	石油沥青(吨)	热力(百万千焦)
全部工业企业	5843.2	486.1	11.9	22138.0	4807.0	1182928.1
一、按工业行业门类分						
(一)轻工业	184.5	28.1	11.9			1090230.8
(二)重工业	5658.8	458.0		22138.0	4807.0	92697.3
(三)采矿业	2898.9					
06.煤炭开采和洗选业	38.9					
07.石油和天然气开采业						
08.黑色金属矿采选业	2743.0					
09.有色金属矿采选业	29.0					
10.非金属矿采选业	88.0					
11.开采辅助活动						
12.其他采矿业						
(四)制造业	2918.5	486.1	11.9	22138.0	4807.0	1182928.1
13.农副食品加工业	15.3					
14.食品制造业	97.0					1090230.8
15.酒、饮料和精制茶制造业						
16.烟草制品业						
17.纺织业	2.2					
18.纺织服装、服饰业						
19.皮革、毛皮、羽毛及其制品和制鞋业	38.8	28.1				
20.木材加工和木、竹、藤、棕、草制品业	162.2					
21.家具制造业	10.0		7.9			
22.造纸和纸制品业						
23.印刷和记录媒介复制业						
24.文教、工美、体育和娱乐用品制造业	10.2					
25.石油加工、炼焦和核燃料加工业	359.0				4807.0	
26.化学原料和化学制品制造业	95.1					92697.3
27.医药制造业	11.0		4.0			
28.化学纤维制造业						
29.橡胶和塑料制品业						
30.非金属矿物制品业	1775.4			22138.0		
31.黑色金属冶炼和压延加工业						
32.有色金属冶炼和压延加工业		458.0				
33.金属制品业						
34.通用设备制造业	3.0					
35.专用设备制造业						
36.汽车制造业						
37.铁路、船舶、航空航天和其他运输设备制造业						
38.电气机械和器材制造业	98.7					
39.计算机、通信和其他电子设备制造业	240.7					
40.仪器仪表制造业						
41.其他制造业						

5-5 续表 5

指标	本月					
	柴油(吨)	燃料油(吨)	液化石油气(吨)	石油焦(吨)	石油沥青(吨)	热力(百万千焦)
42.废弃资源综合利用业						
43.金属制品、机械和设备修理业						
(五)电力、热力、燃气及水生产和供应业	25.8					
44.电力、热力生产和供应业	25.8					
45.燃气生产和供应业						
46.水的生产和供应业						
二、分部门						
煤炭	38.9					
石油石化	359.0				4807.0	
冶金	2743.0					
有色	29.0	458.0				
建材	1863.4			22138.0		
化工	95.1					92697.3
轻工	171.3	28.1	7.9			1090230.8
烟草						
纺织	2.2					
医药	11.0		4.0			
机械	101.7					
电子	240.7					
电力	25.8					
其他	162.2					
三、特殊分组						
中部地区	5843.2	486.1	11.9	22138.0	4807.0	1182928.1
高耗能行业	2255.3	458.0		22138.0	4807.0	92697.3
万家重点耗能企业						
四、分能源消费量（吨标准煤）						
5000 吨以下	3171.1	486.1	11.9			
5000 吨以上	2672.2			22138.0	4807.0	1182928.1
1 万以上	142.5			22138.0		1182928.1
5 万以上	122.8					1090230.8
10 万以上	25.8					
15 万以上	25.8					
五、按企业登记注册类型分						
国有企业	35.0					
集体企业						
股份合作企业						
股份制企业	5520.1	486.1	11.9	22138.0	4807.0	1090230.8
外商及港澳台商投资企业	127.9					92697.3
其他经济类型企业	160.3					

5-5 续表 6

指标	本月						
	电力(万千瓦时)	煤矸石用于燃料(吨)	城市垃圾用于燃料(吨)	生物质废料用于燃料(吨)	余热余压(百万千焦)	其它工业废料用于燃料(吨)	其他燃料(吨标准煤)
全部工业企业	647169.6	34843.1	4586.0	368679.6	435508.0	5189.0	7391.4
一、按工业行业门类分							
(一)轻工业	170879.8	8.1	4586.0	20340.6		39.0	4645.5
(二)重工业	476289.7	34835.0		348339.0	435508.0	5150.0	2746.0
(三)采矿业	37720.8						
06.煤炭开采和洗选业	3725.7						
07.石油和天然气开采业							
08.黑色金属矿采选业	25575.0						
09.有色金属矿采选业	1978.2						
10.非金属矿采选业	6441.9						
11.开采辅助活动							
12.其他采矿业							
(四)制造业	562003.8	34843.1	4586.0	46730.2	435508.0	5189.0	7391.4
13.农副食品加工业	26165.4			9559.0			470.0
14.食品制造业	18708.8						
15.酒、饮料和精制茶制造业	5325.8						1532.0
16.烟草制品业							
17.纺织业	13337.9						
18.纺织服装、服饰业	10798.8						
19.皮革、毛皮、羽毛及其制品和制鞋业	15533.8	8.1		480.3			
20.木材加工和木、竹、藤、棕、草制品业	33460.8			19350.5		5150.0	
21.家具制造业	4101.4					39.0	
22.造纸和纸制品业	10327.4		4327.0	5116.5			
23.印刷和记录媒介复制业	4724.8						
24.文教、工美、体育和娱乐用品制造业	12194.2						
25.石油加工、炼焦和核燃料加工业	381.0						
26.化学原料和化学制品制造业	92789.2			6765.4			2743.9
27.医药制造业	20168.7		259.0	5044.8			2643.5
28.化学纤维制造业							
29.橡胶和塑料制品业	21955.4						
30.非金属矿物制品业	68712.5	34835.0			435508.0		
31.黑色金属冶炼和压延加工业	30646.0						
32.有色金属冶炼和压延加工业	27908.5			189.0			
33.金属制品业	6330.0						2.1
34.通用设备制造业	16890.9						
35.专用设备制造业	3727.2						
36.汽车制造业	5397.6						
37.铁路、船舶、航空航天和其他运输设备制造业	19.1						
38.电气机械和器材制造业	38128.4						
39.计算机、通信和其他电子设备制造业	68005.0			1.0			
40.仪器仪表制造业	1683.2						
41.其他制造业	784.3						

5–5 续表 7

指标	本月						
	电力(万千瓦时)	煤矸石用于燃料(吨)	城市垃圾用于燃料(吨)	生物质废料用于燃料(吨)	余热余压(百万千焦)	其它工业废料用于燃料(吨)	其他燃料(吨标准煤)
42.废弃资源综合利用业	3797.6			223.8			
43.金属制品、机械和设备修理业							
(五)电力、热力、燃气及水生产和供应业	47445.0			321949.3			
44.电力、热力生产和供应业	43784.6			321949.3			
45.燃气生产和供应业	1376.3						
46.水的生产和供应业	2284.0						
二、分部门							
煤炭	3725.7						
石油石化	381.0						
冶金	56698.5						
有色	29886.7			189.0			
建材	78909.9	34835.0			435508.0		
化工	94494.1			6765.4			2743.9
轻工	123826.9	8.1	4327.0	15295.8		39.0	2004.1
烟草							
纺织	24136.7						
医药	20545.8		259.0	5044.8			2643.5
机械	62158.7						
电子	68005.0			1.0			
电力	43784.6			321949.3			
其他	40616.0			19434.3		5150.0	
三、特殊分组							
中部地区	647169.6	34843.1	4586.0	368679.6	435508.0	5189.0	7391.4
高耗能行业	264221.9	34835.0		328903.7	435508.0		2743.9
万家重点耗能企业							
四、分能源消费量（吨标准煤）							
5000 吨以下	365947.2	8.1	4586.0	11850.5		3689.0	7391.4
5000 吨以上	281222.4	34835.0		356829.0	435508.0	1500.0	
1 万以上	206649.8	34835.0		332273.3	435508.0		
5 万以上	63325.4			297758.2	426858.0		
10 万以上	43227.0			207379.2	24820.3		
15 万以上	37859.7			207379.2			
五、按企业登记注册类型分							
国有企业	3788.4						
集体企业	2840.5						
股份合作企业							
股份制企业	495689.8	34843.1	4586.0	368527.6	435508.0	5189.0	7391.4
外商及港澳台商投资企业	130341.1						
其他经济类型企业	14509.8			152.0			

主要统计指标解释

能源生产总量　指一定时期内，全国一次能源生产量的总和。该指标是观察全国能源生产水平、规模、构成和发展速度的总量指标。一次能源生产量包括原煤、原油、天然气、水电、核能及其他动力能(如风能、地热能等)发电量，不包括低热值燃料生产量、生物质能、太阳能等的利用和由一次能源加工转换而成的二次能源产量。

能源消费总量　指一定时期内，全国各行业和居民生活消费的各种能源的总和。该指标是观察能源消费水平、构成和增长速度的总量指标。能源消费总量包括原煤和原油及其制品、天然气、电力，不包括低热值燃料、生物质能和太阳能等的利用。能源消费总量分为终端能源消费量、能源加工转换损失量和能源损失量三部分。

(1)终端能源消费量：指一定时期内，全国生产和生活消费的各种能源在扣除了用于加工转换二次能源消费量和损失量以后的数量。

(2)能源加工转换损失量：指一定时期内，全国投入加工转换的各种能源数量之和与产出各种能源产品之和的差额。该指标是观察能源在加工转换过程中损失量变化的指标。

(3)能源损失量：指一定时期内，能源在输送、分配、储存过程中发生的损失和由客观原因造成的各种损失量，不包括各种气体能源放空、放散量。

能源生产弹性系数　是研究能源生产增长速度与国民经济增长速度之间关系的指标。计算公式：

$$能源生产弹性系数=\frac{能源生产总量年平均增长速度}{国民经济年平均增长速度}$$

国民经济年平均增长速度，可根据不同的目的或需要，用国民生产总值、国内生产总值等指标来计算，本年鉴是采用国内生产总值指标计算的。

电力生产弹性系数　是研究电力生产增长速度与国民经济增长速度之间关系的指标。一般来说，电力的发展应当快于国民经济的发展，也就是说电力应超前发展。计算公式为：

$$电力生产弹性系数=\frac{电力生产量年平均增长速度}{国民经济年平均增长速度}$$

能源消费弹性系数　反映能源消费增长速度与国民经济增长速度之间比例关系的指标。计算公式为：

$$能源消费弹性系数=\frac{能源消费量年平均增长速度}{国民经济年平均增长速度}$$

电力消费弹性系数　反映电力消费增长速度与国民经济增长速度之间比例关系的指标。计算公式为：

$$电力消费弹性系数=\frac{电力消费量年平均增长速度}{国民经济年平均增长速度}$$

原材料、能源消费　指一定时期内实际消费的原材料、能源的数量。原材料、能源消费分别用价值量和实物量表示。

原材料、能源库存　指报告期初、期末实际结存的原材料、能源的数量。原材料、能源库存数量分别用价值量和实物量表示。

农　业 6

AGRICULTURE

●2016 年，乡村总户数 103.23 万户，总人口 404.68 万人，乡村劳动力资源数 235.31 万人。

●2016 年，农林牧渔服务业总产值(现价)431. 16 亿元，其中林、牧、渔业产值占 53.08%。

●2016 年，农产品商品产值 338.83 亿元，农产品商品率为 78.58%。

●2016 年，粮食总产量 423.76 万吨，油料折油 5.76 万吨，肉类总产量 52.65 万吨。

本篇章

资料整理	微机处理
周信平	周信平
罗　晖	罗　晖

6-1 农村基本情况、乡村户数和人口及从业人员对比表

项目	单　位	2016年	2015年	增长%
农村基本情况和农业生产条件				
一、 农村基层组织情况				
1.乡镇个数	个	214	214	
其中:镇个数	个	120	118	1.7
2.村民委员会	个	2513	2511	0.1
3.村民小组	个	26528	26551	-0.1
二、农村基础设施				
1.自来水受益村	个	1692	1661	1.9
2.通有限电视的村	个	2403	2391	0.5
3.通宽带的村	个	2513	2476	1.5
三、乡村人口与从业人员				
1.乡村总户数	户	1032324	1024589	0.8
2.乡村总人口	人	4046825	4013925	0.8
（1）男	人	2120859	2103728	0.8
（2）女	人	1925966	1910197	0.8
3.乡村劳动力资源数	人	2353161	2321775	1.4
（1）男	人	1253316	1235992	1.4
（2）女	人	1099845	1085783	1.3
4.乡村从业人员	人	2039310	2028255	0.5
（1）男	人	1088567	1082612	0.6
其中：农业从业人员	人	523504	513811	1.9
（2）女	人	950743	945643	0.5
其中：农业从业人员		461472	445016	
5.外出(离乡)的从业人员	人	1083291	1088109	-0.4
其中:出省从业的	人	763597	777135	-1.7
四、农村主要能源及物耗				
1.农村用电量	万千	83712	80015	4.6
2.农用化肥施用量(实物量)	吨	559767	554576	0.9
(1)氮　肥	吨	143911	144324	-0.3
(2)磷　肥	吨	90461	90622	-0.2
(3)钾　肥	吨	62363	61456	1.5
(4)复合肥	吨	263032	258174	1.9
3.农用化肥施用量(折纯量)	吨	186311	187881	-0.8
(1)氮　肥	吨	47623	47937	-0.7
(2)磷　肥	吨	27829	27382	1.6
(3)钾　肥	吨	24928	24979	-0.2
(4)复合肥	吨	85931	87583	-1.9
4.农用塑料薄膜使用量	吨	6719	6465	3.9
其中:地膜使用量	吨	4153	4147	0.1
地膜覆盖面积	公顷	23772	22650	5
5.农用柴油使用量	吨	31374	30795	1.9
6.农药使用量	吨	12878	13098	-1.7

6-2 分县（市、区）农村基本情况、乡村户数和人口及从业人员(一)

单位：个

县（市、区）	一、农村基层组织情况				二、农村基础设施		
	1.乡镇政府	其中:镇政府	2.村民委员会	3.村民小组	1.自来水受益村	2.通有线电视的村	3.通宽带的村
吉安市	214	120	2513	26528	1692	2403	2513
吉州区	4	4	77	823	28	77	77
青原区	7	6	106	1188	66	106	106
吉安县	19	13	311	2729	171	278	311
吉水县	18	15	251	2323	114	224	251
峡江县	11	6	85	988	43	85	85
新干县	13	7	134	1246	82	134	134
永丰县	21	8	217	2653	157	176	217
泰和县	22	16	291	3306	161	291	291
遂川县	23	12	309	4236	266	309	309
万安县	16	9	132	1853	132	132	132
安福县	19	7	256	2145	136	247	256
永新县	23	10	238	2208	235	238	238
井冈山市	18	7	106	830	101	106	106

6-3　各县（市、区）乡村户数和人口及从业人员

县（市、区）	三、乡村户数与人口		四、乡村劳动力资源总数（人）			五、乡村从业人员（人）	(一)按性别分组(人)				外出(离乡)的从业人员	其中:出省从业的
	1.乡村总户数（户）	2.乡村总人口（人）		男（人）	女（人）		1.男	其中：农业从业人员	2.女	其中：农业从业人员		
吉安市	1032324	4046825	2353161	1253316	1099845	2039310	1088567	523504	950743	461472	1083291	763597
吉州区	32183	130371	73471	38798	34673	66680	34634	20173	32046	18703	39925	20958
青原区	51644	197197	105962	55832	50130	99414	52080	20450	47334	18372	45658	33475
吉安县	95812	393783	233249	126802	106447	198265	107992	66452	90273	58942	93145	65780
吉水县	125628	422523	241530	133747	107783	217492	119709	59119	97783	46646	134532	95730
峡江县	36894	139441	79670	43311	36359	66905	36222	22096	30683	19520	20250	15214
新干县	76277	272292	163026	88997	74029	140775	74857	46430	65918	39301	85976	57993
永丰县	86339	370637	222379	115890	106489	179445	93822	30751	85623	28120	125411	87716
泰和县	124883	482260	276016	147145	128871	233578	129453	68339	104125	59044	109360	82949
遂川县	127491	501054	312429	162611	149818	265918	138051	48976	127867	48436	148387	107593
万安县	60532	262935	157446	81431	76015	132236	67450	36438	64786	36080	57990	44328
安福县	78029	312919	176960	93042	83918	159057	83537	29639	75520	26014	85786	53302
永新县	108362	443853	246448	132085	114363	222622	120371	55612	102251	45461	109691	82912
井冈山市	28250	117560	64575	33625	30950	56923	30389	19029	26534	16833	27180	15647

6-4 历年农林牧渔业总产值

单位：万元

年 份	农林牧渔业总产值	农业产值	林业产值	牧业产值	渔业产值	服务业产值	农林牧渔业商品产值	农林牧渔业商品率(%)
1984	132350	89849	21619	18277	2605			
1985	141369	86954	25439	25211	3765		63806	45.13
1986	147555	87230	26422	28797	5106		73662	49.92
1987	164201	97319	27168	33710	6004		88838	54.10
1988	205986	113332	34169	50335	8150		127548	60.70
1989	232056	132707	31252	59522	8575		142803	61.54
1990	298268	178792	41920	65136	12420		156406	52.44
1991	311520	182015	47208	69809	12488		171561	55.07
1992	334988	190288	47753	81197	15750		190601	56.90
1993	413068	241335	48575	102413	20745		241923	58.57
1994	608861	335152	61544	178955	33210		365886	60.09
1995	737207	407461	75762	209232	44752		465978	63.21
1996	840633	463329	85265	237982	54057		538391	64.05
1997	914355	484274	84421	278767	66893		593026	64.86
1998	947909	506190	86224	281122	74373		613970	64.77
1999	951756	528146	95653	249941	78016		610480	64.14
2000	953315	537334	89542	246470	79969		618112	64.84
2001	977754	558072	90635	239161	89886		627434	64.81
2002	989586	554176	92385	245433	97592		641368	64.17
2003	1029364	504682	110494	287290	108898		672311	65.31
2004	1267479	650902	126674	336956	130596		826429	66.37
2005	1385169	700810	138942	368463	151029		940198	69.17
2006	1444533	728191	148077	384564	156476		976897	68.90
2007	1640284	812724	169355	455920	174707		1121515	69.54
2008	2012556	977900	204670	596242	200037		1412467	70.18
2009	2189505	1033772	230287	678169	210313	36964	1580580	72.19
2010	2453433	1180712	261397	740516	228267	42541	1766943	72.02
2011	2801917	1339645	294092	863970	254912	49298	2082211	74.31
2012	3043268	1468640	327899	892196	300079	54454	2302323	75.65
2013	3315407	1588408	388480	930398	346590	61530	2536532	76.51
2014	3504040	1696257	426182	938136	375689	67776	2707582	77.27
2015	3647085	1795787	459799	923464	393953	74082	2894139	79.35
2016	4311560	1882924	676538	1180749	431382	139967	3388362	78.59

6-5 历年农林牧渔业总产值构成

(按当年价格计算) 单位：%

年 份	农林牧渔业总产值	农业产值	林业产值	牧业产值	渔业产值	农林牧渔服务业产值
1984	100.00	67.89	16.34	13.81	1.96	
1985	100.00	61.50	18.10	17.80	2.60	
1986	100.00	59.11	17.91	19.52	3.46	
1987	100.00	59.27	16.55	20.52	3.66	
1988	100.00	55.02	16.59	24.44	3.95	
1989	100.00	57.18	13.45	25.67	3.70	
1990	100.00	59.96	14.05	21.83	4.16	
1991	100.00	58.43	15.15	22.41	4.01	
1992	100.00	56.81	14.26	24.23	4.70	
1993	100.00	58.43	11.76	24.79	5.02	
1994	100.00	55.05	10.11	29.39	5.45	
1995	100.00	55.27	10.28	28.38	6.07	
1996	100.00	55.12	10.14	28.31	6.43	
1997	100.00	52.96	9.23	30.49	7.32	
1998	100.00	53.41	9.10	29.65	7.84	
1999	100.00	55.49	10.05	26.26	8.20	
2000	100.00	56.37	9.39	25.85	8.39	
2001	100.00	57.08	9.27	24.46	9.19	
2002	100.00	56.00	9.34	24.80	9.86	
2003	100.00	49.02	10.73	27.91	10.58	
2004	100.00	51.35	9.99	26.58	10.31	
2005	100.00	50.59	10.03	26.61	10.91	
2006	100.00	50.41	10.25	26.62	10.83	
2007	100.00	49.55	10.32	27.80	10.65	1.68
2008	100.00	48.58	10.16	29.62	9.93	1.67
2009	100.00	47.21	10.52	30.97	9.61	1.69
2010	100.00	48.59	10.17	29.63	9.94	1.67
2011	100.00	47.81	10.50	30.83	9.10	1.76
2012	100.00	48.26	10.77	29.32	9.86	1.79
2013	100.00	47.91	11.72	28.06	10.45	1.86
2014	100.00	48.41	12.16	26.77	10.72	1.93
2015	100.00	49.24	12.61	25.32	10.8	2.03
2016	100.00	43.67	15.69	27.39	10.01	3.25

6–6 历年农林牧渔业总产值指数

(按可比价格计算)

年　份	以上年为 100					
	农业总产值	农业产值	林业产值	牧业产值	渔业产值	农林牧渔服务业产值
1978	112.64	111.39	142.87	109.01	111.92	
1979	117.11	114.62	133.62	133.00	124.05	
1980	103.95	98.29	102.79	113.86	128.54	
1981	107.22	107.81	113.91	111.25	99.30	
1982	102.32	100.97	103.29	101.96	138.08	
1983	107.87	110.00	94.73	104.55	115.15	
1984	106.99	103.30	111.45	119.64	136.29	
1985	105.23	101.42	117.99	116.43	118.85	
1986	101.20	96.67	97.22	113.87	118.88	
1987	106.75	106.65	102.18	103.73	109.33	
1988	105.61	100.56	105.45	112.46	118.51	
1989	104.35	103.32	109.16	103.74	109.36	
1990	105.83	106.44	107.04	108.12	106.66	
1991	104.35	101.48	107.05	107.66	102.01	
1992	104.10	100.42	99.41	115.25	111.68	
1993	107.25	104.15	136.58	120.98	120.59	
1994	107.18	98.95	108.19	115.53	132.30	
1995	106.85	108.05	107.41	105.42	118.42	
1996	106.07	104.37	107.72	100.87	117.62	
1997	106.94	105.53	94.90	112.28	125.54	
1998	102.70	98.70	100.46	106.32	112.38	
1999	101.06	106.78	105.80	86.35	110.52	
2000	98.73	101.07	93.54	100.09	104.57	
2001	101.26	102.46	98.93	97.30	100.45	
2002	101.66	98.47	101.59	102.47	113.14	
2003	100.31	97.96	120.29	106.79	106.65	
2004	110.70	113.72	107.41	108.72	108.49	
2005	108.60	105.53	109.83	109.47	114.96	
2006	102.74	103.40	104.19	100.81	101.53	
2007	105.36	104.53	107.06	104.62	111.65	
2008	108.20	107.60	107.76	111.32	102.89	
2009	108.20	103.80	110.30	116.60	102.80	
2010	105.50	106.60	106.30	104.00	103.70	
2011	104.53	105.02	106.25	102.46	105.73	109.54
2012	104.68	103.57	106.77	105.38	105.48	106.26
2013	105.05	106.26	107.45	102.67	103.25	107.00
2014	105.40	104.27	107.67	106.61	104.70	105.81
2015	104.29	106.3	107.67	99.1	104.11	105.81
2016	104.35	104.82	108.00	101.89	103.27	106.50

6-7 历年农林牧渔业总产值指数

以 1978 年为 100

年　份	农业总产值	农业产值	林业产值	牧业产值	渔业产值
1978	100.00	100.00	100.00	100.00	100.00
1979	117.11	114.12	113.00	119.93	124.05
1980	121.73	112.54	136.71	136.67	171.84
1981	130.53	121.46	155.73	152.05	168.05
1982	133.55	122.64	160.86	155.03	233.38
1983	144.06	134.90	152.39	162.09	268.73
1984	154.14	139.36	169.84	193.92	366.26
1985	162.20	141.33	200.40	225.78	435.29
1986	164.15	136.62	194.83	257.09	517.46
1987	175.23	145.72	199.09	266.67	565.77
1988	186.06	146.54	209.93	299.89	670.52
1989	197.11	151.41	229.15	191.98	733.26
1990	204.37	161.15	245.29	336.35	782.12
1991	213.26	163.54	262.59	362.12	797.87
1992	222.19	164.22	261.06	417.36	891.08
1993	238.30	171.02	356.54	504.15	1074.58
1994	255.40	169.22	385.75	582.37	1421.69
1995	272.91	182.85	414.34	614.10	1683.52
1996	289.48	190.84	446.33	619.36	1980.21
1997	309.57	201.40	423.58	695.45	2485.96
1998	317.93	198.78	425.54	739.37	2793.77
1999	321.31	212.27	450.22	638.48	3087.68
2000	317.24	214.54	421.15	639.10	3228.89
2001	321.22	219.83	416.64	621.86	3477.63
2002	326.57	216.47	423.36	637.22	3934.47
2003	327.58	212.05	509.08	680.49	4196.19
2004	362.88	241.14	546.80	739.81	4552.65
2005	394.08	254.49	600.55	809.87	5233.74
2006	404.86	263.14	625.73	816.44	5313.93
2007	426.56	275.06	669.91	854.16	5933.00
2008	461.54	295.96	721.90	950.85	6104.46
2009	499.38	307.21	796.25	1108.69	6275.39
2010	526.85	327.49	846.41	1153.04	6507.58
2011	550.69	343.94	899.28	1181.45	6880.19
2012	576.48	356.21	960.14	1244.98	7257.30
2013	605.61	378.51	1031.68	1278.28	7492.88
2014	638.33	394.71	1110.81	1362.78	7845.05
2015	665.71	419.58	1196	1350.51	8167.48
2016	694.64	439.80	1291.68	1376.03	8434.56

6-8 各县（市、区）现价农林牧渔服务业总产值

县(市、区)	农林牧渔业总产值	农业产值	林业产值	牧业产值	渔业产值	服务业
吉安市	4311560	1882924	676538	1180749	431382	139967
吉州区	165962	78200	19492	38167	25239	4864
青原区	157222	67051	30012	29500	25555	5104
吉安县	495810	190075	49472	209707	30460	16096
吉水县	495991	285484	53177	97337	43892	16101
峡江县	229689	102701	40467	47667	31398	7456
新干县	367757	141330	31643	140378	42467	11939
永丰县	442101	210955	74785	99406	42278	14677
泰和县	521307	231322	60428	162323	49545	17689
遂川县	308613	121058	99574	64229	13733	10019
万安县	260103	100498	42369	60416	48376	8444
安福县	391413	177505	60715	107058	33996	12139
永新县	347101	136099	64397	101245	34092	11268
井冈山市	128491	40646	50007	23316	10351	4171

6-9 各县（市、区）现价农林牧渔服务业各业比重

县(市、区)	农林牧渔业总产值	农业产值	林业产值	牧业产值	渔业产值	服务业	农产品商品率
吉安市	100	43.67	15.69	27.39	10.01	3.25	78.59
吉州区	100	47.12	11.74	23.00	15.21	2.93	73.18
青原区	100	42.65	19.09	18.76	16.25	3.25	83.04
吉安县	100	38.34	9.98	42.30	6.14	3.25	86.00
吉水县	100	57.56	10.72	19.62	8.85	3.25	83.01
峡江县	100	44.71	17.62	20.75	13.67	3.25	77.60
新干县	100	38.43	8.60	38.17	11.55	3.25	80.30
永丰县	100	47.72	16.92	22.48	9.56	3.32	79.07
泰和县	100	44.37	11.59	31.14	9.50	3.39	84.10
遂川县	100	39.23	32.27	20.81	4.45	3.25	63.48
万安县	100	38.64	16.29	23.23	18.60	3.25	79.88
安福县	100	45.35	15.51	27.35	8.69	3.10	72.73
永新县	100	39.21	18.55	29.17	9.82	3.25	70.90
井冈山市	100	31.63	38.92	18.15	8.06	3.25	79.57

6-10 各县（市、区）可比价农林牧渔服务业总产值

县(市、区)	农林牧渔业总产值	农业产值	林业产值	牧业产值	渔业产值	服务业
吉安市	3805577	1882350	496571	940918	406826	78912
吉州区	153154	69563	9399	31201	38755	4236
青原区	139516	67430	23004	26811	14815	7456
吉安县	404820	176621	36176	163336	25615	3072
吉水县	454474	285397	47222	75196	42014	4645
峡江县	184314	102670	27892	28944	20159	4649
新干县	303438	161281	15909	94371	27226	4651
永丰县	420805	200894	77901	87571	47112	7327
泰和县	525545	271588	38286	147526	59537	8608
遂川县	278863	121021	83239	45313	14547	14743
万安县	206725	86660	22935	38934	53346	4850
安福县	329397	164584	37574	97299	23538	6402
永新县	299592	134007	39106	92016	31682	2781
井冈山市	104934	40634	37928	12400	8480	5492

6-11 各县（市、区）现价农林牧渔服务业总产值(商品产值）

县(市、区)	农林牧渔业总产值	农业产值	林业产值	牧业产值	渔业产值	服务业
吉安市	3388362	1392391	496764	1052538	367428	79241
吉州区	121450	49908	17806	37726	13170	2840
青原区	130562	53652	19142	40557	14158	3053
吉安县	426397	175221	62513	132453	46238	9972
吉水县	411717	169188	60361	127893	44646	9629
峡江县	178242	73246	26132	55368	19328	4168
新干县	295311	121353	43295	91734	32023	6906
永丰县	349548	143641	51247	108581	37904	8175
泰和县	438402	180154	64273	136182	47540	10253
遂川县	195922	80511	28724	60860	21245	4582
万安县	207781	85384	30463	64544	22531	4859
安福县	284676	116983	41736	88430	30870	6657
永新县	246111	101135	36082	76450	26688	5756
井冈山市	102243	42015	14990	31760	11087	2391

6-12 农林牧渔业总产值和商品产值

单位：万元

项目	按现价计算	按可比价计算	商品产值(现价)
农林牧渔业总产值	4311560	3805577	3388362
一、农业产值	1882924	1882350	1392391
(一)谷物及其他作物	1258651	1266811	910402
1.谷物	989991	999433	720945
其中:小 麦			
稻 谷	857586	863889	617166
玉 米	3001	2916	2140
2.薯类	36942	36193	24663
其中：马铃薯	10134	9725	5962
3.油料	108681	107580	76400
其中:花 生	39291	36666	30054
油菜籽	66186	65629	41772
4.豆类	32652	32911	25140
其中:大 豆	24775	24727	18795
5.棉花	342	340	295
6.生麻	47	46	47
7.糖类	10516	10049	8753
8.烟草	40314	40796	39117
9.其他农作物	39166	39463	15042
其中:饲料作物	6931	6916	2131
(二)蔬菜、食用菌及花卉盆景园艺产品	432213	417619	323828
1.蔬菜(含菜用瓜)	386602	372088	282081
2.食用菌	11851	12130	10220
3.花 卉	5962	6029	5846
4.盆景园艺	27798	27372	25681
(三)水果、坚果、茶、饮料和香料	157446	161711	128299
1.水果	122809	125434	99037
其中：梨	4076	3611	3483
柑桔	58791	58072	42623
2.坚果	1490	1479	1318
其中：核桃			
板栗	1476	1465	1309
松子	12	12	9
3.茶及饮料原料	33032	34685	27832
其中:茶叶	33032	34672	27832

6-12 续表 1

项目	按现价计算	按可比价计算	商品产值(现价)
4.香料作物	115	113	112
其中：花椒			
八角			
(四)中草药材	34613	36209	29862
二、林业产值	676538	496571	496764
(一)林木的培育和种植	149755	109801	47593
1.育种育苗	27939	20548	15611
2.造　林	49148	35896	12786
3.抚育和管理	72668	53357	19196
(二)竹木采运	288361	212763	236145
其中:村及村以下	99456	69524	59135
(三)林产品	238423	174007	213027
三、牧业产值	1180749	940918	1052538
(一)牲畜饲养	280840	226467	254282
1.牛的饲养	263104	211809	238178
2.羊的饲养	4640	4026	3974
3.其他牲畜饲养	6634	5457	5736
4.奶产品	5993	4769	5957
其中：牛奶	5994	4769	5960
5.毛绒产品			
其中：羊毛			
6.其他牲畜副产品	469	406	437
(二)猪的饲养	611507	469368	559864
(三)家禽的饲养	272126	231724	223965
1.肉禽	185202	156624	153048
2.禽蛋	86923	75100	70916
(四)狩猎和捕捉动物	3932	3311	3048
(五)其他畜牧业	12344	10048	11379
其中:蚕茧	5005	3982	5005
兔	482	414	424
四、渔业产值	431382	406826	367428
其中:养殖	393214	351323	323252
（一）鱼　类	366186	345435	311514
（二）虾蟹类	14682	14015	12741
（三）贝　类	4608	4644	4020
（四）其　他	45907	42732	39155
五、农林牧渔服务业产值	139967	78912	79241

6-13 各县（市、区）粮食作物和多种经营产值

单位：万元

县(市、区)	绝对数(万元)				构成(%)			
	农林牧渔业总产值	粮食作物	多种经营	经济作物	农林牧渔业总产值	粮食作物	多种经营	#经济作物
吉安市	4311560	1059585	3251975	823338	100.00	24.58	75.42	19.10
吉州区	165962	31923	134039	37661	100.00	19.24	80.76	22.69
青原区	157222	36359	120863	31092	100.00	23.13	76.87	19.78
吉安县	495810	124512	371298	52163	100.00	25.11	74.89	10.52
吉水县	495991	176068	319923	109416	100.00	35.50	64.50	22.06
峡江县	229689	63352	166337	39349	100.00	27.58	72.42	17.13
新干县	367757	80962	286795	80368	100.00	22.02	77.98	21.85
永丰县	442101	89269	352832	111686	100.00	20.19	79.81	25.26
泰和县	521307	150446	370861	121225	100.00	28.86	71.14	23.25
遂川县	308613	56946	251667	64112	100.00	18.45	81.55	20.77
万安县	260103	63468	196635	23218	100.00	24.40	75.60	8.93
安福县	391413	89122	302291	75512	100.00	22.77	77.23	19.29
永新县	347101	76847	270254	57201	100.00	22.14	77.86	16.48
井冈山市	128491	20311	108180	20335	100.00	15.81	84.19	15.83

6-14 各县（市、区）粮食作物和多种经营产值

(按可比价计算)　单位：万元

县(市、区)	绝对数(万元)				构成(%)			
	农林牧渔业总产值	粮食作物	多种经营	经济作物	农林牧渔业总产值	粮食作物	多种经营	#经济作物
吉安市	3805577	1068537	2737040	813813	100.00	28.08	71.92	21.38
吉州区	153154	31456	121698	38107	100.00	20.54	79.46	24.88
青原区	139516	38380	101136	29050	100.00	27.51	72.49	20.82
吉安县	404820	128250	276570	48371	100.00	31.68	68.32	11.95
吉水县	454474	175887	278587	109510	100.00	38.70	61.30	24.10
峡江县	184314	63352	120962	39318	100.00	34.37	65.63	21.33
新干县	303438	80132	223306	81149	100.00	26.41	73.59	26.74
永丰县	420805	90080	330725	110814	100.00	21.41	78.59	26.33
泰和县	525545	153711	371834	117877	100.00	29.25	70.75	22.43
遂川县	278863	57009	221854	64012	100.00	20.44	79.56	22.95
万安县	206725	62983	143742	23677	100.00	30.47	69.53	11.45
安福县	329397	90250	239147	74334	100.00	27.40	72.60	22.57
永新县	299592	76743	222849	57264	100.00	25.62	74.38	19.11
井冈山市	104934	20304	84630	20330	100.00	19.35	80.65	19.37

6–15 农林牧渔业增加值

(按当年价格) 单位：万元

指　　标	合　计	农　业	林　业	牧　业	渔　业	农林牧渔服务业
一、农业总产出（总产值）	4311560	1882924	676538	1180749	431382	139967
二、农业中间消耗	1700779	688732	199709	612152	131496	68690
（一）农业中间物质消耗	1488310	629109	170138	553512	111838	23713
1.用种量	320069	151913	57099	111057		
2.饲料、饲草	486043	40473		377260	68310	
3.肥料	304509	269019	35490			
4.燃料	69254	32720	14623	16200	5711	
5.农药、畜禽用药	86613	54227	9645	22741		
6.用电量	37259	19239	8144	7594	2282	
7.农用塑料薄膜	13907	13907				
8.其他	170658	47611	45138	18660	35536	23713
(二)对非物质生产部门的劳务支出	212469	59623	29571	58640	19658	44977
三、农业增加值	2610781	1194192	476829	568597	299886	71277

6–16 各县（市、区）农林牧渔业总产出、中间消耗及增加值

单位：单位:万元;%

县(市、区)	农林牧渔业总产出	农林牧渔业中间消耗	农林牧渔业增加值	占农林牧渔业总产出比重	
				中间消耗	增加值
吉安市	4311560	1700779	2610781	39.45	60.55
吉州区	165962	63982	101980	38.55	61.45
青原区	157222	58974	98248	37.51	62.49
吉安县	495810	200725	295085	40.48	59.52
吉水县	495991	194937	301054	39.30	60.70
峡江县	229689	87455	142234	38.08	61.92
新干县	367757	151504	216253	41.20	58.80
永丰县	442101	175611	266490	39.72	60.28
泰和县	521307	219476	301831	42.10	57.90
遂川县	308613	116076	192537	37.61	62.39
万安县	260103	100782	159321	38.75	61.25
安福县	391413	144216	247197	36.84	63.16
永新县	347101	139386	207715	40.16	59.84
井冈山市	128491	47655	80836	37.09	62.91

6-17 各县（市、区）粮食总产量

单位：吨

县(市、区)	粮食总产量		
	2016 年	2015 年	增长（%）
吉安市	4237633	4234532	0.07
吉州区	110683	107927	2.55
青原区	134358	134210	0.11
吉安县	469138	470184	–0.22
吉水县	646102	645993	0.02
峡江县	250995	252326	–0.53
新干县	379197	380138	–0.25
永丰县	377462	380106	–0.70
泰和县	548954	550917	–0.36
遂川县	270058	269597	0.17
万安县	281306	282332	–0.36
安福县	381836	375299	1.74
永新县	306298	304991	0.43
井冈山市	81246	80512	0.91

6-18 主要农作物播种面积对比表

单位:公顷,%

项　目	播种面积（公顷）		
	2016 年	2015 年	增长%
农作物生产情况			
农作物总播种面积	943693	941692.4	0.21
一、粮食作物	667115	667941	-0.12
(一)谷　物	608479	608903	-0.07
1.稻　谷	601550	602039	-0.08
(1)早　稻	277551	279142	-0.57
(2)中稻及一季晚稻	35210	34361	2.47
(3)双季晚稻	288789	288536	0.09
2.小　麦			
(1)冬小麦			
(2)春小麦			
3.玉　米	2671	2609	2.38
4.谷　子			
5.高　粱	4258	4255	0.07
6.其它谷物			
其中：大麦			
燕麦			
荞麦			
(二)豆　类	30798	31030	-0.75
1.大　豆	18315	18899	-3.09
2.绿　豆	1092	1111	-1.71
3.红小豆	24	25	
4.蚕碗豆	10677	10629	0.45
(三)薯类(折粮计算)	27838	28008	-0.61
马铃薯	4665	4634	0.67
甘薯	22356	22516	-0.71
二、油料作物	137840	137122	0.52
1.花　生	24893	24711	0.74
2.油菜籽	111342	110820	0.47
3.芝　麻	1605	1591	0.88
4.胡麻籽			
5.向日葵籽			
三、棉　花	145	145	0.00
四、生麻	14	14	0.00
其中:黄红麻	5	5	0.00
苎　麻	9	9	0.00
大　麻(线麻)			
亚　麻			
五、甘　蔗	1028	1053.4	-2.41
六、烟叶类	8058	7655	5.26
其中:烤　烟	7565	7608	-0.57
七、药材类	5088	4352	16.91
八、蔬菜类（含菜用瓜）	99936	99084	0.86
九、瓜果类	9592	9276	3.41
其中:西　瓜	8523	8169	4.33
甜　瓜	904	854	5.85
草　莓	78	67	16.42
十、其他农作物	14877	15050	
其中:莲　子	1354	696	94.54
青饲料	7207	7352	-1.97

6-19 农作物单产和产量对比表

单位:公斤/公顷:吨

项　　目	平均单产			总产量		
	2016年	2015年	+、-%	2016年	2015年	+、-%
一、粮食作物	6352	6340	0.19	4237633	4234532	0.07
(一)谷　物	6601	6590	0.17	4016868	4012569	0.11
1.稻　谷	6614	6602	0.18	3978679	3974879	0.10
(1)早　稻	6391	6373	0.29	1773945	1779028	-0.29
(2)中稻及一季晚稻	7043	7072	-0.42	247967	242996	2.05
(3)双季晚稻	6776	6768	0.11	1956767	1952855	0.20
2.小　麦						
3.玉　米	4310	4223	2.07	11513	11017	4.50
4、谷子						
5、高粱	6265	6269	-0.07	26676	26673	0.01
6、其他谷物						
(二)豆　类	2036	1996	2.00	62700	61931	1.24
1.大　豆	2402	2378	1.01	43994	44935	-2.09
2.绿　豆	1584	1612	-1.72	1730	1791	-3.41
3、红小豆	1917	1800	6.48	46	45	2.22
4、蚕豌豆	1366	1359	0.51	14584	14442	0.98
(三)薯类(折粮计算)	5678	5714	-0.63	158065	160032	-1.23
其中：马铃薯	5754	5828	-1.27	26843	27007	-0.61
甘薯	5712	5771	-1.02	127706	129952	-1.73
二、油料作物	1371	1372	-0.09	188947	188177.5	0.41
1.花　生	2515	2513	0.10	62618	62104	0.83
2.油菜籽	1119	1122	-0.30	124546	124344	0.16
3.芝　麻	1111	1087	2.20	1783	1729.5	3.09
三、棉　花	1572	1641	-4.18	228	238	-4.20
四、麻　类						
其中:黄红麻	4600	4600	0.00	23	23	0.00
苎　麻	2667	2667	-0.01	24	24	0.00
五、甘　蔗	49236	49018	0.45	50615	51636	-1.98
六、烟叶类	2147	2027	5.93	17302	15513	11.53
其中:烤　烟	2145	2024	5.97	16225	15400	5.36
七、药材类	3223	3361	-4.11	16398	14626	12.12
八、蔬菜类（含菜用瓜）	20687	19763	4.68	2067398	1958207	5.58
九、瓜果类	24861	25051	-0.76	238470	232373	2.62
其中:西　瓜	25646	25888	-0.93	218584	211479	3.36
甜　瓜	20625	20047	2.88	18645	17120	8.91
草　莓	8756	8507	2.93	683	570	19.82
十、其他农作物	10813	11205	-3.50	160867	168631	-4.60
其中:莲　子	2242	3348	-33.03	3036	2330	30.30
青饲料	10438	11299	-7.62	75229	83072	-9.44

6-20 各县（市、区）主要农作物播种面积

单位:公顷

项　　目	吉安市	吉州区	青原区	吉安县	吉水县	峡江县	新干县
农作物总播种面积	943693	28287	30476	104512	125981	56505	86528
一、粮食作物	667115	20815	22309	77601	93461	38021	57207
其中：夏收谷物							
(一)谷　物	608479	19671	21159	71979	83090	36483	52956
1.稻　谷	601550	19656	21124	71779	78697	36350	52873
(1)早　稻	277551	9891	10192	34738	37271	17215	25157
(2)中稻及一季晚稻	35210	22	890	2110	1858	638	1340
(3)双季晚稻	288789	9743	10042	34931	39568	18497	26376
2.小　麦							
(1)冬小麦							
(2)春小麦							
3.玉　米	2671	15	35	104	233	133	83
4.谷　子							
5.高　粱	4258			96	4160		
6.其它谷物							
其中：大麦							
燕麦							
荞麦							
(二)豆　类	30798	801	775	3727	4868	1025	2427
1.大　豆	18315	438	386	2145	2816	602	1328
2.绿　豆	1092	32	34	136	148	35	184
3.红小豆							
4.蚕豌豆	10677	331	301	1446	1904	219	915
(三)薯类(折粮计算)	27838	343	375	1895	5503	513	1824
马铃薯	4665	219	30	785	700	153	14
甘薯	22356	124	345	1110	4803	360	1810
二、油料作物	137840	2360	3155	18510	16294	11050	16357
1.花　生	24893	735	745	3592	3691	819	2499
2.油菜籽	111342	1499	2225	14720	12447	10201	13571
3.芝　麻	1605	126	185	198	156	30	287
4.胡麻籽							
5.向日葵籽							
三、棉　花	145			1		14	122
四、生麻	14					6	
其中:黄红麻	5					5	
苎　麻	9					1	
大　麻(线麻）							
亚　麻							
五、甘　蔗	1028	4	12	7	50	88	137
六、烟叶类	8058					2404	
其中:烤　烟	7565					1958	
七、药材类	5088		162	14	18	441	2355
八、蔬菜类（含菜用瓜）	99936	4574	4199	7681	13097	3281	8385
九、瓜果类	9592	225	248	500	508	499	1687
其中:西　瓜	8523	181	233	440	477	478	1605
甜　瓜	904	41	12	57	29	12	69
草　莓	78	3	3	3	2		13
十、其他农作物	14877	309	391	198	2553	701	278
其中:莲　子	1354	2					3
青饲料	7207	166		198	1229	86	164

6-20 续表 1

项　　目	永丰县	泰和县	遂川县	万安县	安福县	永新县	井冈山市
农作物总播种面积	82154	124521	60426	59903	94034	70600	19766
一、粮食作物	60771	88454	44431	44011	59645	46293	14096
其中：夏收谷物							
(一)谷　物	56256	79369	38206	42507	54071	44152	8580
1.稻　谷	56207	79275	37414	42475	53777	44123	7800
(1)早　稻	25714	38483	14008	21036	23952	19894	
(2)中稻及一季晚稻	2194	2073	8713	163	4713	2826	7670
(3)双季晚稻	28299	38719	14693	21276	25112	21403	130
2.小　麦							
(1)冬小麦							
(2)春小麦							
3.玉　米	49	94	792	32	294	27	780
4.谷　子							
5.高　粱						2	
6.其它谷物							
其中：大麦							
燕麦							
荞麦							
(二)豆　类	3034	3762	3046	874	3214	1185	2060
1.大　豆	1090	2449	1963	632	2057	561	1848
2.绿　豆		120	225	12	136	30	
3.红小豆		2	20			2	
4.蚕豌豆	1944	1191	811	230	1021	152	212
(三)薯类(折粮计算)	1481	5323	3179	630	2360	956	3456
马铃薯	164	497	708	75	693	139	488
甘薯	1317	4826	2471	555	1667		2968
二、油料作物	4329	14599	4832	11432	18042	15591	1289
1.花　生	1521	4248	1942	1690	1714	1196	501
2.油菜籽	2808	9837	2890	9726	16241	14389	788
3.芝　麻		514		16	87	6	
4.胡麻籽							
5.向日葵籽							
三、棉　花						8	
四、生麻			8				
其中:黄红麻							
苎　麻			8				
大　麻(线麻)							
亚　麻							
五、甘　蔗	510	15	87	12	52	31	23
六、烟叶类	1930	437	35	1	3248		3
其中:烤　烟	1930	437			3240		
七、药材类	674	711	486	20	41	166	
八、蔬菜类(含菜用瓜)	9952	16603	9842	3659	8972	6499	3192
九、瓜果类	1411	1650	377	660	717	830	280
其中:西　　瓜	1106	1436	346	615	585	741	280
甜　　瓜	290	160	26	28	91	89	
草　　莓	15	11	5	10	13		
十、其他农作物	2577	2052	328	108	3317	1182	883
其中:莲　子	750		6	1			592
青饲料	1131	2052	123	80	908	779	291

6-21 各县（市、区）主要农作物播面单产

单位:公斤/公顷

项　　目	吉安市	吉州区	青原区	吉安县	吉水县	峡江县	新干县
一、粮食作物	6352	5317	6023	6046	6913	6601	6629
其中：夏收谷物							
(一)谷　物	6601	5494	6251	6331	7021	6723	6837
1.稻　谷	6115	5496	6259	6338	7075	6728	6841
(1)早　稻	6391	4950	6013	6172	6825	6389	6550
(2)中稻及一季晚稻	7043	5273	6470	7249	7965	7334	7388
(3)双季晚稻	6776	6051	6491	6449	7268	7022	7091
2.小　麦							
(1)冬小麦							
(2)春小麦							
3.玉　米	4310	2800	1400	3375	1442	5436	4398
4.谷　子							
5.高　粱	6265			3646	6327		
6.其它谷物							
其中：大麦							
燕麦							
荞麦							
(二)豆　类	2036	1215	1297	1276	1749	2333	2613
1.大　豆	2402	1425	1627	1457	2134	2664	3239
2.绿　豆	1584	719	2059	1147	1527	1771	1821
3.红小豆							
4.蚕豌豆	1366	680	874	1021	1197	1388	1863
(三)薯类(折粮计算)	5678	4776	2880	4597	9847	6499	5904
马铃薯	5754	5005	1167	4595	10143	4451	7571
甘薯	5712	4371	3029	4599	9804	7300	5891
二、油料作物	1371	1197	808	1171	1190	1161	1371
1.花　生	2515	2093	2513	1948	2035	2700	3374
2.油菜籽	1119	794	235	983	941	1033	1003
3.芝　麻	1111	762	827	1040	1038	2600	1341
4.胡麻籽							
5.向日葵籽							
三、棉　花	1572			2000		1214	1631
四、生麻	3357					4833	
其中:黄红麻	4600					4600	
苎　麻	2667					6000	
大　麻(线麻)							
亚　麻							
五、甘　蔗	49236	53750	20000	65000	34000	47170	26810
六、烟叶类	2147					2192	
其中:烤　烟	2145					2201	
七、药材类	3223		1062	3857	944	374	3257
八、蔬菜类（含菜用瓜）	20687	19936	21999	13208	17454	17053	26147
九、瓜果类	24861	28356	12556	17584	18327	28363	29783
其中:西　瓜	25646	30657	12961	18845	19034	28709	30147
甜　瓜	20625	18122	4167	8509	7897	24500	25551
草　莓	8756	14667	14667	5000	1000		7308
十、其他农作物	10813	25184	882	1298	10926	22275	7748
其中:莲　子	2242	500					4333
青饲料	10438	27289		1298	10749	12500	9244

6-21 续表 1

项　　目	永丰县	泰和县	遂川县	万安县	安福县	永新县	井冈山市
一、粮食作物	6211	6206	6078	6392	6402	6617	5764
其中：夏收谷物							
(一)谷　物	6523	6540	6527	6435	6710	6785	6856
1.稻　谷	6524	6545	6574	6437	6717	6786	7029
(1)早　稻	6443	6437	6391	6103	6561	6621	
(2)中稻及一季晚稻	6625	6908	6888	6012	7005	7297	7031
(3)双季晚稻	6590	6634	6563	6771	6812	6873	6885
2.小　麦							
(1)冬小麦							
(2)春小麦							
3.玉　米	4878	1957	4288	2563	5510	4593	5131
4.谷　子							
5.高　粱						3000	
6.其它谷物							
其中：大麦							
燕麦							
荞麦							
(二)豆　类	1561	2138	2803	1491	2359	2437	2730
1.大　豆	1994	2619	3014	1505	2689	2538	2863
2.绿　豆		1633	1853	1083	1243	2100	
3.红小豆		2000	2000			1000	
4.蚕碗豆	1318	1196	1925	1474	1757	2086	1575
(三)薯类(折粮计算)	3899	4106	3824	10303	4839	4023	4860
马铃薯	3988	5847	3812	6280	4986	2906	7436
甘薯	3888	3927	3808	10847	4778		4436
二、油料作物	1550	1835	1755	1113	1276	1743	1809
1.花　生	2830	2669	2827	2996	2096	2393	2806
2.油菜籽	856	1520	1035	786	1185	1690	1175
3.芝　麻		984		813	2057	833	
4.胡麻籽							
5.向日葵籽							
三、棉　花						1250	
四、生麻			2250				
其中:黄红麻							
苎　麻			2250				
大　麻(线麻)							
亚　麻							
五、甘　蔗	64618	70000	28575	65000	28827	29742	21261
六、烟叶类	2493	2561	2829	1000	1846		1667
其中:烤　烟	2493	2561			1847		
七、药材类	5145	2131	4568	6000	5780	4572	
八、蔬菜类(含菜用瓜)	29154	24997	23317	14395	15978	15314	15160
九、瓜果类	34943	21315	28403	21989	23183	11707	37296
其中:西　瓜	37528	21923	28431	21989	25679	11772	37296
甜　瓜	26166	22919	31962	23036	14912	11157	
草　莓	14000	2000	8000	6000	11615		
十、其他农作物	19843	8518	3649	8676	7129	7681	3789
其中:莲　子	1055		1000	1000			3757
青饲料	23017	8518	5862	9925	3445	6887	3856

6-22 各县(市、区)主要农作物总产量

单位:吨

项　　目	吉安市	吉州区	青原区	吉安县	吉水县	峡江县	新干县
一、粮食作物	4237633	110683	134358	469138	646102	250995	379197
其中：夏收谷物							
(一)谷　物	4016868	108072	132273	455669	583398	245270	362086
1.稻　谷	3678679	108030	132224	454968	556742	244547	361721
(1)早　稻	1773945	48963	61282	214416	254375	109981	164780
(2)中稻及一季晚稻	247967	116	5758	15295	14799	4679	9900
(3)双季晚稻	1956767	58951	65184	225257	287568	129887	187041
2.小　麦							
(1)冬小麦							
(2)春小麦							
3.玉　米	11513	42	49	351	336	723	365
4.谷　子							
5.高　粱	26676			350	26320		
6.其它谷物							
其中：大麦							
燕麦							
荞麦							
(二)豆　类	62700	973	1005	4757	8514	2391	6342
1.大　豆	43994	624	628	3125	6009	1604	4302
2.绿　豆	1730	23	70	156	226	62	335
3.红小豆	46						
4.蚕碗豆	14584	225	263	1476	2279	304	1705
(三)薯类(折粮计算)	158065	1638	1080	8712	54190	3334	10769
其中：马铃薯	26843	1096	35	3607	7100	681	106
甘薯	127706	542	1045	5105	47090	2628	10663
二、油料作物	188947	2824	2548	21676	19388	12829	22433
1.花　生	62618	1538	1872	6998	7513	2211	8431
2.油菜籽	124546	1190	523	14472	11713	10540	13617
3.芝　麻	1783	96	153	206	162	78	385
4.胡麻籽							
5.向日葵籽							
三、棉　花	228			2		17	199
四、麻　类	47					29	
其中:黄红麻	23					23	
苎　麻	24					6	
大　麻(线麻)							
亚　麻							
五、甘　蔗	50615	215	240	455	1700	4151	3673
六、烟叶类	17302					5270	
其中:烤　烟	16225					4309	
七、药材类	16398		172	54	17	165	7671
八、蔬菜类(含菜用瓜)	2067398	91188	92375	101452	228601	55950	219239
九、瓜果类	238470	6380	3114	8792	9310	14153	50244
其中:西　瓜	218584	5549	3020	8292	9079	13723	48386
甜　瓜	18645	743	50	485	229	294	1763
草　莓	683	44	44	15	2		95
十、其他农作物	160867	7782	345	257	27895	15615	2154
其中:莲　子	3036	1					13
青饲料	75229	4530		257	13210	1075	1516

6-22 续表 1

项　　目	永丰县	泰和县	遂川县	万安县	安福县	永新县	井冈山市
一、粮食作物	377462	548954	270058	281306	381836	306298	81246
其中：夏收谷物							
(一)谷　物	366951	519053	249361	273512	362833	299564	58826
1.稻　谷	366712	518869	245965	273430	361213	299434	54824
(1)早　稻	165683	247696	89521	128390	157143	131715	
(2)中稻及一季晚稻	14535	14321	60019	980	33014	20622	53929
(3)双季晚稻	186494	256852	96425	144060	171056	147097	895
2.小　麦							
(1)冬小麦							
(2)春小麦							
3.玉　米	239	184	3396	82	1620	124	4002
4.谷　子							
5.高　粱						6	
6.其它谷物							
其中：大麦							
燕麦							
荞麦							
(二)豆　类	4737	8044	8539	1303	7583	2888	5624
1.大　豆	2174	6414	5917	951	5532	1424	5290
2.绿　豆		196	417	13	169	63	
3.红小豆		4	40			2	
4.蚕豌豆	2563	1424	1561	339	1794	317	334
(三)薯类(折粮计算)	5774	21857	12158	6491	11420	3846	16796
其中：马铃薯	654	2906	2699	471	3455	404	3629
甘薯	5120	18951	9410	6020	7965		13167
二、油料作物	6708	26796	8482	12724	23025	27182	2332
1.花　生	4304	11336	5491	5063	3593	2862	1406
2.油菜籽	2404	14954	2991	7648	19253	24315	926
3.芝　麻		506		13	179	5	
4.胡麻籽							
5.向日葵籽							
三、棉　花						10	
四、麻　类			18				
其中:黄红麻							
苎　麻			18				
大　麻(线麻)							
亚　麻							
五、甘　蔗	32955	1050	2486	780	1499	922	489
六、烟叶类	4812	1119	99	1	5996		5
其中:烤　烟	4812	1119			5985		
七、药材类	3468	1515	2220	120	237	759	
八、蔬菜类（含菜用瓜）	290137	415027	229488	52670	143356	99523	48392
九、瓜果类	49304	35170	10708	14513	16622	9717	10443
其中:西　　瓜	41506	31481	9837	13523	15022	8723	10443
甜　　瓜	7588	3667	831	645	1357	993	
草　　莓	210	22	40	60	151		
十、其他农作物	51135	17479	1197	937	23646	9079	3346
其中:莲　子	791		6	1			2224
青饲料	26032	17479	721	794	3128	5365	1122

6-23 各县（市、区）油料折油和甘蔗产量

单位:吨,%

县(市、区)	油料折油(含油菜籽)			甘蔗产量		
	2016年	2015年	+,-%	2016年	2015年	+,-%
吉安市	57593	55964	2.9	50615	51636	-2.0
吉州区	822	648	26.9	215	165	30.3
青原区	712	644	10.6	240	240	0.0
吉安县	6622	7118	-7.0	455	468	-2.8
吉水县	5819	5778	0.7	1700	1699	0.1
峡江县	4067	4256	-4.4	4151	4399	-5.6
新干县	6782	6755	0.4	3673	3655	0.5
永丰县	1869	1719	8.7	32955	32336	1.9
泰和县	8006	6798	17.8	1050	2530	-58.5
遂川县	2359	2225	6.0	2486	2486	0.0
万安县	3795	3626	4.7	780	908	-14.1
安福县	7335	7087	3.5	1499	1422	5.4
永新县	8741	8699	0.5	922	839	9.9
井冈山市	657	613	7.1	489	489	0.0

6-24 茶叶和水果生产情况对比表

项　　目	单　　位	2016年	2015年	增长%
一、茶 叶 总 产 量	吨	6798	5812	16.9
1.绿茶	吨	5817	5029	15.7
2.青茶	吨	4	45	-91.1
3.红茶	吨	539	459	17.4
4.黑茶	吨			
5.黄茶	吨			
6.白茶	吨	265	244	8.6
7.其他茶	吨	39	35	11.4
二、园林水果	吨	482338	445832	8.2
1.柑桔类	吨	420048	405264	3.6
其中:柑	吨	161018	152662	5.5
桔	吨	193558	195214	-0.8
橙	吨	37355	36959	1.1
柚	吨	28117	20429	37.6
2.梨	吨	17379	10185	70.6
其中:雪花梨	吨	1638	1223	33.9
鸭　梨	吨	6758	6414	5.4
3.其他园林水果	吨	44911	30383	47.8
其中:桃	吨	5124	5381	-4.8
猕猴桃	吨	140	43	225.6
葡萄	吨	15182	15266	-0.6
柿子	吨	848	1065	-20.4
三、食用坚果	吨	1024	1161	-11.8
其中：核桃	吨			
板栗	吨	1002	1137	-11.9
松子	吨			
四、年末实有茶园面积	公顷	17032	16509	3.2
其中: 当年采摘面积	公顷	11843	11537	2.7
当年新增面积	公顷	2018	2446	-17.5
五、年末果园面积	公顷	57259	53296	7.4
其中:当年新增面积	公顷	2593	2708	-4.2
1. 柑桔园	公顷	47413	45369	4.5
其中:柑	公顷	10711	10307	3.9
桔	公顷	19402	18785	3.3
橙	公顷	3818	4000	-4.6
柚	公顷	13482	12277	9.8
2. 梨　园	公顷	2858	2553	11.9
3. 桃　园	公顷	971	892	8.9
4. 猕猴桃园	公顷	36	23	56.5
5. 葡萄园	公顷	1709	1699	0.6
6. 其他果园	公顷	4272	2760	54.8

6-25　各县(市、区)茶叶和水果产量

单位:吨

县(市、区)	茶叶	水果	1.柑桔类	2.梨	3.其他水果	葡萄
吉安市	6798	482338	420048	11556	44911	15182
吉州区		3185	1918		1267	1267
青原区	46	2858	2332	50	476	262
吉安县		9135	3808		5327	4110
吉水县	290	29887	22520	1386	5981	243
峡江县	4	10019	6565	628	2826	63
新干县	40	266128	241980	4099	15049	4720
永丰县	380	8967	4993	1415	2559	1289
泰和县	1289	25515	21234	1464	1994	769
遂川县	4476	55602	54600	231	771	53
万安县	53	48636	45483	189	2964	392
安福县	52	14862	9737	978	4147	1595
永新县	11	2643	2135	326	182	61
井冈山市	157	4901	2743	790	1368	358

6-26　各县(市、区)茶叶和果园面积

单位：公顷

县(市、区)	年末实有茶园面积	其中:当年采摘面积	当年新增面积	年末果园面积	其中:当年新增面积	1.柑桔园	2.梨园	3.桃园	4.猕猴桃园	5.葡萄园	6.其他果园
吉安市	17032	11843	2018	57259	2593	47413	2858	971	36	1709	4263
吉州区				760	24	614				145	1
青原区	278	278		2213	105	2046	24	56		22	56
吉安县				2718	50	2186		3		529	
吉水县	348	163		5984	477	5116	466	147	1	96	158
峡江县	14	14		4127	116	1563	158	67	1	11	2327
新干县	43	43	4	12041	179	11236	234	132	7	256	176
永丰县	793	634	99	2219	113	1429	351	35		200	204
泰和县	394	394		5735	256	4675	765	31	2	139	123
遂川县	13505	9227	1702	9691	430	9252	113	152	19	15	140
万安县	669	220	149	5067	500	4768	101	80		108	10
安福县	138	98	39	2927	259	2010	277	90		107	443
永新县	392	392		2065	28	1582	223	108		45	107
井冈山市	458	380	25	1712	56	936	146	70	6	36	518

6-27 历年林业主要数据

年份	林地面积（万亩）	活立木总蓄积量（万立方米）	森林覆盖率（%）	当年造林面积（千公顷)	木材产量（立方米）	竹材产量（根）	油茶籽（吨）	森林采伐面积（亩）
1980	1581.96			27.03	353345	1672664	23390	148200
1981	1581.96			29.61	410278	1758069	48028	128025
1982	1677.67			39.05	544922	1455558	16237	225580
1983	1745.98			53.50	427686	1684475	16978	180619
1984	1737.39			60.69	330265	1081841	24160	221346
1985				68.31	471907	731867	30511	350251
1986				65.69	319362	905990	22841	312331
1987				63.73	289449	474705	29613	211297
1988				57.41	264400	904100	24228	189200
1989	2065.69	4404.61		53.23	206300	909800	30960	909800
1990				53.17	254300	1146800	26500	323000
1991				85.53	453700	1277600	29238	1303000
1992				89.67	642000	2539000	21908	895000
1993				44.80	671000	2520000	19682	251000
1994			56.3	50.67	611900	1990300	19983	373500
1995				28.32	394000	2764300	17679	361350
1996				29.3	308000	2409100	20048	485400
1997	2227.2		61	16.99	223100	1770900	22041	687000
1998				6.76	490000	2410000	18261	
1999	2591.526	5600.9775	65.3	3.65	516900	1960100	27940	
2000				3.846	289300	2232600	26776	
2001				3.054	326200	2716200	23268	
2002				20.11	404800	2452900	32972	
2003				25.94			16785	
2004	2599.758	6787.2923	65.5	10.26			27282	
2005				4.136			29817	
2006				9.532			28219	
2007				10.864			33910	
2008				19.14	1975309	18032215	32909	
2009	2634.0	8238.4371	67.61	23.45	1168087	9139316	55396	
2010				17.36	1108152	8011242	27287	
2011				17.55	1109787	7539110	45592	
2012				20.98	1088419	9477432	97201	
2013				28.04	1029938		129245	
2014				22.42	967758		156497	
2015					1023638		110387	
2016					1176375	36261715	91261	

6-28 主要林产品产量

项　　目	单　　位	2016 年	2015 年	增长%
油　桐　籽	吨	14760	10900	0.35
油　茶　籽	吨	91261	110387	-0.17
乌　柏　籽	吨	33	20	0.65
五　倍　籽	吨	20	21	-0.05
棕　　　片	吨	261	62	3.21
松　　　脂	吨	70629	70413	0.00
竹　笋　干	吨	2417	3260	-0.26
板　　　栗	吨	1773	1753	0.01

6-29 各县（市、区）人工造林、封山育林面积

单位：公倾;株

县(市、区)	人工造林面积	年末实有封山（沙）育林面积	四旁（零星）植树
吉安市	14,154	31,470	6,193,080
吉州区	80		29,700
青原区	513	1,033	
吉安县	1040	3,000	175,000
吉水县	1534	2,600	350,000
峡江县	867	1,987	
新干县	1334	3,000	
永丰县	1067	1,600	
泰和县	933	2,833	3,100,000
遂川县	1,667	3,500	2,500,000
万安县	801	2,400	9,860
安福县	2,133	4,500	
永新县	1,333	2,333	
井冈山市	852	2,684	28,520

6-30 各县（市、区）主要林产品产量

单位：吨

县(市、区)	油桐籽	油茶籽	棕　片	松 脂	竹笋干	板　栗
吉安市	14760	91,261	261	70,615	2417	1773
吉州区		380		2,835		
青原区		6,890		5,200	50	
吉安县	11260	4,660	5	12,250	1	1
吉水县	3060	1,200	200	7,960	253	100
峡江县	50	5,000		11,200		35
新干县				2,570		
永丰县	60	32,400	30	6,800	410	313
泰和县		2,500		5,600		222
遂川县	150	20,158	26	1,000	700	56
万安县	180	7,200		3,000	24	32
安福县		2,400		5,200	160	20
永新县		3,000		7,000	50	980
井冈山市		5,473			769	14

6-31 各县（市、区）林业生产情况

单位：公顷

单位名称	吉安市	吉州区	青原区	吉安县	吉水县	峡江县	新干县	永丰县
人工造林面积	14154	80	513	1040	1534	867	1334	1067
其中：中央投资	7380		200	587	867	420	267	933
其中：新造混交林	5772		200		415			933
其中：非林业用地造林	277				14			134
其中：新造灌木林	801		57		302	321		
其中：新造竹林	21							
飞播造林面积	0							
其中：中央投资	0							
荒山飞播面积	0							
其中：中央投资	0							
飞播营林面积	0							
其中：中央投资完成面积	0							
当年新封山（沙）育林面积	8120		333	380	867	333	233	200
其中：中央投资	3514			380	534	133	233	200
无林地和疏林地新封山育林面积	3313		333	380	867		233	
其中：中央投资	2314			380	534		233	
有林地和灌木林地新封山育林面积	4807					333		200
其中：中央投资	1200					133		200
退化林修复面积	23967	213	333	3000	1160	2107	3000	2440
其中：中央投资完成面积	0							
其中：纯林改造混交林	7410			513	50			2440
低效林改造面积	14561		333	2487	1130	2093	971	173
其中：中央投资	0							
退化林防护林改造面积	9406	213		513	30	14	2029	2267
其中：中央投资	0							
森林抚育面积	68837	333	2200	6667	8000	3333	4333	5333
其中：中央投资	23215	67	333	1500	1867	1207	2707	2720
人工更新面积	1342		60	180	70	120		
其中：中央投资	0							
其中：新造混交林	534				20			
其中：人工促进天然	300			180		120		
年末实有封山（沙）育林面积	31470		1033	3000	2600	1987	3000	1600
四旁（零星）植树（株）	6193080	29700		175000	350000			
林木种子采集量吨	13			8				
当年苗木产量（株）	140029700	1702000	3350000	4451000	5794000	3627000	18980000	9850000
育苗面积	5209	4	51	15	57	11	774	518
其中：国有育苗面积公顷 全部完成面积	58	1	3	1	2	3		2

6-31 续表 1

单位名称	泰和县	遂川县	万安县	安福县	永新县	井冈山市	江西井冈山国家级自然保护区管理局	市林科所
人工造林面积	933	1667	801	2133	1333	852		
其中：中央投资	533	473	667	1,333	667	433		
其中：新造混交林	755		126	2,133	777	433		
其中：非林业用地造林	93		28			8		
其中：新造灌木林	85		36					
其中：新造竹林			21					
飞播造林面积								
其中：中央投资								
荒山飞播面积								
其中：中央投资								
飞播营林面积								
其中：中央投资								
当年新封山（沙）育林面积	1,000	1,000	1,000	1,423	667	684		
其中：中央投资	567	200	667		533	67		
无林地和疏林地新封山育林面积	567		333		533	67		
其中：中央投资	567				533	67		
有林地和灌木林地新封山育林面积	433	1000	667	1423	134	617		
其中：中央投资		200	667					
退化林修复面积	2183	1667	1524	2827	2700	813		
其中：中央投资								
其中：纯林改造混交林	850			2827	730			
低效林改造面积	733	1147	1524	974	2288	708		
其中：中央投资								
退化林防护林改造面积	1450	520		1853	412	105		
其中：中央投资								
森林抚育面积	8100	7333	5867	8667	5000	3671		
其中：中央投资	3360	1527	1867	3867	1260	933		
人工更新面积	333				364	215		
其中：中央投资								
其中：新造混交林	150				364			
其中：人工促进天然更新								
年末实有封山（沙）育林面积	2833	3500	2400	4500	2333	2684		
四旁（零星）植树（株）	3100000	2500000	9860			28520		
林木种子采集量吨				5				
当年苗木产量（株）	9801000	9761700	8230000	44777000	9690000	8551000		1465000
育苗面积	437	185	248	2,182	419	306		2
其中：国有育苗	2	4	1	35	2			2

6-32 各县（市、区）牧业生产情况

项目	单位	吉安市	吉州区	青原区	吉安县	吉水县	峡江县	新干县
一、当年出售和自宰肉猪	头	3846915	98462	83096	606550	276850	155300	804500
当年出售和自宰肉牛	头	552724	20280	13645	96690	41635	12842	14238
当年出售和自宰肉羊	只	40217	786	721	1061	1839	2644	1051
当年出售和自宰肉兔	只	64565			275	1290	30525	3980
当年出售和自宰肉禽	百只	952892	10310	8915	343385	119460	21278	43323
二、肉类总量	吨	526471	12082	9820	111339	46996	17618	74942
1.猪　肉	吨	320394	8201	6920	50518	23058	12934	67004
2.牛　肉	吨	64900	2381	1602	11353	4889	1508	1671
3.羊　肉	吨	757	15	14	20	34	50	20
4.兔　肉	吨	132			1	3	62	8
5.禽　肉	吨	137288	1485	1284	49447	17202	3064	6239
6.其他肉产量	吨	3000				1810		
三、牛奶产量	吨	3925	3445					
四、羊毛产量	吨							
五、养蜂箱数	箱	58408	141	2980	968	2890	3612	3486
蜂蜜产量	吨	2125	7	109	75	110	160	142
六、家禽产蛋量	吨	54871	1709	2770	2861	4925	1395	2450
七、期末大牲畜（牛）存栏	头	910193	15720	28905	132895	85249	34589	24950
其中：肉　牛	头	574338	14760	8735	132895	6397		24950
奶　牛	头	1223	960					
其中：能繁殖母牛	头	548926	7920	18175	76582	31865	17975	11825
八、年末生猪存栏	头	2219017	47500	40285	350445	158250	118056	459316
其中：能繁殖母猪	头	228388	6285	5965	35760	13290	7828	40785
九、年末羊存栏	只	40217	1120	558	1620	1562	2842	1320
十、年末兔存栏	只	64565			2410	826	43286	1720
十一、年末家禽存栏	百只	355743	5164	5736	109626	43261	7088	7110
1. 鸡	百只	268262	3503	4464	102754	6926	4629	2798
2. 鸭	百只	81169	1368	1128	6825	34793	2240	3827
3. 鹅	百只	6313	293	145	47	1542	219	485
十二、年末桑园面积	公顷	1355						
蚕茧产量	吨	1201						

6-32 续表 1

项目	单位	永丰县	泰和县	遂川县	万安县	安福县	永新县	井冈山市
一、当年出售和自宰肉猪	头	200810	453260	240057	241190	320658	272622	93560
当年出售和自宰肉牛	头	38536	142781	14323	20175	85987	41980	9612
当年出售和自宰肉羊	只	747	3550	1799	1964	16702	3387	3966
当年出售和自宰肉兔	只	9615	890	4125	6748		5863	1254
当年出售和自宰肉禽	百只	39865	238968	47022	17269	32850	20535	9712
二、肉类总量	吨	27023	89230	28638	25155	42565	30667	10396
1.猪　肉	吨	16725	37750	19993	20088	26706	22705	7792
2.牛　肉	吨	4524	16768	1682	2369	10096	4929	1128
3.羊　肉	吨	14	67	34	37	313	64	75
4.兔　肉	吨	19	2	8	14		12	3
5.禽　肉	吨	5741	34484	6771	2486	4730	2957	1398
6.其他肉产量	吨		159	150	161	720		
三、牛奶产量	吨				480			
四、羊毛产量	吨							
五、养蜂箱数	箱	1634	7410	9189	16830	3719	1036	4513
蜂蜜产量	吨	51	259	369	585	126	42	90
六、家禽产蛋量	吨	2075	20843	4525	3606	5500	1781	431
七、期末大牲畜（牛）存栏	头	61356	192533	29250	74959	152020	61240	16527
其中: 肉　牛	头	6010	159649	6082	48528	88565	61240	16527
奶　牛	头				263			
其中: 能繁殖母牛	头	35036	126979	9972	41901	121759	38173	10764
八、年末生猪存栏	头	108395	224009	123265	192634	199659	135456	61747
其中：能繁殖母猪	头	12960	27960	14986	18751	19820	16680	7318
九、年末羊存栏	只	2308	1710	1360	1786	20560	2850	3750
十、年末兔存栏	只	5850	1180	3566	3840	242	7520	305
十一、年末家禽存栏	百只	9443	115673	18576	9659	16025	6659	1723
1. 鸡	百只	3640	112683	8730	4851	8730	3755	799
2. 鸭	百只	5354	2410	9021	3837	6885	2783	698
3. 鹅	百只	449	580	825	971	410	121	226
十二、年末桑园面积	公顷			265			1090	
蚕茧产量	吨			146			1055	

6-33 畜牧业生产情况对比表

项目	单位	2016 年	2015 年	增　减%
一、当年出售和自宰肉猪	头	3846915	4011266	-4.1
当年出售和自宰肉牛	头	552724	534012	3.5
当年出售和自宰肉羊	只	40217	39400	2.1
当年出售和自宰肉兔	只	64565	65380	-1.2
当年出售和自宰肉禽	百只	952892	889321	7.1
二、肉类总量	吨	526471	537918	-2.1
1.猪　肉	吨	320394	329997	-2.9
2.牛　肉	吨	64900	64082	1.3
3.羊　肉	吨	757	632	19.8
4.兔　肉	吨	132	131	0.8
5.禽　肉	吨	137288	140559	-2.3
6.其他肉产量	吨	3000	2517	19.2
三、牛奶产量	吨	3925	3771	4.1
四、羊毛产量	吨			
五、养蜂箱数	箱	58408	54255	7.7
蜂蜜产量	吨	2125	1986	7.0
六、家禽产蛋量	吨	54871	54129	1.4
七、期末大牲畜（牛）存栏	头	910193	945703	-3.8
其中: 肉　牛	头	574338	583300	-1.5
奶　牛	头	1223	1237	-1.1
其中: 能繁殖母牛	头	548926	527488	4.1
八、年末生猪存栏	头	2219017	2330408	-4.8
其中：能繁殖母猪	头	228388	229247	-0.4
九、年末羊存栏	只	43346	40514	7.0
十、年末兔存栏	只	70745	75740	-6.6
十一、年末家禽存栏	百只	355743	317549	12.0
1. 鸡	百只	268262	231275	16.0
2. 鸭	百只	81168.85	80234	1.2
3. 鹅	百只	6312.5	6040	4.5
十二、年末桑园面积	公顷	1355	1447	-6.4
蚕茧产量	吨	1201	1249	-3.8

6-34 各县（市、区）渔业生产情况

县(市、区）	渔业劳动(人)	专业劳动力	捕捞劳动力	养殖劳动力	其它劳动力	非专业劳动力	养殖面积(公顷)	#池塘
吉安市	98637	31129	2510	24851	3768	67508	46200	23230
吉州区	3575	1671	142	1325	204	1904	1920	1487
青原区	3905	831	13	560	258	3074	2725	1466
吉安县	5040	2739	172	1928	639	2301	5337	2539
吉水县	8637	3690	317	3091	282	4947	5685	3544
峡江县	6693	815	74	635	106	5878	2307	1140
新干县	14755	5860	186	5026	648	8895	3867	2320
永丰县	11472	3664	542	2670	452	7808	2900	1379
泰和县	18878	6968	285	5763	920	11910	4853	3173
遂川县	163	147	105	42	0	16	987	667
万安县	5914	1588	365	1086	137	4326	6690	1794
安福县	3985	1367	67	1178	122	2618	4567	1240
永新县	12829	1303	113	1190	0	11526	3675	2187
井冈山市	2791	486	129	357	0	2305	688	295

县(市、区）	水产品总量（吨）	水产品总产量中:					鱼苗产量（亿尾）	特种水产品（吨）
		#养殖产量	鱼类	甲壳类	贝类	其他		
吉安市	232038	223354	218915	3817	3097	5099	34.80	77266
吉州区	13576	13189	13038	57	53	428	3.2	3849
青原区	13746	13335	13229	142	342	33	2.3	3495
吉安县	21763	21137	21468	119	28	148	0.75	6807
吉水县	23609	23109	23135	276	21	117	1.69	6772
峡江县	16889	15976	16233	166	146	344	0.62	8303
新干县	22843	22140	22259	392	40	152	5.45	6460
永丰县	17362	16910	15024	990	501	847	2.13	5960
泰和县	26650	25607	24201	507	413	1529	3.24	11594
遂川县	7387	7200	7226	143	6	12	6.6	1437
万安县	26021	24559	24172	555	964	330	3.05	11059
安福县	19900	18980	18488	197	245	770	3.56	5545
永新县	18338	17518	16585	233	288	382	1.61	5645
井冈山市	3954	3694	3857	40	50	7	0.6	340

6-35 渔业生产情况

项　　　目	单　位	2016年	2015年	增长%
一、渔业村	个	68	68	
二、全市渔业户	户	27337	27273	0.23
全市渔业人口	人	172769	172176	0.34
三、全市渔业劳动力	人	98637	98431	0.21
专业劳动力	人	31129	31027	0.33
捕捞劳动力	人	2510	2394	4.85
养殖劳动力	人	24851	24760	0.37
其他劳动力	人	3768	3873	-2.71
非专业劳动力	人	67508	67404	0.15
四、 水产品养殖面积	公顷	46200	46005	0.42
池塘	公顷	23230	23064	0.72
水库	公顷	21901	21901	0.00
河沟	公顷	779	758	2.77
五、水产品产量	吨	232038	224900	3.17
养殖产量	吨	223354	216217	3.30
池塘	吨	148240	142066	4.35
水库	吨	58370	57604	1.33
河沟	吨	1611	1608	0.19
鱼　类	吨	218915	212222	3.15
甲壳类	吨	3817	3663	4.20
贝　类	吨	3097	3012	2.82
其他类	吨	5099	4895	4.17
六、珍珠养殖	吨	29	29	0.00
七、鱼苗养殖	亿尾	34.80	33.76	3.08
八、特种水产品产量	吨	77266	73831	4.65

6-36 农村小水电和农业电气化、化学化、水利化情况

项　　目	单　　位	2016 年	2015 年	增长%
一、农村小水电情况				
用电量	万千瓦小时	83712	80015	4.62
二、农村电气化情况				
每公顷播面用电量	千瓦小时	887	849.7	4.39
三、农业化学化情况				
农用化肥施用量（实物量）	吨	559767	554576	0.94
1.氮肥	吨	143911	144324	-0.29
2.磷肥	吨	90461	90622	-0.18
3.钾肥	吨	62363	61456	1.48
4.复合肥	吨	263032	258174	1.88
农用化肥施用量（折纯量）	吨	186311	187881	-0.84
1.氮肥	吨	47623	47937	-0.66
2.磷肥	吨	27829	27382	1.63
3.钾肥	吨	24928	24979	-0.20
4.复合肥	吨	85931	87583	-1.89
每公顷播面施用化肥（实物量）	公斤	593.2	588.9	0.73
每公顷播面施用化肥（折纯量）	公斤	197.4	199.5	-1.05
农用塑料薄料使用量	吨	6719	6465	3.93
每公顷播种面积用农膜	公斤	7.11	6.87	3.49
农药使用量	吨	12878	13098	-1.68
每公顷播面施用农药	公斤	13.6	13.9	-2.16
有效灌溉面积	千公顷	301.92	293.97	2.70
有效灌溉面积占播种面积比重	%	31.9	31.2	2.24

6-37 各县（市、区）农村小水电和农业电气化、化学化、水利化情况

项　　目	单　　位	吉安市	吉州区	青原区	吉安县	吉水县	峡江县	新干县
一、农村小水电情况								
农村用电量	万千瓦小时	83712	4410	4018	9615	7445	3604	5353
二、农村电气化情况								
每公顷播面用电量	千瓦小时	887.00	1559.02	1318.41	919.99	590.96	637.81	618.64
三、农业化学化情况								
农用化肥施用量(实物量)	吨	559767	12706	13787	40679	77381	41783	50618
1.氮肥	吨	143911	3961	3974	9515	24025	12416	13710
2.磷肥	吨	90461	1444	3140	5211	18680	9644	5165
3.钾肥	吨	62363	1703	1309	3645	8507	6291	6025
4.复合	吨	263032	5598	5364	22308	26169	13432	25718
农用化肥施用量(折纯量)	吨	186311	3715	4241	14273	25208	14884	19254
1.氮肥	吨	47623	1066	1081	2899	8842	4960	4779
2.磷肥	吨	27829	326	770	2535	4742	3089	1494
3.钾肥	吨	24928	695	573	1672	2627	2880	3012
4.复合肥	吨	85931	1628	1817	7167	8997	3955	9969
每公顷播面施用化肥(实物量)	公斤	593.20	449.18	452.38	389.22	614.22	739.45	584.98
每公顷播面施用化肥(折纯量)	公斤	197.40	131.33	139.15	136.56	200.09	263.41	222.51
农用塑料使用量	吨	6719	41	151	408	783	363	883
每公顷播种面积用农膜	公斤	7.11	1.44	4.95	3.90	6.21	6.42	10.20
农药使用量	吨	12878	199	145	581	1972	986	1933
每公顷播面施用农药	公斤	13.60	7.03	4.75	5.55	15.65	17.44	22.33
有效灌溉面积	千公顷	301.92	9	9.9	29.98	33.06	13.48	28.43
有效灌溉面积占播种面积比重	%	31.90	31.81	32.48	28.68	26.24	23.85	32.85
总播面	公顷	943693	28287	30476	104512	125981	56505	86528

项　　目	单　　位	永丰县	泰和县	遂川县	万安县	安福县	永新县	井冈山市
一、农村小水电情况								
农村用电量	万千瓦小时	4537	15813	11704	3689	6241	5397	1886
二、农村电气化情况								
每公顷播面用电量	千瓦小时	552.25	1269.90	1936.91	615.82	663.69	764.44	954.16
三、农业化学化情况								
农用化肥施用量(实物量)	吨	65961	76785	40028	61483	43915	28075	6566
1.氮肥	吨	17821	13897	8777	15420	9008	9154	2233
2.磷肥	吨	10685	19086	2922	3906	4786	4605	1187
3.钾肥	吨	8032	10041	2387	5732	4190	3686	815
4.复合	吨	29423	33761	25942	36425	25931	10630	2331
农用化肥施用量(折纯量)	吨	20309	29669	16184	16452	14018	6029	2075
1.氮肥	吨	5278	5483	3994	4492	2256	1976	517
2.磷肥	吨	2141	8208	877	1112	1257	985	293
3.钾肥	吨	3769	4216	1144	1479	1662	828	371
4.复合肥	吨	9121	11762	10169	9369	8843	2240	894
每公顷播面施用化肥(实物量)	公斤	802.89	616.64	662.43	1026.37	467.01	397.66	332.18
每公顷播面施用化肥(折纯量)	公斤	247.20	238.26	267.83	274.64	149.07	85.39	104.97
农用塑料使用量	吨	930	954	582	466	700	384	64
每公顷播种面积用农膜	公斤	11.32	7.61	9.63	7.77	7.44	5.43	3.23
农药使用量	吨	584	3120	1049	758	907	611	33
每公顷播面施用农药	公斤	7.10	25.05	17.36	12.65	9.64	8.65	1.66
有效灌溉面积	千公顷	29.4	34.85	24.32	26.15	29.32	26.96	6.6
有效灌溉面积占播种面积比重	%	35.78	27.98	40.24	43.65	31.18	38.18	33.39
总播面	公顷	82154	124521	60426	59903	94034	70600	19766

6-38 各县（市、区）按乡村人口平均的主要农产品产量

县(市、区)	粮　食 (公斤/人)	油料折油 (公斤/人)	花 生 (公斤/人)	油菜籽 (公斤/人)	甘 蔗 (公斤/人)	蔬　菜 (公斤/人)
吉安市	1047.15	14.23	15.47	30.78	12.51	510.87
吉州区	848.98	6.31	11.80	9.13	1.65	699.45
青原区	681.34	3.61	9.49	2.65	1.22	468.44
吉安县	1191.36	16.82	17.77	36.75	1.16	257.63
吉水县	1529.15	13.77	17.78	27.72	4.02	541.04
峡江县	1800.01	29.17	15.86	75.59	29.77	401.24
新干县	1392.61	24.91	30.96	50.01	13.49	805.16
永丰县	1018.41	5.04	11.61	6.49	88.91	782.81
泰和县	1138.29	16.60	23.51	31.01	2.18	860.59
遂川县	538.98	4.71	10.96	5.97	4.96	458.01
万安县	1069.87	14.43	19.26	29.09	2.97	200.32
安福县	1220.24	23.44	11.48	61.53	4.79	458.12
永新县	690.09	19.69	6.45	54.78	2.08	224.23
井冈山市	691.10	5.59	11.96	7.88	4.16	411.64

6-38 续表 1

县(市、区)	生猪存栏 (头/人)	生猪出栏 (头/人)	肉类总产量 (公斤/人)	水产品产量 (公斤/人)	水果产量 (公斤/人)	#柑桔
吉安市	0.55	0.95	130.09	57.34	119.19	103.80
吉州区	0.36	0.76	92.67	104.13	24.43	14.71
青原区	0.20	0.42	49.80	69.71	14.49	11.83
吉安县	0.89	1.54	282.74	55.27	23.20	9.67
吉水县	0.37	0.66	111.23	55.88	70.73	53.30
峡江县	0.85	1.11	126.35	121.12	71.85	47.08
新干县	1.69	2.95	275.23	83.89	977.36	888.68
永丰县	0.29	0.54	72.91	46.84	24.19	13.47
泰和县	0.46	0.94	185.02	55.26	52.91	44.03
遂川县	0.25	0.48	57.16	14.74	110.97	108.97
万安县	0.73	0.92	95.67	98.96	184.97	172.98
安福县	0.64	1.02	136.03	63.59	47.49	31.12
永新县	0.31	0.61	69.09	41.32	5.95	4.81
井冈山市	0.53	0.80	88.43	33.63	41.69	23.33

6-39 各县（市、区）耕地灌溉、水利工程数量

项目	单位	吉安市	吉州区	青原区	吉安县	吉水县	峡江县	新干县
实际耕地灌溉面积	千公顷	263.98	8.81	8.92	29.65	28.83	12.7	17.72
水土流失综合治理面积	千公顷	870.74	16.90	38.17	75.04	64.90	36.65	37.31
水库数量	座	1280	58	55	207	198	125	102
水电站数量	座	506		15	9	15	8	14
泵站数量	座	1790	239	69	114	454	142	121
水闸数量	个	902	46	68	166	32	31	107
农村集中式供水工程数量	座	2255	91	50	489	70	56	86
机电井数量	个	205040	4061	20423	33916	19482	10719	20537

6-39 续表 1

项目	单位	永丰县	泰和县	遂川县	万安县	安福县	永新县	井冈山市
实际耕地灌溉面积	千公顷	26.91	33.91	21.4	19.54	26.52	22.54	6.53
水土流失综合治理面积	千公顷	70.13	55.79	138.69	81.48	105.42	92.38	57.88
水库数量	座	115	77	30	114	103	72	24
水电站数量	座	59	20	136	21	116	26	67
泵站数量	座	251	39	4	82	96	172	7
水闸数量	个	81	67	54	46	177	21	6
农村集中式供水工程数量	座	257	151	284	239	219	188	75
机电井数量	个	13829	36006	3440	15558	12461	10456	4152

6-40 堤坊、除涝及解决饮水困难情况

项目	单位	2016 年	2015 年	增长%
一、堤防工程	公里	932.07	916.99	1.64
堤防保护耕地面积	千公顷	48.36	47.24	2.37
堤防保护人口	万人	108.29	106.39	1.79
二、除涝面积	千公顷	40.38	36.78	9.79
除涝标准 3–5 年	千公顷	26.83	23.5	14.17
除涝标准 5 年以上的	千公顷	11.24	11.11	1.17

6-41 各县（市、区）主要农业机械年末拥有量和机耕情况

县(市、区)	农业机械总动力(千瓦)	农产品作业机械(台)	大中型拖拉机(台)	小型拖拉机(台)	耕整机(台)	实际机耕面积(公顷)
吉安市	3082940	25280	2061	46665	75599	722737
吉州区	59070	61	49	639	1406	21256
青原区	76119	430	134	854	1351	23298
吉安县	380425	2138	179	2682	6514	87802
吉水县	355026	1139	135	3328	4378	93474
峡江县	138613	448	72	2770	1964	46499
新干县	251707	1089	157	2457	1155	66455
永丰县	331180	3658	201	3580	28133	58452
泰和县	565025	3855	417	15150	6295	91954
遂川县	137651	4929	17	1970	5342	42997
万安县	265482	4654	80	4408	2756	51920
安福县	290793	1136	229	6774	8960	70368
永新县	184273	1195	360	1692	4317	56814
井冈山	47576	548	31	361	3028	11448

6-41 续表 1

县(市、区)	农用排灌动力机械		柴油机		电动机		农用水泵(台)
	台	千瓦	台	千瓦	台	千瓦	
吉安市	105803	409964	60245	297310	20157	95095	72657
吉州区	2945	20004	1875	12746	1070	7258	3680
青原区	2416	14737	1523	10056	893	4681	4360
吉安县	16461	74506	14385	62391	2072	12104	7179
吉水县	8815	62487	7921	39605	894	8940	5520
峡江县	2620	6550	2568	6136	52	414	2652
新干县	6041	40805	4614	29036	1427	11769	6169
永丰县	4540	24726	3180	15346	1360	9380	4550
泰和县	17100	67620	13650	62950	400	2150	16600
遂川县	3263	12724	766	5358	2497	7366	2960
万安县	30330	31200	900	18345	7400	12855	9300
安福县	5477	25636	4632	20565	845	5071	6091
永新县	4937	25335	3835	13213	1102	12122	3316
井冈山	858	3634	396	1563	145	985	280

主要统计指标解释

农林牧渔业总产值 是以货币表现的农林牧渔四业全部产品和农林牧渔服务的总量。它反映一定时期内农业生产和农林牧渔服务的总规模和总成果。农、林、牧、渔、农林牧渔服务五业的统计范围是：

(1)农业，包括粮、棉、油料、糖料、麻类、烟叶、蔬菜、药材、瓜类和其他农作物的种植，以及茶园、桑园、果园的生产经营，还包括原副业中的采集野生植物。

(2)林业，包括林木的栽培(不包括茶园、桑园和果园的栽培、管理和收获等活动)、林产品的采集和竹木采伐，以及原副业中的野生杂柴、小山竹产值。

(3)牧业，包括除渔业养殖以外的一切动物饲养和放牧，以及原副业中的捕猎野兽、野禽。

(4)渔业，水生动物和海藻类植物的养殖捕捞。

(5)农林牧渔服务业，为农林牧渔服务业营业收入。

(6)2003 年起农业总产值不包括副业产值，但包括农业服务业，2002 年及以前则包括副业产值，但不包括农业服务业。

农林牧渔业中间消耗 指各种经济类型的农业生产单位和农户，在农业生产经营过程中投入(或消耗)的各种物质产品和劳务价值的总和。包括中间物质消耗和中间劳务消耗两个部分。计入中间消耗必须具备以下两个条件：一是与总产出相对应的生产过程中消耗的物质产品和劳务活动；二是本期投入并一次性消耗的不属于固定资产的非耐用品。

农林牧渔业增加值 指各种经济类型的农业生产单位和农户从事农业生产经营活动所提供的社会最终产品的货币表现。增加值的计算方法有两种，一是生产法：农林牧渔业增加值=农村牧渔业总产出 - 农村牧渔业中间消耗；二是分配法：农村牧渔业增加值=固定资产折旧+劳动者报酬+生产税净额(生产税 - 生产补贴)+营业盈余。

粮食产量 指全社会的产量，包括国营农场等全民所有制经济的，集体统一经营的和农民家庭经营的产量，还包括工矿企业家属办的农场和其他生产单位的产量，粮食除包括稻谷、小麦、玉米、高粱、播种面积主要包括粮食、油料、棉花、麻类、糖料、谷子及其他杂粮外，还包括薯类和大豆。其产量计算方法，豆类按去豆荚后的干豆计算；薯类(包括甘薯和马铃薯、不包括芋头和木薯)，1963 年以前按每 4 公斤折 1 公斤粮食计算，从 1964 年以后按 5 公斤鲜薯折 1 公斤粮食计算，其他粮食一律按脱粒后的原粮计算。

谷物 指稻谷、小麦、玉米、谷子、高粱和其他谷物，不包括薯类和大豆。早稻是指播种到成熟约 120 天以内，中稻为 120—150 天，晚稻为 150—180 天。其他谷物指除稻谷、小麦、玉米、谷子、高粱以外的一些子实主要用作粮食的作物，包括大麦、元麦(青稞)、莜麦、荞麦、糜子、黍子等。

造林面积 是指本年度以内在荒山、荒地、沙丘等一切可以造林的土地上，采用人工播种、植苗、飞机播种等方法新植的集中连片的乔木林和灌木林，经过检查验收，符合“造林技术规程”要求的株数，成活率达 85%以上的年末实测面积。

工程造林 是指(1)有资金保证；(2)按工程项目进行管理；(3)经过严格的检查验收并记入技术档案。这三个条件要同时具备才属工程造林。

水产品产量 指人工养殖的水产品和天然生长水产品的捕捞量。包括海水的鱼类、虾蟹类、贝类和藻类以及淡水的鱼类、虾蟹类和贝类，不包括淡水水生植物。

油料产量 指全部油料作物的生产量。包括花生、油菜籽、芝麻、向日葵籽、胡麻籽（亚麻籽）和其他油料。不包括大豆、木本油料和野生油料。花生以带壳干花生计算。

猪、牛、羊肉产量 指当年出栏并已屠宰的猪、牛、羊的肉产品。即屠宰后除去头蹄下水后带骨肉(即胴体重)的重量。

农作物播种面积 指实际播种或移植农作物的面积。凡是实际种植有农作物的面积，不论种植在耕地上还是种植在非耕地上，均包括在农作物播种面积中。在播种季节基本结束后，因遭灾而重新改种和补种的农作物面积，也包括在内。目前，农作物烟叶、药材、蔬菜、瓜类和其他农作物等十大类。

灌溉面积　指有效灌溉面积即具有一定的水源，地块比较平整，灌溉工程或设备已经配套，在一般年景下当年能够进行正常灌溉的面积。

农业机械总动力　指主要用于农、林、牧、渔业的各种动力机械的动力总和，包括耕作机械、排灌机械、收获机械、农产品加工机械、运输机械、植物保护机械、牧业机械、林业机械、渔业机械和其他农业机械(内燃机按引擎功率折成瓦(特)计算，电动机按功率折成瓦(特)计算)。不包括专门用于乡办工业、基本建设、非农业运输、科学试验和教学等非农业生产方面用的动力与作业机械。

工　业　7

INDUSTRE

●2016 年，全市规模以上工业企业 1247 个。

●2016 年，全市规模工业主营业务收入 3320.75 亿元。

本篇章

资料整理	微机处理
邱茶花	邱茶花
胡刚华	胡刚华
卢玉玲	卢玉玲

7-1 规模以上工业企业增加值

单位：万元

指标名称	2016 年	增长(%)
总计	7608000	9.40
在总计中:轻工业	3008338	7.92
重工业	4599662	10.39
在总计中:国有企业	41767	25.14
集体企业	25497	19.49
股份制企业	1806213	13.50
私营企业	4337848	8.79
外商及港澳台商投资企业	1392508	6.22
其他经济类型企业	3968	-59.67
在总计中:中央企业	144251	-4.73
地方企业	7463650	9.71
在总计中:国有控股企业	306955	1.62
在总计中:非公有制工业	7273564	9.74
在总计中:新建投产企业	124012	235.26
在总计中:大型企业	1320780	16.55
中型企业	2900199	7.67
小型企业	3375116	9.04
微型企业	11806	-63.39

单位：万元

指标名称	2016 年	增长(%)
煤炭开采和洗选业	334215	-2.30
黑色金属矿采选业	1270258	-17.40
有色金属矿采选业	398648	-22.10
非金属矿采选业	1243503	18.20
农副食品加工业	5475158	20.40
食品制造业	1348955	-2.40
酒、饮料和精制茶制造业	1242265	18.20
纺织业	2956544	-14.70
纺织服装、服饰业	2859024	10.10
皮革、毛皮、羽毛及其制品和制鞋业	4175760	6.70
木材加工和木、竹、藤、棕、草制品业	2514035	11.20
家具制造业	864490	8.10
造纸和纸制品业	1052073	19.30
印刷和记录媒介复制业	579811	12.40
文教、工美、体育和娱乐用品制造业	1884535	11.70
石油加工、炼焦和核燃料加工业	311594	85.30
化学原料和化学制品制造业	7423044	7.80
医药制造业	3443646	12.70
橡胶和塑料制品业	1691667	15.50
非金属矿物制品业	3335511	13.40
黑色金属冶炼和压延加工业	720826	17.80
有色金属冶炼和压延加工业	6145141	1.80
金属制品业	1269004	15.60
通用设备制造业	1592552	22.40
专用设备制造业	575964	0.70
汽车制造业	999742	21.50
电气机械和器材制造业	4910553	14.70
计算机、通信和其他电子设备制造业	12537300	24.50
仪器仪表制造业	725543	12.70
其他制造业	98711	19.60
废弃资源综合利用业	614819	38.20
金属制品、机械和设备修理业	116109	30.40
电力、热力生产和供应业	1765212	1.00
燃气生产和供应业	106004	59.20
水的生产和供应业	103572	8.10
吉 州 区	564190.70	9.8
青 原 区	574671.30	9.3
吉 安 县	901560.20	10.0
吉 水 县	509242.60	9.9
峡 江 县	246743.20	9.6
新 干 县	588938.60	9.7
永 丰 县	635661.30	9.8
泰 和 县	693872.60	9.7
遂 川 县	483002.60	9.6
万 安 县	289543.60	9.5
安 福 县	586253.40	9.1
永 新 县	319994.60	9.2
井冈山市	69173.10	9.4
井 开 区	1205730.70	10.1

7-2 全市规模以上工业企业主要经济指标（大类行业）

单位：亿元

行业	企业单位数（个）	亏损企业	工业总产值（当年价格）	工业销售产值（当年价格）	出口交货值	年初存货
总计	1247	49	3281.74	3211.66	205.69	83.38
煤炭开采和洗选业	6	1	10.54	10.38		0.11
石油和天然气开采业						
黑色金属矿采选业	12	1	56.33	55.40		0.68
有色金属矿采选业	5	2	12.25	11.44	0.01	0.88
非金属矿采选业	15	1	39.46	39.01		2.04
开采辅助活动						
其他采矿业						
农副食品加工业	96	3	275.80	273.24	4.06	10.48
食品制造业	24	1	66.41	63.24		1.85
酒、饮料和精制茶制造业	18	2	44.04	40.22		2.18
烟草制品业						
纺织业	79	3	93.76	93.32	2.53	3.71
纺织服装、服饰业	89	5	129.23	127.36	19.06	2.19
皮革、毛皮、羽毛及其制品和制鞋业	64	2	152.36	150.78	14.94	2.57
木材加工和木、竹、藤、棕、草制品业	45	3	75.84	74.88		2.95
家具制造业	14		41.01	40.49	6.69	1.07
造纸和纸制品业	26	2	39.46	38.87		0.91
印刷和记录媒介复制业	21	1	37.47	29.47	2.75	0.42
文教、工美、体育和娱乐用品制造业	23		85.19	84.22	17.26	2.03
石油加工、炼焦和核燃料加工业	2		10.69	10.58		0.25
化学原料和化学制品制造业	108	2	281.00	271.84	5.94	8.03
医药制造业	63	1	172.40	168.29	6.89	5.09
化学纤维制造业						
橡胶和塑料制品业	43	1	78.48	78.08	10.65	1.08
非金属矿物制品业	105	6	151.94	147.67	1.57	5.54
黑色金属冶炼和压延加工业	3		18.11	17.69		0.06
有色金属冶炼和压延加工业	48	1	301.81	297.66		5.53
金属制品业	27	2	42.22	41.54	0.03	0.97
通用设备制造业	34	1	95.81	94.38	9.25	2.58
专用设备制造业	23		27.29	24.69	0.99	0.62
汽车制造业	13		53.39	53.02	21.31	0.91
铁路、船舶、航空航天和其他运输设备制造业	1		0.23	0.23		
电气机械和器材制造业	81	3	312.05	307.66	46.97	6.39
计算机、通信和其他电子设备制造业	121	4	478.68	469.35	31.17	9.38
仪器仪表制造业	6		6.63	6.49	0.31	0.10
其他制造业	3		3.69	3.64	3.13	0.04
废弃资源综合利用业	7	1	38.98	37.73	0.20	0.59
金属制品、机械和设备修理业						
电力、热力生产和供应业	13		41.86	41.83		1.77
燃气生产和供应业	5		4.84	5.35		0.12
水的生产和供应业	4		2.50	1.64		0.26

7–2　续表 1

行业	产成品	资产总计	流动资产合计	应收账款	存货	
						产成品
总计	37.82	1573.23	511.69	167.40	115.60	56.56
煤炭开采和洗选业	0.08	3.40	1.23	0.19	0.06	0.03
石油和天然气开采业						
黑色金属矿采选业	0.24	26.93	4.98	0.68	0.61	0.24
有色金属矿采选业	0.50	9.30	2.71	0.70	1.56	1.27
非金属矿采选业	1.70	14.00	5.13	1.90	1.36	0.94
开采辅助活动						
其他采矿业						
农副食品加工业	1.84	88.23	28.14	5.14	12.57	2.84
食品制造业	0.80	35.15	9.02	1.89	2.51	1.09
酒、饮料和精制茶制造业	0.67	27.28	10.14	2.80	3.65	0.81
烟草制品业						
纺织业	2.08	38.40	15.35	7.26	3.34	2.16
纺织服装、服饰业	0.72	38.39	16.11	5.19	3.05	1.47
皮革、毛皮、羽毛及其制品和制鞋业	1.10	42.28	18.09	5.91	5.14	1.88
木材加工和木、竹、藤、棕、草制品业	1.78	52.73	13.16	3.19	3.48	2.23
家具制造业	0.47	28.80	3.62	1.02	1.26	0.40
造纸和纸制品业	0.48	13.54	4.37	0.89	1.31	0.68
印刷和记录媒介复制业	0.21	16.48	6.27	2.15	0.82	0.43
文教、工美、体育和娱乐用品制造业	1.43	22.14	9.66	3.38	1.77	1.42
石油加工、炼焦和核燃料加工业	0.12	3.63	1.77	0.69	0.34	0.28
化学原料和化学制品制造业	2.88	107.78	37.78	10.85	9.74	5.26
医药制造业	2.56	67.02	24.31	5.85	5.88	2.99
化学纤维制造业						
橡胶和塑料制品业	0.47	26.43	10.63	3.81	2.07	0.83
非金属矿物制品业	2.68	105.21	37.63	10.92	6.69	3.42
黑色金属冶炼和压延加工业	0.03	7.23	3.09	0.43	0.39	0.37
有色金属冶炼和压延加工业	3.45	119.48	39.10	10.36	12.10	7.01
金属制品业	0.40	17.51	7.33	2.14	1.52	0.66
通用设备制造业	1.31	47.05	18.21	4.14	3.64	2.06
专用设备制造业	0.32	14.74	6.51	1.87	0.92	0.64
汽车制造业	0.24	13.60	6.38	2.91	1.07	0.30
铁路、船舶、航空航天和其他运输设备制造业		0.36	0.05	0.01	0.01	
电气机械和器材制造业	4.18	165.94	67.77	29.10	11.22	7.15
计算机、通信和其他电子设备制造业	4.59	271.33	77.72	34.69	14.13	7.15
仪器仪表制造业	0.02	2.59	1.52	1.20	0.09	0.03
其他制造业	0.03	1.77	0.49	0.15	0.13	0.09
废弃资源综合利用业	0.42	17.21	3.09	0.46	0.59	0.29
金属制品、机械和设备修理业						
电力、热力生产和供应业		113.75	14.12	4.82	2.24	
燃气生产和供应业	0.02	5.98	2.72	0.65	0.15	0.14
水的生产和供应业		7.54	3.45	0.06	0.19	0.01

7-2 续表 2

行业	资产总计				负债合计	
	固定资产合计	固定资产原价	累计折旧	本年折旧		流动负债合计
总计	666.68	940.83	344.37	73.43	633.92	406.54
煤炭开采和洗选业	1.62	2.76	0.99	0.10	1.13	1.13
石油和天然气开采业						
黑色金属矿采选业	15.52	20.35	7.57	1.55	8.55	6.18
有色金属矿采选业	1.48	2.14	0.67	0.13	2.97	2.61
非金属矿采选业	5.82	18.06	12.01	1.80	5.82	5.05
开采辅助活动						
其他采矿业						
农副食品加工业	40.26	58.75	23.97	3.61	26.34	21.03
食品制造业	15.65	27.47	14.58	2.41	10.25	6.45
酒、饮料和精制茶制造业	9.53	10.35	2.18	0.64	14.40	10.09
烟草制品业						
纺织业	17.56	20.64	6.58	1.78	19.49	13.18
纺织服装、服饰业	11.51	15.81	6.65	1.49	15.01	7.43
皮革、毛皮、羽毛及其制品和制鞋业	15.86	18.90	5.23	1.44	10.89	8.92
木材加工和木、竹、藤、棕、草制品业	17.88	27.97	10.40	2.24	16.96	9.87
家具制造业	20.75	22.93	2.22	0.65	11.49	10.05
造纸和纸制品业	6.40	10.59	4.62	0.76	4.89	3.29
印刷和记录媒介复制业	3.60	5.00	1.70	0.48	5.27	2.90
文教、工美、体育和娱乐用品制造业	8.25	11.77	4.92	1.12	7.25	5.85
石油加工、炼焦和核燃料加工业	0.60	2.39	1.87	0.36	0.97	0.97
化学原料和化学制品制造业	41.83	72.83	37.79	6.55	41.91	29.06
医药制造业	31.51	40.38	13.52	2.48	24.85	14.38
化学纤维制造业						
橡胶和塑料制品业	9.19	13.38	5.26	1.26	10.22	6.41
非金属矿物制品业	52.63	66.50	15.38	4.85	50.02	34.04
黑色金属冶炼和压延加工业	2.69	4.28	2.33	0.49	3.48	0.46
有色金属冶炼和压延加工业	52.42	57.48	8.86	3.96	39.18	22.33
金属制品业	5.53	5.71	1.68	0.36	6.53	4.94
通用设备制造业	16.47	23.25	8.00	1.69	18.50	11.99
专用设备制造业	4.89	5.36	1.28	0.21	4.51	1.85
汽车制造业	4.76	8.16	3.69	0.89	3.44	2.57
铁路、船舶、航空航天和其他运输设备制造业					0.16	
电气机械和器材制造业	47.05	61.20	22.55	5.24	68.47	32.39
计算机、通信和其他电子设备制造业	133.16	172.18	51.53	17.25	106.15	83.36
仪器仪表制造业	0.57	0.72	0.22	0.06	1.34	1.18
其他制造业	1.16	1.41	0.25	0.08	0.48	0.28
废弃资源综合利用业	12.93	24.40	11.70	1.59	3.95	3.40
金属制品、机械和设备修理业						
电力、热力生产和供应业	52.81	102.32	52.04	5.73	81.24	37.25
燃气生产和供应业	1.86	2.63	0.47	0.04	2.86	2.84
水的生产和供应业	2.92	2.74	1.68	0.15	4.93	2.79

7-2　续表 3

行业	应付账款	非流动负债合计	所有者权益合计	实收资本	国家资本	集体资本
总计	94.84	108.85	936.40	363.32	20.45	3.61
煤炭开采和洗选业	0.63		2.27	1.09		
石油和天然气开采业						
黑色金属矿采选业	1.17	0.94	18.37	5.77	0.11	
有色金属矿采选业	0.24	0.28	6.33	1.39	0.05	
非金属矿采选业	0.88	0.53	8.19	2.43		0.17
开采辅助活动						
其他采矿业						
农副食品加工业	4.73	3.15	60.21	17.82	2.95	0.11
食品制造业	1.15	2.45	24.90	7.53	1.00	0.13
酒、饮料和精制茶制造业	2.50	1.89	12.88	7.93		1.00
烟草制品业						
纺织业	3.75	1.90	18.87	8.58		
纺织服装、服饰业	2.16	0.75	23.05	7.96		
皮革、毛皮、羽毛及其制品和制鞋业	2.63	0.29	30.89	10.43		0.01
木材加工和木、竹、藤、棕、草制品业	1.05	0.47	35.46	5.96	0.02	0.13
家具制造业	2.24	1.36	17.31	12.65		
造纸和纸制品业	0.50	0.36	8.65	3.99	1.05	
印刷和记录媒介复制业	0.42	0.12	11.22	2.72		0.06
文教、工美、体育和娱乐用品制造业	2.47	0.58	14.88	7.51		0.19
石油加工、炼焦和核燃料加工业	0.67		2.67	0.23		
化学原料和化学制品制造业	6.34	8.15	65.83	22.40	0.76	
医药制造业	3.27	2.18	42.17	14.55	0.01	
化学纤维制造业						
橡胶和塑料制品业	2.08	1.98	16.21	5.76	0.10	0.05
非金属矿物制品业	7.12	12.41	55.19	20.27	4.33	0.44
黑色金属冶炼和压延加工业	0.01		3.76	0.09		
有色金属冶炼和压延加工业	5.30	5.73	80.30	17.01		
金属制品业	1.12	0.01	10.98	9.68		
通用设备制造业	1.31	2.76	28.55	12.42		0.01
专用设备制造业	0.70	0.34	10.23	3.05		0.10
汽车制造业	1.08	0.06	10.16	2.27		
铁路、船舶、航空航天和其他运输设备制造业			0.20	0.20		
电气机械和器材制造业	7.43	10.29	97.46	58.34		0.23
计算机、通信和其他电子设备制造业	27.09	5.91	165.18	67.54		0.08
仪器仪表制造业	0.59	0.09	1.25	0.46		0.05
其他制造业	0.27	0.20	1.29	0.40		
废弃资源综合利用业	0.69	0.03	13.26	9.28		
金属制品、机械和设备修理业						
电力、热力生产和供应业	2.89	41.89	32.51	12.58	8.91	0.85
燃气生产和供应业	0.32	0.01	3.12	1.43	0.71	
水的生产和供应业	0.03	1.75	2.60	1.59	0.45	

7-2 续表 4

行业	所有者权益合计				营业收入	主营业务收入
	实收资本					
	法人资本	个人资本	港澳台资本	外商资本		
总计	95.83	217.90	20.13	5.40	3325.34	3320.75
煤炭开采和洗选业	0.39	0.71			10.58	10.58
石油和天然气开采业						
黑色金属矿采选业	0.42	5.23			53.85	53.85
有色金属矿采选业	0.64	0.70			11.29	11.24
非金属矿采选业	1.01	1.25			39.28	39.28
开采辅助活动						
其他采矿业						
农副食品加工业	3.89	10.80	0.01	0.05	274.70	274.67
食品制造业	4.80	1.59		0.01	66.52	66.03
酒、饮料和精制茶制造业	3.75	0.93		2.25	47.77	47.53
烟草制品业						
纺织业	3.05	3.88	1.65		101.72	101.68
纺织服装、服饰业	2.41	3.61	1.11	0.83	129.41	129.40
皮革、毛皮、羽毛及其制品和制鞋业	2.93	5.30	2.17	0.01	152.67	152.67
木材加工和木、竹、藤、棕、草制品业	3.10	2.71			79.31	79.31
家具制造业	1.18	11.47			41.27	41.26
造纸和纸制品业	1.08	1.86			41.44	41.44
印刷和记录媒介复制业	1.09	1.57			37.77	37.75
文教、工美、体育和娱乐用品制造业	1.64	2.27	2.33	1.08	84.90	84.90
石油加工、炼焦和核燃料加工业	0.21	0.01			10.68	10.68
化学原料和化学制品制造业	10.44	11.05	0.14		281.49	281.37
医药制造业	5.89	7.74	0.88	0.03	172.74	172.68
化学纤维制造业						
橡胶和塑料制品业	0.93	4.24		0.44	80.39	80.39
非金属矿物制品业	7.33	8.18			165.63	165.49
黑色金属冶炼和压延加工业		0.09			19.03	19.02
有色金属冶炼和压延加工业	4.49	12.52			307.12	306.11
金属制品业	8.18	1.49			41.95	41.91
通用设备制造业	2.25	10.09	0.07		98.05	98.05
专用设备制造业	1.40	1.55			27.83	27.83
汽车制造业	0.94	0.74	0.45	0.14	53.43	53.43
铁路、船舶、航空航天和其他运输设备制造业		0.20			0.26	0.26
电气机械和器材制造业	3.83	52.42	1.62	0.24	309.79	309.34
计算机、通信和其他电子设备制造业	13.94	43.59	9.63	0.31	487.39	487.02
仪器仪表制造业	0.31	0.10			6.37	6.37
其他制造业		0.40			3.96	3.96
废弃资源综合利用业	2.10	7.18			36.23	36.23
金属制品、机械和设备修理业						
电力、热力生产和供应业	1.21	1.62			42.01	41.60
燃气生产和供应业	0.18	0.49	0.07		5.40	4.88
水的生产和供应业	0.84	0.30			3.12	2.55

7-2 续表 5

行业	营业成本	主营业务成本	营业税金及附加	主营业务税金及附加	其他业务收入	其他业务利润	销售费用
总计	2887.48	2883.39	22.14	21.95	4.59	0.60	53.20
煤炭开采和洗选业	9.13	9.13	0.07	0.07			0.07
石油和天然气开采业							
黑色金属矿采选业	45.05	45.05	0.90	0.90			0.69
有色金属矿采选业	9.46	9.46	0.07	0.06	0.05	0.01	0.39
非金属矿采选业	30.07	30.05	0.38	0.38			2.10
开采辅助活动							
其他采矿业							
农副食品加工业	246.42	246.25	1.21	1.20	0.03		3.69
食品制造业	54.79	54.63	0.67	0.67	0.49	0.06	1.75
酒、饮料和精制茶制造业	40.64	40.45	1.56	1.56	0.23	0.01	1.26
烟草制品业							
纺织业	90.24	90.21	0.63	0.63	0.05		1.88
纺织服装、服饰业	112.69	112.35	0.96	0.94	0.01		2.15
皮革、毛皮、羽毛及其制品和制鞋业	131.40	131.40	0.70	0.64			1.47
木材加工和木、竹、藤、棕、草制品业	66.55	66.54	0.33	0.33			1.30
家具制造业	34.93	34.93	0.24	0.23			0.74
造纸和纸制品业	37.47	37.15	0.21	0.20			0.42
印刷和记录媒介复制业	31.56	31.54	0.54	0.54	0.02		1.00
文教、工美、体育和娱乐用品制造业	73.85	73.85	0.42	0.42			1.51
石油加工、炼焦和核燃料加工业	9.78	9.78	0.02	0.02			0.16
化学原料和化学制品制造业	235.75	235.67	1.33	1.33	0.12	0.01	6.67
医药制造业	147.71	147.70	1.18	1.18	0.06		4.84
化学纤维制造业							
橡胶和塑料制品业	69.41	69.41	0.51	0.51			1.61
非金属矿物制品业	142.97	142.52	1.11	1.11	0.14	0.02	3.31
黑色金属冶炼和压延加工业	15.94	15.94	0.08	0.08	0.01		0.18
有色金属冶炼和压延加工业	279.78	279.30	1.80	1.80	1.01		1.48
金属制品业	36.29	36.29	0.45	0.45	0.04		0.86
通用设备制造业	80.78	80.78	0.89	0.88			2.56
专用设备制造业	24.23	24.23	0.23	0.23			0.75
汽车制造业	47.33	47.33	0.51	0.51			0.53
铁路、船舶、航空航天和其他运输设备制造业	0.20	0.20					
电气机械和器材制造业	272.63	272.43	1.78	1.77	0.45		3.25
计算机、通信和其他电子设备制造业	430.63	429.73	2.80	2.76	0.37	0.17	5.96
仪器仪表制造业	5.67	5.67	0.03	0.03			0.07
其他制造业	3.50	3.21	0.01	0.01			0.04
废弃资源综合利用业	32.78	32.78	0.07	0.07			0.13
金属制品、机械和设备修理业							
电力、热力生产和供应业	30.90	30.89	0.41	0.41	0.41		0.02
燃气生产和供应业	4.74	4.53	0.02	0.02	0.52		0.23
水的生产和供应业	2.19	2.00	0.01	0.01	0.57	0.32	0.14

7-2 续表 6

行业	管理费用	税金	财务费用	利息收入	利息支出	营业利润	资产减值损失
总计	74.55	2.65	18.78	0.35	12.22	268.55	0.56
煤炭开采和洗选业	0.38	0.01	0.02			0.90	
石油和天然气开采业							
黑色金属矿采选业	1.34	0.03	0.16		0.14	5.70	0.01
有色金属矿采选业	0.70	0.02	0.08		0.08	0.55	0.03
非金属矿采选业	1.28		0.16	0.01	0.09	5.29	
开采辅助活动							
其他采矿业							
农副食品加工业	4.36	0.23	1.48		0.88	17.34	
食品制造业	1.93	0.06	0.43		0.28	6.94	0.01
酒、饮料和精制茶制造业	0.93	0.04	0.10	0.02	0.12	3.28	
烟草制品业							
纺织业	2.46	0.17	0.32		0.23	6.19	
纺织服装、服饰业	3.99	0.32	0.66	0.04	0.58	8.97	
皮革、毛皮、羽毛及其制品和制鞋业	2.67	0.09	0.33	0.01	0.23	16.10	
木材加工和木、竹、藤、棕、草制品业	2.06	0.02	0.29		0.24	8.78	0.01
家具制造业	1.12	0.01	0.37		0.09	3.87	
造纸和纸制品业	0.87	0.03	0.12	0.01	0.07	2.33	0.01
印刷和记录媒介复制业	1.49	0.19	0.20		0.15	2.98	
文教、工美、体育和娱乐用品制造业	2.10	0.03	0.30		0.26	6.72	
石油加工、炼焦和核燃料加工业	0.22	0.01	0.01		0.01	0.49	
化学原料和化学制品制造业	7.70	0.14	1.75	0.01	1.07	28.28	0.02
医药制造业	5.89	0.24	1.22	0.08	0.63	11.90	
化学纤维制造业							
橡胶和塑料制品业	2.02	0.08	0.43		0.14	6.40	0.01
非金属矿物制品业	4.08	0.09	1.70	0.05	0.74	12.20	0.26
黑色金属冶炼和压延加工业	0.34		0.19		0.19	2.30	
有色金属冶炼和压延加工业	2.06	0.14	1.81	0.04	0.37	20.19	0.01
金属制品业	0.98	0.04	0.13		0.11	3.23	
通用设备制造业	4.24	0.05	0.51	0.01	0.35	9.04	0.03
专用设备制造业	0.66	0.03	0.09	0.01	0.08	1.86	
汽车制造业	0.91	0.01	0.09		0.09	4.05	
铁路、船舶、航空航天和其他运输设备制造业	0.03					0.02	
电气机械和器材制造业	5.61	0.17	0.80	0.02	0.48	25.76	0.04
计算机、通信和其他电子设备制造业	10.52	0.27	1.69	0.02	1.29	35.70	0.10
仪器仪表制造业	0.08		0.01		0.01	0.50	0.02
其他制造业	0.03		0.02		0.02	0.36	
废弃资源综合利用业	0.23	0.02	0.03		0.03	2.99	
金属制品、机械和设备修理业							
电力、热力生产和供应业	0.84	0.11	3.24	0.01	3.14	6.60	
燃气生产和供应业	0.17		0.01		0.01	0.26	
水的生产和供应业	0.28		0.03		0.02	0.47	

7–2　续表 7

行业	所得税费用	亏损企业亏损总额	利税总额	应交税金及附加	本年应付职工薪酬	本年应交增值税	总资产贡献率（%）
总计	16.77	1.81	382.21	131.17	135.15	89.61	25.05
煤炭开采和洗选业	0.08	0.01	1.37	0.56	0.56	0.40	40.39
石油和天然气开采业							
黑色金属矿采选业	0.48	0.16	7.94	2.75	1.12	1.34	30.00
有色金属矿采选业	0.18	0.47	0.92	0.57	0.45	0.31	10.76
非金属矿采选业	0.47	0.07	6.98	2.18	1.13	1.32	50.43
开采辅助活动							
其他采矿业							
农副食品加工业	1.15	0.02	23.09	6.96	6.86	4.37	27.17
食品制造业	0.06	0.05	9.52	2.68	1.87	1.90	27.86
酒、饮料和精制茶制造业	0.18	0.39	6.60	3.27	1.16	1.49	24.53
烟草制品业							
纺织业	0.48	0.01	9.76	4.19	4.24	2.90	26.03
纺织服装、服饰业	0.52	0.01	13.78	5.51	8.86	3.71	37.31
皮革、毛皮、羽毛及其制品和制鞋业	0.51		21.52	6.02	12.07	4.72	51.43
木材加工和木、竹、藤、棕、草制品业	0.42		11.58	3.12	2.76	2.35	22.41
家具制造业	0.33		5.30	1.77	4.92	1.19	18.73
造纸和纸制品业	0.01	0.12	3.89	1.58	1.63	1.33	29.17
印刷和记录媒介复制业	0.17	0.01	4.61	2.00	1.33	1.09	28.92
文教、工美、体育和娱乐用品制造业	0.46		9.84	3.61	4.73	2.71	45.64
石油加工、炼焦和核燃料加工业	0.10		0.70	0.32	0.29	0.19	19.53
化学原料和化学制品制造业	1.50	0.26	36.95	10.18	8.25	7.21	35.26
医药制造业	0.73		19.03	8.08	6.21	5.93	29.21
化学纤维制造业							
橡胶和塑料制品业	0.18		9.22	3.02	3.34	2.24	35.43
非金属矿物制品业	1.17	0.08	17.34	6.33	7.48	3.96	17.15
黑色金属冶炼和压延加工业			2.62	0.31	0.22	0.23	38.73
有色金属冶炼和压延加工业	0.42	0.05	29.66	9.93	3.61	7.58	25.10
金属制品业	0.13	0.01	5.13	2.04	1.10	1.41	29.94
通用设备制造业	0.38	0.01	12.65	3.68	3.37	2.36	27.63
专用设备制造业	0.22		3.14	1.49	1.47	1.02	21.72
汽车制造业	0.33		5.81	2.08	2.56	1.23	43.31
铁路、船舶、航空航天和其他运输设备制造业			0.03	0.01	0.01		8.57
电气机械和器材制造业	2.67	0.01	34.91	11.88	15.31	7.25	21.32
计算机、通信和其他电子设备制造业	1.99	0.04	51.42	17.79	24.47	12.73	19.42
仪器仪表制造业	0.10		0.81	0.42	0.24	0.29	31.65
其他制造业			0.50	0.15	0.46	0.13	29.32
废弃资源综合利用业			3.90	0.92	0.48	0.83	22.79
金属制品、机械和设备修理业							
电力、热力生产和供应业	1.22		10.77	5.51	2.10	3.77	12.22
燃气生产和供应业	0.05		0.32	0.07	0.20		5.39
水的生产和供应业	0.09		0.58	0.20	0.29	0.10	8.04

7–2　续表 8

行业	资产负债率（%）	流动资产周转率（次/年）	成本费用利润率（%）	产品销售率（%）	从业人员平均人数	从业人员期末人数	平均用工人数
总计	40.29	6.50	8.91	97.86	31.32	31.81	30.91
煤炭开采和洗选业	33.29	8.60	9.40	98.48	0.14	0.13	0.14
石油和天然气开采业							
黑色金属矿采选业	31.77	10.80	12.05	98.34	0.32	0.32	0.32
有色金属矿采选业	31.96	4.16	5.14	93.35	0.14	0.14	0.14
非金属矿采选业	41.54	7.65	15.71	98.86	0.25	0.25	0.26
开采辅助活动							
其他采矿业							
农副食品加工业	29.86	9.76	6.84	99.07	1.51	1.56	1.52
食品制造业	29.17	7.37	11.80	95.23	0.54	0.54	0.47
酒、饮料和精制茶制造业	52.79	4.71	8.27	91.33	0.34	0.34	0.33
烟草制品业							
纺织业	50.74	6.63	6.56	99.53	1.09	1.11	1.15
纺织服装、服饰业	39.08	8.03	7.63	98.56	2.13	2.11	2.14
皮革、毛皮、羽毛及其制品和制鞋业	25.77	8.44	11.86	98.96	2.95	2.98	2.83
木材加工和木、竹、藤、棕、草制品业	32.15	6.02	12.68	98.73	0.71	0.72	0.60
家具制造业	39.90	11.40	10.42	98.72	0.40	0.40	0.40
造纸和纸制品业	36.15	9.49	6.04	98.50	0.51	0.53	0.51
印刷和记录媒介复制业	31.96	6.02	8.70	78.64	0.35	0.35	0.34
文教、工美、体育和娱乐用品制造业	32.76	8.79	8.64	98.86	1.08	1.11	1.06
石油加工、炼焦和核燃料加工业	26.66	6.02	4.77	98.98	0.04	0.04	0.04
化学原料和化学制品制造业	38.88	7.45	11.28	96.74	1.96	1.98	1.95
医药制造业	37.08	7.10	7.46	97.62	1.43	1.44	1.48
化学纤维制造业							
橡胶和塑料制品业	38.67	7.57	8.80	99.49	0.81	0.81	0.77
非金属矿物制品业	47.54	4.40	8.07	97.19	1.84	1.85	1.92
黑色金属冶炼和压延加工业	48.05	6.16	13.83	97.68	0.08	0.09	0.08
有色金属冶炼和压延加工业	32.79	7.85	7.12	98.63	0.75	0.77	0.71
金属制品业	37.29	5.72	8.54	98.37	0.34	0.35	0.34
通用设备制造业	39.32	5.38	10.67	98.50	0.73	0.73	0.74
专用设备制造业	30.60	4.27	7.35	90.48	0.36	0.35	0.35
汽车制造业	25.30	8.38	8.32	99.30	0.37	0.38	0.35
铁路、船舶、航空航天和其他运输设备制造业	44.50	5.07	10.45	100.00			
电气机械和器材制造业	41.27	4.57	9.17	98.59	3.94	4.08	3.84
计算机、通信和其他电子设备制造业	39.12	6.27	8.00	98.05	5.65	5.80	5.61
仪器仪表制造业	51.85	4.19	8.52	97.89	0.07	0.07	0.07
其他制造业	27.05	8.11	9.99	98.65	0.09	0.09	0.08
废弃资源综合利用业	22.97	11.73	9.04	96.81	0.10	0.10	0.08
金属制品、机械和设备修理业							
电力、热力生产和供应业	71.42	2.98	18.83	99.93	0.20	0.20	0.19
燃气生产和供应业	47.84	1.98	5.70	110.52	0.03	0.03	0.05
水的生产和供应业	65.45	0.90	17.98	65.70	0.06	0.06	0.06

7-2 续表 9

行业	期末用工人数	主营业务收入利润率（%）	人均主营业务收入（万元/人）	每百元资产实现的主营业务收入(元)	产成品存货周转天数(天)	应收账款平均回收期(天)
总计	30.86	8.14	107.45	211.08	7.06	18.15
煤炭开采和洗选业	0.13	8.54	76.69	310.68	1.36	6.35
石油和天然气开采业						
黑色金属矿采选业	0.33	10.58	165.83	199.97	1.88	4.54
有色金属矿采选业	0.06	4.86	81.72	120.84	48.24	22.45
非金属矿采选业	0.26	13.44	152.37	280.55	11.21	17.45
开采辅助活动						
其他采矿业						
农副食品加工业	1.50	6.37	180.70	311.32	4.15	6.74
食品制造业	0.53	10.53	141.75	187.82	7.21	10.30
酒、饮料和精制茶制造业	0.32	7.47	143.13	174.21	7.24	21.22
烟草制品业						
纺织业	1.09	6.13	88.70	264.79	8.60	25.71
纺织服装、服饰业	1.94	7.04	60.58	337.05	4.70	14.43
皮革、毛皮、羽毛及其制品和制鞋业	2.98	10.55	53.86	361.13	5.16	13.94
木材加工和木、竹、藤、棕、草制品业	0.62	11.22	133.03	150.40	12.08	14.47
家具制造业	0.41	9.38	102.49	143.26	4.09	8.91
造纸和纸制品业	0.46	5.67	81.84	306.06	6.57	7.75
印刷和记录媒介复制业	0.34	7.89	110.44	229.01	4.96	20.51
文教、工美、体育和娱乐用品制造业	1.11	7.91	79.99	383.52	6.95	14.32
石油加工、炼焦和核燃料加工业	0.04	4.55	251.31	293.85	10.20	23.39
化学原料和化学制品制造业	1.98	10.09	144.58	261.05	8.04	13.88
医药制造业	1.49	6.90	116.76	257.66	7.28	12.20
化学纤维制造业						
橡胶和塑料制品业	0.79	8.04	104.41	304.17	4.31	17.07
非金属矿物制品业	1.85	7.42	86.06	157.30	8.63	23.76
黑色金属冶炼和压延加工业	0.09	12.10	252.98	263.05	8.42	8.20
有色金属冶炼和压延加工业	0.73	6.63	428.78	256.20	9.04	12.18
金属制品业	0.33	7.79	124.91	239.31	6.51	18.34
通用设备制造业	0.75	9.59	132.82	208.38	9.16	15.19
专用设备制造业	0.30	6.80	79.79	188.76	9.56	24.19
汽车制造业	0.37	7.61	150.72	392.76	2.27	19.64
铁路、船舶、航空航天和其他运输设备制造业		9.36	71.70	71.62		20.81
电气机械和器材制造业	3.81	8.36	80.55	186.42	9.45	33.86
计算机、通信和其他电子设备制造业	5.69	7.37	86.74	179.49	5.99	25.64
仪器仪表制造业	0.07	7.79	87.88	246.25	2.17	67.62
其他制造业	0.09	9.05	50.62	223.41	9.61	13.82
废弃资源综合利用业	0.10	8.28	460.32	210.48	3.18	4.55
金属制品、机械和设备修理业						
电力、热力生产和供应业	0.19	15.84	224.75	36.57		41.73
燃气生产和供应业	0.05	5.99	103.66	81.61	11.30	48.10
水的生产和供应业	0.06	18.60	44.30	33.78	1.82	8.33

7-3 全市规模以上工业企业主要经济指标（综合分组）

单位：亿元

分组	企业单位数（个）	亏损企业	工业总产值（当年价格）	工业销售产值（当年价格）	出口交货值	年初存货
总　　计	1247	49	3281.74	3211.66	205.69	83.38
一、按登记注册类型分组:						
内资企业	1152	48	2770.18	2706.32	117.25	68.94
国有企业	7	1	12.14	11.19		0.42
中央企业	1		5.14	5.14		
地方企业	6	1	7.00	6.05		0.42
集体企业	4		9.62	9.50		0.71
有限责任公司	277	17	687.71	667.13	64.21	19.53
国有独资公司	2		8.69	8.48		0.60
其他有限责任公司	275	17	679.02	658.65	64.21	18.93
股份有限公司	24	3	150.04	147.01	0.01	1.06
私营企业	838	27	1909.14	1869.91	53.03	47.18
私营独资企业	25	1	20.61	20.43		0.52
私营合伙企业	8		18.96	18.82		0.16
私营有限责任公司	763	25	1749.31	1716.19	50.52	43.39
私营股份有限公司	42	1	120.26	114.47	2.52	3.10
其他企业	2		1.53	1.59		0.05
港、澳、台商投资企业	60		328.10	323.60	39.57	8.78
合资经营企业(港或澳、台资)	12		68.13	65.55	3.40	1.96
合作经营企业(港或澳、台资)						
港澳台商独资经营企业	47		259.66	257.74	35.86	6.78
港澳台商投资股份有限公司	1		0.31	0.31	0.31	0.05
其他港澳台商投资企业						
外商投资企业	35	1	183.46	181.73	48.87	5.66
中外合资经营企业	17		100.11	98.93	14.19	3.79
中外合作经营企业	1		6.59	6.59	2.64	0.10
外资企业	13		66.15	65.61	29.02	0.89
外商投资股份有限公司	3		9.78	9.80	3.02	0.64
其他外商投资企业	1	1	0.83	0.80		0.24

7-3 续表 1

分组	企业单位数（个）		工业总产值（当年价格）	工业销售产值（当年价格）		年初存货
		亏损企业			出口交货值	
二、按经济组织类型分组						
独资企业	96	2	368.18	364.46	64.88	9.32
国有企业	7	1	12.14	11.19		0.42
集体企业	4		9.62	9.50		0.71
私营独资企业	25	1	20.61	20.43		0.52
港澳台商独资经营企业	47		259.66	257.74	35.86	6.78
外资企业	13		66.15	65.61	29.02	0.89
合作、合伙企业	12	1	27.91	27.80	2.64	0.54
私营合伙企业	8		18.96	18.82		0.16
合作经营企业(港或澳、台资)						
中外合作经营企业	1		6.59	6.59	2.64	0.10
其他企业（内资）	2		1.53	1.59		0.05
其他港澳台商投资企业						
其他外商投资企业	1	1	0.83	0.80		0.24
股份有限公司	70	4	280.40	271.59	5.86	4.84
股份有限公司(内资)	24	3	150.04	147.01	0.01	1.06
私营股份有限公司	42	1	120.26	114.47	2.52	3.10
港澳台商投资股份有限公司	1		0.31	0.31	0.31	0.05
外商投资股份有限公司	3		9.78	9.80	3.02	0.64
有限责任公司	1069	42	2605.25	2547.80	132.31	68.67
国有独资公司	2		8.69	8.48		0.60
私营有限责任公司	763	25	1749.31	1716.19	50.52	43.39
合资经营企业(港或澳、台资)	12		68.13	65.55	3.40	1.96
中外合资经营企业	17		100.11	98.93	14.19	3.79
其他有限责任公司	275	17	679.02	658.65	64.21	18.93
三、在总计中:亏损企业	49	49	25.40	22.40	0.53	2.61
在总计中:国有控股企业	37	6	98.63	94.93	0.68	5.96
在总计中:农村工业	2	1	0.48	0.48		0.02

7–3 续表 2

分组	产成品	资产总计	流动资产合计	应收账款	存货	产成品
			资产总计			
				流动资产合计		
总　　计	37.82	1573.23	511.69	167.40	115.60	56.56
一、按登记注册类型分组:						
内资企业	31.20	1327.03	449.03	151.05	100.79	49.29
国有企业	0.13	10.08	2.05	1.07	0.58	0.15
中央企业		6.20	0.56	0.54	0.02	
地方企业	0.13	3.88	1.48	0.53	0.56	0.15
集体企业	0.67	2.74	0.97	0.60	0.31	0.30
有限责任公司	9.00	389.96	124.89	44.04	24.76	11.23
国有独资公司	0.60	24.65	3.64	1.27	0.73	0.40
其他有限责任公司	8.40	365.31	121.25	42.77	24.03	10.83
股份有限公司	0.48	101.13	13.92	4.45	3.00	2.24
私营企业	20.92	822.57	306.74	100.60	72.11	35.38
私营独资企业	0.08	6.86	4.01	1.57	0.63	0.14
私营合伙企业	0.09	7.01	2.04	0.23	0.23	0.13
私营有限责任公司	18.79	750.73	281.99	94.14	66.39	32.05
私营股份有限公司	1.96	57.97	18.70	4.67	4.85	3.06
其他企业		0.56	0.46	0.31	0.03	
港、澳、台商投资企业	4.24	107.63	31.47	7.16	7.84	4.16
合资经营企业(港或澳、台资)	0.37	20.35	7.46	1.39	1.55	0.87
合作经营企业(港或澳、台资)						
港澳台商独资经营企业	3.84	87.13	23.87	5.74	6.24	3.24
港澳台商投资股份有限公司	0.02	0.15	0.14	0.03	0.05	0.05
其他港澳台商投资企业						
外商投资企业	2.38	138.57	31.19	9.19	6.97	3.10
中外合资经营企业	1.22	100.70	20.13	5.44	4.53	1.66
中外合作经营企业	0.10	2.59	0.40	0.05	0.10	0.10
外资企业	0.49	24.40	8.13	3.01	0.93	0.54
外商投资股份有限公司	0.57	4.46	2.01	0.69	0.91	0.81
其他外商投资企业		6.43	0.53		0.50	

7-3 续表 3

分组	产成品	资产总计	流动资产合计	应收账款	存货	产成品
二、按经济组织类型分组						
独资企业	5.22	131.20	39.03	11.99	8.70	4.37
国有企业	0.13	10.08	2.05	1.07	0.58	0.15
集体企业	0.67	2.74	0.97	0.60	0.31	0.30
私营独资企业	0.08	6.86	4.01	1.57	0.63	0.14
港澳台商独资经营企业	3.84	87.13	23.87	5.74	6.24	3.24
外资企业	0.49	24.40	8.13	3.01	0.93	0.54
合作、合伙企业	0.18	16.58	3.43	0.58	0.86	0.22
私营合伙企业	0.09	7.01	2.04	0.23	0.23	0.13
合作经营企业(港或澳、台资)						
中外合作经营企业	0.10	2.59	0.40	0.05	0.10	0.10
其他企业（内资）		0.56	0.46	0.31	0.03	
其他港澳台商投资企业						
其他外商投资企业		6.43	0.53		0.50	
股份有限公司	3.03	163.72	34.77	9.83	8.81	6.16
股份有限公司(内资)	0.48	101.13	13.92	4.45	3.00	2.24
私营股份有限公司	1.96	57.97	18.70	4.67	4.85	3.06
港澳台商投资股份有限公司	0.02	0.15	0.14	0.03	0.05	0.05
外商投资股份有限公司	0.57	4.46	2.01	0.69	0.91	0.81
有限责任公司	29.38	1261.73	434.46	145.00	97.23	45.81
国有独资公司	0.60	24.65	3.64	1.27	0.73	0.40
私营有限责任公司	18.79	750.73	281.99	94.14	66.39	32.05
合资经营企业(港或澳、台资)	0.37	20.35	7.46	1.39	1.55	0.87
中外合资经营企业	1.22	100.70	20.13	5.44	4.53	1.66
其他有限责任公司	8.40	365.31	121.25	42.77	24.03	10.83
三、在总计中:亏损企业	0.85	36.99	12.08	3.92	4.37	1.51
在总计中:国有控股企业	2.28	172.93	31.30	9.37	7.40	2.71
在总计中:农村工业		0.77	0.51	0.32	0.05	0.03

7-3 续表 4

分组	资产总计				负债合计	
	固定资产合计	固定资产原价	累计折旧			流动负债合计
				本年折旧		
总　　计	666.68	940.83	344.37	73.43	633.92	406.54
一、按登记注册类型分组:						
内资企业	527.89	740.13	263.99	58.98	542.13	337.09
国有企业	6.76	25.15	18.59	1.05	7.58	6.45
中央企业	5.64	23.73	18.10	1.03	6.00	5.81
地方企业	1.12	1.42	0.49	0.03	1.58	0.64
集体企业	0.99	5.39	4.40	0.55	1.25	1.22
有限责任公司	145.87	209.56	60.46	16.28	167.72	93.54
国有独资公司	20.97	21.81	0.84	0.63	10.59	4.22
其他有限责任公司	124.90	187.75	59.62	15.65	157.13	89.32
股份有限公司	73.71	92.71	20.68	9.19	48.11	40.59
私营企业	300.46	407.19	159.82	31.89	317.15	194.98
私营独资企业	1.77	2.39	0.72	0.17	3.17	2.19
私营合伙企业	1.77	3.46	1.70	0.20	2.93	2.79
私营有限责任公司	266.51	364.66	148.14	29.53	288.36	177.19
私营股份有限公司	30.41	36.68	9.26	1.99	22.69	12.80
其他企业	0.10	0.14	0.04	0.01	0.32	0.31
港、澳、台商投资企业	48.32	68.23	30.62	6.20	32.79	22.71
合资经营企业(港或澳、台资)	9.12	16.93	10.52	1.69	6.65	4.46
合作经营企业(港或澳、台资)						
港澳台商独资经营企业	39.18	51.27	20.09	4.51	26.10	18.21
港澳台商投资股份有限公司	0.02	0.03	0.01		0.04	0.04
其他港澳台商投资企业						
外商投资企业	90.47	132.46	49.76	8.25	59.00	46.73
中外合资经营企业	69.42	105.48	42.58	6.05	45.96	36.70
中外合作经营企业	0.51	0.70	0.19	0.04	0.32	0.32
外资企业	13.61	18.12	5.63	1.47	6.80	3.90
外商投资股份有限公司	1.35	2.28	0.92	0.26	1.48	1.38
其他外商投资企业	5.57	5.88	0.43	0.43	4.43	4.43

7-3 续表 5

分组	资产总计				负债合计	
	固定资产合计	固定资产原价	累计折旧	本年折旧		流动负债合计
二、按经济组织类型分组						
独资企业	62.32	102.32	49.44	7.76	44.90	31.97
国有企业	6.76	25.15	18.59	1.05	7.58	6.45
集体企业	0.99	5.39	4.40	0.55	1.25	1.22
私营独资企业	1.77	2.39	0.72	0.17	3.17	2.19
港澳台商独资经营企业	39.18	51.27	20.09	4.51	26.10	18.21
外资企业	13.61	18.12	5.63	1.47	6.80	3.90
合作、合伙企业	7.95	10.18	2.36	0.67	7.99	7.85
私营合伙企业	1.77	3.46	1.70	0.20	2.93	2.79
合作经营企业(港或澳、台资)						
中外合作经营企业	0.51	0.70	0.19	0.04	0.32	0.32
其他企业（内资）	0.10	0.14	0.04	0.01	0.32	0.31
其他港澳台商投资企业						
其他外商投资企业	5.57	5.88	0.43	0.43	4.43	4.43
股份有限公司	105.49	131.70	30.88	11.45	72.33	54.81
股份有限公司(内资)	73.71	92.71	20.68	9.19	48.11	40.59
私营股份有限公司	30.41	36.68	9.26	1.99	22.69	12.80
港澳台商投资股份有限公司	0.02	0.03	0.01		0.04	0.04
外商投资股份有限公司	1.35	2.28	0.92	0.26	1.48	1.38
有限责任公司	490.93	696.63	261.70	53.55	508.70	311.90
国有独资公司	20.97	21.81	0.84	0.63	10.59	4.22
私营有限责任公司	266.51	364.66	148.14	29.53	288.36	177.19
合资经营企业(港或澳、台资)	9.12	16.93	10.52	1.69	6.65	4.46
中外合资经营企业	69.42	105.48	42.58	6.05	45.96	36.70
其他有限责任公司	124.90	187.75	59.62	15.65	157.13	89.32
三、在总计中:亏损企业	17.43	24.20	7.54	1.47	21.98	18.48
在总计中:国有控股企业	82.77	147.06	65.25	6.92	104.74	54.60
在总计中:农村工业	0.16	0.23	0.08	0.01	0.40	0.19

7-3 续表4

分组	资产总计				负债合计	
	固定资产合计	固定资产原价	累计折旧	本年折旧		流动负债合计
总　　计	666.68	940.83	344.37	73.43	633.92	406.54
一、按登记注册类型分组:						
内资企业	527.89	740.13	263.99	58.98	542.13	337.09
国有企业	6.76	25.15	18.59	1.05	7.58	6.45
中央企业	5.64	23.73	18.10	1.03	6.00	5.81
地方企业	1.12	1.42	0.49	0.03	1.58	0.64
集体企业	0.99	5.39	4.40	0.55	1.25	1.22
有限责任公司	145.87	209.56	60.46	16.28	167.72	93.54
国有独资公司	20.97	21.81	0.84	0.63	10.59	4.22
其他有限责任公司	124.90	187.75	59.62	15.65	157.13	89.32
股份有限公司	73.71	92.71	20.68	9.19	48.11	40.59
私营企业	300.46	407.19	159.82	31.89	317.15	194.98
私营独资企业	1.77	2.39	0.72	0.17	3.17	2.19
私营合伙企业	1.77	3.46	1.70	0.20	2.93	2.79
私营有限责任公司	266.51	364.66	148.14	29.53	288.36	177.19
私营股份有限公司	30.41	36.68	9.26	1.99	22.69	12.80
其他企业	0.10	0.14	0.04	0.01	0.32	0.31
港、澳、台商投资企业	48.32	68.23	30.62	6.20	32.79	22.71
合资经营企业(港或澳、台资)	9.12	16.93	10.52	1.69	6.65	4.46
合作经营企业(港或澳、台资)						
港澳台商独资经营企业	39.18	51.27	20.09	4.51	26.10	18.21
港澳台商投资股份有限公司	0.02	0.03	0.01		0.04	0.04
其他港澳台商投资企业						
外商投资企业	90.47	132.46	49.76	8.25	59.00	46.73
中外合资经营企业	69.42	105.48	42.58	6.05	45.96	36.70
中外合作经营企业	0.51	0.70	0.19	0.04	0.32	0.32
外资企业	13.61	18.12	5.63	1.47	6.80	3.90
外商投资股份有限公司	1.35	2.28	0.92	0.26	1.48	1.38
其他外商投资企业	5.57	5.88	0.43	0.43	4.43	4.43

7–3 续表 5

分组	资产总计				负债合计	
	固定资产合计	固定资产原价	累计折旧	本年折旧		流动负债合计
二、按经济组织类型分组						
独资企业	62.32	102.32	49.44	7.76	44.90	31.97
国有企业	6.76	25.15	18.59	1.05	7.58	6.45
集体企业	0.99	5.39	4.40	0.55	1.25	1.22
私营独资企业	1.77	2.39	0.72	0.17	3.17	2.19
港澳台商独资经营企业	39.18	51.27	20.09	4.51	26.10	18.21
外资企业	13.61	18.12	5.63	1.47	6.80	3.90
合作、合伙企业	7.95	10.18	2.36	0.67	7.99	7.85
私营合伙企业	1.77	3.46	1.70	0.20	2.93	2.79
合作经营企业(港或澳、台资)						
中外合作经营企业	0.51	0.70	0.19	0.04	0.32	0.32
其他企业（内资）	0.10	0.14	0.04	0.01	0.32	0.31
其他港澳台商投资企业						
其他外商投资企业	5.57	5.88	0.43	0.43	4.43	4.43
股份有限公司	105.49	131.70	30.88	11.45	72.33	54.81
股份有限公司(内资)	73.71	92.71	20.68	9.19	48.11	40.59
私营股份有限公司	30.41	36.68	9.26	1.99	22.69	12.80
港澳台商投资股份有限公司	0.02	0.03	0.01		0.04	0.04
外商投资股份有限公司	1.35	2.28	0.92	0.26	1.48	1.38
有限责任公司	490.93	696.63	261.70	53.55	508.70	311.90
国有独资公司	20.97	21.81	0.84	0.63	10.59	4.22
私营有限责任公司	266.51	364.66	148.14	29.53	288.36	177.19
合资经营企业(港或澳、台资)	9.12	16.93	10.52	1.69	6.65	4.46
中外合资经营企业	69.42	105.48	42.58	6.05	45.96	36.70
其他有限责任公司	124.90	187.75	59.62	15.65	157.13	89.32
三、在总计中:亏损企业	17.43	24.20	7.54	1.47	21.98	18.48
在总计中:国有控股企业	82.77	147.06	65.25	6.92	104.74	54.60
在总计中:农村工业	0.16	0.23	0.08	0.01	0.40	0.19

7-3 续表 6

分组	负债合计		所有者权益合计			
	流动负债合计	非流动负债合计		实收资本		
	应付账款				国家资本	集体资本
总　　计	94.84	108.85	936.40	363.32	20.45	3.61
一、按登记注册类型分组:						
内资企业	80.85	96.48	781.99	310.70	20.06	3.61
国有企业	0.10	0.38	2.50	0.55	0.23	
中央企业	0.09	0.19	0.20			
地方企业	0.01	0.19	2.30	0.55	0.23	
集体企业	0.04	0.03	1.49	0.44		0.42
有限责任公司	22.33	58.41	222.23	80.62	19.64	1.73
国有独资公司	0.53	6.37	14.05	2.20	2.20	
其他有限责任公司	21.80	52.04	208.18	78.42	17.44	1.73
股份有限公司	0.50	0.79	53.02	37.16		
私营企业	57.84	36.86	502.51	191.69	0.18	1.46
私营独资企业	0.38	0.47	3.69	2.18		0.05
私营合伙企业	0.32	0.07	4.08	1.35		
私营有限责任公司	53.48	32.03	459.46	177.32	0.18	1.28
私营股份有限公司	3.66	4.29	35.28	10.84		0.13
其他企业	0.04	0.01	0.24	0.24		
港、澳、台商投资企业	6.92	3.91	74.84	30.43		
合资经营企业(港或澳、台资)	1.89	1.87	13.69	4.11		
合作经营企业(港或澳、台资)						
港澳台商独资经营企业	5.02	2.04	61.03	26.21		
港澳台商投资股份有限公司	0.01		0.11	0.10		
其他港澳台商投资企业						
外商投资企业	7.07	8.46	79.58	22.19	0.39	
中外合资经营企业	3.42	8.27	54.74	16.05	0.39	
中外合作经营企业	0.08		2.27	0.05		
外资企业	1.47	0.09	17.60	3.69		
外商投资股份有限公司	0.85	0.10	2.98	0.40		
其他外商投资企业	1.26		1.99	2.00		

7-3 续表 7

分组	负债合计		所有者权益合计			
	流动负债合计	非流动负债合计		实收资本		
	应付账款				国家资本	集体资本
二、按经济组织类型分组						
独资企业	7.01	3.01	86.30	33.07	0.23	0.47
国有企业	0.10	0.38	2.50	0.55	0.23	
集体企业	0.04	0.03	1.49	0.44		0.42
私营独资企业	0.38	0.47	3.69	2.18		0.05
港澳台商独资经营企业	5.02	2.04	61.03	26.21		
外资企业	1.47	0.09	17.60	3.69		
合作、合伙企业	1.71	0.08	8.58	3.64		
私营合伙企业	0.32	0.07	4.08	1.35		
合作经营企业(港或澳、台资)						
中外合作经营企业	0.08		2.27	0.05		
其他企业（内资）	0.04	0.01	0.24	0.24		
其他港澳台商投资企业						
其他外商投资企业	1.26		1.99	2.00		
股份有限公司	5.02	5.18	91.39	48.50		0.13
股份有限公司(内资)	0.50	0.79	53.02	37.16		
私营股份有限公司	3.66	4.29	35.28	10.84		0.13
港澳台商投资股份有限公司	0.01		0.11	0.10		
外商投资股份有限公司	0.85	0.10	2.98	0.40		
有限责任公司	81.12	100.59	750.12	278.11	20.22	3.01
国有独资公司	0.53	6.37	14.05	2.20	2.20	
私营有限责任公司	53.48	32.03	459.46	177.32	0.18	1.28
合资经营企业(港或澳、台资)	1.89	1.87	13.69	4.11		
中外合资经营企业	3.42	8.27	54.74	16.05	0.39	
其他有限责任公司	21.80	52.04	208.18	78.42	17.44	1.73
三、在总计中:亏损企业	3.59	2.52	15.01	8.57	1.16	
在总计中:国有控股企业	5.66	49.18	68.20	23.02	17.25	0.28
在总计中:农村工业	0.11	0.21	0.37	0.25		

7-3 续表 8

分组	所有者权益合计				营业收入	
	实收资本					主营业务收入
	法人资本	个人资本	港澳台资本	外商资本		
总计	95.83	217.90	20.13	5.40	3325.34	3320.75
一、按登记注册类型分组:						
内资企业	85.80	198.21	2.67	0.35	2803.44	2799.88
国有企业	0.32				12.06	11.91
中央企业					5.14	4.98
地方企业	0.32				6.92	6.92
集体企业		0.02			9.61	9.61
有限责任公司	28.61	30.25	0.07	0.32	698.68	697.05
国有独资公司					8.69	8.68
其他有限责任公司	28.61	30.25	0.07	0.32	689.99	688.37
股份有限公司	2.58	34.58			148.73	148.72
私营企业	54.30	133.12	2.60	0.03	1931.41	1929.66
私营独资企业	0.57	1.55			20.55	20.55
私营合伙企业	0.31	1.04			19.76	19.74
私营有限责任公司	49.02	126.10	0.71	0.03	1772.50	1770.84
私营股份有限公司	4.39	4.43	1.89		118.60	118.53
其他企业		0.24			2.94	2.94
港、澳、台商投资企业	4.90	7.70	17.45	0.38	339.92	339.86
合资经营企业(港或澳、台资)	2.29	1.06	0.76		70.09	70.04
合作经营企业(港或澳、台资)						
港澳台商独资经营企业	2.61	6.64	16.59	0.38	269.51	269.51
港澳台商投资股份有限公司			0.10		0.31	0.31
其他港澳台商投资企业						
外商投资企业	5.13	11.99		4.67	181.98	181.01
中外合资经营企业	3.46	11.05		1.15	99.91	99.18
中外合作经营企业	0.05				6.59	6.59
外资企业	1.40	0.94		1.35	64.63	64.63
外商投资股份有限公司	0.23			0.18	10.00	9.80
其他外商投资企业				2.00	0.83	0.80

7–3 续表 9

分组	所有者权益合计				营业收入	主营业务收入
	实收资本					
	法人资本	个人资本	港澳台资本	外商资本		
二、按经济组织类型分组						
独资企业	4.90	9.16	16.59	1.73	376.37	376.21
国有企业	0.32				12.06	11.91
集体企业		0.02			9.61	9.61
私营独资企业	0.57	1.55			20.55	20.55
港澳台商独资经营企业	2.61	6.64	16.59	0.38	269.51	269.51
外资企业	1.40	0.94		1.35	64.63	64.63
合作、合伙企业	0.36	1.27		2.00	30.13	30.07
私营合伙企业	0.31	1.04			19.76	19.74
合作经营企业(港或澳、台资)						
中外合作经营企业	0.05				6.59	6.59
其他企业（内资）		0.24			2.94	2.94
其他港澳台商投资企业						
其他外商投资企业				2.00	0.83	0.80
股份有限公司	7.19	39.01	1.99	0.18	277.65	277.37
股份有限公司(内资)	2.58	34.58			148.73	148.72
私营股份有限公司	4.39	4.43	1.89		118.60	118.53
港澳台商投资股份有限公司			0.10		0.31	0.31
外商投资股份有限公司	0.23			0.18	10.00	9.80
有限责任公司	83.38	168.46	1.54	1.50	2641.19	2637.10
国有独资公司					8.69	8.68
私营有限责任公司	49.02	126.10	0.71	0.03	1772.50	1770.84
合资经营企业(港或澳、台资)	2.29	1.06	0.76		70.09	70.04
中外合资经营企业	3.46	11.05		1.15	99.91	99.18
其他有限责任公司	28.61	30.25	0.07	0.32	689.99	688.37
三、在总计中:亏损企业	3.00	2.40		2.00	27.59	27.34
在总计中:国有控股企业	4.42	1.08			97.29	96.76
在总计中:农村工业	0.10	0.15			0.42	0.42

7-3 续表 10

分组	营业成本	主营业务成本	营业税金及附加	主营业务税金及附加	其他业务收入	其他业务利润
总　　计	2887.48	2883.39	22.14	21.95	4.59	0.60
一、按登记注册类型分组:						
内资企业	2433.43	2429.86	18.66	18.47	3.56	0.28
国有企业	8.70	8.68	0.15	0.15	0.15	
中央企业	2.71	2.70	0.10	0.10	0.15	
地方企业	5.99	5.99	0.05	0.05		
集体企业	8.32	8.32	0.08	0.08	0.01	
有限责任公司	601.29	599.68	4.73	4.70	1.63	0.25
国有独资公司	5.32	5.32	0.04	0.03		
其他有限责任公司	595.97	594.36	4.70	4.66	1.63	0.25
股份有限公司	131.60	131.59	0.92	0.91	0.01	
私营企业	1680.79	1678.85	12.76	12.62	1.76	0.03
私营独资企业	18.09	18.08	0.13	0.13		
私营合伙企业	16.12	16.10	0.32	0.32	0.03	
私营有限责任公司	1547.66	1545.79	11.03	10.90	1.66	0.02
私营股份有限公司	98.91	98.88	1.29	1.28	0.07	0.01
其他企业	2.74	2.74	0.01	0.01		
港、澳、台商投资企业	297.37	297.17	2.07	2.07	0.06	
合资经营企业(港或澳、台资)	60.15	60.12	0.21	0.21	0.06	
合作经营企业(港或澳、台资)						
港澳台商独资经营企业	236.92	236.76	1.86	1.86		
港澳台商投资股份有限公司	0.30	0.30				
其他港澳台商投资企业						
外商投资企业	156.68	156.36	1.41	1.41	0.97	0.32
中外合资经营企业	83.71	83.39	0.69	0.69	0.74	0.32
中外合作经营企业	5.97	5.97	0.03	0.03		
外资企业	57.29	57.29	0.54	0.54		
外商投资股份有限公司	8.64	8.64	0.04	0.04	0.20	
其他外商投资企业	1.07	1.07	0.12	0.12	0.03	

7-3 续表 11

分组	营业成本	主营业务成本	营业税金及附加	主营业务税金及附加	其他业务收入	其他业务利润
二、按经济组织类型分组						
独资企业	329.33	329.13	2.75	2.75	0.16	
国有企业	8.70	8.68	0.15	0.15	0.15	
集体企业	8.32	8.32	0.08	0.08	0.01	
私营独资企业	18.09	18.08	0.13	0.13		
港澳台商独资经营企业	236.92	236.76	1.86	1.86		
外资企业	57.29	57.29	0.54	0.54		
合作、合伙企业	25.91	25.88	0.47	0.47	0.06	
私营合伙企业	16.12	16.10	0.32	0.32	0.03	
合作经营企业(港或澳、台资)						
中外合作经营企业	5.97	5.97	0.03	0.03		
其他企业（内资）	2.74	2.74	0.01	0.01		
其他港澳台商投资企业						
其他外商投资企业	1.07	1.07	0.12	0.12	0.03	
股份有限公司	239.45	239.41	2.24	2.22	0.28	0.01
股份有限公司(内资)	131.60	131.59	0.92	0.91	0.01	
私营股份有限公司	98.91	98.88	1.29	1.28	0.07	0.01
港澳台商投资股份有限公司	0.30	0.30				
外商投资股份有限公司	8.64	8.64	0.04	0.04	0.20	
有限责任公司	2292.80	2288.97	16.67	16.50	4.08	0.59
国有独资公司	5.32	5.32	0.04	0.03		
私营有限责任公司	1547.66	1545.79	11.03	10.90	1.66	0.02
合资经营企业(港或澳、台资)	60.15	60.12	0.21	0.21	0.06	
中外合资经营企业	83.71	83.39	0.69	0.69	0.74	0.32
其他有限责任公司	595.97	594.36	4.70	4.66	1.63	0.25
三、在总计中:亏损企业	25.84	25.20	0.29	0.28	0.25	0.08
在总计中:国有控股企业	76.55	76.41	0.90	0.90	0.53	0.09
在总计中:农村工业	0.41	0.41				

7-3 续表 10

分组	销售费用	管理费用		财务费用		
			税金		利息收入	利息支出
总　　计	53.20	74.55	2.65	18.78	0.35	12.22
一、按登记注册类型分组:						
内资企业	47.41	63.52	2.42	15.84	0.32	9.43
国有企业	0.18	0.38		0.09		0.07
中央企业				0.05		0.05
地方企业	0.18	0.38		0.04		0.01
集体企业	0.16	0.11		0.09		0.06
有限责任公司	11.56	14.74	0.48	5.04	0.10	3.45
国有独资公司	0.40	0.78	0.01	0.60		
其他有限责任公司	11.16	13.95	0.47	4.44	0.10	3.45
股份有限公司	1.90	2.36	0.05	0.76		0.40
私营企业	33.58	45.90	1.89	9.82	0.23	5.46
私营独资企业	0.52	0.48	0.03	0.22	0.01	0.05
私营合伙企业	0.20	0.57	0.02	0.01		0.01
私营有限责任公司	30.30	40.83	1.75	8.71	0.21	5.08
私营股份有限公司	2.57	4.03	0.09	0.88	0.01	0.33
其他企业	0.04	0.03		0.03		
港、澳、台商投资企业	3.81	6.95	0.11	1.03	0.02	0.90
合资经营企业(港或澳、台资)	0.64	1.17	0.09	0.17		0.14
合作经营企业(港或澳、台资)						
港澳台商独资经营企业	3.17	5.77	0.02	0.86	0.02	0.76
港澳台商投资股份有限公司	0.01	0.01				
其他港澳台商投资企业						
外商投资企业	1.99	4.09	0.12	1.92		1.89
中外合资经营企业	1.26	2.40	0.11	1.67		1.63
中外合作经营企业	0.05	0.09				
外资企业	0.53	1.03		0.17		0.18
外商投资股份有限公司	0.15	0.41	0.01	0.01		
其他外商投资企业		0.17		0.07		0.07

7-3 续表 11

分组	销售费用	管理费用		财务费用		
			税金		利息收入	利息支出
二、按经济组织类型分组						
独资企业	4.55	7.76	0.06	1.44	0.04	1.11
国有企业	0.18	0.38		0.09		0.07
集体企业	0.16	0.11		0.09		0.06
私营独资企业	0.52	0.48	0.03	0.22	0.01	0.05
港澳台商独资经营企业	3.17	5.77	0.02	0.86	0.02	0.76
外资企业	0.53	1.03		0.17		0.18
合作、合伙企业	0.28	0.85	0.02	0.11		0.07
私营合伙企业	0.20	0.57	0.02	0.01		0.01
合作经营企业(港或澳、台资)						
中外合作经营企业	0.05	0.09				
其他企业（内资）	0.04	0.03		0.03		
其他港澳台商投资企业						
其他外商投资企业		0.17		0.07		0.07
股份有限公司	4.62	6.80	0.15	1.64	0.01	0.73
股份有限公司(内资)	1.90	2.36	0.05	0.76		0.40
私营股份有限公司	2.57	4.03	0.09	0.88	0.01	0.33
港澳台商投资股份有限公司	0.01	0.01				
外商投资股份有限公司	0.15	0.41	0.01	0.01		
有限责任公司	43.76	59.13	2.42	15.59	0.30	10.30
国有独资公司	0.40	0.78	0.01	0.60		
私营有限责任公司	30.30	40.83	1.75	8.71	0.21	5.08
合资经营企业(港或澳、台资)	0.64	1.17	0.09	0.17		0.14
中外合资经营企业	1.26	2.40	0.11	1.67		1.63
其他有限责任公司	11.16	13.95	0.47	4.44	0.10	3.45
三、在总计中:亏损企业	1.19	1.86	0.06	0.50		0.41
在总计中:国有控股企业	2.36	3.58	0.18	4.17	0.07	3.47
在总计中:农村工业	0.01	0.04				

7-3 续表 12

分组	营业利润	资产减值损失	公允价值变动收益	投资收益	营业外收入	政府补助
总　　计	268.55	0.56	0.04	0.09	2.46	1.16
一、按登记注册类型分组:						
内资企业	223.92	0.55	0.04	0.04	2.12	0.92
国有企业	2.55	0.01			0.01	
中央企业	2.27				0.01	
地方企业	0.28	0.01				
集体企业	0.86					
有限责任公司	61.27	0.13	0.04	0.05	0.70	0.34
国有独资公司	1.55					
其他有限责任公司	59.73	0.13	0.04	0.05	0.70	0.34
股份有限公司	11.17	0.02		−0.01	0.12	0.11
私营企业	147.97	0.39			1.29	0.46
私营独资企业	1.12					
私营合伙企业	2.54					
私营有限责任公司	133.43	0.35		0.02	1.09	0.38
私营股份有限公司	10.87	0.04		−0.02	0.20	0.08
其他企业	0.10					
港、澳、台商投资企业	28.74			0.04	0.04	
合资经营企业(港或澳、台资)	7.76					
合作经营企业(港或澳、台资)						
港澳台商独资经营企业	20.98			0.04	0.03	
港澳台商投资股份有限公司						
其他港澳台商投资企业						
外商投资企业	15.89	0.01		0.01	0.29	0.24
中外合资经营企业	10.19					
中外合作经营企业	0.46					
外资企业	5.07	0.01		0.01	0.07	0.02
外商投资股份有限公司	0.76					
其他外商投资企业	−0.60				0.22	0.22

7-3 续表 13

分组	营业利润	资产减值损失	公允价值变动收益	投资收益	营业外收入	政府补助
二、按经济组织类型分组						
独资企业	30.57	0.02		0.05	0.11	0.02
国有企业	2.55	0.01			0.01	
集体企业	0.86					
私营独资企业	1.12					
港澳台商独资经营企业	20.98			0.04	0.03	
外资企业	5.07	0.01		0.01	0.07	0.02
合作、合伙企业	2.51				0.22	0.22
私营合伙企业	2.54					
合作经营企业(港或澳、台资)						
中外合作经营企业	0.46					
其他企业（内资）	0.10					
其他港澳台商投资企业						
其他外商投资企业	–0.60				0.22	0.22
股份有限公司	22.81	0.06		–0.03	0.32	0.19
股份有限公司(内资)	11.17	0.02		–0.01	0.12	0.11
私营股份有限公司	10.87	0.04		–0.02	0.20	0.08
港澳台商投资股份有限公司						
外商投资股份有限公司	0.76					
有限责任公司	212.66	0.48	0.04	0.07	1.81	0.72
国有独资公司	1.55					
私营有限责任公司	133.43	0.35		0.02	1.09	0.38
合资经营企业(港或澳、台资)	7.76					
中外合资经营企业	10.19					
其他有限责任公司	59.73	0.13	0.04	0.05	0.70	0.34
三、在总计中:亏损企业	–2.17	0.07		–0.01	0.42	0.37
在总计中:国有控股企业	9.67	0.05		–0.01	0.24	0.05
在总计中:农村工业	–0.04				0.02	0.02

7-3 续表 14

分组	营业外支出	利润总额	所得税费用	亏损企业亏损总额	利税总额	应交税金及附加
总　　计	0.72	270.46	16.77	1.81	382.21	131.17
一、按登记注册类型分组:						
内资企业	0.64	225.57	13.07	1.42	319.92	109.84
国有企业	0.01	2.55	0.33	0.16	3.78	1.57
中央企业	0.01	2.27	0.28		3.20	1.21
地方企业		0.28	0.05	0.16	0.59	0.36
集体企业		0.86	0.05		1.42	0.62
有限责任公司	0.23	61.75	3.46	0.58	85.59	27.77
国有独资公司		1.55	0.26		1.78	0.50
其他有限责任公司	0.23	60.20	3.20	0.58	83.81	27.28
股份有限公司	0.02	11.26	0.58	0.35	15.52	4.88
私营企业	0.38	149.05	8.65	0.33	213.47	74.97
私营独资企业		1.12	0.04	0.01	1.88	0.82
私营合伙企业		2.54	0.01		3.38	0.87
私营有限责任公司	0.28	134.42	7.79	0.31	193.00	68.12
私营股份有限公司	0.11	10.96	0.82	0.01	15.21	5.15
其他企业		0.10			0.13	0.03
港、澳、台商投资企业	0.03	28.75	1.98		38.64	11.97
合资经营企业(港或澳、台资)		7.76	0.71		9.52	2.56
合作经营企业(港或澳、台资)						
港澳台商独资经营企业	0.03	20.98	1.26		29.11	9.41
港澳台商投资股份有限公司		0.01			0.01	
其他港澳台商投资企业						
外商投资企业	0.05	16.13	1.73	0.38	23.65	9.36
中外合资经营企业	0.04	10.16	1.13		15.09	6.16
中外合作经营企业		0.46	0.10		0.49	0.13
外资企业		5.13	0.38		7.15	2.40
外商投资股份有限公司		0.76	0.11		1.18	0.54
其他外商投资企业	0.01	-0.38		0.38	-0.26	0.12

7–3 续表 15

分组	营业外支出	利润总额	所得税费用	亏损企业亏损总额	利税总额	应交税金及附加
二、按经济组织类型分组						
独资企业	0.04	30.65	2.06	0.17	43.35	14.82
国有企业	0.01	2.55	0.33	0.16	3.78	1.57
集体企业		0.86	0.05		1.42	0.62
私营独资企业		1.12	0.04	0.01	1.88	0.82
港澳台商独资经营企业	0.03	20.98	1.26		29.11	9.41
外资企业		5.13	0.38		7.15	2.40
合作、合伙企业	0.01	2.72	0.11	0.38	3.74	1.15
私营合伙企业		2.54	0.01		3.38	0.87
合作经营企业(港或澳、台资)						
中外合作经营企业		0.46	0.10		0.49	0.13
其他企业（内资）		0.10			0.13	0.03
其他港澳台商投资企业						
其他外商投资企业	0.01	–0.38		0.38	–0.26	0.12
股份有限公司	0.13	23.00	1.51	0.36	31.92	10.58
股份有限公司(内资)	0.02	11.26	0.58	0.35	15.52	4.88
私营股份有限公司	0.11	10.96	0.82	0.01	15.21	5.15
港澳台商投资股份有限公司		0.01			0.01	
外商投资股份有限公司		0.76	0.11		1.18	0.54
有限责任公司	0.54	214.09	13.09	0.89	303.20	104.62
国有独资公司		1.55	0.26		1.78	0.50
私营有限责任公司	0.28	134.42	7.79	0.31	193.00	68.12
合资经营企业(港或澳、台资)		7.76	0.71		9.52	2.56
中外合资经营企业	0.04	10.16	1.13		15.09	6.16
其他有限责任公司	0.23	60.20	3.20	0.58	83.81	27.28
三、在总计中:亏损企业	0.06	–1.81	0.06	1.81	–0.90	1.03
在总计中:国有控股企业	0.11	9.80	1.90	0.92	15.81	8.09
在总计中:农村工业	0.02	–0.03		0.03	–0.03	0.01

7–3 续表 16

分组	本年应付职工薪酬	本年应交增值税	工业增加值率（%）	总资产贡献率（%）	资产负债率（%）	流动资产周转率（次/年）
总　　计	135.15	89.61		25.05	40.29	6.50
一、按登记注册类型分组:						
内资企业	106.31	75.69		24.79	40.85	6.24
国有企业	1.71	1.08		38.19	75.21	5.89
中央企业	1.20	0.83		52.38	96.77	9.16
地方企业	0.52	0.26		15.49	40.72	4.66
集体企业	0.37	0.48		54.05	45.69	9.87
有限责任公司	26.90	19.11		22.81	43.01	5.59
国有独资公司	0.31	0.20		7.25	42.98	2.39
其他有限责任公司	26.60	18.91		23.86	43.01	5.69
股份有限公司	7.69	3.33		15.74	47.57	10.68
私营企业	69.53	51.66		26.59	38.56	6.30
私营独资企业	1.06	0.63		27.92	46.22	5.12
私营合伙企业	0.58	0.52		48.27	41.75	9.71
私营有限责任公司	63.05	47.55		26.36	38.41	6.29
私营股份有限公司	4.83	2.96		26.78	39.14	6.34
其他企业	0.10	0.02		23.59	56.88	6.36
港、澳、台商投资企业	18.64	7.82		36.71	30.47	10.80
合资经营企业(港或澳、台资)	1.35	1.54		47.45	32.69	9.39
合作经营企业(港或澳、台资)						
港澳台商独资经营企业	17.22	6.27		34.26	29.95	11.29
港澳台商投资股份有限公司	0.06			4.47	27.65	2.29
其他港澳台商投资企业						
外商投资企业	10.21	6.10		18.43	42.57	5.83
中外合资经营企业	3.66	4.24		16.60	45.64	4.96
中外合作经营企业	0.27			19.06	12.18	16.53
外资企业	5.44	1.48		30.05	27.88	7.95
外商投资股份有限公司	0.71	0.38		26.55	33.21	4.98
其他外商投资企业	0.13			–3.03	69.02	1.58

7–3 续表 17

分组	本年应付职工薪酬	本年应交增值税	工业增加值率（%）	总资产贡献率（%）	资产负债率（%）	流动资产周转率（次/年）
二、按经济组织类型分组						
独资企业	25.80	9.95		33.86	34.22	9.64
国有企业	1.71	1.08		38.19	75.21	5.89
集体企业	0.37	0.48		54.05	45.69	9.87
私营独资企业	1.06	0.63		27.92	46.22	5.12
港澳台商独资经营企业	17.22	6.27		34.26	29.95	11.29
外资企业	5.44	1.48		30.05	27.88	7.95
合作、合伙企业	1.07	0.54		23.00	48.22	8.80
私营合伙企业	0.58	0.52		48.27	41.75	9.71
合作经营企业(港或澳、台资)						
中外合作经营企业	0.27			19.06	12.18	16.53
其他企业（内资）	0.10	0.02		23.59	56.88	6.36
其他港澳台商投资企业						
其他外商投资企业	0.13			–3.03	69.02	1.58
股份有限公司	13.30	6.67		19.93	44.18	7.98
股份有限公司(内资)	7.69	3.33		15.74	47.57	10.68
私营股份有限公司	4.83	2.96		26.78	39.14	6.34
港澳台商投资股份有限公司	0.06			4.47	27.65	2.29
外商投资股份有限公司	0.71	0.38		26.55	33.21	4.98
有限责任公司	94.98	72.45		24.82	40.32	6.08
国有独资公司	0.31	0.20		7.25	42.98	2.39
私营有限责任公司	63.05	47.55		26.36	38.41	6.29
合资经营企业(港或澳、台资)	1.35	1.54		47.45	32.69	9.39
中外合资经营企业	3.66	4.24		16.60	45.64	4.96
其他有限责任公司	26.60	18.91		23.86	43.01	5.69
三、在总计中:亏损企业	2.72	0.62		–1.32	59.43	2.28
在总计中:国有控股企业	5.21	5.11		11.10	60.57	3.11
在总计中:农村工业	0.06	0.01		–3.30	51.74	0.82

7–3 续表 16

分组	成本费用利润率（%）	全员劳动生产率（元/人·年）	产品销售率（%）	从业人员平均人数	从业人员期末人数	平均用工人数
总　　计	8.91		97.86	31.32	31.81	30.91
一、按登记注册类型分组:						
内资企业	8.81		97.69	24.51	24.95	24.34
国有企业	27.26		92.21	0.17	0.17	0.17
中央企业	82.02		100.00	0.07	0.07	0.07
地方企业	4.26		86.49	0.09	0.10	0.09
集体企业	9.91		98.65	0.08	0.08	0.08
有限责任公司	9.76		97.01	6.48	6.69	6.33
国有独资公司	21.78		97.66	0.03	0.03	0.05
其他有限责任公司	9.62		97.00	6.45	6.66	6.29
股份有限公司	8.25		97.98	1.33	1.33	1.30
私营企业	8.42		97.94	16.42	16.65	16.43
私营独资企业	5.82		99.13	0.27	0.28	0.27
私营合伙企业	15.03		99.27	0.14	0.14	0.13
私营有限责任公司	8.26		98.11	14.93	15.14	14.79
私营股份有限公司	10.30		95.18	1.09	1.09	1.24
其他企业	3.59		103.57	0.03	0.03	0.03
港、澳、台商投资企业	9.30		98.63	4.46	4.51	4.46
合资经营企业(港或澳、台资)	12.50		96.22	0.51	0.52	0.48
合作经营企业(港或澳、台资)						
港澳台商独资经营企业	8.50		99.26	3.92	3.96	3.95
港澳台商投资股份有限公司	1.92		100.00	0.03	0.03	0.03
其他港澳台商投资企业						
外商投资企业	9.80		99.06	2.35	2.35	2.10
中外合资经营企业	11.41		98.82	0.85	0.86	0.76
中外合作经营企业	7.58		99.97	0.08	0.08	0.08
外资企业	8.70		99.18	1.17	1.17	1.03
外商投资股份有限公司	8.30		100.24	0.22	0.22	0.20
其他外商投资企业	–29.25		96.92	0.03	0.03	0.03

7–3 续表 17

分组	成本费用利润率（%）	全员劳动生产率（元/人·年）	产品销售率（%）	从业人员平均人数	从业人员期末人数	平均用工人数
二、按经济组织类型分组						
独资企业	8.93		98.99	5.61	5.66	5.50
国有企业	27.26		92.21	0.17	0.17	0.17
集体企业	9.91		98.65	0.08	0.08	0.08
私营独资企业	5.82		99.13	0.27	0.28	0.27
港澳台商独资经营企业	8.50		99.26	3.92	3.96	3.95
外资企业	8.70		99.18	1.17	1.17	1.03
合作、合伙企业	10.02		99.60	0.27	0.27	0.27
私营合伙企业	15.03		99.27	0.14	0.14	0.13
合作经营企业(港或澳、台资)						
中外合作经营企业	7.58		99.97	0.08	0.08	0.08
其他企业（内资）	3.59		103.57	0.03	0.03	0.03
其他港澳台商投资企业						
其他外商投资企业	–29.25		96.92	0.03	0.03	0.03
股份有限公司	9.11		96.86	2.67	2.67	2.77
股份有限公司(内资)	8.25		97.98	1.33	1.33	1.30
私营股份有限公司	10.30		95.18	1.09	1.09	1.24
港澳台商投资股份有限公司	1.92		100.00	0.03	0.03	0.03
外商投资股份有限公司	8.30		100.24	0.22	0.22	0.20
有限责任公司	8.88		97.79	22.77	23.21	22.37
国有独资公司	21.78		97.66	0.03	0.03	0.05
私营有限责任公司	8.26		98.11	14.93	15.14	14.79
合资经营企业(港或澳、台资)	12.50		96.22	0.51	0.52	0.48
中外合资经营企业	11.41		98.82	0.85	0.86	0.76
其他有限责任公司	9.62		97.00	6.45	6.66	6.29
三、在总计中:亏损企业	–6.15		88.16	0.71	0.71	0.68
在总计中:国有控股企业	11.31		96.25	0.81	0.81	0.80
在总计中:农村工业	–7.20		100.00	0.01	0.01	0.01

7-3 续表 18

分组	期末用工人数	主营业务收入利润率（%）	人均主营业务收入（万元/人）	每百元资产实现的主营业务收入(元)	产成品存货周转天数(天)	应收账款平均回收期(天)
总　　计	30.86	8.14	107.45	211.08	7.06	18.15
一、按登记注册类型分组:						
内资企业	24.12	8.06	115.02	210.99	7.30	19.42
国有企业	0.17	21.40	71.12	118.12	6.16	32.39
中央企业	0.07	45.50	67.18	80.38		38.79
地方企业	0.10	4.05	74.26	178.47	8.93	27.78
集体企业	0.08	8.94	117.57	351.12	12.93	22.31
有限责任公司	6.32	8.86	110.04	178.75	6.74	22.74
国有独资公司	0.05	17.82	186.33	35.23	26.93	52.59
其他有限责任公司	6.28	8.75	109.47	188.43	6.56	22.37
股份有限公司	1.22	7.57	114.54	147.06	6.14	10.76
私营企业	16.29	7.72	117.44	234.59	7.59	18.77
私营独资企业	0.27	5.47	77.00	299.61	2.78	27.42
私营合伙企业	0.14	12.87	147.40	281.66	2.84	4.13
私营有限责任公司	14.75	7.59	119.71	235.88	7.47	19.14
私营股份有限公司	1.14	9.25	95.81	204.45	11.13	14.17
其他企业	0.03	3.46	97.79	527.16		37.46
港、澳、台商投资企业	4.56	8.46	76.22	315.77	5.04	7.58
合资经营企业(港或澳、台资)	0.54	11.09	146.24	344.24	5.21	7.13
合作经营企业(港或澳、台资)						
港澳台商独资经营企业	4.00	7.79	68.20	309.32	4.93	7.67
港澳台商投资股份有限公司	0.03	1.89	11.24	203.89	61.57	30.13
其他港澳台商投资企业						
外商投资企业	2.17	8.91	86.05	130.62	7.14	18.28
中外合资经营企业	0.84	10.24	129.78	98.49	7.16	19.74
中外合作经营企业	0.08	7.02	86.14	254.80	5.73	2.72
外资企业	1.03	7.94	62.62	264.91	3.38	16.79
外商投资股份有限公司	0.20	7.79	48.18	219.69	33.83	25.27
其他外商投资企业	0.03	–47.76	29.49	12.48		0.24

7-3 续表 19

分组	期末用工人数	主营业务收入利润率（%）	人均主营业务收入（万元/人）	每百元资产实现的主营业务收入(元)	产成品存货周转天数(天)	应收账款平均回收期(天)
二、按经济组织类型分组						
独资企业	5.54	8.15	68.40	286.74	4.78	11.47
国有企业	0.17	21.40	71.12	118.12	6.16	32.39
集体企业	0.08	8.94	117.57	351.12	12.93	22.31
私营独资企业	0.27	5.47	77.00	299.61	2.78	27.42
港澳台商独资经营企业	4.00	7.79	68.20	309.32	4.93	7.67
外资企业	1.03	7.94	62.62	264.91	3.38	16.79
合作、合伙企业	0.27	9.05	112.33	181.41	3.09	6.98
私营合伙企业	0.14	12.87	147.40	281.66	2.84	4.13
合作经营企业(港或澳、台资)						
中外合作经营企业	0.08	7.02	86.14	254.80	5.73	2.72
其他企业（内资）	0.03	3.46	97.79	527.16		37.46
其他港澳台商投资企业						
其他外商投资企业	0.03	−47.76	29.49	12.48		0.24
股份有限公司	2.59	8.29	100.24	169.41	9.27	12.75
股份有限公司(内资)	1.22	7.57	114.54	147.06	6.14	10.76
私营股份有限公司	1.14	9.25	95.81	204.45	11.13	14.17
港澳台商投资股份有限公司	0.03	1.89	11.24	203.89	61.57	30.13
外商投资股份有限公司	0.20	7.79	48.18	219.69	33.83	25.27
有限责任公司	22.45	8.12	117.88	209.01	7.20	19.79
国有独资公司	0.05	17.82	186.33	35.23	26.93	52.59
私营有限责任公司	14.75	7.59	119.71	235.88	7.47	19.14
合资经营企业(港或澳、台资)	0.54	11.09	146.24	344.24	5.21	7.13
中外合资经营企业	0.84	10.24	129.78	98.49	7.16	19.74
其他有限责任公司	6.28	8.75	109.47	188.43	6.56	22.37
三、在总计中:亏损企业	0.63	−6.61	39.97	73.90	21.61	51.66
在总计中:国有控股企业	0.71	10.13	121.68	55.95	12.76	34.86
在总计中:农村工业	0.01	−7.87	31.47	53.90	25.42	276.04

7-4 吉州区规模以上工业企业主要经济指标（大类行业）

单位：亿元

行业	企业单位数（个）	亏损企业	工业总产值(当年价格)	工业销售产值(当年价格)	出口交货值	年初存货	产成品
总计	85	2	252.33	244.48	33.12	8.55	4.41
农副食品加工业	6		5.96	5.75		0.12	0.04
食品制造业	2		1.48	1.49		0.16	
酒、饮料和精制茶制造业	1		10.15	6.53		0.70	0.48
烟草制品业							
纺织业	2	1	7.03	7.03			
纺织服装、服饰业	4		6.61	6.61	4.00	0.34	0.01
皮革、毛皮、羽毛及其制品和制鞋业	1		0.21	0.21		0.08	
木材加工和木、竹、藤、棕、草制品业							
家具制造业	2		2.84	2.54		0.40	0.19
造纸和纸制品业	1		0.90	0.90			
印刷和记录媒介复制业	5		2.23	1.35		0.14	0.02
文教、工美、体育和娱乐用品制造业	1		4.19	4.19	4.19	0.32	0.19
石油加工、炼焦和核燃料加工业							
化学原料和化学制品制造业	6		5.79	5.20	3.23	0.24	0.09
医药制造业	2		3.82	3.79	0.21	0.17	0.05
化学纤维制造业							
橡胶和塑料制品业	4		2.86	2.90		0.06	0.02
非金属矿物制品业	9	1	7.50	7.67		0.08	0.03
黑色金属冶炼和压延加工业							
有色金属冶炼和压延加工业	2		22.89	22.84		0.97	0.97
金属制品业	3		3.50	3.10		0.14	
通用设备制造业	3		8.43	8.29		0.66	0.15
专用设备制造业							
汽车制造业	3		22.51	22.49	20.75	0.31	0.08
铁路、船舶、航空航天和其他运输设备制造业							
电气机械和器材制造业	9		57.21	56.18		1.37	1.06
计算机、通信和其他电子设备制造业	16		74.68	73.37	0.74	1.92	1.01
燃气生产和供应业	1		0.65	1.16		0.10	
水的生产和供应业	2		0.89	0.89		0.26	

7–4 续表 1

行业	资产总计	流动资产合计	流动资产合计			固定资产合计	固定资产原价
			应收账款	存货	产成品		
总计	146.09	70.37	24.49	13.46	6.60	37.62	33.77
农副食品加工业	1.91	1.09	0.27	0.25	0.13	0.39	0.62
食品制造业	0.96	0.68	0.06	0.16	0.11	0.14	0.19
酒、饮料和精制茶制造业	1.84	1.73	0.04	0.61	0.35	0.05	0.31
烟草制品业							
纺织业	0.33	0.07	0.03	0.03	0.06	0.26	0.29
纺织服装、服饰业	3.07	2.04	0.93	0.51	0.14	0.35	0.65
皮革、毛皮、羽毛及其制品和制鞋业	0.24	0.18	0.07	0.08		0.05	0.02
木材加工和木、竹、藤、棕、草制品业							
家具制造业	1.09	0.78	0.11	0.51	0.13	0.13	0.17
造纸和纸制品业	0.20	0.05	0.03	0.02		0.14	0.08
印刷和记录媒介复制业	1.19	0.71	0.31	0.08	0.02	0.09	0.01
文教、工美、体育和娱乐用品制造业	1.00	0.82	–0.08	0.34	0.19	0.16	0.22
石油加工、炼焦和核燃料加工业							
化学原料和化学制品制造业	3.96	1.92	0.56	0.39	0.23	0.54	0.56
医药制造业	2.60	1.24	0.08	0.23	0.09	1.33	0.57
化学纤维制造业							
橡胶和塑料制品业	1.22	0.60	0.31	0.24	0.08	0.18	0.24
非金属矿物制品业	6.52	3.23	0.96	0.17	0.05	2.60	3.98
黑色金属冶炼和压延加工业							
有色金属冶炼和压延加工业	15.60	14.42	3.88	4.04	2.54	1.14	1.12
金属制品业	0.70	0.61	0.30	0.30	0.05	0.03	0.04
通用设备制造业	6.66	3.08	1.78	0.99	0.20	0.20	0.40
专用设备制造业							
汽车制造业	3.42	2.99	1.81	0.35	0.09	0.33	1.43
铁路、船舶、航空航天和其他运输设备制造业							
电气机械和器材制造业	29.96	6.62	1.24	1.58	0.91	21.68	12.70
计算机、通信和其他电子设备制造业	53.71	23.41	11.62	2.31	1.12	4.08	6.12
燃气生产和供应业	3.08	0.78	0.14	0.09	0.09	1.06	1.42
水的生产和供应业	6.83	3.32	0.05	0.19	0.01	2.70	2.62

7-4 续表 2

行业	资产总计		负债合计			
	累计折旧	本年折旧		流动负债合计	应付账款	非流动负债合计
总计	18.39	2.86	60.31	39.43	12.56	11.84
农副食品加工业	0.28	0.04	0.51	0.51	0.21	
食品制造业	0.05	0.01	0.35	0.34	0.08	
酒、饮料和精制茶制造业	0.26	0.05	0.99	0.88	0.50	0.11
烟草制品业						
纺织业	0.03	0.03	0.28	0.05	0.01	
纺织服装、服饰业	0.31	0.04	1.81	0.95	0.14	0.05
皮革、毛皮、羽毛及其制品和制鞋业	0.01					
木材加工和木、竹、藤、棕、草制品业						
家具制造业	0.08	0.02	0.30	0.23	0.13	0.03
造纸和纸制品业	0.04	0.03	0.19	0.19	0.02	
印刷和记录媒介复制业			1.04	0.59	0.05	0.01
文教、工美、体育和娱乐用品制造业	0.06	0.02	0.39	0.39	0.17	
石油加工、炼焦和核燃料加工业						
化学原料和化学制品制造业	0.15	0.05	1.63	1.26	0.36	
医药制造业	0.26	0.03	1.77	1.57	0.09	0.19
化学纤维制造业						
橡胶和塑料制品业	0.08	0.01	0.49	0.31	0.21	0.09
非金属矿物制品业	1.61	0.33	3.62	3.03	0.83	0.23
黑色金属冶炼和压延加工业						
有色金属冶炼和压延加工业	0.79	0.06	9.70	5.79	1.75	0.06
金属制品业	0.01		0.38	0.21	0.10	
通用设备制造业	0.22	0.02	3.73	1.23	0.11	0.16
专用设备制造业						
汽车制造业	1.13	0.16	1.00	0.85	0.62	
铁路、船舶、航空航天和其他运输设备制造业						
电气机械和器材制造业	8.99	0.75	14.70	5.45	1.05	9.10
计算机、通信和其他电子设备制造业	2.12	1.06	11.17	11.11	5.89	0.06
燃气生产和供应业	0.36		1.72	1.71	0.22	0.01
水的生产和供应业	1.58	0.15	4.54	2.79	0.03	1.75

7–4 续表 3

行业	所有者权益合计	实收资本				
			国家资本	集体资本	法人资本	个人资本
总计	85.78	19.20	0.47	0.05	5.61	11.58
农副食品加工业	1.40	0.43			0.04	0.39
食品制造业	0.60	0.08				0.08
酒、饮料和精制茶制造业	0.85	0.27				0.27
烟草制品业						
纺织业	0.04					
纺织服装、服饰业	1.27	0.89				0.25
皮革、毛皮、羽毛及其制品和制鞋业	0.24	0.16				0.16
木材加工和木、竹、藤、棕、草制品业						
家具制造业	0.79	0.67			0.02	0.65
造纸和纸制品业	0.01	0.06			0.04	0.02
印刷和记录媒介复制业	0.16	0.10				0.10
文教、工美、体育和娱乐用品制造业	0.61	0.26				
石油加工、炼焦和核燃料加工业						
化学原料和化学制品制造业	2.32	0.56			0.40	0.02
医药制造业	0.84	0.22				0.22
化学纤维制造业						
橡胶和塑料制品业	0.72	0.10			0.03	0.07
非金属矿物制品业	2.91	1.08	0.11	0.04	0.63	0.32
黑色金属冶炼和压延加工业						
有色金属冶炼和压延加工业	5.90	0.23			0.23	
金属制品业	0.32	0.05			0.03	0.02
通用设备制造业	2.93	0.24				0.24
专用设备制造业						
汽车制造业	2.42	0.23				0.09
铁路、船舶、航空航天和其他运输设备制造业						
电气机械和器材制造业	15.26	8.34			0.37	7.97
计算机、通信和其他电子设备制造业	42.54	3.63		0.01	2.98	0.41
燃气生产和供应业	1.36	0.07				
水的生产和供应业	2.29	1.50	0.36		0.84	0.30

7–4 续表 4

行业	所有者权益合计		营业收入		营业成本	
	实收资本			主营业务收入		主营业务成本
	港澳台资本	外商资本				
总计	0.49	1.00	249.86	248.14	213.27	212.67
农副食品加工业			5.86	5.86	5.46	5.46
食品制造业			1.49	1.49	0.84	0.69
酒、饮料和精制茶制造业			10.19	10.19	7.44	7.44
烟草制品业						
纺织业			7.00	7.00	6.54	6.54
纺织服装、服饰业	0.28	0.37	6.59	6.59	5.33	5.33
皮革、毛皮、羽毛及其制品和制鞋业			0.21	0.21	0.17	0.17
木材加工和木、竹、藤、棕、草制品业						
家具制造业			2.73	2.73	2.34	2.34
造纸和纸制品业			0.89	0.89	0.78	0.78
印刷和记录媒介复制业			2.66	2.66	2.01	2.00
文教、工美、体育和娱乐用品制造业		0.26	4.18	4.18	3.72	3.72
石油加工、炼焦和核燃料加工业						
化学原料和化学制品制造业	0.14		5.46	5.46	4.08	4.08
医药制造业			3.80	3.80	3.32	3.32
化学纤维制造业						
橡胶和塑料制品业			2.78	2.78	2.39	2.39
非金属矿物制品业			7.50	7.46	6.27	6.23
黑色金属冶炼和压延加工业						
有色金属冶炼和压延加工业			22.57	22.14	20.44	20.44
金属制品业			3.43	3.43	2.76	2.76
通用设备制造业			8.46	8.46	7.29	7.29
专用设备制造业						
汽车制造业		0.14	22.48	22.48	20.38	20.38
铁路、船舶、航空航天和其他运输设备制造业						
电气机械和器材制造业			54.72	54.56	46.89	46.89
计算机、通信和其他电子设备制造业	0.01	0.23	74.18	74.18	63.30	63.30
燃气生产和供应业	0.07		1.16	0.65	0.79	0.59
水的生产和供应业			1.51	0.93	0.71	0.51

7–4 续表 5

行业	营业税金及附加	主营业务税金及附加	其他业务收入	其他业务利润	销售费用	管理费用
总计	3.08	3.06	1.71	0.34	5.12	7.35
农副食品加工业	0.01	0.01			0.08	0.07
食品制造业	0.27	0.27			0.09	0.15
酒、饮料和精制茶制造业	0.84	0.84			0.64	0.18
烟草制品业						
纺织业	0.03	0.03			0.04	0.02
纺织服装、服饰业	0.07	0.07			0.08	0.69
皮革、毛皮、羽毛及其制品和制鞋业					0.01	
木材加工和木、竹、藤、棕、草制品业						
家具制造业	0.07	0.07			0.04	0.05
造纸和纸制品业					0.02	0.02
印刷和记录媒介复制业	0.21	0.21			0.09	0.12
文教、工美、体育和娱乐用品制造业	0.03	0.03			0.02	0.10
石油加工、炼焦和核燃料加工业						
化学原料和化学制品制造业	0.03	0.03			0.12	0.67
医药制造业	0.03	0.03			0.06	0.14
化学纤维制造业						
橡胶和塑料制品业	0.03	0.03			0.05	0.09
非金属矿物制品业	0.11	0.11	0.04	0.02	0.24	0.29
黑色金属冶炼和压延加工业						
有色金属冶炼和压延加工业	0.01	0.01	0.43		0.02	0.02
金属制品业	0.06	0.06			0.14	0.20
通用设备制造业	0.17	0.17			0.15	0.56
专用设备制造业						
汽车制造业	0.29	0.29			0.07	0.21
铁路、船舶、航空航天和其他运输设备制造业						
电气机械和器材制造业	0.35	0.35	0.16		1.26	1.28
计算机、通信和其他电子设备制造业	0.45	0.44			1.60	2.17
燃气生产和供应业	0.01	0.01	0.51		0.16	0.07
水的生产和供应业			0.57	0.32	0.14	0.25

7–4 续表 6

行业	管理费用	财务费用			营业利润	投资收益
	税金		利息收入	利息支出		
总计	0.22	0.63	0.04	0.48	20.44	0.02
农副食品加工业	0.01	0.02		0.01	0.22	
食品制造业					0.13	
酒、饮料和精制茶制造业					1.09	
烟草制品业						
纺织业					0.37	
纺织服装、服饰业		0.04	0.01	0.02	0.39	
皮革、毛皮、羽毛及其制品和制鞋业					0.02	
木材加工和木、竹、藤、棕、草制品业						
家具制造业		0.01			0.22	
造纸和纸制品业	0.01	0.01	0.01	0.02	0.05	
印刷和记录媒介复制业	0.03	0.04		0.01	0.19	
文教、工美、体育和娱乐用品制造业					0.30	
石油加工、炼焦和核燃料加工业						
化学原料和化学制品制造业		0.01		0.01	0.55	
医药制造业	0.01	0.02		0.02	0.25	
化学纤维制造业						
橡胶和塑料制品业		0.03		0.01	0.18	
非金属矿物制品业	0.02	0.06	0.01	0.04	0.52	
黑色金属冶炼和压延加工业						
有色金属冶炼和压延加工业		0.01			2.06	
金属制品业	0.04	0.01			0.26	
通用设备制造业		0.01			0.28	
专用设备制造业						
汽车制造业					1.55	
铁路、船舶、航空航天和其他运输设备制造业						
电气机械和器材制造业	0.06	0.24		0.22	4.72	0.01
计算机、通信和其他电子设备制造业	0.03	0.12		0.11	6.55	
燃气生产和供应业			0.01		0.14	0.01
水的生产和供应业		0.02		0.02	0.39	

7–4 续表 7

行业	营业外收入	政府补助	营业外支出	利润总额	所得税费用	亏损企业亏损总额
总计	0.47	0.08	0.18	20.73	1.65	0.04
农副食品加工业				0.22	0.02	
食品制造业				0.13		
酒、饮料和精制茶制造业			0.05	1.04		
烟草制品业						
纺织业				0.37		0.01
纺织服装、服饰业			0.01	0.38		
皮革、毛皮、羽毛及其制品和制鞋业				0.02	0.01	
木材加工和木、竹、藤、棕、草制品业						
家具制造业				0.22		
造纸和纸制品业				0.05		
印刷和记录媒介复制业			0.01	0.19		
文教、工美、体育和娱乐用品制造业				0.30		
石油加工、炼焦和核燃料加工业						
化学原料和化学制品制造业				0.55	0.01	
医药制造业			0.01	0.24	0.03	
化学纤维制造业						
橡胶和塑料制品业				0.18	0.02	
非金属矿物制品业	0.03	0.02	0.03	0.53	0.12	0.03
黑色金属冶炼和压延加工业						
有色金属冶炼和压延加工业				2.06	0.01	
金属制品业				0.26	0.04	
通用设备制造业	0.36			0.64	0.01	
专用设备制造业						
汽车制造业	0.02	0.02	0.01	1.56	0.26	
铁路、船舶、航空航天和其他运输设备制造业						
电气机械和器材制造业			0.07	4.65	0.88	
计算机、通信和其他电子设备制造业	0.04	0.04	0.01	6.58	0.13	
燃气生产和供应业				0.14	0.04	
水的生产和供应业				0.39	0.09	

7–4 续表 8

行业	利税总额	应交税金及附加	本年应付职工薪酬	本年应交增值税	总资产贡献率（%）	资产负债率（%）
总计	31.07	12.21	11.29	7.26	21.56	41.28
农副食品加工业	0.24	0.05	0.15	0.01	13.17	26.73
食品制造业	0.48	0.34	0.12	0.07	49.59	36.86
酒、饮料和精制茶制造业	2.00	0.96	0.06	0.12	108.59	53.82
烟草制品业						
纺织业	0.51	0.15	0.02	0.12	156.74	86.86
纺织服装、服饰业	0.57	0.20	1.68	0.12	18.67	58.81
皮革、毛皮、羽毛及其制品和制鞋业	0.06	0.04	0.02	0.03	23.70	0.56
木材加工和木、竹、藤、棕、草制品业						
家具制造业	0.29	0.07	0.06	0.01	26.92	27.25
造纸和纸制品业	0.06	0.02	0.02	0.01	37.98	95.96
印刷和记录媒介复制业	0.46	0.31	0.10	0.06	39.71	86.84
文教、工美、体育和娱乐用品制造业	0.67	0.37	0.45	0.34	66.60	39.33
石油加工、炼焦和核燃料加工业						
化学原料和化学制品制造业	0.76	0.22	0.23	0.19	19.45	41.25
医药制造业	0.34	0.14	0.17	0.07	13.68	67.87
化学纤维制造业						
橡胶和塑料制品业	0.33	0.17	0.19	0.12	28.27	40.55
非金属矿物制品业	0.84	0.44	0.21	0.20	13.20	55.43
黑色金属冶炼和压延加工业						
有色金属冶炼和压延加工业	3.15	1.10	0.14	1.07	20.20	62.19
金属制品业	0.42	0.24	0.11	0.10	60.11	54.16
通用设备制造业	0.97	0.34	0.12	0.16	14.66	56.02
专用设备制造业						
汽车制造业	2.04	0.74	1.36	0.19	59.51	29.30
铁路、船舶、航空航天和其他运输设备制造业						
电气机械和器材制造业	6.07	2.37	1.27	1.07	21.00	49.05
计算机、通信和其他电子设备制造业	10.21	3.79	4.51	3.17	19.21	20.80
燃气生产和供应业	0.16	0.05	0.13		4.95	55.89
水的生产和供应业	0.43	0.13	0.17	0.04	6.56	66.47

7-4 续表 9

行业	流动资产周转率(次/年)	成本费用利润率(%)	产品销售率(%)	从业人员平均人数	从业人员期末人数	平均用工人数
总计	3.55	9.16	96.89	2.43	2.41	2.37
农副食品加工业	5.37	3.87	96.59	0.03	0.03	0.03
食品制造业	2.19	12.45	100.48	0.03	0.03	0.03
酒、饮料和精制茶制造业	5.89	12.59	64.28	0.03	0.03	0.03
烟草制品业						
纺织业	102.11	5.55	100.00	0.04	0.04	0.04
纺织服装、服饰业	3.23	6.18	100.00	0.28	0.25	0.26
皮革、毛皮、羽毛及其制品和制鞋业	1.17	11.59	100.00	0.01	0.01	0.01
木材加工和木、竹、藤、棕、草制品业						
家具制造业	3.48	8.95	89.44	0.01	0.01	0.01
造纸和纸制品业	19.83	6.42	100.00	0.01	0.01	0.01
印刷和记录媒介复制业	3.74	8.57	60.60	0.06	0.06	0.05
文教、工美、体育和娱乐用品制造业	5.12	7.77	100.00	0.11	0.11	0.11
石油加工、炼焦和核燃料加工业						
化学原料和化学制品制造业	2.85	11.32	89.74	0.06	0.07	0.06
医药制造业	3.06	6.94	99.38	0.05	0.05	0.05
化学纤维制造业						
橡胶和塑料制品业	4.63	7.13	101.44	0.05	0.05	0.05
非金属矿物制品业	2.32	7.74	102.21	0.09	0.09	0.09
黑色金属冶炼和压延加工业						
有色金属冶炼和压延加工业	1.56	10.07	99.80	0.04	0.04	0.03
金属制品业	5.65	8.23	88.75	0.05	0.05	0.04
通用设备制造业	2.75	8.02	98.34	0.07	0.07	0.07
专用设备制造业						
汽车制造业	7.52	7.55	99.88	0.16	0.16	0.15
铁路、船舶、航空航天和其他运输设备制造业						
电气机械和器材制造业	8.27	9.37	98.20	0.31	0.31	0.31
计算机、通信和其他电子设备制造业	3.17	9.80	98.25	0.90	0.90	0.91
燃气生产和供应业	1.50	14.13	179.20	0.02	0.02	0.02
水的生产和供应业	0.45	35.10	100.00	0.03	0.03	0.03

7-4 续表 10

行业	期末用工人数	主营业务收入利润率（%）	人均主营业务收入（万元/人）	每百元资产实现的主营业务收入(元)	产成品存货周转天数(天)	应收账款平均回收期(天)
总计	2.38	8.35	104.49	169.86	11.17	35.53
农副食品加工业	0.03	3.71	173.48	306.48	8.72	16.27
食品制造业	0.03	9.05	55.48	155.22	55.27	15.64
酒、饮料和精制茶制造业	0.03	10.20	352.58	554.05	16.70	1.46
烟草制品业						
纺织业	0.04	5.23	177.76	2136.56	3.20	1.38
纺织服装、服饰业	0.25	5.76	25.45	214.53	9.29	50.66
皮革、毛皮、羽毛及其制品和制鞋业	0.01	10.29	21.53	87.41		111.97
木材加工和木、竹、藤、棕、草制品业						
家具制造业	0.02	8.01	185.44	250.55	20.71	14.82
造纸和纸制品业	0.01	6.01	95.93	450.59		10.49
印刷和记录媒介复制业	0.05	7.27	51.45	222.99	3.91	41.91
文教、工美、体育和娱乐用品制造业	0.12	7.17	37.77	417.77	18.83	-6.92
石油加工、炼焦和核燃料加工业						
化学原料和化学制品制造业	0.06	10.12	89.43	138.15	20.70	36.75
医药制造业	0.05	6.43	81.07	146.05	10.26	7.70
化学纤维制造业						
橡胶和塑料制品业	0.05	6.58	60.56	228.08	11.87	39.99
非金属矿物制品业	0.08	7.12	87.67	114.39	2.66	46.42
黑色金属冶炼和压延加工业						
有色金属冶炼和压延加工业	0.03	9.32	790.72	141.90	44.77	63.16
金属制品业	0.04	7.46	77.78	489.28	6.58	31.03
通用设备制造业	0.07	7.60	128.98	127.05	9.68	75.68
专用设备制造业						
汽车制造业	0.15	6.94	145.70	656.50	1.63	29.00
铁路、船舶、航空航天和其他运输设备制造业						
电气机械和器材制造业	0.31	8.53	177.44	182.12	7.00	8.21
计算机、通信和其他电子设备制造业	0.91	8.87	81.85	138.12	6.35	56.41
燃气生产和供应业	0.02	22.23	39.57	21.10	55.99	76.46
水的生产和供应业	0.03	41.79	31.45	13.67	7.11	18.79

7-5 吉州区规模以上工业企业主要经济指标（综合分组）

分组	企业单位数（个）	亏损企业	工业总产值（当年价格）	工业销售产值（当年价格）	出口交货值	年初存货	产成品
总　　计	85	2	252.33	244.48	33.12	8.55	4.41
一、按登记注册类型分组:							
内资企业	76	2	218.56	210.98	5.01	7.09	3.91
有限责任公司	25	1	63.87	59.73	1.36	2.33	1.05
国有独资公司							
其他有限责任公司	25	1	63.87	59.73	1.36	2.33	1.05
股份有限公司	1		1.77	1.47		0.11	
私营企业	50	1	152.92	149.78	3.65	4.65	2.86
私营独资企业	1		0.26	0.25		0.02	
私营合伙企业							
私营有限责任公司	48	1	151.83	148.71	3.65	4.29	2.62
私营股份有限公司	1		0.82	0.82		0.34	0.24
其他企业							
港、澳、台商投资企业	5		6.53	6.26	3.17	0.59	0.18
合资经营企业(港或澳、台资)	1		0.67	0.48		0.17	0.09
合作经营企业(港或澳、台资)							
港澳台商独资经营企业	4		5.86	5.79	3.17	0.41	0.08
港澳台商投资股份有限公司							
其他港澳台商投资企业							
外商投资企业	4		27.25	27.24	24.94	0.87	0.32
中外合资经营企业	2		4.72	4.72	4.19	0.59	0.19
中外合作经营企业							
外资企业	2		22.53	22.52	20.75	0.29	0.13
外商投资股份有限公司							
其他外商投资企业							
二、按经济组织类型分组							
独资企业	7		28.64	28.55	23.92	0.71	0.21
国有企业							
集体企业							
私营独资企业	1		0.26	0.25		0.02	
港澳台商独资经营企业	4		5.86	5.79	3.17	0.41	0.08
外资企业	2		22.53	22.52	20.75	0.29	0.13
股份有限公司	2		2.59	2.30		0.45	0.24
股份有限公司(内资)	1		1.77	1.47		0.11	
私营股份有限公司	1		0.82	0.82		0.34	0.24
港澳台商投资股份有限公司							
外商投资股份有限公司							
有限责任公司	76	2	221.09	213.63	9.21	7.38	3.96
国有独资公司							
私营有限责任公司	48	1	151.83	148.71	3.65	4.29	2.62
合资经营企业(港或澳、台资)	1		0.67	0.48		0.17	0.09
中外合资经营企业	2		4.72	4.72	4.19	0.59	0.19
其他有限责任公司	25	1	63.87	59.73	1.36	2.33	1.05
三、在总计中:亏损企业	2	2	1.79	1.79		0.02	
在总计中:国有控股企业	3		3.85	4.06		0.03	0.01
在总计中:农村工业	2	1	0.48	0.48		0.02	

7-5 续表 1

分组	资产总计	流动资产合计	流动资产合计			固定资产合计	固定资产原价
			应收账款	存货	产成品		
总　　计	146.09	70.37	24.49	13.46	6.60	37.62	33.77
一、按登记注册类型分组:							
内资企业	132.29	61.36	21.98	12.01	6.10	34.04	29.03
有限责任公司	27.46	12.47	5.86	2.74	1.38	4.00	5.30
国有独资公司							
其他有限责任公司	27.46	12.47	5.86	2.74	1.38	4.00	5.30
股份有限公司	0.29	0.26	0.06	0.20	0.05		
私营企业	104.54	48.63	16.07	9.07	4.67	30.04	23.73
私营独资企业	0.08	0.07	0.04	0.02			0.05
私营合伙企业							
私营有限责任公司	103.37	47.89	16.00	8.65	4.43	29.92	23.43
私营股份有限公司	1.09	0.68	0.03	0.40	0.24	0.12	0.26
其他企业							
港、澳、台商投资企业	3.22	2.06	0.87	0.58	0.15	0.72	1.00
合资经营企业(港或澳、台资)	0.76	0.36		0.19	0.12	0.30	0.24
合作经营企业(港或澳、台资)							
港澳台商独资经营企业	2.46	1.70	0.87	0.39	0.03	0.41	0.76
港澳台商投资股份有限公司							
其他港澳台商投资企业							
外商投资企业	10.58	6.94	1.64	0.86	0.34	2.86	3.73
中外合资经营企业	7.45	4.10	-0.04	0.52	0.19	2.71	2.54
中外合作经营企业							
外资企业	3.12	2.84	1.68	0.34	0.15	0.15	1.19
外商投资股份有限公司							
其他外商投资企业							
二、按经济组织类型分组							
独资企业	5.66	4.61	2.59	0.75	0.18	0.57	2.00
国有企业							
集体企业							
私营独资企业	0.08	0.07	0.04	0.02			0.05
港澳台商独资经营企业	2.46	1.70	0.87	0.39	0.03	0.41	0.76
外资企业	3.12	2.84	1.68	0.34	0.15	0.15	1.19
股份有限公司	1.38	0.94	0.09	0.61	0.29	0.12	0.26
股份有限公司(内资)	0.29	0.26	0.06	0.20	0.05		
私营股份有限公司	1.09	0.68	0.03	0.40	0.24	0.12	0.26
港澳台商投资股份有限公司							
外商投资股份有限公司							
有限责任公司	139.05	64.82	21.82	12.10	6.13	36.93	31.51
国有独资公司							
私营有限责任公司	103.37	47.89	16.00	8.65	4.43	29.92	23.43
合资经营企业(港或澳、台资)	0.76	0.36		0.19	0.12	0.30	0.24
中外合资经营企业	7.45	4.10	-0.04	0.52	0.19	2.71	2.54
其他有限责任公司	27.46	12.47	5.86	2.74	1.38	4.00	5.30
三、在总计中:亏损企业	0.59	0.33	0.24	0.02	0.01	0.16	0.16
在总计中:国有控股企业	2.06	0.92	0.47	0.04	0.01	1.10	1.16
在总计中:农村工业	0.77	0.51	0.32	0.05	0.03	0.16	0.23

7–5 续表 2

分组	资产总计		负债合计			
	累计折旧			流动负债合计		非流动负债合计
		本年折旧			应付账款	
总　　计	18.39	2.86	60.31	39.43	12.56	11.84
一、按登记注册类型分组:						
内资企业	15.44	2.50	52.75	33.90	11.52	10.06
有限责任公司	1.89	0.41	8.11	6.67	2.61	0.61
国有独资公司						
其他有限责任公司	1.89	0.41	8.11	6.67	2.61	0.61
股份有限公司			0.21	0.06		
私营企业	13.55	2.09	44.43	27.17	8.91	9.45
私营独资企业	0.04		0.07	0.07		
私营合伙企业						
私营有限责任公司	13.37	2.08	43.87	26.61	8.89	9.45
私营股份有限公司	0.14	0.01	0.50	0.50	0.02	
其他企业						
港、澳、台商投资企业	0.41	0.06	1.99	1.70	0.34	0.05
合资经营企业(港或澳、台资)	0.06	0.02	0.27	0.27		
合作经营企业(港或澳、台资)						
港澳台商独资经营企业	0.35	0.04	1.73	1.43	0.34	0.05
港澳台商投资股份有限公司						
其他港澳台商投资企业						
外商投资企业	2.54	0.30	5.57	3.83	0.70	1.74
中外合资经营企业	1.49	0.16	4.90	3.16	0.17	1.74
中外合作经营企业						
外资企业	1.05	0.14	0.67	0.67	0.53	
外商投资股份有限公司						
其他外商投资企业						
二、按经济组织类型分组						
独资企业	1.45	0.19	2.47	2.17	0.87	0.05
国有企业						
集体企业						
私营独资企业	0.04		0.07	0.07		
港澳台商独资经营企业	0.35	0.04	1.73	1.43	0.34	0.05
外资企业	1.05	0.14	0.67	0.67	0.53	
股份有限公司	0.14	0.01	0.71	0.55	0.02	
股份有限公司(内资)			0.21	0.06		
私营股份有限公司	0.14	0.01	0.50	0.50	0.02	
港澳台商投资股份有限公司						
外商投资股份有限公司						
有限责任公司	16.80	2.66	57.14	36.71	11.67	11.79
国有独资公司						
私营有限责任公司	13.37	2.08	43.87	26.61	8.89	9.45
合资经营企业(港或澳、台资)	0.06	0.02	0.27	0.27		
中外合资经营企业	1.49	0.16	4.90	3.16	0.17	1.74
其他有限责任公司	1.89	0.41	8.11	6.67	2.61	0.61
三、在总计中:亏损企业	0.01		0.37	0.16	0.07	0.21
在总计中:国有控股企业	0.26	0.01	0.56	0.56	0.22	
在总计中:农村工业	0.08	0.01	0.40	0.19	0.11	0.21

7-5 续表 3

分组	所有者权益合计	实收资本	国家资本	集体资本	法人资本	个人资本
总　　计	85.78	19.20	0.47	0.05	5.61	11.58
一、按登记注册类型分组:						
内资企业	79.54	16.20	0.11	0.05	4.40	11.58
有限责任公司	19.35	4.75	0.11	0.05	3.06	1.47
国有独资公司						
其他有限责任公司	19.35	4.75	0.11	0.05	3.06	1.47
股份有限公司	0.08	0.01			0.01	
私营企业	60.11	11.44			1.33	10.11
私营独资企业	0.01	0.01				0.01
私营合伙企业						
私营有限责任公司	59.50	11.13			1.02	10.11
私营股份有限公司	0.60	0.31			0.31	
其他企业						
港、澳、台商投资企业	1.23	1.16			0.37	
合资经营企业(港或澳、台资)	0.50	0.51			0.37	
合作经营企业(港或澳、台资)						
港澳台商独资经营企业	0.73	0.65				
港澳台商投资股份有限公司						
其他港澳台商投资企业						
外商投资企业	5.01	1.84	0.36		0.84	
中外合资经营企业	2.56	1.46	0.36		0.84	
中外合作经营企业						
外资企业	2.45	0.37				
外商投资股份有限公司						
其他外商投资企业						
二、按经济组织类型分组						
独资企业	3.19	1.03				0.01
国有企业						
集体企业						
私营独资企业	0.01	0.01				0.01
港澳台商独资经营企业	0.73	0.65				
外资企业	2.45	0.37				
股份有限公司	0.67	0.32			0.32	
股份有限公司(内资)	0.08	0.01			0.01	
私营股份有限公司	0.60	0.31			0.31	
港澳台商投资股份有限公司						
外商投资股份有限公司						
有限责任公司	81.91	17.85	0.47	0.05	5.29	11.58
国有独资公司						
私营有限责任公司	59.50	11.13			1.02	10.11
合资经营企业(港或澳、台资)	0.50	0.51			0.37	
中外合资经营企业	2.56	1.46	0.36		0.84	
其他有限责任公司	19.35	4.75	0.11	0.05	3.06	1.47
三、在总计中:亏损企业	0.22	0.20			0.10	0.10
在总计中:国有控股企业	1.50	0.19	0.11	0.04	0.03	0.02
在总计中:农村工业	0.37	0.25			0.10	0.15

7–5 续表 4

分组	所有者权益合计 实收资本 港澳台资本	外商资本	营业收入	主营业务收入	营业成本	主营业务成本	营业税金及附加
总　　计	0.49	1.00	249.86	248.14	213.27	212.67	3.08
一、按登记注册类型分组:							
内资企业	0.07		215.73	214.59	183.51	183.11	2.68
有限责任公司	0.07		64.08	63.57	53.38	53.02	1.43
国有独资公司							
其他有限责任公司	0.07		64.08	63.57	53.38	53.02	1.43
股份有限公司			1.70	1.70	1.26	1.26	0.02
私营企业			149.95	149.32	128.87	128.83	1.24
私营独资企业			0.26	0.26	0.25	0.25	
私营合伙企业							
私营有限责任公司			148.87	148.25	127.94	127.90	1.23
私营股份有限公司			0.81	0.81	0.68	0.68	0.01
其他企业							
港、澳、台商投资企业	0.42	0.37	6.35	6.35	5.04	5.04	0.08
合资经营企业(港或澳、台资)	0.14		0.48	0.48	0.31	0.31	
合作经营企业(港或澳、台资)							
港澳台商独资经营企业	0.29	0.37	5.88	5.88	4.73	4.73	0.08
港澳台商投资股份有限公司							
其他港澳台商投资企业							
外商投资企业		0.64	27.78	27.20	24.72	24.52	0.32
中外合资经营企业		0.26	5.32	4.75	4.27	4.08	0.03
中外合作经营企业							
外资企业		0.37	22.45	22.45	20.44	20.44	0.29
外商投资股份有限公司							
其他外商投资企业							
二、按经济组织类型分组							
独资企业	0.29	0.74	28.59	28.59	25.42	25.42	0.36
国有企业							
集体企业							
私营独资企业			0.26	0.26	0.25	0.25	
港澳台商独资经营企业	0.29	0.37	5.88	5.88	4.73	4.73	0.08
外资企业		0.37	22.45	22.45	20.44	20.44	0.29
股份有限公司			2.51	2.51	1.94	1.94	0.03
股份有限公司(内资)			1.70	1.70	1.26	1.26	0.02
私营股份有限公司			0.81	0.81	0.68	0.68	0.01
港澳台商投资股份有限公司							
外商投资股份有限公司							
有限责任公司	0.20	0.26	218.75	217.04	185.90	185.31	2.68
国有独资公司							
私营有限责任公司			148.87	148.25	127.94	127.90	1.23
合资经营企业(港或澳、台资)	0.14		0.48	0.48	0.31	0.31	
中外合资经营企业		0.26	5.32	4.75	4.27	4.08	0.03
其他有限责任公司	0.07		64.08	63.57	53.38	53.02	1.43
三、在总计中:亏损企业			1.78	1.78	1.77	1.77	
在总计中:国有控股企业			3.30	3.30	2.64	2.64	0.09
在总计中:农村工业			0.42	0.42	0.41	0.41	

7-5 续表 5

分组	主营业务税金及附加	其他业务收入	其他业务利润	销售费用	管理费用	税金
总　　计	3.06	1.71	0.34	5.12	7.35	0.22
一、按登记注册类型分组:						
内资企业	2.67	1.14	0.02	4.97	6.26	0.21
有限责任公司	1.41	0.51		1.69	1.52	0.03
国有独资公司						
其他有限责任公司	1.41	0.51		1.69	1.52	0.03
股份有限公司	0.02			0.12	0.18	0.04
私营企业	1.23	0.63	0.02	3.15	4.55	0.14
私营独资企业					0.01	
私营合伙企业						
私营有限责任公司	1.23	0.63	0.02	3.13	4.51	0.13
私营股份有限公司	0.01			0.02	0.04	
其他企业						
港、澳、台商投资企业	0.08			0.03	0.71	0.01
合资经营企业(港或澳、台资)				0.01	0.10	
合作经营企业(港或澳、台资)						
港澳台商独资经营企业	0.08			0.02	0.62	
港澳台商投资股份有限公司						
其他港澳台商投资企业						
外商投资企业	0.32	0.57	0.32	0.12	0.38	0.01
中外合资经营企业	0.03	0.57	0.32	0.11	0.24	
中外合作经营企业						
外资企业	0.29			0.01	0.14	
外商投资股份有限公司						
其他外商投资企业						
二、按经济组织类型分组						
独资企业	0.36			0.03	0.77	0.01
国有企业						
集体企业						
私营独资企业					0.01	
港澳台商独资经营企业	0.08			0.02	0.62	
外资企业	0.29			0.01	0.14	
股份有限公司	0.03			0.15	0.22	0.04
股份有限公司(内资)	0.02			0.12	0.18	0.04
私营股份有限公司	0.01			0.02	0.04	
港澳台商投资股份有限公司						
外商投资股份有限公司						
有限责任公司	2.67	1.71	0.34	4.94	6.36	0.17
国有独资公司						
私营有限责任公司	1.23	0.63	0.02	3.13	4.51	0.13
合资经营企业(港或澳、台资)				0.01	0.10	
中外合资经营企业	0.03	0.57	0.32	0.11	0.24	
其他有限责任公司	1.41	0.51		1.69	1.52	0.03
三、在总计中:亏损企业				0.02	0.04	
在总计中:国有控股企业	0.09			0.18	0.13	
在总计中:农村工业				0.01	0.04	

7-5 续表 6

分组	财务费用	利息收入	利息支出	营业利润	资产减值损失	公允价值变动收益	投资收益
总　　计	0.63	0.04	0.48	20.44			0.02
一、按登记注册类型分组:							
内资企业	0.57	0.03	0.45	17.77			0.02
有限责任公司	0.10	0.02	0.08	5.98			0.01
国有独资公司							
其他有限责任公司	0.10	0.02	0.08	5.98			0.01
股份有限公司				0.11			
私营企业	0.46	0.01	0.36	11.68			0.01
私营独资企业							
私营合伙企业							
私营有限责任公司	0.45	0.01	0.35	11.62			
私营股份有限公司	0.01		0.01	0.06			0.01
其他企业							
港、澳、台商投资企业	0.04	0.01	0.02	0.45			
合资经营企业(港或澳、台资)				0.05			
合作经营企业(港或澳、台资)							
港澳台商独资经营企业	0.04	0.01	0.02	0.40			
港澳台商投资股份有限公司							
其他港澳台商投资企业							
外商投资企业	0.03		0.02	2.22			
中外合资经营企业	0.02		0.02	0.65			
中外合作经营企业							
外资企业	0.01			1.57			
外商投资股份有限公司							
其他外商投资企业							
二、按经济组织类型分组							
独资企业	0.04	0.01	0.02	1.97			
国有企业							
集体企业							
私营独资企业							
港澳台商独资经营企业	0.04	0.01	0.02	0.40			
外资企业	0.01			1.57			
股份有限公司	0.02		0.02	0.17			0.01
股份有限公司(内资)				0.11			
私营股份有限公司	0.01		0.01	0.06			0.01
港澳台商投资股份有限公司							
外商投资股份有限公司							
有限责任公司	0.57	0.03	0.45	18.30			0.01
国有独资公司							
私营有限责任公司	0.45	0.01	0.35	11.62			
合资经营企业(港或澳、台资)				0.05			
中外合资经营企业	0.02		0.02	0.65			
其他有限责任公司	0.10	0.02	0.08	5.98			0.01
三、在总计中:亏损企业				-0.05			
在总计中:国有控股企业	0.04	0.01	0.02	0.23			
在总计中:农村工业				-0.04			

7-5 续表 7

分组	营业外收入	政府补助	营业外支出	利润总额	所得税费用	亏损企业亏损总额	利税总额
总　　计	0.47	0.08	0.18	20.73	1.65	0.04	31.07
一、按登记注册类型分组:							
内资企业	0.45	0.07	0.17	18.04	1.29	0.04	27.17
有限责任公司	0.03	0.02	0.08	5.93	0.15	0.03	9.03
国有独资公司							
其他有限责任公司	0.03	0.02	0.08	5.93	0.15	0.03	9.03
股份有限公司				0.11			0.13
私营企业	0.42	0.04	0.09	12.01	1.15	0.01	18.01
私营独资企业							
私营合伙企业							
私营有限责任公司	0.42	0.04	0.09	11.94	1.13	0.01	17.91
私营股份有限公司				0.06	0.02		0.10
其他企业							
港、澳、台商投资企业			0.01	0.45			0.61
合资经营企业(港或澳、台资)				0.05			0.05
合作经营企业(港或澳、台资)							
港澳台商独资经营企业			0.01	0.39			0.56
港澳台商投资股份有限公司							
其他港澳台商投资企业							
外商投资企业	0.02	0.02		2.24	0.35		3.28
中外合资经营企业				0.65	0.09		1.05
中外合作经营企业							
外资企业	0.02	0.02		1.58	0.26		2.24
外商投资股份有限公司							
其他外商投资企业							
二、按经济组织类型分组							
独资企业	0.02	0.02	0.01	1.98	0.27		2.80
国有企业							
集体企业							
私营独资企业							
港澳台商独资经营企业			0.01	0.39			0.56
外资企业	0.02	0.02		1.58	0.26		2.24
股份有限公司				0.17	0.02		0.23
股份有限公司(内资)				0.11			0.13
私营股份有限公司				0.06	0.02		0.10
港澳台商投资股份有限公司							
外商投资股份有限公司							
有限责任公司	0.45	0.07	0.17	18.58	1.37	0.04	28.04
国有独资公司							
私营有限责任公司	0.42	0.04	0.09	11.94	1.13	0.01	17.91
合资经营企业(港或澳、台资)				0.05			0.05
中外合资经营企业				0.65	0.09		1.05
其他有限责任公司	0.03	0.02	0.08	5.93	0.15	0.03	9.03
三、在总计中:亏损企业	0.02	0.02	0.02	-0.04		0.04	-0.03
在总计中:国有控股企业				0.23	0.07		0.46
在总计中:农村工业	0.02	0.02	0.02	-0.03		0.03	-0.03

7–5 续表 8

分组	应交税金及附加	本年应付职工薪酬	本年应交增值税	工业增加值率（%）	总资产贡献率（%）	资产负债率（%）	流动资产周转率(次/年)
总　　计	12.21	11.29	7.26		21.56	41.28	3.55
一、按登记注册类型分组:							
内资企业	10.63	7.21	6.45		20.85	39.87	3.52
有限责任公司	3.28	1.92	1.67		33.08	29.52	5.14
国有独资公司							
其他有限责任公司	3.28	1.92	1.67		33.08	29.52	5.14
股份有限公司	0.06	0.01			46.19	73.91	6.46
私营企业	7.29	5.29	4.77		17.57	42.50	3.08
私营独资企业		0.03			5.60	85.01	3.98
私营合伙企业							
私营有限责任公司	7.23	5.21	4.74		17.66	42.44	3.11
私营股份有限公司	0.06	0.05	0.03		10.31	45.36	1.20
其他企业							
港、澳、台商投资企业	0.17	1.81	0.09		19.12	61.87	3.08
合资经营企业(港或澳、台资)		0.03			7.43	34.90	1.31
合作经营企业(港或澳、台资)							
港澳台商独资经营企业	0.17	1.78	0.09		22.75	70.22	3.46
港澳台商投资股份有限公司							
其他港澳台商投资企业							
外商投资企业	1.41	2.27	0.73		31.19	52.64	4.00
中外合资经营企业	0.48	0.61	0.37		14.25	65.66	1.30
中外合作经营企业							
外资企业	0.92	1.66	0.37		71.64	21.57	7.90
外商投资股份有限公司							
其他外商投资企业							
二、按经济组织类型分组							
独资企业	1.10	3.47	0.46		49.48	43.58	6.21
国有企业							
集体企业							
私营独资企业		0.03			5.60	85.01	3.98
港澳台商独资经营企业	0.17	1.78	0.09		22.75	70.22	3.46
外资企业	0.92	1.66	0.37		71.64	21.57	7.90
股份有限公司	0.11	0.05	0.03		17.83	51.35	2.67
股份有限公司(内资)	0.06	0.01			46.19	73.91	6.46
私营股份有限公司	0.06	0.05	0.03		10.31	45.36	1.20
港澳台商投资股份有限公司							
外商投资股份有限公司							
有限责任公司	11.00	7.77	6.78		20.46	41.09	3.37
国有独资公司							
私营有限责任公司	7.23	5.21	4.74		17.66	42.44	3.11
合资经营企业(港或澳、台资)		0.03			7.43	34.90	1.31
中外合资经营企业	0.48	0.61	0.37		14.25	65.66	1.30
其他有限责任公司	3.28	1.92	1.67		33.08	29.52	5.14
三、在总计中:亏损企业	0.01	0.04			–5.85	63.25	5.41
在总计中:国有控股企业	0.30	0.06	0.14		22.78	27.28	3.59
在总计中:农村工业	0.01	0.06	0.01		–3.30	51.74	0.82

7-5 续表 9

分组	成本费用利润率（%）	全员劳动生产率（元/人·年）	产品销售率（%）	从业人员平均人数	从业人员期末人数	平均用工人数
总　　计	9.16		96.89	2.43	2.41	2.37
一、按登记注册类型分组:						
内资企业	9.24		96.54	1.78	1.79	1.75
有限责任公司	10.45		93.52	0.54	0.54	0.53
国有独资公司						
其他有限责任公司	10.45		93.52	0.54	0.54	0.53
股份有限公司	7.01		83.44	0.01	0.01	0.01
私营企业	8.76		97.95	1.24	1.24	1.21
私营独资企业	0.50		95.50	0.01	0.01	0.01
私营合伙企业						
私营有限责任公司	8.78		97.94	1.21	1.21	1.18
私营股份有限公司	8.19		100.00	0.02	0.02	0.02
其他企业						
港、澳、台商投资企业	7.66		95.95	0.32	0.29	0.30
合资经营企业(港或澳、台资)	12.94		70.95	0.01	0.01	0.01
合作经营企业(港或澳、台资)						
港澳台商独资经营企业	7.25		98.81	0.31	0.28	0.29
港澳台商投资股份有限公司						
其他港澳台商投资企业						
外商投资企业	8.86		99.97	0.33	0.33	0.33
中外合资经营企业	14.04		100.00	0.14	0.14	0.14
中外合作经营企业						
外资企业	7.69		99.96	0.19	0.19	0.19
外商投资股份有限公司						
其他外商投资企业						
二、按经济组织类型分组						
独资企业	7.52		99.69	0.51	0.48	0.49
国有企业						
集体企业						
私营独资企业	0.50		95.50	0.01	0.01	0.01
港澳台商独资经营企业	7.25		98.81	0.31	0.28	0.29
外资企业	7.69		99.96	0.19	0.19	0.19
股份有限公司	7.40		88.70	0.03	0.03	0.03
股份有限公司(内资)	7.01		83.44	0.01	0.01	0.01
私营股份有限公司	8.19		100.00	0.02	0.02	0.02
港澳台商投资股份有限公司						
外商投资股份有限公司						
有限责任公司	9.39		96.62	1.89	1.90	1.86
国有独资公司						
私营有限责任公司	8.78		97.94	1.21	1.21	1.18
合资经营企业(港或澳、台资)	12.94		70.95	0.01	0.01	0.01
中外合资经营企业	14.04		100.00	0.14	0.14	0.14
其他有限责任公司	10.45		93.52	0.54	0.54	0.53
三、在总计中:亏损企业	-2.37		100.00	0.01	0.01	0.01
在总计中:国有控股企业	7.72		105.25	0.02	0.02	0.02
在总计中:农村工业	-7.20		100.00	0.01	0.01	0.01

7-5 续表 10

分组	期末用工人数	主营业务收入利润率（%）	人均主营业务收入（万元/人）	每百元资产实现的主营业务收入(元)	产成品存货周转天数(天)	应收账款平均回收期(天)
总　　计	2.38	8.35	104.49	169.86	11.17	35.53
一、按登记注册类型分组:						
内资企业	1.76	8.41	122.69	162.21	12.00	36.88
有限责任公司	0.53	9.32	119.51	231.49	9.40	33.16
国有独资公司						
其他有限责任公司	0.53	9.32	119.51	231.49	9.40	33.16
股份有限公司	0.01	6.47	261.58	586.10	14.38	12.59
私营企业	1.22	8.04	123.33	142.84	13.04	38.74
私营独资企业	0.01	0.49	32.32	340.74	1.14	53.30
私营合伙企业						
私营有限责任公司	1.19	8.06	125.78	143.41	12.47	38.86
私营股份有限公司	0.02	7.63	33.84	74.39	124.93	11.50
其他企业						
港、澳、台商投资企业	0.29	7.02	21.14	197.08	10.75	49.29
合资经营企业(港或澳、台资)	0.01	11.44	57.31	62.45	137.59	1.19
合作经营企业(港或澳、台资)						
港澳台商独资经营企业	0.28	6.66	20.11	238.73	2.45	53.19
港澳台商投资股份有限公司						
其他港澳台商投资企业						
外商投资企业	0.34	8.22	83.67	257.15	5.03	21.70
中外合资经营企业	0.15	13.72	34.51	63.75	17.19	-3.19
中外合作经营企业						
外资企业	0.19	7.05	119.79	718.82	2.61	26.97
外商投资股份有限公司						
其他外商投资企业						
二、按经济组织类型分组						
独资企业	0.48	6.91	58.61	504.93	2.57	32.60
国有企业						
集体企业						
私营独资企业	0.01	0.49	32.32	340.74	1.14	53.30
港澳台商独资经营企业	0.28	6.66	20.11	238.73	2.45	53.19
外资企业	0.19	7.05	119.79	718.82	2.61	26.97
股份有限公司	0.03	6.85	82.37	181.82	53.20	12.24
股份有限公司(内资)	0.01	6.47	261.58	586.10	14.38	12.59
私营股份有限公司	0.02	7.63	33.84	74.39	124.93	11.50
港澳台商投资股份有限公司						
外商投资股份有限公司						
有限责任公司	1.88	8.56	116.91	156.09	11.90	36.19
国有独资公司						
私营有限责任公司	1.19	8.06	125.78	143.41	12.47	38.86
合资经营企业(港或澳、台资)	0.01	11.44	57.31	62.45	137.59	1.19
中外合资经营企业	0.15	13.72	34.51	63.75	17.19	-3.19
其他有限责任公司	0.53	9.32	119.51	231.49	9.40	33.16
三、在总计中:亏损企业	0.01	-2.43	247.12	304.13	2.18	49.25
在总计中:国有控股企业	0.02	6.97	211.69	160.04	1.72	51.09
在总计中:农村工业	0.01	-7.87	31.47	53.90	25.42	276.04

7-6 青原区规模以上工业企业主要经济指标（大类行业）

单位：亿元

行业	企业单位数（个）	工业总产值（当年价格）	工业销售产值（当年价格）	出口交货值	年初存货	产成品
总计	75	215.54	214.44	27.60	3.62	0.60
农副食品加工业	8	13.88	13.74		0.32	0.03
食品制造业	3	4.39	4.36		0.03	
皮革、毛皮、羽毛及其制品和制鞋业	1	0.34	0.34		0.02	
木材加工和木、竹、藤、棕、草制品业						
家具制造业	3	10.37	10.31	6.10	0.04	
造纸和纸制品业	2	2.58	2.50		0.02	
印刷和记录媒介复制业						
文教、工美、体育和娱乐用品制造业	1	6.18	6.18	6.18	0.03	0.03
石油加工、炼焦和核燃料加工业						
化学原料和化学制品制造业	10	29.53	29.28		0.36	0.01
医药制造业	3	14.38	14.27		0.05	
化学纤维制造业						
橡胶和塑料制品业	6	19.24	19.10	8.64	0.09	0.05
非金属矿物制品业	12	38.42	38.32		0.37	0.25
通用设备制造业	5	12.36	12.33	6.68	0.13	0.04
专用设备制造业	1	0.47	0.47			
电气机械和器材制造业	8	16.38	16.30		0.14	0.09
计算机、通信和其他电子设备制造业	11	20.68	20.61		0.30	0.10
电力、热力生产和供应业	1	26.33	26.33		1.71	

7-6 续表 1

行业	资产总计	流动资产合计	应收账款	存货	产成品	固定资产合计	固定资产原价
总计	87.12	26.79	7.51	5.40	1.37	58.48	94.80
农副食品加工业	2.89	1.38	0.16	0.46	0.19	1.37	1.80
食品制造业	1.12	0.56	0.15	0.04	0.04	0.56	0.59
皮革、毛皮、羽毛及其制品和制鞋业	0.14	0.05	0.01	0.02	0.02	0.10	0.10
木材加工和木、竹、藤、棕、草制品业							
家具制造业	2.58	0.61	0.22	0.08		1.97	2.38
造纸和纸制品业	0.81	0.47	0.04	0.10		0.33	0.90
印刷和记录媒介复制业							
文教、工美、体育和娱乐用品制造业	1.78	0.56	0.07	0.04	0.04	1.22	1.27
石油加工、炼焦和核燃料加工业							
化学原料和化学制品制造业	4.20	2.06	0.56	0.41	0.04	2.09	3.41
医药制造业	2.72	0.67	0.21	0.22		2.06	3.13
化学纤维制造业							
橡胶和塑料制品业	3.16	1.58	0.21	0.36	0.06	1.58	2.18
非金属矿物制品业	11.46	6.65	1.66	0.59	0.35	4.61	5.58
通用设备制造业	1.99	1.04	0.36	0.21	0.12	0.95	1.14
专用设备制造业	0.18	0.05	0.01	0.02	0.02	0.13	0.15
电气机械和器材制造业	3.76	1.27	0.55	0.24	0.16	2.48	2.95
计算机、通信和其他电子设备制造业	4.12	2.16	0.70	0.49	0.33	1.96	2.17
电力、热力生产和供应业	46.19	7.67	2.60	2.15		37.08	67.05

7-6 续表 2

行业			负债合计	流动负债合计		非流动负债合计
	累计折旧	本年折旧			应付账款	
总计	36.87	4.81	47.96	36.76	3.39	11.15
农副食品加工业	0.43	0.08	0.98	0.96	0.26	0.02
食品制造业	0.03	0.01	0.68	0.50	0.07	0.18
皮革、毛皮、羽毛及其制品和制鞋业			0.07	0.07	0.01	
木材加工和木、竹、藤、棕、草制品业						
家具制造业	0.41	0.15	1.68	0.71		0.96
造纸和纸制品业	0.57	0.05	0.42	0.28		0.15
印刷和记录媒介复制业						
文教、工美、体育和娱乐用品制造业	0.36	0.08	0.45	0.45	0.08	
石油加工、炼焦和核燃料加工业						
化学原料和化学制品制造业	1.51	0.29	2.02	0.85	0.08	1.15
医药制造业	1.07	0.22	0.81	0.19		0.62
化学纤维制造业						
橡胶和塑料制品业	0.61	0.12	1.14	0.54	0.06	0.60
非金属矿物制品业	0.97	0.22	5.47	3.29	0.77	2.15
通用设备制造业	0.19	0.04	0.90	0.76	0.12	0.14
专用设备制造业	0.02		0.10	0.10	0.03	
电气机械和器材制造业	0.42	0.06	1.37	0.66	0.08	0.71
计算机、通信和其他电子设备制造业	0.32	0.08	1.70	1.25	0.22	0.44
电力、热力生产和供应业	29.96	3.42	30.16	26.14	1.62	4.02

7-6 续表 3

行业	所有者权益合计	实收资本				
			国家资本	法人资本	个人资本	港澳台资本
总计	39.16	15.03	0.12	0.18	14.72	0.01
农副食品加工业	1.91	1.16		0.04	1.10	0.01
食品制造业	0.44	0.36			0.36	
皮革、毛皮、羽毛及其制品和制鞋业	0.08	0.04			0.04	
木材加工和木、竹、藤、棕、草制品业						
家具制造业	0.91	0.91			0.91	
造纸和纸制品业	0.38	0.38			0.38	
印刷和记录媒介复制业						
文教、工美、体育和娱乐用品制造业	1.33	0.61			0.61	
石油加工、炼焦和核燃料加工业						
化学原料和化学制品制造业	2.18	1.97		0.02	1.95	
医药制造业	1.91	1.91			1.91	
化学纤维制造业						
橡胶和塑料制品业	2.02	1.52			1.52	
非金属矿物制品业	6.00	2.96	0.12	0.12	2.72	
通用设备制造业	1.09	0.63			0.63	
专用设备制造业	0.08	0.05			0.05	
电气机械和器材制造业	2.38	1.18			1.18	
计算机、通信和其他电子设备制造业	2.42	1.35			1.35	
电力、热力生产和供应业	16.04					

7-6 续表 4

行业	营业收入	主营业务收入	营业成本	主营业务成本	营业税金及附加	主营业务税金及附加	其他业务收入
总计	217.01	216.85	189.26	189.26	0.91	0.88	0.17
农副食品加工业	13.89	13.88	12.93	12.93	0.04	0.04	
食品制造业	5.07	5.07	4.36	4.36	0.02	0.02	
皮革、毛皮、羽毛及其制品和制鞋业	0.34	0.34	0.30	0.30			
木材加工和木、竹、藤、棕、草制品业							
家具制造业	10.87	10.87	8.58	8.58	0.05	0.04	
造纸和纸制品业	2.58	2.58	2.16	2.16	0.02	0.02	
印刷和记录媒介复制业							
文教、工美、体育和娱乐用品制造业	6.18	6.18	5.94	5.94			
石油加工、炼焦和核燃料加工业							
化学原料和化学制品制造业	29.53	29.53	24.59	24.59	0.09	0.09	
医药制造业	14.38	14.38	11.97	11.97	0.15	0.15	
化学纤维制造业							
橡胶和塑料制品业	19.24	19.24	16.84	16.84	0.09	0.09	
非金属矿物制品业	38.43	38.43	35.93	35.93	0.06	0.06	
通用设备制造业	12.48	12.48	10.41	10.41	0.04	0.03	
专用设备制造业	0.47	0.47	0.43	0.43			
电气机械和器材制造业	16.34	16.34	14.15	14.15	0.06	0.06	
计算机、通信和其他电子设备制造业	20.72	20.72	19.21	19.21	0.05	0.05	
电力、热力生产和供应业	26.50	26.33	21.46	21.46	0.23	0.23	0.16

7-6 续表 5

行业	销售费用	管理费用	税金	财务费用	利息支出	营业利润	营业外收入
总计	4.43	5.86	0.13	3.47	1.35	13.09	0.01
农副食品加工业	0.15	0.13		0.08		0.55	
食品制造业	0.14	0.13		0.08		0.34	
皮革、毛皮、羽毛及其制品和制鞋业						0.03	
木材加工和木、竹、藤、棕、草制品业							
家具制造业	0.44	0.73		0.22		0.85	
造纸和纸制品业	0.07	0.10		0.03		0.21	
印刷和记录媒介复制业							
文教、工美、体育和娱乐用品制造业						0.23	
石油加工、炼焦和核燃料加工业							
化学原料和化学制品制造业	1.24	1.18	0.01	0.43		1.98	
医药制造业	0.49	0.69		0.34		0.75	
化学纤维制造业							
橡胶和塑料制品业	0.50	0.59		0.22		1.01	
非金属矿物制品业	0.42	0.35		0.26	0.02	1.42	
通用设备制造业	0.43	0.67	0.01	0.15		0.77	
专用设备制造业						0.03	
电气机械和器材制造业	0.36	0.62		0.20		0.96	
计算机、通信和其他电子设备制造业	0.18	0.21		0.15		0.92	
电力、热力生产和供应业		0.46	0.10	1.31	1.31	3.04	

7–6 续表 6

行业	营业外支出	利润总额	所得税费用	利税总额	应交税金及附加	本年应付职工薪酬	本年应交增值税
总计	0.03	13.06	0.80	18.91	6.77	9.37	4.94
农副食品加工业		0.55	0.01	0.84	0.30	0.60	0.24
食品制造业		0.34		0.42	0.08	0.23	0.05
皮革、毛皮、羽毛及其制品和制鞋业		0.03		0.04	0.01	0.09	0.01
木材加工和木、竹、藤、棕、草制品业							
家具制造业		0.85		1.13	0.28	0.52	0.23
造纸和纸制品业		0.21		0.32	0.11	0.28	0.10
印刷和记录媒介复制业							
文教、工美、体育和娱乐用品制造业		0.23		0.29	0.07	0.60	0.07
石油加工、炼焦和核燃料加工业							
化学原料和化学制品制造业		1.98		2.41	0.43	1.38	0.33
医药制造业		0.75		1.01	0.26	0.63	0.11
化学纤维制造业							
橡胶和塑料制品业		1.01		1.30	0.30	0.92	0.20
非金属矿物制品业		1.42	0.03	1.92	0.53	1.27	0.44
通用设备制造业		0.77		1.07	0.30	0.69	0.25
专用设备制造业		0.03		0.04	0.01	0.05	0.01
电气机械和器材制造业		0.96		1.42	0.46	0.79	0.40
计算机、通信和其他电子设备制造业		0.92		1.32	0.40	0.90	0.35
电力、热力生产和供应业	0.03	3.01	0.76	5.38	3.22	0.43	2.14

7–6 续表 7

行业	总资产贡献率（%）	资产负债率（%）	流动资产周转率(次/年）	成本费用利润率（%）	产品销售率（%）	从业人员平均人数	从业人员期末人数
总计	23.26	55.05	8.10	6.44	99.49	2.25	2.27
农副食品加工业	29.08	34.01	10.08	4.15	98.95	0.18	0.18
食品制造业	37.13	60.77	8.99	7.20	99.35	0.07	0.07
皮革、毛皮、羽毛及其制品和制鞋业	26.98	47.19	7.03	9.01	99.57	0.02	0.02
木材加工和木、竹、藤、棕、草制品业							
家具制造业	43.74	64.92	17.71	8.52	99.45	0.10	0.10
造纸和纸制品业	39.57	52.71	5.43	8.71	97.18	0.11	0.11
印刷和记录媒介复制业							
文教、工美、体育和娱乐用品制造业	16.56	25.48	10.97	3.79	99.99	0.14	0.14
石油加工、炼焦和核燃料加工业							
化学原料和化学制品制造业	57.36	48.05	14.36	7.22	99.14	0.30	0.30
医药制造业	36.93	29.76	21.59	5.56	99.24	0.16	0.16
化学纤维制造业							
橡胶和塑料制品业	41.25	36.12	12.15	5.56	99.24	0.21	0.21
非金属矿物制品业	16.95	47.68	5.78	3.85	99.73	0.28	0.29
通用设备制造业	53.72	45.22	12.02	6.64	99.73	0.14	0.14
专用设备制造业	23.26	56.03	9.75	6.81	99.93	0.03	0.03
电气机械和器材制造业	37.93	36.60	12.82	6.26	99.55	0.24	0.24
计算机、通信和其他电子设备制造业	32.24	41.21	9.59	4.67	99.62	0.23	0.23
电力、热力生产和供应业	14.49	65.28	3.45	12.97	100.00	0.04	0.04

7-6 续表 8

行业	平均用工人数	期末用工人数	主营业务收入利润率（%）	人均主营业务收入（万元/人）	每百元资产实现的主营业务收入(元)	产成品存货周转天数(天)	应收账款平均回收期(天)
总计	2.38	2.35	6.02	91.23	248.92	2.60	12.47
农副食品加工业	0.18	0.18	3.98	77.09	479.71	5.34	4.24
食品制造业	0.06	0.06	6.69	88.14	450.59	2.95	10.72
皮革、毛皮、羽毛及其制品和制鞋业	0.02	0.02	8.24	15.31	232.96	21.44	15.67
木材加工和木、竹、藤、棕、草制品业							
家具制造业	0.10	0.10	7.81	110.06	421.11		7.27
造纸和纸制品业	0.11	0.11	7.96	23.33	319.99		5.00
印刷和记录媒介复制业							
文教、工美、体育和娱乐用品制造业	0.14	0.14	3.65	43.85	347.55	2.50	3.91
石油加工、炼焦和核燃料加工业							
化学原料和化学制品制造业	0.33	0.33	6.72	88.80	702.25	0.62	6.80
医药制造业	0.16	0.16	5.22	89.12	528.18		5.32
化学纤维制造业							
橡胶和塑料制品业	0.22	0.22	5.24	87.39	608.85	1.21	3.95
非金属矿物制品业	0.34	0.31	3.70	111.89	335.24	3.55	15.57
通用设备制造业	0.15	0.15	6.21	83.18	627.69	4.17	10.33
专用设备制造业	0.03	0.03	6.35	16.79	260.94	15.45	11.20
电气机械和器材制造业	0.24	0.24	5.87	68.40	435.08	3.96	12.07
计算机、通信和其他电子设备制造业	0.25	0.26	4.46	81.47	503.35	6.25	12.11
电力、热力生产和供应业	0.04	0.04	11.44	682.25	57.01		35.54

7-7 青原区规模以上工业企业主要经济指标（综合分组）

单位：亿元

分组	企业单位数（个）	工业总产值（当年价格）	工业销售产值（当年价格）		年初存货	
				出口交货值		产成品
总　　计	75	215.54	214.44	27.60	3.62	0.60
一、按登记注册类型分组:						
内资企业	72	179.56	178.46	21.41	1.75	0.54
有限责任公司	31	62.42	62.21	8.64	0.83	0.40
国有独资公司						
其他有限责任公司	31	62.42	62.21	8.64	0.83	0.40
股份有限公司	4	9.76	9.84		0.03	
私营企业	36	105.86	104.93	12.78	0.86	0.13
私营独资企业	5	5.89	5.82		0.09	0.01
私营合伙企业						
私营有限责任公司	28	87.64	87.00	12.78	0.76	0.12
私营股份有限公司	3	12.33	12.11		0.02	
其他企业	1	1.52	1.48		0.02	
港、澳、台商投资企业	1	3.46	3.46		0.14	0.03
合资经营企业(港或澳、台资)	1	3.46	3.46		0.14	0.03
外商投资企业	2	32.52	32.52	6.18	1.74	0.03
中外合资经营企业	2	32.52	32.52	6.18	1.74	0.03
二、按经济组织类型分组						
独资企业	5	5.89	5.82		0.09	0.01
国有企业						
集体企业						
私营独资企业	5	5.89	5.82		0.09	0.01
港澳台商独资经营企业						
外资企业						
合作、合伙企业	1	1.52	1.48		0.02	
其他企业（内资）	1	1.52	1.48		0.02	
股份有限公司	7	22.08	21.95		0.05	
股份有限公司(内资)	4	9.76	9.84		0.03	
私营股份有限公司	3	12.33	12.11		0.02	
港澳台商投资股份有限公司						
外商投资股份有限公司						
有限责任公司	62	186.04	185.19	27.60	3.46	0.59
国有独资公司						
私营有限责任公司	28	87.64	87.00	12.78	0.76	0.12
合资经营企业(港或澳、台资)	1	3.46	3.46		0.14	0.03
中外合资经营企业	2	32.52	32.52	6.18	1.74	0.03
其他有限责任公司	31	62.42	62.21	8.64	0.83	0.40
三、在总计中:亏损企业						
在总计中:国有控股企业	4	36.78	36.78		1.81	0.08

7–7 续表 1

分组	资产总计	资产总计					
	资产总计	流动资产合计	流动资产合计			固定资产合计	固定资产原价
			应收账款	存货	产成品		
总　　计	87.12	26.79	7.51	5.40	1.37	58.48	94.80
一、按登记注册类型分组:							
内资企业	38.66	18.18	4.85	3.06	1.29	20.11	26.27
有限责任公司	18.80	9.92	2.74	1.36	0.82	8.72	10.47
国有独资公司							
其他有限责任公司	18.80	9.92	2.74	1.36	0.82	8.72	10.47
股份有限公司	1.72	1.03	0.37	0.04	0.02	0.58	0.68
私营企业	17.92	7.09	1.72	1.63	0.45	10.72	15.01
私营独资企业	1.29	0.91	0.34	0.16	0.03	0.35	0.46
私营合伙企业							
私营有限责任公司	14.97	5.79	1.23	1.39	0.41	9.12	13.00
私营股份有限公司	1.66	0.40	0.15	0.08	0.02	1.26	1.55
其他企业	0.22	0.13	0.01	0.03		0.09	0.10
港、澳、台商投资企业	0.49	0.38		0.15	0.03	0.07	0.21
合资经营企业(港或澳、台资)	0.49	0.38		0.15	0.03	0.07	0.21
外商投资企业	47.97	8.23	2.67	2.20	0.04	38.30	68.32
中外合资经营企业	47.97	8.23	2.67	2.20	0.04	38.30	68.32
二、按经济组织类型分组							
独资企业	1.29	0.91	0.34	0.16	0.03	0.35	0.46
国有企业							
集体企业							
私营独资企业	1.29	0.91	0.34	0.16	0.03	0.35	0.46
港澳台商独资经营企业							
外资企业							
合作、合伙企业	0.22	0.13	0.01	0.03		0.09	0.10
其他企业（内资）	0.22	0.13	0.01	0.03		0.09	0.10
股份有限公司	3.37	1.43	0.52	0.12	0.04	1.84	2.23
股份有限公司(内资)	1.72	1.03	0.37	0.04	0.02	0.58	0.68
私营股份有限公司	1.66	0.40	0.15	0.08	0.02	1.26	1.55
港澳台商投资股份有限公司							
外商投资股份有限公司							
有限责任公司	82.23	24.32	6.64	5.09	1.30	56.21	92.01
国有独资公司							
私营有限责任公司	14.97	5.79	1.23	1.39	0.41	9.12	13.00
合资经营企业(港或澳、台资)	0.49	0.38		0.15	0.03	0.07	0.21
中外合资经营企业	47.97	8.23	2.67	2.20	0.04	38.30	68.32
其他有限责任公司	18.80	9.92	2.74	1.36	0.82	8.72	10.47
三、在总计中:亏损企业							
在总计中:国有控股企业	51.66	11.98	3.64	2.29	0.12	38.20	68.62

7-7 续表 2

分组	资产总计		负债合计	流动负债合计		非流动负债合计
	累计折旧	本年折旧			应付账款	
总　　计	36.87	4.81	47.96	36.76	3.39	11.15
一、按登记注册类型分组:						
内资企业	6.41	1.30	17.08	9.90	1.55	7.13
有限责任公司	1.86	0.42	8.05	4.87	1.02	3.16
国有独资公司						
其他有限责任公司	1.86	0.42	8.05	4.87	1.02	3.16
股份有限公司	0.10	0.02	0.74	0.36	0.01	0.36
私营企业	4.43	0.86	8.27	4.67	0.52	3.60
私营独资企业	0.12	0.05	0.48	0.23	0.06	0.25
私营合伙企业						
私营有限责任公司	4.02	0.79	6.66	4.05	0.44	2.61
私营股份有限公司	0.29	0.02	1.13	0.38	0.02	0.75
其他企业	0.02	0.01	0.02	0.01		0.01
港、澳、台商投资企业	0.14	0.01	0.27	0.27	0.14	
合资经营企业(港或澳、台资)	0.14	0.01	0.27	0.27	0.14	
外商投资企业	30.32	3.50	30.61	26.59	1.70	4.02
中外合资经营企业	30.32	3.50	30.61	26.59	1.70	4.02
二、按经济组织类型分组						
独资企业	0.12	0.05	0.48	0.23	0.06	0.25
国有企业						
集体企业						
私营独资企业	0.12	0.05	0.48	0.23	0.06	0.25
港澳台商独资经营企业						
外资企业						
合作、合伙企业	0.02	0.01	0.02	0.01		0.01
其他企业（内资）	0.02	0.01	0.02	0.01		0.01
股份有限公司	0.39	0.04	1.87	0.75	0.03	1.10
股份有限公司(内资)	0.10	0.02	0.74	0.36	0.01	0.36
私营股份有限公司	0.29	0.02	1.13	0.38	0.02	0.75
港澳台商投资股份有限公司						
外商投资股份有限公司						
有限责任公司	36.35	4.72	45.59	35.77	3.30	9.79
国有独资公司						
私营有限责任公司	4.02	0.79	6.66	4.05	0.44	2.61
合资经营企业(港或澳、台资)	0.14	0.01	0.27	0.27	0.14	
中外合资经营企业	30.32	3.50	30.61	26.59	1.70	4.02
其他有限责任公司	1.86	0.42	8.05	4.87	1.02	3.16
三、在总计中:亏损企业						
在总计中:国有控股企业	30.43	3.56	33.41	27.50	1.95	5.90

7-7 续表 3

分组	所有者权益合计	实收资本	国家资本	法人资本	个人资本	港澳台资本
总　　计	39.16	15.03	0.12	0.18	14.72	0.01
一、按登记注册类型分组:						
内资企业	21.58	14.37	0.12	0.15	14.10	
有限责任公司	10.75	5.93	0.12	0.13	5.68	
国有独资公司						
其他有限责任公司	10.75	5.93	0.12	0.13	5.68	
股份有限公司	0.98	0.94			0.94	
私营企业	9.65	7.30		0.02	7.28	
私营独资企业	0.81	0.67		0.02	0.65	
私营合伙企业						
私营有限责任公司	8.31	6.17			6.17	
私营股份有限公司	0.52	0.46			0.46	
其他企业	0.20	0.20			0.20	
港、澳、台商投资企业	0.22	0.05		0.04		0.01
合资经营企业(港或澳、台资)	0.22	0.05		0.04		0.01
外商投资企业	17.36	0.61			0.61	
中外合资经营企业	17.36	0.61			0.61	
二、按经济组织类型分组						
独资企业	0.81	0.67		0.02	0.65	
国有企业						
集体企业						
私营独资企业	0.81	0.67		0.02	0.65	
港澳台商独资经营企业						
外资企业						
合作、合伙企业	0.20	0.20			0.20	
其他企业（内资）	0.20	0.20			0.20	
股份有限公司	1.50	1.40			1.40	
股份有限公司(内资)	0.98	0.94			0.94	
私营股份有限公司	0.52	0.46			0.46	
港澳台商投资股份有限公司						
外商投资股份有限公司						
有限责任公司	36.64	12.76	0.12	0.16	12.46	0.01
国有独资公司						
私营有限责任公司	8.31	6.17			6.17	
合资经营企业(港或澳、台资)	0.22	0.05		0.04		0.01
中外合资经营企业	17.36	0.61			0.61	
其他有限责任公司	10.75	5.93	0.12	0.13	5.68	
三、在总计中:亏损企业						
在总计中:国有控股企业	18.25	0.78	0.12	0.10	0.56	

7–7 续表 4

分组	营业收入	主营业务收入	营业成本	主营业务成本	营业税金及附加	主营业务税金及附加	其他业务收入
总　　计	217.01	216.85	189.26	189.26	0.91	0.88	0.17
一、按登记注册类型分组:							
内资企业	180.85	180.85	158.48	158.48	0.68	0.66	
有限责任公司	62.52	62.52	57.63	57.63	0.16	0.15	
国有独资公司							
其他有限责任公司	62.52	62.52	57.63	57.63	0.16	0.15	
股份有限公司	10.92	10.92	8.67	8.67	0.07	0.06	
私营企业	105.89	105.89	90.84	90.84	0.45	0.45	
私营独资企业	5.89	5.89	5.03	5.03	0.03	0.03	
私营合伙企业							
私营有限责任公司	87.67	87.67	75.58	75.58	0.36	0.36	
私营股份有限公司	12.32	12.32	10.23	10.23	0.06	0.06	
其他企业	1.52	1.52	1.33	1.33	0.01	0.01	
港、澳、台商投资企业	3.48	3.48	3.38	3.38			
合资经营企业(港或澳、台资)	3.48	3.48	3.38	3.38			
外商投资企业	32.68	32.52	27.40	27.40	0.23	0.23	0.16
中外合资经营企业	32.68	32.52	27.40	27.40	0.23	0.23	0.16
二、按经济组织类型分组							
独资企业	5.89	5.89	5.03	5.03	0.03	0.03	
国有企业							
集体企业							
私营独资企业	5.89	5.89	5.03	5.03	0.03	0.03	
港澳台商独资经营企业							
外资企业							
合作、合伙企业	1.52	1.52	1.33	1.33	0.01	0.01	
其他企业（内资）	1.52	1.52	1.33	1.33	0.01	0.01	
股份有限公司	23.24	23.24	18.91	18.91	0.12	0.11	
股份有限公司(内资)	10.92	10.92	8.67	8.67	0.07	0.06	
私营股份有限公司	12.32	12.32	10.23	10.23	0.06	0.06	
港澳台商投资股份有限公司							
外商投资股份有限公司							
有限责任公司	186.36	186.19	163.98	163.98	0.75	0.73	0.17
国有独资公司							
私营有限责任公司	87.67	87.67	75.58	75.58	0.36	0.36	
合资经营企业(港或澳、台资)	3.48	3.48	3.38	3.38			
中外合资经营企业	32.68	32.52	27.40	27.40	0.23	0.23	0.16
其他有限责任公司	62.52	62.52	57.63	57.63	0.16	0.15	
三、在总计中:亏损企业							
在总计中:国有控股企业	36.94	36.78	31.36	31.36	0.23	0.23	0.16

7-7 续表 5

分组	销售费用	管理费用	税金	财务费用	利息支出	营业利润	营业外收入
总　　计	4.43	5.86	0.13	3.47	1.35	13.09	0.01
一、按登记注册类型分组:							
内资企业	4.39	5.37	0.03	2.16	0.03	9.78	
有限责任公司	0.62	0.75		0.41	0.02	2.96	
国有独资公司							
其他有限责任公司	0.62	0.75		0.41	0.02	2.96	
股份有限公司	0.51	0.71		0.27		0.69	
私营企业	3.23	3.89	0.02	1.45	0.01	6.03	
私营独资企业	0.17	0.17		0.16		0.33	
私营合伙企业							
私营有限责任公司	2.65	3.16	0.02	1.05	0.01	4.88	
私营股份有限公司	0.41	0.56		0.24		0.82	
其他企业	0.03	0.03		0.03		0.10	
港、澳、台商投资企业	0.03	0.02				0.05	
合资经营企业(港或澳、台资)	0.03	0.02				0.05	
外商投资企业	0.01	0.46	0.10	1.32	1.32	3.26	
中外合资经营企业	0.01	0.46	0.10	1.32	1.32	3.26	
二、按经济组织类型分组							
独资企业	0.17	0.17		0.16		0.33	
国有企业							
集体企业							
私营独资企业	0.17	0.17		0.16		0.33	
港澳台商独资经营企业							
外资企业							
合作、合伙企业	0.03	0.03		0.03		0.10	
其他企业（内资）	0.03	0.03		0.03		0.10	
股份有限公司	0.92	1.27		0.51		1.50	
股份有限公司(内资)	0.51	0.71		0.27		0.69	
私营股份有限公司	0.41	0.56		0.24		0.82	
港澳台商投资股份有限公司							
外商投资股份有限公司							
有限责任公司	3.30	4.39	0.12	2.78	1.35	11.15	0.01
国有独资公司							
私营有限责任公司	2.65	3.16	0.02	1.05	0.01	4.88	
合资经营企业(港或澳、台资)	0.03	0.02				0.05	
中外合资经营企业	0.01	0.46	0.10	1.32	1.32	3.26	
其他有限责任公司	0.62	0.75		0.41	0.02	2.96	
三、在总计中:亏损企业							
在总计中:国有控股企业	0.07	0.52	0.10	1.34	1.33	3.42	0.01

7-7 续表 6

分组	营业外支出	利润总额	所得税费用	利税总额	应交税金及附加	本年应付职工薪酬	本年应交增值税
总　　计	0.03	13.06	0.80	18.91	6.77	9.37	4.94
一、按登记注册类型分组:							
内资企业		9.78	0.03	13.19	3.47	8.28	2.73
有限责任公司		2.96	0.03	4.24	1.30	2.98	1.12
国有独资公司							
其他有限责任公司		2.96	0.03	4.24	1.30	2.98	1.12
股份有限公司		0.69		0.93	0.24	0.56	0.17
私营企业		6.03		7.90	1.89	4.65	1.42
私营独资企业		0.33		0.51	0.18	0.35	0.14
私营合伙企业							
私营有限责任公司		4.88		6.32	1.46	3.63	1.08
私营股份有限公司		0.82		1.07	0.25	0.67	0.20
其他企业		0.10		0.13	0.03	0.09	0.02
港、澳、台商投资企业		0.05	0.01	0.05	0.02	0.06	
合资经营企业(港或澳、台资)		0.05	0.01	0.05	0.02	0.06	
外商投资企业	0.03	3.24	0.76	5.67	3.29	1.03	2.21
中外合资经营企业	0.03	3.24	0.76	5.67	3.29	1.03	2.21
二、按经济组织类型分组							
独资企业		0.33		0.51	0.18	0.35	0.14
国有企业							
集体企业							
私营独资企业		0.33		0.51	0.18	0.35	0.14
港澳台商独资经营企业							
外资企业							
合作、合伙企业		0.10		0.13	0.03	0.09	0.02
其他企业（内资）		0.10		0.13	0.03	0.09	0.02
股份有限公司		1.50		2.00	0.50	1.23	0.37
股份有限公司(内资)		0.69		0.93	0.24	0.56	0.17
私营股份有限公司		0.82		1.07	0.25	0.67	0.20
港澳台商投资股份有限公司							
外商投资股份有限公司							
有限责任公司	0.03	11.13	0.80	16.28	6.07	7.70	4.40
国有独资公司							
私营有限责任公司		4.88		6.32	1.46	3.63	1.08
合资经营企业(港或澳、台资)		0.05	0.01	0.05	0.02	0.06	
中外合资经营企业	0.03	3.24	0.76	5.67	3.29	1.03	2.21
其他有限责任公司		2.96	0.03	4.24	1.30	2.98	1.12
三、在总计中:亏损企业							
在总计中:国有控股企业	0.03	3.40	0.78	5.87	3.35	0.66	2.24

7-7 续表 7

分组	总资产贡献率（%）	资产负债率（%）	流动资产周转率（次/年）	成本费用利润率（%）	产品销售率（%）	从业人员平均人数	从业人员期末人数
总　　计	23.26	55.05	8.10	6.44	99.49	2.25	2.27
一、按登记注册类型分组:							
内资企业	34.21	44.18	9.95	5.74	99.38	2.07	2.08
有限责任公司	22.68	42.83	6.30	4.99	99.65	0.70	0.71
国有独资公司							
其他有限责任公司	22.68	42.83	6.30	4.99	99.65	0.70	0.71
股份有限公司	54.11	43.15	10.58	6.77	100.80	0.10	0.10
私营企业	44.13	46.15	14.93	6.07	99.12	1.24	1.25
私营独资企业	39.34	37.18	6.51	6.04	98.68	0.10	0.10
私营合伙企业							
私营有限责任公司	42.26	44.48	15.14	5.92	99.27	1.03	1.03
私营股份有限公司	64.74	68.32	31.03	7.13	98.27	0.12	0.12
其他企业	57.49	6.87	11.38	6.77	97.61	0.03	0.03
港、澳、台商投资企业	9.49	54.92	9.25	1.34	100.00	0.01	0.01
合资经营企业(港或澳、台资)	9.49	54.92	9.25	1.34	100.00	0.01	0.01
外商投资企业	14.57	63.80	3.97	11.10	100.00	0.18	0.18
中外合资经营企业	14.57	63.80	3.97	11.10	100.00	0.18	0.18
二、按经济组织类型分组							
独资企业	39.34	37.18	6.51	6.04	98.68	0.10	0.10
国有企业							
集体企业							
私营独资企业	39.34	37.18	6.51	6.04	98.68	0.10	0.10
港澳台商独资经营企业							
外资企业							
合作、合伙企业	57.49	6.87	11.38	6.77	97.61	0.03	0.03
其他企业（内资）	57.49	6.87	11.38	6.77	97.61	0.03	0.03
股份有限公司	59.33	55.51	16.26	6.96	99.39	0.22	0.22
股份有限公司(内资)	54.11	43.15	10.58	6.77	100.80	0.10	0.10
私营股份有限公司	64.74	68.32	31.03	7.13	98.27	0.12	0.12
港澳台商投资股份有限公司							
外商投资股份有限公司							
有限责任公司	21.43	55.44	7.66	6.38	99.54	1.91	1.93
国有独资公司							
私营有限责任公司	42.26	44.48	15.14	5.92	99.27	1.03	1.03
合资经营企业(港或澳、台资)	9.49	54.92	9.25	1.34	100.00	0.01	0.01
中外合资经营企业	14.57	63.80	3.97	11.10	100.00	0.18	0.18
其他有限责任公司	22.68	42.83	6.30	4.99	99.65	0.70	0.71
三、在总计中:亏损企业							
在总计中:国有控股企业	13.94	64.67	3.08	10.21	100.00	0.09	0.09

7-7 续表 8

分组	平均用工人数	期末用工人数	主营业务收入利润率（%）	人均主营业务收入（万元/人）	每百元资产实现的主营业务收入(元)	产成品存货周转天数(天)	应收账款平均回收期(天)
总　　计	2.38	2.35	6.02	91.23	248.92	2.60	12.47
一、按登记注册类型分组:							
内资企业	2.19	2.16	5.41	82.56	467.84	2.94	9.65
有限责任公司	0.78	0.75	4.74	80.22	332.50	5.14	15.79
国有独资公司							
其他有限责任公司	0.78	0.75	4.74	80.22	332.50	5.14	15.79
股份有限公司	0.10	0.10	6.30	110.63	636.15	0.75	12.27
私营企业	1.28	1.28	5.69	82.49	590.99	1.79	5.84
私营独资企业	0.10	0.10	5.67	60.46	456.08	2.03	21.03
私营合伙企业							
私营有限责任公司	1.07	1.07	5.57	82.22	585.68	1.93	5.03
私营股份有限公司	0.12	0.12	6.63	102.93	744.35	0.64	4.29
其他企业	0.03	0.03	6.32	52.64	694.09		3.30
港、澳、台商投资企业	0.01	0.01	1.32	511.20	715.58	3.60	
合资经营企业(港或澳、台资)	0.01	0.01	1.32	511.20	715.58	3.60	
外商投资企业	0.18	0.18	9.96	181.05	67.78	0.54	29.53
中外合资经营企业	0.18	0.18	9.96	181.05	67.78	0.54	29.53
二、按经济组织类型分组							
独资企业	0.10	0.10	5.67	60.46	456.08	2.03	21.03
国有企业							
集体企业							
私营独资企业	0.10	0.10	5.67	60.46	456.08	2.03	21.03
港澳台商独资经营企业							
外资企业							
合作、合伙企业	0.03	0.03	6.32	52.64	694.09		3.30
其他企业（内资）	0.03	0.03	6.32	52.64	694.09		3.30
股份有限公司	0.22	0.22	6.47	106.41	689.27	0.69	8.04
股份有限公司(内资)	0.10	0.10	6.30	110.63	636.15	0.75	12.27
私营股份有限公司	0.12	0.12	6.63	102.93	744.35	0.64	4.29
港澳台商投资股份有限公司							
外商投资股份有限公司							
有限责任公司	2.03	2.01	5.98	91.62	226.42	2.86	12.83
国有独资公司							
私营有限责任公司	1.07	1.07	5.57	82.22	585.68	1.93	5.03
合资经营企业(港或澳、台资)	0.01	0.01	1.32	511.20	715.58	3.60	
中外合资经营企业	0.18	0.18	9.96	181.05	67.78	0.54	29.53
其他有限责任公司	0.78	0.75	4.74	80.22	332.50	5.14	15.79
三、在总计中:亏损企业							
在总计中:国有控股企业	0.09	0.09	9.24	415.58	71.20	1.34	35.61

7-8 吉安县规模以上工业企业主要经济指标（大类行业）

单位：亿元

行业	企业单位数（个）	工业总产值（当年价格）	工业销售产值（当年价格）		年初存货	
				出口交货值		产成品
总计	129	373.96	371.13	65.65	8.96	3.01
煤炭开采和洗选业	1	3.50	3.41		0.03	0.03
石油和天然气开采业						
黑色金属矿采选业	2	13.02	12.70		0.18	0.10
有色金属矿采选业						
非金属矿采选业	1	0.36	0.36		0.03	
农副食品加工业	7	17.11	16.48		0.24	0.14
食品制造业	4	13.72	13.67		0.35	0.30
酒、饮料和精制茶制造业	4	19.10	19.09		0.80	
纺织业	3	7.77	7.77	1.92	0.08	0.07
纺织服装、服饰业	6	11.71	11.61	2.94	0.14	0.03
皮革、毛皮、羽毛及其制品和制鞋业	3	7.50	7.50	1.30	0.10	0.04
木材加工和木、竹、藤、棕、草制品业	3	3.03	3.03		0.05	0.01
造纸和纸制品业	9	7.64	7.62		0.17	0.06
印刷和记录媒介复制业	3	7.36	7.34	2.75	0.05	0.02
文教、工美、体育和娱乐用品制造业	3	9.71	9.71	4.37	0.11	0.10
石油加工、炼焦和核燃料加工业	1	1.25	1.24		0.03	
化学原料和化学制品制造业	5	6.76	6.74		0.71	0.05
橡胶和塑料制品业	5	9.61	9.61		0.09	0.02
非金属矿物制品业	11	12.23	11.86	1.57	0.48	0.10
黑色金属冶炼和压延加工业	1	3.24	3.17		0.02	
有色金属冶炼和压延加工业	2	17.10	17.09		0.02	0.02
金属制品业	9	12.24	12.19		0.56	0.19
通用设备制造业	3	6.05	6.04		0.06	0.03
专用设备制造业	4	9.26	9.25		0.21	0.11
汽车制造业	2	5.69	5.68		0.09	0.03
铁路、船舶、航空航天和其他运输设备制造业						
电气机械和器材制造业	12	116.52	116.42	40.45	2.25	1.08
计算机、通信和其他电子设备制造业	16	44.20	44.16	10.02	2.02	0.47
仪器仪表制造业	5	5.70	5.69	0.31	0.10	0.02
其他制造业	2	0.40	0.40	0.04		
电力、热力生产和供应业	1	1.23	1.23			
燃气生产和供应业						
水的生产和供应业	1	0.95	0.10			

7-8 续表 1

行业	资产总计						
	资产总计	流动资产合计				固定资产合计	固定资产原价
		流动资产合计	应收账款	存货			
					产成品		
总计	132.23	49.49	18.03	13.23	4.96	37.21	61.16
煤炭开采和洗选业	0.32	0.21	0.04	0.03	0.01	0.11	0.14
石油和天然气开采业							
黑色金属矿采选业	10.96	0.86	0.20	0.18	0.11	10.09	11.67
有色金属矿采选业							
非金属矿采选业	0.34	0.04	0.02	0.02		0.23	0.13
农副食品加工业	4.08	0.52	0.06	0.32	0.24	1.52	2.23
食品制造业	3.41	1.30	0.27	0.63	0.19	0.47	0.61
酒、饮料和精制茶制造业	10.18	4.87	2.07	1.64	0.02	0.72	1.85
纺织业	4.24	1.13	0.79	0.13	0.10	2.57	2.83
纺织服装、服饰业	3.50	0.75	0.28	0.13	0.08	1.43	2.56
皮革、毛皮、羽毛及其制品和制鞋业	2.01	0.36	0.18	0.11	0.04	0.25	0.27
木材加工和木、竹、藤、棕、草制品业	1.07	0.17	0.09	0.04	0.03	0.32	0.46
造纸和纸制品业	2.77	1.12	0.43	0.21	0.10	0.34	0.56
印刷和记录媒介复制业	2.31	1.46	1.04	0.18	0.05	0.52	0.70
文教、工美、体育和娱乐用品制造业	3.27	0.64	0.19	0.11	0.10	0.69	0.97
石油加工、炼焦和核燃料加工业	0.55	0.10	0.02	0.03		0.40	0.37
化学原料和化学制品制造业	2.98	1.54	0.57	0.70	0.02	0.90	1.38
橡胶和塑料制品业	3.11	1.57	0.66	0.23	0.06	0.56	0.86
非金属矿物制品业	5.77	2.83	0.81	0.79	0.52	1.76	3.48
黑色金属冶炼和压延加工业	0.52	0.31	0.14	0.02		0.21	0.27
有色金属冶炼和压延加工业	6.03	1.64	0.25	1.08	0.32	1.47	0.39
金属制品业	4.42	2.14	0.86	0.56	0.16	1.85	1.52
通用设备制造业	1.46	0.38	0.17	0.08	0.03	0.47	0.50
专用设备制造业	2.87	1.31	0.58	0.26	0.14	1.14	1.77
汽车制造业	1.25	0.73	0.31	0.14	0.03	0.50	0.74
铁路、船舶、航空航天和其他运输设备制造业							
电气机械和器材制造业	29.00	14.74	5.15	3.02	1.89	3.43	17.59
计算机、通信和其他电子设备制造业	23.06	7.62	2.29	2.44	0.63	4.29	6.25
仪器仪表制造业	1.79	0.73	0.42	0.09	0.03	0.57	0.72
其他制造业	0.59	0.28	0.12	0.09	0.05	0.18	0.24
电力、热力生产和供应业	0.06	0.03	0.01				
燃气生产和供应业							
水的生产和供应业	0.28	0.07				0.21	0.12

7-8 续表 2

	资产总计		负债合计			
	累计折旧	本年折旧		流动负债合计	应付账款	非流动负债合计
总计	16.55	5.07	44.67	38.11	10.65	0.50
煤炭开采和洗选业	0.03	0.02	0.10	0.10	0.02	
石油和天然气开采业						
黑色金属矿采选业	2.11	0.73	2.63	2.63	0.59	
有色金属矿采选业						
非金属矿采选业	0.06		0.05	0.05	0.02	
农副食品加工业	0.72	0.25	0.76	0.76	0.11	
食品制造业	0.07	0.01	0.97	0.03		
酒、饮料和精制茶制造业	1.14	0.10	5.78	3.69	0.16	
纺织业	0.56	0.11	1.36	1.12	0.71	
纺织服装、服饰业	1.13	0.30	0.66	0.66	0.12	
皮革、毛皮、羽毛及其制品和制鞋业	0.02	0.01	0.17	0.17	0.12	
木材加工和木、竹、藤、棕、草制品业	0.15	0.05	0.33	0.22	0.14	
造纸和纸制品业	0.21	0.03	0.80	0.59	0.25	0.03
印刷和记录媒介复制业	0.19	0.05	0.76	0.76	0.22	
文教、工美、体育和娱乐用品制造业	0.28	0.07	0.48	0.48	0.11	
石油加工、炼焦和核燃料加工业	0.05		0.06	0.06	0.03	
化学原料和化学制品制造业	0.51	0.12	0.54	0.52	0.13	0.02
橡胶和塑料制品业	0.32	0.07	1.11	0.97	0.09	
非金属矿物制品业	1.73	0.54	2.67	1.90	0.38	0.02
黑色金属冶炼和压延加工业	0.06	0.01	0.44	0.44		
有色金属冶炼和压延加工业	0.08	0.03	2.41	1.86	0.26	
金属制品业	0.15	0.02	1.29	1.28	0.60	0.01
通用设备制造业	0.03	0.01	0.26	0.04	0.03	
专用设备制造业	0.63	0.03	0.80	0.73	0.28	
汽车制造业	0.24	0.16	0.50	0.47	0.28	0.03
铁路、船舶、航空航天和其他运输设备制造业						
电气机械和器材制造业	3.61	1.97	11.71	11.41	1.94	0.05
计算机、通信和其他电子设备制造业	2.11	0.31	7.03	6.66	3.88	0.03
仪器仪表制造业	0.22	0.06	0.60	0.44	0.12	0.09
其他制造业	0.05	0.03	0.27	0.06	0.06	0.20
电力、热力生产和供应业			0.03			
燃气生产和供应业						
水的生产和供应业	0.10		0.08			

7-8 续表 3

行业	所有者权益合计	实收资本						
			国家资本	集体资本	法人资本	个人资本	港澳台资本	外商资本
总计	87.24	21.16	1.08	0.11	10.31	6.85	2.50	0.31
煤炭开采和洗选业	0.23	0.04				0.04		
石油和天然气开采业								
黑色金属矿采选业	8.32	0.16				0.16		
有色金属矿采选业								
非金属矿采选业	0.29	0.20				0.20		
农副食品加工业	3.32	0.27	0.03		0.14	0.09		
食品制造业	2.44	2.04			1.85	0.19		
酒、饮料和精制茶制造业	4.41	2.58			2.33			0.25
纺织业	2.88	1.47			0.44		1.02	
纺织服装、服饰业	2.84	0.26			0.09	0.17		
皮革、毛皮、羽毛及其制品和制鞋业	1.84	0.31			0.03	0.28		
木材加工和木、竹、藤、棕、草制品业	0.42	0.08				0.08		
造纸和纸制品业	1.97	1.61	1.05		0.29	0.28		
印刷和记录媒介复制业	1.55	0.44			0.04	0.40		
文教、工美、体育和娱乐用品制造业	2.79	0.18			0.18			
石油加工、炼焦和核燃料加工业	0.49	0.08			0.08			
化学原料和化学制品制造业	2.43	0.86			0.56	0.30		
橡胶和塑料制品业	2.00	0.32		0.05	0.26	0.01		
非金属矿物制品业	3.11	1.50			1.03	0.47		
黑色金属冶炼和压延加工业	0.07	0.07				0.07		
有色金属冶炼和压延加工业	3.62	0.05				0.05		
金属制品业	3.13	1.02			0.50	0.52		
通用设备制造业	1.19	0.30			0.30			
专用设备制造业	2.07	0.66			0.06	0.60		
汽车制造业	0.75	0.40			0.40			
铁路、船舶、航空航天和其他运输设备制造业								
电气机械和器材制造业	17.29	3.07			0.12	2.29	0.61	0.06
计算机、通信和其他电子设备制造业	16.02	2.16			0.76	0.52	0.87	
仪器仪表制造业	1.20	0.45		0.05	0.30	0.10		
其他制造业	0.32	0.03				0.03		
电力、热力生产和供应业	0.03	0.55			0.55			
燃气生产和供应业								
水的生产和供应业	0.20							

7-8 续表 4

行业	营业收入	主营业务收入	营业成本	主营业务成本	营业税金及附加	主营业务税金及附加	其他业务收入
总计	385.99	385.27	348.33	346.86	1.93	1.92	0.72
煤炭开采和洗选业	3.41	3.41	3.33	3.33			
石油和天然气开采业							
黑色金属矿采选业	11.24	11.24	10.04	10.04	0.16	0.16	
有色金属矿采选业							
非金属矿采选业	0.36	0.36	0.32	0.32			
农副食品加工业	17.01	17.01	15.65	15.53	0.06	0.06	
食品制造业	13.67	13.25	12.32	12.32	0.05	0.05	0.43
酒、饮料和精制茶制造业	19.30	19.10	17.13	16.95	0.33	0.33	0.20
纺织业	9.65	9.62	8.72	8.68	0.04	0.04	0.03
纺织服装、服饰业	12.42	12.42	11.61	11.61	0.04	0.04	
皮革、毛皮、羽毛及其制品和制鞋业	7.50	7.50	6.78	6.78	0.03	0.03	
木材加工和木、竹、藤、棕、草制品业	3.03	3.03	2.78	2.78	0.01	0.01	
造纸和纸制品业	9.96	9.96	8.86	8.54	0.04	0.03	
印刷和记录媒介复制业	6.66	6.64	5.88	5.87	0.03	0.03	0.02
文教、工美、体育和娱乐用品制造业	9.71	9.71	8.82	8.82	0.04	0.04	
石油加工、炼焦和核燃料加工业	1.24	1.24	1.12	1.12	0.01	0.01	
化学原料和化学制品制造业	6.74	6.69	5.28	5.25	0.03	0.03	0.04
橡胶和塑料制品业	9.61	9.61	8.76	8.76	0.04	0.04	
非金属矿物制品业	13.48	13.48	12.21	12.21	0.03	0.03	
黑色金属冶炼和压延加工业	3.17	3.17	3.16	3.16			
有色金属冶炼和压延加工业	25.53	25.53	23.48	23.48	0.11	0.11	
金属制品业	12.19	12.19	10.34	10.34	0.05	0.05	
通用设备制造业	6.04	6.04	5.39	5.39	0.03	0.03	
专用设备制造业	9.25	9.25	8.21	8.21	0.04	0.04	
汽车制造业	5.68	5.68	5.02	5.02	0.02	0.02	
铁路、船舶、航空航天和其他运输设备制造业							
电气机械和器材制造业	116.07	116.07	105.83	105.67	0.49	0.49	
计算机、通信和其他电子设备制造业	44.49	44.49	39.49	39.20	0.22	0.22	
仪器仪表制造业	5.69	5.69	5.09	5.09	0.02	0.02	
其他制造业	0.72	0.72	0.65	0.35			
电力、热力生产和供应业	1.23	1.23	1.14	1.14			
燃气生产和供应业							
水的生产和供应业	0.95	0.95	0.92	0.92			

7–8 续表 5

行业	其他业务利润	销售费用	管理费用		财务费用		
				税金		利息收入	利息支出
总计	0.01	2.94	5.22	0.13	0.69	0.07	0.50
煤炭开采和洗选业			0.05				
石油和天然气开采业							
黑色金属矿采选业		0.17	0.11		0.06		0.06
有色金属矿采选业							
非金属矿采选业							
农副食品加工业		0.08	0.12				
食品制造业		0.10	0.14	0.03	0.05		0.03
酒、饮料和精制茶制造业	0.01	0.30	0.25	0.02	–0.02	0.02	
纺织业		0.03	0.11		0.01		
纺织服装、服饰业		0.02	0.10		0.01		
皮革、毛皮、羽毛及其制品和制鞋业		0.04	0.05		0.01		
木材加工和木、竹、藤、棕、草制品业		0.01	0.01		0.01		0.01
造纸和纸制品业		0.15	0.35	0.01	0.02		0.01
印刷和记录媒介复制业		0.07	0.17		0.02		0.02
文教、工美、体育和娱乐用品制造业		0.06	0.09				
石油加工、炼焦和核燃料加工业		0.01	0.01				
化学原料和化学制品制造业		0.26	0.47	0.02	0.04		
橡胶和塑料制品业		0.03	0.05		0.01		0.01
非金属矿物制品业		0.28	0.41		0.06		0.06
黑色金属冶炼和压延加工业							
有色金属冶炼和压延加工业		0.06	0.06		0.04	0.04	
金属制品业		0.42	0.42		0.02		0.01
通用设备制造业		0.07	0.09		0.01		0.01
专用设备制造业		0.15	0.13		0.03		0.03
汽车制造业		0.07	0.11	0.01	0.01		0.01
铁路、船舶、航空航天和其他运输设备制造业							
电气机械和器材制造业		0.21	0.73	0.01	0.08		0.01
计算机、通信和其他电子设备制造业		0.27	1.06	0.04	0.17		0.17
仪器仪表制造业		0.06	0.06		0.01		0.01
其他制造业		0.01	0.01				
电力、热力生产和供应业			0.01		0.04		0.04
燃气生产和供应业							
水的生产和供应业			0.02				

7-8 续表 6

行业	营业利润	公允价值变动收益	投资收益	营业外收入	政府补助	营业外支出	利润总额
总计	26.94	0.02	0.04	0.21	0.02	0.07	27.08
煤炭开采和洗选业	0.03						0.03
石油和天然气开采业							
黑色金属矿采选业	0.70						0.70
有色金属矿采选业							
非金属矿采选业	0.03						0.03
农副食品加工业	1.10						1.10
食品制造业	1.02						1.02
酒、饮料和精制茶制造业	1.32			0.11			1.42
纺织业	0.74						0.74
纺织服装、服饰业	0.63						0.63
皮革、毛皮、羽毛及其制品和制鞋业	0.58						0.58
木材加工和木、竹、藤、棕、草制品业	0.20						0.20
造纸和纸制品业	0.55						0.55
印刷和记录媒介复制业	0.48						0.48
文教、工美、体育和娱乐用品制造业	0.70						0.70
石油加工、炼焦和核燃料加工业	0.09						0.09
化学原料和化学制品制造业	0.66			0.01		0.01	0.67
橡胶和塑料制品业	0.71						0.71
非金属矿物制品业	0.49			0.04		0.05	0.47
黑色金属冶炼和压延加工业							
有色金属冶炼和压延加工业	1.79						1.79
金属制品业	0.95						0.95
通用设备制造业	0.45						0.45
专用设备制造业	0.70						0.70
汽车制造业	0.44						0.44
铁路、船舶、航空航天和其他运输设备制造业							
电气机械和器材制造业	8.79	0.02	0.04	0.04	0.02		8.83
计算机、通信和其他电子设备制造业	3.26						3.26
仪器仪表制造业	0.43						0.43
其他制造业	0.06			0.01		0.01	0.06
电力、热力生产和供应业	0.04						0.04
燃气生产和供应业							
水的生产和供应业	0.01						0.01

7–8 续表 7

行业	所得税费用	利税总额	应交税金及附加	本年应付职工薪酬	本年应交增值税	总资产贡献率（%）	资产负债率（%）
总计	3.11	39.88	16.04	15.59	10.87	30.48	33.78
煤炭开采和洗选业		0.06	0.03	0.07	0.03	18.76	30.19
石油和天然气开采业							
黑色金属矿采选业		1.13	0.44	0.23	0.28	10.94	24.03
有色金属矿采选业							
非金属矿采选业		0.03		0.04		9.12	15.21
农副食品加工业	0.16	1.61	0.68	0.35	0.45	39.56	18.70
食品制造业		1.61	0.62	0.47	0.54	48.06	28.49
酒、饮料和精制茶制造业	0.02	2.78	1.40	0.48	1.03	27.04	56.71
纺织业	0.12	1.26	0.64	0.52	0.48	29.76	32.10
纺织服装、服饰业	0.12	1.01	0.50	0.42	0.34	28.79	18.88
皮革、毛皮、羽毛及其制品和制鞋业	0.14	0.92	0.49	0.31	0.31	45.92	8.44
木材加工和木、竹、藤、棕、草制品业		0.32	0.12	0.05	0.11	30.51	30.97
造纸和纸制品业	0.01	0.90	0.36	0.62	0.31	32.70	28.94
印刷和记录媒介复制业	0.09	0.58	0.19	0.32	0.07	25.84	32.84
文教、工美、体育和娱乐用品制造业	0.16	0.87	0.33	0.39	0.13	26.70	14.76
石油加工、炼焦和核燃料加工业		0.15	0.06	0.02	0.05	27.44	10.96
化学原料和化学制品制造业	0.10	0.97	0.42	0.35	0.28	32.71	18.30
橡胶和塑料制品业	0.08	1.15	0.52	0.26	0.40	37.52	35.68
非金属矿物制品业	0.07	0.79	0.38	0.33	0.29	14.74	46.17
黑色金属冶炼和压延加工业		0.01		0.02		1.55	85.64
有色金属冶炼和压延加工业		2.34	0.55	0.12	0.45	38.27	39.92
金属制品业	0.07	1.51	0.63	0.36	0.51	34.28	29.17
通用设备制造业		0.72	0.28	0.76	0.25	50.43	17.96
专用设备制造业	0.15	1.13	0.57	0.33	0.39	40.37	27.80
汽车制造业	0.06	0.70	0.33	0.21	0.23	57.07	40.24
铁路、船舶、航空航天和其他运输设备制造业							
电气机械和器材制造业	1.31	11.50	3.99	6.18	2.18	39.69	40.38
计算机、通信和其他电子设备制造业	0.37	4.92	2.06	2.03	1.43	22.04	30.50
仪器仪表制造业	0.09	0.70	0.35	0.23	0.24	39.33	33.40
其他制造业		0.09	0.04	0.04	0.03	14.72	45.17
电力、热力生产和供应业		0.05	0.01		0.01	137.50	50.51
燃气生产和供应业							
水的生产和供应业		0.06	0.05	0.05	0.04	21.13	28.32

7-8 续表 8

行业	流动资产周转率（次/年）	成本费用利润率（%）	产品销售率（%）	从业人员平均人数	从业人员期末人数	平均用工人数
总计	7.80	7.58	99.24	3.83	3.95	3.88
煤炭开采和洗选业	16.12	0.92	97.62	0.02	0.02	0.02
石油和天然气开采业						
黑色金属矿采选业	13.01	6.73	97.49	0.09	0.09	0.09
有色金属矿采选业						
非金属矿采选业	9.11	8.92	99.93	0.01	0.01	0.01
农副食品加工业	32.54	6.92	96.30	0.12	0.12	0.12
食品制造业	10.50	8.07	99.62	0.11	0.11	0.11
酒、饮料和精制茶制造业	3.96	8.05	99.92	0.14	0.13	0.14
纺织业	8.52	8.38	99.93	0.15	0.15	0.16
纺织服装、服饰业	16.59	5.35	99.17	0.19	0.19	0.18
皮革、毛皮、羽毛及其制品和制鞋业	20.87	8.38	99.96	0.10	0.10	0.10
木材加工和木、竹、藤、棕、草制品业	17.56	6.98	100.19	0.03	0.03	0.03
造纸和纸制品业	8.90	5.89	99.70	0.12	0.12	0.12
印刷和记录媒介复制业	4.56	7.84	99.71	0.07	0.07	0.08
文教、工美、体育和娱乐用品制造业	15.08	7.80	99.96	0.11	0.11	0.11
石油加工、炼焦和核燃料加工业	12.16	8.13	99.35	0.01	0.01	0.01
化学原料和化学制品制造业	4.37	11.01	99.66	0.07	0.07	0.07
橡胶和塑料制品业	6.11	8.05	99.93	0.08	0.08	0.08
非金属矿物制品业	4.76	3.66	96.98	0.12	0.12	0.12
黑色金属冶炼和压延加工业	10.19	0.12	97.60	0.01	0.01	0.01
有色金属冶炼和压延加工业	15.53	7.58	99.99	0.04	0.04	0.04
金属制品业	5.70	8.45	99.61	0.11	0.11	0.11
通用设备制造业	15.74	7.99	99.84	0.04	0.04	0.04
专用设备制造业	7.08	8.27	99.96	0.08	0.08	0.08
汽车制造业	7.76	8.52	99.93	0.04	0.04	0.04
铁路、船舶、航空航天和其他运输设备制造业						
电气机械和器材制造业	7.88	8.26	99.91	1.29	1.37	1.33
计算机、通信和其他电子设备制造业	5.84	7.95	99.90	0.60	0.63	0.60
仪器仪表制造业	7.74	8.31	99.80	0.07	0.07	0.07
其他制造业	2.56	8.24	99.92	0.02	0.02	0.01
电力、热力生产和供应业	38.00	3.06	100.00	0.01	0.01	
燃气生产和供应业						
水的生产和供应业	13.23	0.87	10.00	0.01	0.01	0.01

7-8 续表 9

行业	期末用工人数	主营业务收入利润率（%）	人均主营业务收入（万元/人）	每百元资产实现的主营业务收入(元)	产成品存货周转天数(天)	应收账款平均回收期(天)
总计	3.85	7.03	99.39	291.37	5.14	16.84
煤炭开采和洗选业	0.02	0.91	157.96	1054.71	1.35	4.21
石油和天然气开采业						
黑色金属矿采选业	0.09	6.22	131.29	102.58	3.79	6.45
有色金属矿采选业						
非金属矿采选业	0.01	8.16	31.70	103.13	5.14	21.42
农副食品加工业	0.12	6.45	144.61	416.51	5.50	1.32
食品制造业	0.11	7.68	125.10	388.01	5.61	7.33
酒、饮料和精制茶制造业	0.13	7.44	139.31	187.55	0.35	39.08
纺织业	0.16	7.72	61.36	226.93	4.31	29.73
纺织服装、服饰业	0.16	5.06	68.48	354.32	2.35	8.18
皮革、毛皮、羽毛及其制品和制鞋业	0.10	7.70	74.37	372.47	2.05	8.59
木材加工和木、竹、藤、棕、草制品业	0.02	6.50	91.74	281.96	4.46	10.56
造纸和纸制品业	0.11	5.54	80.86	359.52	4.31	15.37
印刷和记录媒介复制业	0.08	7.26	81.24	287.80	2.89	56.57
文教、工美、体育和娱乐用品制造业	0.11	7.21	92.02	296.53	4.12	7.05
石油加工、炼焦和核燃料加工业	0.01	7.49	151.26	226.12		6.60
化学原料和化学制品制造业	0.07	9.94	92.58	224.91	1.25	30.50
橡胶和塑料制品业	0.08	7.42	126.58	308.50	2.56	24.66
非金属矿物制品业	0.11	3.52	108.91	233.49	15.37	21.51
黑色金属冶炼和压延加工业	0.01	0.12	487.14	612.51		15.86
有色金属冶炼和压延加工业	0.04	7.02	588.31	423.25	4.86	3.54
金属制品业	0.11	7.76	112.70	275.60	5.72	25.36
通用设备制造业	0.04	7.37	150.26	415.03	2.11	10.05
专用设备制造业	0.08	7.61	118.95	322.90	6.12	22.48
汽车制造业	0.04	7.82	147.96	454.47	2.28	19.75
铁路、船舶、航空航天和其他运输设备制造业						
电气机械和器材制造业	1.30	7.61	87.51	400.31	6.42	15.98
计算机、通信和其他电子设备制造业	0.63	7.33	74.35	192.97	5.80	18.52
仪器仪表制造业	0.07	7.64	79.96	316.81	2.41	26.48
其他制造业	0.02	7.60	68.37	122.45	48.04	60.66
电力、热力生产和供应业	0.01	2.97		1983.84		2.27
燃气生产和供应业						
水的生产和供应业	0.01	0.86	68.01	335.86		1.74

7-9 吉安县规模以上工业企业主要经济指标（综合分组）

单位：亿元

分　组	企业单位数（个）	工业总产值（当年价格）	工业销售产值（当年价格）	出口交货值	年初存货	产成品
总　　计	129	373.96	371.13	65.65	8.96	3.01
一、按登记注册类型分组:						
内资企业	117	311.98	309.42	46.39	7.17	2.56
国有企业	1	0.95	0.10			
中央企业						
地方企业	1	0.95	0.10			
有限责任公司	51	173.63	173.18	43.83	4.27	1.18
国有独资公司						
其他有限责任公司	51	173.63	173.18	43.83	4.27	1.18
股份有限公司	3	14.66	14.57		0.16	0.13
私营企业	62	122.74	121.56	2.56	2.74	1.26
私营独资企业	3	2.47	2.46		0.01	
私营合伙企业						
私营有限责任公司	55	94.37	93.27	2.56	2.51	1.15
私营股份有限公司	4	25.90	25.83		0.22	0.11
其他企业						
港、澳、台商投资企业	5	22.26	22.26	8.40	1.31	0.14
合资经营企业(港或澳、台资)	1				0.01	0.01
合作经营企业(港或澳、台资)						
港澳台商独资经营企业	4	22.26	22.26	8.40	1.31	0.13
港澳台商投资股份有限公司						
其他港澳台商投资企业						
外商投资企业	7	39.71	39.46	10.86	0.48	0.31
中外合资经营企业	3	13.30	13.32	3.56	0.19	0.12
中外合作经营企业	1	6.59	6.59	2.64	0.10	0.10
外资企业	2	13.76	13.49	1.72	0.17	0.10
外商投资股份有限公司	1	6.06	6.06	2.94	0.02	
其他外商投资企业						
二、按经济组织类型分组						
独资企业	10	39.44	38.30	10.13	1.48	0.23
国有企业	1	0.95	0.10			
集体企业						
私营独资企业	3	2.47	2.46		0.01	
港澳台商独资经营企业	4	22.26	22.26	8.40	1.31	0.13
外资企业	2	13.76	13.49	1.72	0.17	0.10
合作、合伙企业	1	6.59	6.59	2.64	0.10	0.10
中外合作经营企业	1	6.59	6.59	2.64	0.10	0.10
其他企业（内资）						
其他港澳台商投资企业						
其他外商投资企业						
股份有限公司	8	46.62	46.47	2.94	0.40	0.24
股份有限公司(内资)	3	14.66	14.57		0.16	0.13
私营股份有限公司	4	25.90	25.83		0.22	0.11
港澳台商投资股份有限公司						
外商投资股份有限公司	1	6.06	6.06	2.94	0.02	
有限责任公司	110	281.30	279.77	49.94	6.98	2.44
国有独资公司						
私营有限责任公司	55	94.37	93.27	2.56	2.51	1.15
合资经营企业(港或澳、台资)	1				0.01	0.01
中外合资经营企业	3	13.30	13.32	3.56	0.19	0.12
其他有限责任公司	51	173.63	173.18	43.83	4.27	1.18
三、在总计中:亏损企业						
在总计中:国有控股企业	3	3.44	2.55		0.49	0.05

7-9 续表 1

分　　组	资产总计	流动资产合计	流动资产合计 应收账款	存货	产成品	固定资产合计
总　　计	132.23	49.49	18.03	13.23	4.96	37.21
一、按登记注册类型分组:						
内资企业	97.44	43.65	16.56	10.95	4.26	20.81
国有企业	0.28	0.07				0.21
中央企业						
地方企业	0.28	0.07				0.21
有限责任公司	60.42	27.29	11.23	5.66	1.78	9.78
国有独资公司						
其他有限责任公司	60.42	27.29	11.23	5.66	1.78	9.78
股份有限公司	3.23	1.22	0.04	0.26	0.21	1.33
私营企业	33.50	15.08	5.28	5.03	2.27	9.49
私营独资企业	0.97	0.66	0.18	0.02		0.24
私营合伙企业						
私营有限责任公司	28.46	12.47	4.66	3.86	1.56	7.15
私营股份有限公司	4.07	1.94	0.44	1.15	0.71	2.10
其他企业						
港、澳、台商投资企业	16.42	3.36	0.72	1.63	0.19	4.50
合资经营企业(港或澳、台资)	0.87	0.56	0.49	0.06	0.04	0.30
合作经营企业(港或澳、台资)						
港澳台商独资经营企业	15.55	2.80	0.23	1.57	0.15	4.20
港澳台商投资股份有限公司						
其他港澳台商投资企业						
外商投资企业	18.37	2.48	0.74	0.65	0.50	11.89
中外合资经营企业	3.37	1.01	0.38	0.37	0.31	1.40
中外合作经营企业	2.59	0.40	0.05	0.10	0.10	0.51
外资企业	10.28	1.06	0.31	0.18	0.10	8.96
外商投资股份有限公司	2.13	0.01				1.02
其他外商投资企业						
二、按经济组织类型分组						
独资企业	27.07	4.59	0.73	1.77	0.26	13.61
国有企业	0.28	0.07				0.21
集体企业						
私营独资企业	0.97	0.66	0.18	0.02		0.24
港澳台商独资经营企业	15.55	2.80	0.23	1.57	0.15	4.20
外资企业	10.28	1.06	0.31	0.18	0.10	8.96
合作、合伙企业	2.59	0.40	0.05	0.10	0.10	0.51
中外合作经营企业	2.59	0.40	0.05	0.10	0.10	0.51
其他企业（内资）						
其他港澳台商投资企业						
其他外商投资企业						
股份有限公司	9.44	3.17	0.48	1.41	0.92	4.45
股份有限公司(内资)	3.23	1.22	0.04	0.26	0.21	1.33
私营股份有限公司	4.07	1.94	0.44	1.15	0.71	2.10
港澳台商投资股份有限公司						
外商投资股份有限公司	2.13	0.01				1.02
有限责任公司	93.13	41.33	16.77	9.95	3.68	18.63
国有独资公司						
私营有限责任公司	28.46	12.47	4.66	3.86	1.56	7.15
合资经营企业(港或澳、台资)	0.87	0.56	0.49	0.06	0.04	0.30
中外合资经营企业	3.37	1.01	0.38	0.37	0.31	1.40
其他有限责任公司	60.42	27.29	11.23	5.66	1.78	9.78
三、在总计中:亏损企业						
在总计中:国有控股企业	6.20	1.25	0.07	0.55	0.02	1.18

7-9 续表 2

分　　组	资产总计			负债合计	流动负债合计		非流动负债合计
	固定资产原价	累计折旧	本年折旧			应付账款	
总　　计	61.16	16.55	5.07	44.67	38.11	10.65	0.50
一、按登记注册类型分组:							
内资企业	40.38	11.31	3.49	37.45	30.93	7.02	0.50
国有企业	0.12	0.10		0.08			
中央企业							
地方企业	0.12	0.10		0.08			
有限责任公司	26.43	7.05	2.28	24.11	18.72	3.25	0.40
国有独资公司							
其他有限责任公司	26.43	7.05	2.28	24.11	18.72	3.25	0.40
股份有限公司	2.38	1.05	0.27	1.31	1.31	0.25	
私营企业	11.45	3.11	0.94	11.95	10.90	3.52	0.10
私营独资企业	0.35	0.13	0.02	0.56	0.56	0.12	
私营合伙企业							
私营有限责任公司	8.33	2.31	0.76	9.87	8.93	2.87	0.10
私营股份有限公司	2.77	0.67	0.16	1.51	1.41	0.52	
其他企业							
港、澳、台商投资企业	5.42	1.22	0.26	4.20	4.20	2.77	
合资经营企业(港或澳、台资)	0.54	0.28	0.05	0.74	0.74	0.38	
合作经营企业(港或澳、台资)							
港澳台商独资经营企业	4.88	0.94	0.21	3.46	3.46	2.39	
港澳台商投资股份有限公司							
其他港澳台商投资企业							
外商投资企业	15.36	4.03	1.32	3.02	2.99	0.86	
中外合资经营企业	2.60	1.22	0.39	0.38	0.35	0.15	
中外合作经营企业	0.70	0.19	0.04	0.32	0.32	0.08	
外资企业	10.29	1.87	0.69	2.28	2.28	0.63	
外商投资股份有限公司	1.77	0.75	0.20	0.05	0.05	0.01	
其他外商投资企业							
二、按经济组织类型分组							
独资企业	15.64	3.04	0.92	6.37	6.29	3.14	
国有企业	0.12	0.10		0.08			
集体企业							
私营独资企业	0.35	0.13	0.02	0.56	0.56	0.12	
港澳台商独资经营企业	4.88	0.94	0.21	3.46	3.46	2.39	
外资企业	10.29	1.87	0.69	2.28	2.28	0.63	
合作、合伙企业	0.70	0.19	0.04	0.32	0.32	0.08	
中外合作经营企业	0.70	0.19	0.04	0.32	0.32	0.08	
其他企业（内资）							
其他港澳台商投资企业							
其他外商投资企业							
股份有限公司	6.92	2.46	0.64	2.87	2.77	0.78	
股份有限公司(内资)	2.38	1.05	0.27	1.31	1.31	0.25	
私营股份有限公司	2.77	0.67	0.16	1.51	1.41	0.52	
港澳台商投资股份有限公司							
外商投资股份有限公司	1.77	0.75	0.20	0.05	0.05	0.01	
有限责任公司	37.90	10.85	3.47	35.11	28.74	6.66	0.50
国有独资公司							
私营有限责任公司	8.33	2.31	0.76	9.87	8.93	2.87	0.10
合资经营企业(港或澳、台资)	0.54	0.28	0.05	0.74	0.74	0.38	
中外合资经营企业	2.60	1.22	0.39	0.38	0.35	0.15	
其他有限责任公司	26.43	7.05	2.28	24.11	18.72	3.25	0.40
三、在总计中:亏损企业							
在总计中:国有控股企业	2.35	1.39	0.10	2.50	2.40	0.18	0.02

7-9 续表 3

分组	所有者权益合计	实收资本	国家资本	集体资本	法人资本	个人资本
总计	87.24	21.16	1.08	0.11	10.31	6.85
一、按登记注册类型分组:						
内资企业	59.67	18.27	1.05	0.10	9.99	6.81
国有企业	0.20					
中央企业						
地方企业	0.20					
有限责任公司	36.31	11.91	1.00	0.05	7.23	3.31
国有独资公司						
其他有限责任公司	36.31	11.91	1.00	0.05	7.23	3.31
股份有限公司	1.92	0.07			0.07	
私营企业	21.23	6.29	0.05	0.05	2.69	3.50
私营独资企业	0.41	0.25		0.05	0.18	0.02
私营合伙企业						
私营有限责任公司	18.27	5.08	0.05		2.20	2.83
私营股份有限公司	2.56	0.96			0.31	0.65
其他企业						
港、澳、台商投资企业	12.22	2.65			0.15	
合资经营企业(港或澳、台资)	0.13	0.13			0.13	
合作经营企业(港或澳、台资)						
港澳台商独资经营企业	12.09	2.52			0.02	
港澳台商投资股份有限公司						
其他港澳台商投资企业						
外商投资企业	15.35	0.24	0.03		0.17	0.04
中外合资经营企业	2.99	0.11	0.03		0.05	0.02
中外合作经营企业	2.27	0.05			0.05	
外资企业	8.00	0.04			0.03	0.01
外商投资股份有限公司	2.09	0.05			0.05	
其他外商投资企业						
二、按经济组织类型分组						
独资企业	20.70	2.81		0.05	0.23	0.03
国有企业	0.20					
集体企业						
私营独资企业	0.41	0.25		0.05	0.18	0.02
港澳台商独资经营企业	12.09	2.52			0.02	
外资企业	8.00	0.04			0.03	0.01
合作、合伙企业	2.27	0.05			0.05	
中外合作经营企业	2.27	0.05			0.05	
其他企业（内资）						
其他港澳台商投资企业						
其他外商投资企业						
股份有限公司	6.57	1.08			0.43	0.65
股份有限公司(内资)	1.92	0.07			0.07	
私营股份有限公司	2.56	0.96			0.31	0.65
港澳台商投资股份有限公司						
外商投资股份有限公司	2.09	0.05			0.05	
有限责任公司	57.71	17.23	1.08	0.06	9.61	6.17
国有独资公司						
私营有限责任公司	18.27	5.08	0.05		2.20	2.83
合资经营企业(港或澳、台资)	0.13	0.13			0.13	
中外合资经营企业	2.99	0.11	0.03		0.05	0.02
其他有限责任公司	36.31	11.91	1.00	0.05	7.23	3.31
三、在总计中:亏损企业						
在总计中:国有控股企业	3.70	2.41			2.41	

7–9 续表 4

分　组	所有者权益合计		营业收入		营业成本	
	实收资本			主营业务收入		主营业务成本
	港澳台资本	外商资本				
总　计	2.50	0.31	385.99	385.27	348.33	346.86
一、按登记注册类型分组:						
内资企业		0.31	324.26	323.57	292.49	291.35
国有企业			0.95	0.95	0.92	0.92
中央企业						
地方企业			0.95	0.95	0.92	0.92
有限责任公司		0.31	184.07	183.41	165.89	165.38
国有独资公司						
其他有限责任公司		0.31	184.07	183.41	165.89	165.38
股份有限公司			14.57	14.57	13.83	13.83
私营企业			124.66	124.64	111.85	111.21
私营独资企业			2.46	2.46	2.26	2.26
私营合伙企业						
私营有限责任公司			96.85	96.83	86.81	86.17
私营股份有限公司			25.35	25.35	22.78	22.78
其他企业						
港、澳、台商投资企业	2.50		24.15	24.11	21.99	21.79
合资经营企业(港或澳、台资)			1.89	1.86	1.64	1.60
合作经营企业(港或澳、台资)						
港澳台商独资经营企业	2.50		22.26	22.26	20.35	20.19
港澳台商投资股份有限公司						
其他港澳台商投资企业						
外商投资企业			37.59	37.58	33.85	33.73
中外合资经营企业			12.62	12.62	11.12	11.00
中外合作经营企业			6.59	6.59	5.97	5.97
外资企业			12.32	12.32	11.19	11.19
外商投资股份有限公司			6.06	6.06	5.57	5.57
其他外商投资企业						
二、按经济组织类型分组						
独资企业	2.50		37.99	37.99	34.73	34.57
国有企业			0.95	0.95	0.92	0.92
集体企业						
私营独资企业			2.46	2.46	2.26	2.26
港澳台商独资经营企业	2.50		22.26	22.26	20.35	20.19
外资企业			12.32	12.32	11.19	11.19
合作、合伙企业			6.59	6.59	5.97	5.97
中外合作经营企业			6.59	6.59	5.97	5.97
其他企业（内资）						
其他港澳台商投资企业						
其他外商投资企业						
股份有限公司			45.99	45.99	42.18	42.18
股份有限公司(内资)			14.57	14.57	13.83	13.83
私营股份有限公司			25.35	25.35	22.78	22.78
港澳台商投资股份有限公司						
外商投资股份有限公司			6.06	6.06	5.57	5.57
有限责任公司		0.31	295.43	294.71	265.45	264.15
国有独资公司						
私营有限责任公司			96.85	96.83	86.81	86.17
合资经营企业(港或澳、台资)			1.89	1.86	1.64	1.60
中外合资经营企业			12.62	12.62	11.12	11.00
其他有限责任公司		0.31	184.07	183.41	165.89	165.38
三、在总计中:亏损企业						
在总计中:国有控股企业			3.49	3.42	2.33	2.27

7-9 续表 5

分　组	营业税金及附加	主营业务税金及附加	其他业务收入	其他业务利润	销售费用	管理费用	税金
总　　计	1.93	1.92	0.72	0.01	2.94	5.22	0.13
一、按登记注册类型分组:							
内资企业	1.60	1.59	0.69	0.01	2.51	4.55	0.13
国有企业						0.02	
中央企业							
地方企业						0.02	
有限责任公司	1.00	0.99	0.67	0.01	1.14	2.29	0.08
国有独资公司							
其他有限责任公司	1.00	0.99	0.67	0.01	1.14	2.29	0.08
股份有限公司	0.03	0.03			0.03	0.10	
私营企业	0.57	0.56	0.02		1.35	2.15	0.05
私营独资企业	0.01	0.01				0.01	
私营合伙企业							
私营有限责任公司	0.41	0.41	0.02		1.16	1.82	0.05
私营股份有限公司	0.15	0.15			0.18	0.32	0.01
其他企业							
港、澳、台商投资企业	0.10	0.10	0.03		0.03	0.17	
合资经营企业(港或澳、台资)	0.01	0.01	0.03			0.09	
合作经营企业(港或澳、台资)							
港澳台商独资经营企业	0.09	0.09			0.03	0.09	
港澳台商投资股份有限公司							
其他港澳台商投资企业							
外商投资企业	0.23	0.23			0.39	0.50	
中外合资经营企业	0.05	0.05			0.21	0.30	
中外合作经营企业	0.03	0.03			0.05	0.09	
外资企业	0.12	0.12			0.14	0.09	
外商投资股份有限公司	0.03	0.03				0.02	
其他外商投资企业							
二、按经济组织类型分组							
独资企业	0.23	0.23			0.17	0.20	
国有企业						0.02	
集体企业							
私营独资企业	0.01	0.01				0.01	
港澳台商独资经营企业	0.09	0.09			0.03	0.09	
外资企业	0.12	0.12			0.14	0.09	
合作、合伙企业	0.03	0.03			0.05	0.09	
中外合作经营企业	0.03	0.03			0.05	0.09	
其他企业（内资）							
其他港澳台商投资企业							
其他外商投资企业							
股份有限公司	0.20	0.20			0.21	0.44	0.01
股份有限公司(内资)	0.03	0.03			0.03	0.10	
私营股份有限公司	0.15	0.15			0.18	0.32	0.01
港澳台商投资股份有限公司							
外商投资股份有限公司	0.03	0.03				0.02	
有限责任公司	1.47	1.46	0.72	0.01	2.51	4.49	0.12
国有独资公司							
私营有限责任公司	0.41	0.41	0.02		1.16	1.82	0.05
合资经营企业(港或澳、台资)	0.01	0.01	0.03			0.09	
中外合资经营企业	0.05	0.05			0.21	0.30	
其他有限责任公司	1.00	0.99	0.67	0.01	1.14	2.29	0.08
三、在总计中:亏损企业							
在总计中:国有控股企业	0.20	0.20	0.07	0.01	0.31	0.39	0.02

7-9 续表 6

分　组	财务费用	利息收入	利息支出	营业利润	公允价值变动收益	投资收益
总　计	0.69	0.07	0.50	26.94	0.02	0.04
一、按登记注册类型分组:						
内资企业	0.55	0.07	0.36	22.61	0.02	0.04
国有企业				0.01		
中央企业						
地方企业				0.01		
有限责任公司	0.24	0.03	0.18	13.58	0.02	0.04
国有独资公司						
其他有限责任公司	0.24	0.03	0.18	13.58	0.02	0.04
股份有限公司	0.01		0.01	0.58		
私营企业	0.30	0.04	0.17	8.45		
私营独资企业	0.01		0.01	0.17		
私营合伙企业						
私营有限责任公司	0.24	0.04	0.16	6.40		
私营股份有限公司	0.05		0.01	1.87		
其他企业						
港、澳、台商投资企业	0.06		0.05	1.80		
合资经营企业(港或澳、台资)	0.01			0.15		
合作经营企业(港或澳、台资)						
港澳台商独资经营企业	0.05		0.05	1.65		
港澳台商投资股份有限公司						
其他港澳台商投资企业						
外商投资企业	0.08		0.08	2.53		
中外合资经营企业	0.02		0.02	0.91		
中外合作经营企业				0.46		
外资企业	0.06		0.06	0.70		
外商投资股份有限公司				0.45		
其他外商投资企业						
二、按经济组织类型分组						
独资企业	0.13		0.13	2.53		
国有企业				0.01		
集体企业						
私营独资企业	0.01		0.01	0.17		
港澳台商独资经营企业	0.05		0.05	1.65		
外资企业	0.06		0.06	0.70		
合作、合伙企业				0.46		
中外合作经营企业				0.46		
其他企业（内资）						
其他港澳台商投资企业						
其他外商投资企业						
股份有限公司	0.06		0.02	2.91		
股份有限公司(内资)	0.01		0.01	0.58		
私营股份有限公司	0.05		0.01	1.87		
港澳台商投资股份有限公司						
外商投资股份有限公司				0.45		
有限责任公司	0.51	0.07	0.35	21.05	0.02	0.04
国有独资公司						
私营有限责任公司	0.24	0.04	0.16	6.40		
合资经营企业(港或澳、台资)	0.01			0.15		
中外合资经营企业	0.02		0.02	0.91		
其他有限责任公司	0.24	0.03	0.18	13.58	0.02	0.04
三、在总计中:亏损企业						
在总计中:国有控股企业	-0.02	0.02	0.01	0.27		

7-9 续表 7

分　　组	营业外收入	政府补助	营业外支出	利润总额	所得税费用	利税总额
总　　计	0.21	0.02	0.07	27.08	3.11	39.88
一、按登记注册类型分组:						
内资企业	0.19	0.02	0.07	22.73	2.20	33.53
国有企业				0.01		0.06
中央企业						
地方企业				0.01		0.06
有限责任公司	0.17	0.01	0.07	13.68	1.20	19.77
国有独资公司						
其他有限责任公司	0.17	0.01	0.07	13.68	1.20	19.77
股份有限公司				0.58	0.10	0.73
私营企业	0.01	0.01		8.46	0.90	12.97
私营独资企业				0.17		0.27
私营合伙企业						
私营有限责任公司	0.01	0.01		6.42	0.49	10.16
私营股份有限公司				1.87	0.41	2.54
其他企业						
港、澳、台商投资企业	0.03			1.82	0.42	2.81
合资经营企业(港或澳、台资)				0.15	0.04	0.31
合作经营企业(港或澳、台资)						
港澳台商独资经营企业	0.02			1.67	0.38	2.49
港澳台商投资股份有限公司						
其他港澳台商投资企业						
外商投资企业				2.53	0.49	3.54
中外合资经营企业				0.91	0.22	1.31
中外合作经营企业				0.46	0.10	0.49
外资企业				0.70	0.05	1.01
外商投资股份有限公司				0.45	0.11	0.73
其他外商投资企业						
二、按经济组织类型分组						
独资企业	0.02			2.55	0.43	3.83
国有企业				0.01		0.06
集体企业						
私营独资企业				0.17		0.27
港澳台商独资经营企业	0.02			1.67	0.38	2.49
外资企业				0.70	0.05	1.01
合作、合伙企业				0.46	0.10	0.49
中外合作经营企业				0.46	0.10	0.49
其他企业（内资）						
其他港澳台商投资企业						
其他外商投资企业						
股份有限公司				2.91	0.62	4.00
股份有限公司(内资)				0.58	0.10	0.73
私营股份有限公司				1.87	0.41	2.54
港澳台商投资股份有限公司						
外商投资股份有限公司				0.45	0.11	0.73
有限责任公司	0.19	0.02	0.07	21.16	1.96	31.56
国有独资公司						
私营有限责任公司	0.01	0.01		6.42	0.49	10.16
合资经营企业(港或澳、台资)				0.15	0.04	0.31
中外合资经营企业				0.91	0.22	1.31
其他有限责任公司	0.17	0.01	0.07	13.68	1.20	19.77
三、在总计中:亏损企业						
在总计中:国有控股企业	0.08		0.01	0.35	0.05	0.78

7–9 续表 8

分　　组	应交税金及附加	本年应付职工薪酬	本年应交增值税	总资产贡献率（%）	资产负债率（%）	流动资产周转率（次/年）
总　　计	16.04	15.59	10.87	30.48	33.78	7.80
一、按登记注册类型分组:						
内资企业	13.13	11.96	9.20	34.71	38.44	7.43
国有企业	0.05	0.05	0.04	21.13	28.32	13.23
中央企业						
地方企业	0.05	0.05	0.04	21.13	28.32	13.23
有限责任公司	7.37	7.60	5.10	32.97	39.91	6.75
国有独资公司						
其他有限责任公司	7.37	7.60	5.10	32.97	39.91	6.75
股份有限公司	0.25	0.20	0.12	22.85	40.55	11.98
私营企业	5.46	4.10	3.94	39.11	35.67	8.27
私营独资企业	0.10	0.15	0.09	29.01	58.03	3.72
私营合伙企业						
私营有限责任公司	4.28	3.68	3.33	36.10	34.69	7.77
私营股份有限公司	1.08	0.27	0.52	62.64	37.14	13.04
其他企业						
港、澳、台商投资企业	1.40	2.67	0.88	17.41	25.55	7.19
合资经营企业(港或澳、台资)	0.20	0.20	0.15	35.71	84.62	3.37
合作经营企业(港或澳、台资)						
港澳台商独资经营企业	1.21	2.48	0.73	16.38	22.23	7.96
港澳台商投资股份有限公司						
其他港澳台商投资企业						
外商投资企业	1.50	0.96	0.78	19.73	16.43	15.18
中外合资经营企业	0.62	0.22	0.34	39.50	11.27	12.54
中外合作经营企业	0.13	0.27		19.06	12.18	16.53
外资企业	0.36	0.28	0.18	10.41	22.15	11.63
外商投资股份有限公司	0.39	0.19	0.25	34.18	2.22	473.69
其他外商投资企业						
二、按经济组织类型分组						
独资企业	1.71	2.96	1.05	14.61	23.54	8.28
国有企业	0.05	0.05	0.04	21.13	28.32	13.23
集体企业						
私营独资企业	0.10	0.15	0.09	29.01	58.03	3.72
港澳台商独资经营企业	1.21	2.48	0.73	16.38	22.23	7.96
外资企业	0.36	0.28	0.18	10.41	22.15	11.63
合作、合伙企业	0.13	0.27		19.06	12.18	16.53
中外合作经营企业	0.13	0.27		19.06	12.18	16.53
其他企业（内资）						
其他港澳台商投资企业						
其他外商投资企业						
股份有限公司	1.72	0.66	0.89	42.56	30.41	14.49
股份有限公司(内资)	0.25	0.20	0.12	22.85	40.55	11.98
私营股份有限公司	1.08	0.27	0.52	62.64	37.14	13.04
港澳台商投资股份有限公司						
外商投资股份有限公司	0.39	0.19	0.25	34.18	2.22	473.69
有限责任公司	12.47	11.70	8.92	34.19	37.70	7.15
国有独资公司						
私营有限责任公司	4.28	3.68	3.33	36.10	34.69	7.77
合资经营企业(港或澳、台资)	0.20	0.20	0.15	35.71	84.62	3.37
中外合资经营企业	0.62	0.22	0.34	39.50	11.27	12.54
其他有限责任公司	7.37	7.60	5.10	32.97	39.91	6.75
三、在总计中:亏损企业						
在总计中:国有控股企业	0.50	0.53	0.23	12.28	40.39	2.78

7-9 续表 9

分　　组	成本费用利润率（%）	产品销售率（%）	从业人员平均人数	从业人员期末人数	平均用工人数	期末用工人数
总　　计	7.58	99.24	3.83	3.95	3.88	3.85
一、按登记注册类型分组:						
内资企业	7.57	99.18	3.07	3.16	3.10	3.05
国有企业	0.87	10.00	0.01	0.01	0.01	0.01
中央企业						
地方企业	0.87	10.00	0.01	0.01	0.01	0.01
有限责任公司	8.07	99.74	1.92	2.00	1.96	1.93
国有独资公司						
其他有限责任公司	8.07	99.74	1.92	2.00	1.96	1.93
股份有限公司	4.15	99.44	0.08	0.08	0.08	0.08
私营企业	7.32	99.04	1.05	1.07	1.05	1.02
私营独资企业	7.53	99.48	0.04	0.04	0.04	0.04
私营合伙企业						
私营有限责任公司	7.13	98.83	0.92	0.93	0.92	0.91
私营股份有限公司	8.02	99.75	0.09	0.09	0.09	0.08
其他企业						
港、澳、台商投资企业	8.18	99.98	0.42	0.44	0.43	0.46
合资经营企业(港或澳、台资)	8.84		0.07	0.07	0.08	0.08
合作经营企业(港或澳、台资)						
港澳台商独资经营企业	8.12	99.98	0.35	0.38	0.35	0.38
港澳台商投资股份有限公司						
其他港澳台商投资企业						
外商投资企业	7.27	99.36	0.35	0.35	0.35	0.34
中外合资经营企业	7.85	100.14	0.08	0.08	0.08	0.08
中外合作经营企业	7.58	99.97	0.08	0.08	0.08	0.08
外资企业	6.10	98.05	0.09	0.09	0.09	0.09
外商投资股份有限公司	8.12	99.98	0.09	0.09	0.09	0.09
其他外商投资企业						
二、按经济组织类型分组						
独资企业	7.23	97.10	0.50	0.53	0.50	0.53
国有企业	0.87	10.00	0.01	0.01	0.01	0.01
集体企业						
私营独资企业	7.53	99.48	0.04	0.04	0.04	0.04
港澳台商独资经营企业	8.12	99.98	0.35	0.38	0.35	0.38
外资企业	6.10	98.05	0.09	0.09	0.09	0.09
合作、合伙企业	7.58	99.97	0.08	0.08	0.08	0.08
中外合作经营企业	7.58	99.97	0.08	0.08	0.08	0.08
其他企业（内资）						
其他港澳台商投资企业						
其他外商投资企业						
股份有限公司	6.77	99.68	0.26	0.27	0.26	0.24
股份有限公司(内资)	4.15	99.44	0.08	0.08	0.08	0.08
私营股份有限公司	8.02	99.75	0.09	0.09	0.09	0.08
港澳台商投资股份有限公司						
外商投资股份有限公司	8.12	99.98	0.09	0.09	0.09	0.09
有限责任公司	7.75	99.45	2.99	3.08	3.04	2.99
国有独资公司						
私营有限责任公司	7.13	98.83	0.92	0.93	0.92	0.91
合资经营企业(港或澳、台资)	8.84		0.07	0.07	0.08	0.08
中外合资经营企业	7.85	100.14	0.08	0.08	0.08	0.08
其他有限责任公司	8.07	99.74	1.92	2.00	1.96	1.93
三、在总计中:亏损企业						
在总计中:国有控股企业	11.55	74.32	0.13	0.12	0.13	0.12

7-9 续表 10

分　　组	主营业务收入利润率（%）	人均主营业务收入（万元/人）	每百元资产实现的主营业务收入(元)	产成品存货周转天数(天)	应收账款平均回收期(天)
总　　计	7.03	99.39	291.37	5.14	16.84
一、按登记注册类型分组:					
内资企业	7.02	104.28	332.07	5.26	18.43
国有企业	0.86	68.01	335.86		1.74
中央企业					
地方企业	0.86	68.01	335.86		1.74
有限责任公司	7.46	93.48	303.53	3.87	22.05
国有独资公司					
其他有限责任公司	7.46	93.48	303.53	3.87	22.05
股份有限公司	3.98	193.81	450.61	5.59	1.10
私营企业	6.79	118.51	372.06	7.34	15.25
私营独资企业	6.98	55.44	253.73	0.44	26.48
私营合伙企业					
私营有限责任公司	6.63	105.48	340.18	6.51	17.33
私营股份有限公司	7.38	283.90	623.48	11.19	6.20
其他企业					
港、澳、台商投资企业	7.54	56.35	146.86	3.14	10.77
合资经营企业(港或澳、台资)	8.23	24.36	212.24	9.22	95.04
合作经营企业(港或澳、台资)					
港澳台商独资经营企业	7.49	63.29	143.18	2.66	3.74
港澳台商投资股份有限公司					
其他港澳台商投资企业					
外商投资企业	6.74	108.69	204.65	5.38	7.12
中外合资经营企业	7.24	150.56	374.49	10.00	10.98
中外合作经营企业	7.02	86.14	254.80	5.73	2.72
外资企业	5.69	133.86	119.86	3.34	9.03
外商投资股份有限公司	7.48	64.85	284.03		
其他外商投资企业					
二、按经济组织类型分组					
独资企业	6.71	75.66	140.31	2.66	6.88
国有企业	0.86	68.01	335.86		1.74
集体企业					
私营独资企业	6.98	55.44	253.73	0.44	26.48
港澳台商独资经营企业	7.49	63.29	143.18	2.66	3.74
外资企业	5.69	133.86	119.86	3.34	9.03
合作、合伙企业	7.02	86.14	254.80	5.73	2.72
中外合作经营企业	7.02	86.14	254.80	5.73	2.72
其他企业（内资）					
其他港澳台商投资企业					
其他外商投资企业					
股份有限公司	6.32	178.25	487.42	7.88	3.77
股份有限公司(内资)	3.98	193.81	450.61	5.59	1.10
私营股份有限公司	7.38	283.90	623.48	11.19	6.20
港澳台商投资股份有限公司					
外商投资股份有限公司	7.48	64.85	284.03		
有限责任公司	7.18	96.95	316.44	5.02	20.48
国有独资公司					
私营有限责任公司	6.63	105.48	340.18	6.51	17.33
合资经营企业(港或澳、台资)	8.23	24.36	212.24	9.22	95.04
中外合资经营企业	7.24	150.56	374.49	10.00	10.98
其他有限责任公司	7.46	93.48	303.53	3.87	22.05
三、在总计中:亏损企业					
在总计中:国有控股企业	10.17	27.30	55.21	3.42	6.96

7-10 吉水县规模以上工业企业主要经济指标（大类行业）

单位：亿元

行业	企业单位数（个）	亏损企业	工业总产值（当年价格）	工业销售产值（当年价格）	出口交货值	年初存货	产成品
总计	109	9	232.40	231.23	19.48	11.66	3.08
煤炭开采和洗选业	2	1	1.02	0.97		0.02	0.01
石油和天然气开采业							
黑色金属矿采选业	1		2.71	2.57		0.09	0.04
农副食品加工业	13		90.80	90.51		6.47	0.49
食品制造业	1		0.39	0.39			
酒、饮料和精制茶制造业	2	1	0.83	0.80		0.24	
烟草制品业							
纺织业	21		24.62	24.48		0.27	0.10
纺织服装、服饰业	24	3	13.74	13.65	1.51	0.36	0.19
皮革、毛皮、羽毛及其制品和制鞋业	12	2	18.27	18.27	3.76	0.69	0.40
木材加工和木、竹、藤、棕、草制品业	1		0.30	0.30			
家具制造业	1		0.34	0.34		0.01	
造纸和纸制品业							
印刷和记录媒介复制业	1		2.43	2.36			
文教、工美、体育和娱乐用品制造业	2		5.99	5.99	2.51	0.10	0.04
石油加工、炼焦和核燃料加工业	1		9.44	9.34		0.22	0.12
化学原料和化学制品制造业	2		0.89	0.90	0.31	0.04	0.03
医药制造业	10		28.65	28.75	6.68	1.63	0.84
化学纤维制造业							
橡胶和塑料制品业	1		0.32	0.31		0.03	
非金属矿物制品业	5	2	9.18	9.10		0.39	0.22
黑色金属冶炼和压延加工业							
有色金属冶炼和压延加工业	1		9.87	9.84		0.11	
金属制品业							
通用设备制造业	1		2.47	2.50		0.53	0.50
专用设备制造业	1		0.85	0.85	0.85	0.04	
电气机械和器材制造业	2		0.22	0.22			
计算机、通信和其他电子设备制造业	3		8.52	8.24	3.87	0.42	0.10
燃气生产和供应业	1		0.56	0.56			

7-10 续表 1

行　　业	资产总计	流动资产合计	流动资产合计			固定资产合计	固定资产原价
			应收账款	存货			
					产成品		
总计	83.38	38.10	12.44	14.25	4.22	37.23	53.42
煤炭开采和洗选业	1.03	0.12	0.01	0.02	0.01	0.73	1.14
石油和天然气开采业							
黑色金属矿采选业	2.22	0.11	0.02	0.08	0.04	0.33	3.31
农副食品加工业	25.97	12.57	1.20	7.78	0.60	12.34	19.70
食品制造业	0.51	0.07	0.04	0.03		0.16	0.14
酒、饮料和精制茶制造业	6.43	0.53		0.50		5.57	5.88
烟草制品业							
纺织业	4.51	3.83	2.16	0.64	0.47	0.55	0.54
纺织服装、服饰业	3.13	1.89	0.89	0.47	0.39	0.95	1.00
皮革、毛皮、羽毛及其制品和制鞋业	5.39	2.38	1.30	0.71	0.41	2.41	2.18
木材加工和木、竹、藤、棕、草制品业	0.15	0.14	0.08	0.06	0.06	0.01	
家具制造业	0.08	0.05	0.03	0.01		0.03	0.03
造纸和纸制品业							
印刷和记录媒介复制业	0.24	0.04	0.01	0.01		0.21	0.34
文教、工美、体育和娱乐用品制造业	1.29	0.24	0.08	0.10	0.04	0.94	1.06
石油加工、炼焦和核燃料加工业	3.09	1.67	0.67	0.31	0.28	0.19	2.02
化学原料和化学制品制造业	0.79	0.43	0.13	0.04		0.32	0.36
医药制造业	12.19	5.31	0.84	1.84	1.01	5.56	7.26
化学纤维制造业							
橡胶和塑料制品业	0.28	0.12	0.07	0.04		0.14	0.15
非金属矿物制品业	3.78	2.00	0.97	0.31	0.10	1.54	2.28
黑色金属冶炼和压延加工业							
有色金属冶炼和压延加工业	0.48	0.24	0.17	0.04	0.03	0.21	0.21
金属制品业							
通用设备制造业	1.36	1.19	0.22	0.66	0.62	0.17	0.27
专用设备制造业	0.52	0.10	0.05	0.01	0.01	0.02	0.02
电气机械和器材制造业	0.37	0.05				0.31	0.35
计算机、通信和其他电子设备制造业	9.14	4.92	3.50	0.56	0.14	4.22	4.84
燃气生产和供应业	0.44	0.08		0.01		0.32	0.34

7-10 续表 2

行业	资产总计		负债合计	流动负债合计		非流动负债合计
	累计折旧	本年折旧			应付账款	
总计	18.41	3.91	37.75	31.18	9.66	4.43
煤炭开采和洗选业	0.41	0.08	0.44	0.44	0.04	
石油和天然气开采业						
黑色金属矿采选业	2.99	0.33	1.27	0.32	0.23	0.61
农副食品加工业	7.42	1.15	9.13	8.03	0.76	0.56
食品制造业	0.02	0.02	0.37	0.03	0.01	
酒、饮料和精制茶制造业	0.43	0.43	4.43	4.43	1.26	
烟草制品业						
纺织业	0.04	0.03	2.52	2.41	1.09	
纺织服装、服饰业	0.06	0.02	1.61	1.44	0.61	
皮革、毛皮、羽毛及其制品和制鞋业	0.79	0.23	2.22	1.95	0.97	0.14
木材加工和木、竹、藤、棕、草制品业			0.09	0.09		
家具制造业			0.03	0.03	0.03	
造纸和纸制品业						
印刷和记录媒介复制业	0.13	0.04	0.12	0.07	0.01	0.05
文教、工美、体育和娱乐用品制造业	0.42	0.07	0.42	0.23	0.07	
石油加工、炼焦和核燃料加工业	1.82	0.35	0.91	0.91	0.64	
化学原料和化学制品制造业	0.04	0.02	0.43	0.43	0.10	
医药制造业	1.94	0.32	4.57	4.38	1.03	0.19
化学纤维制造业						
橡胶和塑料制品业	0.02		0.15	0.15	0.05	
非金属矿物制品业	0.74	0.38	2.24	2.20	0.74	0.04
黑色金属冶炼和压延加工业						
有色金属冶炼和压延加工业	0.03	0.03	0.19	0.19	0.09	
金属制品业						
通用设备制造业	0.10	0.03	0.65	0.55	0.26	0.10
专用设备制造业	0.01		0.23	0.23		
电气机械和器材制造业	0.01	0.01	0.35			
计算机、通信和其他电子设备制造业	0.97	0.34	5.19	2.45	1.62	2.74
燃气生产和供应业	0.01	0.01	0.20	0.20	0.03	

7-10 续表 3

行　　业	所有者权益合计	实收资本	国家资本	集体资本	法人资本	个人资本
总计	45.63	14.29	1.20	0.16	3.68	6.60
煤炭开采和洗选业	0.59	0.36			0.07	0.28
石油和天然气开采业						
黑色金属矿采选业	0.95	0.98				0.98
农副食品加工业	16.84	2.18		0.06		2.12
食品制造业	0.14	0.10		0.10		
酒、饮料和精制茶制造业	1.99	2.00				
烟草制品业						
纺织业	1.98	0.85			0.55	0.31
纺织服装、服饰业	1.52	0.87			0.44	0.18
皮革、毛皮、羽毛及其制品和制鞋业	3.17	0.59			0.22	0.36
木材加工和木、竹、藤、棕、草制品业	0.06					
家具制造业	0.05	0.05				0.05
造纸和纸制品业						
印刷和记录媒介复制业	0.12	0.02				0.02
文教、工美、体育和娱乐用品制造业	0.87	0.45				0.14
石油加工、炼焦和核燃料加工业	2.18	0.15			0.14	0.01
化学原料和化学制品制造业	0.37	0.12				0.12
医药制造业	7.61	1.56			0.09	1.47
化学纤维制造业						
橡胶和塑料制品业	0.13	0.10				0.10
非金属矿物制品业	1.54	1.71	1.00		0.30	0.41
黑色金属冶炼和压延加工业						
有色金属冶炼和压延加工业	0.29	0.05				0.05
金属制品业						
通用设备制造业	0.71	0.18			0.18	
专用设备制造业	0.30	0.10			0.10	
电气机械和器材制造业	0.02	0.10			0.10	
计算机、通信和其他电子设备制造业	3.96	1.57			1.50	
燃气生产和供应业	0.24	0.20	0.20			

7-10 续表 4

行业	所有者权益合计		营业收入		营业成本	
	实收资本			主营业务收入		主营业务成本
	港澳台资本	外商资本				
总计	0.58	2.07	230.45	230.16	202.05	201.98
煤炭开采和洗选业			1.07	1.07	0.82	0.82
石油和天然气开采业						
黑色金属矿采选业			2.71	2.71	2.32	2.32
农副食品加工业			88.61	88.61	81.96	81.96
食品制造业			0.39	0.39	0.27	0.27
酒、饮料和精制茶制造业		2.00	0.83	0.80	1.07	1.07
烟草制品业						
纺织业			24.73	24.72	21.58	21.58
纺织服装、服饰业	0.25		13.82	13.81	12.17	12.17
皮革、毛皮、羽毛及其制品和制鞋业	0.01		18.37	18.37	14.97	14.97
木材加工和木、竹、藤、棕、草制品业			0.30	0.30	0.27	0.27
家具制造业			0.34	0.34	0.29	0.29
造纸和纸制品业						
印刷和记录媒介复制业			2.43	2.43	1.71	1.71
文教、工美、体育和娱乐用品制造业	0.31		5.99	5.99	4.82	4.82
石油加工、炼焦和核燃料加工业			9.44	9.44	8.67	8.67
化学原料和化学制品制造业			0.89	0.89	0.72	0.72
医药制造业			28.67	28.67	23.12	23.12
化学纤维制造业						
橡胶和塑料制品业			0.31	0.31	0.29	0.29
非金属矿物制品业			9.10	9.10	8.48	8.48
黑色金属冶炼和压延加工业						
有色金属冶炼和压延加工业			9.85	9.84	9.60	9.60
金属制品业						
通用设备制造业			2.50	2.50	2.06	2.06
专用设备制造业			0.83	0.83	0.67	0.67
电气机械和器材制造业			0.25	0.25	0.22	0.22
计算机、通信和其他电子设备制造业		0.07	8.45	8.24	5.49	5.42
燃气生产和供应业			0.56	0.56	0.49	0.49

7–10 续表 5

行　　业	营业税金及附加		其他业务收入	其他业务利润	销售费用	管理费用
		主营业务税金及附加				
总计	1.00	0.99	0.29	0.15	4.85	9.00
煤炭开采和洗选业	0.01	0.01			0.03	0.20
石油和天然气开采业						
黑色金属矿采选业					0.09	0.18
农副食品加工业	0.10	0.08			0.71	1.49
食品制造业					0.02	0.03
酒、饮料和精制茶制造业	0.12	0.12	0.03			0.17
烟草制品业						
纺织业	0.13	0.13	0.02		0.68	1.08
纺织服装、服饰业	0.06	0.06	0.01		0.47	0.53
皮革、毛皮、羽毛及其制品和制鞋业	0.06	0.06			0.54	1.34
木材加工和木、竹、藤、棕、草制品业					0.01	
家具制造业					0.03	0.02
造纸和纸制品业						
印刷和记录媒介复制业	0.01	0.01			0.11	0.49
文教、工美、体育和娱乐用品制造业	0.05	0.05			0.34	0.26
石油加工、炼焦和核燃料加工业	0.02	0.02			0.15	0.20
化学原料和化学制品制造业					0.01	0.04
医药制造业	0.17	0.17			1.27	2.10
化学纤维制造业						
橡胶和塑料制品业						0.01
非金属矿物制品业	0.06	0.06			0.13	0.22
黑色金属冶炼和压延加工业						
有色金属冶炼和压延加工业	0.14	0.14	0.01		0.01	0.01
金属制品业						
通用设备制造业	0.01	0.01			0.12	0.17
专用设备制造业	0.01	0.01			0.03	0.03
电气机械和器材制造业					0.01	0.01
计算机、通信和其他电子设备制造业	0.07	0.07	0.22	0.15	0.07	0.41
燃气生产和供应业					0.03	0.01

7-10 续表 6

行　　业	管理费用	财务费用			营业利润	资产减值损失
	税金		利息收入	利息支出		
总计	0.89	1.49	0.01	1.20	11.96	0.09
煤炭开采和洗选业					0.02	
石油和天然气开采业						
黑色金属矿采选业		0.05		0.05	0.08	
农副食品加工业	0.14	0.57		0.44	3.77	
食品制造业		0.03			0.04	
酒、饮料和精制茶制造业		0.07		0.07	-0.60	
烟草制品业						
纺织业	0.16	0.11		0.09	1.15	
纺织服装、服饰业	0.31	0.13		0.12	0.46	
皮革、毛皮、羽毛及其制品和制鞋业	0.03	0.06		0.03	1.41	
木材加工和木、竹、藤、棕、草制品业					0.01	
家具制造业						
造纸和纸制品业						
印刷和记录媒介复制业	0.05	0.02		0.02	0.10	
文教、工美、体育和娱乐用品制造业	0.02	0.03		0.02	0.49	
石油加工、炼焦和核燃料加工业	0.01	0.01		0.01	0.39	
化学原料和化学制品制造业		0.01		0.01	0.11	
医药制造业	0.14	0.25		0.25	1.76	
化学纤维制造业						
橡胶和塑料制品业		0.01		0.01		
非金属矿物制品业		0.05		0.04	0.16	
黑色金属冶炼和压延加工业						
有色金属冶炼和压延加工业		0.02		0.02	0.07	
金属制品业						
通用设备制造业	0.01				0.12	
专用设备制造业					0.09	
电气机械和器材制造业					0.02	
计算机、通信和其他电子设备制造业	0.02	0.06		0.01	2.27	0.09
燃气生产和供应业					0.03	

7-10 续表 7

行　　业	营业外收入	政府补助	营业外支出	利润总额	所得税费用	亏损企业亏损总额
总计	0.35	0.32	0.02	12.29	1.39	0.42
煤炭开采和洗选业				0.02		0.01
石油和天然气开采业						
黑色金属矿采选业				0.08		
农副食品加工业				3.78	0.29	
食品制造业				0.04	0.01	
酒、饮料和精制茶制造业	0.22	0.22	0.01	-0.38		0.38
烟草制品业						
纺织业				1.15	0.12	
纺织服装、服饰业	0.01			0.47	0.03	0.01
皮革、毛皮、羽毛及其制品和制鞋业				1.41	0.05	
木材加工和木、竹、藤、棕、草制品业				0.01		
家具制造业						
造纸和纸制品业						
印刷和记录媒介复制业				0.10		
文教、工美、体育和娱乐用品制造业				0.49	0.08	
石油加工、炼焦和核燃料加工业				0.39	0.10	
化学原料和化学制品制造业				0.11	0.01	
医药制造业				1.77	0.12	
化学纤维制造业						
橡胶和塑料制品业						
非金属矿物制品业				0.16	0.01	0.02
黑色金属冶炼和压延加工业						
有色金属冶炼和压延加工业				0.07		
金属制品业						
通用设备制造业				0.12		
专用设备制造业				0.09	0.01	
电气机械和器材制造业				0.02		
计算机、通信和其他电子设备制造业	0.11	0.10		2.37	0.56	
燃气生产和供应业				0.03	0.01	

7-10 续表 8

行　业	利税总额	应交税金及附加	本年应付职工薪酬	本年应交增值税	总资产贡献率（%）	资产负债率（%）
总计	19.24	9.23	11.43	5.95	24.51	45.28
煤炭开采和洗选业	0.09	0.07	0.25	0.07	9.00	42.93
石油和天然气开采业						
黑色金属矿采选业	0.13	0.06	0.20	0.05	8.25	57.13
农副食品加工业	4.90	1.54	2.63	1.02	20.54	35.15
食品制造业	0.07	0.04	0.05	0.03	14.31	72.26
酒、饮料和精制茶制造业	–0.26	0.12	0.13		–3.03	69.02
烟草制品业						
纺织业	1.90	1.02	0.80	0.61	44.03	55.95
纺织服装、服饰业	1.06	0.93	1.53	0.54	37.88	51.38
皮革、毛皮、羽毛及其制品和制鞋业	2.01	0.68	1.73	0.54	37.76	41.11
木材加工和木、竹、藤、棕、草制品业	0.02	0.01		0.01	11.52	58.79
家具制造业			0.01		4.31	38.24
造纸和纸制品业						
印刷和记录媒介复制业	0.20	0.15	0.04	0.09	90.12	49.39
文教、工美、体育和娱乐用品制造业	0.82	0.43	0.28	0.28	65.27	32.51
石油加工、炼焦和核燃料加工业	0.55	0.26	0.27	0.14	18.13	29.45
化学原料和化学制品制造业	0.15	0.05	0.05	0.04	20.68	53.83
医药制造业	3.20	1.70	1.58	1.27	28.32	37.53
化学纤维制造业						
橡胶和塑料制品业			0.02		4.72	53.49
非金属矿物制品业	0.57	0.42	0.22	0.35	16.16	59.31
黑色金属冶炼和压延加工业						
有色金属冶炼和压延加工业	0.77	0.70	0.03	0.56	164.35	40.41
金属制品业						
通用设备制造业	0.20	0.08	0.14	0.07	14.52	47.88
专用设备制造业	0.18	0.10	0.13	0.09	34.88	43.00
电气机械和器材制造业	0.02		0.01		5.42	94.81
计算机、通信和其他电子设备制造业	2.63	0.83	1.29	0.19	28.85	56.73
燃气生产和供应业	0.03	0.01	0.02		7.53	45.91

7-10 续表 9

行　　业	流动资产周转率（次/年）	成本费用利润率（%）	产品销售率（%）	从业人员平均人数	从业人员期末人数	平均用工人数
总计	6.05	5.66	99.50	2.27	2.32	2.26
煤炭开采和洗选业	8.53	2.01	95.59	0.06	0.06	0.06
石油和天然气开采业						
黑色金属矿采选业	24.51	2.99	94.80	0.08	0.08	0.07
农副食品加工业	7.05	4.46	99.68	0.42	0.45	0.43
食品制造业	5.46	11.94	100.00	0.02	0.02	0.02
酒、饮料和精制茶制造业	1.58	-29.25	96.92	0.03	0.03	0.03
烟草制品业						
纺织业	6.46	4.92	99.43	0.18	0.18	0.18
纺织服装、服饰业	7.31	3.50	99.32	0.36	0.36	0.36
皮革、毛皮、羽毛及其制品和制鞋业	7.71	8.34	100.02	0.40	0.40	0.39
木材加工和木、竹、藤、棕、草制品业	2.16	3.61	100.00	0.01	0.01	0.01
家具制造业	6.64	0.05	99.28			
造纸和纸制品业						
印刷和记录媒介复制业	68.49	4.19	97.45	0.01	0.01	0.01
文教、工美、体育和娱乐用品制造业	24.53	9.06	100.00	0.06	0.06	0.06
石油加工、炼焦和核燃料加工业	5.65	4.35	98.93	0.03	0.03	0.03
化学原料和化学制品制造业	2.06	14.48	101.49	0.01	0.01	0.01
医药制造业	5.40	6.60	100.33	0.29	0.29	0.29
化学纤维制造业						
橡胶和塑料制品业	2.64	0.18	98.85			
非金属矿物制品业	4.56	1.79	99.08	0.05	0.05	0.05
黑色金属冶炼和压延加工业						
有色金属冶炼和压延加工业	40.94	0.72	99.68	0.01	0.01	0.01
金属制品业						
通用设备制造业	2.09	5.23	101.00	0.03	0.03	0.03
专用设备制造业	7.92	11.72	100.00	0.02	0.03	0.02
电气机械和器材制造业	4.69	7.03	100.00			
计算机、通信和其他电子设备制造业	1.72	39.40	96.68	0.21	0.20	0.20
燃气生产和供应业	6.78	5.11	100.00			

7-10 续表 10

行　业	期末用工人数	主营业务收入利润率（%）	人均主营业务收入(万元/人)	每百元资产实现的主营业务收入(元)	产成品存货周转天数(天)	应收账款平均回收期(天)
总计	2.31	5.34	101.86	276.03	7.52	19.45
煤炭开采和洗选业	0.06	1.96	17.42	103.97	3.64	1.73
石油和天然气开采业						
黑色金属矿采选业	0.07	2.90	41.33	122.13	6.71	2.63
农副食品加工业	0.45	4.26	207.14	341.28	2.64	4.86
食品制造业	0.02	10.61	22.83	75.86		40.45
酒、饮料和精制茶制造业	0.03	−47.76	29.49	12.48		0.24
烟草制品业						
纺织业	0.18	4.67	135.96	548.65	7.80	31.42
纺织服装、服饰业	0.35	3.37	38.84	441.08	11.48	23.22
皮革、毛皮、羽毛及其制品和制鞋业	0.40	7.67	46.54	340.80	9.78	25.43
木材加工和木、竹、藤、棕、草制品业	0.01	3.48	57.17	196.85	81.64	91.64
家具制造业		0.05	188.86	418.34	2.64	35.33
造纸和纸制品业						
印刷和记录媒介复制业	0.01	4.01	296.34	1000.00	1.04	0.83
文教、工美、体育和娱乐用品制造业	0.07	8.25	98.52	462.96	3.30	5.02
石油加工、炼焦和核燃料加工业	0.03	4.16	275.23	305.89	11.51	25.59
化学原料和化学制品制造业	0.01	12.56	77.07	112.98	0.10	53.93
医药制造业	0.29	6.16	100.01	235.28	15.73	10.58
化学纤维制造业						
橡胶和塑料制品业		0.18	69.23	113.10		80.38
非金属矿物制品业	0.05	1.75	199.09	240.60	4.18	38.35
黑色金属冶炼和压延加工业						
有色金属冶炼和压延加工业	0.01	0.71	1312.13	2043.72	1.22	6.23
金属制品业						
通用设备制造业	0.03	4.95	80.53	182.99	108.76	31.80
专用设备制造业	0.02	10.40	35.45	158.21	2.91	21.91
电气机械和器材制造业		6.56	124.48	68.17		
计算机、通信和其他电子设备制造业	0.20	28.84	40.47	90.06	9.44	152.81
燃气生产和供应业		4.88	222.16	126.27		2.22

7-11 吉水县规模以上工业企业主要经济指标（综合分组）

单位：亿元

分　　组	企业单位数（个）	亏损企业	工业总产值（当年价格）	工业销售产值（当年价格）	出口交货值	年初存货	产成品
总　　计	109	9	232.40	231.23	19.48	11.66	3.08
一、按登记注册类型分组:							
内资企业	101	8	216.14	214.99	12.32	10.31	2.31
有限责任公司	8	1	19.88	19.54	2.99	0.86	0.41
国有独资公司	1		0.56	0.56			
其他有限责任公司	7	1	19.32	18.98	2.99	0.86	0.41
股份有限公司							
私营企业	93	7	196.27	195.45	9.33	9.46	1.90
私营独资企业							
私营合伙企业	1		0.48	0.48		0.01	0.01
私营有限责任公司	90	7	188.70	187.95	9.33	8.50	1.27
私营股份有限公司	2		7.08	7.02		0.94	0.62
其他企业							
港、澳、台商投资企业	4		9.63	9.57	6.28	0.06	0.02
合资经营企业(港或澳、台资)	1		2.06	2.05	0.77		
合作经营企业(港或澳、台资)							
港澳台商独资经营企业	3		7.57	7.53	5.52	0.06	0.02
港澳台商投资股份有限公司							
其他港澳台商投资企业							
外商投资企业	4	1	6.63	6.67	0.88	1.29	0.75
中外合资经营企业	1		2.42	2.49		0.45	0.23
中外合作经营企业							
外资企业	1		0.91	0.88	0.88	0.07	0.01
外商投资股份有限公司	1		2.47	2.50		0.53	0.50
其他外商投资企业	1	1	0.83	0.80		0.24	
二、按经济组织类型分组							
独资企业	4		8.48	8.40	6.39	0.13	0.03
港澳台商独资经营企业	3		7.57	7.53	5.52	0.06	0.02
外资企业	1		0.91	0.88	0.88	0.07	0.01
合作、合伙企业	2	1	1.31	1.28		0.25	0.01
私营合伙企业	1		0.48	0.48		0.01	0.01
其他外商投资企业	1	1	0.83	0.80		0.24	
股份有限公司	3		9.56	9.52		1.48	1.12
股份有限公司(内资)							
私营股份有限公司	2		7.08	7.02		0.94	0.62
港澳台商投资股份有限公司							
外商投资股份有限公司	1		2.47	2.50		0.53	0.50
有限责任公司	100	8	213.05	212.03	13.09	9.81	1.91
国有独资公司	1		0.56	0.56			
私营有限责任公司	90	7	188.70	187.95	9.33	8.50	1.27
合资经营企业(港或澳、台资)	1		2.06	2.05	0.77		
中外合资经营企业	1		2.42	2.49		0.45	0.23
其他有限责任公司	7	1	19.32	18.98	2.99	0.86	0.41
三、在总计中:亏损企业	9	9	5.58	5.42	0.50	0.53	0.28
在总计中:国有控股企业	2	1	1.92	1.84		0.20	0.20

7-11 续表 1

分组	资产总计	流动资产合计	流动资产合计			固定资产合计	固定资产原价
			应收账款	存货	产成品		
总　　计	83.38	38.10	12.44	14.25	4.22	37.23	53.42
一、按登记注册类型分组:							
内资企业	71.32	35.23	11.78	12.61	3.36	28.96	45.09
有限责任公司	13.03	6.37	4.22	1.05	0.33	5.75	7.64
国有独资公司	0.44	0.08		0.01		0.32	0.34
其他有限责任公司	12.59	6.28	4.22	1.03	0.33	5.43	7.30
股份有限公司							
私营企业	58.29	28.87	7.56	11.56	3.03	23.21	37.45
私营独资企业							
私营合伙企业	0.34	0.03		0.01	0.01	0.31	0.52
私营有限责任公司	55.47	27.03	7.27	10.43	2.31	22.38	36.15
私营股份有限公司	2.49	1.81	0.28	1.12	0.72	0.52	0.79
其他企业							
港、澳、台商投资企业	1.81	0.16	0.05	0.07	0.04	1.05	1.12
合资经营企业(港或澳、台资)	0.20	0.01				0.04	0.08
合作经营企业(港或澳、台资)							
港澳台商独资经营企业	1.61	0.14	0.05	0.06	0.04	1.01	1.04
港澳台商投资股份有限公司							
其他港澳台商投资企业							
外商投资企业	10.26	2.71	0.60	1.57	0.82	7.22	7.21
中外合资经营企业	2.13	0.71	0.30	0.39	0.20	1.43	0.91
中外合作经营企业							
外资企业	0.33	0.28	0.08	0.02		0.05	0.16
外商投资股份有限公司	1.36	1.19	0.22	0.66	0.62	0.17	0.27
其他外商投资企业	6.43	0.53		0.50		5.57	5.88
二、按经济组织类型分组							
独资企业	1.94	0.42	0.13	0.09	0.04	1.06	1.19
港澳台商独资经营企业	1.61	0.14	0.05	0.06	0.04	1.01	1.04
外资企业	0.33	0.28	0.08	0.02		0.05	0.16
合作、合伙企业	6.76	0.56	0.01	0.51	0.01	5.88	6.40
私营合伙企业	0.34	0.03		0.01	0.01	0.31	0.52
其他外商投资企业	6.43	0.53		0.50		5.57	5.88
股份有限公司	3.85	3.00	0.50	1.79	1.34	0.69	1.06
股份有限公司(内资)							
私营股份有限公司	2.49	1.81	0.28	1.12	0.72	0.52	0.79
港澳台商投资股份有限公司							
外商投资股份有限公司	1.36	1.19	0.22	0.66	0.62	0.17	0.27
有限责任公司	70.83	34.12	11.80	11.87	2.84	29.60	44.77
国有独资公司	0.44	0.08		0.01		0.32	0.34
私营有限责任公司	55.47	27.03	7.27	10.43	2.31	22.38	36.15
合资经营企业(港或澳、台资)	0.20	0.01				0.04	0.08
中外合资经营企业	2.13	0.71	0.30	0.39	0.20	1.43	0.91
其他有限责任公司	12.59	6.28	4.22	1.03	0.33	5.43	7.30
三、在总计中:亏损企业	9.20	1.51	0.28	0.70	0.13	7.11	7.90
在总计中:国有控股企业	1.82	0.48	0.15	0.11	0.04	1.24	1.49

7-11 续表 2

分　组	资产总计		负债合计	流动负债合计		非流动负债合计
	累计折旧	本年折旧			应付账款	
总　计	18.41	3.91	37.75	31.18	9.66	4.43
一、按登记注册类型分组:						
内资企业	17.14	3.27	31.21	25.07	7.71	4.19
有限责任公司	1.62	0.76	7.26	4.02	2.00	2.92
国有独资公司	0.01	0.01	0.20	0.20	0.03	
其他有限责任公司	1.61	0.75	7.06	3.82	1.97	2.92
股份有限公司						
私营企业	15.52	2.50	23.95	21.05	5.71	1.27
私营独资企业						
私营合伙企业	0.21	0.06	0.19	0.19	0.04	
私营有限责任公司	15.01	2.36	22.93	20.08	5.39	1.23
私营股份有限公司	0.30	0.08	0.82	0.78	0.28	0.05
其他企业						
港、澳、台商投资企业	0.40	0.09	0.82	0.63	0.08	
合资经营企业(港或澳、台资)	0.04	0.01	0.10	0.10	0.02	
合作经营企业(港或澳、台资)						
港澳台商独资经营企业	0.35	0.08	0.72	0.53	0.06	
港澳台商投资股份有限公司						
其他港澳台商投资企业						
外商投资企业	0.87	0.56	5.73	5.49	1.88	0.24
中外合资经营企业	0.23	0.09	0.51	0.37	0.35	0.14
中外合作经营企业						
外资企业	0.10	0.01	0.13	0.13		
外商投资股份有限公司	0.10	0.03	0.65	0.55	0.26	0.10
其他外商投资企业	0.43	0.43	4.43	4.43	1.26	
二、按经济组织类型分组						
独资企业	0.46	0.09	0.85	0.66	0.06	
港澳台商独资经营企业	0.35	0.08	0.72	0.53	0.06	
外资企业	0.10	0.01	0.13	0.13		
合作、合伙企业	0.64	0.48	4.62	4.62	1.30	
私营合伙企业	0.21	0.06	0.19	0.19	0.04	
其他外商投资企业	0.43	0.43	4.43	4.43	1.26	
股份有限公司	0.40	0.12	1.48	1.33	0.54	0.15
股份有限公司(内资)						
私营股份有限公司	0.30	0.08	0.82	0.78	0.28	0.05
港澳台商投资股份有限公司						
外商投资股份有限公司	0.10	0.03	0.65	0.55	0.26	0.10
有限责任公司	16.91	3.22	30.80	24.57	7.75	4.28
国有独资公司	0.01	0.01	0.20	0.20	0.03	
私营有限责任公司	15.01	2.36	22.93	20.08	5.39	1.23
合资经营企业(港或澳、台资)	0.04	0.01	0.10	0.10	0.02	
中外合资经营企业	0.23	0.09	0.51	0.37	0.35	0.14
其他有限责任公司	1.61	0.75	7.06	3.82	1.97	2.92
三、在总计中:亏损企业	0.92	0.73	6.22	6.22	1.53	
在总计中:国有控股企业	0.25	0.25	1.25	1.25	0.11	

7-11 续表 3

分　组	所有者权益合计	实收资本				
			国家资本	集体资本	法人资本	个人资本
总　　计	45.63	14.29	1.20	0.16	3.68	6.60
一、按登记注册类型分组:						
内资企业	40.11	11.35	1.20	0.16	3.39	6.60
有限责任公司	5.76	3.21	1.20		1.80	0.21
国有独资公司	0.24	0.20	0.20			
其他有限责任公司	5.53	3.01	1.00		1.80	0.21
股份有限公司						
私营企业	34.35	8.14		0.16	1.59	6.39
私营独资企业						
私营合伙企业	0.15	0.12				0.12
私营有限责任公司	32.53	7.80		0.16	1.59	6.05
私营股份有限公司	1.67	0.22				0.22
其他企业						
港、澳、台商投资企业	0.99	0.58				
合资经营企业(港或澳、台资)	0.10	0.01				
合作经营企业(港或澳、台资)						
港澳台商独资经营企业	0.89	0.57				
港澳台商投资股份有限公司						
其他港澳台商投资企业						
外商投资企业	4.53	2.36			0.29	
中外合资经营企业	1.63	0.11			0.11	
中外合作经营企业						
外资企业	0.20	0.07				
外商投资股份有限公司	0.71	0.18			0.18	
其他外商投资企业	1.99	2.00				
二、按经济组织类型分组						
独资企业	1.09	0.64				
港澳台商独资经营企业	0.89	0.57				
外资企业	0.20	0.07				
合作、合伙企业	2.14	2.12				0.12
私营合伙企业	0.15	0.12				0.12
其他外商投资企业	1.99	2.00				
股份有限公司	2.38	0.40			0.18	0.22
股份有限公司(内资)						
私营股份有限公司	1.67	0.22				0.22
港澳台商投资股份有限公司						
外商投资股份有限公司	0.71	0.18			0.18	
有限责任公司	40.03	11.13	1.20	0.16	3.50	6.27
国有独资公司	0.24	0.20	0.20			
私营有限责任公司	32.53	7.80		0.16	1.59	6.05
合资经营企业(港或澳、台资)	0.10	0.01				
中外合资经营企业	1.63	0.11			0.11	
其他有限责任公司	5.53	3.01	1.00		1.80	0.21
三、在总计中:亏损企业	2.98	2.76			0.37	0.39
在总计中:国有控股企业	0.58	0.50	0.20		0.30	

7-11 续表 4

分　组	所有者权益合计		营业收入		营业成本	
	实收资本					
	港澳台资本	外商资本		主营业务收入		主营业务成本
总　　计	0.58	2.07	230.45	230.16	202.05	201.98
一、按登记注册类型分组:						
内资企业			214.16	213.90	188.06	187.99
有限责任公司			19.76	19.54	15.73	15.66
国有独资公司			0.56	0.56	0.49	0.49
其他有限责任公司			19.20	18.98	15.24	15.17
股份有限公司						
私营企业			194.40	194.36	172.34	172.34
私营独资企业						
私营合伙企业			0.48	0.48	0.33	0.33
私营有限责任公司			186.83	186.80	166.00	166.00
私营股份有限公司			7.09	7.09	6.00	6.00
其他企业						
港、澳、台商投资企业	0.58		9.62	9.62	8.13	8.13
合资经营企业(港或澳、台资)	0.01		2.05	2.05	1.81	1.81
合作经营企业(港或澳、台资)						
港澳台商独资经营企业	0.57		7.58	7.58	6.32	6.32
港澳台商投资股份有限公司						
其他港澳台商投资企业						
外商投资企业		2.07	6.67	6.64	5.86	5.86
中外合资经营企业			2.46	2.46	2.01	2.01
中外合作经营企业						
外资企业		0.07	0.88	0.88	0.71	0.71
外商投资股份有限公司			2.50	2.50	2.06	2.06
其他外商投资企业		2.00	0.83	0.80	1.07	1.07
二、按经济组织类型分组						
独资企业	0.57	0.07	8.45	8.45	7.03	7.03
港澳台商独资经营企业	0.57		7.58	7.58	6.32	6.32
外资企业		0.07	0.88	0.88	0.71	0.71
合作、合伙企业		2.00	1.31	1.28	1.41	1.41
私营合伙企业			0.48	0.48	0.33	0.33
其他外商投资企业		2.00	0.83	0.80	1.07	1.07
股份有限公司			9.58	9.58	8.06	8.06
股份有限公司(内资)						
私营股份有限公司			7.09	7.09	6.00	6.00
港澳台商投资股份有限公司						
外商投资股份有限公司			2.50	2.50	2.06	2.06
有限责任公司	0.01		211.10	210.84	185.55	185.48
国有独资公司			0.56	0.56	0.49	0.49
私营有限责任公司			186.83	186.80	166.00	166.00
合资经营企业(港或澳、台资)	0.01		2.05	2.05	1.81	1.81
中外合资经营企业			2.46	2.46	2.01	2.01
其他有限责任公司			19.20	18.98	15.24	15.17
三、在总计中:亏损企业		2.00	5.55	5.52	5.54	5.54
在总计中:国有控股企业			1.84	1.83	1.65	1.65

7-11 续表 5

分　组	营业税金及附加	主营业务税金及附加	其他业务收入	其他业务利润	销售费用	管理费用
总　计	1.00	0.99	0.29	0.15	4.85	9.00
一、按登记注册类型分组:						
内资企业	0.83	0.81	0.26	0.15	4.17	8.04
有限责任公司	0.09	0.09	0.22	0.15	0.34	0.59
国有独资公司					0.03	0.01
其他有限责任公司	0.09	0.09	0.22	0.15	0.31	0.58
股份有限公司						
私营企业	0.73	0.72	0.04		3.82	7.45
私营独资企业						
私营合伙企业					0.03	0.09
私营有限责任公司	0.70	0.69	0.04		3.66	6.73
私营股份有限公司	0.03	0.03			0.14	0.63
其他企业						
港、澳、台商投资企业	0.03	0.03			0.52	0.40
合资经营企业(港或澳、台资)	0.01	0.01			0.02	0.10
合作经营企业(港或澳、台资)						
港澳台商独资经营企业	0.02	0.02			0.50	0.30
港澳台商投资股份有限公司						
其他港澳台商投资企业						
外商投资企业	0.15	0.15	0.03		0.17	0.56
中外合资经营企业	0.01	0.01			0.03	0.19
中外合作经营企业						
外资企业	0.01	0.01			0.01	0.03
外商投资股份有限公司	0.01	0.01			0.12	0.17
其他外商投资企业	0.12	0.12	0.03			0.17
二、按经济组织类型分组						
独资企业	0.03	0.03			0.51	0.33
港澳台商独资经营企业	0.02	0.02			0.50	0.30
外资企业	0.01	0.01			0.01	0.03
合作、合伙企业	0.12	0.12	0.03		0.03	0.25
私营合伙企业					0.03	0.09
其他外商投资企业	0.12	0.12	0.03			0.17
股份有限公司	0.04	0.04			0.27	0.81
股份有限公司(内资)						
私营股份有限公司	0.03	0.03			0.14	0.63
港澳台商投资股份有限公司						
外商投资股份有限公司	0.01	0.01			0.12	0.17
有限责任公司	0.81	0.80	0.26	0.15	4.05	7.60
国有独资公司					0.03	0.01
私营有限责任公司	0.70	0.69	0.04		3.66	6.73
合资经营企业(港或澳、台资)	0.01	0.01			0.02	0.10
中外合资经营企业	0.01	0.01			0.03	0.19
其他有限责任公司	0.09	0.09	0.22	0.15	0.31	0.58
三、在总计中:亏损企业	0.13	0.13	0.03		0.07	0.34
在总计中:国有控股企业	0.01				0.08	0.04

7-11 续表 6

分　　组	税金	财务费用	利息收入	利息支出	营业利润	资产减值损失
总　　计	0.89	1.49	0.01	1.20	11.96	0.09
一、按登记注册类型分组:						
内资企业	0.86	1.41	0.01	1.12	11.56	0.09
有限责任公司	0.13	0.14		0.08	2.78	0.09
国有独资公司					0.03	
其他有限责任公司	0.12	0.14		0.08	2.75	0.09
股份有限公司						
私营企业	0.74	1.27		1.04	8.78	
私营独资企业						
私营合伙企业					0.03	
私营有限责任公司	0.69	1.24		1.01	8.50	
私营股份有限公司	0.05	0.03		0.03	0.25	
其他企业						
港、澳、台商投资企业	0.01	0.01			0.53	
合资经营企业(港或澳、台资)	0.01				0.11	
合作经营企业(港或澳、台资)						
港澳台商独资经营企业		0.01			0.42	
港澳台商投资股份有限公司						
其他港澳台商投资企业						
外商投资企业	0.01	0.06		0.07	-0.13	
中外合资经营企业					0.22	
中外合作经营企业						
外资企业		-0.01			0.13	
外商投资股份有限公司	0.01				0.12	
其他外商投资企业		0.07		0.07	-0.60	
二、按经济组织类型分组						
独资企业		-0.01			0.55	
港澳台商独资经营企业		0.01			0.42	
外资企业		-0.01			0.13	
合作、合伙企业		0.07		0.07	-0.57	
私营合伙企业					0.03	
其他外商投资企业		0.07		0.07	-0.60	
股份有限公司	0.06	0.03		0.03	0.37	
股份有限公司(内资)						
私营股份有限公司	0.05	0.03		0.03	0.25	
港澳台商投资股份有限公司						
外商投资股份有限公司	0.01				0.12	
有限责任公司	0.83	1.39	0.01	1.10	11.61	0.09
国有独资公司					0.03	
私营有限责任公司	0.69	1.24		1.01	8.50	
合资经营企业(港或澳、台资)	0.01				0.11	
中外合资经营企业					0.22	
其他有限责任公司	0.12	0.14		0.08	2.75	0.09
三、在总计中:亏损企业		0.11		0.11	-0.64	
在总计中:国有控股企业		0.04		0.04	0.02	

7-11 续表 7

分　　组	营业外收入	政府补助	营业外支出	利润总额	所得税费用	亏损企业亏损总额
总　　计	0.35	0.32	0.02	12.29	1.39	0.42
一、按登记注册类型分组:						
内资企业	0.12	0.10	0.01	11.67	1.33	0.04
有限责任公司	0.10	0.10		2.87	0.58	0.01
国有独资公司				0.03	0.01	
其他有限责任公司	0.10	0.10		2.85	0.57	0.01
股份有限公司						
私营企业	0.02	0.01	0.01	8.79	0.75	0.03
私营独资企业						
私营合伙企业				0.03		
私营有限责任公司	0.02	0.01	0.01	8.51	0.75	0.03
私营股份有限公司				0.25		
其他企业						
港、澳、台商投资企业				0.53	0.06	
合资经营企业(港或澳、台资)				0.11	0.03	
合作经营企业(港或澳、台资)						
港澳台商独资经营企业				0.42	0.03	
港澳台商投资股份有限公司						
其他港澳台商投资企业						
外商投资企业	0.23	0.22	0.01	0.09		0.38
中外合资经营企业				0.22		
中外合作经营企业						
外资企业	0.01			0.14		
外商投资股份有限公司				0.12		
其他外商投资企业	0.22	0.22	0.01	-0.38		0.38
二、按经济组织类型分组						
独资企业	0.01			0.56	0.03	
港澳台商独资经营企业				0.42	0.03	
外资企业	0.01			0.14		
合作、合伙企业	0.22	0.22	0.01	-0.35		0.38
私营合伙企业				0.03		
其他外商投资企业	0.22	0.22	0.01	-0.38		0.38
股份有限公司				0.37		
股份有限公司(内资)						
私营股份有限公司				0.25		
港澳台商投资股份有限公司						
外商投资股份有限公司				0.12		
有限责任公司	0.12	0.10	0.01	11.71	1.36	0.04
国有独资公司				0.03	0.01	
私营有限责任公司	0.02	0.01	0.01	8.51	0.75	0.03
合资经营企业(港或澳、台资)				0.11	0.03	
中外合资经营企业				0.22		
其他有限责任公司	0.10	0.10		2.85	0.57	0.01
三、在总计中:亏损企业	0.23	0.22	0.01	-0.42		0.42
在总计中:国有控股企业				0.02	0.01	0.01

7-11 续表 7

分　　组	利税总额	应交税金及附加	本年应付职工薪酬	本年应交增值税	总资产贡献率（%）	资产负债率（%）
总　　计	19.24	9.23	11.43	5.95	24.51	45.28
一、按登记注册类型分组:						
内资企业	17.91	8.44	9.82	5.41	26.67	43.76
有限责任公司	3.34	1.17	1.37	0.38	26.26	55.76
国有独资公司	0.03	0.01	0.02		7.53	45.91
其他有限责任公司	3.31	1.16	1.35	0.37	26.91	56.10
股份有限公司						
私营企业	14.56	7.26	8.45	5.04	26.77	41.08
私营独资企业						
私营合伙企业	0.04	0.01	0.14	0.01	12.26	56.43
私营有限责任公司	13.88	6.82	7.97	4.67	26.84	41.34
私营股份有限公司	0.64	0.44	0.33	0.36	27.08	33.10
其他企业						
港、澳、台商投资企业	0.78	0.32	0.80	0.22	43.29	45.27
合资经营企业(港或澳、台资)	0.15	0.08	0.14	0.03	78.11	49.97
合作经营企业(港或澳、台资)						
港澳台商独资经营企业	0.63	0.24	0.66	0.19	38.99	44.68
港澳台商投资股份有限公司						
其他港澳台商投资企业						
外商投资企业	0.56	0.48	0.80	0.31	6.17	55.83
中外合资经营企业	0.37	0.16	0.24	0.14	17.67	23.73
中外合作经营企业						
外资企业	0.25	0.11	0.30	0.10	75.57	39.61
外商投资股份有限公司	0.20	0.08	0.14	0.07	14.52	47.88
其他外商投资企业	-0.26	0.12	0.13		-3.03	69.02
二、按经济组织类型分组						
独资企业	0.88	0.35	0.96	0.29	45.28	43.81
港澳台商独资经营企业	0.63	0.24	0.66	0.19	38.99	44.68
外资企业	0.25	0.11	0.30	0.10	75.57	39.61
合作、合伙企业	-0.22	0.13	0.27	0.01	-2.27	68.39
私营合伙企业	0.04	0.01	0.14	0.01	12.26	56.43
其他外商投资企业	-0.26	0.12	0.13		-3.03	69.02
股份有限公司	0.84	0.52	0.48	0.43	22.63	38.33
股份有限公司(内资)						
私营股份有限公司	0.64	0.44	0.33	0.36	27.08	33.10
港澳台商投资股份有限公司						
外商投资股份有限公司	0.20	0.08	0.14	0.07	14.52	47.88
有限责任公司	17.75	8.23	9.72	5.22	26.60	43.49
国有独资公司	0.03	0.01	0.02		7.53	45.91
私营有限责任公司	13.88	6.82	7.97	4.67	26.84	41.34
合资经营企业(港或澳、台资)	0.15	0.08	0.14	0.03	78.11	49.97
中外合资经营企业	0.37	0.16	0.24	0.14	17.67	23.73
其他有限责任公司	3.31	1.16	1.35	0.37	26.91	56.10
三、在总计中:亏损企业	-0.19	0.23	0.50	0.10	-0.88	67.65
在总计中:国有控股企业	0.06	0.05	0.06	0.03	5.18	68.28

7-11 续表 8

分　　组	流动资产周转率（次/年）	成本费用利润率（%）	产品销售率（%）	从业人员平均人数	从业人员期末人数	平均用工人数
总　　计	6.05	5.66	99.50	2.27	2.32	2.26
一、按登记注册类型分组:						
内资企业	6.08	5.78	99.47	1.91	1.95	1.90
有限责任公司	3.10	17.10	98.31	0.21	0.22	0.21
国有独资公司	6.78	5.11	100.00			
其他有限责任公司	3.06	17.49	98.26	0.21	0.21	0.20
股份有限公司						
私营企业	6.73	4.76	99.58	1.70	1.73	1.69
私营独资企业						
私营合伙企业	17.14	7.31	100.02	0.04	0.04	0.04
私营有限责任公司	6.91	4.79	99.60	1.60	1.64	1.59
私营股份有限公司	3.91	3.68	99.13	0.06	0.06	0.06
其他企业						
港、澳、台商投资企业	60.73	5.90	99.43	0.17	0.17	0.17
合资经营企业(港或澳、台资)	149.59	5.94	99.39	0.04	0.04	0.04
合作经营企业(港或澳、台资)						
港澳台商独资经营企业	52.34	5.89	99.44	0.13	0.13	0.13
港澳台商投资股份有限公司						
其他港澳台商投资企业						
外商投资企业	2.46	1.40	100.60	0.20	0.20	0.20
中外合资经营企业	3.47	9.63	103.20	0.05	0.05	0.05
中外合作经营企业						
外资企业	3.18	18.57	96.00	0.08	0.08	0.08
外商投资股份有限公司	2.09	5.23	101.00	0.03	0.03	0.03
其他外商投资企业	1.58	−29.25	96.92	0.03	0.03	0.03
二、按经济组织类型分组						
独资企业	20.13	7.07	99.07	0.22	0.21	0.21
港澳台商独资经营企业	52.34	5.89	99.44	0.13	0.13	0.13
外资企业	3.18	18.57	96.00	0.08	0.08	0.08
合作、合伙企业	2.36	−19.94	98.06	0.06	0.06	0.06
私营合伙企业	17.14	7.31	100.02	0.04	0.04	0.04
其他外商投资企业	1.58	−29.25	96.92	0.03	0.03	0.03
股份有限公司	3.19	4.08	99.61	0.09	0.09	0.09
股份有限公司(内资)						
私营股份有限公司	3.91	3.68	99.13	0.06	0.06	0.06
港澳台商投资股份有限公司						
外商投资股份有限公司	2.09	5.23	101.00	0.03	0.03	0.03
有限责任公司	6.19	5.90	99.52	1.91	1.95	1.89
国有独资公司	6.78	5.11	100.00			
私营有限责任公司	6.91	4.79	99.60	1.60	1.64	1.59
合资经营企业(港或澳、台资)	149.59	5.94	99.39	0.04	0.04	0.04
中外合资经营企业	3.47	9.63	103.20	0.05	0.05	0.05
其他有限责任公司	3.06	17.49	98.26	0.21	0.21	0.20
三、在总计中:亏损企业	3.67	−6.94	97.19	0.13	0.13	0.13
在总计中:国有控股企业	3.85	1.07	95.51	0.01	0.01	0.01

7-11 续表 9

分　组	期末用工人数	主营业务收入利润率（%）	人均主营业务收入(万元/人)	每百元资产实现的主营业务收入(元)	产成品存货周转天数(天)	应收账款平均回收期(天)
总　　计	2.31	5.34	101.86	276.03	7.52	19.45
一、按登记注册类型分组:						
内资企业	1.95	5.45	112.86	299.91	6.42	19.82
有限责任公司	0.22	14.71	94.25	149.97	7.48	77.79
国有独资公司		4.88	222.16	126.27		2.22
其他有限责任公司	0.22	14.99	92.69	150.80	7.72	80.01
股份有限公司						
私营企业	1.72	4.52	115.15	333.42	6.33	14.00
私营独资企业						
私营合伙企业	0.04	6.79	13.31	142.99	7.27	3.64
私营有限责任公司	1.62	4.56	117.31	336.78	5.01	14.02
私营股份有限公司	0.06	3.54	119.28	284.49	42.91	14.16
其他企业						
港、澳、台商投资企业	0.17	5.55	57.27	532.84	1.72	2.02
合资经营企业(港或澳、台资)	0.04	5.59	55.31	1030.59	0.66	0.66
合作经营企业(港或澳、台资)						
港澳台商独资经营企业	0.13	5.54	57.83	471.34	2.02	2.39
港澳台商投资股份有限公司						
其他港澳台商投资企业						
外商投资企业	0.20	1.40	33.81	64.73	50.63	32.77
中外合资经营企业	0.05	8.74	45.06	115.47	35.91	44.23
中外合作经营企业						
外资企业	0.08	15.65	10.49	262.72		33.10
外商投资股份有限公司	0.03	4.95	80.53	182.99	108.76	31.80
其他外商投资企业	0.03	-47.76	29.49	12.48		0.24
二、按经济组织类型分组						
独资企业	0.22	6.59	39.40	435.51	1.81	5.57
港澳台商独资经营企业	0.13	5.54	57.83	471.34	2.02	2.39
外资企业	0.08	15.65	10.49	262.72		33.10
合作、合伙企业	0.06	-27.30	20.25	18.99	1.72	1.52
私营合伙企业	0.04	6.79	13.31	142.99	7.27	3.64
其他外商投资企业	0.03	-47.76	29.49	12.48		0.24
股份有限公司	0.09	3.91	105.99	248.57	59.75	18.76
股份有限公司(内资)						
私营股份有限公司	0.06	3.54	119.28	284.49	42.91	14.16
港澳台商投资股份有限公司						
外商投资股份有限公司	0.03	4.95	80.53	182.99	108.76	31.80
有限责任公司	1.94	5.56	111.48	297.69	5.51	20.15
国有独资公司		4.88	222.16	126.27		2.22
私营有限责任公司	1.62	4.56	117.31	336.78	5.01	14.02
合资经营企业(港或澳、台资)	0.04	5.59	55.31	1030.59	0.66	0.66
中外合资经营企业	0.05	8.74	45.06	115.47	35.91	44.23
其他有限责任公司	0.22	14.99	92.69	150.80	7.72	80.01
三、在总计中:亏损企业	0.13	-7.62	42.03	60.01	8.51	17.94
在总计中:国有控股企业	0.01	1.06	226.30	100.46	8.17	29.52

7-12 峡江县规模以上工业企业主要经济指标（大类行业）

单位：亿元

行业	企业单位数（个）	亏损企业	工业总产值(当年价格)	工业销售产值（当年价格）	出口交货值	年初存货	产成品
总计	60	8	118.23	117.31	1.89	2.89	0.76
黑色金属矿采选业	3		3.61	3.24		0.06	0.03
农副食品加工业	2		2.79	2.71		0.10	0.08
食品制造业	2		2.12	2.10		0.52	0.03
酒、饮料和精制茶制造业	1	1					
烟草制品业							
纺织业	2		1.83	1.83	0.61	0.05	0.04
纺织服装、服饰业	11	2	7.16	7.16	0.97	0.40	0.09
皮革、毛皮、羽毛及其制品和制鞋业	3		4.16	4.16		0.06	0.01
木材加工和木、竹、藤、棕、草制品业	6	3	1.30	1.30		0.07	0.05
家具制造业	2		0.53	0.53	0.31	0.05	0.02
造纸和纸制品业	5	1	8.61	8.51		0.11	
印刷和记录媒介复制业							
文教、工美、体育和娱乐用品制造业	1		2.67	2.67		0.01	0.01
石油加工、炼焦和核燃料加工业							
化学原料和化学制品制造业	4		9.27	9.12		0.20	0.04
医药制造业	7		9.84	9.77		0.34	0.17
化学纤维制造业							
橡胶和塑料制品业							
非金属矿物制品业	1		1.46	1.46		0.05	
黑色金属冶炼和压延加工业							
有色金属冶炼和压延加工业	6		54.64	54.59		0.78	0.12
电气机械和器材制造业	2		4.28	4.21		0.11	0.07
计算机、通信和其他电子设备制造业							
仪器仪表制造业							
其他制造业							
废弃资源综合利用业	1	1	0.28	0.28			
金属制品、机械和设备修理业							
电力、热力生产和供应业	1		3.67	3.67			

7-12 续表 1

行　业	资产总计	流动资产合计	流动资产合计			固定资产合计	固定资产原价
			应收账款	存货			
					产成品		
总计	68.62	15.92	4.19	4.30	2.05	8.74	9.62
黑色金属矿采选业	1.07	0.30	0.02	0.06	0.02	0.57	0.89
农副食品加工业	0.41	0.19	0.11	0.07	0.06	0.07	0.13
食品制造业	1.25	1.12	0.05	0.62	0.11	0.10	0.15
酒、饮料和精制茶制造业	0.01	0.01	0.01				
烟草制品业							
纺织业	0.37	0.30	0.11	0.11	0.09	0.06	0.09
纺织服装、服饰业	1.12	0.96	0.52	0.36	0.17	0.07	0.11
皮革、毛皮、羽毛及其制品和制鞋业	0.35	0.29	0.19	0.08	0.01	0.06	0.07
木材加工和木、竹、藤、棕、草制品业	0.80	0.54	0.20	0.08	0.03	0.01	0.01
家具制造业	0.45	0.27	0.17	0.08	0.06	0.12	0.13
造纸和纸制品业	3.04	1.23	0.20	0.36	0.21	1.26	0.50
印刷和记录媒介复制业							
文教、工美、体育和娱乐用品制造业	0.28	0.07	0.01	0.02	0.01	0.22	0.22
石油加工、炼焦和核燃料加工业							
化学原料和化学制品制造业	1.79	0.83	0.17	0.27	0.18	0.70	0.95
医药制造业	5.43	3.06	1.10	0.47	0.25	1.72	2.42
化学纤维制造业							
橡胶和塑料制品业							
非金属矿物制品业	0.61	0.40	0.05	0.03	0.01	0.04	0.03
黑色金属冶炼和压延加工业							
有色金属冶炼和压延加工业	8.14	4.30	0.55	1.56	0.77	3.36	3.53
电气机械和器材制造业	1.09	0.89	0.21	0.14	0.09	0.14	0.18
计算机、通信和其他电子设备制造业							
仪器仪表制造业							
其他制造业							
废弃资源综合利用业	0.21	0.21	0.21				
金属制品、机械和设备修理业							
电力、热力生产和供应业	42.19	0.95	0.34			0.24	0.24

7-12 续表 2

行业	资产总计		负债合计	流动负债合计		非流动负债合计
	累计折旧	本年折旧			应付账款	
总计	2.80	0.79	45.30	9.23	1.88	34.69
黑色金属矿采选业	0.34	0.33	0.48	0.34	0.09	0.15
农副食品加工业	0.05	0.01	0.12	0.10	0.02	0.02
食品制造业	0.05	0.01	0.46	0.46	0.05	
酒、饮料和精制茶制造业						
烟草制品业						
纺织业	0.03	0.01	0.27	0.27	0.03	
纺织服装、服饰业	0.04	0.01	0.74	0.70	0.32	
皮革、毛皮、羽毛及其制品和制鞋业	0.01		0.25	0.25	0.02	
木材加工和木、竹、藤、棕、草制品业			0.26	0.21	0.03	0.04
家具制造业	0.01		0.30	0.30	0.13	
造纸和纸制品业	0.13	0.03	1.48	0.87	0.07	
印刷和记录媒介复制业						
文教、工美、体育和娱乐用品制造业	0.18	0.02	0.10	0.07	0.01	0.03
石油加工、炼焦和核燃料加工业						
化学原料和化学制品制造业	0.25	0.09	0.64	0.50	0.03	0.04
医药制造业	0.83	0.16	2.76	1.78	0.57	0.35
化学纤维制造业						
橡胶和塑料制品业						
非金属矿物制品业	0.02		0.37	0.37	0.02	
黑色金属冶炼和压延加工业						
有色金属冶炼和压延加工业	0.78	0.10	2.53	2.03	0.17	0.50
电气机械和器材制造业	0.04		0.10	0.06	0.05	0.04
计算机、通信和其他电子设备制造业						
仪器仪表制造业						
其他制造业						
废弃资源综合利用业			0.20	0.20		
金属制品、机械和设备修理业						
电力、热力生产和供应业	0.04	0.02	34.23	0.71	0.28	33.51

7-12 续表 3

行　业	所有者权益合计	实收资本					
			国家资本	集体资本	法人资本	个人资本	外商资本
总计	23.30	13.78	8.88	0.13	2.18	2.57	0.02
黑色金属矿采选业	0.58	0.50			0.42	0.08	
农副食品加工业	0.30	0.15	0.06		0.05	0.05	
食品制造业	0.79	0.60				0.60	
酒、饮料和精制茶制造业	0.01	0.01			0.01		
烟草制品业							
纺织业	0.09	0.09				0.09	
纺织服装、服饰业	0.35	0.23			0.09	0.14	0.01
皮革、毛皮、羽毛及其制品和制鞋业	0.10	0.13			0.11	0.02	
木材加工和木、竹、藤、棕、草制品业	0.54	0.22	0.02	0.13	0.05	0.02	
家具制造业	0.15	0.14			0.04	0.10	
造纸和纸制品业	1.56	0.32			0.08	0.24	
印刷和记录媒介复制业							
文教、工美、体育和娱乐用品制造业	0.19	0.40				0.40	
石油加工、炼焦和核燃料加工业							
化学原料和化学制品制造业	1.15	0.40			0.35	0.05	
医药制造业	2.67	1.00			0.64	0.34	0.02
化学纤维制造业							
橡胶和塑料制品业							
非金属矿物制品业	0.24	0.16				0.16	
黑色金属冶炼和压延加工业							
有色金属冶炼和压延加工业	5.61	0.54			0.31	0.23	
电气机械和器材制造业	0.98	0.08			0.01	0.07	
计算机、通信和其他电子设备制造业							
仪器仪表制造业							
其他制造业							
废弃资源综合利用业	0.01	0.01			0.01		
金属制品、机械和设备修理业							
电力、热力生产和供应业	7.97	8.80	8.80				

7–12 续表 4

行　　业	营业收入	主营业务收入	营业成本	主营业务成本	营业税金及附加	主营业务税金及附加	销售费用
总计	117.49	117.49	107.44	107.44	0.48	0.45	1.04
黑色金属矿采选业	3.61	3.61	3.08	3.08	0.01	0.01	0.07
农副食品加工业	2.73	2.73	2.53	2.53			0.03
食品制造业	1.79	1.79	1.61	1.61			0.03
酒、饮料和精制茶制造业	0.26	0.26	0.26	0.26			
烟草制品业							
纺织业	1.83	1.83	1.74	1.74	0.01	0.01	0.03
纺织服装、服饰业	7.03	7.03	6.39	6.39	0.06	0.03	0.16
皮革、毛皮、羽毛及其制品和制鞋业	4.39	4.39	4.20	4.20	0.04	0.04	
木材加工和木、竹、藤、棕、草制品业	1.98	1.98	1.90	1.90			0.02
家具制造业	0.53	0.53	0.48	0.48			0.02
造纸和纸制品业	8.19	8.19	7.74	7.74	0.01	0.01	0.05
印刷和记录媒介复制业							
文教、工美、体育和娱乐用品制造业	2.67	2.67	2.50	2.50			0.01
石油加工、炼焦和核燃料加工业							
化学原料和化学制品制造业	9.27	9.27	8.57	8.57	0.02	0.02	0.03
医药制造业	9.68	9.68	8.30	8.30	0.05	0.05	0.17
化学纤维制造业							
橡胶和塑料制品业							
非金属矿物制品业	0.68	0.68	0.58	0.58			
黑色金属冶炼和压延加工业							
有色金属冶炼和压延加工业	54.59	54.59	51.68	51.68	0.20	0.20	0.38
电气机械和器材制造业	4.31	4.31	3.99	3.99	0.03	0.03	0.03
计算机、通信和其他电子设备制造业							
仪器仪表制造业							
其他制造业							
废弃资源综合利用业	0.28	0.28	0.27	0.27			0.01
金属制品、机械和设备修理业							
电力、热力生产和供应业	3.67	3.67	1.62	1.62	0.04	0.04	

7-12 续表 5

行业	管理费用		财务费用			营业利润	资产减值损失
		税金		利息收入	利息支出		
总计	1.55	0.16	2.04	0.01	1.86	4.93	0.01
黑色金属矿采选业	0.12	0.01	0.01			0.33	
农副食品加工业	0.03					0.14	
食品制造业	0.04		0.02		0.01	0.09	
酒、饮料和精制茶制造业						-0.01	
烟草制品业							
纺织业	0.02					0.04	
纺织服装、服饰业	0.18		0.08		0.06	0.16	
皮革、毛皮、羽毛及其制品和制鞋业	0.01		0.01		0.01	0.13	
木材加工和木、竹、藤、棕、草制品业	0.01					0.04	
家具制造业	0.01					0.01	
造纸和纸制品业	0.06	0.01	0.02		0.02	0.29	0.01
印刷和记录媒介复制业							
文教、工美、体育和娱乐用品制造业	0.01					0.14	
石油加工、炼焦和核燃料加工业							
化学原料和化学制品制造业	0.14	0.01	0.02		0.02	0.49	
医药制造业	0.34	0.03	0.07		0.04	0.75	
化学纤维制造业							
橡胶和塑料制品业							
非金属矿物制品业						0.09	
黑色金属冶炼和压延加工业							
有色金属冶炼和压延加工业	0.50	0.08	0.15		0.07	1.68	
电气机械和器材制造业	0.06		0.02		0.01	0.18	
计算机、通信和其他电子设备制造业							
仪器仪表制造业							
其他制造业							
废弃资源综合利用业							
金属制品、机械和设备修理业							
电力、热力生产和供应业			1.64		1.62	0.37	

7–12 续表 6

行　业	营业外收入	政府补助	营业外支出	利润总额	所得税费用	亏损企业亏损总额
总计	0.04	0.01	0.04	4.93	0.26	0.10
黑色金属矿采选业				0.33	0.06	
农副食品加工业				0.14		
食品制造业				0.09		
酒、饮料和精制茶制造业				–0.01		0.01
烟草制品业						
纺织业				0.04		
纺织服装、服饰业				0.16	0.01	
皮革、毛皮、羽毛及其制品和制鞋业				0.13		
木材加工和木、竹、藤、棕、草制品业				0.04		
家具制造业				0.01		
造纸和纸制品业			0.01	0.28		0.09
印刷和记录媒介复制业						
文教、工美、体育和娱乐用品制造业				0.14		
石油加工、炼焦和核燃料加工业						
化学原料和化学制品制造业				0.49	0.03	
医药制造业	0.02	0.01	0.01	0.76	0.11	
化学纤维制造业						
橡胶和塑料制品业						
非金属矿物制品业				0.09		
黑色金属冶炼和压延加工业						
有色金属冶炼和压延加工业				1.68	0.04	
电气机械和器材制造业				0.18		
计算机、通信和其他电子设备制造业						
仪器仪表制造业						
其他制造业						
废弃资源综合利用业						
金属制品、机械和设备修理业						
电力、热力生产和供应业			0.01	0.37		

7–12 续表 7

行　业	利税总额	应交税金及附加	本年应付职工薪酬	本年应交增值税	总资产贡献率（%）	资产负债率（%）
总计	8.91	4.39	3.10	3.50	15.69	66.01
黑色金属矿采选业	0.44	0.19	0.10	0.11	41.77	45.38
农副食品加工业	0.20	0.06	0.04	0.06	50.03	27.89
食品制造业	0.11	0.02	0.04	0.01	9.44	37.13
酒、饮料和精制茶制造业		0.01		0.01	22.86	
烟草制品业						
纺织业	0.06	0.02	0.15	0.02	17.28	74.34
纺织服装、服饰业	0.42	0.27	0.54	0.21	43.10	66.27
皮革、毛皮、羽毛及其制品和制鞋业	0.37	0.24	0.16	0.20	107.68	70.97
木材加工和木、竹、藤、棕、草制品业	0.07	0.03	0.06	0.02	8.30	32.61
家具制造业	0.02	0.01	0.14	0.01	5.25	65.70
造纸和纸制品业	0.44	0.17	0.16	0.15	15.19	48.56
印刷和记录媒介复制业						
文教、工美、体育和娱乐用品制造业	0.22	0.09	0.19	0.08	78.03	34.62
石油加工、炼焦和核燃料加工业						
化学原料和化学制品制造业	0.73	0.28	0.17	0.22	41.84	35.81
医药制造业	1.14	0.53	0.49	0.33	21.78	50.84
化学纤维制造业						
橡胶和塑料制品业						
非金属矿物制品业	0.11	0.02		0.01	17.46	60.63
黑色金属冶炼和压延加工业						
有色金属冶炼和压延加工业	3.24	1.69	0.57	1.37	40.66	31.12
电气机械和器材制造业	0.32	0.14	0.09	0.10	30.15	9.60
计算机、通信和其他电子设备制造业						
仪器仪表制造业						
其他制造业						
废弃资源综合利用业		0.01	0.01	0.01	1.19	94.49
金属制品、机械和设备修理业						
电力、热力生产和供应业	1.00	0.63	0.19	0.59	6.20	81.12

7-12 续表 8

行　　业	流动资产周转率（次/年）	成本费用利润率（%）	产品销售率（%）	从业人员平均人数	从业人员期末人数	平均用工人数
总计	7.38	4.40	99.22	0.76	0.77	0.74
黑色金属矿采选业	12.11	9.95	89.58	0.02	0.02	0.03
农副食品加工业	14.74	5.52	97.24	0.01	0.01	0.01
食品制造业	1.60	5.44	99.24	0.02	0.01	0.02
酒、饮料和精制茶制造业	36.91	-2.58				
烟草制品业						
纺织业	6.19	2.26	100.00	0.05	0.05	0.05
纺织服装、服饰业	7.30	2.34	100.00	0.13	0.13	0.14
皮革、毛皮、羽毛及其制品和制鞋业	14.89	3.15	100.00	0.05	0.05	0.03
木材加工和木、竹、藤、棕、草制品业	3.67	2.09	100.00	0.03	0.03	0.04
家具制造业	1.97	2.51	100.00	0.04	0.04	0.04
造纸和纸制品业	6.66	3.59	98.83	0.08	0.08	0.08
印刷和记录媒介复制业						
文教、工美、体育和娱乐用品制造业	39.19	5.50	100.00	0.03	0.03	0.03
石油加工、炼焦和核燃料加工业						
化学原料和化学制品制造业	11.12	5.54	98.35	0.05	0.05	0.05
医药制造业	3.16	8.62	99.31	0.09	0.09	0.09
化学纤维制造业						
橡胶和塑料制品业						
非金属矿物制品业	1.72	15.52	100.00	0.03	0.03	
黑色金属冶炼和压延加工业						
有色金属冶炼和压延加工业	12.70	3.18	99.89	0.09	0.09	0.09
电气机械和器材制造业	4.82	4.51	98.37	0.03	0.04	0.03
计算机、通信和其他电子设备制造业						
仪器仪表制造业						
其他制造业						
废弃资源综合利用业	1.32	-1.23	100.00			
金属制品、机械和设备修理业						
电力、热力生产和供应业	3.88	11.26	100.00	0.01	0.01	0.01

7-12 续表 9

行　　业	期末用工人数	主营业务收入利润率（%）	人均主营业务收入（万元/人）	每百元资产实现的主营业务收入(元)	产成品存货周转天数(天)	应收账款平均回收期(天)
总计	0.78	4.20	158.43	171.22	6.88	12.85
黑色金属矿采选业	0.02	9.03	142.80	338.65	2.90	1.95
农副食品加工业	0.01	5.23	252.80	658.92	8.36	14.40
食品制造业	0.01	5.15	116.97	143.21	24.23	9.40
酒、饮料和精制茶制造业		-2.65	152.00	3691.43		9.75
烟草制品业						
纺织业	0.05	2.21	38.86	500.71	17.60	21.21
纺织服装、服饰业	0.13	2.27	50.07	629.35	9.37	26.53
皮革、毛皮、羽毛及其制品和制鞋业	0.04	3.02	125.84	1237.66	0.73	15.65
木材加工和木、竹、藤、棕、草制品业	0.08	2.05	46.77	248.32	6.31	36.69
家具制造业	0.04	2.45	13.57	118.15	41.41	114.36
造纸和纸制品业	0.08	3.45	100.54	269.66	9.63	8.76
印刷和记录媒介复制业						
文教、工美、体育和娱乐用品制造业	0.03	5.21	83.32	937.15	1.56	1.07
石油加工、炼焦和核燃料加工业						
化学原料和化学制品制造业	0.05	5.24	204.61	517.63	7.55	6.45
医药制造业	0.09	7.90	106.21	178.05	10.79	40.76
化学纤维制造业						
橡胶和塑料制品业						
非金属矿物制品业		13.35		111.64	6.20	24.60
黑色金属冶炼和压延加工业						
有色金属冶炼和压延加工业	0.09	3.07	631.06	670.36	5.35	3.62
电气机械和器材制造业	0.03	4.28	124.62	396.54	7.80	17.61
计算机、通信和其他电子设备制造业						
仪器仪表制造业						
其他制造业						
废弃资源综合利用业		-1.24	120.04	131.90	1.06	271.83
金属制品、机械和设备修理业						
电力、热力生产和供应业	0.01	10.00	327.85	8.70		33.17

7-13 峡江县规模以上工业企业主要经济指标（综合分组）

单位：亿元

分　　组	企业单位数（个）	亏损企业	工业总产值(当年价格)	工业销售产值(当年价格)	出口交货值	年初存货	产成品
总　　计	60	8	118.23	117.31	1.89	2.89	0.76
一、按登记注册类型分组:							
内资企业	57	8	116.84	115.93	0.92	2.65	0.70
有限责任公司	6	1	13.78	13.72		0.20	0.11
国有独资公司							
其他有限责任公司	6	1	13.78	13.72		0.20	0.11
股份有限公司							
私营企业	51	7	103.07	102.21	0.92	2.45	0.59
私营独资企业							
私营合伙企业	1		1.12	1.12		0.03	0.01
私营有限责任公司	48	7	99.89	99.41	0.92	2.35	0.51
私营股份有限公司	2		2.06	1.68		0.08	0.07
其他企业							
港、澳、台商投资企业	2		0.97	0.97	0.97	0.18	
合资经营企业(港或澳、台资)							
合作经营企业(港或澳、台资)							
港澳台商独资经营企业	2		0.97	0.97	0.97	0.18	
港澳台商投资股份有限公司							
其他港澳台商投资企业							
外商投资企业	1		0.42	0.42		0.06	0.05
中外合资经营企业	1		0.42	0.42		0.06	0.05
二、按经济组织类型分组							
独资企业	2		0.97	0.97	0.97	0.18	
国有企业							
集体企业							
私营独资企业							
港澳台商独资经营企业	2		0.97	0.97	0.97	0.18	
外资企业							
合作、合伙企业	1		1.12	1.12		0.03	0.01
私营合伙企业	1		1.12	1.12		0.03	0.01
股份有限公司	2		2.06	1.68		0.08	0.07
股份有限公司(内资)							
私营股份有限公司	2		2.06	1.68		0.08	0.07
港澳台商投资股份有限公司							
外商投资股份有限公司							
有限责任公司	55	8	114.09	113.54	0.92	2.61	0.68
国有独资公司							
私营有限责任公司	48	7	99.89	99.41	0.92	2.35	0.51
合资经营企业(港或澳、台资)							
中外合资经营企业	1		0.42	0.42		0.06	0.05
其他有限责任公司	6	1	13.78	13.72		0.20	0.11
三、在总计中:亏损企业	8	8	2.85	2.75		0.08	0.03
在总计中:国有控股企业	2		5.06	5.00		0.07	0.07

7-13 续表 1

分　组	资产总计	流动资产合计	应收账款	存货	产成品	固定资产合计	固定资产原价
总　计	68.62	15.92	4.19	4.30	2.05	8.74	9.62
一、按登记注册类型分组:							
内资企业	68.04	15.48	4.04	4.11	2.01	8.66	9.52
有限责任公司	44.73	2.21	0.68	0.20	0.15	1.09	0.86
国有独资公司							
其他有限责任公司	44.73	2.21	0.68	0.20	0.15	1.09	0.86
股份有限公司							
私营企业	23.32	13.27	3.36	3.91	1.86	7.58	8.66
私营独资企业							
私营合伙企业	0.35	0.18	0.01	0.05	0.02	0.11	0.12
私营有限责任公司	22.26	12.89	3.32	3.79	1.82	7.19	7.96
私营股份有限公司	0.70	0.21	0.03	0.07	0.02	0.28	0.58
其他企业							
港、澳、台商投资企业	0.36	0.29	0.12	0.13			0.01
合资经营企业(港或澳、台资)							
合作经营企业(港或澳、台资)							
港澳台商独资经营企业	0.36	0.29	0.12	0.13			0.01
港澳台商投资股份有限公司							
其他港澳台商投资企业							
外商投资企业	0.22	0.14	0.03	0.05	0.05	0.08	0.10
中外合资经营企业	0.22	0.14	0.03	0.05	0.05	0.08	0.10
二、按经济组织类型分组							
独资企业	0.36	0.29	0.12	0.13			0.01
国有企业							
集体企业							
私营独资企业							
港澳台商独资经营企业	0.36	0.29	0.12	0.13			0.01
外资企业							
合作、合伙企业	0.35	0.18	0.01	0.05	0.02	0.11	0.12
私营合伙企业	0.35	0.18	0.01	0.05	0.02	0.11	0.12
股份有限公司	0.70	0.21	0.03	0.07	0.02	0.28	0.58
股份有限公司(内资)							
私营股份有限公司	0.70	0.21	0.03	0.07	0.02	0.28	0.58
港澳台商投资股份有限公司							
外商投资股份有限公司							
有限责任公司	67.20	15.24	4.04	4.04	2.01	8.35	8.91
国有独资公司							
私营有限责任公司	22.26	12.89	3.32	3.79	1.82	7.19	7.96
合资经营企业(港或澳、台资)							
中外合资经营企业	0.22	0.14	0.03	0.05	0.05	0.08	0.10
其他有限责任公司	44.73	2.21	0.68	0.20	0.15	1.09	0.86
三、在总计中:亏损企业	1.04	0.73	0.41	0.22	0.12	0.19	0.19
在总计中:国有控股企业	42.48	1.05	0.40	0.05	0.05	0.28	0.29

7-13 续表 2

分　组	资产总计		负债合计	流动负债合计		非流动负债合计
	累计折旧	本年折旧			应付账款	
总　计	2.80	0.79	45.30	9.23	1.88	34.69
一、按登记注册类型分组:						
内资企业	2.77	0.78	44.88	8.82	1.71	34.69
有限责任公司	0.18	0.07	35.47	1.58	0.38	33.54
国有独资公司						
其他有限责任公司	0.18	0.07	35.47	1.58	0.38	33.54
股份有限公司						
私营企业	2.59	0.71	9.41	7.24	1.33	1.15
私营独资企业						
私营合伙企业	0.01	0.01	0.15	0.10	0.06	0.05
私营有限责任公司	2.27	0.38	9.07	6.95	1.24	1.09
私营股份有限公司	0.32	0.32	0.19	0.19	0.03	
其他企业						
港、澳、台商投资企业	0.01		0.26	0.26	0.15	
合资经营企业(港或澳、台资)						
合作经营企业(港或澳、台资)						
港澳台商独资经营企业	0.01		0.26	0.26	0.15	
港澳台商投资股份有限公司						
其他港澳台商投资企业						
外商投资企业	0.02	0.01	0.15	0.15	0.02	
中外合资经营企业	0.02	0.01	0.15	0.15	0.02	
二、按经济组织类型分组						
独资企业	0.01		0.26	0.26	0.15	
国有企业						
集体企业						
私营独资企业						
港澳台商独资经营企业	0.01		0.26	0.26	0.15	
外资企业						
合作、合伙企业	0.01	0.01	0.15	0.10	0.06	0.05
私营合伙企业	0.01	0.01	0.15	0.10	0.06	0.05
股份有限公司	0.32	0.32	0.19	0.19	0.03	
股份有限公司(内资)						
私营股份有限公司	0.32	0.32	0.19	0.19	0.03	
港澳台商投资股份有限公司						
外商投资股份有限公司						
有限责任公司	2.47	0.46	44.69	8.68	1.64	34.63
国有独资公司						
私营有限责任公司	2.27	0.38	9.07	6.95	1.24	1.09
合资经营企业(港或澳、台资)						
中外合资经营企业	0.02	0.01	0.15	0.15	0.02	
其他有限责任公司	0.18	0.07	35.47	1.58	0.38	33.54
三、在总计中:亏损企业			0.90	0.90	0.05	
在总计中:国有控股企业	0.05	0.02	34.31	0.80	0.29	33.51

7-13 续表 3

分组	所有者权益合计	实收资本	国家资本	集体资本	法人资本	个人资本	外商资本
总计	23.30	13.78	8.88	0.13	2.18	2.57	0.02
一、按登记注册类型分组:							
内资企业	23.13	13.68	8.88	0.13	2.10	2.57	0.01
有限责任公司	9.25	9.26	8.86		0.11	0.29	
国有独资公司							
其他有限责任公司	9.25	9.26	8.86		0.11	0.29	
股份有限公司							
私营企业	13.88	4.42	0.02	0.13	1.99	2.28	0.01
私营独资企业							
私营合伙企业	0.20	0.20			0.20		
私营有限责任公司	13.17	3.98	0.02		1.75	2.21	0.01
私营股份有限公司	0.51	0.24		0.13	0.04	0.06	
其他企业							
港、澳、台商投资企业	0.10	0.05			0.05		
合资经营企业(港或澳、台资)							
合作经营企业(港或澳、台资)							
港澳台商独资经营企业	0.10	0.05			0.05		
港澳台商投资股份有限公司							
其他港澳台商投资企业							
外商投资企业	0.07	0.05			0.03		0.02
中外合资经营企业	0.07	0.05			0.03		0.02
二、按经济组织类型分组							
独资企业	0.10	0.05			0.05		
国有企业							
集体企业							
私营独资企业							
港澳台商独资经营企业	0.10	0.05			0.05		
外资企业							
合作、合伙企业	0.20	0.20			0.20		
私营合伙企业	0.20	0.20			0.20		
股份有限公司	0.51	0.24		0.13	0.04	0.06	
股份有限公司(内资)							
私营股份有限公司	0.51	0.24		0.13	0.04	0.06	
港澳台商投资股份有限公司							
外商投资股份有限公司							
有限责任公司	22.49	13.29	8.88		1.89	2.50	0.02
国有独资公司							
私营有限责任公司	13.17	3.98	0.02		1.75	2.21	0.01
合资经营企业(港或澳、台资)							
中外合资经营企业	0.07	0.05			0.03		0.02
其他有限责任公司	9.25	9.26	8.86		0.11	0.29	
三、在总计中:亏损企业	0.13	0.18			0.08	0.10	
在总计中:国有控股企业	8.17	8.90	8.86			0.05	

7-13 续表 3

分　　组	营业收入	主营业务收入	营业成本	主营业务成本	营业税金及附加	主营业务税金及附加
总　　计	117.49	117.49	107.44	107.44	0.48	0.45
一、按登记注册类型分组:						
内资企业	116.10	116.10	106.25	106.25	0.46	0.44
有限责任公司	12.94	12.94	10.17	10.17	0.06	0.06
国有独资公司						
其他有限责任公司	12.94	12.94	10.17	10.17	0.06	0.06
股份有限公司						
私营企业	103.16	103.16	96.09	96.09	0.41	0.38
私营独资企业						
私营合伙企业	1.12	1.12	0.98	0.98		
私营有限责任公司	100.10	100.10	93.40	93.40	0.40	0.37
私营股份有限公司	1.94	1.94	1.71	1.71	0.01	0.01
其他企业						
港、澳、台商投资企业	0.97	0.97	0.88	0.88	0.01	0.01
合资经营企业(港或澳、台资)						
合作经营企业(港或澳、台资)						
港澳台商独资经营企业	0.97	0.97	0.88	0.88	0.01	0.01
港澳台商投资股份有限公司						
其他港澳台商投资企业						
外商投资企业	0.42	0.42	0.31	0.31		
中外合资经营企业	0.42	0.42	0.31	0.31		
二、按经济组织类型分组						
独资企业	0.97	0.97	0.88	0.88	0.01	0.01
国有企业						
集体企业						
私营独资企业						
港澳台商独资经营企业	0.97	0.97	0.88	0.88	0.01	0.01
外资企业						
合作、合伙企业	1.12	1.12	0.98	0.98		
私营合伙企业	1.12	1.12	0.98	0.98		
股份有限公司	1.94	1.94	1.71	1.71	0.01	0.01
股份有限公司(内资)						
私营股份有限公司	1.94	1.94	1.71	1.71	0.01	0.01
港澳台商投资股份有限公司						
外商投资股份有限公司						
有限责任公司	113.46	113.46	103.87	103.87	0.46	0.43
国有独资公司						
私营有限责任公司	100.10	100.10	93.40	93.40	0.40	0.37
合资经营企业(港或澳、台资)						
中外合资经营企业	0.42	0.42	0.31	0.31		
其他有限责任公司	12.94	12.94	10.17	10.17	0.06	0.06
三、在总计中:亏损企业	3.37	3.37	3.40	3.40		
在总计中:国有控股企业	5.00	5.00	2.80	2.80	0.04	0.04

7-13 续表 4

分　　组	销售费用	管理费用	税金	财务费用	利息收入	利息支出	营业利润
总　　计	1.04	1.55	0.16	2.04	0.01	1.86	4.93
一、按登记注册类型分组:							
内资企业	0.98	1.51	0.15	2.01	0.01	1.85	4.87
有限责任公司	0.03	0.10	0.02	1.65		1.63	0.93
国有独资公司							
其他有限责任公司	0.03	0.10	0.02	1.65		1.63	0.93
股份有限公司							
私营企业	0.95	1.41	0.13	0.36	0.01	0.22	3.94
私营独资企业							
私营合伙企业	0.02	0.03					0.09
私营有限责任公司	0.90	1.35	0.13	0.35		0.21	3.70
私营股份有限公司	0.03	0.03					0.15
其他企业							
港、澳、台商投资企业	0.02	0.02		0.02			0.02
合资经营企业(港或澳、台资)							
合作经营企业(港或澳、台资)							
港澳台商独资经营企业	0.02	0.02		0.02			0.02
港澳台商投资股份有限公司							
其他港澳台商投资企业							
外商投资企业	0.03	0.02		0.01		0.01	0.04
中外合资经营企业	0.03	0.02		0.01		0.01	0.04
二、按经济组织类型分组							
独资企业	0.02	0.02		0.02			0.02
国有企业							
集体企业							
私营独资企业							
港澳台商独资经营企业	0.02	0.02		0.02			0.02
外资企业							
合作、合伙企业	0.02	0.03					0.09
私营合伙企业	0.02	0.03					0.09
股份有限公司	0.03	0.03					0.15
股份有限公司(内资)							
私营股份有限公司	0.03	0.03					0.15
港澳台商投资股份有限公司							
外商投资股份有限公司							
有限责任公司	0.96	1.47	0.14	2.02	0.01	1.86	4.67
国有独资公司							
私营有限责任公司	0.90	1.35	0.13	0.35		0.21	3.70
合资经营企业(港或澳、台资)							
中外合资经营企业	0.03	0.02		0.01		0.01	0.04
其他有限责任公司	0.03	0.10	0.02	1.65		1.63	0.93
三、在总计中:亏损企业	0.02	0.02		0.02		0.02	-0.09
在总计中:国有控股企业	0.01	0.01		1.64		1.62	0.51

7-13 续表 5

分　　组	资产减值损失	营业外收入	政府补助	营业外支出	利润总额	所得税费用	亏损企业亏损总额
总　　计	0.01	0.04	0.01	0.04	4.93	0.26	0.10
一、按登记注册类型分组:							
内资企业	0.01	0.04	0.01	0.04	4.87	0.25	0.10
有限责任公司				0.01	0.92	0.01	
国有独资公司							
其他有限责任公司				0.01	0.92	0.01	
股份有限公司							
私营企业	0.01	0.03	0.01	0.03	3.94	0.24	0.10
私营独资企业							
私营合伙企业					0.09		
私营有限责任公司	0.01	0.03	0.01	0.03	3.71	0.24	0.10
私营股份有限公司					0.15		
其他企业							
港、澳、台商投资企业					0.02	0.01	
合资经营企业(港或澳、台资)							
合作经营企业(港或澳、台资)							
港澳台商独资经营企业					0.02	0.01	
港澳台商投资股份有限公司							
其他港澳台商投资企业							
外商投资企业					0.04	0.01	
中外合资经营企业					0.04	0.01	
二、按经济组织类型分组							
独资企业					0.02	0.01	
国有企业							
集体企业							
私营独资企业							
港澳台商独资经营企业					0.02	0.01	
外资企业							
合作、合伙企业					0.09		
私营合伙企业					0.09		
股份有限公司					0.15		
股份有限公司(内资)							
私营股份有限公司					0.15		
港澳台商投资股份有限公司							
外商投资股份有限公司							
有限责任公司	0.01	0.04	0.01	0.04	4.67	0.25	0.10
国有独资公司							
私营有限责任公司	0.01	0.03	0.01	0.03	3.71	0.24	0.10
合资经营企业(港或澳、台资)							
中外合资经营企业					0.04	0.01	
其他有限责任公司				0.01	0.92	0.01	
三、在总计中:亏损企业				0.01	-0.10		0.10
在总计中:国有控股企业				0.01	0.50		

7-13 续表 6

分　　组	利税总额	应交税金及附加	本年应付职工薪酬	本年应交增值税	总资产贡献率（%）	资产负债率（%）
总　　计	8.91	4.39	3.10	3.50	15.69	66.01
一、按登记注册类型分组:						
内资企业	8.76	4.29	2.88	3.43	15.58	65.97
有限责任公司	1.70	0.80	0.40	0.72	7.44	79.31
国有独资公司						
其他有限责任公司	1.70	0.80	0.40	0.72	7.44	79.31
股份有限公司						
私营企业	7.06	3.49	2.48	2.71	31.20	40.37
私营独资企业						
私营合伙企业	0.11	0.03	0.03	0.02	31.05	43.06
私营有限责任公司	6.76	3.42	2.38	2.66	31.31	40.74
私营股份有限公司	0.19	0.05	0.07	0.04	27.77	27.16
其他企业						
港、澳、台商投资企业	0.08	0.07	0.18	0.05	22.61	72.98
合资经营企业(港或澳、台资)						
合作经营企业(港或澳、台资)						
港澳台商独资经营企业	0.08	0.07	0.18	0.05	22.61	72.98
港澳台商投资股份有限公司						
其他港澳台商投资企业						
外商投资企业	0.07	0.03	0.04	0.02	37.85	68.87
中外合资经营企业	0.07	0.03	0.04	0.02	37.85	68.87
二、按经济组织类型分组						
独资企业	0.08	0.07	0.18	0.05	22.61	72.98
国有企业						
集体企业						
私营独资企业						
港澳台商独资经营企业	0.08	0.07	0.18	0.05	22.61	72.98
外资企业						
合作、合伙企业	0.11	0.03	0.03	0.02	31.05	43.06
私营合伙企业	0.11	0.03	0.03	0.02	31.05	43.06
股份有限公司	0.19	0.05	0.07	0.04	27.77	27.16
股份有限公司(内资)						
私营股份有限公司	0.19	0.05	0.07	0.04	27.77	27.16
港澳台商投资股份有限公司						
外商投资股份有限公司						
有限责任公司	8.53	4.25	2.82	3.40	15.45	66.50
国有独资公司						
私营有限责任公司	6.76	3.42	2.38	2.66	31.31	40.74
合资经营企业(港或澳、台资)						
中外合资经营企业	0.07	0.03	0.04	0.02	37.85	68.87
其他有限责任公司	1.70	0.80	0.40	0.72	7.44	79.31
三、在总计中:亏损企业	-0.07	0.02	0.20	0.02	-5.65	87.19
在总计中:国有控股企业	1.13	0.63	0.20	0.59	6.48	80.76

7-13 续表 6

分　　组	流动资产周转率（次/年）	成本费用利润率（%）	产品销售率（%）	从业人员平均人数	从业人员期末人数	平均用工人数
总　　计	7.38	4.40	99.22	0.76	0.77	0.74
一、按登记注册类型分组:						
内资企业	7.50	4.39	99.21	0.71	0.72	0.69
有限责任公司	5.86	7.71	99.59	0.08	0.09	0.06
国有独资公司						
其他有限责任公司	5.86	7.71	99.59	0.08	0.09	0.06
股份有限公司						
私营企业	7.77	3.99	99.16	0.63	0.64	0.64
私营独资企业						
私营合伙企业	6.13	8.30	100.00	0.01	0.01	0.01
私营有限责任公司	7.77	3.86	99.51	0.59	0.60	0.60
私营股份有限公司	9.39	8.54	81.71	0.03	0.03	0.03
其他企业						
港、澳、台商投资企业	3.31	2.26	100.00	0.04	0.04	0.04
合资经营企业(港或澳、台资)						
合作经营企业(港或澳、台资)						
港澳台商独资经营企业	3.31	2.26	100.00	0.04	0.04	0.04
港澳台商投资股份有限公司						
其他港澳台商投资企业						
外商投资企业	2.91	11.43	100.00	0.01	0.01	0.01
中外合资经营企业	2.91	11.43	100.00	0.01	0.01	0.01
二、按经济组织类型分组						
独资企业	3.31	2.26	100.00	0.04	0.04	0.04
国有企业						
集体企业						
私营独资企业						
港澳台商独资经营企业	3.31	2.26	100.00	0.04	0.04	0.04
外资企业						
合作、合伙企业	6.13	8.30	100.00	0.01	0.01	0.01
私营合伙企业	6.13	8.30	100.00	0.01	0.01	0.01
股份有限公司	9.39	8.54	81.71	0.03	0.03	0.03
股份有限公司(内资)						
私营股份有限公司	9.39	8.54	81.71	0.03	0.03	0.03
港澳台商投资股份有限公司						
外商投资股份有限公司						
有限责任公司	7.45	4,31	99.52	0.68	0.69	0.66
国有独资公司						
私营有限责任公司	7.77	3.86	99.51	0.59	0.60	0.60
合资经营企业(港或澳、台资)						
中外合资经营企业	2.91	11.43	100.00	0.01	0.01	0.01
其他有限责任公司	5.86	7.71	99.59	0.08	0.09	0.06
三、在总计中:亏损企业	4.62	–2.85	96.46	0.04	0.04	0.04
在总计中:国有控股企业	4.75	11.27	98.89	0.02	0.02	0.02

7-13 续表 7

分　　组	期末用工人数	主营业务收入利润率（%）	人均主营业务收入（万元/人）	每百元资产实现的主营业务收入(元)	产成品存货周转天数(天)	应收账款平均回收期(天)
总　　计	0.78	4.20	158.43	171.22	6.88	12.85
一、按登记注册类型分组:						
内资企业	0.74	4.19	167.58	170.64	6.79	12.53
有限责任公司	0.06	7.12	227.03	28.93	5.17	19.01
国有独资公司						
其他有限责任公司	0.06	7.12	227.03	28.93	5.17	19.01
股份有限公司						
私营企业	0.68	3.82	162.26	442.45	6.97	11.72
私营独资企业						
私营合伙企业	0.01	7.65	124.19	316.41	8.34	2.09
私营有限责任公司	0.64	3.70	168.04	449.69	7.00	11.95
私营股份有限公司	0.03	7.85	62.40	276.35	4.28	5.50
其他企业						
港、澳、台商投资企业	0.04	2.19	22.15	270.20		44.65
合资经营企业(港或澳、台资)						
合作经营企业(港或澳、台资)						
港澳台商独资经营企业	0.04	2.19	22.15	270.20		44.65
港澳台商投资股份有限公司						
其他港澳台商投资企业						
外商投资企业	0.01	10.20	83.38	190.78	55.59	26.42
中外合资经营企业	0.01	10.20	83.38	190.78	55.59	26.42
二、按经济组织类型分组						
独资企业	0.04	2.19	22.15	270.20		44.65
国有企业						
集体企业						
私营独资企业						
港澳台商独资经营企业	0.04	2.19	22.15	270.20		44.65
外资企业						
合作、合伙企业	0.01	7.65	124.19	316.41	8.34	2.09
私营合伙企业	0.01	7.65	124.19	316.41	8.34	2.09
股份有限公司	0.03	7.85	62.40	276.35	4.28	5.50
股份有限公司(内资)						
私营股份有限公司	0.03	7.85	62.40	276.35	4.28	5.50
港澳台商投资股份有限公司						
外商投资股份有限公司						
有限责任公司	0.70	4.12	172.51	168.83	6.96	12.81
国有独资公司						
私营有限责任公司	0.64	3.70	168.04	449.69	7.00	11.95
合资经营企业(港或澳、台资)						
中外合资经营企业	0.01	10.20	83.38	190.78	55.59	26.42
其他有限责任公司	0.06	7.12	227.03	28.93	5.17	19.01
三、在总计中:亏损企业	0.08	–2.93	88.53	325.01	12.98	43.74
在总计中:国有控股企业	0.02	10.04	333.63	11.78	6.12	28.57

7-14 新干县规模以上工业企业主要经济指标（大类行业）

单位：亿元

行业	企业单位数（个）	亏损企业	工业总产值（当年价格）	工业销售产值（当年价格）	出口交货值	年初存货	产成品
总计	114	3	253.56	250.49	2.96	6.06	1.58
有色金属矿采选业	1		2.29	2.33		0.11	0.01
非金属矿采选业	5		6.83	6.84		0.25	0.15
农副食品加工业	13		54.12	53.73		0.97	0.20
食品制造业	3	1	5.45	3.52		0.27	0.07
酒、饮料和精制茶制造业							
烟草制品业							
纺织业	1		3.50	3.55		0.03	
纺织服装、服饰业							
皮革、毛皮、羽毛及其制品和制鞋业	6		20.66	20.65		0.19	0.05
木材加工和木、竹、藤、棕、草制品业	7		7.53	7.53		0.11	0.02
印刷和记录媒介复制业	1					0.03	
文教、工美、体育和娱乐用品制造业							
石油加工、炼焦和核燃料加工业							
化学原料和化学制品制造业	23	1	52.28	51.56	2.40	1.98	0.69
医药制造业	7		20.45	20.30		0.74	0.12
化学纤维制造业							
橡胶和塑料制品业	4		15.51	15.55		0.08	0.02
非金属矿物制品业	17		13.16	13.15		0.39	0.09
黑色金属冶炼和压延加工业							
有色金属冶炼和压延加工业	8		26.11	26.11		0.12	0.03
金属制品业							
通用设备制造业	1		3.60	3.60		0.07	0.07
专用设备制造业	2		0.44	0.44		0.06	
汽车制造业	4		12.35	12.35	0.56	0.40	0.03
铁路、船舶、航空航天和其他运输设备制造业	1		0.23	0.23			
电气机械和器材制造业	6	1	7.08	7.08		0.12	0.05
废弃资源综合利用业	3		1.73	1.72		0.14	
金属制品、机械和设备修理业							
电力、热力生产和供应业	1		0.25	0.25		0.01	

7-14 续表 1

行　　业	资产总计	流动资产合计	应收账款	存货	产成品	固定资产合计	固定资产原价
总计	94.84	31.17	10.03	7.47	3.04	47.98	72.31
有色金属矿采选业	0.33	0.20	0.04	0.01	0.01	0.13	0.20
非金属矿采选业	3.33	0.94	0.27	0.26	0.16	2.32	2.82
农副食品加工业	16.19	3.24	0.65	0.74	0.27	11.90	19.65
食品制造业	4.03	1.78	0.68	0.23	0.08	1.63	4.83
酒、饮料和精制茶制造业							
烟草制品业							
纺织业	2.40	0.09	0.04	0.04		2.31	3.07
纺织服装、服饰业							
皮革、毛皮、羽毛及其制品和制鞋业	5.67	1.10	0.42	0.39	0.19	3.27	4.06
木材加工和木、竹、藤、棕、草制品业	2.05	0.72	0.35	0.12	0.03	0.88	1.12
印刷和记录媒介复制业	0.14	0.12	0.10	0.01		0.02	0.04
文教、工美、体育和娱乐用品制造业							
石油加工、炼焦和核燃料加工业							
化学原料和化学制品制造业	28.46	10.47	3.53	2.94	1.63	13.30	19.65
医药制造业	7.29	3.50	1.13	1.01	0.20	3.41	4.51
化学纤维制造业							
橡胶和塑料制品业	2.53	0.68	0.16	0.10	0.04	1.12	2.12
非金属矿物制品业	8.16	2.56	0.48	0.47	0.15	2.41	3.33
黑色金属冶炼和压延加工业							
有色金属冶炼和压延加工业	3.96	1.96	1.04	0.23	0.05	1.05	1.39
金属制品业							
通用设备制造业	0.35	0.18	0.03	0.07	0.07	0.16	0.51
专用设备制造业	1.07	0.52	0.36	0.11	0.05	0.54	0.12
汽车制造业	4.51	1.52	0.54	0.43	0.04	2.10	3.01
铁路、船舶、航空航天和其他运输设备制造业	0.36	0.05	0.01	0.01			
电气机械和器材制造业	2.14	1.04	0.12	0.18	0.09	0.57	0.68
废弃资源综合利用业	1.41	0.41	0.05	0.11		0.50	0.52
金属制品、机械和设备修理业							
电力、热力生产和供应业	0.46	0.11	0.03	0.01		0.35	0.68

7–14 续表 2

行　　业	资产总计		负债合计			
	累计折旧	本年折旧		流动负债合计	应付账款	非流动负债合计
总计	27.11	5.99	37.65	29.13	8.21	5.10
有色金属矿采选业	0.07	0.01	0.10	0.10		
非金属矿采选业	0.50	0.26	2.21	1.74	0.52	0.47
农副食品加工业	7.76	1.43	4.18	3.15	1.89	0.74
食品制造业	3.20	0.28	2.38	2.30	0.71	0.08
酒、饮料和精制茶制造业						
烟草制品业						
纺织业	0.76	0.42	1.81	0.89	0.37	0.93
纺织服装、服饰业						
皮革、毛皮、羽毛及其制品和制鞋业	1.46	0.38	0.93	0.78	0.16	0.05
木材加工和木、竹、藤、棕、草制品业	0.31	0.05	0.61	0.39	0.02	0.11
印刷和记录媒介复制业	0.02	0.01	0.05	0.05		
文教、工美、体育和娱乐用品制造业						
石油加工、炼焦和核燃料加工业						
化学原料和化学制品制造业	6.87	1.75	13.69	10.73	1.99	2.32
医药制造业	1.42	0.44	3.28	2.19	0.74	0.04
化学纤维制造业						
橡胶和塑料制品业	1.10	0.16	0.60	0.30	0.09	
非金属矿物制品业	1.08	0.22	2.10	1.66	0.34	0.24
黑色金属冶炼和压延加工业						
有色金属冶炼和压延加工业	0.36	0.10	1.52	1.41	0.24	0.04
金属制品业						
通用设备制造业	0.36	0.04	0.02	0.02	0.02	
专用设备制造业	0.01		0.52	0.09	0.09	
汽车制造业	1.34	0.37	1.03	1.03	0.09	
铁路、船舶、航空航天和其他运输设备制造业			0.16			
电气机械和器材制造业	0.11	0.03	0.77	0.67	0.31	0.05
废弃资源综合利用业	0.03	0.03	1.13	1.09	0.62	0.03
金属制品、机械和设备修理业						
电力、热力生产和供应业	0.33		0.56	0.56	–0.01	

7-14 续表 3

行业	所有者权益合计	实收资本					
			国家资本	集体资本	法人资本	个人资本	港澳台资本
总计	57.19	18.73	4.49	0.04	7.48	6.70	0.02
有色金属矿采选业	0.23	0.03				0.03	
非金属矿采选业	1.11	0.55			0.11	0.44	
农副食品加工业	12.01	4.48	2.74		1.16	0.58	
食品制造业	1.66	1.13	1.00		0.12	0.01	
酒、饮料和精制茶制造业							
烟草制品业							
纺织业	0.59	0.41				0.41	
纺织服装、服饰业							
皮革、毛皮、羽毛及其制品和制鞋业	4.74	0.40			0.14	0.25	
木材加工和木、竹、藤、棕、草制品业	1.44	0.69			0.37	0.32	
印刷和记录媒介复制业	0.10	0.02				0.02	
文教、工美、体育和娱乐用品制造业							
石油加工、炼焦和核燃料加工业							
化学原料和化学制品制造业	14.77	4.55	0.64		2.84	1.07	
医药制造业	4.01	1.57	0.01		1.03	0.51	0.02
化学纤维制造业							
橡胶和塑料制品业	1.93	0.39	0.10			0.29	
非金属矿物制品业	6.06	1.62			0.35	1.27	
黑色金属冶炼和压延加工业							
有色金属冶炼和压延加工业	2.44	0.81			0.62	0.18	
金属制品业							
通用设备制造业	0.33	0.02		0.01	0.01		
专用设备制造业	0.55	0.15			0.15		
汽车制造业	3.48	0.17			0.17		
铁路、船舶、航空航天和其他运输设备制造业	0.20	0.20				0.20	
电气机械和器材制造业	1.36	1.37			0.39	0.98	
废弃资源综合利用业	0.29	0.15				0.15	
金属制品、机械和设备修理业							
电力、热力生产和供应业	-0.10	0.03		0.03			

7–14 续表 4

行　　业	营业收入	主营业务收入	营业成本	主营业务成本	营业税金及附加	主营业务税金及附加	其他业务收入
总计	255.46	255.31	221.54	221.50	1.04	1.00	0.14
有色金属矿采选业	2.33	2.33	1.84	1.84			
非金属矿采选业	6.91	6.91	5.97	5.97	0.06	0.06	
农副食品加工业	53.62	53.62	48.01	48.01	0.12	0.12	
食品制造业	5.54	5.48	4.57	4.56	0.07	0.07	0.07
酒、饮料和精制茶制造业							
烟草制品业							
纺织业	3.55	3.55	3.07	3.07	0.02	0.02	
纺织服装、服饰业							
皮革、毛皮、羽毛及其制品和制鞋业	21.08	21.08	18.58	18.58	0.07	0.03	
木材加工和木、竹、藤、棕、草制品业	7.53	7.53	6.54	6.54	0.01	0.01	
印刷和记录媒介复制业	0.26	0.26	0.22	0.22			
文教、工美、体育和娱乐用品制造业							
石油加工、炼焦和核燃料加工业							
化学原料和化学制品制造业	53.02	52.97	44.17	44.13	0.16	0.16	0.04
医药制造业	20.33	20.30	17.62	17.62	0.11	0.11	0.04
化学纤维制造业							
橡胶和塑料制品业	15.55	15.55	12.73	12.73	0.11	0.11	
非金属矿物制品业	13.29	13.29	11.45	11.45	0.09	0.09	
黑色金属冶炼和压延加工业							
有色金属冶炼和压延加工业	26.12	26.12	23.91	23.91	0.13	0.13	
金属制品业							
通用设备制造业	3.60	3.60	3.04	3.04	0.01	0.01	
专用设备制造业	1.08	1.08	1.02	1.02			
汽车制造业	12.34	12.34	10.51	10.51	0.06	0.06	
铁路、船舶、航空航天和其他运输设备制造业	0.26	0.26	0.20	0.20			
电气机械和器材制造业	7.08	7.08	6.23	6.23	0.02	0.02	
废弃资源综合利用业	1.72	1.72	1.63	1.63	0.01	0.01	
金属制品、机械和设备修理业							
电力、热力生产和供应业	0.25	0.25	0.25	0.25			

7-14 续表 5

行　　业	其他业务利润	销售费用	管理费用		财务费用		
				税金		利息收入	利息支出
总计	0.07	5.30	4.85	0.18	0.85	0.01	0.66
有色金属矿采选业		0.22	0.10		0.01		0.01
非金属矿采选业		0.08	0.06		0.03		0.03
农副食品加工业		0.72	0.69	0.02	0.12		0.11
食品制造业	0.06	0.47	0.28	0.02	0.06		0.06
酒、饮料和精制茶制造业							
烟草制品业							
纺织业		0.02	0.01		0.01		0.01
纺织服装、服饰业							
皮革、毛皮、羽毛及其制品和制鞋业		0.10	0.13	0.04	0.03		0.01
木材加工和木、竹、藤、棕、草制品业		0.15	0.21	0.01	0.03		0.02
印刷和记录媒介复制业		0.02	0.01				
文教、工美、体育和娱乐用品制造业							
石油加工、炼焦和核燃料加工业							
化学原料和化学制品制造业	0.01	1.79	1.63	0.04	0.32		0.25
医药制造业		0.24	0.33	0.02	0.05		0.02
化学纤维制造业							
橡胶和塑料制品业		0.59	0.50		0.03		0.02
非金属矿物制品业		0.27	0.25		0.06		0.04
黑色金属冶炼和压延加工业							
有色金属冶炼和压延加工业		0.16	0.18	0.01	0.04		0.03
金属制品业							
通用设备制造业		0.03	0.03		0.01		0.01
专用设备制造业		0.01	0.01				
汽车制造业		0.23	0.15		0.01		0.01
铁路、船舶、航空航天和其他运输设备制造业			0.03				
电气机械和器材制造业		0.17	0.21	0.01	0.03		0.02
废弃资源综合利用业		0.02	0.03	0.01	0.01		0.01
金属制品、机械和设备修理业							
电力、热力生产和供应业			0.01				

7–14 续表 6

行　　业	营业利润	资产减值损失	营业外收入	政府补助	营业外支出	利润总额	所得税费用
总计	21.85	0.02	0.16	0.06	0.05	21.96	0.47
有色金属矿采选业	0.16					0.16	
非金属矿采选业	0.72					0.72	0.01
农副食品加工业	3.95		0.01		0.02	3.95	0.08
食品制造业	0.08	0.01	0.01	0.01		0.08	
酒、饮料和精制茶制造业							
烟草制品业							
纺织业	0.42					0.42	
纺织服装、服饰业							
皮革、毛皮、羽毛及其制品和制鞋业	2.16					2.16	0.01
木材加工和木、竹、藤、棕、草制品业	0.60					0.60	0.01
印刷和记录媒介复制业	0.01					0.01	
文教、工美、体育和娱乐用品制造业							
石油加工、炼焦和核燃料加工业							
化学原料和化学制品制造业	4.95		0.09	0.02	0.01	5.02	0.32
医药制造业	1.98					1.98	
化学纤维制造业							
橡胶和塑料制品业	1.61		0.01			1.61	
非金属矿物制品业	1.17					1.17	0.02
黑色金属冶炼和压延加工业							
有色金属冶炼和压延加工业	1.70		0.02	0.02	0.02	1.70	0.01
金属制品业							
通用设备制造业	0.49					0.49	
专用设备制造业	0.03					0.03	
汽车制造业	1.39					1.39	
铁路、船舶、航空航天和其他运输设备制造业	0.02					0.02	
电气机械和器材制造业	0.41					0.41	0.01
废弃资源综合利用业	0.04		0.01	0.01		0.04	
金属制品、机械和设备修理业							
电力、热力生产和供应业	–0.02		0.02				

7-14 续表 7

行　　业	亏损企业亏损总额	利税总额	应交税金及附加	本年应付职工薪酬	本年应交增值税	总资产贡献率（%）	资产负债率（%）
总计	0.28	29.06	7.75	8.22	6.05	31.32	39.70
有色金属矿采选业		0.23	0.08	0.02	0.07	73.06	29.40
非金属矿采选业		1.01	0.29	0.25	0.23	31.08	66.60
农副食品加工业		4.47	0.63	0.93	0.40	28.28	25.84
食品制造业	0.05	0.33	0.26	0.35	0.17	9.46	58.92
酒、饮料和精制茶制造业							
烟草制品业							
纺织业		0.52	0.10	0.14	0.08	21.77	75.46
纺织服装、服饰业							
皮革、毛皮、羽毛及其制品和制鞋业		2.29	0.18	1.30	0.06	40.54	16.38
木材加工和木、竹、藤、棕、草制品业		0.84	0.25	0.38	0.22	41.97	29.91
印刷和记录媒介复制业		0.01		0.01		7.63	32.01
文教、工美、体育和娱乐用品制造业							
石油加工、炼焦和核燃料加工业							
化学原料和化学制品制造业	0.23	6.61	1.95	1.52	1.42	24.09	48.11
医药制造业		2.95	0.99	0.58	0.86	40.68	45.00
化学纤维制造业							
橡胶和塑料制品业		2.28	0.67	0.88	0.56	90.68	23.78
非金属矿物制品业		1.60	0.45	0.72	0.34	20.13	25.74
黑色金属冶炼和压延加工业							
有色金属冶炼和压延加工业		2.80	1.12	0.38	0.97	71.53	38.31
金属制品业							
通用设备制造业		0.50	0.01	0.04	0.01	143.78	6.56
专用设备制造业		0.06	0.03	0.05	0.03	5.52	48.32
汽车制造业		1.90	0.52	0.37	0.46	42.53	22.75
铁路、船舶、航空航天和其他运输设备制造业		0.03	0.01	0.01		8.57	44.50
电气机械和器材制造业		0.54	0.14	0.18	0.10	26.06	36.16
废弃资源综合利用业		0.11	0.08	0.07	0.06	7.96	79.80
金属制品、机械和设备修理业							
电力、热力生产和供应业				0.03		1.04	122.10

7-14 续表 7

行　　业	流动资产周转率（次/年）	成本费用利润率（%）	产品销售率（%）	从业人员平均人数	从业人员期末人数	平均用工人数
总计	8.19	9.45	98.79	1.61	1.64	1.56
有色金属矿采选业	11.92	7.31	101.86			
非金属矿采选业	7.32	11.81	100.13	0.04	0.04	0.05
农副食品加工业	16.54	7.97	99.28	0.17	0.17	0.17
食品制造业	3.11	1.57	64.67	0.08	0.08	0.07
酒、饮料和精制茶制造业						
烟草制品业						
纺织业	40.63	13.48	101.27	0.02	0.02	0.03
纺织服装、服饰业						
皮革、毛皮、羽毛及其制品和制鞋业	19.22	11.47	99.97	0.21	0.21	0.21
木材加工和木、竹、藤、棕、草制品业	10.41	8.66	100.00	0.09	0.09	0.09
印刷和记录媒介复制业	2.18	3.13				
文教、工美、体育和娱乐用品制造业						
石油加工、炼焦和核燃料加工业						
化学原料和化学制品制造业	5.07	10.49	98.62	0.33	0.34	0.31
医药制造业	5.82	10.84	99.30	0.10	0.11	0.11
化学纤维制造业						
橡胶和塑料制品业	22.83	11.65	100.25	0.11	0.11	0.11
非金属矿物制品业	5.20	9.71	99.92	0.17	0.18	0.17
黑色金属冶炼和压延加工业						
有色金属冶炼和压延加工业	13.36	7.00	99.99	0.08	0.08	0.08
金属制品业						
通用设备制造业	20.48	15.65	99.95	0.01	0.01	0.01
专用设备制造业	2.05	2.54	99.99	0.01	0.01	0.01
汽车制造业	8.11	12.71	100.00	0.08	0.09	0.08
铁路、船舶、航空航天和其他运输设备制造业	5.07	10.45	100.00			
电气机械和器材制造业	6.83	6.23	99.98	0.07	0.07	0.06
废弃资源综合利用业	4.21	2.60	99.44	0.02	0.02	0.02
金属制品、机械和设备修理业						
电力、热力生产和供应业	2.18	0.68	100.00	0.01	0.01	0.01

7-14 续表 8

行　业	期末用工人数	主营业务收入利润率（%）	人均主营业务收入（万元/人）	每百元资产实现的主营业务收入(元)	产成品存货周转天数(天)	应收账款平均回收期(天)
总计	1.62	8.60	163.66	269.21	4.93	14.14
有色金属矿采选业		6.80	496.60	714.73	1.15	6.63
非金属矿采选业	0.05	10.47	148.90	207.78	9.36	14.13
农副食品加工业	0.17	7.36	320.88	331.14	2.00	4.38
食品制造业	0.07	1.55	80.78	135.80	6.16	44.41
酒、饮料和精制茶制造业						
烟草制品业						
纺织业	0.02	11.82	133.27	147.63		3.66
纺织服装、服饰业						
皮革、毛皮、羽毛及其制品和制鞋业	0.21	10.25	100.72	371.90	3.63	7.18
木材加工和木、竹、藤、棕、草制品业	0.09	7.96	83.71	367.47	1.88	16.53
印刷和记录媒介复制业		3.03	76.47	182.09	0.26	141.84
文教、工美、体育和娱乐用品制造业						
石油加工、炼焦和核燃料加工业						
化学原料和化学制品制造业	0.33	9.49	172.27	186.16	13.29	23.98
医药制造业	0.11	9.74	188.30	278.42	4.04	20.10
化学纤维制造业						
橡胶和塑料制品业	0.11	10.37	147.00	613.58	1.04	3.75
非金属矿物制品业	0.17	8.79	80.54	162.96	4.79	12.95
黑色金属冶炼和压延加工业						
有色金属冶炼和压延加工业	0.08	6.51	344.63	659.41	0.80	14.34
金属制品业						
通用设备制造业	0.01	13.51	299.86	1021.06	7.86	2.89
专用设备制造业	0.01	2.48	125.25	100.84	16.12	118.92
汽车制造业	0.09	11.22	161.56	273.82	1.23	15.81
铁路、船舶、航空航天和其他运输设备制造业		9.36	71.70	71.62		20.81
电气机械和器材制造业	0.07	5.85	115.45	331.30	5.07	6.08
废弃资源综合利用业	0.02	2.54	109.42	121.45	0.41	11.31
金属制品、机械和设备修理业						
电力、热力生产和供应业	0.01	0.72	47.20	53.28		37.49

7-15 新干县规模以上工业企业主要经济指标（综合分组）

单位：亿元

分组	企业单位数（个）	亏损企业	工业总产值(当年价格)	工业销售产值(当年价格)	出口交货值	年初存货	产成品
总计	114	3	253.56	250.49	2.96	6.06	1.58
一、按登记注册类型分组:							
内资企业	113	3	253.18	250.11	2.96	6.03	1.58
有限责任公司	11	2	38.34	36.29	0.67	2.23	0.62
国有独资公司							
其他有限责任公司	11	2	38.34	36.29	0.67	2.23	0.62
股份有限公司							
私营企业	102	1	214.84	213.81	2.29	3.80	0.96
私营独资企业	8		8.05	8.05		0.10	0.02
私营合伙企业	1		1.57	1.55		0.07	0.05
私营有限责任公司	90	1	197.29	196.27	2.29	3.46	0.88
私营股份有限公司	3		7.94	7.94		0.17	0.02
外商投资企业	1		0.38	0.38		0.03	
中外合资经营企业	1		0.38	0.38		0.03	
二、按经济组织类型分组							
独资企业	8		8.05	8.05		0.10	0.02
国有企业							
集体企业							
私营独资企业	8		8.05	8.05		0.10	0.02
港澳台商独资经营企业							
外资企业							
合作、合伙企业	1		1.57	1.55		0.07	0.05
私营合伙企业	1		1.57	1.55		0.07	0.05
股份有限公司	3		7.94	7.94		0.17	0.02
股份有限公司(内资)							
私营股份有限公司	3		7.94	7.94		0.17	0.02
港澳台商投资股份有限公司							
外商投资股份有限公司							
有限责任公司	102	3	236.01	232.95	2.96	5.71	1.50
国有独资公司							
私营有限责任公司	90	1	197.29	196.27	2.29	3.46	0.88
合资经营企业(港或澳、台资)							
中外合资经营企业	1		0.38	0.38		0.03	
其他有限责任公司	11	2	38.34	36.29	0.67	2.23	0.62
三、在总计中:亏损企业	3	3	4.86	2.88		0.42	0.05
在总计中:国有控股企业	5	2	13.91	12.05	0.67	0.98	0.49

7-15 续表 1

分组	资产总计	流动资产合计	应收账款	存货	产成品	固定资产合计	固定资产原价
总计	94.84	31.17	10.03	7.47	3.04	47.98	72.31
一、按登记注册类型分组:							
内资企业	94.59	30.97	9.99	7.45	3.04	47.98	72.31
有限责任公司	26.88	9.54	3.28	2.71	1.24	14.04	25.79
国有独资公司							
其他有限责任公司	26.88	9.54	3.28	2.71	1.24	14.04	25.79
股份有限公司							
私营企业	67.72	21.43	6.72	4.74	1.80	33.94	46.53
私营独资企业	1.99	0.95	0.34	0.11	0.03	0.56	0.75
私营合伙企业	1.05	0.48	0.08	0.09	0.06	0.56	0.68
私营有限责任公司	59.32	19.47	6.08	4.40	1.57	28.14	36.93
私营股份有限公司	5.37	0.53	0.22	0.15	0.14	4.67	8.16
外商投资企业	0.24	0.20	0.04	0.02			
中外合资经营企业	0.24	0.20	0.04	0.02			
二、按经济组织类型分组							
独资企业	1.99	0.95	0.34	0.11	0.03	0.56	0.75
国有企业							
集体企业							
私营独资企业	1.99	0.95	0.34	0.11	0.03	0.56	0.75
港澳台商独资经营企业							
外资企业							
合作、合伙企业	1.05	0.48	0.08	0.09	0.06	0.56	0.68
私营合伙企业	1.05	0.48	0.08	0.09	0.06	0.56	0.68
股份有限公司	5.37	0.53	0.22	0.15	0.14	4.67	8.16
股份有限公司(内资)							
私营股份有限公司	5.37	0.53	0.22	0.15	0.14	4.67	8.16
港澳台商投资股份有限公司							
外商投资股份有限公司							
有限责任公司	86.44	29.21	9.40	7.13	2.81	42.18	62.72
国有独资公司							
私营有限责任公司	59.32	19.47	6.08	4.40	1.57	28.14	36.93
合资经营企业(港或澳、台资)							
中外合资经营企业	0.24	0.20	0.04	0.02			
其他有限责任公司	26.88	9.54	3.28	2.71	1.24	14.04	25.79
三、在总计中:亏损企业	7.70	2.19	0.66	0.30	0.06	5.24	9.62
在总计中:国有控股企业	15.80	3.71	0.88	0.93	0.59	9.08	17.02

7–15 续表 2

分组	资产总计		负债合计			非流动负债合计
	累计折旧	本年折旧		流动负债合计	应付账款	
总　　计	27.11	5.99	37.65	29.13	8.21	5.10
一、按登记注册类型分组:						
内资企业	27.11	5.99	37.58	29.06	8.17	5.10
有限责任公司	11.97	2.05	12.67	10.48	2.05	2.20
国有独资公司						
其他有限责任公司	11.97	2.05	12.67	10.48	2.05	2.20
股份有限公司						
私营企业	15.13	3.93	24.91	18.59	6.12	2.90
私营独资企业	0.25	0.06	0.77	0.44	0.08	0.22
私营合伙企业	0.11	0.04	0.79	0.79		
私营有限责任公司	11.28	3.26	21.78	16.36	5.31	2.11
私营股份有限公司	3.49	0.58	1.57	0.99	0.73	0.58
外商投资企业			0.07	0.07	0.04	
中外合资经营企业			0.07	0.07	0.04	
二、按经济组织类型分组						
独资企业	0.25	0.06	0.77	0.44	0.08	0.22
国有企业						
集体企业						
私营独资企业	0.25	0.06	0.77	0.44	0.08	0.22
港澳台商独资经营企业						
外资企业						
合作、合伙企业	0.11	0.04	0.79	0.79		
私营合伙企业	0.11	0.04	0.79	0.79		
股份有限公司	3.49	0.58	1.57	0.99	0.73	0.58
股份有限公司(内资)						
私营股份有限公司	3.49	0.58	1.57	0.99	0.73	0.58
港澳台商投资股份有限公司						
外商投资股份有限公司						
有限责任公司	23.25	5.31	34.51	26.90	7.40	4.30
国有独资公司						
私营有限责任公司	11.28	3.26	21.78	16.36	5.31	2.11
合资经营企业(港或澳、台资)						
中外合资经营企业			0.07	0.07	0.04	
其他有限责任公司	11.97	2.05	12.67	10.48	2.05	2.20
三、在总计中:亏损企业	4.61	0.48	5.94	4.07	0.94	1.87
在总计中:国有控股企业	8.15	1.03	8.07	5.87	1.81	2.20

7-15 续表 3

分组	所有者权益合计	实收资本					
			国家资本	集体资本	法人资本	个人资本	港澳台资本
总计	57.19	18.73	4.49	0.04	7.48	6.70	0.02
一、按登记注册类型分组:							
内资企业	57.01	18.55	4.49	0.04	7.48	6.52	0.02
有限责任公司	14.21	5.63	4.38	0.03	1.22		
国有独资公司							
其他有限责任公司	14.21	5.63	4.38	0.03	1.22		
股份有限公司							
私营企业	42.80	12.92	0.11	0.01	6.26	6.52	0.02
私营独资企业	1.21	0.50			0.37	0.13	
私营合伙企业	0.25	0.11			0.11		
私营有限责任公司	37.54	11.52	0.11	0.01	5.24	6.13	0.02
私营股份有限公司	3.80	0.79			0.53	0.26	
外商投资企业	0.18	0.18				0.18	
中外合资经营企业	0.18	0.18				0.18	
二、按经济组织类型分组							
独资企业	1.21	0.50			0.37	0.13	
国有企业							
集体企业							
私营独资企业	1.21	0.50			0.37	0.13	
港澳台商独资经营企业							
外资企业							
合作、合伙企业	0.25	0.11			0.11		
私营合伙企业	0.25	0.11			0.11		
股份有限公司	3.80	0.79			0.53	0.26	
股份有限公司(内资)							
私营股份有限公司	3.80	0.79			0.53	0.26	
港澳台商投资股份有限公司							
外商投资股份有限公司							
有限责任公司	51.92	17.32	4.49	0.04	6.46	6.31	0.02
国有独资公司							
私营有限责任公司	37.54	11.52	0.11	0.01	5.24	6.13	0.02
合资经营企业(港或澳、台资)							
中外合资经营企业	0.18	0.18				0.18	
其他有限责任公司	14.21	5.63	4.38	0.03	1.22		
三、在总计中:亏损企业	1.76	1.26	1.00		0.16	0.10	
在总计中:国有控股企业	7.73	5.20	4.38	0.03	0.79		

7-15 续表 4

分组	营业收入	主营业务收入	营业成本	主营业务成本	营业税金及附加	主营业务税金及附加	其他业务收入
总计	255.46	255.31	221.54	221.50	1.04	1.00	0.14
一、按登记注册类型分组:							
内资企业	255.08	254.94	221.27	221.23	1.04	1.00	0.14
有限责任公司	37.96	37.86	31.40	31.37	0.15	0.15	0.10
国有独资公司							
其他有限责任公司	37.96	37.86	31.40	31.37	0.15	0.15	0.10
股份有限公司							
私营企业	217.12	217.08	189.87	189.87	0.89	0.85	0.04
私营独资企业	8.05	8.05	7.18	7.18	0.02	0.02	
私营合伙企业	1.55	1.55	1.30	1.30			
私营有限责任公司	199.82	199.78	174.81	174.80	0.85	0.81	0.04
私营股份有限公司	7.70	7.70	6.58	6.58	0.02	0.02	
外商投资企业	0.38	0.38	0.27	0.27			
中外合资经营企业	0.38	0.38	0.27	0.27			
二、按经济组织类型分组							
独资企业	8.05	8.05	7.18	7.18	0.02	0.02	
国有企业							
集体企业							
私营独资企业	8.05	8.05	7.18	7.18	0.02	0.02	
港澳台商独资经营企业							
外资企业							
合作、合伙企业	1.55	1.55	1.30	1.30			
私营合伙企业	1.55	1.55	1.30	1.30			
股份有限公司	7.70	7.70	6.58	6.58	0.02	0.02	
股份有限公司(内资)							
私营股份有限公司	7.70	7.70	6.58	6.58	0.02	0.02	
港澳台商投资股份有限公司							
外商投资股份有限公司							
有限责任公司	238.16	238.01	206.48	206.44	1.00	0.96	0.14
国有独资公司							
私营有限责任公司	199.82	199.78	174.81	174.80	0.85	0.81	0.04
合资经营企业(港或澳、台资)							
中外合资经营企业	0.38	0.38	0.27	0.27			
其他有限责任公司	37.96	37.86	31.40	31.37	0.15	0.15	0.10
三、在总计中:亏损企业	4.90	4.83	3.98	3.98	0.07	0.07	0.07
在总计中:国有控股企业	13.90	13.80	12.07	12.04	0.07	0.07	0.10

7-15 续表 5

分组	其他业务利润	销售费用	管理费用	税金	财务费用	利息收入	利息支出
总计	0.07	5.30	4.85	0.18	0.85	0.01	0.66
一、按登记注册类型分组:							
内资企业	0.07	5.25	4.83	0.18	0.85	0.01	0.66
有限责任公司	0.07	1.67	1.32	0.03	0.36		0.31
国有独资公司							
其他有限责任公司	0.07	1.67	1.32	0.03	0.36		0.31
股份有限公司							
私营企业		3.58	3.52	0.15	0.50		0.35
私营独资企业		0.18	0.20		0.03		0.03
私营合伙企业		0.05	0.03				
私营有限责任公司		3.24	3.20	0.15	0.43		0.33
私营股份有限公司		0.12	0.09		0.03		
外商投资企业		0.04	0.02				
中外合资经营企业		0.04	0.02				
二、按经济组织类型分组							
独资企业		0.18	0.20		0.03		0.03
国有企业							
集体企业							
私营独资企业		0.18	0.20		0.03		0.03
港澳台商独资经营企业							
外资企业							
合作、合伙企业		0.05	0.03				
私营合伙企业		0.05	0.03				
股份有限公司		0.12	0.09		0.03		
股份有限公司(内资)							
私营股份有限公司		0.12	0.09		0.03		
港澳台商投资股份有限公司							
外商投资股份有限公司							
有限责任公司	0.07	4.95	4.54	0.18	0.79	0.01	0.63
国有独资公司							
私营有限责任公司		3.24	3.20	0.15	0.43		0.33
合资经营企业(港或澳、台资)							
中外合资经营企业		0.04	0.02				
其他有限责任公司	0.07	1.67	1.32	0.03	0.36		0.31
三、在总计中:亏损企业	0.07	0.57	0.34	0.02	0.23		0.16
在总计中:国有控股企业	0.07	0.78	0.73	0.03	0.32		0.27

7-15 续表 6

分　　组	营业利润	资产减值损失	营业外收入	政府补助	营业外支出	利润总额	所得税费用
总　　计	21.85	0.02	0.16	0.06	0.05	21.96	0.47
一、按登记注册类型分组:							
内资企业	21.81	0.02	0.16	0.06	0.05	21.92	0.47
有限责任公司	3.05	0.02	0.10	0.01	0.03	3.12	0.12
国有独资公司							
其他有限责任公司	3.05	0.02	0.10	0.01	0.03	3.12	0.12
股份有限公司							
私营企业	18.76		0.06	0.05	0.03	18.80	0.35
私营独资企业	0.44					0.44	0.02
私营合伙企业	0.17					0.17	
私营有限责任公司	17.29		0.06	0.05	0.02	17.33	0.33
私营股份有限公司	0.86					0.86	
外商投资企业	0.04					0.04	
中外合资经营企业	0.04					0.04	
二、按经济组织类型分组							
独资企业	0.44					0.44	0.02
国有企业							
集体企业							
私营独资企业	0.44					0.44	0.02
港澳台商独资经营企业							
外资企业							
合作、合伙企业	0.17					0.17	
私营合伙企业	0.17					0.17	
股份有限公司	0.86					0.86	
股份有限公司(内资)							
私营股份有限公司	0.86					0.86	
港澳台商投资股份有限公司							
外商投资股份有限公司							
有限责任公司	20.38	0.02	0.16	0.06	0.05	20.49	0.45
国有独资公司							
私营有限责任公司	17.29		0.06	0.05	0.02	17.33	0.33
合资经营企业(港或澳、台资)							
中外合资经营企业	0.04					0.04	
其他有限责任公司	3.05	0.02	0.10	0.01	0.03	3.12	0.12
三、在总计中:亏损企业	−0.30	0.01	0.03	0.01		−0.28	0.08
在总计中:国有控股企业	−0.09	0.02	0.10	0.01	0.03	−0.01	0.11

7–15 续表 7

分　　组	亏损企业亏损总额	利税总额	应交税金及附加	本年应付职工薪酬	本年应交增值税	总资产贡献率（%）	资产负债率（%）
总　　计	0.28	29.06	7.75	8.22	6.05	31.32	39.70
一、按登记注册类型分组:							
内资企业	0.28	29.00	7.73	8.19	6.04	31.34	39.73
有限责任公司	0.28	4.31	1.34	1.46	1.04	17.17	47.15
国有独资公司							
其他有限责任公司	0.28	4.31	1.34	1.46	1.04	17.17	47.15
股份有限公司							
私营企业		24.68	6.39	6.73	5.00	36.97	36.79
私营独资企业		0.75	0.34	0.31	0.29	39.38	38.84
私营合伙企业		0.20	0.03	0.02	0.03	19.44	75.78
私营有限责任公司		22.79	5.94	6.21	4.62	38.97	36.71
私营股份有限公司		0.94	0.08	0.19	0.06	17.43	29.30
外商投资企业		0.06	0.01	0.03	0.01	22.77	27.06
中外合资经营企业		0.06	0.01	0.03	0.01	22.77	27.06
二、按经济组织类型分组							
独资企业		0.75	0.34	0.31	0.29	39.38	38.84
国有企业							
集体企业							
私营独资企业		0.75	0.34	0.31	0.29	39.38	38.84
港澳台商独资经营企业							
外资企业							
合作、合伙企业		0.20	0.03	0.02	0.03	19.44	75.78
私营合伙企业		0.20	0.03	0.02	0.03	19.44	75.78
股份有限公司		0.94	0.08	0.19	0.06	17.43	29.30
股份有限公司(内资)							
私营股份有限公司		0.94	0.08	0.19	0.06	17.43	29.30
港澳台商投资股份有限公司							
外商投资股份有限公司							
有限责任公司	0.28	27.16	7.30	7.70	5.67	32.14	39.93
国有独资公司							
私营有限责任公司		22.79	5.94	6.21	4.62	38.97	36.71
合资经营企业(港或澳、台资)							
中外合资经营企业		0.06	0.01	0.03	0.01	22.77	27.06
其他有限责任公司	0.28	4.31	1.34	1.46	1.04	17.17	47.15
三、在总计中:亏损企业	0.28	0.03	0.41	0.45	0.24	2.54	77.20
在总计中:国有控股企业	0.28	0.26	0.41	0.93	0.20	3.33	51.05

7-15 续表 8

分　　组	流动资产周转率（次/年）	成本费用利润率（%）	产品销售率（%）	从业人员平均人数	从业人员期末人数	平均用工人数
总　　计	8.19	9.45	98.79	1.61	1.64	1.56
一、按登记注册类型分组:						
内资企业	8.24	9.44	98.79	1.60	1.63	1.55
有限责任公司	3.98	9.00	94.67	0.24	0.24	0.22
国有独资公司						
其他有限责任公司	3.98	9.00	94.67	0.24	0.24	0.22
股份有限公司						
私营企业	10.13	9.52	99.52	1.36	1.40	1.33
私营独资企业	8.45	5.83	99.99	0.07	0.07	0.07
私营合伙企业	3.22	12.43	99.12			
私营有限责任公司	10.26	9.54	99.48	1.25	1.28	1.22
私营股份有限公司	14.47	12.59	100.00	0.04	0.04	0.04
外商投资企业	1.89	12.56	98.49	0.01	0.01	0.01
中外合资经营企业	1.89	12.56	98.49	0.01	0.01	0.01
二、按经济组织类型分组						
独资企业	8.45	5.83	99.99	0.07	0.07	0.07
国有企业						
集体企业						
私营独资企业	8.45	5.83	99.99	0.07	0.07	0.07
港澳台商独资经营企业						
外资企业						
合作、合伙企业	3.22	12.43	99.12			
私营合伙企业	3.22	12.43	99.12			
股份有限公司	14.47	12.59	100.00	0.04	0.04	0.04
股份有限公司(内资)						
私营股份有限公司	14.47	12.59	100.00	0.04	0.04	0.04
港澳台商投资股份有限公司						
外商投资股份有限公司						
有限责任公司	8.15	9.45	98.70	1.49	1.52	1.45
国有独资公司						
私营有限责任公司	10.26	9.54	99.48	1.25	1.28	1.22
合资经营企业(港或澳、台资)						
中外合资经营企业	1.89	12.56	98.49	0.01	0.01	0.01
其他有限责任公司	3.98	9.00	94.67	0.24	0.24	0.22
三、在总计中:亏损企业	2.24	–5.49	59.27	0.09	0.09	0.07
在总计中:国有控股企业	3.75	–0.10	86.66	0.14	0.14	0.12

7-15 续表 8

分　　组	期末用工人数	主营业务收入利润率（%）	人均主营业务收入（万元/人）	每百元资产实现的主营业务收入(元)	产成品存货周转天数(天)	应收账款平均回收期(天)
总　　计	1.62	8.60	163.66	269.21	4.93	14.14
一、按登记注册类型分组:						
内资企业	1.61	8.60	164.10	269.51	4.94	14.11
有限责任公司	0.22	8.25	172.24	140.85	14.20	31.16
国有独资公司						
其他有限责任公司	0.22	8.25	172.24	140.85	14.20	31.16
股份有限公司						
私营企业	1.39	8.66	162.76	320.57	3.41	11.14
私营独资企业	0.07	5.50	116.01	405.58	1.48	15.14
私营合伙企业		11.03	456.79	148.45	16.57	17.54
私营有限责任公司	1.28	8.67	163.39	336.81	3.24	10.96
私营股份有限公司	0.04	11.15	201.45	143.32	7.40	10.13
外商投资企业	0.01	11.14	57.98	154.37		37.51
中外合资经营企业	0.01	11.14	57.98	154.37		37.51
二、按经济组织类型分组						
独资企业	0.07	5.50	116.01	405.58	1.48	15.14
国有企业						
集体企业						
私营独资企业	0.07	5.50	116.01	405.58	1.48	15.14
港澳台商独资经营企业						
外资企业						
合作、合伙企业		11.03	456.79	148.45	16.57	17.54
私营合伙企业		11.03	456.79	148.45	16.57	17.54
股份有限公司	0.04	11.15	201.45	143.32	7.40	10.13
股份有限公司(内资)						
私营股份有限公司	0.04	11.15	201.45	143.32	7.40	10.13
港澳台商投资股份有限公司						
外商投资股份有限公司						
有限责任公司	1.51	8.61	164.26	275.36	4.90	14.22
国有独资公司						
私营有限责任公司	1.28	8.67	163.39	336.81	3.24	10.96
合资经营企业(港或澳、台资)						
中外合资经营企业	0.01	11.14	57.98	154.37		37.51
其他有限责任公司	0.22	8.25	172.24	140.85	14.20	31.16
三、在总计中:亏损企业	0.08	−5.82	66.13	62.78	5.20	49.15
在总计中:国有控股企业	0.12	−0.10	111.84	87.35	17.57	22.93

7–16 永丰县规模以上工业企业主要经济指标（大类行业）

单位：亿元

行业	企业单位数（个）	亏损企业	工业总产值(当年价格)	工业销售产值(当年价格)	出口交货值	年初存货	产成品
总计	128	2	286.13	275.61	5.96	14.25	10.66
煤炭开采和洗选业	1		0.56	0.53		0.04	0.04
石油和天然气开采业							
黑色金属矿采选业	2		6.46	6.32		0.08	0.03
有色金属矿采选业							
非金属矿采选业	6	1	18.01	17.63		1.70	1.54
农副食品加工业	9	1	9.05	9.21	4.06	0.80	0.47
食品制造业	2		4.40	4.32		0.20	0.16
酒、饮料和精制茶制造业	1		0.48	0.46		0.01	
烟草制品业							
纺织业	3		4.44	4.36		1.24	1.22
纺织服装、服饰业	8		4.48	3.26		0.20	0.06
皮革、毛皮、羽毛及其制品和制鞋业	1		0.49	0.47		0.01	0.01
木材加工和木、竹、藤、棕、草制品业	7		8.66	8.50		0.98	0.83
家具制造业	1		0.38	0.37		0.02	0.01
造纸和纸制品业	3		11.95	11.68		0.25	0.23
印刷和记录媒介复制业	1		0.58	0.57		0.03	0.03
文教、工美、体育和娱乐用品制造业	3		3.37	3.26		0.08	
石油加工、炼焦和核燃料加工业							
化学原料和化学制品制造业	31		51.00	48.75		2.18	1.35
医药制造业	14		20.03	18.14		1.22	0.82
化学纤维制造业							
橡胶和塑料制品业	6		5.47	5.35		0.14	0.09
非金属矿物制品业	10		10.94	10.43		1.53	1.03
黑色金属冶炼和压延加工业	1		0.28	0.27		0.01	0.01
有色金属冶炼和压延加工业	4		70.49	68.94		1.88	1.75
专用设备制造业	5		2.08	1.82		0.15	0.10
电气机械和器材制造业	3		8.55	8.34	0.87	0.44	0.40
计算机、通信和其他电子设备制造业	3		11.32	10.86	1.02	0.66	0.10
废弃资源综合利用业	1		31.85	30.99		0.40	0.38
金属制品、机械和设备修理业							
电力、热力生产和供应业	1		0.57	0.56			
燃气生产和供应业	1		0.25	0.24		0.01	0.01

7-16 续表 1

行业	资产总计	流动资产合计				固定资产合计	固定资产原价
		流动资产合计	应收账款	存货	产成品		
总计	171.36	35.81	9.70	12.10	7.70	107.54	183.21
煤炭开采和洗选业	0.14	0.05	0.02	0.01	0.01		
石油和天然气开采业							
黑色金属矿采选业	3.52	0.28	0.04	0.08	0.03	0.12	0.87
有色金属矿采选业							
非金属矿采选业	8.58	3.61	1.43	0.96	0.72	2.42	13.87
农副食品加工业	6.38	1.39	0.35	0.65	0.31	2.87	3.16
食品制造业	1.31	0.42	0.04	0.21	0.13	0.59	2.07
酒、饮料和精制茶制造业	0.27	0.12	0.03				
烟草制品业							
纺织业	2.19	0.46	0.12	0.22	0.17	1.52	3.22
纺织服装、服饰业	2.04	1.17	0.42	0.31	0.12	0.45	0.50
皮革、毛皮、羽毛及其制品和制鞋业	0.15	0.03		0.01	0.01		0.03
木材加工和木、竹、藤、棕、草制品业	5.29	1.22	0.20	0.59	0.48	2.51	6.49
家具制造业	0.08	0.04	0.01	0.02	0.01	0.01	0.02
造纸和纸制品业	4.28	0.48	0.10	0.28	0.19	3.80	6.77
印刷和记录媒介复制业	0.50	0.27	0.11	0.07	0.03	0.24	0.24
文教、工美、体育和娱乐用品制造业	3.18	2.21	0.58	0.15	0.11	0.22	0.26
石油加工、炼焦和核燃料加工业							
化学原料和化学制品制造业	20.80	6.52	2.51	2.43	1.72	7.03	25.91
医药制造业	10.63	2.49	1.02	0.88	0.53	6.66	7.95
化学纤维制造业							
橡胶和塑料制品业	4.10	0.53	0.07	0.18	0.16	1.43	2.33
非金属矿物制品业	26.76	4.88	1.23	1.71	0.90	21.19	22.61
黑色金属冶炼和压延加工业	0.06	0.02	0.01	0.01	0.01	0.03	0.03
有色金属冶炼和压延加工业	45.69	4.47	0.64	2.04	1.30	39.19	45.17
专用设备制造业	2.36	1.18	0.25	0.17	0.11	0.15	0.27
电气机械和器材制造业	3.03	1.38	0.21	0.35	0.19	1.64	6.91
计算机、通信和其他电子设备制造业	5.10	0.71	0.13	0.31	0.23	3.74	10.44
废弃资源综合利用业	13.28	1.85	0.13	0.43	0.24	11.43	22.99
金属制品、机械和设备修理业							
电力、热力生产和供应业	1.44	0.03	0.02			0.24	1.06
燃气生产和供应业	0.19	0.02		0.01	0.01	0.05	0.05

7-16 续表 2

行业	资产总计		负债合计			
	累计折旧	本年折旧		流动负债合计	应付账款	非流动负债合计
总计	76.87	13.60	45.11	30.38	5.51	13.41
煤炭开采和洗选业			0.01	0.01	0.01	
石油和天然气开采业						
黑色金属矿采选业	0.75	0.04	0.56	0.39	0.21	0.17
有色金属矿采选业						
非金属矿采选业	11.32	1.49	2.67	2.60	0.20	0.05
农副食品加工业	1.31	0.23	1.11	0.88	0.02	0.19
食品制造业	1.48	0.22	0.23	0.20		0.03
酒、饮料和精制茶制造业			0.04	0.04		
烟草制品业						
纺织业	1.70	0.26	0.61	0.55	0.07	0.05
纺织服装、服饰业	0.08	0.03	0.54	0.36	0.06	0.01
皮革、毛皮、羽毛及其制品和制鞋业	0.02		0.03	0.03		
木材加工和木、竹、藤、棕、草制品业	4.04	0.54	1.59	1.27	0.09	0.03
家具制造业	0.01		0.04	0.04	0.02	
造纸和纸制品业	2.97	0.45	0.93	0.74	0.02	0.19
印刷和记录媒介复制业	0.01		0.29	0.29	0.06	0.01
文教、工美、体育和娱乐用品制造业	0.04	0.01	0.30	0.30	0.10	
石油加工、炼焦和核燃料加工业						
化学原料和化学制品制造业	19.00	2.50	6.82	5.95	1.32	0.58
医药制造业	1.34	0.15	2.98	2.68	0.41	0.29
化学纤维制造业						
橡胶和塑料制品业	0.90	0.10	1.27	0.73	0.08	0.10
非金属矿物制品业	1.43	0.69	11.67	5.26	0.67	6.39
黑色金属冶炼和压延加工业			0.02	0.02	0.01	
有色金属冶炼和压延加工业	5.98	3.38	8.77	3.73	1.70	5.04
专用设备制造业	0.12	0.03	0.46	0.30	0.09	0.14
电气机械和器材制造业	5.27	0.90	0.28	0.22	0.15	0.06
计算机、通信和其他电子设备制造业	6.70	0.97	0.72	0.61	0.13	0.08
废弃资源综合利用业	11.56	1.53	2.10	2.10	0.04	
金属制品、机械和设备修理业						
电力、热力生产和供应业	0.83	0.07	1.03	1.03	0.02	
燃气生产和供应业			0.06	0.05	0.03	

7-16 续表 3

行　　业	所有者权益合计	实收资本					
			国家资本	集体资本	法人资本	个人资本	港澳台资本
总计	124.22	37.10	2.22	0.17	4.97	27.50	2.24
煤炭开采和洗选业	0.14	0.30			0.30		
石油和天然气开采业							
黑色金属矿采选业	2.96	0.30				0.30	
有色金属矿采选业							
非金属矿采选业	5.90	0.97		0.17	0.79	0.02	
农副食品加工业	3.59	1.01			0.07	0.94	
食品制造业	1.08	0.31				0.31	
酒、饮料和精制茶制造业	0.23	0.09				0.09	
烟草制品业							
纺织业	1.58	0.25				0.12	0.13
纺织服装、服饰业	1.20	0.15			0.01	0.14	
皮革、毛皮、羽毛及其制品和制鞋业	0.11	0.03				0.03	
木材加工和木、竹、藤、棕、草制品业	3.70	0.60			0.17	0.43	
家具制造业	0.04	0.01				0.01	
造纸和纸制品业	3.35	0.86				0.86	
印刷和记录媒介复制业	0.21	0.02			0.02		
文教、工美、体育和娱乐用品制造业	2.88	2.07			0.01	0.05	2.01
石油加工、炼焦和核燃料加工业							
化学原料和化学制品制造业	13.94	4.94	0.12		1.05	3.76	
医药制造业	7.65	1.92			0.28	1.64	
化学纤维制造业							
橡胶和塑料制品业	2.83	0.77				0.77	
非金属矿物制品业	15.09	2.89	2.10			0.79	
黑色金属冶炼和压延加工业	0.04	0.02				0.02	
有色金属冶炼和压延加工业	36.92	8.60				8.60	
专用设备制造业	1.90	0.50			0.15	0.35	
电气机械和器材制造业	2.75	0.75				0.65	0.10
计算机、通信和其他电子设备制造业	4.38	0.59				0.59	
废弃资源综合利用业	11.18	9.00			2.00	7.00	
金属制品、机械和设备修理业							
电力、热力生产和供应业	0.41	0.02				0.02	
燃气生产和供应业	0.13	0.13			0.13		

7–16 续表 4

行　　业	营业收入	主营业务收入	营业成本	主营业务成本	营业税金及附加	主营业务税金及附加	其他业务收入
总计	284.13	284.09	236.78	236.73	1.71	1.71	0.04
煤炭开采和洗选业	0.59	0.59	0.48	0.48	0.01	0.01	
石油和天然气开采业							
黑色金属矿采选业	6.46	6.46	5.61	5.61	0.02	0.02	
有色金属矿采选业							
非金属矿采选业	18.02	18.02	12.51	12.49	0.23	0.23	
农副食品加工业	11.22	11.19	9.76	9.73	0.04	0.04	0.03
食品制造业	4.20	4.20	3.45	3.45	0.02	0.02	
酒、饮料和精制茶制造业	0.48	0.48	0.45	0.45			
烟草制品业							
纺织业	4.43	4.43	3.79	3.79	0.01	0.01	
纺织服装、服饰业	4.36	4.36	3.87	3.87	0.03	0.03	
皮革、毛皮、羽毛及其制品和制鞋业	0.49	0.49	0.38	0.38	0.01	0.01	
木材加工和木、竹、藤、棕、草制品业	8.55	8.55	7.37	7.37	0.02	0.02	
家具制造业	0.38	0.38	0.32	0.32			
造纸和纸制品业	11.95	11.95	10.71	10.71	0.07	0.07	
印刷和记录媒介复制业	0.57	0.57	0.46	0.46			
文教、工美、体育和娱乐用品制造业	3.36	3.36	3.21	3.21			
石油加工、炼焦和核燃料加工业							
化学原料和化学制品制造业	52.01	52.01	41.42	41.42	0.29	0.29	
医药制造业	19.94	19.94	16.48	16.48	0.15	0.15	
化学纤维制造业							
橡胶和塑料制品业	5.98	5.98	5.16	5.16	0.03	0.03	
非金属矿物制品业	10.97	10.97	7.22	7.22	0.06	0.06	
黑色金属冶炼和压延加工业	0.28	0.27	0.27	0.27			0.01
有色金属冶炼和压延加工业	68.30	68.30	59.11	59.11	0.58	0.58	
专用设备制造业	1.87	1.87	1.09	1.09	0.02	0.02	
电气机械和器材制造业	8.59	8.59	7.37	7.37	0.01	0.01	
计算机、通信和其他电子设备制造业	11.22	11.22	9.47	9.47	0.03	0.03	
废弃资源综合利用业	29.07	29.07	26.10	26.10	0.05	0.05	
金属制品、机械和设备修理业							
电力、热力生产和供应业	0.57	0.57	0.50	0.50			
燃气生产和供应业	0.25	0.25	0.19	0.19			

7-16 续表 5

行业	销售费用	管理费用	税金	财务费用	利息收入	利息支出	营业利润
总计	6.37	6.19	0.09	2.79	0.01	0.41	30.11
煤炭开采和洗选业	0.02	0.02		0.02			0.02
石油和天然气开采业							
黑色金属矿采选业	0.11	0.08		0.01			0.62
有色金属矿采选业							
非金属矿采选业	1.51	0.80		0.09		0.03	2.86
农副食品加工业	0.36	0.18		0.07		0.01	0.61
食品制造业	0.13	0.13	0.01	0.02			0.44
酒、饮料和精制茶制造业	0.01	0.01					0.01
烟草制品业							
纺织业	0.18	0.18					0.27
纺织服装、服饰业	0.06	0.10		0.01			0.28
皮革、毛皮、羽毛及其制品和制鞋业	0.01	0.01		0.01			0.06
木材加工和木、竹、藤、棕、草制品业	0.13	0.11		0.05		0.02	0.88
家具制造业	0.01	0.02		0.02			0.01
造纸和纸制品业	0.07	0.09		0.02		0.01	0.99
印刷和记录媒介复制业	0.01	0.01		0.01		0.01	0.08
文教、工美、体育和娱乐用品制造业	0.05	0.04		0.01		0.01	0.04
石油加工、炼焦和核燃料加工业							
化学原料和化学制品制造业	1.45	1.70	0.02	0.34	0.01	0.24	6.83
医药制造业	0.95	0.62	0.01	0.10		0.02	1.64
化学纤维制造业							
橡胶和塑料制品业	0.09	0.08	0.01	0.01			0.60
非金属矿物制品业	0.44	0.87	0.01	0.64		0.03	1.76
黑色金属冶炼和压延加工业							
有色金属冶炼和压延加工业	0.21	0.38	0.01	1.26		0.01	6.77
专用设备制造业	0.21	0.16		0.02		0.01	0.39
电气机械和器材制造业	0.19	0.19		0.02			0.80
计算机、通信和其他电子设备制造业	0.09	0.25		0.03			1.34
废弃资源综合利用业	0.07	0.14	0.01	0.01			2.70
金属制品、机械和设备修理业							
电力、热力生产和供应业							0.07
燃气生产和供应业	0.02	0.01					0.03

7-16 续表 6

行　业	公允价值变动收益	投资收益	营业外收入	政府补助	营业外支出	利润总额	所得税费用
总计	0.02	0.01	0.15	0.08	0.08	30.35	1.11
煤炭开采和洗选业						0.02	
石油和天然气开采业							
黑色金属矿采选业						0.62	
有色金属矿采选业							
非金属矿采选业					0.01	2.85	0.14
农副食品加工业						0.78	
食品制造业						0.44	
酒、饮料和精制茶制造业						0.01	
烟草制品业							
纺织业						0.27	
纺织服装、服饰业						0.28	0.06
皮革、毛皮、羽毛及其制品和制鞋业						0.06	
木材加工和木、竹、藤、棕、草制品业						0.88	
家具制造业						0.01	
造纸和纸制品业						0.99	
印刷和记录媒介复制业						0.08	
文教、工美、体育和娱乐用品制造业						0.04	
石油加工、炼焦和核燃料加工业							
化学原料和化学制品制造业		0.01	0.08	0.02	0.05	6.85	0.10
医药制造业			0.01		0.01	1.64	0.22
化学纤维制造业							
橡胶和塑料制品业						0.60	0.01
非金属矿物制品业	0.02		0.01	0.01		1.77	0.28
黑色金属冶炼和压延加工业							
有色金属冶炼和压延加工业						6.77	
专用设备制造业			0.04	0.04	0.01	0.42	0.05
电气机械和器材制造业			0.01			0.81	0.25
计算机、通信和其他电子设备制造业						1.34	
废弃资源综合利用业						2.70	
金属制品、机械和设备修理业							
电力、热力生产和供应业						0.07	
燃气生产和供应业						0.03	

7-16 续表 7

行　　业	亏损企业亏损总额	利税总额	应交税金及附加	本年应付职工薪酬	本年应交增值税	总资产贡献率（%）	资产负债率（%）
总计	0.08	40.36	11.21	9.14	8.30	23.78	26.32
煤炭开采和洗选业		0.06	0.04	0.07	0.03	42.58	5.27
石油和天然气开采业							
黑色金属矿采选业		0.91	0.29	0.23	0.27	25.98	15.79
有色金属矿采选业							
非金属矿采选业	0.07	3.71	1.00	0.67	0.62	43.57	31.17
农副食品加工业	0.01	1.19	0.41	0.29	0.37	18.76	17.33
食品制造业		0.64	0.20	0.02	0.17	49.08	17.57
酒、饮料和精制茶制造业		0.03	0.02	0.06	0.01	10.52	14.77
烟草制品业							
纺织业		0.47	0.20	0.23	0.19	21.54	27.82
纺织服装、服饰业		0.52	0.29	0.63	0.20	25.36	26.23
皮革、毛皮、羽毛及其制品和制鞋业		0.08	0.02	0.04	0.01	52.57	23.42
木材加工和木、竹、藤、棕、草制品业		1.26	0.39	0.57	0.36	24.21	30.04
家具制造业		0.02	0.01	0.02	0.01	23.17	44.73
造纸和纸制品业		1.60	0.61	0.35	0.54	37.60	21.69
印刷和记录媒介复制业		0.09	0.01	0.03	0.01	19.11	58.46
文教、工美、体育和娱乐用品制造业		0.07	0.03	0.06	0.02	2.45	9.50
石油加工、炼焦和核燃料加工业							
化学原料和化学制品制造业		8.68	1.94	2.13	1.54	42.87	32.79
医药制造业		2.67	1.26	0.91	0.88	25.30	28.01
化学纤维制造业							
橡胶和塑料制品业		0.92	0.34	0.16	0.29	22.50	31.03
非金属矿物制品业		2.11	0.63	0.61	0.28	7.98	43.60
黑色金属冶炼和压延加工业				0.01		6.54	32.96
有色金属冶炼和压延加工业		8.28	1.52	0.94	0.93	18.14	19.19
专用设备制造业		0.52	0.15	0.26	0.08	22.42	19.45
电气机械和器材制造业		1.29	0.74	0.26	0.47	42.77	9.12
计算机、通信和其他电子设备制造业		1.74	0.40	0.14	0.36	34.11	14.08
废弃资源综合利用业		3.39	0.70	0.39	0.64	25.55	15.79
金属制品、机械和设备修理业							
电力、热力生产和供应业		0.07		0.03		5.03	71.23
燃气生产和供应业		0.03		0.01		18.50	32.80

7-16 续表 8

行　业	流动资产周转率（次/年）	成本费用利润率（%）	产品销售率（%）	从业人员平均人数	从业人员期末人数	平均用工人数
总计	7.93	12.04	96.32	2.10	2.13	2.26
煤炭开采和洗选业	10.79	4.43	94.77	0.02	0.02	0.02
石油和天然气开采业						
黑色金属矿采选业	23.17	10.65	97.86	0.06	0.06	0.06
有色金属矿采选业						
非金属矿采选业	5.00	19.12	97.91	0.15	0.15	0.16
农副食品加工业	8.09	7.52	101.71	0.11	0.11	0.12
食品制造业	10.13	11.82	98.25	0.04	0.04	0.04
酒、饮料和精制茶制造业	3.94	2.46	97.70	0.01	0.01	0.01
烟草制品业						
纺织业	9.68	6.54	98.17	0.06	0.06	0.07
纺织服装、服饰业	3.74	6.99	72.88	0.10	0.10	0.11
皮革、毛皮、羽毛及其制品和制鞋业	17.01	14.53	96.75	0.01	0.01	0.01
木材加工和木、竹、藤、棕、草制品业	7.03	11.46	98.11	0.12	0.12	0.13
家具制造业	8.59	1.92	97.13			
造纸和纸制品业	25.02	9.13	97.70	0.11	0.11	0.10
印刷和记录媒介复制业	2.15	16.44	98.15	0.02	0.02	0.02
文教、工美、体育和娱乐用品制造业	1.52	1.34	96.79	0.02	0.02	0.02
石油加工、炼焦和核燃料加工业						
化学原料和化学制品制造业	7.97	15.26	95.59	0.52	0.53	0.54
医药制造业	8.02	9.05	90.56	0.18	0.19	0.24
化学纤维制造业						
橡胶和塑料制品业	11.34	11.17	97.76	0.08	0.08	0.09
非金属矿物制品业	2.25	19.28	95.28	0.10	0.10	0.11
黑色金属冶炼和压延加工业	12.24	1.32	96.01			
有色金属冶炼和压延加工业	15.28	11.10	97.79	0.13	0.13	0.14
专用设备制造业	1.59	28.59	87.34	0.03	0.04	0.03
电气机械和器材制造业	6.21	10.38	97.53	0.09	0.09	0.09
计算机、通信和其他电子设备制造业	15.78	13.63	95.89	0.07	0.07	0.08
废弃资源综合利用业	15.73	10.27	97.31	0.05	0.05	0.05
金属制品、机械和设备修理业						
电力、热力生产和供应业	16.59	13.88	97.55	0.01	0.01	0.01
燃气生产和供应业	16.31	12.67	98.01			

7-16 续表 9

行　　业	期末用工人数	主营业务收入利润率（%）	人均主营业务收入（万元/人）	每百元资产实现的主营业务收入(元)	产成品存货周转天数(天)	应收账款平均回收期(天)
总计	2.24	10.68	125.62	165.79	11.71	12.29
煤炭开采和洗选业	0.02	4.20	33.37	407.95	7.59	13.41
石油和天然气开采业						
黑色金属矿采选业	0.06	9.59	111.59	183.53	1.91	2.45
有色金属矿采选业						
非金属矿采选业	0.16	15.84	113.48	210.14	20.63	28.52
农副食品加工业	0.09	6.96	94.62	175.58	11.46	11.36
食品制造业	0.04	10.51	105.63	321.85	13.21	3.58
酒、饮料和精制茶制造业	0.01	2.39	36.88	173.83	0.76	26.42
烟草制品业						
纺织业	0.07	6.13	62.88	202.28	16.06	9.36
纺织服装、服饰业	0.10	6.49	40.77	213.44	11.43	35.02
皮革、毛皮、羽毛及其制品和制鞋业	0.01	12.52	65.04	328.78	6.03	2.05
木材加工和木、竹、藤、棕、草制品业	0.13	10.26	65.10	161.59	23.58	8.34
家具制造业		1.87	78.61	477.77	9.71	12.93
造纸和纸制品业	0.10	8.32	116.50	279.34	6.41	3.07
印刷和记录媒介复制业	0.02	14.05	37.71	114.36	23.44	70.34
文教、工美、体育和娱乐用品制造业	0.02	1.32	207.38	105.53	11.86	62.69
石油加工、炼焦和核燃料加工业						
化学原料和化学制品制造业	0.53	13.17	96.21	250.01	14.94	17.41
医药制造业	0.25	8.24	81.90	187.57	11.60	18.34
化学纤维制造业						
橡胶和塑料制品业	0.09	9.99	63.79	145.86	11.46	4.08
非金属矿物制品业	0.11	16.11	96.06	40.99	44.93	40.27
黑色金属冶炼和压延加工业		1.34	77.68	444.56	10.07	11.06
有色金属冶炼和压延加工业	0.14	9.91	494.21	149.50	7.90	3.39
专用设备制造业	0.04	22.42	60.44	79.30	34.85	48.52
电气机械和器材制造业	0.09	9.39	93.13	283.80	9.13	8.69
计算机、通信和其他电子设备制造业	0.08	11.96	135.33	219.84	8.60	4.25
废弃资源综合利用业	0.05	9.30	567.74	218.92	3.31	1.61
金属制品、机械和设备修理业						
电力、热力生产和供应业	0.01	12.19	91.24	39.93		11.47
燃气生产和供应业		11.12	68.48	132.16	26.82	1.61

7-17 永丰县规模以上工业企业主要经济指标（综合分组）

单位：亿元

分　　组	企业单位数（个）	亏损企业	工业总产值（当年价格）	工业销售产值(当年价格)	出口交货值	年初存货	产成品
总　　计	128	2	286.13	275.61	5.96	14.25	10.66
一、按登记注册类型分组:							
内资企业	121	2	267.05	257.19	4.93	10.99	8.48
国有企业	1		0.56	0.53		0.04	0.04
中央企业							
地方企业	1		0.56	0.53		0.04	0.04
集体企业	2		5.98	5.86		0.42	0.39
有限责任公司	16		83.27	80.45	0.87	3.18	2.81
国有独资公司	1		8.13	7.92		0.60	0.60
其他有限责任公司	15		75.14	72.53	0.87	2.58	2.21
股份有限公司	2		1.53	1.30		0.03	
私营企业	100	2	175.70	169.06	4.06	7.32	5.24
私营独资企业	3	1	1.29	1.26		0.15	
私营合伙企业	2		4.14	4.03		0.04	0.03
私营有限责任公司	94	1	166.83	161.94	4.06	6.53	4.72
私营股份有限公司	1		3.44	1.83		0.59	0.50
其他企业							
港、澳、台商投资企业	7		19.08	18.42	1.02	3.27	2.18
合资经营企业(港或澳、台资)	1		10.39	10.02	1.02	0.56	0.04
合作经营企业(港或澳、台资)							
港澳台商独资经营企业	6		8.68	8.40		2.71	2.13
二、按经济组织类型分组							
独资企业	12	1	16.51	16.05		3.32	2.56
国有企业	1		0.56	0.53		0.04	0.04
集体企业	2		5.98	5.86		0.42	0.39
私营独资企业	3	1	1.29	1.26		0.15	
港澳台商独资经营企业	6		8.68	8.40		2.71	2.13
外资企业							
合作、合伙企业	2		4.14	4.03		0.04	0.03
私营合伙企业	2		4.14	4.03		0.04	0.03
股份有限公司	3		4.98	3.13		0.62	0.50
股份有限公司(内资)	2		1.53	1.30		0.03	
私营股份有限公司	1		3.44	1.83		0.59	0.50
有限责任公司	111	1	260.50	252.40	5.95	10.27	7.57
国有独资公司	1		8.13	7.92		0.60	0.60
私营有限责任公司	94	1	166.83	161.94	4.06	6.53	4.72
合资经营企业(港或澳、台资)	1		10.39	10.02	1.02	0.56	0.04
中外合资经营企业							
其他有限责任公司	15		75.14	72.53	0.87	2.58	2.21
三、在总计中:亏损企业	2	2	0.59	0.59		0.02	
在总计中:国有控股企业	6		12.12	12.13		1.01	0.94

7-17 续表 1

分　组	资产总计	流动资产合计	流动资产合计			固定资产合计	固定资产原价
			应收账款	存货	产成品		
总　　计	171.36	35.81	9.70	12.10	7.70	107.54	183.21
一、按登记注册类型分组:							
内资企业	157.40	29.67	7.98	10.39	6.52	102.16	169.18
国有企业	0.14	0.05	0.02	0.01	0.01		
中央企业							
地方企业	0.14	0.05	0.02	0.01	0.01		
集体企业	1.31	0.09	0.03	0.03	0.02	0.45	4.04
有限责任公司	67.25	11.18	3.03	3.14	1.93	53.24	68.97
国有独资公司	24.21	3.55	1.27	0.72	0.40	20.65	21.48
其他有限责任公司	43.04	7.63	1.76	2.42	1.53	32.59	47.49
股份有限公司	2.72	0.66	0.02	0.05	0.02	0.29	1.14
私营企业	85.97	17.68	4.88	7.16	4.53	48.18	95.03
私营独资企业	0.65	0.25	0.04	0.10		0.39	0.48
私营合伙企业	2.25	0.20	0.04	0.06	0.04	0.11	0.67
私营有限责任公司	79.02	17.02	4.79	6.81	4.31	43.84	89.95
私营股份有限公司	4.06	0.21	0.01	0.19	0.18	3.85	3.93
其他企业							
港、澳、台商投资企业	13.96	6.14	1.71	1.72	1.19	5.38	14.03
合资经营企业(港或澳、台资)	4.09	0.44	0.02	0.20	0.12	3.65	9.95
合作经营企业(港或澳、台资)							
港澳台商独资经营企业	9.88	5.70	1.69	1.51	1.06	1.74	4.07
二、按经济组织类型分组							
独资企业	11.98	6.11	1.79	1.65	1.10	2.57	8.60
国有企业	0.14	0.05	0.02	0.01	0.01		
集体企业	1.31	0.09	0.03	0.03	0.02	0.45	4.04
私营独资企业	0.65	0.25	0.04	0.10		0.39	0.48
港澳台商独资经营企业	9.88	5.70	1.69	1.51	1.06	1.74	4.07
外资企业							
合作、合伙企业	2.25	0.20	0.04	0.06	0.04	0.11	0.67
私营合伙企业	2.25	0.20	0.04	0.06	0.04	0.11	0.67
股份有限公司	6.78	0.87	0.03	0.24	0.21	4.13	5.07
股份有限公司(内资)	2.72	0.66	0.02	0.05	0.02	0.29	1.14
私营股份有限公司	4.06	0.21	0.01	0.19	0.18	3.85	3.93
有限责任公司	150.35	28.64	7.83	10.16	6.36	100.73	168.88
国有独资公司	24.21	3.55	1.27	0.72	0.40	20.65	21.48
私营有限责任公司	79.02	17.02	4.79	6.81	4.31	43.84	89.95
合资经营企业(港或澳、台资)	4.09	0.44	0.02	0.20	0.12	3.65	9.95
中外合资经营企业							
其他有限责任公司	43.04	7.63	1.76	2.42	1.53	32.59	47.49
三、在总计中:亏损企业	0.53	0.12	0.08			0.05	0.06
在总计中:国有控股企业	29.07	4.87	1.98	1.07	0.56	21.33	23.73

7-17 续表 2

分组	资产总计		负债合计	流动负债合计		非流动负债合计
	累计折旧	本年折旧			应付账款	
总计	76.87	13.60	45.11	30.38	5.51	13.41
一、按登记注册类型分组:						
内资企业	68.37	12.38	42.41	27.79	5.32	13.30
国有企业			0.01	0.01	0.01	
中央企业						
地方企业			0.01	0.01	0.01	
集体企业	3.60	0.48	0.32	0.32	0.02	
有限责任公司	15.73	4.08	19.17	7.46	0.94	11.71
国有独资公司	0.82	0.62	10.39	4.02	0.50	6.37
其他有限责任公司	14.91	3.46	8.77	3.44	0.44	5.34
股份有限公司	0.85	0.09	1.28	1.16	0.04	0.12
私营企业	48.19	7.72	21.63	18.85	4.32	1.47
私营独资企业	0.09	0.01	0.09	0.09		
私营合伙企业	0.56	0.03	0.34	0.32	0.20	0.02
私营有限责任公司	47.45	7.67	20.57	18.03	4.09	1.23
私营股份有限公司	0.08	0.01	0.63	0.41	0.02	0.22
其他企业						
港、澳、台商投资企业	8.51	1.23	2.70	2.59	0.19	0.11
合资经营企业(港或澳、台资)	6.31	0.95	0.21	0.15	0.03	0.06
合作经营企业(港或澳、台资)						
港澳台商独资经营企业	2.20	0.28	2.49	2.44	0.16	0.05
二、按经济组织类型分组						
独资企业	5.89	0.78	2.91	2.85	0.19	0.05
国有企业			0.01	0.01	0.01	
集体企业	3.60	0.48	0.32	0.32	0.02	
私营独资企业	0.09	0.01	0.09	0.09		
港澳台商独资经营企业	2.20	0.28	2.49	2.44	0.16	0.05
外资企业						
合作、合伙企业	0.56	0.03	0.34	0.32	0.20	0.02
私营合伙企业	0.56	0.03	0.34	0.32	0.20	0.02
股份有限公司	0.93	0.10	1.91	1.57	0.06	0.34
股份有限公司(内资)	0.85	0.09	1.28	1.16	0.04	0.12
私营股份有限公司	0.08	0.01	0.63	0.41	0.02	0.22
有限责任公司	69.49	12.70	39.95	25.63	5.05	13.00
国有独资公司	0.82	0.62	10.39	4.02	0.50	6.37
私营有限责任公司	47.45	7.67	20.57	18.03	4.09	1.23
合资经营企业(港或澳、台资)	6.31	0.95	0.21	0.15	0.03	0.06
中外合资经营企业						
其他有限责任公司	14.91	3.46	8.77	3.44	0.44	5.34
三、在总计中:亏损企业	0.02		0.60	0.60		
在总计中:国有控股企业	2.40	0.73	12.87	6.33	0.63	6.53

7-17 续表 3

分　组	所有者权益合计	实收资本	国家资本	集体资本	法人资本	个人资本	港澳台资本
总　计	124.22	37.10	2.22	0.17	4.97	27.50	2.24
一、按登记注册类型分组:							
内资企业	112.96	33.53	2.22	0.17	4.37	26.77	
国有企业	0.14	0.30			0.30		
中央企业							
地方企业	0.14	0.30			0.30		
集体企业	0.99	0.19		0.17		0.02	
有限责任公司	48.08	6.01	2.22		0.42	3.37	
国有独资公司	13.82	2.00	2.00				
其他有限责任公司	34.27	4.01	0.22		0.42	3.37	
股份有限公司	1.44	0.29			0.08	0.22	
私营企业	62.31	26.74			3.57	23.17	
私营独资企业	0.57	0.32				0.32	
私营合伙企业	1.91	0.25				0.25	
私营有限责任公司	56.41	25.66			3.57	22.10	
私营股份有限公司	3.43	0.50				0.50	
其他企业							
港、澳、台商投资企业	11.26	3.57			0.60	0.73	2.24
合资经营企业(港或澳、台资)	3.87	0.50				0.50	
合作经营企业(港或澳、台资)							
港澳台商独资经营企业	7.39	3.07			0.60	0.23	2.24
二、按经济组织类型分组							
独资企业	9.08	3.89		0.17	0.90	0.57	2.24
国有企业	0.14	0.30			0.30		
集体企业	0.99	0.19		0.17		0.02	
私营独资企业	0.57	0.32				0.32	
港澳台商独资经营企业	7.39	3.07			0.60	0.23	2.24
外资企业							
合作、合伙企业	1.91	0.25				0.25	
私营合伙企业	1.91	0.25				0.25	
股份有限公司	4.87	0.80			0.08	0.72	
股份有限公司(内资)	1.44	0.29			0.08	0.22	
私营股份有限公司	3.43	0.50				0.50	
有限责任公司	108.36	32.17	2.22		3.99	25.96	
国有独资公司	13.82	2.00	2.00				
私营有限责任公司	56.41	25.66			3.57	22.10	
合资经营企业(港或澳、台资)	3.87	0.50				0.50	
中外合资经营企业							
其他有限责任公司	34.27	4.01	0.22		0.42	3.37	
三、在总计中:亏损企业	−0.07	0.04			0.03	0.01	
在总计中:国有控股企业	16.21	3.04	2.10		0.52	0.42	

7-17 续表 4

分　组	营业收入	主营业务收入	营业成本	主营业务成本	营业税金及附加	主营业务税金及附加	其他业务收入
总　计	284.13	284.09	236.78	236.73	1.71	1.71	0.04
一、按登记注册类型分组:							
内资企业	265.15	265.11	220.58	220.53	1.66	1.66	0.04
国有企业	0.59	0.59	0.48	0.48	0.01	0.01	
中央企业							
地方企业	0.59	0.59	0.48	0.48	0.01	0.01	
集体企业	5.98	5.98	5.17	5.17	0.05	0.05	0.01
有限责任公司	81.95	81.95	67.71	67.71	0.44	0.44	
国有独资公司	8.13	8.13	4.83	4.83	0.03	0.03	
其他有限责任公司	73.82	73.82	62.88	62.88	0.41	0.41	
股份有限公司	1.31	1.31	0.68	0.68	0.01	0.01	
私营企业	175.32	175.29	146.53	146.49	1.16	1.16	0.03
私营独资企业	1.26	1.26	1.17	1.17			
私营合伙企业	4.14	4.12	3.60	3.57	0.02	0.02	0.03
私营有限责任公司	166.47	166.47	139.18	139.16	1.08	1.08	
私营股份有限公司	3.44	3.44	2.59	2.59	0.06	0.06	
其他企业							
港、澳、台商投资企业	18.98	18.98	16.20	16.20	0.05	0.05	
合资经营企业(港或澳、台资)	10.41	10.41	8.73	8.73	0.03	0.03	
合作经营企业(港或澳、台资)							
港澳台商独资经营企业	8.57	8.57	7.47	7.47	0.03	0.03	
二、按经济组织类型分组							
独资企业	16.40	16.40	14.29	14.29	0.08	0.08	0.01
国有企业	0.59	0.59	0.48	0.48	0.01	0.01	
集体企业	5.98	5.98	5.17	5.17	0.05	0.05	0.01
私营独资企业	1.26	1.26	1.17	1.17			
港澳台商独资经营企业	8.57	8.57	7.47	7.47	0.03	0.03	
外资企业							
合作、合伙企业	4.14	4.12	3.60	3.57	0.02	0.02	0.03
私营合伙企业	4.14	4.12	3.60	3.57	0.02	0.02	0.03
股份有限公司	4.75	4.75	3.27	3.27	0.06	0.06	
股份有限公司(内资)	1.31	1.31	0.68	0.68	0.01	0.01	
私营股份有限公司	3.44	3.44	2.59	2.59	0.06	0.06	
有限责任公司	258.83	258.83	215.62	215.60	1.55	1.55	
国有独资公司	8.13	8.13	4.83	4.83	0.03	0.03	
私营有限责任公司	166.47	166.47	139.18	139.16	1.08	1.08	
合资经营企业(港或澳、台资)	10.41	10.41	8.73	8.73	0.03	0.03	
中外合资经营企业							
其他有限责任公司	73.82	73.82	62.88	62.88	0.41	0.41	
三、在总计中:亏损企业	0.58	0.58	0.47	0.47			
在总计中:国有控股企业	12.15	12.15	8.04	8.04	0.05	0.05	

7-17 续表 5

分组	销售费用	管理费用		财务费用			营业利润
			税金		利息收入	利息支出	
总　　计	6.37	6.19	0.09	2.79	0.01	0.41	30.11
一、按登记注册类型分组:							
内资企业	6.15	5.69	0.09	2.71	0.01	0.37	28.19
国有企业	0.02	0.02		0.02			0.02
中央企业							
地方企业	0.02	0.02		0.02			0.02
集体企业	0.09	0.03		0.04		0.01	0.60
有限责任公司	1.73	1.69	0.02	0.96		0.02	9.44
国有独资公司	0.37	0.77	0.01	0.60			1.52
其他有限责任公司	1.36	0.92	0.01	0.36		0.02	7.92
股份有限公司	0.15	0.11					0.36
私营企业	4.16	3.83	0.07	1.68	0.01	0.34	17.76
私营独资企业	0.03	0.03					0.02
私营合伙企业	0.08	0.04		0.01			0.39
私营有限责任公司	3.81	3.70	0.06	1.66	0.01	0.33	16.85
私营股份有限公司	0.23	0.06		0.01			0.50
其他企业							
港、澳、台商投资企业	0.22	0.50	0.01	0.08		0.04	1.93
合资经营企业(港或澳、台资)	0.08	0.24		0.02			1.30
合作经营企业(港或澳、台资)							
港澳台商独资经营企业	0.14	0.26		0.05		0.04	0.63
二、按经济组织类型分组							
独资企业	0.29	0.35		0.12		0.05	1.27
国有企业	0.02	0.02		0.02			0.02
集体企业	0.09	0.03		0.04		0.01	0.60
私营独资企业	0.03	0.03					0.02
港澳台商独资经营企业	0.14	0.26		0.05		0.04	0.63
外资企业							
合作、合伙企业	0.08	0.04		0.01			0.39
私营合伙企业	0.08	0.04		0.01			0.39
股份有限公司	0.37	0.17		0.01		0.01	0.86
股份有限公司(内资)	0.15	0.11					0.36
私营股份有限公司	0.23	0.06		0.01			0.50
有限责任公司	5.62	5.63	0.09	2.65	0.01	0.36	27.58
国有独资公司	0.37	0.77	0.01	0.60			1.52
私营有限责任公司	3.81	3.70	0.06	1.66	0.01	0.33	16.85
合资经营企业(港或澳、台资)	0.08	0.24		0.02			1.30
中外合资经营企业							
其他有限责任公司	1.36	0.92	0.01	0.36		0.02	7.92
三、在总计中:亏损企业	0.12	0.06		0.01		0.01	−0.08
在总计中:国有控股企业	0.56	0.98	0.01	0.68		0.01	1.85

7-17 续表 6

分　　组	公允价值变动收益	投资收益	营业外收入	政府补助	营业外支出	利润总额	所得税费用
总　　计	0.02	0.01	0.15	0.08	0.08	30.35	1.11
一、按登记注册类型分组:							
内资企业	0.02	0.01	0.14	0.08	0.07	28.43	1.03
国有企业						0.02	
中央企业							
地方企业						0.02	
集体企业						0.60	0.05
有限责任公司	0.02		0.01	0.01		9.44	0.47
国有独资公司						1.52	0.25
其他有限责任公司	0.02		0.01	0.01		7.92	0.22
股份有限公司			0.04	0.04	0.01	0.40	0.05
私营企业		0.01	0.09	0.02	0.06	17.96	0.46
私营独资企业						0.02	
私营合伙企业						0.39	
私营有限责任公司		0.01	0.08	0.02	0.06	17.04	0.46
私营股份有限公司						0.50	
其他企业							
港、澳、台商投资企业			0.01		0.01	1.92	0.08
合资经营企业(港或澳、台资)						1.30	
合作经营企业(港或澳、台资)							
港澳台商独资经营企业			0.01		0.01	0.62	0.08
二、按经济组织类型分组							
独资企业			0.01		0.01	1.27	0.13
国有企业						0.02	
集体企业						0.60	0.05
私营独资企业						0.02	
港澳台商独资经营企业			0.01		0.01	0.62	0.08
外资企业							
合作、合伙企业						0.39	
私营合伙企业						0.39	
股份有限公司			0.04	0.04	0.01	0.90	0.05
股份有限公司(内资)			0.04	0.04	0.01	0.40	0.05
私营股份有限公司						0.50	
有限责任公司	0.02	0.01	0.09	0.03	0.06	27.79	0.93
国有独资公司						1.52	0.25
私营有限责任公司		0.01	0.08	0.02	0.06	17.04	0.46
合资经营企业(港或澳、台资)						1.30	
中外合资经营企业							
其他有限责任公司	0.02		0.01	0.01		7.92	0.22
三、在总计中:亏损企业						-0.08	
在总计中:国有控股企业			0.01	0.01		1.86	0.28

7-17 续表 7

分　组	亏损企业亏损总额	利税总额	应交税金及附加	本年应付职工薪酬	本年应交增值税	总资产贡献率（%）	资产负债率（%）
总　计	0.08	40.36	11.21	9.14	8.30	23.78	26.32
一、按登记注册类型分组:							
内资企业	0.08	37.80	10.49	8.77	7.72	24.25	26.94
国有企业		0.06	0.04	0.07	0.03	42.58	5.27
中央企业							
地方企业		0.06	0.04	0.07	0.03	42.58	5.27
集体企业		0.96	0.41	0.25	0.32	74.07	24.70
有限责任公司		12.35	3.39	1.78	2.46	18.39	28.50
国有独资公司		1.75	0.49	0.29	0.20	7.25	42.92
其他有限责任公司		10.60	2.90	1.50	2.27	24.66	20.39
股份有限公司		0.48	0.13	0.19	0.07	17.65	47.00
私营企业	0.08	23.96	6.52	6.48	4.84	28.25	25.16
私营独资企业	0.01	0.04	0.02	0.03	0.02	6.53	13.08
私营合伙企业		0.56	0.17	0.14	0.15	24.97	15.14
私营有限责任公司	0.07	22.55	6.04	6.19	4.43	28.95	26.04
私营股份有限公司		0.80	0.30	0.12	0.25	19.84	15.61
其他企业							
港、澳、台商投资企业		2.55	0.71	0.37	0.58	18.54	19.35
合资经营企业(港或澳、台资)		1.67	0.37		0.34	40.85	5.21
合作经营企业(港或澳、台资)							
港澳台商独资经营企业		0.89	0.35	0.37	0.24	9.31	25.19
二、按经济组织类型分组							
独资企业	0.01	1.95	0.82	0.71	0.60	16.64	24.24
国有企业		0.06	0.04	0.07	0.03	42.58	5.27
集体企业		0.96	0.41	0.25	0.32	74.07	24.70
私营独资企业	0.01	0.04	0.02	0.03	0.02	6.53	13.08
港澳台商独资经营企业		0.89	0.35	0.37	0.24	9.31	25.19
外资企业							
合作、合伙企业		0.56	0.17	0.14	0.15	24.97	15.14
私营合伙企业		0.56	0.17	0.14	0.15	24.97	15.14
股份有限公司		1.28	0.43	0.31	0.32	18.96	28.21
股份有限公司(内资)		0.48	0.13	0.19	0.07	17.65	47.00
私营股份有限公司		0.80	0.30	0.12	0.25	19.84	15.61
有限责任公司	0.07	36.57	9.79	7.98	7.23	24.55	26.57
国有独资公司		1.75	0.49	0.29	0.20	7.25	42.92
私营有限责任公司	0.07	22.55	6.04	6.19	4.43	28.95	26.04
合资经营企业(港或澳、台资)		1.67	0.37		0.34	40.85	5.21
中外合资经营企业							
其他有限责任公司		10.60	2.90	1.50	2.27	24.66	20.39
三、在总计中:亏损企业	0.08	-0.07	0.01	0.04	0.01	-11.65	113.26
在总计中:国有控股企业		2.20	0.64	0.51	0.30	7.61	44.26

7-17 续表 8

分　组	流动资产周转率（次/年）	成本费用利润率（%）	产品销售率（%）	从业人员平均人数	从业人员期末人数	平均用工人数
总　计	7.93	12.04	96.32	2.10	2.13	2.26
一、按登记注册类型分组:						
内资企业	8.94	12.09	96.31	1.95	1.98	2.09
国有企业	10.79	4.43	94.77	0.02	0.02	0.02
中央企业						
地方企业	10.79	4.43	94.77	0.02	0.02	0.02
集体企业	64.05	11.24	97.86	0.05	0.05	0.05
有限责任公司	7.33	13.10	96.61	0.35	0.36	0.41
国有独资公司	2.29	23.12	97.50	0.03	0.03	0.04
其他有限责任公司	9.68	12.09	96.52	0.32	0.33	0.37
股份有限公司	1.99	42.19	84.42	0.02	0.02	0.02
私营企业	9.91	11.50	96.22	1.51	1.53	1.60
私营独资企业	4.95	1.73	98.06	0.01	0.01	0.01
私营合伙企业	20.99	10.58	97.33	0.04	0.04	0.04
私营有限责任公司	9.78	11.49	97.06	1.46	1.48	1.49
私营股份有限公司	16.27	17.42	53.18	0.01	0.01	0.07
其他企业						
港、澳、台商投资企业	3.09	11.32	96.55	0.15	0.15	0.17
合资经营企业(港或澳、台资)	23.74	14.35	96.35	0.03	0.03	0.05
合作经营企业(港或澳、台资)						
港澳台商独资经营企业	1.50	7.84	96.78	0.12	0.12	0.12
二、按经济组织类型分组						
独资企业	2.69	8.42	97.20	0.19	0.19	0.20
国有企业	10.79	4.43	94.77	0.02	0.02	0.02
集体企业	64.05	11.24	97.86	0.05	0.05	0.05
私营独资企业	4.95	1.73	98.06	0.01	0.01	0.01
港澳台商独资经营企业	1.50	7.84	96.78	0.12	0.12	0.12
外资企业						
合作、合伙企业	20.99	10.58	97.33	0.04	0.04	0.04
私营合伙企业	20.99	10.58	97.33	0.04	0.04	0.04
股份有限公司	5.46	23.51	62.82	0.02	0.03	0.08
股份有限公司(内资)	1.99	42.19	84.42	0.02	0.02	0.02
私营股份有限公司	16.27	17.42	53.18	0.01	0.01	0.07
有限责任公司	9.04	12.11	96.89	1.85	1.87	1.95
国有独资公司	2.29	23.12	97.50	0.03	0.03	0.04
私营有限责任公司	9.78	11.49	97.06	1.46	1.48	1.49
合资经营企业(港或澳、台资)	23.74	14.35	96.35	0.03	0.03	0.05
中外合资经营企业						
其他有限责任公司	9.68	12.09	96.52	0.32	0.33	0.37
三、在总计中:亏损企业	4.65	−11.90	99.25	0.01	0.01	0.01
在总计中:国有控股企业	2.49	18.09	100.14	0.09	0.09	0.10

7-17 续表 9

分　组	期末用工人数	主营业务收入利润率（%）	人均主营业务收入（万元/人）	每百元资产实现的主营业务收入(元)	产成品存货周转天数(天)	应收账款平均回收期(天)
总　　计	2.24	10.68	125.62	165.79	11.71	12.29
一、按登记注册类型分组:						
内资企业	2.06	10.72	126.92	168.44	10.64	10.84
国有企业	0.02	4.20	33.37	407.95	7.59	13.41
中央企业						
地方企业	0.02	4.20	33.37	407.95	7.59	13.41
集体企业	0.05	10.04	129.64	455.70	1.66	2.06
有限责任公司	0.42	11.52	199.64	121.86	10.26	13.29
国有独资公司	0.04	18.70	184.30	33.58	29.64	56.04
其他有限责任公司	0.37	10.73	201.48	171.51	8.77	8.59
股份有限公司	0.02	30.26	80.33	48.12	13.07	6.56
私营企业	1.57	10.25	109.67	203.89	11.13	10.01
私营独资企业	0.01	1.70	149.94	193.55	0.05	11.68
私营合伙企业	0.04	9.58	117.61	183.24	3.80	3.70
私营有限责任公司	1.45	10.24	111.75	210.68	11.15	10.35
私营股份有限公司	0.07	14.59	52.78	84.80	25.29	0.78
其他企业						
港、澳、台商投资企业	0.17	10.13	109.89	135.91	26.35	32.53
合资经营企业(港或澳、台资)	0.05	12.51	216.78	254.69	5.03	0.79
合作经营企业(港或澳、台资)						
港澳台商独资经营企业	0.12	7.24	68.74	86.79	51.25	71.05
二、按经济组织类型分组						
独资企业	0.20	7.73	83.31	136.82	27.65	39.28
国有企业	0.02	4.20	33.37	407.95	7.59	13.41
集体企业	0.05	10.04	129.64	455.70	1.66	2.06
私营独资企业	0.01	1.70	149.94	193.55	0.05	11.68
港澳台商独资经营企业	0.12	7.24	68.74	86.79	51.25	71.05
外资企业						
合作、合伙企业	0.04	9.58	117.61	183.24	3.80	3.70
私营合伙企业	0.04	9.58	117.61	183.24	3.80	3.70
股份有限公司	0.09	18.91	58.29	70.08	22.75	2.37
股份有限公司(内资)	0.02	30.26	80.33	48.12	13.07	6.56
私营股份有限公司	0.07	14.59	52.78	84.80	25.29	0.78
有限责任公司	1.92	10.74	132.85	172.15	10.62	10.90
国有独资公司	0.04	18.70	184.30	33.58	29.64	56.04
私营有限责任公司	1.45	10.24	111.75	210.68	11.15	10.35
合资经营企业(港或澳、台资)	0.05	12.51	216.78	254.69	5.03	0.79
中外合资经营企业						
其他有限责任公司	0.37	10.73	201.48	171.51	8.77	8.59
三、在总计中:亏损企业	0.01	-13.54	43.94	108.52		48.13
在总计中:国有控股企业	0.10	15.27	120.91	41.80	24.86	58.70

7-18 泰和县规模以上工业企业主要经济指标（大类行业）

单位：亿元

行　　业	企业单位数（个）	亏损企业	工业总产值（当年价格）	工业销售产值（当年价格）	出口交货值	年初存货	产成品
总计	110	10	273.91	269.15	13.69	4.67	1.93
有色金属矿采选业	1	1	0.28	0.23		0.11	0.07
农副食品加工业	17		32.01	31.13		0.67	0.31
食品制造业	1						
酒、饮料和精制茶制造业	1					0.05	0.04
烟草制品业							
纺织业	19		14.57	14.58		0.84	0.40
纺织服装、服饰业	2		1.64	1.63	1.33	0.01	0.01
皮革、毛皮、羽毛及其制品和制鞋业	6		15.80	15.57	7.73	0.21	0.11
木材加工和木、竹、藤、棕、草制品业	3		0.32	0.31		0.03	0.01
家具制造业	2		11.64	11.50		0.04	0.03
造纸和纸制品业	3	1	0.84	0.87		0.28	0.12
印刷和记录媒介复制业	1	1				0.01	
文教、工美、体育和娱乐用品制造业	3		5.93	5.86		0.05	0.03
石油加工、炼焦和核燃料加工业							
化学原料和化学制品制造业	5		10.68	10.26		0.33	0.08
医药制造业	4	1	13.14	12.97		0.21	0.08
化学纤维制造业							
橡胶和塑料制品业	3	1	2.82	2.82		0.03	0.01
非金属矿物制品业	5	1	3.07	3.08		0.60	0.11
黑色金属冶炼和压延加工业							
有色金属冶炼和压延加工业	9		24.31	23.92		0.48	0.09
金属制品业	2	1	4.23	4.18		0.03	0.03
通用设备制造业	1		12.08	11.94		0.05	0.05
专用设备制造业	2		1.00	0.75	0.14	0.03	
电气机械和器材制造业	6	2	9.25	9.03		0.14	0.11
计算机、通信和其他电子设备制造业	10	1	103.95	102.35	1.40	0.39	0.21
仪器仪表制造业	1		0.93	0.80			
其他制造业	1		3.29	3.24	3.09	0.04	0.03
电力、热力生产和供应业	1		1.47	1.47			
燃气生产和供应业							
水的生产和供应业	1		0.66	0.66			

7-18 续表 1

行　业	资产总计	流动资产合计				固定资产合计	固定资产原价
		流动资产合计	应收账款	存货			
					产成品		
总计	161.22	24.83	8.23	4.49	2.53	116.53	141.51
有色金属矿采选业	0.57	0.18	0.05	0.12	0.06	0.27	0.49
农副食品加工业	9.09	2.99	0.88	0.64	0.33	3.69	2.93
食品制造业	0.13	0.12		0.02			
酒、饮料和精制茶制造业	1.61	0.76	0.09	0.06	0.04		
烟草制品业							
纺织业	6.37	3.56	2.44	0.72	0.42	2.03	2.26
纺织服装、服饰业	0.24	0.19	0.06	0.01		0.01	0.01
皮革、毛皮、羽毛及其制品和制鞋业	3.91	0.93	0.25	0.20	0.11	2.97	3.69
木材加工和木、竹、藤、棕、草制品业	0.62	0.17	0.06	0.07		0.01	
家具制造业	14.24	0.58	0.03	0.03	0.02	13.65	14.50
造纸和纸制品业	0.73	0.34	0.02	0.24	0.09	0.31	0.35
印刷和记录媒介复制业	0.44	0.14	0.04	0.07		0.27	0.34
文教、工美、体育和娱乐用品制造业	0.91	0.21	0.07	0.04	0.02	0.64	1.22
石油加工、炼焦和核燃料加工业							
化学原料和化学制品制造业	3.87	1.19	0.18	0.43	0.33	2.14	2.64
医药制造业	3.72	1.38	0.21	0.19	0.14	1.90	2.33
化学纤维制造业							
橡胶和塑料制品业	0.73	0.31	0.07	0.05	0.01	0.39	0.36
非金属矿物制品业	5.20	2.82	0.85	0.50	0.19	1.93	3.86
黑色金属冶炼和压延加工业							
有色金属冶炼和压延加工业	15.37	2.45	0.40	0.43	0.32	1.32	1.02
金属制品业	0.66	0.32	0.06	0.06	0.04	0.10	0.11
通用设备制造业	8.97	0.44	0.08	0.06	0.06	8.53	12.40
专用设备制造业	0.94	0.41	0.10	0.03	0.03	0.05	0.09
电气机械和器材制造业	9.07	1.61	0.52	0.20	0.13	6.88	7.99
计算机、通信和其他电子设备制造业	71.18	2.61	0.95	0.29	0.15	68.45	83.75
仪器仪表制造业	0.79	0.79	0.78				
其他制造业	1.18	0.20	0.03	0.04	0.04	0.98	1.17
电力、热力生产和供应业	0.27	0.06	0.01				
燃气生产和供应业							
水的生产和供应业	0.42	0.06	0.01				

7-18 续表 2

行　业	资产总计		负债合计	流动负债合计		非流动负债合计
	累计折旧	本年折旧			应付账款	
总计	28.74	10.65	72.11	63.40	3.85	0.70
有色金属矿采选业	0.22	0.02	0.76	0.67	0.01	
农副食品加工业	0.64	0.08	3.53	2.76	0.68	0.14
食品制造业			0.02	0.02		
酒、饮料和精制茶制造业			0.14	0.14		
烟草制品业						
纺织业	0.40	0.14	5.24	3.26	0.20	
纺织服装、服饰业			0.20	0.20	0.05	
皮革、毛皮、羽毛及其制品和制鞋业	0.91	0.25	1.02	0.59	0.15	
木材加工和木、竹、藤、棕、草制品业			0.40	0.09	0.01	0.01
家具制造业	0.86	0.19	4.53	4.53		
造纸和纸制品业	0.10	0.02	0.48	0.48	0.10	
印刷和记录媒介复制业	0.07	0.02	0.26	0.26	-0.01	
文教、工美、体育和娱乐用品制造业	0.51	0.11	0.64	0.18		
石油加工、炼焦和核燃料加工业						
化学原料和化学制品制造业	0.31	0.06	2.03	1.38	0.56	0.01
医药制造业	0.62	0.05	2.29	0.25	0.01	0.02
化学纤维制造业						
橡胶和塑料制品业	0.10	0.03	0.19	0.08		
非金属矿物制品业	1.91	0.09	2.21	1.75	0.35	0.40
黑色金属冶炼和压延加工业						
有色金属冶炼和压延加工业	0.08	0.06	4.12	3.39	0.02	
金属制品业	0.01		0.33	0.33	0.02	
通用设备制造业	3.88	0.66	1.79	1.79		
专用设备制造业	0.03		0.51	0.19	0.10	0.12
电气机械和器材制造业	1.11	0.40	3.52	3.49	0.16	
计算机、通信和其他电子设备制造业	16.80	8.41	36.45	36.44	0.75	0.01
仪器仪表制造业			0.74	0.74	0.48	
其他制造业	0.20	0.05	0.21	0.21	0.21	
电力、热力生产和供应业			0.18	0.18		
燃气生产和供应业						
水的生产和供应业			0.31			

7-18 续表 3

行业	所有者权益合计						
		实收资本					
			国家资本	集体资本	法人资本	个人资本	港澳台资本
总计	89.11	76.53	1.27	0.01	8.45	65.93	0.86
有色金属矿采选业	–0.18	0.05	0.05				
农副食品加工业	5.56	1.77	0.13		0.42	1.23	
食品制造业	0.11	0.10		0.01	0.05	0.03	
酒、饮料和精制茶制造业	1.47	0.52			0.52		
烟草制品业							
纺织业	1.14	1.35			0.19	1.16	
纺织服装、服饰业	0.04	0.06			0.05	0.01	
皮革、毛皮、羽毛及其制品和制鞋业	2.89	2.64			0.64	2.00	
木材加工和木、竹、藤、棕、草制品业	0.22	0.15			0.14	0.01	
家具制造业	9.70	9.70				9.70	
造纸和纸制品业	0.25	0.08				0.08	
印刷和记录媒介复制业	0.18	0.18				0.18	
文教、工美、体育和娱乐用品制造业	0.27	0.67				0.67	
石油加工、炼焦和核燃料加工业							
化学原料和化学制品制造业	1.84	1.80			0.34	1.46	
医药制造业	1.43	1.21			0.33	0.02	0.86
化学纤维制造业							
橡胶和塑料制品业	0.54	0.26				0.26	
非金属矿物制品业	2.99	1.48	1.00			0.48	
黑色金属冶炼和压延加工业							
有色金属冶炼和压延加工业	11.25	2.01			0.01	2.00	
金属制品业	0.33	5.10			5.00	0.10	
通用设备制造业	7.18	7.18				7.18	
专用设备制造业	0.43	0.18			0.17	0.01	
电气机械和器材制造业	5.55	4.96			0.14	4.82	
计算机、通信和其他电子设备制造业	34.74	34.57			0.40	34.17	
仪器仪表制造业	0.05	0.01			0.01		
其他制造业	0.97	0.37				0.37	
电力、热力生产和供应业	0.09	0.06			0.06		
燃气生产和供应业							
水的生产和供应业	0.11	0.09	0.09				

7-18 续表 4

行业	所有者权益合计	营业收入	主营业务收入	营业成本	主营业务成本	营业税金及附加	主营业务税金及附加
	实收资本						
	外商资本						
总计	0.01	283.18	283.14	254.19	253.67	1.46	1.45
有色金属矿采选业		0.23	0.23	0.29	0.29		
农副食品加工业		32.18	32.18	29.07	29.07	0.17	0.17
食品制造业	0.01	0.02	0.02	0.01	0.01		
酒、饮料和精制茶制造业		3.41	3.41	3.01	3.01	0.02	0.02
烟草制品业							
纺织业		18.06	18.06	17.03	17.03	0.07	0.07
纺织服装、服饰业		1.63	1.63	1.50	1.50		
皮革、毛皮、羽毛及其制品和制鞋业		15.57	15.57	13.81	13.81	0.11	0.11
木材加工和木、竹、藤、棕、草制品业		1.45	1.45	1.24	1.23	0.01	0.01
家具制造业		11.58	11.58	10.34	10.34	0.03	0.03
造纸和纸制品业		0.89	0.89	0.90	0.90	0.01	0.01
印刷和记录媒介复制业		0.26	0.26	0.21	0.21		
文教、工美、体育和娱乐用品制造业		5.86	5.86	5.16	5.16	0.03	0.03
石油加工、炼焦和核燃料加工业							
化学原料和化学制品制造业		10.33	10.33	9.09	9.09	0.05	0.05
医药制造业		13.46	13.46	12.05	12.05	0.05	0.05
化学纤维制造业							
橡胶和塑料制品业		4.70	4.70	4.10	4.10	0.03	0.03
非金属矿物制品业		5.55	5.53	4.14	3.86	0.05	0.05
黑色金属冶炼和压延加工业							
有色金属冶炼和压延加工业		25.90	25.90	23.08	23.08	0.14	0.14
金属制品业		4.18	4.18	3.81	3.81	0.05	0.05
通用设备制造业		11.54	11.54	10.36	10.36	0.05	0.05
专用设备制造业		0.99	0.99	0.84	0.84	0.01	0.01
电气机械和器材制造业		9.09	9.09	8.15	8.15	0.06	0.06
计算机、通信和其他电子设备制造业		100.26	100.24	90.61	90.39	0.49	0.49
仪器仪表制造业		0.69	0.69	0.57	0.57		
其他制造业		3.24	3.24	2.86	2.86	0.01	0.01
电力、热力生产和供应业		1.47	1.47	1.40	1.40	0.01	0.01
燃气生产和供应业							
水的生产和供应业		0.66	0.66	0.57	0.57		

7-18 续表 5

行　　业	其他业务收入	其他业务利润	销售费用	管理费用		财务费用	
					税金		利息收入
总计	0.05	0.01	2.61	2.16	0.06	1.25	0.03
有色金属矿采选业				0.06		0.03	
农副食品加工业			0.40	0.27	0.03	0.15	
食品制造业							
酒、饮料和精制茶制造业			0.02	0.02		0.02	
烟草制品业							
纺织业			0.20	0.14		0.04	
纺织服装、服饰业			0.07	0.07			
皮革、毛皮、羽毛及其制品和制鞋业			0.15	0.12		0.08	
木材加工和木、竹、藤、棕、草制品业			0.02	0.02		0.01	
家具制造业			0.06	0.05		0.03	
造纸和纸制品业			0.01	0.02			
印刷和记录媒介复制业			0.01	0.03		0.01	
文教、工美、体育和娱乐用品制造业			0.04	0.05		0.04	
石油加工、炼焦和核燃料加工业							
化学原料和化学制品制造业			0.14	0.09		0.06	
医药制造业			0.14	0.09		0.07	
化学纤维制造业							
橡胶和塑料制品业			0.08	0.02		0.02	
非金属矿物制品业	0.03		0.19	0.13	0.03	0.05	0.03
黑色金属冶炼和压延加工业							
有色金属冶炼和压延加工业			0.14	0.12		0.11	
金属制品业			0.04	0.04		0.02	
通用设备制造业			0.06	0.04		0.03	
专用设备制造业			0.04	0.03		0.02	
电气机械和器材制造业			0.07	0.12		0.07	
计算机、通信和其他电子设备制造业	0.01		0.67	0.60		0.37	
仪器仪表制造业			0.01	0.01			
其他制造业			0.03	0.02		0.02	
电力、热力生产和供应业							
燃气生产和供应业							
水的生产和供应业			0.01	0.01			

7-18 续表 6

行业	财务费用 利息支出	营业利润	资产减值损失	营业外收入	政府补助	营业外支出	利润总额
总计	1.01	21.49	0.03	0.15	0.09	0.02	21.63
有色金属矿采选业	0.03	-0.15	0.01	0.01			-0.15
农副食品加工业	0.14	2.13					2.13
食品制造业							
酒、饮料和精制茶制造业	0.02	0.32					0.32
烟草制品业							
纺织业	0.04	0.58		0.02	0.01		0.61
纺织服装、服饰业							
皮革、毛皮、羽毛及其制品和制鞋业	0.08	1.28					1.28
木材加工和木、竹、藤、棕、草制品业	0.01	0.15					0.15
家具制造业		1.08					1.08
造纸和纸制品业		-0.05		0.03	0.02		-0.02
印刷和记录媒介复制业	0.01	-0.01					-0.01
文教、工美、体育和娱乐用品制造业	0.02	0.53					0.53
石油加工、炼焦和核燃料加工业							
化学原料和化学制品制造业	0.04	0.90		0.01			0.91
医药制造业	0.07	1.05					1.06
化学纤维制造业							
橡胶和塑料制品业	0.02	0.45					0.45
非金属矿物制品业	0.05	0.99		0.03	0.03	0.01	1.01
黑色金属冶炼和压延加工业							
有色金属冶炼和压延加工业	0.06	2.31					2.31
金属制品业	0.02	0.21		0.03	0.03		0.25
通用设备制造业	0.03	1.01					1.01
专用设备制造业	0.02	0.05					0.05
电气机械和器材制造业	0.04	0.63					0.63
计算机、通信和其他电子设备制造业	0.29	7.53		0.01			7.54
仪器仪表制造业		0.06	0.02				0.06
其他制造业	0.02	0.30					0.30
电力、热力生产和供应业		0.05					0.05
燃气生产和供应业							
水的生产和供应业		0.08					0.08

7-18 续表 7

行　　业	所得税费用	亏损企业亏损总额	利税总额	应交税金及附加	本年应付职工薪酬	本年应交增值税	总资产贡献率（%）
总计	0.36	0.21	30.05	8.85	18.39	6.97	19.25
有色金属矿采选业		0.15	-0.14				-20.11
农副食品加工业			3.04	0.94	0.95	0.74	35.00
食品制造业					0.02		2.08
酒、饮料和精制茶制造业			0.34	0.02			22.18
烟草制品业							
纺织业			1.01	0.40	1.00	0.33	16.41
纺织服装、服饰业			0.01	0.01	0.08		3.01
皮革、毛皮、羽毛及其制品和制鞋业			1.90	0.62	3.06	0.50	50.58
木材加工和木、竹、藤、棕、草制品业			0.20	0.05	0.09	0.04	33.95
家具制造业			1.39	0.31	0.58	0.28	9.77
造纸和纸制品业		0.04	0.05	0.07	0.09	0.06	8.05
印刷和记录媒介复制业		0.01		0.01	0.03		1.35
文教、工美、体育和娱乐用品制造业			0.86	0.33	1.02	0.30	97.68
石油加工、炼焦和核燃料加工业							
化学原料和化学制品制造业	0.08		1.35	0.52	0.71	0.39	35.91
医药制造业	0.06		1.46	0.47	0.56	0.35	41.24
化学纤维制造业							
橡胶和塑料制品业			0.57	0.12	0.28	0.09	80.29
非金属矿物制品业	0.18		1.32	0.52	0.25	0.26	25.83
黑色金属冶炼和压延加工业							
有色金属冶炼和压延加工业			2.96	0.66	0.45	0.52	19.70
金属制品业			0.37	0.13	0.06	0.08	60.79
通用设备制造业			1.27	0.27	0.40	0.22	14.54
专用设备制造业			0.09	0.05	0.10	0.03	11.80
电气机械和器材制造业			1.01	0.38	1.34	0.32	11.59
计算机、通信和其他电子设备制造业	0.02		10.24	2.72	6.75	2.21	14.79
仪器仪表制造业	0.02		0.11	0.07	0.01	0.05	14.30
其他制造业			0.42	0.11	0.42	0.10	36.63
电力、热力生产和供应业			0.10	0.05	0.06	0.04	38.81
燃气生产和供应业							
水的生产和供应业			0.10	0.02	0.07	0.02	23.09

7-18 续表 8

行　业	资产负债率（%）	流动资产周转率（次/年）	成本费用利润率（%）	产品销售率（%）	从业人员平均人数	从业人员期末人数	平均用工人数
总计	44.73	11.40	8.31	98.26	3.77	3.76	3.58
有色金属矿采选业	132.07	1.29	−39.88	81.72	0.03	0.03	0.03
农副食品加工业	38.86	10.78	7.13	97.25	0.22	0.23	0.23
食品制造业	16.00	0.17	9.09		0.01	0.01	0.01
酒、饮料和精制茶制造业	8.56	4.47	10.51		0.01	0.01	
烟草制品业							
纺织业	82.13	5.07	3.48	100.02	0.26	0.26	0.27
纺织服装、服饰业	83.05	8.55	0.11	99.73	0.04	0.04	0.04
皮革、毛皮、羽毛及其制品和制鞋业	26.15	16.75	9.04	98.54	0.70	0.70	0.56
木材加工和木、竹、藤、棕、草制品业	64.61	8.68	11.54	97.58	0.02	0.02	0.02
家具制造业	31.85	19.81	10.33	98.77	0.12	0.12	0.12
造纸和纸制品业	66.05	2.63	−1.93	104.06	0.02	0.02	0.02
印刷和记录媒介复制业	59.48	1.87	−3.27		0.01	0.01	0.01
文教、工美、体育和娱乐用品制造业	70.32	28.15	10.04	98.80	0.19	0.19	0.19
石油加工、炼焦和核燃料加工业							
化学原料和化学制品制造业	52.37	8.66	9.67	96.14	0.15	0.14	0.15
医药制造业	61.63	9.72	8.54	98.71	0.13	0.13	0.12
化学纤维制造业							
橡胶和塑料制品业	26.10	15.33	10.65	100.00	0.05	0.05	0.05
非金属矿物制品业	42.56	1.97	22.32	100.24	0.06	0.06	0.05
黑色金属冶炼和压延加工业							
有色金属冶炼和压延加工业	26.81	10.57	9.84	98.40	0.11	0.11	0.11
金属制品业	49.77	13.02	6.25	98.84	0.03	0.03	0.02
通用设备制造业	19.97	26.38	9.62	98.79	0.08	0.08	0.08
专用设备制造业	54.68	2.39	5.86	75.05	0.02	0.02	0.02
电气机械和器材制造业	38.85	5.64	7.50	97.65	0.31	0.29	0.31
计算机、通信和其他电子设备制造业	51.20	38.35	8.17	98.46	1.11	1.12	1.08
仪器仪表制造业	93.62	0.87	10.32	86.21			
其他制造业	17.98	15.80	10.39	98.50	0.07	0.07	0.07
电力、热力生产和供应业	67.58	24.52	3.81	99.90	0.01	0.01	0.01
燃气生产和供应业							
水的生产和供应业	73.82	10.93	12.90	100.00	0.01	0.01	0.01

7-18 续表 9

行　　业	期末用工人数	主营业务收入利润率（%）	人均主营业务收入（万元/人）	每百元资产实现的主营业务收入(元)	产成品存货周转天数(天)	应收账款平均回收期(天)
总计	3.61	7.64	79.08	175.62	3.59	10.47
有色金属矿采选业	0.03	-64.00	6.90	40.41	75.42	79.89
农副食品加工业	0.21	6.62	143.00	353.86	4.06	9.84
食品制造业	0.01	8.34	4.00	16.31		30.37
酒、饮料和精制茶制造业		9.46		211.54	4.74	9.33
烟草制品业						
纺织业	0.23	3.35	65.73	283.37	8.79	48.73
纺织服装、服饰业	0.04	0.11	40.31	692.38	1.14	12.97
皮革、毛皮、羽毛及其制品和制鞋业	0.70	8.23	27.81	398.20	2.77	5.83
木材加工和木、竹、藤、棕、草制品业	0.02	10.26	90.98	233.95		14.87
家具制造业	0.12	9.34	97.82	81.35	0.86	1.08
造纸和纸制品业	0.02	-2.03	41.89	122.53	36.25	8.16
印刷和记录媒介复制业	0.01	-3.34	33.42	59.58		54.76
文教、工美、体育和娱乐用品制造业	0.19	9.07	30.74	646.17	1.70	4.26
石油加工、炼焦和核燃料加工业						
化学原料和化学制品制造业	0.15	8.79	68.79	266.90	12.90	6.12
医药制造业	0.11	7.84	112.50	361.95	4.14	5.67
化学纤维制造业						
橡胶和塑料制品业	0.05	9.57	100.15	639.90	1.32	5.38
非金属矿物制品业	0.04	18.24	100.82	106.22	17.56	55.07
黑色金属冶炼和压延加工业						
有色金属冶炼和压延加工业	0.10	8.91	229.58	168.55	5.02	5.50
金属制品业	0.02	5.86	173.50	637.39	3.45	5.20
通用设备制造业	0.08	8.73	151.38	128.66	2.08	2.56
专用设备制造业	0.02	5.48	52.09	105.51	12.24	36.16
电气机械和器材制造业	0.29	6.93	29.03	100.23	5.77	20.53
计算机、通信和其他电子设备制造业	1.09	7.52	92.97	140.82	0.61	3.40
仪器仪表制造业		8.96	490.05	86.54		408.56
其他制造业	0.07	9.38	47.84	273.96	4.90	3.34
电力、热力生产和供应业	0.01	3.66	154.39	545.74		3.05
燃气生产和供应业						
水的生产和供应业	0.01	11.37	47.88	156.00		3.06

7-19 泰和县规模以上工业企业主要经济指标（综合分组）

单位：亿元

分　组	企业单位数（个）	亏损企业	工业总产值(当年价格)	工业销售产值(当年价格)	出口交货值	年初存货	产成品
总　计	110	10	273.91	269.15	13.69	4.67	1.93
一、按登记注册类型分组:							
内资企业	101	10	229.30	225.07	8.81	4.36	1.68
国有企业	2		2.46	2.43		0.01	
中央企业							
地方企业	2		2.46	2.43		0.01	
有限责任公司	45	8	71.95	70.27	5.57	1.82	0.69
国有独资公司							
其他有限责任公司	45	8	71.95	70.27	5.57	1.82	0.69
股份有限公司	1		89.22	87.88		0.06	0.04
私营企业	52	2	65.66	64.39	3.23	2.46	0.96
私营独资企业	1		0.58	0.57		0.13	0.05
私营合伙企业	1					0.01	
私营有限责任公司	48	2	63.58	62.57	3.09	2.25	0.88
私营股份有限公司	2		1.51	1.25	0.14	0.07	0.03
其他企业	1		0.01	0.10		0.03	
港、澳、台商投资企业	6		23.88	23.63		0.24	0.19
港澳台商独资经营企业	6		23.88	23.63		0.24	0.19
外商投资企业	3		20.72	20.46	4.88	0.06	0.06
中外合资经营企业	1		11.64	11.50		0.04	0.03
中外合作经营企业							
外资企业	2		9.08	8.96	4.88	0.03	0.02
外商投资股份有限公司							
其他外商投资企业							
二、按经济组织类型分组							
独资企业	11		36.00	35.58	4.88	0.40	0.26
国有企业	2		2.46	2.43		0.01	
集体企业							
私营独资企业	1		0.58	0.57		0.13	0.05
港澳台商独资经营企业	6		23.88	23.63		0.24	0.19
外资企业	2		9.08	8.96	4.88	0.03	0.02
合作、合伙企业	2		0.01	0.10		0.04	
私营合伙企业	1					0.01	
其他企业（内资）	1		0.01	0.10		0.03	
股份有限公司	3		90.73	89.13	0.14	0.12	0.07
股份有限公司(内资)	1		89.22	87.88		0.06	0.04
私营股份有限公司	2		1.51	1.25	0.14	0.07	0.03
港澳台商投资股份有限公司							
外商投资股份有限公司							
有限责任公司	94	10	147.17	144.33	8.67	4.10	1.60
国有独资公司							
私营有限责任公司	48	2	63.58	62.57	3.09	2.25	0.88
合资经营企业(港或澳、台资)							
中外合资经营企业	1		11.64	11.50		0.04	0.03
其他有限责任公司	45	8	71.95	70.27	5.57	1.82	0.69
三、在总计中:亏损企业	10	10	1.89	1.87		0.39	0.18
在总计中:国有控股企业	6	1	11.40	11.04		0.68	0.26

7-19 续表 1

分　　组	资产总计	流动资产合计	应收账款	存货	产成品	固定资产合计	固定资产原价
总　　计	161.22	24.83	8.23	4.49	2.53	116.53	141.51
一、按登记注册类型分组:							
内资企业	133.03	21.88	7.72	4.17	2.28	91.29	113.12
国有企业	0.76	0.12	0.04	0.02			
中央企业							
地方企业	0.76	0.12	0.04	0.02			
有限责任公司	38.50	9.93	3.15	1.87	0.91	15.38	21.09
国有独资公司							
其他有限责任公司	38.50	9.93	3.15	1.87	0.91	15.38	21.09
股份有限公司	67.37	0.79	0.31	0.08	0.05	66.59	81.20
私营企业	26.06	10.72	3.92	2.19	1.32	9.31	10.79
私营独资企业	0.38	0.20	0.07	0.12	0.05	0.18	0.24
私营合伙企业	0.14	0.07	0.02	0.03			
私营有限责任公司	24.39	10.03	3.70	1.98	1.22	8.66	10.40
私营股份有限公司	1.16	0.43	0.14	0.06	0.05	0.48	0.15
其他企业	0.34	0.33	0.29			0.01	0.03
港、澳、台商投资企业	11.97	2.14	0.43	0.28	0.21	9.83	11.94
港澳台商独资经营企业	11.97	2.14	0.43	0.28	0.21	9.83	11.94
外商投资企业	16.22	0.81	0.08	0.05	0.04	15.41	16.46
中外合资经营企业	14.20	0.55	0.03	0.03	0.02	13.65	14.50
中外合作经营企业							
外资企业	2.03	0.26	0.05	0.02	0.02	1.76	1.96
外商投资股份有限公司							
其他外商投资企业							
二、按经济组织类型分组							
独资企业	15.14	2.71	0.59	0.43	0.28	11.77	14.13
国有企业	0.76	0.12	0.04	0.02			
集体企业							
私营独资企业	0.38	0.20	0.07	0.12	0.05	0.18	0.24
港澳台商独资经营企业	11.97	2.14	0.43	0.28	0.21	9.83	11.94
外资企业	2.03	0.26	0.05	0.02	0.02	1.76	1.96
合作、合伙企业	0.47	0.40	0.31	0.03		0.01	0.03
私营合伙企业	0.14	0.07	0.02	0.03			
其他企业（内资）	0.34	0.33	0.29			0.01	0.03
股份有限公司	68.53	1.21	0.45	0.15	0.10	67.06	81.35
股份有限公司(内资)	67.37	0.79	0.31	0.08	0.05	66.59	81.20
私营股份有限公司	1.16	0.43	0.14	0.06	0.05	0.48	0.15
港澳台商投资股份有限公司							
外商投资股份有限公司							
有限责任公司	77.08	20.51	6.88	3.88	2.15	37.69	46.00
国有独资公司							
私营有限责任公司	24.39	10.03	3.70	1.98	1.22	8.66	10.40
合资经营企业(港或澳、台资)							
中外合资经营企业	14.20	0.55	0.03	0.03	0.02	13.65	14.50
其他有限责任公司	38.50	9.93	3.15	1.87	0.91	15.38	21.09
三、在总计中:亏损企业	3.17	1.48	0.57	0.47	0.14	0.98	1.33
在总计中:国有控股企业	5.90	2.54	0.34	0.66	0.24	2.17	4.44

7-19 续表 2

分组	资产总计		负债合计	流动负债合计		非流动负债合计
	累计折旧	本年折旧			应付账款	
总计	28.74	10.65	72.11	63.40	3.85	0.70
一、按登记注册类型分组:						
内资企业	25.19	9.80	62.16	55.23	3.85	0.70
国有企业			0.58			
中央企业						
地方企业			0.58			
有限责任公司	6.89	0.97	13.13	10.78	2.34	0.42
国有独资公司						
其他有限责任公司	6.89	0.97	13.13	10.78	2.34	0.42
股份有限公司	16.12	8.31	34.84	34.84		
私营企业	2.17	0.52	13.31	9.30	1.46	0.28
私营独资企业	0.06	0.02	0.35	0.30	0.05	
私营合伙企业			0.06			
私营有限责任公司	2.06	0.49	12.16	8.47	1.29	0.16
私营股份有限公司	0.05	0.01	0.74	0.53	0.11	0.12
其他企业	0.02		0.30	0.30	0.04	
港、澳、台商投资企业	2.30	0.56	5.07	3.48		
港澳台商独资经营企业	2.30	0.56	5.07	3.48		
外商投资企业	1.24	0.28	4.88	4.69		
中外合资经营企业	0.86	0.19	4.51	4.51		
中外合作经营企业						
外资企业	0.38	0.09	0.37	0.19		
外商投资股份有限公司						
其他外商投资企业						
二、按经济组织类型分组						
独资企业	2.75	0.67	6.37	3.96	0.05	
国有企业			0.58			
集体企业						
私营独资企业	0.06	0.02	0.35	0.30	0.05	
港澳台商独资经营企业	2.30	0.56	5.07	3.48		
外资企业	0.38	0.09	0.37	0.19		
合作、合伙企业	0.02		0.37	0.30	0.04	
私营合伙企业			0.06			
其他企业（内资）	0.02		0.30	0.30	0.04	
股份有限公司	16.16	8.32	35.58	35.37	0.11	0.12
股份有限公司(内资)	16.12	8.31	34.84	34.84		
私营股份有限公司	0.05	0.01	0.74	0.53	0.11	0.12
港澳台商投资股份有限公司						
外商投资股份有限公司						
有限责任公司	9.80	1.65	29.79	23.76	3.63	0.58
国有独资公司						
私营有限责任公司	2.06	0.49	12.16	8.47	1.29	0.16
合资经营企业(港或澳、台资)						
中外合资经营企业	0.86	0.19	4.51	4.51		
其他有限责任公司	6.89	0.97	13.13	10.78	2.34	0.42
三、在总计中:亏损企业	0.41	0.10	2.82	2.21	0.11	
在总计中:国有控股企业	2.28	0.06	3.05	1.98	0.34	0.40

7-19 续表 3

分组	所有者权益合计	实收资本	国家资本	集体资本	法人资本	个人资本	港澳台资本
总计	89.11	76.53	1.27	0.01	8.45	65.93	0.86
一、按登记注册类型分组:							
内资企业	70.87	58.67	1.27	0.01	7.81	49.57	
国有企业	0.18	0.12	0.12				
中央企业							
地方企业	0.18	0.12	0.12				
有限责任公司	25.37	17.39	1.15	0.01	6.24	9.97	
国有独资公司							
其他有限责任公司	25.37	17.39	1.15	0.01	6.24	9.97	
股份有限公司	32.53	32.53				32.53	
私营企业	12.75	8.60			1.58	7.02	
私营独资企业	0.03	0.03				0.03	
私营合伙企业	0.07	0.01				0.01	
私营有限责任公司	12.22	8.45			1.58	6.88	
私营股份有限公司	0.42	0.11				0.11	
其他企业	0.04	0.04				0.04	
港、澳、台商投资企业	6.90	6.75				5.89	0.86
港澳台商独资经营企业	6.90	6.75				5.89	0.86
外商投资企业	11.35	11.11			0.64	10.47	
中外合资经营企业	9.69	9.69				9.69	
中外合作经营企业							
外资企业	1.66	1.42			0.64	0.78	
外商投资股份有限公司							
其他外商投资企业							
二、按经济组织类型分组							
独资企业	8.76	8.32	0.12		0.64	6.70	0.86
国有企业	0.18	0.12	0.12				
集体企业							
私营独资企业	0.03	0.03				0.03	
港澳台商独资经营企业	6.90	6.75				5.89	0.86
外资企业	1.66	1.42			0.64	0.78	
合作、合伙企业	0.11	0.04				0.04	
私营合伙企业	0.07	0.01				0.01	
其他企业（内资）	0.04	0.04				0.04	
股份有限公司	32.95	32.65				32.65	
股份有限公司(内资)	32.53	32.53				32.53	
私营股份有限公司	0.42	0.11				0.11	
港澳台商投资股份有限公司							
外商投资股份有限公司							
有限责任公司	47.29	35.53	1.15	0.01	7.81	26.54	
国有独资公司							
私营有限责任公司	12.22	8.45			1.58	6.88	
合资经营企业(港或澳、台资)							
中外合资经营企业	9.69	9.69				9.69	
其他有限责任公司	25.37	17.39	1.15	0.01	6.24	9.97	
三、在总计中:亏损企业	0.35	0.71	0.05		0.10	0.56	
在总计中:国有控股企业	2.85	1.37	1.27		0.10		

7-19 续表 4

分　　组	所有者权益合计 实收资本 外商资本	营业收入	主营业务收入	营业成本	主营业务成本	营业税金及附加	主营业务税金及附加
总　　计	0.01	283.18	283.14	254.19	253.67	1.46	1.45
一、按登记注册类型分组:							
内资企业	0.01	239.43	239.38	215.40	214.88	1.23	1.23
国有企业		2.43	2.43	2.22	2.22	0.01	0.01
中央企业							
地方企业		2.43	2.43	2.22	2.22	0.01	0.01
有限责任公司	0.01	72.81	72.76	64.33	63.82	0.48	0.48
国有独资公司							
其他有限责任公司	0.01	72.81	72.76	64.33	63.82	0.48	0.48
股份有限公司		86.88	86.88	79.06	79.06	0.34	0.34
私营企业		75.89	75.89	68.37	68.37	0.41	0.41
私营独资企业		0.57	0.57	0.53	0.53		
私营合伙企业		0.83	0.83	0.68	0.68	0.01	0.01
私营有限责任公司		73.00	73.00	65.87	65.87	0.39	0.39
私营股份有限公司		1.49	1.49	1.29	1.29	0.01	0.01
其他企业		1.42	1.42	1.41	1.41		
港、澳、台商投资企业		23.60	23.60	20.88	20.88	0.14	0.14
港澳台商独资经营企业		23.60	23.60	20.88	20.88	0.14	0.14
外商投资企业		20.16	20.16	17.90	17.90	0.08	0.08
中外合资经营企业		11.20	11.20	10.01	10.01	0.03	0.03
中外合作经营企业							
外资企业		8.96	8.96	7.90	7.90	0.06	0.06
外商投资股份有限公司							
其他外商投资企业							
二、按经济组织类型分组							
独资企业		35.55	35.55	31.54	31.54	0.20	0.20
国有企业		2.43	2.43	2.22	2.22	0.01	0.01
集体企业							
私营独资企业		0.57	0.57	0.53	0.53		
港澳台商独资经营企业		23.60	23.60	20.88	20.88	0.14	0.14
外资企业		8.96	8.96	7.90	7.90	0.06	0.06
合作、合伙企业		2.26	2.26	2.09	2.09	0.01	0.01
私营合伙企业		0.83	0.83	0.68	0.68	0.01	0.01
其他企业（内资）		1.42	1.42	1.41	1.41		
股份有限公司		88.37	88.37	80.36	80.36	0.35	0.35
股份有限公司(内资)		86.88	86.88	79.06	79.06	0.34	0.34
私营股份有限公司		1.49	1.49	1.29	1.29	0.01	0.01
港澳台商投资股份有限公司							
外商投资股份有限公司							
有限责任公司	0.01	157.00	156.96	140.21	139.69	0.89	0.89
国有独资公司							
私营有限责任公司		73.00	73.00	65.87	65.87	0.39	0.39
合资经营企业(港或澳、台资)							
中外合资经营企业		11.20	11.20	10.01	10.01	0.03	0.03
其他有限责任公司	0.01	72.81	72.76	64.33	63.82	0.48	0.48
三、在总计中:亏损企业		3.09	3.09	2.97	2.50	0.02	0.02
在总计中:国有控股企业		11.18	11.15	9.68	9.65	0.04	0.04

7-19 续表 5

分　　组	其他业务收入	其他业务利润	销售费用	管理费用	税金	财务费用	利息收入
总　　计	0.05	0.01	2.61	2.16	0.06	1.25	0.03
一、按登记注册类型分组:							
内资企业	0.05	0.01	2.25	1.92	0.06	1.05	0.03
国有企业			0.01	0.01			
中央企业							
地方企业			0.01	0.01			
有限责任公司	0.05	0.01	0.97	0.99	0.06	0.40	0.03
国有独资公司							
其他有限责任公司	0.05	0.01	0.97	0.99	0.06	0.40	0.03
股份有限公司			0.48	0.33		0.27	
私营企业			0.77	0.60		0.37	
私营独资企业			0.01	0.01		0.01	
私营合伙企业			0.01				
私营有限责任公司			0.74	0.57		0.35	
私营股份有限公司			0.02	0.02		0.01	
其他企业			0.01				
港、澳、台商投资企业			0.23	0.13		0.13	
港澳台商独资经营企业			0.23	0.13		0.13	
外商投资企业			0.14	0.11		0.08	
中外合资经营企业			0.06	0.04		0.03	
中外合作经营企业							
外资企业			0.08	0.07		0.05	
外商投资股份有限公司							
其他外商投资企业							
二、按经济组织类型分组							
独资企业			0.32	0.21		0.19	
国有企业			0.01	0.01			
集体企业							
私营独资企业			0.01	0.01		0.01	
港澳台商独资经营企业			0.23	0.13		0.13	
外资企业			0.08	0.07		0.05	
合作、合伙企业			0.01				
私营合伙企业			0.01				
其他企业（内资）			0.01				
股份有限公司			0.50	0.35		0.28	
股份有限公司(内资)			0.48	0.33		0.27	
私营股份有限公司			0.02	0.02		0.01	
港澳台商投资股份有限公司							
外商投资股份有限公司							
有限责任公司	0.05	0.01	1.77	1.59	0.06	0.78	0.03
国有独资公司							
私营有限责任公司			0.74	0.57		0.35	
合资经营企业(港或澳、台资)							
中外合资经营企业			0.06	0.04		0.03	
其他有限责任公司	0.05	0.01	0.97	0.99	0.06	0.40	0.03
三、在总计中:亏损企业			0.12	0.19		0.05	
在总计中:国有控股企业	0.03	0.01	0.20	0.20	0.01	0.05	0.03

7-19 续表 6

分　组	财务费用 利息支出	营业利润	资产减值损失	营业外收入	政府补助	营业外支出	利润总额
总　　计	1.01	21.49	0.03	0.15	0.09	0.02	21.63
一、按登记注册类型分组:							
内资企业	0.86	17.55	0.03	0.15	0.09	0.02	17.69
国有企业		0.17					0.17
中央企业							
地方企业		0.17					0.17
有限责任公司	0.38	5.60	0.03	0.08	0.03	0.01	5.67
国有独资公司							
其他有限责任公司	0.38	5.60	0.03	0.08	0.03	0.01	5.67
股份有限公司	0.20	6.40					6.40
私营企业	0.28	5.37		0.07	0.06		5.44
私营独资企业	0.01	0.01					0.01
私营合伙企业		0.14					0.14
私营有限责任公司	0.26	5.09		0.07	0.06		5.16
私营股份有限公司	0.01	0.13					0.13
其他企业		0.01					0.01
港、澳、台商投资企业	0.10	2.09					2.09
港澳台商独资经营企业	0.10	2.09					2.09
外商投资企业	0.05	1.85					1.85
中外合资经营企业		1.04					1.04
中外合作经营企业							
外资企业	0.05	0.81					0.81
外商投资股份有限公司							
其他外商投资企业							
二、按经济组织类型分组							
独资企业	0.16	3.08					3.08
国有企业		0.17					0.17
集体企业							
私营独资企业	0.01	0.01					0.01
港澳台商独资经营企业	0.10	2.09					2.09
外资企业	0.05	0.81					0.81
合作、合伙企业		0.14					0.14
私营合伙企业		0.14					0.14
其他企业（内资）		0.01					0.01
股份有限公司	0.21	6.54					6.54
股份有限公司(内资)	0.20	6.40					6.40
私营股份有限公司	0.01	0.13					0.13
港澳台商投资股份有限公司							
外商投资股份有限公司							
有限责任公司	0.64	11.73	0.03	0.15	0.09	0.02	11.87
国有独资公司							
私营有限责任公司	0.26	5.09		0.07	0.06		5.16
合资经营企业(港或澳、台资)							
中外合资经营企业		1.04					1.04
其他有限责任公司	0.38	5.60	0.03	0.08	0.03	0.01	5.67
三、在总计中:亏损企业	0.04	−0.26	0.01	0.06	0.05		−0.21
在总计中:国有控股企业	0.08	1.00	0.01	0.04	0.03	0.01	1.03

7-19 续表 7

分　　组	所得税费用	亏损企业亏损总额	利税总额	应交税金及附加	本年应付职工薪酬	本年应交增值税	总资产贡献率（%）
总　　计	0.36	0.21	30.05	8.85	18.39	6.97	19.25
一、按登记注册类型分组:							
内资企业	0.36	0.21	24.57	7.30	13.30	5.64	19.10
国有企业			0.20	0.02	0.11	0.02	26.53
中央企业							
地方企业			0.20	0.02	0.11	0.02	26.53
有限责任公司	0.22	0.17	7.95	2.56	2.87	1.81	21.56
国有独资公司							
其他有限责任公司	0.22	0.17	7.95	2.56	2.87	1.81	21.56
股份有限公司			8.62	2.22	5.72	1.88	13.10
私营企业	0.15	0.04	7.79	2.50	4.59	1.94	30.97
私营独资企业			0.02	0.01	0.09	0.01	7.81
私营合伙企业			0.19	0.05	0.06	0.04	140.30
私营有限责任公司	0.14	0.04	7.40	2.39	4.38	1.85	31.42
私营股份有限公司			0.18	0.05	0.06	0.04	16.33
其他企业			0.01		0.01		1.71
港、澳、台商投资企业			3.00	0.91	2.12	0.77	25.91
港澳台商独资经营企业			3.00	0.91	2.12	0.77	25.91
外商投资企业			2.48	0.64	2.97	0.56	15.59
中外合资经营企业			1.35	0.31	0.58	0.28	9.48
中外合作经营企业							
外资企业			1.14	0.33	2.39	0.27	58.41
外商投资股份有限公司							
其他外商投资企业							
二、按经济组织类型分组							
独资企业			4.36	1.28	4.70	1.07	29.84
国有企业			0.20	0.02	0.11	0.02	26.53
集体企业							
私营独资企业			0.02	0.01	0.09	0.01	7.81
港澳台商独资经营企业			3.00	0.91	2.12	0.77	25.91
外资企业			1.14	0.33	2.39	0.27	58.41
合作、合伙企业			0.19	0.05	0.07	0.04	41.25
私营合伙企业			0.19	0.05	0.06	0.04	140.30
其他企业（内资）			0.01		0.01		1.71
股份有限公司			8.80	2.27	5.78	1.92	13.15
股份有限公司(内资)			8.62	2.22	5.72	1.88	13.10
私营股份有限公司			0.18	0.05	0.06	0.04	16.33
港澳台商投资股份有限公司							
外商投资股份有限公司							
有限责任公司	0.36	0.21	16.70	5.25	7.84	3.94	22.46
国有独资公司							
私营有限责任公司	0.14	0.04	7.40	2.39	4.38	1.85	31.42
合资经营企业(港或澳、台资)							
中外合资经营企业			1.35	0.31	0.58	0.28	9.48
其他有限责任公司	0.22	0.17	7.95	2.56	2.87	1.81	21.56
三、在总计中:亏损企业		0.21	-0.08	0.12	0.45	0.10	-1.39
在总计中:国有控股企业	0.18	0.15	1.37	0.53	0.40	0.30	24.17

7–19 续表 8

分　组	资产负债率（%）	流动资产周转率(次/年)	成本费用利润率（%）	产品销售率（%）	从业人员平均人数	从业人员期末人数	平均用工人数
总　　计	44.73	11.40	8.31	98.26	3.77	3.76	3.58
一、按登记注册类型分组:							
内资企业	46.73	10.94	8.02	98.15	2.69	2.68	2.61
国有企业	76.55	20.90	7.76	98.71	0.02	0.02	0.02
中央企业							
地方企业	76.55	20.90	7.76	98.71	0.02	0.02	0.02
有限责任公司	34.10	7.33	8.50	97.66	0.82	0.83	0.76
国有独资公司							
其他有限责任公司	34.10	7.33	8.50	97.66	0.82	0.83	0.76
股份有限公司	51.71	110.55	7.99	98.50	0.86	0.86	0.86
私营企业	51.08	7.08	7.76	98.06	0.99	0.96	0.97
私营独资企业	91.26	2.90	1.97	99.00	0.01	0.01	0.01
私营合伙企业	46.26	11.83	19.78		0.01	0.01	0.01
私营有限责任公司	49.87	7.28	7.64	98.41	0.95	0.92	0.94
私营股份有限公司	63.85	3.49	9.86	82.84	0.01	0.01	0.01
其他企业	89.19	4.32	0.41	898.86			
港、澳、台商投资企业	42.38	11.03	9.78	98.92	0.40	0.40	0.42
港澳台商独资经营企业	42.38	11.03	9.78	98.92	0.40	0.40	0.42
外商投资企业	30.06	24.77	10.12	98.73	0.68	0.69	0.54
中外合资经营企业	31.73	20.28	10.24	98.77	0.11	0.11	0.11
中外合作经营企业							
外资企业	18.32	34.22	9.99	98.68	0.57	0.57	0.43
外商投资股份有限公司							
其他外商投资企业							
二、按经济组织类型分组							
独资企业	42.10	13.11	9.55	98.84	1.01	1.01	0.89
国有企业	76.55	20.90	7.76	98.71	0.02	0.02	0.02
集体企业							
私营独资企业	91.26	2.90	1.97	99.00	0.01	0.01	0.01
港澳台商独资经营企业	42.38	11.03	9.78	98.92	0.40	0.40	0.42
外资企业	18.32	34.22	9.99	98.68	0.57	0.57	0.43
合作、合伙企业	76.94	5.65	6.75	898.86	0.01	0.01	0.01
私营合伙企业	46.26	11.83	19.78		0.01	0.01	0.01
其他企业（内资）	89.19	4.32	0.41	898.86			
股份有限公司	51.92	72.93	8.02	98.24	0.87	0.88	0.87
股份有限公司(内资)	51.71	110.55	7.99	98.50	0.86	0.86	0.86
私营股份有限公司	63.85	3.49	9.86	82.84	0.01	0.01	0.01
港澳台商投资股份有限公司							
外商投资股份有限公司							
有限责任公司	38.65	7.66	8.22	98.07	1.88	1.87	1.81
国有独资公司							
私营有限责任公司	49.87	7.28	7.64	98.41	0.95	0.92	0.94
合资经营企业(港或澳、台资)							
中外合资经营企业	31.73	20.28	10.24	98.77	0.11	0.11	0.11
其他有限责任公司	34.10	7.33	8.50	97.66	0.82	0.83	0.76
三、在总计中:亏损企业	89.11	2.09	–6.20	99.01	0.18	0.18	0.17
在总计中:国有控股企业	51.70	4.40	10.12	96.90	0.12	0.12	0.12

7-19 续表 9

分　　组	期末用工人数	主营业务收入利润率（%）	人均主营业务收入（万元/人）	每百元资产实现的主营业务收入(元)	产成品存货周转天数(天)	应收账款平均回收期(天)
总　　计	3.61	7.64	79.08	175.62	3.59	10.47
一、按登记注册类型分组:						
内资企业	2.50	7.39	91.65	179.95	3.82	11.60
国有企业	0.02	7.18	108.83	318.15	0.77	6.06
中央企业						
地方企业	0.02	7.18	108.83	318.15	0.77	6.06
有限责任公司	0.72	7.79	95.23	189.00	5.14	15.57
国有独资公司						
其他有限责任公司	0.72	7.79	95.23	189.00	5.14	15.57
股份有限公司	0.86	7.37	101.39	128.96	0.22	1.29
私营企业	0.89	7.17	78.44	291.25	6.94	18.61
私营独资企业	0.01	1.93	61.22	150.25	32.07	41.35
私营合伙企业	0.01	16.38	89.68	615.90		9.36
私营有限责任公司	0.86	7.07	78.07	299.36	6.65	18.24
私营股份有限公司	0.01	8.93	107.00	128.59	14.47	33.01
其他企业		0.40	1185.22	419.30		74.01
港、澳、台商投资企业	0.42	8.85	55.72	197.17	3.60	6.59
港澳台商独资经营企业	0.42	8.85	55.72	197.17	3.60	6.59
外商投资企业	0.68	9.16	37.00	124.24	0.87	1.51
中外合资经营企业	0.11	9.26	98.90	78.86	0.89	1.12
中外合作经营企业						
外资企业	0.57	9.02	20.77	442.15	0.84	2.01
外商投资股份有限公司						
其他外商投资企业						
二、按经济组织类型分组						
独资企业	1.02	8.67	40.10	234.89	3.19	5.96
国有企业	0.02	7.18	108.83	318.15	0.77	6.06
集体企业						
私营独资企业	0.01	1.93	61.22	150.25	32.07	41.35
港澳台商独资经营企业	0.42	8.85	55.72	197.17	3.60	6.59
外资企业	0.57	9.02	20.77	442.15	0.84	2.01
合作、合伙企业	0.01	6.31	214.89	475.39		50.11
私营合伙企业	0.01	16.38	89.68	615.90		9.36
其他企业（内资）		0.40	1185.22	419.30		74.01
股份有限公司	0.88	7.40	101.48	128.95	0.44	1.83
股份有限公司(内资)	0.86	7.37	101.39	128.96	0.22	1.29
私营股份有限公司	0.01	8.93	107.00	128.59	14.47	33.01
港澳台商投资股份有限公司						
外商投资股份有限公司						
有限责任公司	1.70	7.56	86.61	203.63	5.55	15.78
国有独资公司						
私营有限责任公司	0.86	7.07	78.07	299.36	6.65	18.24
合资经营企业(港或澳、台资)						
中外合资经营企业	0.11	9.26	98.90	78.86	0.89	1.12
其他有限责任公司	0.72	7.79	95.23	189.00	5.14	15.57
三、在总计中:亏损企业	0.17	-6.66	17.89	97.58	20.37	66.45
在总计中:国有控股企业	0.12	9.20	94.95	189.05	8.91	10.97

7-20 遂川县规模以上工业企业主要经济指标（大类行业）

单位：亿元

行业	企业单位数（个）	工业总产值（当年价格）	工业销售产值（当年价格）	出口交货值	年初存货	产成品
总计	85	210.78	205.83	7.86	5.47	2.33
有色金属矿采选业	2	8.82	8.66		0.35	0.34
非金属矿采选业	2	13.82	13.82		0.07	0.01
农副食品加工业	4	10.60	10.58		0.07	0.03
食品制造业	1	2.32	2.03		0.04	
酒、饮料和精制茶制造业	5	7.80	7.63		0.28	0.14
烟草制品业						
纺织业	8	12.12	12.11		0.31	0.11
纺织服装、服饰业	8	13.54	13.51	6.07	0.21	0.06
皮革、毛皮、羽毛及其制品和制鞋业	7	9.93	9.82	1.41	0.23	0.10
木材加工和木、竹、藤、棕、草制品业	8	16.47	16.47		0.71	0.21
家具制造业	3	14.92	14.91	0.28	0.51	0.22
造纸和纸制品业						
印刷和记录媒介复制业	2	4.34	4.16		0.03	0.02
文教、工美、体育和娱乐用品制造业	2	10.96	10.94		0.65	0.36
石油加工、炼焦和核燃料加工业						
化学原料和化学制品制造业	5	18.72	17.07		0.42	0.19
医药制造业	3	5.16	5.09		0.11	0.09
非金属矿物制品业	6	6.35	6.06		0.15	0.06
黑色金属冶炼和压延加工业						
有色金属冶炼和压延加工业	5	15.70	15.62		0.71	0.21
专用设备制造业	1	0.54	0.54		0.04	0.03
电气机械和器材制造业	2	1.60	1.57		0.05	0.04
计算机、通信和其他电子设备制造业	10	36.55	34.76	0.10	0.53	0.14
电力、热力生产和供应业	1	0.51	0.50			

7-20 续表 1

行业	资产总计	流动资产合计	流动资产合计			固定资产合计
			应收账款	存货	产成品	
总计	97.52	30.97	10.43	8.90	3.90	38.83
有色金属矿采选业	1.86	1.04	0.48	0.38	0.35	0.48
非金属矿采选业	1.68	0.52	0.18	0.11	0.06	0.82
农副食品加工业	7.99	0.90	0.19	0.37	0.15	0.97
食品制造业	0.30	0.16	0.01	0.04	0.04	0.14
酒、饮料和精制茶制造业	5.57	1.75	0.51	0.69	0.34	2.28
烟草制品业						
纺织业	5.21	1.67	0.46	0.39	0.20	2.62
纺织服装、服饰业	4.26	1.68	0.24	0.40	0.13	1.79
皮革、毛皮、羽毛及其制品和制鞋业	4.15	1.25	0.64	0.27	0.09	1.84
木材加工和木、竹、藤、棕、草制品业	7.76	2.28	0.63	1.11	0.62	3.67
家具制造业	10.29	1.27	0.44	0.54	0.17	4.85
造纸和纸制品业						
印刷和记录媒介复制业	1.04	0.26	0.08	0.07	0.07	0.18
文教、工美、体育和娱乐用品制造业	2.46	0.99	0.25	0.24	0.22	1.46
石油加工、炼焦和核燃料加工业						
化学原料和化学制品制造业	5.06	1.30	0.34	0.41	0.21	1.82
医药制造业	1.49	0.88	0.36	0.14	0.11	0.59
非金属矿物制品业	7.33	3.83	0.68	0.27	0.10	3.20
黑色金属冶炼和压延加工业						
有色金属冶炼和压延加工业	4.70	1.58	0.44	0.70	0.47	1.23
专用设备制造业	0.17	0.06	0.01	0.03	0.03	0.11
电气机械和器材制造业	0.52	0.19	0.09	0.08	0.02	0.33
计算机、通信和其他电子设备制造业	25.01	9.24	4.34	2.66	0.53	9.89
电力、热力生产和供应业	0.68	0.12	0.08			0.56

7–20 续表 2

行业	资产总计			负债合计		
	固定资产原价	累计折旧		负债合计	流动负债合计	
			本年折旧			应付账款
总计	47.63	11.66	2.57	39.38	31.87	16.30
有色金属矿采选业	0.65	0.18	0.07	0.59	0.55	0.22
非金属矿采选业	1.20	0.11	0.05	0.82	0.60	0.13
农副食品加工业	2.02	1.39	0.04	0.90	0.82	0.25
食品制造业	0.27	0.13	0.01	0.06		
酒、饮料和精制茶制造业	1.24	0.18	0.04	2.69	0.78	0.54
烟草制品业						
纺织业	2.81	0.57	0.14	2.42	1.96	0.73
纺织服装、服饰业	2.45	0.93	0.10	1.64	1.29	0.36
皮革、毛皮、羽毛及其制品和制鞋业	2.15	0.43	0.09	1.12	1.10	0.22
木材加工和木、竹、藤、棕、草制品业	4.46	0.78	0.11	1.46	1.20	0.27
家具制造业	5.69	0.84	0.29	4.62	4.22	1.94
造纸和纸制品业						
印刷和记录媒介复制业	0.42	0.23	0.01	0.12	0.01	
文教、工美、体育和娱乐用品制造业	1.57	0.64	0.36	1.09	1.07	0.62
石油加工、炼焦和核燃料加工业						
化学原料和化学制品制造业	2.46	0.67	0.18	1.46	0.61	0.16
医药制造业	0.62	0.11	0.02	0.54	0.38	0.29
非金属矿物制品业	3.86	0.65	0.16	4.64	3.07	1.86
黑色金属冶炼和压延加工业						
有色金属冶炼和压延加工业	1.36	0.14	0.05	1.48	1.01	0.29
专用设备制造业	0.16	0.05	0.03	0.14	0.05	0.02
电气机械和器材制造业	0.48	0.15	0.03	0.24	0.24	0.13
计算机、通信和其他电子设备制造业	13.02	3.27	0.73	13.32	12.90	8.27
电力、热力生产和供应业	0.76	0.19	0.05	0.03	0.03	0.02

7-20 续表 3

行业	负债合计	所有者权益合计					
	非流动负债合计		实收资本	集体资本	法人资本	个人资本	港澳台资本
总计	5.03	58.14	23.23	1.00	8.79	12.03	1.41
有色金属矿采选业	0.04	1.27	1.27		0.60	0.67	
非金属矿采选业	0.02	0.86	0.66		0.11	0.55	
农副食品加工业		7.08	3.36			3.36	
食品制造业		0.24	0.02			0.02	
酒、饮料和精制茶制造业	1.78	2.88	2.16	1.00	0.78	0.37	
烟草制品业							
纺织业	0.27	2.79	1.44			0.94	0.50
纺织服装、服饰业	0.05	2.62	0.39		0.09	0.30	
皮革、毛皮、羽毛及其制品和制鞋业	0.01	3.04	0.59			0.37	0.22
木材加工和木、竹、藤、棕、草制品业	0.21	6.30	3.01		2.33	0.67	
家具制造业	0.37	5.66	1.17		1.12	0.05	
造纸和纸制品业							
印刷和记录媒介复制业	0.02	0.91	0.79		0.05	0.73	
文教、工美、体育和娱乐用品制造业		1.37	0.86		0.84	0.02	
石油加工、炼焦和核燃料加工业							
化学原料和化学制品制造业	0.23	3.60	1.44		0.23	1.21	
医药制造业		0.95	0.36			0.36	
非金属矿物制品业	1.50	2.68	1.82		1.62	0.20	
黑色金属冶炼和压延加工业							
有色金属冶炼和压延加工业	0.05	3.22	0.97		0.68	0.28	
专用设备制造业	0.09	0.03	0.03			0.03	
电气机械和器材制造业		0.27	0.07		0.02	0.05	
计算机、通信和其他电子设备制造业	0.40	11.70	2.16		0.30	1.17	0.69
电力、热力生产和供应业		0.65	0.66			0.66	

7-20 续表 4

行　　业	营业收入	主营业务收入	营业成本	主营业务成本	营业税金及附加	主营业务税金及附加
总计	222.24	222.20	184.65	184.29	1.40	1.40
有色金属矿采选业	8.51	8.46	7.12	7.12	0.05	0.05
非金属矿采选业	13.58	13.58	10.90	10.90	0.08	0.08
农副食品加工业	10.59	10.59	9.08	9.07	0.06	0.06
食品制造业	2.48	2.48	2.01	2.01	0.01	0.01
酒、饮料和精制茶制造业	7.63	7.63	6.33	6.33	0.05	0.05
烟草制品业						
纺织业	13.51	13.51	11.19	11.19	0.08	0.08
纺织服装、服饰业	12.94	12.94	10.77	10.43	0.08	0.08
皮革、毛皮、羽毛及其制品和制鞋业	9.82	9.82	8.12	8.12	0.06	0.06
木材加工和木、竹、藤、棕、草制品业	16.55	16.55	14.11	14.11	0.09	0.09
家具制造业	14.84	14.83	12.59	12.59	0.09	0.09
造纸和纸制品业						
印刷和记录媒介复制业	4.33	4.33	3.45	3.45	0.03	0.03
文教、工美、体育和娱乐用品制造业	10.94	10.94	9.00	9.00	0.06	0.06
石油加工、炼焦和核燃料加工业						
化学原料和化学制品制造业	17.63	17.63	14.60	14.60	0.15	0.15
医药制造业	5.10	5.10	4.06	4.06	0.03	0.03
非金属矿物制品业	19.16	19.16	15.98	15.98	0.14	0.14
黑色金属冶炼和压延加工业						
有色金属冶炼和压延加工业	15.56	15.56	13.55	13.55	0.09	0.09
专用设备制造业	0.54	0.54	0.46	0.46		
电气机械和器材制造业	1.57	1.57	1.27	1.27	0.01	0.01
计算机、通信和其他电子设备制造业	36.47	36.47	29.66	29.66	0.21	0.21
电力、热力生产和供应业	0.50	0.50	0.41	0.41		

7–20 续表 5

行　　业	其他业务收入	销售费用	管理费用		财务费用		
				税金		利息收入	利息支出
总计	0.04	5.43	6.67	0.21	0.81	0.07	0.67
有色金属矿采选业	0.04	0.16	0.30		0.02		0.02
非金属矿采选业		0.51	0.42		0.04		0.03
农副食品加工业		0.17	0.21	0.01	0.02		0.02
食品制造业		0.09	0.14				
酒、饮料和精制茶制造业		0.25	0.27	0.01	0.02		0.02
烟草制品业							
纺织业		0.31	0.50	0.01	0.07		0.02
纺织服装、服饰业		0.29	0.35	0.01	0.05	0.03	0.04
皮革、毛皮、羽毛及其制品和制鞋业		0.24	0.31		0.01		0.01
木材加工和木、竹、藤、棕、草制品业		0.25	0.52	0.01	0.08		0.08
家具制造业		0.12	0.24	0.01	0.09		0.09
造纸和纸制品业							
印刷和记录媒介复制业		0.25	0.22	0.11	0.01		0.01
文教、工美、体育和娱乐用品制造业		0.37	0.41		0.01		0.01
石油加工、炼焦和核燃料加工业							
化学原料和化学制品制造业		0.49	0.41		0.16		0.16
医药制造业		0.25	0.27	0.02	0.07	0.02	0.03
非金属矿物制品业		0.62	0.59		0.04		0.02
黑色金属冶炼和压延加工业							
有色金属冶炼和压延加工业		0.13	0.27	0.01	0.03		0.02
专用设备制造业		0.01	0.03				
电气机械和器材制造业		0.05	0.11				
计算机、通信和其他电子设备制造业		0.85	1.09		0.10	0.01	0.10
电力、热力生产和供应业		0.01	0.02				

7-20 续表 6

行业	营业利润	资产减值损失	营业外收入	政府补助	利润总额	所得税费用
总计	22.99	0.29	0.19	0.15	23.17	4.47
有色金属矿采选业	0.86				0.86	0.18
非金属矿采选业	1.63				1.63	0.33
农副食品加工业	1.05				1.05	0.22
食品制造业	0.22				0.22	0.04
酒、饮料和精制茶制造业	0.72				0.72	0.15
烟草制品业						
纺织业	1.35				1.35	0.19
纺织服装、服饰业	1.39				1.39	0.30
皮革、毛皮、羽毛及其制品和制鞋业	1.07				1.07	0.16
木材加工和木、竹、藤、棕、草制品业	1.49	0.01	0.10	0.07	1.60	0.32
家具制造业	1.70				1.70	0.33
造纸和纸制品业						
印刷和记录媒介复制业	0.38				0.38	0.08
文教、工美、体育和娱乐用品制造业	1.10				1.10	0.22
石油加工、炼焦和核燃料加工业						
化学原料和化学制品制造业	1.81	0.02			1.81	0.27
医药制造业	0.42				0.42	0.09
非金属矿物制品业	1.53	0.26			1.53	0.35
黑色金属冶炼和压延加工业						
有色金属冶炼和压延加工业	1.49		0.08	0.08	1.57	0.33
专用设备制造业	0.04				0.04	0.01
电气机械和器材制造业	0.13				0.13	0.02
计算机、通信和其他电子设备制造业	4.55				4.55	0.85
电力、热力生产和供应业	0.05				0.05	0.01

7-20 续表 7

行　业	利税总额	应交税金及附加	本年应付职工薪酬	本年应交增值税	总资产贡献率（%）	资产负债率（%）
总计	31.97	13.47	11.51	7.40	33.41	40.38
有色金属矿采选业	1.18	0.50	0.11	0.27	64.03	31.63
非金属矿采选业	2.18	0.88	0.16	0.47	131.44	48.69
农副食品加工业	1.49	0.67	0.10	0.38	18.86	11.29
食品制造业	0.32	0.14	0.06	0.09	108.39	20.40
酒、饮料和精制茶制造业	0.98	0.42	0.36	0.21	18.01	48.29
烟草制品业						
纺织业	1.82	0.67	0.66	0.39	35.33	46.44
纺织服装、服饰业	1.82	0.74	0.68	0.34	42.98	38.42
皮革、毛皮、羽毛及其制品和制鞋业	1.65	0.75	1.29	0.53	40.05	26.88
木材加工和木、竹、藤、棕、草制品业	2.21	0.94	0.72	0.51	29.40	18.83
家具制造业	2.45	1.08	3.59	0.66	24.67	44.94
造纸和纸制品业						
印刷和记录媒介复制业	0.54	0.34	0.20	0.13	52.34	11.99
文教、工美、体育和娱乐用品制造业	1.53	0.65	0.78	0.37	62.39	44.28
石油加工、炼焦和核燃料加工业						
化学原料和化学制品制造业	2.52	0.98	0.26	0.56	52.93	28.84
医药制造业	0.56	0.25	0.23	0.11	38.39	36.31
非金属矿物制品业	2.20	1.02	0.28	0.53	30.27	63.38
黑色金属冶炼和压延加工业						
有色金属冶炼和压延加工业	2.04	0.82	0.21	0.38	43.88	31.48
专用设备制造业	0.06	0.03	0.06	0.01	36.86	82.14
电气机械和器材制造业	0.18	0.08	0.11	0.04	35.56	47.05
计算机、通信和其他电子设备制造业	6.17	2.47	1.60	1.40	25.05	53.24
电力、热力生产和供应业	0.07	0.03	0.05	0.01	9.72	4.52

7-20 续表 8

行　　业	流动资产周转率（次/年）	成本费用利润率（%）	产品销售率（%）	从业人员平均人数	从业人员期末人数	平均用工人数
总计	7.18	11.73	97.65	1.89	1.95	1.93
有色金属矿采选业	8.15	11.33	98.23	0.03	0.03	0.03
非金属矿采选业	25.90	13.74	99.98	0.04	0.04	0.04
农副食品加工业	11.77	11.02	99.82	0.03	0.03	0.03
食品制造业	15.76	9.92	87.24	0.01	0.01	0.01
酒、饮料和精制茶制造业	4.37	10.52	97.79	0.09	0.09	0.09
烟草制品业						
纺织业	8.11	11.19	99.89	0.14	0.15	0.15
纺织服装、服饰业	7.71	12.16	99.75	0.15	0.15	0.16
皮革、毛皮、羽毛及其制品和制鞋业	7.87	12.26	98.87	0.25	0.26	0.26
木材加工和木、竹、藤、棕、草制品业	7.27	10.68	100.03	0.15	0.15	0.15
家具制造业	11.66	13.05	99.92	0.12	0.12	0.12
造纸和纸制品业						
印刷和记录媒介复制业	16.94	9.60	95.80	0.05	0.05	0.05
文教、工美、体育和娱乐用品制造业	11.00	11.24	99.79	0.15	0.18	0.16
石油加工、炼焦和核燃料加工业						
化学原料和化学制品制造业	13.54	11.57	91.17	0.06	0.06	0.06
医药制造业	5.81	9.04	98.59	0.06	0.06	0.06
非金属矿物制品业	5.00	8.87	95.46	0.08	0.08	0.08
黑色金属冶炼和压延加工业						
有色金属冶炼和压延加工业	9.82	11.24	99.51	0.05	0.05	0.05
专用设备制造业	8.70	8.77	98.87	0.02	0.02	0.02
电气机械和器材制造业	8.34	8.87	97.80	0.04	0.04	0.03
计算机、通信和其他电子设备制造业	3.95	14.36	95.10	0.37	0.38	0.38
电力、热力生产和供应业	4.05	10.95	97.34	0.01	0.01	0.01

7-20 续表 9

行　　业	期末用工人数	主营业务收入利润率（%）	人均主营业务收入（万元/人）	每百元资产实现的主营业务收入(元)	产成品存货周转天数(天)	应收账款平均回收期(天)
总计	1.99	10.43	114.94	227.84	7.62	16.89
有色金属矿采选业	0.03	10.17	326.79	454.18	17.47	20.27
非金属矿采选业	0.04	12.00	371.03	806.69	1.96	4.85
农副食品加工业	0.03	9.87	376.79	132.58	5.96	6.55
食品制造业	0.01	8.97	231.67	828.46	7.34	1.01
酒、饮料和精制茶制造业	0.09	9.46	85.48	137.01	19.51	23.93
烟草制品业						
纺织业	0.16	10.00	87.47	259.39	6.43	12.36
纺织服装、服饰业	0.16	10.77	82.87	303.68	4.34	6.56
皮革、毛皮、羽毛及其制品和制鞋业	0.26	10.85	37.86	236.39	4.04	23.32
木材加工和木、竹、藤、棕、草制品业	0.15	9.65	109.62	213.42	15.73	13.66
家具制造业	0.13	11.47	118.85	144.21	4.91	10.64
造纸和纸制品业						
印刷和记录媒介复制业	0.05	8.70	87.54	416.79	7.10	6.31
文教、工美、体育和娱乐用品制造业	0.19	10.04	69.03	444.81	8.92	8.22
石油加工、炼焦和核燃料加工业						
化学原料和化学制品制造业	0.06	10.28	289.08	348.78	5.27	6.94
医药制造业	0.06	8.24	86.51	342.24	9.56	25.11
非金属矿物制品业	0.08	7.98	251.48	261.49	2.34	12.70
黑色金属冶炼和压延加工业						
有色金属冶炼和压延加工业	0.05	10.10	288.11	330.84	12.38	10.30
专用设备制造业	0.02	8.00	26.70	319.57	20.61	3.44
电气机械和器材制造业	0.05	8.09	48.81	304.12	5.77	21.00
计算机、通信和其他电子设备制造业	0.38	12.49	96.62	145.81	6.44	42.88
电力、热力生产和供应业	0.01	9.82	55.21	72.61		54.60

7–21 遂川县规模以上工业企业主要经济指标（综合分组）

单位：亿元

分组	企业单位数（个）	工业总产值（当年价格）	工业销售产值（当年价格）		年初存货	
				出口交货值		产成品
总　　计	85	210.78	205.83	7.86	5.47	2.33
一、按登记注册类型分组:						
内资企业	79	180.74	175.84	6.45	4.57	1.91
国有企业	1	2.45	2.38		0.09	0.06
中央企业						
地方企业	1	2.45	2.38		0.09	0.06
有限责任公司	3	6.59	6.30		0.07	
国有独资公司						
其他有限责任公司	3	6.59	6.30		0.07	
股份有限公司	1	0.71	0.69		0.07	0.02
私营企业	74	170.98	166.47	6.45	4.33	1.83
私营独资企业	1	0.50	0.49		0.02	
私营合伙企业	1	0.51	0.50			
私营有限责任公司	71	165.56	161.14	6.35	4.29	1.82
私营股份有限公司	1	4.41	4.35	0.10	0.02	0.01
其他企业						
港、澳、台商投资企业	6	30.05	29.99	1.41	0.90	0.42
合资经营企业(港或澳、台资)						
合作经营企业(港或澳、台资)						
港澳台商独资经营企业	6	30.05	29.99	1.41	0.90	0.42
二、按经济组织类型分组						
独资企业	8	33.00	32.85	1.41	1.01	0.48
国有企业	1	2.45	2.38		0.09	0.06
集体企业						
私营独资企业	1	0.50	0.49		0.02	
港澳台商独资经营企业	6	30.05	29.99	1.41	0.90	0.42
外资企业						
合作、合伙企业	1	0.51	0.50			
私营合伙企业	1	0.51	0.50			
股份有限公司	2	5.12	5.03	0.10	0.09	0.03
股份有限公司(内资)	1	0.71	0.69		0.07	0.02
私营股份有限公司	1	4.41	4.35	0.10	0.02	0.01
港澳台商投资股份有限公司						
外商投资股份有限公司						
有限责任公司	74	172.15	167.44	6.35	4.36	1.82
国有独资公司						
私营有限责任公司	71	165.56	161.14	6.35	4.29	1.82
合资经营企业(港或澳、台资)						
中外合资经营企业						
其他有限责任公司	3	6.59	6.30		0.07	
三、在总计中:亏损企业						
在总计中:国有控股企业	1	2.45	2.38		0.09	0.06

7-21 续表 1

分组	资产总计	流动资产合计	应收账款	存货	产成品	固定资产合计	固定资产原价
总　　计	97.52	30.97	10.43	8.90	3.90	38.83	47.63
一、按登记注册类型分组:							
内资企业	88.42	28.41	9.86	8.31	3.52	34.81	42.03
国有企业	1.20	0.46	0.07	0.32	0.10	0.40	0.43
中央企业							
地方企业	1.20	0.46	0.07	0.32	0.10	0.40	0.43
有限责任公司	2.40	1.05	0.47	0.14	0.05	1.29	1.46
国有独资公司							
其他有限责任公司	2.40	1.05	0.47	0.14	0.05	1.29	1.46
股份有限公司	0.83	0.38	0.06	0.10	0.04	0.18	0.47
私营企业	83.99	26.52	9.27	7.75	3.33	32.94	39.67
私营独资企业	0.34	0.23	0.08	0.05	0.01		
私营合伙企业	0.68	0.12	0.08			0.56	0.76
私营有限责任公司	79.83	24.35	8.14	7.57	3.20	31.10	37.40
私营股份有限公司	3.14	1.83	0.96	0.12	0.12	1.28	1.51
其他企业							
港、澳、台商投资企业	9.11	2.56	0.56	0.60	0.38	4.02	5.60
合资经营企业(港或澳、台资)							
合作经营企业(港或澳、台资)							
港澳台商独资经营企业	9.11	2.56	0.56	0.60	0.38	4.02	5.60
二、按经济组织类型分组							
独资企业	10.64	3.24	0.72	0.97	0.49	4.42	6.03
国有企业	1.20	0.46	0.07	0.32	0.10	0.40	0.43
集体企业							
私营独资企业	0.34	0.23	0.08	0.05	0.01		
港澳台商独资经营企业	9.11	2.56	0.56	0.60	0.38	4.02	5.60
外资企业							
合作、合伙企业	0.68	0.12	0.08			0.56	0.76
私营合伙企业	0.68	0.12	0.08			0.56	0.76
股份有限公司	3.97	2.21	1.03	0.22	0.16	1.46	1.98
股份有限公司(内资)	0.83	0.38	0.06	0.10	0.04	0.18	0.47
私营股份有限公司	3.14	1.83	0.96	0.12	0.12	1.28	1.51
港澳台商投资股份有限公司							
外商投资股份有限公司							
有限责任公司	82.23	25.40	8.61	7.71	3.25	32.39	38.86
国有独资公司							
私营有限责任公司	79.83	24.35	8.14	7.57	3.20	31.10	37.40
合资经营企业(港或澳、台资)							
中外合资经营企业							
其他有限责任公司	2.40	1.05	0.47	0.14	0.05	1.29	1.46
三、在总计中:亏损企业							
在总计中:国有控股企业	1.20	0.46	0.07	0.32	0.10	0.40	0.43

7-21 续表 2

分　组	资产总计		负债合计	流动负债合计		非流动负债合计
	累计折旧	本年折旧			应付账款	
总　　计	11.66	2.57	39.38	31.87	16.30	5.03
一、按登记注册类型分组:						
内资企业	9.51	2.00	35.82	28.34	15.30	5.03
国有企业	0.03	0.01	0.28	0.10		0.18
中央企业						
地方企业	0.03	0.01	0.28	0.10		0.18
有限责任公司	0.17	0.13	1.49	1.24	0.36	0.26
国有独资公司						
其他有限责任公司	0.17	0.13	1.49	1.24	0.36	0.26
股份有限公司	0.29	0.03	0.30	0.30	0.04	
私营企业	9.02	1.83	33.75	26.70	14.89	4.59
私营独资企业			0.08			
私营合伙企业	0.19	0.05	0.03	0.03	0.02	
私营有限责任公司	8.59	1.65	32.41	25.60	14.42	4.43
私营股份有限公司	0.23	0.13	1.23	1.06	0.45	0.16
其他企业						
港、澳、台商投资企业	2.15	0.57	3.56	3.54	1.01	
合资经营企业(港或澳、台资)						
合作经营企业(港或澳、台资)						
港澳台商独资经营企业	2.15	0.57	3.56	3.54	1.01	
二、按经济组织类型分组						
独资企业	2.18	0.58	3.92	3.63	1.01	0.18
国有企业	0.03	0.01	0.28	0.10		0.18
集体企业						
私营独资企业			0.08			
港澳台商独资经营企业	2.15	0.57	3.56	3.54	1.01	
外资企业						
合作、合伙企业	0.19	0.05	0.03	0.03	0.02	
私营合伙企业	0.19	0.05	0.03	0.03	0.02	
股份有限公司	0.52	0.16	1.53	1.37	0.49	0.16
股份有限公司(内资)	0.29	0.03	0.30	0.30	0.04	
私营股份有限公司	0.23	0.13	1.23	1.06	0.45	0.16
港澳台商投资股份有限公司						
外商投资股份有限公司						
有限责任公司	8.77	1.79	33.90	26.84	14.78	4.69
国有独资公司						
私营有限责任公司	8.59	1.65	32.41	25.60	14.42	4.43
合资经营企业(港或澳、台资)						
中外合资经营企业						
其他有限责任公司	0.17	0.13	1.49	1.24	0.36	0.26
三、在总计中:亏损企业						
在总计中:国有控股企业	0.03	0.01	0.28	0.10		0.18

7-21 续表 3

分　　组	所有者权益合计	实收资本	集体资本	法人资本	个人资本	港澳台资本
总　　计	58.14	23.23	1.00	8.79	12.03	1.41
一、按登记注册类型分组:						
内资企业	52.59	21.19	1.00	7.95	11.99	0.24
国有企业	0.92	0.02		0.02		
中央企业						
地方企业	0.92	0.02		0.02		
有限责任公司	0.91	0.39		0.14	0.25	
国有独资公司						
其他有限责任公司	0.91	0.39		0.14	0.25	
股份有限公司	0.52	0.46			0.46	
私营企业	50.24	20.31	1.00	7.79	11.28	0.24
私营独资企业	0.25	0.03			0.03	
私营合伙企业	0.65	0.66			0.66	
私营有限责任公司	47.42	18.73	1.00	7.79	9.70	0.24
私营股份有限公司	1.92	0.90			0.90	
其他企业						
港、澳、台商投资企业	5.55	2.05		0.84	0.04	1.17
合资经营企业(港或澳、台资)						
合作经营企业(港或澳、台资)						
港澳台商独资经营企业	5.55	2.05		0.84	0.04	1.17
二、按经济组织类型分组						
独资企业	6.72	2.10		0.86	0.07	1.17
国有企业	0.92	0.02		0.02		
集体企业						
私营独资企业	0.25	0.03			0.03	
港澳台商独资经营企业	5.55	2.05		0.84	0.04	1.17
外资企业						
合作、合伙企业	0.65	0.66			0.66	
私营合伙企业	0.65	0.66			0.66	
股份有限公司	2.44	1.36			1.36	
股份有限公司(内资)	0.52	0.46			0.46	
私营股份有限公司	1.92	0.90			0.90	
港澳台商投资股份有限公司						
外商投资股份有限公司						
有限责任公司	48.32	19.12	1.00	7.93	9.95	0.24
国有独资公司						
私营有限责任公司	47.42	18.73	1.00	7.79	9.70	0.24
合资经营企业(港或澳、台资)						
中外合资经营企业						
其他有限责任公司	0.91	0.39		0.14	0.25	
三、在总计中:亏损企业						
在总计中:国有控股企业	0.92	0.02		0.02		

7-21 续表 4

分　组	营业收入	主营业务收入	营业成本	主营业务成本	营业税金及附加	主营业务税金及附加	其他业务收入
总　计	222.24	222.20	184.65	184.29	1.40	1.40	0.04
一、按登记注册类型分组:							
内资企业	192.24	192.20	159.66	159.30	1.22	1.22	0.04
国有企业	2.38	2.38	1.95	1.95	0.01	0.01	
中央企业							
地方企业	2.38	2.38	1.95	1.95	0.01	0.01	
有限责任公司	6.21	6.21	5.17	5.17	0.04	0.04	
国有独资公司							
其他有限责任公司	6.21	6.21	5.17	5.17	0.04	0.04	
股份有限公司	0.69	0.69	0.65	0.65			
私营企业	182.96	182.92	151.88	151.53	1.16	1.16	0.04
私营独资企业	0.49	0.49	0.43	0.41			
私营合伙企业	0.50	0.50	0.41	0.41			
私营有限责任公司	177.63	177.59	147.92	147.58	1.13	1.13	0.04
私营股份有限公司	4.35	4.35	3.12	3.12	0.03	0.03	
其他企业							
港、澳、台商投资企业	30.00	30.00	24.99	24.99	0.18	0.18	
合资经营企业(港或澳、台资)							
合作经营企业(港或澳、台资)							
港澳台商独资经营企业	30.00	30.00	24.99	24.99	0.18	0.18	
二、按经济组织类型分组							
独资企业	32.86	32.86	27.37	27.35	0.19	0.19	
国有企业	2.38	2.38	1.95	1.95	0.01	0.01	
集体企业							
私营独资企业	0.49	0.49	0.43	0.41			
港澳台商独资经营企业	30.00	30.00	24.99	24.99	0.18	0.18	
外资企业							
合作、合伙企业	0.50	0.50	0.41	0.41			
私营合伙企业	0.50	0.50	0.41	0.41			
股份有限公司	5.03	5.03	3.77	3.77	0.03	0.03	
股份有限公司(内资)	0.69	0.69	0.65	0.65			
私营股份有限公司	4.35	4.35	3.12	3.12	0.03	0.03	
港澳台商投资股份有限公司							
外商投资股份有限公司							
有限责任公司	183.85	183.80	153.10	152.76	1.17	1.17	0.04
国有独资公司							
私营有限责任公司	177.63	177.59	147.92	147.58	1.13	1.13	0.04
合资经营企业(港或澳、台资)							
中外合资经营企业							
其他有限责任公司	6.21	6.21	5.17	5.17	0.04	0.04	
三、在总计中:亏损企业							
在总计中:国有控股企业	2.38	2.38	1.95	1.95	0.01	0.01	

7-21 续表 5

分　组	销售费用	管理费用	税金	财务费用	利息收入	利息支出
总　计	5.43	6.67	0.21	0.81	0.07	0.67
一、按登记注册类型分组:						
内资企业	4.72	5.88	0.20	0.79	0.06	0.64
国有企业	0.12	0.05		0.01		0.01
中央企业						
地方企业	0.12	0.05		0.01		0.01
有限责任公司	0.15	0.24		0.02		0.01
国有独资公司						
其他有限责任公司	0.15	0.24		0.02		0.01
股份有限公司		0.07		0.01		0.01
私营企业	4.45	5.53	0.20	0.75	0.06	0.61
私营独资企业						
私营合伙企业	0.01	0.02				
私营有限责任公司	4.26	5.19	0.20	0.70	0.06	0.56
私营股份有限公司	0.17	0.31		0.05		0.06
其他企业						
港、澳、台商投资企业	0.72	0.79		0.03		0.03
合资经营企业(港或澳、台资)						
合作经营企业(港或澳、台资)						
港澳台商独资经营企业	0.72	0.79		0.03		0.03
二、按经济组织类型分组						
独资企业	0.84	0.85		0.04		0.04
国有企业	0.12	0.05		0.01		0.01
集体企业						
私营独资企业						
港澳台商独资经营企业	0.72	0.79		0.03		0.03
外资企业						
合作、合伙企业	0.01	0.02				
私营合伙企业	0.01	0.02				
股份有限公司	0.17	0.38		0.06	0.01	0.07
股份有限公司(内资)		0.07		0.01		0.01
私营股份有限公司	0.17	0.31		0.05		0.06
港澳台商投资股份有限公司						
外商投资股份有限公司						
有限责任公司	4.41	5.43	0.20	0.71	0.06	0.57
国有独资公司						
私营有限责任公司	4.26	5.19	0.20	0.70	0.06	0.56
合资经营企业(港或澳、台资)						
中外合资经营企业						
其他有限责任公司	0.15	0.24		0.02		0.01
三、在总计中:亏损企业						
在总计中:国有控股企业	0.12	0.05		0.01		0.01

7-21 续表 6

分　　组	营业利润	资产减值损失	营业外收入	政府补助	利润总额	所得税费用
总　　计	22.99	0.29	0.19	0.15	23.17	4.47
一、按登记注册类型分组:						
内资企业	19.69	0.29	0.19	0.15	19.87	3.87
国有企业	0.24				0.24	0.05
中央企业						
地方企业	0.24				0.24	0.05
有限责任公司	0.60				0.60	0.11
国有独资公司						
其他有限责任公司	0.60				0.60	0.11
股份有限公司	-0.04		0.07	0.07	0.02	
私营企业	18.90	0.29	0.12	0.08	19.02	3.70
私营独资企业	0.05				0.05	0.01
私营合伙企业	0.05				0.05	0.01
私营有限责任公司	18.14	0.29	0.12	0.08	18.26	3.58
私营股份有限公司	0.66				0.66	0.10
其他企业						
港、澳、台商投资企业	3.30				3.30	0.60
合资经营企业(港或澳、台资)						
合作经营企业(港或澳、台资)						
港澳台商独资经营企业	3.30				3.30	0.60
二、按经济组织类型分组						
独资企业	3.58				3.58	0.66
国有企业	0.24				0.24	0.05
集体企业						
私营独资企业	0.05				0.05	0.01
港澳台商独资经营企业	3.30				3.30	0.60
外资企业						
合作、合伙企业	0.05				0.05	0.01
私营合伙企业	0.05				0.05	0.01
股份有限公司	0.62		0.07	0.07	0.68	0.10
股份有限公司(内资)	-0.04		0.07	0.07	0.02	
私营股份有限公司	0.66				0.66	0.10
港澳台商投资股份有限公司						
外商投资股份有限公司						
有限责任公司	18.74	0.29	0.12	0.08	18.86	3.69
国有独资公司						
私营有限责任公司	18.14	0.29	0.12	0.08	18.26	3.58
合资经营企业(港或澳、台资)						
中外合资经营企业						
其他有限责任公司	0.60				0.60	0.11
三、在总计中:亏损企业						
在总计中:国有控股企业	0.24				0.24	0.05

7-21 续表 7

分　组	利税总额	应交税金及附加	本年应付职工薪酬	本年应交增值税	总资产贡献率（%）	资产负债率（%）
总　计	31.97	13.47	11.51	7.40	33.41	40.38
一、按登记注册类型分组:						
内资企业	27.31	11.51	9.72	6.21	31.54	40.52
国有企业	0.32	0.14	0.17	0.08	27.58	23.02
中央企业						
地方企业	0.32	0.14	0.17	0.08	27.58	23.02
有限责任公司	0.97	0.48	0.22	0.33	40.92	62.27
国有独资公司						
其他有限责任公司	0.97	0.48	0.22	0.33	40.92	62.27
股份有限公司	0.05	0.03	0.07	0.02	6.92	36.74
私营企业	25.97	10.85	9.26	5.78	31.57	40.18
私营独资企业	0.07	0.03	0.02	0.02	20.24	24.48
私营合伙企业	0.07	0.03	0.05	0.01	9.72	4.52
私营有限责任公司	24.90	10.42	9.03	5.50	31.81	40.60
私营股份有限公司	0.94	0.37	0.15	0.25	31.45	38.98
其他企业						
港、澳、台商投资企业	4.67	1.97	1.79	1.19	51.49	39.11
合资经营企业(港或澳、台资)						
合作经营企业(港或澳、台资)						
港澳台商独资经营企业	4.67	1.97	1.79	1.19	51.49	39.11
二、按经济组织类型分组						
独资企业	5.06	2.14	1.98	1.28	47.82	36.84
国有企业	0.32	0.14	0.17	0.08	27.58	23.02
集体企业						
私营独资企业	0.07	0.03	0.02	0.02	20.24	24.48
港澳台商独资经营企业	4.67	1.97	1.79	1.19	51.49	39.11
外资企业						
合作、合伙企业	0.07	0.03	0.05	0.01	9.72	4.52
私营合伙企业	0.07	0.03	0.05	0.01	9.72	4.52
股份有限公司	0.98	0.40	0.22	0.27	26.34	38.51
股份有限公司(内资)	0.05	0.03	0.07	0.02	6.92	36.74
私营股份有限公司	0.94	0.37	0.15	0.25	31.45	38.98
港澳台商投资股份有限公司						
外商投资股份有限公司						
有限责任公司	25.87	10.90	9.26	5.84	32.08	41.23
国有独资公司						
私营有限责任公司	24.90	10.42	9.03	5.50	31.81	40.60
合资经营企业(港或澳、台资)						
中外合资经营企业						
其他有限责任公司	0.97	0.48	0.22	0.33	40.92	62.27
三、在总计中:亏损企业						
在总计中:国有控股企业	0.32	0.14	0.17	0.08	27.58	23.02

7-21 续表 8

分　　组	流动资产周转率（次/年）	成本费用利润率（%）	产品销售率（%）	从业人员平均人数	从业人员期末人数	平均用工人数
总　　计	7.18	11.73	97.65	1.89	1.95	1.93
一、按登记注册类型分组:						
内资企业	6.77	11.62	97.29	1.55	1.57	1.57
国有企业	5.22	11.10	96.81	0.02	0.03	0.02
中央企业						
地方企业	5.22	11.10	96.81	0.02	0.03	0.02
有限责任公司	5.90	10.72	95.58	0.05	0.06	0.06
国有独资公司						
其他有限责任公司	5.90	10.72	95.58	0.05	0.06	0.06
股份有限公司	1.82	3.11	96.40	0.02	0.02	0.02
私营企业	6.90	11.69	97.37	1.45	1.47	1.48
私营独资企业	2.14	10.89	98.06			
私营合伙企业	4.05	10.95	97.34	0.01	0.01	0.01
私营有限责任公司	7.30	11.55	97.33	1.39	1.41	1.42
私营股份有限公司	2.38	18.07	98.64	0.04	0.04	0.04
其他企业						
港、澳、台商投资企业	11.71	12.43	99.80	0.34	0.39	0.36
合资经营企业(港或澳、台资)						
合作经营企业(港或澳、台资)						
港澳台商独资经营企业	11.71	12.43	99.80	0.34	0.39	0.36
二、按经济组织类型分组						
独资企业	10.13	12.31	99.55	0.37	0.42	0.39
国有企业	5.22	11.10	96.81	0.02	0.03	0.02
集体企业						
私营独资企业	2.14	10.89	98.06			
港澳台商独资经营企业	11.71	12.43	99.80	0.34	0.39	0.36
外资企业						
合作、合伙企业	4.05	10.95	97.34	0.01	0.01	0.01
私营合伙企业	4.05	10.95	97.34	0.01	0.01	0.01
股份有限公司	2.28	15.58	98.33	0.06	0.06	0.06
股份有限公司(内资)	1.82	3.11	96.40	0.02	0.02	0.02
私营股份有限公司	2.38	18.07	98.64	0.04	0.04	0.04
港澳台商投资股份有限公司						
外商投资股份有限公司						
有限责任公司	7.24	11.52	97.26	1.45	1.47	1.48
国有独资公司						
私营有限责任公司	7.30	11.55	97.33	1.39	1.41	1.42
合资经营企业(港或澳、台资)						
中外合资经营企业						
其他有限责任公司	5.90	10.72	95.58	0.05	0.06	0.06
三、在总计中:亏损企业						
在总计中:国有控股企业	5.22	11.10	96.81	0.02	0.03	0.02

7-21 续表 9

分　　组	期末用工人数	主营业务收入利润率（%）	人均主营业务收入（万元/人）	每百元资产实现的主营业务收入(元)	产成品存货周转天数(天)	应收账款平均回收期(天)
总　　计	1.99	10.43	114.94	227.84	7.62	16.89
一、按登记注册类型分组:						
内资企业	1.60	10.34	122.07	217.38	7.95	18.48
国有企业	0.03	9.94	99.02	198.42	18.71	11.03
中央企业						
地方企业	0.03	9.94	99.02	198.42	18.71	11.03
有限责任公司	0.06	9.62	110.16	258.86	3.75	27.00
国有独资公司						
其他有限责任公司	0.06	9.62	110.16	258.86	3.75	27.00
股份有限公司	0.02	3.29	40.05	83.20	19.97	31.54
私营企业	1.50	10.40	123.85	217.79	7.91	18.24
私营独资企业		9.77	121.80	145.44	4.83	62.07
私营合伙企业	0.01	9.82	55.21	72.61		54.60
私营有限责任公司	1.45	10.28	124.98	222.47	7.81	16.50
私营股份有限公司	0.04	15.22	101.06	138.22	14.09	79.91
其他企业						
港、澳、台商投资企业	0.39	10.99	83.63	329.36	5.52	6.75
合资经营企业(港或澳、台资)						
合作经营企业(港或澳、台资)						
港澳台商独资经营企业	0.39	10.99	83.63	329.36	5.52	6.75
二、按经济组织类型分组						
独资企业	0.42	10.90	84.98	308.83	6.45	7.88
国有企业	0.03	9.94	99.02	198.42	18.71	11.03
集体企业						
私营独资企业		9.77	121.80	145.44	4.83	62.07
港澳台商独资经营企业	0.39	10.99	83.63	329.36	5.52	6.75
外资企业						
合作、合伙企业	0.01	9.82	55.21	72.61		54.60
私营合伙企业	0.01	9.82	55.21	72.61		54.60
股份有限公司	0.06	13.59	83.63	126.75	15.10	73.29
股份有限公司(内资)	0.02	3.29	40.05	83.20	19.97	31.54
私营股份有限公司	0.04	15.22	101.06	138.22	14.09	79.91
港澳台商投资股份有限公司						
外商投资股份有限公司						
有限责任公司	1.50	10.26	124.42	223.53	7.67	16.86
国有独资公司						
私营有限责任公司	1.45	10.28	124.98	222.47	7.81	16.50
合资经营企业(港或澳、台资)						
中外合资经营企业						
其他有限责任公司	0.06	9.62	110.16	258.86	3.75	27.00
三、在总计中:亏损企业						
在总计中:国有控股企业	0.03	9.94	99.02	198.42	18.71	11.03

7–22 万安县规模以上工业企业主要经济指标（大类行业）

单位：亿元

行业	企业单位数（个）	亏损企业	工业总产值（当年价格）	工业销售产值（当年价格）	出口交货值	年初存货	产成品
总计	65	7	123.82	122.06	1.72	3.89	2.43
农副食品加工业	4	1	7.11	7.07		0.22	0.03
食品制造业							
酒、饮料和精制茶制造业	1		5.21	5.21		0.01	0.01
烟草制品业							
纺织业	5	2	2.37	2.35		0.07	0.04
纺织服装、服饰业	1		0.72	0.71	0.71	0.03	
皮革、毛皮、羽毛及其制品和制鞋业							
木材加工和木、竹、藤、棕、草制品业	4		6.91	6.86		0.31	0.13
印刷和记录媒介复制业	1		0.68	0.68		0.01	0.01
文教、工美、体育和娱乐用品制造业	4		7.19	6.98		0.30	0.30
石油加工、炼焦和核燃料加工业							
化学原料和化学制品制造业	3	1	9.08	8.77		0.09	0.01
橡胶和塑料制品业	5		11.46	11.45		0.22	0.12
非金属矿物制品业	4		6.04	5.61		0.01	0.01
黑色金属冶炼和压延加工业							
有色金属冶炼和压延加工业	2	1	8.46	8.46		0.04	0.03
金属制品业	1		3.31	3.31		0.02	0.02
通用设备制造业	3		7.28	7.28		0.24	0.14
电气机械和器材制造业	4		13.67	13.17		0.76	0.58
计算机、通信和其他电子设备制造业	21	2	28.58	28.41	1.00	1.54	1.03
电力、热力生产和供应业	2		5.74	5.74			

7–22 续表 1

行业	资产总计	流动资产合计	应收账款	存货	产成品	固定资产合计	固定资产原价
总计	52.68	22.76	8.61	6.01	3.38	19.51	46.30
农副食品加工业	3.40	0.64	0.26	0.34	0.05	0.72	4.38
食品制造业							
酒、饮料和精制茶制造业	0.90	0.03	0.01	0.01	0.01	0.87	1.04
烟草制品业							
纺织业	0.52	0.45	0.07	0.07	0.05	0.07	0.08
纺织服装、服饰业	0.65	0.25	0.06	0.03		0.40	0.40
皮革、毛皮、羽毛及其制品和制鞋业							
木材加工和木、竹、藤、棕、草制品业	3.06	2.33	0.41	0.40	0.17	0.58	0.74
印刷和记录媒介复制业	0.17	0.05	0.02	0.01	0.01	0.12	0.19
文教、工美、体育和娱乐用品制造业	2.23	1.35	0.84	0.40	0.34	0.70	1.47
石油加工、炼焦和核燃料加工业							
化学原料和化学制品制造业	4.11	0.64	0.11	0.12	0.06	1.90	2.76
橡胶和塑料制品业	1.77	0.65	0.14	0.24	0.16	1.01	1.25
非金属矿物制品业	1.93	0.84	0.47	0.08	0.06	0.20	0.39
黑色金属冶炼和压延加工业							
有色金属冶炼和压延加工业	3.87	1.35	0.22	0.63	0.03	1.35	1.59
金属制品业	1.28	0.58	0.02	0.01	0.01	0.05	0.06
通用设备制造业	2.79	1.04	0.13	0.27	0.15	0.84	1.12
电气机械和器材制造业	8.48	4.47	1.23	1.44	1.04	2.08	2.69
计算机、通信和其他电子设备制造业	9.91	6.82	4.04	1.92	1.26	2.31	3.08
电力、热力生产和供应业	7.62	1.26	0.57	0.02		6.33	25.06

7–22 续表 2

行业	资产总计		负债合计	流动负债合计		非流动负债合计
	累计折旧	本年折旧			应付账款	
总计	27.27	2.28	30.98	28.73	5.87	1.38
农副食品加工业	3.66	0.20	1.67	1.25	0.04	
食品制造业						
酒、饮料和精制茶制造业	0.17	0.02	0.03	0.03		
烟草制品业						
纺织业	0.02	0.01	0.34	0.25		
纺织服装、服饰业	0.09	0.02	0.19	0.19	0.03	
皮革、毛皮、羽毛及其制品和制鞋业						
木材加工和木、竹、藤、棕、草制品业	0.19	0.04	1.49	1.42	0.35	0.07
印刷和记录媒介复制业	0.07	0.01	0.07	0.04	0.02	0.03
文教、工美、体育和娱乐用品制造业	0.77	0.08	1.37	1.37	0.36	
石油加工、炼焦和核燃料加工业						
化学原料和化学制品制造业	0.87	0.07	1.93	0.98	0.08	0.95
橡胶和塑料制品业	0.28	0.08	0.92	0.86		
非金属矿物制品业	0.21	0.03	0.75	0.72	0.13	0.03
黑色金属冶炼和压延加工业						
有色金属冶炼和压延加工业	0.24	0.05	1.26	1.26	0.34	
金属制品业	0.02		1.01	1.01	0.01	
通用设备制造业	0.39	0.06	1.12	1.12	0.11	
电气机械和器材制造业	0.76	0.33	5.83	5.83	1.03	
计算机、通信和其他电子设备制造业	0.80	0.18	6.82	6.43	3.27	0.11
电力、热力生产和供应业	18.75	1.09	6.17	5.97	0.10	0.19

7–22 续表 3

行业	所有者权益合计					
		实收资本				
			国家资本	集体资本	法人资本	个人资本	外商资本
总计	21.66	9.47	0.11	0.57	3.69	4.63	0.47
农副食品加工业	1.73	0.44		0.05	0.24	0.15	
食品制造业							
酒、饮料和精制茶制造业	0.87	0.20				0.20	
烟草制品业							
纺织业	0.13	0.09			0.03	0.06	
纺织服装、服饰业	0.46	0.46					0.46
皮革、毛皮、羽毛及其制品和制鞋业							
木材加工和木、竹、藤、棕、草制品业	1.57	0.79				0.79	
印刷和记录媒介复制业	0.10	0.06		0.06			
文教、工美、体育和娱乐用品制造业	0.86	0.36		0.19	0.12	0.05	
石油加工、炼焦和核燃料加工业							
化学原料和化学制品制造业	2.18	0.49			0.49		
橡胶和塑料制品业	0.85	0.54			0.13	0.41	
非金属矿物制品业	1.18	0.36			0.26	0.10	
黑色金属冶炼和压延加工业							
有色金属冶炼和压延加工业	2.61	1.50			0.87	0.63	
金属制品业	0.28	0.02				0.02	
通用设备制造业	1.66	1.02			0.51	0.51	
电气机械和器材制造业	2.65	1.50			0.14	1.36	
计算机、通信和其他电子设备制造业	3.09	1.28		0.05	0.90	0.32	0.01
电力、热力生产和供应业	1.45	0.36	0.11	0.22		0.04	

7-22 续表 4

行业	营业收入	主营业务收入	营业成本	主营业务成本	营业税金及附加	主营业务税金及附加	其他业务收入
总计	120.53	120.30	105.31	105.11	0.90	0.88	0.23
农副食品加工业	5.58	5.58	5.09	5.09	0.02	0.02	
食品制造业							
酒、饮料和精制茶制造业	5.20	5.20	4.58	4.58	0.19	0.19	
烟草制品业							
纺织业	2.37	2.37	2.21	2.21	0.01	0.01	
纺织服装、服饰业	0.71	0.71	0.65	0.65			
皮革、毛皮、羽毛及其制品和制鞋业							
木材加工和木、竹、藤、棕、草制品业	6.36	6.36	5.82	5.82	0.02	0.02	
印刷和记录媒介复制业	0.68	0.68	0.59	0.59	0.02	0.02	
文教、工美、体育和娱乐用品制造业	6.98	6.98	6.11	6.11	0.03	0.03	
石油加工、炼焦和核燃料加工业							
化学原料和化学制品制造业	8.70	8.70	7.89	7.89	0.07	0.07	
橡胶和塑料制品业	11.45	11.45	10.49	10.49	0.04	0.04	
非金属矿物制品业	6.02	6.02	5.35	5.35	0.02	0.02	
黑色金属冶炼和压延加工业							
有色金属冶炼和压延加工业	8.41	8.41	7.73	7.73	0.04	0.04	
金属制品业	3.28	3.28	3.06	3.06	0.01	0.01	
通用设备制造业	6.96	6.96	5.25	5.25	0.04	0.04	
电气机械和器材制造业	13.49	13.42	12.30	12.27	0.14	0.14	0.07
计算机、通信和其他电子设备制造业	28.59	28.59	25.28	25.13	0.13	0.11	
电力、热力生产和供应业	5.74	5.59	2.93	2.91	0.11	0.11	0.15

7-22 续表 5

行业	销售费用	管理费用	税金	财务费用	利息收入	利息支出	营业利润
总计	1.15	3.13	0.31	0.59	0.01	0.52	9.46
农副食品加工业	0.04	0.06		0.06		0.05	0.31
食品制造业							
酒、饮料和精制茶制造业	0.02	0.02		0.01		0.01	0.38
烟草制品业							
纺织业	0.05	0.05					0.06
纺织服装、服饰业		0.02					0.04
皮革、毛皮、羽毛及其制品和制鞋业							
木材加工和木、竹、藤、棕、草制品业	0.04	0.05		0.03		0.03	0.39
印刷和记录媒介复制业		0.01					0.05
文教、工美、体育和娱乐用品制造业	0.09	0.21		0.07		0.07	0.47
石油加工、炼焦和核燃料加工业							
化学原料和化学制品制造业	0.06	0.15		0.01		0.01	0.52
橡胶和塑料制品业	0.06	0.18	0.06	0.03		0.03	0.65
非金属矿物制品业	0.14	0.10		0.01		0.01	0.41
黑色金属冶炼和压延加工业							
有色金属冶炼和压延加工业	0.05	0.13	0.03	0.03		0.03	0.42
金属制品业	0.01	0.01					0.20
通用设备制造业	0.18	0.80	0.01	0.14		0.14	0.54
电气机械和器材制造业	0.06	0.20	0.06	0.01			0.77
计算机、通信和其他电子设备制造业	0.34	1.15	0.14	0.13		0.07	1.58
电力、热力生产和供应业				0.05		0.05	2.65

7–22 续表 6

行　　业	资产减值损失	投资收益	营业外收入	政府补助	营业外支出	利润总额	所得税费用
总计		0.01	0.12	0.09	0.02	9.56	0.81
农副食品加工业						0.32	0.16
食品制造业							
酒、饮料和精制茶制造业						0.38	
烟草制品业							
纺织业			0.01	0.01		0.07	
纺织服装、服饰业						0.04	
皮革、毛皮、羽毛及其制品和制鞋业							
木材加工和木、竹、藤、棕、草制品业			0.01	0.01		0.41	0.07
印刷和记录媒介复制业						0.05	
文教、工美、体育和娱乐用品制造业						0.47	
石油加工、炼焦和核燃料加工业							
化学原料和化学制品制造业						0.52	
橡胶和塑料制品业						0.65	0.01
非金属矿物制品业						0.41	0.05
黑色金属冶炼和压延加工业							
有色金属冶炼和压延加工业	0.01		0.05	0.05		0.48	–0.01
金属制品业						0.20	
通用设备制造业						0.54	0.13
电气机械和器材制造业						0.77	
计算机、通信和其他电子设备制造业		0.01	0.03		0.01	1.60	0.03
电力、热力生产和供应业			0.01		0.01	2.65	0.38

7–22 续表 7

行　　业	亏损企业亏损总额	利税总额	应交税金及附加	本年应付职工薪酬	本年应交增值税	总资产贡献率（%）	资产负债率（%）
总计	0.11	15.26	6.82	5.35	4.80	29.93	58.80
农副食品加工业	0.01	0.41	0.26	0.25	0.08	13.71	49.03
食品制造业							
酒、饮料和精制茶制造业		0.68	0.30	0.06	0.10	76.36	3.49
烟草制品业							
纺织业	0.01	0.13	0.07	0.05	0.05	24.70	65.75
纺织服装、服饰业		0.08	0.04	0.09	0.04	11.58	29.66
皮革、毛皮、羽毛及其制品和制鞋业							
木材加工和木、竹、藤、棕、草制品业		0.63	0.29	0.14	0.21	21.50	48.69
印刷和记录媒介复制业		0.09	0.05	0.04	0.02	57.68	43.04
文教、工美、体育和娱乐用品制造业		0.79	0.32	0.17	0.29	38.88	61.49
石油加工、炼焦和核燃料加工业							
化学原料和化学制品制造业	0.04	0.88	0.37	0.26	0.30	21.82	46.94
橡胶和塑料制品业		1.11	0.52	0.16	0.42	64.31	52.09
非金属矿物制品业		0.72	0.36	0.12	0.29	37.77	38.88
黑色金属冶炼和压延加工业							
有色金属冶炼和压延加工业	0.05	0.76	0.30	0.13	0.24	20.40	32.49
金属制品业		0.33	0.13	0.03	0.12	26.03	78.55
通用设备制造业		0.82	0.42	0.12	0.24	34.50	40.29
电气机械和器材制造业		1.32	0.60	0.77	0.41	15.58	68.75
计算机、通信和其他电子设备制造业	0.01	2.82	1.39	1.77	1.08	29.15	68.85
电力、热力生产和供应业		3.68	1.41	1.20	0.92	49.01	80.99

7–22 续表 8

行　　业	流动资产周转率（次/年）	成本费用利润率（%）	产品销售率（%）	从业人员平均人数	从业人员期末人数	平均用工人数
总计	5.30	8.68	98.58	1.15	1.16	1.10
农副食品加工业	8.72	6.03	99.33	0.04	0.04	0.04
食品制造业						
酒、饮料和精制茶制造业	192.83	8.26	100.00	0.03	0.03	0.03
烟草制品业						
纺织业	5.25	2.86	98.91	0.02	0.02	0.02
纺织服装、服饰业	2.89	5.67	99.67	0.02	0.02	0.02
皮革、毛皮、羽毛及其制品和制鞋业						
木材加工和木、竹、藤、棕、草制品业	2.73	6.85	99.37	0.03	0.03	0.03
印刷和记录媒介复制业	14.64	8.26	99.78	0.01	0.01	0.01
文教、工美、体育和娱乐用品制造业	5.16	7.32	97.08	0.04	0.04	0.04
石油加工、炼焦和核燃料加工业						
化学原料和化学制品制造业	13.59	6.40	96.55	0.05	0.05	0.05
橡胶和塑料制品业	17.71	6.01	99.94	0.10	0.10	0.04
非金属矿物制品业	7.14	7.34	92.80	0.02	0.02	0.02
黑色金属冶炼和压延加工业						
有色金属冶炼和压延加工业	6.23	5.99	100.00	0.03	0.04	0.03
金属制品业	5.65	6.62	100.00	0.01	0.01	0.01
通用设备制造业	6.67	8.52	99.98	0.04	0.04	0.04
电气机械和器材制造业	3.01	6.16	96.38	0.15	0.15	0.15
计算机、通信和其他电子设备制造业	4.19	5.96	99.40	0.46	0.48	0.47
电力、热力生产和供应业	4.54	89.03	100.00	0.07	0.07	0.07

7–22 续表 9

行　　业	期末用工人数	主营业务收入利润率（%）	人均主营业务收入（万元/人）	每百元资产实现的主营业务收入(元)	产成品存货周转天数(天)	应收账款平均回收期(天)
总计	1.18	7.95	109.49	228.35	11.58	25.77
农副食品加工业	0.04	5.67	138.47	164.02	3.52	17.08
食品制造业						
酒、饮料和精制茶制造业	0.03	7.34	196.92	579.74	0.57	0.35
烟草制品业						
纺织业	0.02	2.78	101.43	456.52	7.85	11.36
纺织服装、服饰业	0.02	5.37	29.84	109.79		28.35
皮革、毛皮、羽毛及其制品和制鞋业						
木材加工和木、竹、藤、棕、草制品业	0.03	6.41	185.32	207.52	10.28	22.97
印刷和记录媒介复制业	0.01	7.38	47.46	399.85	3.69	11.17
文教、工美、体育和娱乐用品制造业	0.04	6.79	164.72	313.69	20.19	43.35
石油加工、炼焦和核燃料加工业						
化学原料和化学制品制造业	0.05	5.97	179.40	211.68	2.68	4.58
橡胶和塑料制品业	0.10	5.65	296.66	645.28	5.52	4.51
非金属矿物制品业	0.02	6.82	253.04	312.10	4.07	28.12
黑色金属冶炼和压延加工业						
有色金属冶炼和压延加工业	0.04	5.65	250.92	217.47	1.22	9.53
金属制品业	0.01	6.19	295.61	255.64	1.18	1.81
通用设备制造业	0.04	7.80	175.22	249.50	9.99	6.90
电气机械和器材制造业	0.15	5.77	88.78	158.34	30.61	33.01
计算机、通信和其他电子设备制造业	0.50	5.61	60.51	288.43	18.01	50.92
电力、热力生产和供应业	0.07	47.43	74.61	73.38		36.89

7–23 万安县规模以上工业企业主要经济指标（综合分组）

单位：亿元

分组	企业单位数（个）	亏损企业	工业总产值(当年价格)	工业销售产值(当年价格)	出口交货值	年初存货	产成品
总计	65	7	123.82	122.06	1.72	3.89	2.43
一、按登记注册类型分组:							
内资企业	61	7	115.41	114.09	1.00	3.82	2.43
国有企业	1		5.14	5.14			
中央企业	1		5.14	5.14			
地方企业							
集体企业	2		3.64	3.64		0.29	0.28
有限责任公司	24	3	46.47	46.25		1.36	0.64
国有独资公司							
其他有限责任公司	24	3	46.47	46.25		1.36	0.64
股份有限公司	2	1	1.22	1.22		0.09	0.01
私营企业	32	3	58.95	57.86	1.00	2.09	1.50
私营独资企业	1		0.80	0.80			
私营合伙企业							
私营有限责任公司	29	3	56.33	55.24	1.00	2.05	1.47
私营股份有限公司	2		1.82	1.82		0.03	0.03
其他企业							
港、澳、台商投资企业	2		6.73	6.29		0.04	
合资经营企业(港或澳、台资)	2		6.73	6.29		0.04	
外商投资企业	2		1.68	1.68	0.71	0.03	
外资企业	2		1.68	1.68	0.71	0.03	
二、按经济组织类型分组							
独资企业	6		11.25	11.25	0.71	0.32	0.28
国有企业	1		5.14	5.14			
集体企业	2		3.64	3.64		0.29	0.28
私营独资企业	1		0.80	0.80			
港澳台商独资经营企业							
外资企业	2		1.68	1.68	0.71	0.03	
股份有限公司	4	1	3.04	3.03		0.12	0.04
股份有限公司(内资)	2	1	1.22	1.22		0.09	0.01
私营股份有限公司	2		1.82	1.82		0.03	0.03
港澳台商投资股份有限公司							
外商投资股份有限公司							
有限责任公司	55	6	109.52	107.78	1.00	3.45	2.11
国有独资公司							
私营有限责任公司	29	3	56.33	55.24	1.00	2.05	1.47
合资经营企业(港或澳、台资)	2		6.73	6.29		0.04	
中外合资经营企业							
其他有限责任公司	24	3	46.47	46.25		1.36	0.64
三、在总计中:亏损企业	7	7	4.12	4.11		0.17	0.05
在总计中:国有控股企业	2		5.74	5.74			

7-23 续表 1

分组	资产总计	流动资产合计	应收账款	存货	产成品	固定资产合计	固定资产原价
总计	52.68	22.76	8.61	6.01	3.38	19.51	46.30
一、按登记注册类型分组:							
内资企业	50.39	22.10	8.46	5.88	3.31	18.73	45.35
国有企业	6.20	0.56	0.54	0.02		5.64	23.73
中央企业	6.20	0.56	0.54	0.02		5.64	23.73
地方企业							
集体企业	1.42	0.88	0.56	0.28	0.27	0.54	1.35
有限责任公司	19.87	10.02	3.17	2.36	0.85	5.34	7.66
国有独资公司							
其他有限责任公司	19.87	10.02	3.17	2.36	0.85	5.34	7.66
股份有限公司	0.68	0.27	0.17	0.08	0.01	0.30	0.39
私营企业	22.22	10.37	4.02	3.13	2.18	6.91	12.21
私营独资企业	0.54	0.52	0.38	0.01		0.03	0.03
私营合伙企业							
私营有限责任公司	20.76	9.64	3.57	3.06	2.12	6.59	11.87
私营股份有限公司	0.91	0.21	0.07	0.07	0.05	0.29	0.31
其他企业							
港、澳、台商投资企业	1.47	0.33	0.10	0.07	0.04	0.30	0.47
合资经营企业(港或澳、台资)	1.47	0.33	0.10	0.07	0.04	0.30	0.47
外商投资企业	0.82	0.33	0.06	0.07	0.03	0.48	0.49
外资企业	0.82	0.33	0.06	0.07	0.03	0.48	0.49
二、按经济组织类型分组							
独资企业	8.99	2.29	1.53	0.37	0.31	6.70	25.60
国有企业	6.20	0.56	0.54	0.02		5.64	23.73
集体企业	1.42	0.88	0.56	0.28	0.27	0.54	1.35
私营独资企业	0.54	0.52	0.38	0.01		0.03	0.03
港澳台商独资经营企业							
外资企业	0.82	0.33	0.06	0.07	0.03	0.48	0.49
股份有限公司	1.59	0.48	0.24	0.15	0.07	0.59	0.70
股份有限公司(内资)	0.68	0.27	0.17	0.08	0.01	0.30	0.39
私营股份有限公司	0.91	0.21	0.07	0.07	0.05	0.29	0.31
港澳台商投资股份有限公司							
外商投资股份有限公司							
有限责任公司	42.10	19.99	6.84	5.49	3.01	12.23	20.01
国有独资公司							
私营有限责任公司	20.76	9.64	3.57	3.06	2.12	6.59	11.87
合资经营企业(港或澳、台资)	1.47	0.33	0.10	0.07	0.04	0.30	0.47
中外合资经营企业							
其他有限责任公司	19.87	10.02	3.17	2.36	0.85	5.34	7.66
三、在总计中:亏损企业	3.72	2.13	0.74	0.70	0.05	1.23	1.99
在总计中:国有控股企业	7.62	1.26	0.57	0.02		6.33	25.06

7-23 续表 2

分　组	资产总计 累计折旧	本年折旧	负债合计	流动负债合计	应付账款	非流动负债合计
总　　计	27.27	2.28	30.98	28.73	5.87	1.38
一、按登记注册类型分组:						
内资企业	27.01	2.23	30.48	28.28	5.78	1.38
国有企业	18.10	1.03	6.00	5.81	0.09	0.19
中央企业	18.10	1.03	6.00	5.81	0.09	0.19
地方企业						
集体企业	0.81	0.07	0.93	0.90	0.02	0.03
有限责任公司	2.57	0.36	9.01	8.81	3.21	0.18
国有独资公司						
其他有限责任公司	2.57	0.36	9.01	8.81	3.21	0.18
股份有限公司	0.10	0.02	0.52	0.52	0.04	
私营企业	5.43	0.75	14.02	12.24	2.43	0.98
私营独资企业	0.01		0.45	0.45	0.04	
私营合伙企业						
私营有限责任公司	5.34	0.72	13.44	11.66	2.34	0.98
私营股份有限公司	0.08	0.02	0.13	0.13	0.04	
其他企业						
港、澳、台商投资企业	0.17	0.03	0.24	0.19	0.06	
合资经营企业(港或澳、台资)	0.17	0.03	0.24	0.19	0.06	
外商投资企业	0.10	0.02	0.26	0.26	0.03	
外资企业	0.10	0.02	0.26	0.26	0.03	
二、按经济组织类型分组						
独资企业	19.01	1.12	7.63	7.41	0.18	0.22
国有企业	18.10	1.03	6.00	5.81	0.09	0.19
集体企业	0.81	0.07	0.93	0.90	0.02	0.03
私营独资企业	0.01		0.45	0.45	0.04	
港澳台商独资经营企业						
外资企业	0.10	0.02	0.26	0.26	0.03	
股份有限公司	0.18	0.04	0.65	0.65	0.08	
股份有限公司(内资)	0.10	0.02	0.52	0.52	0.04	
私营股份有限公司	0.08	0.02	0.13	0.13	0.04	
港澳台商投资股份有限公司						
外商投资股份有限公司						
有限责任公司	8.08	1.11	22.69	20.67	5.62	1.16
国有独资公司						
私营有限责任公司	5.34	0.72	13.44	11.66	2.34	0.98
合资经营企业(港或澳、台资)	0.17	0.03	0.24	0.19	0.06	
中外合资经营企业						
其他有限责任公司	2.57	0.36	9.01	8.81	3.21	0.18
三、在总计中:亏损企业	0.77	0.04	1.48	1.21	0.29	
在总计中:国有控股企业	18.75	1.09	6.17	5.97	0.10	0.19

7–23 续表 3

分　组	所有者权益合计	实收资本					
			国家资本	集体资本	法人资本	个人资本	外商资本
总　计	21.66	9.47	0.11	0.57	3.69	4.63	0.47
一、按登记注册类型分组:							
内资企业	19.87	8.51	0.11	0.57	3.54	4.28	0.01
国有企业	0.20						
中央企业	0.20						
地方企业							
集体企业	0.50	0.25		0.25			
有限责任公司	10.86	5.35	0.11	0.22	1.92	3.11	
国有独资公司							
其他有限责任公司	10.86	5.35	0.11	0.22	1.92	3.11	
股份有限公司	0.15	0.15			0.10	0.05	
私营企业	8.15	2.75		0.10	1.52	1.12	0.01
私营独资企业	0.10	0.10				0.10	
私营合伙企业							
私营有限责任公司	7.27	2.14		0.10	1.02	1.01	0.01
私营股份有限公司	0.78	0.51			0.50	0.01	
其他企业							
港、澳、台商投资企业	1.23	0.43			0.08	0.35	
合资经营企业(港或澳、台资)	1.23	0.43			0.08	0.35	
外商投资企业	0.56	0.54			0.07		0.46
外资企业	0.56	0.54			0.07		0.46
二、按经济组织类型分组							
独资企业	1.36	0.89		0.25	0.07	0.10	0.46
国有企业	0.20						
集体企业	0.50	0.25		0.25			
私营独资企业	0.10	0.10				0.10	
港澳台商独资经营企业							
外资企业	0.56	0.54			0.07		0.46
股份有限公司	0.93	0.66			0.60	0.06	
股份有限公司(内资)	0.15	0.15			0.10	0.05	
私营股份有限公司	0.78	0.51			0.50	0.01	
港澳台商投资股份有限公司							
外商投资股份有限公司							
有限责任公司	19.37	7.92	0.11	0.32	3.02	4.47	0.01
国有独资公司							
私营有限责任公司	7.27	2.14		0.10	1.02	1.01	0.01
合资经营企业(港或澳、台资)	1.23	0.43			0.08	0.35	
中外合资经营企业							
其他有限责任公司	10.86	5.35	0.11	0.22	1.92	3.11	
三、在总计中:亏损企业	2.24	1.87			1.12	0.75	
在总计中:国有控股企业	1.45	0.36	0.11	0.22		0.04	

7-23 续表 4

分　组	营业收入	主营业务收入	营业成本	主营业务成本	营业税金及附加	主营业务税金及附加	其他业务收入
总　　计	120.53	120.30	105.31	105.11	0.90	0.88	0.23
一、按登记注册类型分组:							
内资企业	112.15	111.92	97.82	97.62	0.87	0.85	0.23
国有企业	5.14	4.98	2.71	2.70	0.10	0.10	0.15
中央企业	5.14	4.98	2.71	2.70	0.10	0.10	0.15
地方企业							
集体企业	3.63	3.63	3.15	3.15	0.04	0.04	
有限责任公司	45.27	45.27	39.80	39.79	0.21	0.21	0.01
国有独资公司							
其他有限责任公司	45.27	45.27	39.80	39.79	0.21	0.21	0.01
股份有限公司	1.22	1.22	1.11	1.11			
私营企业	56.89	56.82	51.05	50.87	0.51	0.49	0.07
私营独资企业	0.80	0.80	0.68	0.68			
私营合伙企业							
私营有限责任公司	54.27	54.21	48.82	48.65	0.51	0.49	0.07
私营股份有限公司	1.82	1.82	1.54	1.54			
其他企业							
港、澳、台商投资企业	6.71	6.71	5.97	5.97	0.03	0.03	
合资经营企业(港或澳、台资)	6.71	6.71	5.97	5.97	0.03	0.03	
外商投资企业	1.68	1.68	1.52	1.52			
外资企业	1.68	1.68	1.52	1.52			
二、按经济组织类型分组							
独资企业	11.24	11.09	8.07	8.05	0.15	0.15	0.15
国有企业	5.14	4.98	2.71	2.70	0.10	0.10	0.15
集体企业	3.63	3.63	3.15	3.15	0.04	0.04	
私营独资企业	0.80	0.80	0.68	0.68			
港澳台商独资经营企业							
外资企业	1.68	1.68	1.52	1.52			
股份有限公司	3.03	3.03	2.65	2.65	0.01	0.01	
股份有限公司(内资)	1.22	1.22	1.11	1.11			
私营股份有限公司	1.82	1.82	1.54	1.54			
港澳台商投资股份有限公司							
外商投资股份有限公司							
有限责任公司	106.25	106.18	94.59	94.41	0.75	0.73	0.07
国有独资公司							
私营有限责任公司	54.27	54.21	48.82	48.65	0.51	0.49	0.07
合资经营企业(港或澳、台资)	6.71	6.71	5.97	5.97	0.03	0.03	
中外合资经营企业							
其他有限责任公司	45.27	45.27	39.80	39.79	0.21	0.21	0.01
三、在总计中:亏损企业	4.10	4.10	3.99	3.99	0.02	0.02	
在总计中:国有控股企业	5.74	5.59	2.93	2.91	0.11	0.11	0.15

7–23 续表 5

分组	销售费用	管理费用		财务费用			营业利润
			税金		利息收入	利息支出	
总计	1.15	3.13	0.31	0.59	0.01	0.52	9.46
一、按登记注册类型分组:							
内资企业	1.09	2.91	0.25	0.57	0.01	0.50	8.90
国有企业				0.05		0.05	2.27
中央企业				0.05		0.05	2.27
地方企业							
集体企业	0.06	0.08		0.05		0.05	0.26
有限责任公司	0.37	1.64	0.05	0.26	0.01	0.26	3.00
国有独资公司							
其他有限责任公司	0.37	1.64	0.05	0.26	0.01	0.26	3.00
股份有限公司	0.01	0.02		0.03		0.02	0.04
私营企业	0.65	1.17	0.20	0.18		0.12	3.33
私营独资企业	0.10	0.01					0.01
私营合伙企业							
私营有限责任公司	0.50	1.07	0.20	0.18		0.11	3.21
私营股份有限公司	0.05	0.09		0.01		0.01	0.12
其他企业							
港、澳、台商投资企业	0.04	0.19	0.06	0.01		0.01	0.47
合资经营企业(港或澳、台资)	0.04	0.19	0.06	0.01		0.01	0.47
外商投资企业	0.02	0.04		0.01			0.09
外资企业	0.02	0.04		0.01			0.09
二、按经济组织类型分组							
独资企业	0.18	0.12		0.11		0.10	2.63
国有企业				0.05		0.05	2.27
集体企业	0.06	0.08		0.05		0.05	0.26
私营独资企业	0.10	0.01					0.01
港澳台商独资经营企业							
外资企业	0.02	0.04		0.01			0.09
股份有限公司	0.07	0.11		0.04		0.03	0.16
股份有限公司(内资)	0.01	0.02		0.03		0.02	0.04
私营股份有限公司	0.05	0.09		0.01		0.01	0.12
港澳台商投资股份有限公司							
外商投资股份有限公司							
有限责任公司	0.90	2.90	0.30	0.45	0.01	0.38	6.68
国有独资公司							
私营有限责任公司	0.50	1.07	0.20	0.18		0.11	3.21
合资经营企业(港或澳、台资)	0.04	0.19	0.06	0.01		0.01	0.47
中外合资经营企业							
其他有限责任公司	0.37	1.64	0.05	0.26	0.01	0.26	3.00
三、在总计中:亏损企业	0.08	0.16	0.03	0.02		0.02	−0.17
在总计中:国有控股企业				0.05		0.05	2.65

7-23 续表 6

分　组	资产减值损失	投资收益	营业外收入	政府补助	营业外支出	利润总额	所得税费用
总　　计		0.01	0.12	0.09	0.02	9.56	0.81
一、按登记注册类型分组:							
内资企业		0.01	0.12	0.09	0.02	9.00	0.76
国有企业			0.01		0.01	2.27	0.28
中央企业			0.01		0.01	2.27	0.28
地方企业							
集体企业						0.26	
有限责任公司			0.09	0.07		3.08	0.31
国有独资公司							
其他有限责任公司			0.09	0.07		3.08	0.31
股份有限公司						0.04	
私营企业	0.01	0.01	0.03	0.01	0.01	3.35	0.17
私营独资企业						0.01	
私营合伙企业							
私营有限责任公司	0.01	0.01	0.02	0.01	0.01	3.22	0.17
私营股份有限公司						0.12	
其他企业							
港、澳、台商投资企业						0.47	0.05
合资经营企业(港或澳、台资)						0.47	0.05
外商投资企业						0.09	
外资企业						0.09	
二、按经济组织类型分组							
独资企业			0.01		0.01	2.63	0.28
国有企业			0.01		0.01	2.27	0.28
集体企业						0.26	
私营独资企业						0.01	
港澳台商独资经营企业							
外资企业						0.09	
股份有限公司						0.16	
股份有限公司(内资)						0.04	
私营股份有限公司						0.12	
港澳台商投资股份有限公司							
外商投资股份有限公司							
有限责任公司		0.01	0.11	0.08	0.01	6.78	0.53
国有独资公司							
私营有限责任公司	0.01	0.01	0.02	0.01	0.01	3.22	0.17
合资经营企业(港或澳、台资)						0.47	0.05
中外合资经营企业							
其他有限责任公司			0.09	0.07		3.08	0.31
三、在总计中:亏损企业	0.01		0.07	0.06		-0.11	-0.01
在总计中:国有控股企业			0.01		0.01	2.65	0.38

7-23 续表 7

分　　组	亏损企业亏损总额	利税总额	应交税金及附加	本年应付职工薪酬	本年应交增值税	总资产贡献率（%）	资产负债率（%）
总　　计	0.11	15.26	6.82	5.35	4.80	29.93	58.80
一、按登记注册类型分组:							
内资企业	0.11	14.31	6.32	5.19	4.44	29.38	60.49
国有企业		3.20	1.21	1.20	0.83	52.38	96.77
中央企业		3.20	1.21	1.20	0.83	52.38	96.77
地方企业							
集体企业		0.46	0.20	0.12	0.16	35.61	65.02
有限责任公司	0.09	5.08	2.36	1.75	1.78	26.86	45.34
国有独资公司							
其他有限责任公司	0.09	5.08	2.36	1.75	1.78	26.86	45.34
股份有限公司	0.01	0.08	0.04	0.03	0.04	15.01	77.11
私营企业	0.01	5.49	2.52	2.09	1.63	25.25	63.11
私营独资企业		0.03	0.02	0.03	0.02	6.19	81.86
私营合伙企业							
私营有限责任公司	0.01	5.28	2.43	1.98	1.55	25.96	64.75
私营股份有限公司		0.18	0.06	0.08	0.06	20.68	14.60
其他企业							
港、澳、台商投资企业		0.78	0.42	0.02	0.28	54.13	16.20
合资经营企业(港或澳、台资)		0.78	0.42	0.02	0.28	54.13	16.20
外商投资企业		0.17	0.08	0.13	0.07	20.51	31.62
外资企业		0.17	0.08	0.13	0.07	20.51	31.62
二、按经济组织类型分组							
独资企业		3.86	1.51	1.48	1.08	44.01	84.87
国有企业		3.20	1.21	1.20	0.83	52.38	96.77
集体企业		0.46	0.20	0.12	0.16	35.61	65.02
私营独资企业		0.03	0.02	0.03	0.02	6.19	81.86
港澳台商独资经营企业							
外资企业		0.17	0.08	0.13	0.07	20.51	31.62
股份有限公司	0.01	0.26	0.10	0.11	0.10	18.27	41.20
股份有限公司(内资)	0.01	0.08	0.04	0.03	0.04	15.01	77.11
私营股份有限公司		0.18	0.06	0.08	0.06	20.68	14.60
港澳台商投资股份有限公司							
外商投资股份有限公司							
有限责任公司	0.10	11.15	5.20	3.75	3.62	27.37	53.90
国有独资公司							
私营有限责任公司	0.01	5.28	2.43	1.98	1.55	25.96	64.75
合资经营企业(港或澳、台资)		0.78	0.42	0.02	0.28	54.13	16.20
中外合资经营企业							
其他有限责任公司	0.09	5.08	2.36	1.75	1.78	26.86	45.34
三、在总计中:亏损企业	0.11	-0.03	0.10	0.26	0.06	-0.17	39.69
在总计中:国有控股企业		3.68	1.41	1.20	0.92	49.01	80.99

7-23 续表 8

分　组	流动资产周转率（次/年）	成本费用利润率（%）	产品销售率（%）	从业人员平均人数	从业人员期末人数	平均用工人数
总　计	5.30	8.68	98.58	1.15	1.16	1.10
一、按登记注册类型分组:						
内资企业	5.08	8.79	98.86	1.05	1.06	1.06
国有企业	9.16	82.02	100.00	0.07	0.07	0.07
中央企业	9.16	82.02	100.00	0.07	0.07	0.07
地方企业						
集体企业	4.12	7.78	99.96	0.04	0.04	0.04
有限责任公司	4.52	7.33	99.52	0.40	0.42	0.42
国有独资公司						
其他有限责任公司	4.52	7.33	99.52	0.40	0.42	0.42
股份有限公司	4.49	3.52	100.00	0.01	0.01	0.01
私营企业	5.49	6.31	98.15	0.53	0.53	0.52
私营独资企业	1.54	1.31	100.00	0.01	0.01	0.01
私营合伙企业						
私营有限责任公司	5.63	6.37	98.07	0.49	0.49	0.49
私营股份有限公司	8.83	6.84	99.88	0.03	0.03	0.03
其他企业						
港、澳、台商投资企业	20.36	7.60	93.53	0.06	0.06	0.01
合资经营企业(港或澳、台资)	20.36	7.60	93.53	0.06	0.06	0.01
外商投资企业	5.05	5.56	99.86	0.04	0.04	0.04
外资企业	5.05	5.56	99.86	0.04	0.04	0.04
二、按经济组织类型分组						
独资企业	4.91	31.00	99.97	0.15	0.15	0.15
国有企业	9.16	82.02	100.00	0.07	0.07	0.07
集体企业	4.12	7.78	99.96	0.04	0.04	0.04
私营独资企业	1.54	1.31	100.00	0.01	0.01	0.01
港澳台商独资经营企业						
外资企业	5.05	5.56	99.86	0.04	0.04	0.04
股份有限公司	6.37	5.49	99.93	0.03	0.03	0.03
股份有限公司(内资)	4.49	3.52	100.00	0.01	0.01	0.01
私营股份有限公司	8.83	6.84	99.88	0.03	0.03	0.03
港澳台商投资股份有限公司						
外商投资股份有限公司						
有限责任公司	5.32	6.86	98.40	0.96	0.98	0.91
国有独资公司						
私营有限责任公司	5.63	6.37	98.07	0.49	0.49	0.49
合资经营企业(港或澳、台资)	20.36	7.60	93.53	0.06	0.06	0.01
中外合资经营企业						
其他有限责任公司	4.52	7.33	99.52	0.40	0.42	0.42
三、在总计中:亏损企业	1.93	-2.63	99.87	0.07	0.07	0.06
在总计中:国有控股企业	4.54	89.03	100.00	0.07	0.07	0.07

7-23 续表 9

分　　组	期末用工人数	主营业务收入利润率(%)	人均主营业务收入(万元/人)	每百元资产实现的主营业务收入(元)	产成品存货周转天数(天)	应收账款平均回收期(天)
总　　计	1.18	7.95	109.49	228.35	11.58	25.77
一、按登记注册类型分组:						
内资企业	1.08	8.04	106.05	222.10	12.21	27.20
国有企业	0.07	45.50	67.18	80.38		38.79
中央企业	0.07	45.50	67.18	80.38		38.79
地方企业						
集体企业	0.04	7.14	101.94	254.81	31.45	55.66
有限责任公司	0.45	6.81	108.45	227.77	7.67	25.23
国有独资公司						
其他有限责任公司	0.45	6.81	108.45	227.77	7.67	25.23
股份有限公司	0.01	3.39	184.23	180.04	4.38	49.73
私营企业	0.51	5.89	108.94	255.77	15.40	25.45
私营独资企业	0.01	1.29	102.40	146.66		169.36
私营合伙企业						
私营有限责任公司	0.48	5.94	111.26	261.11	15.72	23.71
私营股份有限公司	0.03	6.39	68.35	199.38	12.18	14.11
其他企业						
港、澳、台商投资企业	0.06	7.03	958.13	456.89	2.35	5.38
合资经营企业(港或澳、台资)	0.06	7.03	958.13	456.89	2.35	5.38
外商投资企业	0.04	5.25	46.06	203.46	7.34	12.06
外资企业	0.04	5.25	46.06	203.46	7.34	12.06
二、按经济组织类型分组						
独资企业	0.15	23.68	72.00	123.29	13.68	49.67
国有企业	0.07	45.50	67.18	80.38		38.79
集体企业	0.04	7.14	101.94	254.81	31.45	55.66
私营独资企业	0.01	1.29	102.40	146.66		169.36
港澳台商独资经营企业						
外资企业	0.04	5.25	46.06	203.46	7.34	12.06
股份有限公司	0.03	5.19	91.38	191.15	8.91	28.38
股份有限公司(内资)	0.01	3.39	184.23	180.04	4.38	49.73
私营股份有限公司	0.03	6.39	68.35	199.38	12.18	14.11
港澳台商投资股份有限公司						
外商投资股份有限公司						
有限责任公司	0.99	6.38	116.48	252.19	11.48	23.20
国有独资公司						
私营有限责任公司	0.48	5.94	111.26	261.11	15.72	23.71
合资经营企业(港或澳、台资)	0.06	7.03	958.13	456.89	2.35	5.38
中外合资经营企业						
其他有限责任公司	0.45	6.81	108.45	227.77	7.67	25.23
三、在总计中:亏损企业	0.06	-2.73	65.92	110.17	4.35	64.99
在总计中:国有控股企业	0.07	47.43	74.61	73.38		36.89

7-24 安福县规模以上工业企业主要经济指标（大类行业）

单位：亿元

行　　业	企业单位数（个）	亏损企业	工业总产值（当年价格）	工业销售产值（当年价格）	出口交货值	年初存货	产成品
总计	98	2	229.20	220.25	8.58	4.76	1.59
煤炭开采和洗选业	2		5.47	5.47		0.02	
黑色金属矿采选业	3		29.94	29.94			
有色金属矿采选业	1	1	0.86	0.21	0.01	0.31	0.09
农副食品加工业	9		27.06	27.06		0.20	0.02
食品制造业	2		14.47	14.47			
酒、饮料和精制茶制造业	1		0.27	0.27			
纺织业	2		1.07	1.05			
纺织服装、服饰业	1		1.15	1.15		0.06	0.06
皮革、毛皮、羽毛及其制品和制鞋业	9		19.82	19.81	0.74	0.21	0.06
木材加工和木、竹、藤、棕、草制品业	5		12.58	12.58		0.37	0.21
印刷和记录媒介复制业	3		7.50	1.13		0.01	
文教、工美、体育和娱乐用品制造业	2		15.96	15.57		0.34	0.34
石油加工、炼焦和核燃料加工业							
化学原料和化学制品制造业	3		16.89	16.10		0.85	0.05
医药制造业	2		1.43	1.30		0.26	0.08
化学纤维制造业							
橡胶和塑料制品业	1		2.00	2.00			
非金属矿物制品业	8		14.70	14.65		0.82	0.22
黑色金属冶炼和压延加工业							
有色金属冶炼和压延加工业	1		1.32	1.32			
金属制品业	4		4.21	4.21		0.01	
通用设备制造业	13	1	29.26	29.08	2.57	0.72	0.20
专用设备制造业	2		0.70	0.65			
汽车制造业	1		0.33	0.33		0.05	0.03
铁路、船舶、航空航天和其他运输设备制造业							
电气机械和器材制造业	14		15.42	15.14	4.03	0.41	0.18
计算机、通信和其他电子设备制造业	6		3.06	3.02	1.03	0.09	0.02
废弃资源综合利用业	1		0.20	0.20	0.20	0.01	
电力、热力生产和供应业	1		0.56	0.56			
燃气生产和供应业	1		2.97	2.97		0.01	0.01

7-24 续表 1

行　　业	资产总计	流动资产合计				固定资产合计	固定资产原价
		流动资产合计	应收账款	存货	产成品		
总计	110.17	43.51	13.87	8.19	4.65	34.14	37.35
煤炭开采和洗选业	1.91	0.84	0.12	0.01		0.78	1.48
黑色金属矿采选业	7.67	2.65				3.89	2.72
有色金属矿采选业	6.54	1.29	0.13	1.05	0.86	0.59	0.79
农副食品加工业	7.52	1.94	0.56	0.39	0.29	3.89	2.00
食品制造业	0.93	0.32	0.16	0.05	0.04	0.57	1.06
酒、饮料和精制茶制造业	0.17	0.14	0.03	0.04	0.01	0.03	0.03
纺织业	0.20	0.15	0.12			0.05	0.05
纺织服装、服饰业	0.76	0.17	0.09	0.09		0.02	0.03
皮革、毛皮、羽毛及其制品和制鞋业	4.21	1.49	0.27	0.39	0.12	2.38	2.98
木材加工和木、竹、藤、棕、草制品业	11.57	2.62	0.99	0.57	0.37	0.60	0.84
印刷和记录媒介复制业	3.55	0.86	0.31	0.15	0.08	0.19	0.30
文教、工美、体育和娱乐用品制造业	3.73	1.89	1.32	0.30	0.30	1.01	1.67
石油加工、炼焦和核燃料加工业							
化学原料和化学制品制造业	4.56	3.00	0.36	0.56	0.30	0.40	1.07
医药制造业	1.35	0.96	0.16	0.36	0.17	0.32	0.33
化学纤维制造业							
橡胶和塑料制品业	0.90	0.81	0.68	0.13		0.06	0.04
非金属矿物制品业	16.35	4.64	2.25	0.99	0.27	8.92	11.55
黑色金属冶炼和压延加工业							
有色金属冶炼和压延加工业	0.44	0.40	0.04	0.29	0.28	0.03	0.04
金属制品业	3.24	1.11	0.47	0.24	0.21	0.90	0.68
通用设备制造业	16.57	9.14	1.21	1.13	0.63	4.78	3.16
专用设备制造业	0.71	0.34	0.13	0.04	0.03	0.02	0.02
汽车制造业	0.10	0.07	0.05	0.03	0.02	0.03	0.03
铁路、船舶、航空航天和其他运输设备制造业							
电气机械和器材制造业	10.30	5.84	3.42	1.23	0.58	2.01	2.66
计算机、通信和其他电子设备制造业	1.70	0.89	0.41	0.12	0.05	0.27	0.32
废弃资源综合利用业	0.06	0.04	0.02			0.02	
电力、热力生产和供应业	3.13	0.21	0.09			2.08	2.83
燃气生产和供应业	2.00	1.69	0.47	0.03	0.03	0.31	0.65

7-24 续表 2

行业	资产总计		负债合计			
	累计折旧	本年折旧		流动负债合计	应付账款	非流动负债合计
总计	10.42	3.18	48.42	38.25	8.61	5.80
煤炭开采和洗选业	0.55		0.59	0.59	0.55	
黑色金属矿采选业	1.02	0.11	2.98	1.96	0.05	
有色金属矿采选业	0.20	0.03	1.53	1.30	0.02	0.23
农副食品加工业	0.27	0.09	2.74	1.22	0.27	1.47
食品制造业	0.50	0.08	0.23	0.23	0.07	
酒、饮料和精制茶制造业			0.10	0.10	0.03	
纺织业	0.01		0.08	0.08	0.03	
纺织服装、服饰业	0.02		0.30	0.30		
皮革、毛皮、羽毛及其制品和制鞋业	0.64	0.16	0.79	0.72	0.36	
木材加工和木、竹、藤、棕、草制品业	0.39	0.05	5.45	4.99	0.14	
印刷和记录媒介复制业	0.11	0.02	0.84	0.83	0.08	0.01
文教、工美、体育和娱乐用品制造业	0.66	0.08	1.40	1.02	0.82	0.39
石油加工、炼焦和核燃料加工业						
化学原料和化学制品制造业	0.67	0.16	1.85	1.63	1.00	
医药制造业	0.02		0.27	0.15	0.02	
化学纤维制造业						
橡胶和塑料制品业	0.02	0.02	0.75	0.75	0.75	
非金属矿物制品业	2.77	1.76	10.21	9.09	0.83	1.12
黑色金属冶炼和压延加工业						
有色金属冶炼和压延加工业			0.28	0.28		
金属制品业	0.21	0.04	1.50	1.42	0.10	
通用设备制造业	0.81	0.23	8.96	6.21	0.63	2.36
专用设备制造业			0.40	0.15	0.07	
汽车制造业			0.07	0.05	0.02	0.01
铁路、船舶、航空航天和其他运输设备制造业						
电气机械和器材制造业	0.70	0.21	4.67	3.66	2.25	0.19
计算机、通信和其他电子设备制造业	0.06	0.02	0.76	0.73	0.44	0.01
废弃资源综合利用业			0.02	0.02	0.02	
电力、热力生产和供应业	0.75	0.09	0.89	0.01	0.01	
燃气生产和供应业	0.04	0.03	0.75	0.75	0.05	

7-24 续表 3

行　　业	所有者权益合计	实收资本					
			国家资本	集体资本	法人资本	个人资本	港澳台资本
总计	61.74	21.09	0.51	0.15	7.53	9.54	2.31
煤炭开采和洗选业	1.32	0.40			0.02	0.38	
黑色金属矿采选业	4.69	3.72				3.72	
有色金属矿采选业	5.01	0.04			0.04		
农副食品加工业	4.78	1.10			0.76	0.28	
食品制造业	0.70	0.68		0.02	0.66		
酒、饮料和精制茶制造业	0.08	0.03			0.03		
纺织业	0.12	0.12				0.12	
纺织服装、服饰业	0.46	0.07				0.07	
皮革、毛皮、羽毛及其制品和制鞋业	3.42	3.22		0.01	1.05	0.23	1.94
木材加工和木、竹、藤、棕、草制品业	6.11	0.42			0.04	0.39	
印刷和记录媒介复制业	2.71	0.37			0.35	0.02	
文教、工美、体育和娱乐用品制造业	2.33	1.31			0.50		
石油加工、炼焦和核燃料加工业							
化学原料和化学制品制造业	2.71	0.39			0.18	0.21	
医药制造业	1.08	0.24			0.24		
化学纤维制造业							
橡胶和塑料制品业	0.14	0.10			0.10		
非金属矿物制品业	6.14	2.12			1.28	0.84	
黑色金属冶炼和压延加工业							
有色金属冶炼和压延加工业	0.16	0.08			0.08		
金属制品业	1.74	1.02			0.97	0.05	
通用设备制造业	7.61	1.55			0.20	1.28	0.07
专用设备制造业	0.31	0.29		0.10		0.19	
汽车制造业	0.03	0.02			0.02		
铁路、船舶、航空航天和其他运输设备制造业							
电气机械和器材制造业	5.63	1.85			0.51	1.16	
计算机、通信和其他电子设备制造业	0.94	0.85		0.02	0.53		0.30
废弃资源综合利用业	0.04	0.03				0.03	
电力、热力生产和供应业	2.24	0.10				0.10	
燃气生产和供应业	1.25	0.99	0.51			0.49	

7-24 续表 4

行业	所有者权益合计 实收资本 外商资本	营业收入	主营业务收入	营业成本	主营业务成本	营业税金及附加	主营业务税金及附加
总计	1.04	230.03	229.68	183.12	182.98	2.88	2.85
煤炭开采和洗选业		5.51	5.51	4.50	4.50	0.06	0.06
黑色金属矿采选业		29.24	29.24	23.60	23.60	0.69	0.69
有色金属矿采选业		0.22	0.21	0.22	0.21	0.01	0.01
农副食品加工业	0.05	27.06	27.06	21.47	21.47	0.52	0.52
食品制造业		14.47	14.47	12.07	12.07	0.02	0.02
酒、饮料和精制茶制造业		0.22	0.22	0.17	0.17	0.01	0.01
纺织业		1.07	1.07	0.82	0.82	0.01	0.01
纺织服装、服饰业		1.15	1.15	0.68	0.68		
皮革、毛皮、羽毛及其制品和制鞋业		19.89	19.89	16.34	16.34	0.11	0.09
木材加工和木、竹、藤、棕、草制品业		12.61	12.61	10.49	10.48	0.07	0.07
印刷和记录媒介复制业		7.46	7.46	5.96	5.96	0.10	0.10
文教、工美、体育和娱乐用品制造业	0.81	15.96	15.96	12.73	12.73	0.08	0.08
石油加工、炼焦和核燃料加工业							
化学原料和化学制品制造业		16.91	16.89	13.98	13.98	0.14	0.14
医药制造业		1.47	1.45	0.70	0.70	0.05	0.05
化学纤维制造业							
橡胶和塑料制品业		2.00	2.00	1.67	1.67		
非金属矿物制品业		16.91	16.85	13.34	13.22	0.31	0.30
黑色金属冶炼和压延加工业							
有色金属冶炼和压延加工业		1.32	1.32	1.22	1.22	0.02	0.02
金属制品业		4.24	4.24	3.34	3.34	0.02	0.02
通用设备制造业		29.20	29.20	21.35	21.35	0.45	0.45
专用设备制造业		0.70	0.70	0.54	0.54	0.02	0.02
汽车制造业		0.33	0.33	0.25	0.25	0.01	
铁路、船舶、航空航天和其他运输设备制造业							
电气机械和器材制造业	0.18	15.29	15.07	12.14	12.12	0.10	0.09
计算机、通信和其他电子设备制造业		3.06	3.06	2.44	2.44	0.08	0.08
废弃资源综合利用业		0.20	0.20	0.19	0.19		
电力、热力生产和供应业		0.56	0.56	0.03	0.03	0.02	0.02
燃气生产和供应业		2.97	2.97	2.90	2.90		

7-24 续表 5

行　　业	其他业务收入	销售费用	管理费用		财务费用		
				税金		利息收入	利息支出
总计	0.35	4.43	7.11	0.21	1.05	0.03	0.74
煤炭开采和洗选业		0.02	0.11	0.01			
黑色金属矿采选业		0.23	0.57	0.02	0.03		0.03
有色金属矿采选业	0.01		0.24	0.01	0.03		0.03
农副食品加工业		0.70	0.96	0.02	0.37		0.09
食品制造业		0.13	0.10	0.01	0.01		0.01
酒、饮料和精制茶制造业		0.01	0.01				
纺织业		0.06	0.03				
纺织服装、服饰业		0.22	0.17				
皮革、毛皮、羽毛及其制品和制鞋业		0.13	0.37		0.01		0.01
木材加工和木、竹、藤、棕、草制品业		0.08	0.29		0.04		0.03
印刷和记录媒介复制业		0.13	0.17	0.01	0.02		0.01
文教、工美、体育和娱乐用品制造业		0.34	0.36		0.04		0.04
石油加工、炼焦和核燃料加工业							
化学原料和化学制品制造业	0.02	0.13	0.16	0.03	0.01		
医药制造业	0.03	0.19	0.19		0.02		0.01
化学纤维制造业							
橡胶和塑料制品业		0.02	0.01				
非金属矿物制品业	0.07	0.26	0.38	0.03	0.28		0.26
黑色金属冶炼和压延加工业							
有色金属冶炼和压延加工业		0.01	0.04				
金属制品业		0.12	0.13		0.01		0.01
通用设备制造业		1.38	1.54	0.01	0.08		0.07
专用设备制造业		0.02	0.03	0.02	0.01	0.01	
汽车制造业		0.01	0.02				
铁路、船舶、航空航天和其他运输设备制造业							
电气机械和器材制造业	0.22	0.21	0.81	0.03		0.01	0.04
计算机、通信和其他电子设备制造业		0.04	0.09	0.02	0.01		0.01
废弃资源综合利用业			0.01				
电力、热力生产和供应业			0.28		0.07		0.07
燃气生产和供应业			0.02		0.01		0.01

7-24 续表 6

行　　业	营业利润	资产减值损失	投资收益	营业外收入	政府补助	营业外支出	利润总额
总计	31.30	0.09	-0.04	0.34	0.22	0.14	31.49
煤炭开采和洗选业	0.82			0.01	0.01		0.83
黑色金属矿采选业	4.13						4.13
有色金属矿采选业	-0.31	0.02	-0.01			0.01	-0.32
农副食品加工业	3.03			0.10		0.10	3.03
食品制造业	2.15						2.15
酒、饮料和精制茶制造业	0.03						0.03
纺织业	0.16						0.16
纺织服装、服饰业	0.08						0.08
皮革、毛皮、羽毛及其制品和制鞋业	2.92			0.01	0.01		2.92
木材加工和木、竹、藤、棕、草制品业	1.64						1.64
印刷和记录媒介复制业	1.08						1.08
文教、工美、体育和娱乐用品制造业	2.40					0.01	2.39
石油加工、炼焦和核燃料加工业							
化学原料和化学制品制造业	2.49						2.50
医药制造业	0.33						0.33
化学纤维制造业							
橡胶和塑料制品业	0.30						0.30
非金属矿物制品业	2.34			0.05	0.05	0.01	2.38
黑色金属冶炼和压延加工业							
有色金属冶炼和压延加工业	0.02						0.02
金属制品业	0.64						0.64
通用设备制造业	4.37	0.03					4.37
专用设备制造业	0.08						0.08
汽车制造业	0.03						0.03
铁路、船舶、航空航天和其他运输设备制造业							
电气机械和器材制造业	1.97	0.04	-0.03	0.13	0.13		2.10
计算机、通信和其他电子设备制造业	0.40						0.40
废弃资源综合利用业							
电力、热力生产和供应业	0.16						0.16
燃气生产和供应业	0.03			0.03	0.03		0.06

7–24 续表 7

行　　业	所得税费用	亏损企业亏损总额	利税总额	应交税金及附加	本年应付职工薪酬	本年应交增值税	总资产贡献率（%）
总计	1.93	0.34	40.38	11.03	10.59	6.00	37.29
煤炭开采和洗选业	0.08		1.16	0.43	0.17	0.28	60.73
黑色金属矿采选业	0.42		5.36	1.67	0.24	0.54	70.22
有色金属矿采选业		0.32	–0.34	–0.01	0.33	–0.03	–4.84
农副食品加工业	0.20		4.02	1.20	0.43	0.46	54.63
食品制造业			2.38	0.24	0.22	0.22	256.48
酒、饮料和精制茶制造业	0.01		0.04	0.02	0.01	0.01	24.59
纺织业	0.04		0.21	0.09	0.02	0.05	107.18
纺织服装、服饰业			0.08	0.01	0.04	0.01	11.16
皮革、毛皮、羽毛及其制品和制鞋业			3.68	0.75	3.51	0.64	87.72
木材加工和木、竹、藤、棕、草制品业	0.01		2.22	0.59	0.29	0.51	19.48
印刷和记录媒介复制业			1.42	0.35	0.26	0.24	40.38
文教、工美、体育和娱乐用品制造业			2.97	0.58	0.52	0.50	80.59
石油加工、炼焦和核燃料加工业							
化学原料和化学制品制造业	0.58		3.01	1.13	0.30	0.38	66.08
医药制造业	0.06		0.40	0.14	0.04	0.02	30.69
化学纤维制造业							
橡胶和塑料制品业			0.33	0.03	0.02	0.03	37.26
非金属矿物制品业	0.08		3.17	0.90	0.52	0.49	21.01
黑色金属冶炼和压延加工业							
有色金属冶炼和压延加工业			0.08	0.06	0.03	0.04	20.01
金属制品业	0.01		0.76	0.14	0.17	0.11	23.64
通用设备制造业	0.25	0.01	5.53	1.42	0.76	0.71	33.78
专用设备制造业			0.14	0.08	0.03	0.03	18.14
汽车制造业			0.04	0.01	0.24		45.99
铁路、船舶、航空航天和其他运输设备制造业							
电气机械和器材制造业	0.13		2.85	0.90	1.92	0.64	27.88
计算机、通信和其他电子设备制造业	0.01		0.59	0.21	0.48	0.12	35.13
废弃资源综合利用业					0.02		6.00
电力、热力生产和供应业	0.04		0.19	0.07	0.01	0.02	8.42
燃气生产和供应业			0.06		0.01		3.58

7-24 续表 8

行　　业	资产负债率（%）	流动资产周转率（次/年）	成本费用利润率（%）	产品销售率（%）	从业人员平均人数	从业人员期末人数	平均用工人数
总计	43.95	5.29	16.09	96.10	3.01	3.09	2.98
煤炭开采和洗选业	30.76	6.57	17.84	99.95	0.04	0.04	0.04
黑色金属矿采选业	38.85	11.05	16.93	100.00	0.05	0.05	0.08
有色金属矿采选业	23.41	0.17	-66.35	24.17	0.07	0.07	0.07
农副食品加工业	36.42	13.92	12.89	99.97	0.14	0.14	0.14
食品制造业	24.93	45.11	17.48	100.00	0.06	0.06	0.06
酒、饮料和精制茶制造业	55.73	1.56	17.28	100.00			
纺织业	38.11	7.01	17.75	98.02		0.01	
纺织服装、服饰业	39.56	6.66	7.12	100.00	0.02	0.02	0.02
皮革、毛皮、羽毛及其制品和制鞋业	18.75	13.34	17.34	99.99	1.06	1.07	1.06
木材加工和木、竹、藤、棕、草制品业	47.14	4.81	15.08	99.99	0.09	0.09	0.09
印刷和记录媒介复制业	23.74	8.64	17.19	15.07	0.05	0.05	0.05
文教、工美、体育和娱乐用品制造业	37.64	8.46	17.76	97.59	0.14	0.14	0.12
石油加工、炼焦和核燃料加工业							
化学原料和化学制品制造业	40.54	5.63	17.47	95.28	0.08	0.09	0.08
医药制造业	20.13	1.54	29.92	90.99	0.01	0.01	0.01
化学纤维制造业							
橡胶和塑料制品业	84.10	2.47	17.69	100.00	0.01	0.01	0.01
非金属矿物制品业	62.45	3.64	16.68	99.68	0.12	0.13	0.13
黑色金属冶炼和压延加工业							
有色金属冶炼和压延加工业	63.26	3.30	1.94	100.00	0.01	0.01	0.01
金属制品业	46.35	3.84	17.72	100.00	0.04	0.04	0.04
通用设备制造业	54.06	3.19	17.95	99.38	0.22	0.23	0.22
专用设备制造业	56.96	2.06	13.91	93.68	0.01	0.01	0.01
汽车制造业	70.74	4.44	11.03	100.00	0.01	0.01	0.01
铁路、船舶、航空航天和其他运输设备制造业							
电气机械和器材制造业	45.35	2.62	15.98	98.20	0.65	0.70	0.59
计算机、通信和其他电子设备制造业	44.82	3.43	15.36	98.78	0.12	0.13	0.11
废弃资源综合利用业	33.28	5.54	1.49	100.00	0.01	0.01	0.01
电力、热力生产和供应业	28.46	2.64	40.10	100.00			
燃气生产和供应业	37.50	1.76	2.18	100.00			0.02

7–24 续表 9

行　　业	期末用工人数	主营业务收入利润率（%）	人均主营业务收入（万元/人）	每百元资产实现的主营业务收入(元)	产成品存货周转天数(天)	应收账款平均回收期(天)
总计	2.91	13.71	77.04	208.48	9.15	21.74
煤炭开采和洗选业	0.04	15.00	146.94	288.34	0.29	7.81
黑色金属矿采选业	0.08	14.14	389.92	381.08		
有色金属矿采选业		−156.72	2.83	3.17	1461.34	225.58
农副食品加工业	0.14	11.20	199.73	360.02	4.89	7.45
食品制造业	0.06	14.86	236.38	1551.05	1.34	4.02
酒、饮料和精制茶制造业		14.35	110.74	126.66	24.31	56.42
纺织业	0.01	15.00	223.16	535.74		41.03
纺织服装、服饰业	0.02	6.64	70.44	150.77		26.79
皮革、毛皮、羽毛及其制品和制鞋业	1.07	14.70	18.71	472.86	2.56	4.86
木材加工和木、竹、藤、棕、草制品业	0.09	13.03	135.42	109.01	12.76	28.41
印刷和记录媒介复制业	0.05	14.46	148.08	210.01	4.76	14.85
文教、工美、体育和娱乐用品制造业	0.12	15.00	134.08	427.63	8.50	29.86
石油加工、炼焦和核燃料加工业						
化学原料和化学制品制造业	0.08	14.78	209.00	370.54	7.62	7.73
医药制造业	0.01	22.64	111.25	107.14	89.32	40.46
化学纤维制造业						
橡胶和塑料制品业		15.00	285.82	223.14		122.00
非金属矿物制品业	0.10	14.13	131.01	103.04	7.37	48.13
黑色金属冶炼和压延加工业						
有色金属冶炼和压延加工业	0.01	1.87	194.63	300.93	81.51	11.73
金属制品业	0.04	14.99	95.60	130.82	22.26	39.50
通用设备制造业	0.22	14.97	131.94	176.21	10.69	14.97
专用设备制造业	0.01	11.83	90.31	98.01	22.23	66.10
汽车制造业	0.01	9.74	53.00	329.28	26.47	49.52
铁路、船舶、航空航天和其他运输设备制造业						
电气机械和器材制造业	0.61	13.95	25.55	146.28	17.37	81.70
计算机、通信和其他电子设备制造业	0.12	12.98	28.12	180.10	7.81	48.65
废弃资源综合利用业	0.01	1.48	21.10	364.41		34.43
电力、热力生产和供应业		27.68	116.98	17.93		55.00
燃气生产和供应业	0.02	2.16	134.84	148.32	3.50	57.53

7-25 安福下规模以上工业企业主要经济指标（综合分组）

单位：亿元

分　组	企业单位数（个）	亏损企业	工业总产值(当年价格)	工业销售产值(当年价格)	出口交货值	年初存货	产成品
总　　计	98	2	229.20	220.25	8.58	4.76	1.59
一、按登记注册类型分组:							
内资企业	88	2	167.17	159.40	4.58	3.26	1.10
有限责任公司	28		55.10	48.24	0.27	1.16	0.33
国有独资公司							
其他有限责任公司	28		55.10	48.24	0.27	1.16	0.33
股份有限公司	2	1	12.38	11.73	0.01	0.31	0.09
私营企业	58	1	99.69	99.43	4.30	1.79	0.67
私营独资企业	2		0.77	0.73		0.01	
私营合伙企业	1		11.14	11.14			
私营有限责任公司	47		53.08	52.86	2.02	1.45	0.53
私营股份有限公司	8	1	34.71	34.70	2.28	0.34	0.14
其他企业							
港、澳、台商投资企业	7		48.55	47.75	3.91	0.94	0.09
合资经营企业(港或澳、台资)	1		15.41	14.61		0.74	
合作经营企业(港或澳、台资)							
港澳台商独资经营企业	5		32.82	32.82	3.60	0.15	0.07
港澳台商投资股份有限公司	1		0.31	0.31	0.31	0.05	0.02
其他港澳台商投资企业							
外商投资企业	3		13.48	13.10	0.09	0.56	0.41
中外合资经营企业	2		12.24	11.85		0.47	0.34
中外合作经营企业							
外资企业							
外商投资股份有限公司	1		1.24	1.24	0.09	0.09	0.07
其他外商投资企业							
二、按经济组织类型分组							
独资企业	7		33.59	33.55	3.60	0.15	0.07
国有企业							
集体企业							
私营独资企业	2		0.77	0.73		0.01	
港澳台商独资经营企业	5		32.82	32.82	3.60	0.15	0.07
外资企业							
合作、合伙企业	1		11.14	11.14			
私营合伙企业	1		11.14	11.14			
股份有限公司	12	2	48.64	47.99	2.69	0.78	0.32
股份有限公司(内资)	2	1	12.38	11.73	0.01	0.31	0.09
私营股份有限公司	8	1	34.71	34.70	2.28	0.34	0.14
港澳台商投资股份有限公司	1		0.31	0.31	0.31	0.05	0.02
外商投资股份有限公司	1		1.24	1.24	0.09	0.09	0.07
有限责任公司	78		135.83	127.57	2.29	3.82	1.20
国有独资公司							
私营有限责任公司	47		53.08	52.86	2.02	1.45	0.53
合资经营企业(港或澳、台资)	1		15.41	14.61		0.74	
中外合资经营企业	2		12.24	11.85		0.47	0.34
其他有限责任公司	28		55.10	48.24	0.27	1.16	0.33
三、在总计中:亏损企业	2	2	1.15	0.39	0.01	0.42	0.13
在总计中:国有控股企业	1	1	0.86	0.21	0.01	0.31	0.09

7-25 续表 1

分组	资产总计	流动资产合计	应收账款	存货	产成品	固定资产合计	固定资产原价
总计	110.17	43.51	13.87	8.19	4.65	34.14	37.35
一、按登记注册类型分组:							
内资企业	94.29	35.82	11.46	6.57	3.62	29.44	31.20
有限责任公司	30.84	15.97	4.59	1.83	0.79	10.56	11.82
国有独资公司							
其他有限责任公司	30.84	15.97	4.59	1.83	0.79	10.56	11.82
股份有限公司	8.49	1.97	0.13	1.05	0.86	1.88	2.79
私营企业	54.96	17.89	6.74	3.68	1.97	17.00	16.59
私营独资企业	0.63	0.23	0.10	0.05	0.02	0.03	0.02
私营合伙企业	2.20	0.95				0.11	0.72
私营有限责任公司	34.97	12.08	4.88	2.69	1.50	7.85	5.98
私营股份有限公司	17.16	4.63	1.76	0.95	0.45	9.01	9.86
其他企业							
港、澳、台商投资企业	9.61	4.58	0.61	0.87	0.38	2.06	3.54
合资经营企业(港或澳、台资)	3.68	2.69	0.17	0.48	0.22	0.34	0.97
合作经营企业(港或澳、台资)							
港澳台商独资经营企业	5.77	1.76	0.41	0.33	0.11	1.70	2.54
港澳台商投资股份有限公司	0.15	0.14	0.03	0.05	0.05	0.02	0.03
其他港澳台商投资企业							
外商投资企业	6.27	3.10	1.80	0.75	0.65	2.64	2.61
中外合资经营企业	5.31	2.30	1.34	0.50	0.46	2.48	2.37
中外合作经营企业							
外资企业							
外商投资股份有限公司	0.96	0.80	0.47	0.25	0.19	0.16	0.24
其他外商投资企业							
二、按经济组织类型分组							
独资企业	6.40	1.98	0.51	0.38	0.14	1.73	2.56
国有企业							
集体企业							
私营独资企业	0.63	0.23	0.10	0.05	0.02	0.03	0.02
港澳台商独资经营企业	5.77	1.76	0.41	0.33	0.11	1.70	2.54
外资企业							
合作、合伙企业	2.20	0.95				0.11	0.72
私营合伙企业	2.20	0.95				0.11	0.72
股份有限公司	26.76	7.53	2.39	2.30	1.55	11.07	12.92
股份有限公司(内资)	8.49	1.97	0.13	1.05	0.86	1.88	2.79
私营股份有限公司	17.16	4.63	1.76	0.95	0.45	9.01	9.86
港澳台商投资股份有限公司	0.15	0.14	0.03	0.05	0.05	0.02	0.03
外商投资股份有限公司	0.96	0.80	0.47	0.25	0.19	0.16	0.24
有限责任公司	74.80	33.04	10.98	5.51	2.97	21.23	21.14
国有独资公司							
私营有限责任公司	34.97	12.08	4.88	2.69	1.50	7.85	5.98
合资经营企业(港或澳、台资)	3.68	2.69	0.17	0.48	0.22	0.34	0.97
中外合资经营企业	5.31	2.30	1.34	0.50	0.46	2.48	2.37
其他有限责任公司	30.84	15.97	4.59	1.83	0.79	10.56	11.82
三、在总计中:亏损企业	7.04	1.56	0.22	1.16	0.89	0.82	1.12
在总计中:国有控股企业	6.54	1.29	0.13	1.05	0.86	0.59	0.79

7-25 续表 2

分组	资产总计 累计折旧	本年折旧	负债合计	流动负债合计	应付账款	非流动负债合计
总计	10.42	3.18	48.42	38.25	8.61	5.80
一、按登记注册类型分组:						
内资企业	8.27	2.78	42.38	33.97	5.90	4.40
有限责任公司	3.42	1.95	17.01	14.95	3.07	2.05
国有独资公司						
其他有限责任公司	3.42	1.95	17.01	14.95	3.07	2.05
股份有限公司	0.61	0.11	2.13	1.90	0.07	0.23
私营企业	4.24	0.71	23.24	17.12	2.75	2.11
私营独资企业	0.02		0.33	0.06	0.02	
私营合伙企业	0.61	0.03	1.36	1.36		
私营有限责任公司	1.27	0.28	14.44	11.36	1.75	0.73
私营股份有限公司	2.34	0.41	7.11	4.34	0.99	1.38
其他企业						
港、澳、台商投资企业	1.57	0.33	3.26	2.54	1.35	0.36
合资经营企业(港或澳、台资)	0.62	0.11	1.60	1.60	0.97	
合作经营企业(港或澳、台资)						
港澳台商独资经营企业	0.93	0.21	1.62	0.90	0.37	0.36
港澳台商投资股份有限公司	0.01		0.04	0.04	0.01	
其他港澳台商投资企业						
外商投资企业	0.57	0.08	2.79	1.74	1.36	1.04
中外合资经营企业	0.50	0.05	2.00	0.96	0.78	1.04
中外合作经营企业						
外资企业						
外商投资股份有限公司	0.07	0.02	0.78	0.78	0.58	
其他外商投资企业						
二、按经济组织类型分组						
独资企业	0.95	0.21	1.95	0.96	0.39	0.36
国有企业						
集体企业						
私营独资企业	0.02		0.33	0.06	0.02	
港澳台商独资经营企业	0.93	0.21	1.62	0.90	0.37	0.36
外资企业						
合作、合伙企业	0.61	0.03	1.36	1.36		
私营合伙企业	0.61	0.03	1.36	1.36		
股份有限公司	3.04	0.55	10.07	7.07	1.65	1.61
股份有限公司(内资)	0.61	0.11	2.13	1.90	0.07	0.23
私营股份有限公司	2.34	0.41	7.11	4.34	0.99	1.38
港澳台商投资股份有限公司	0.01		0.04	0.04	0.01	
外商投资股份有限公司	0.07	0.02	0.78	0.78	0.58	
有限责任公司	5.81	2.39	35.05	28.87	6.57	3.83
国有独资公司						
私营有限责任公司	1.27	0.28	14.44	11.36	1.75	0.73
合资经营企业(港或澳、台资)	0.62	0.11	1.60	1.60	0.97	
中外合资经营企业	0.50	0.05	2.00	0.96	0.78	1.04
其他有限责任公司	3.42	1.95	17.01	14.95	3.07	2.05
三、在总计中:亏损企业	0.30	0.04	1.74	1.51	0.06	0.23
在总计中:国有控股企业	0.20	0.03	1.53	1.30	0.02	0.23

7-25 续表 3

分　组	所有者权益合计	实收资本					
			国家资本	集体资本	法人资本	个人资本	港澳台资本
总　计	61.74	21.09	0.51	0.15	7.53	9.54	2.31
一、按登记注册类型分组:							
内资企业	51.91	16.60	0.51	0.15	6.61	9.33	
有限责任公司	13.83	4.75	0.51	0.14	2.46	1.65	
国有独资公司							
其他有限责任公司	13.83	4.75	0.51	0.14	2.46	1.65	
股份有限公司	6.36	0.24			0.04	0.20	
私营企业	31.72	11.61		0.01	4.12	7.48	
私营独资企业	0.29	0.27				0.27	
私营合伙企业	0.85						
私营有限责任公司	20.53	9.64		0.01	3.38	6.26	
私营股份有限公司	10.04	1.70			0.74	0.96	
其他企业							
港、澳、台商投资企业	6.35	2.75			0.23	0.21	2.31
合资经营企业(港或澳、台资)	2.08	0.30			0.09	0.21	
合作经营企业(港或澳、台资)							
港澳台商独资经营企业	4.15	2.34			0.14		2.21
港澳台商投资股份有限公司	0.11	0.10					0.10
其他港澳台商投资企业							
外商投资企业	3.49	1.74			0.69		
中外合资经营企业	3.31	1.56			0.69		
中外合作经营企业							
外资企业							
外商投资股份有限公司	0.18	0.18					
其他外商投资企业							
二、按经济组织类型分组							
独资企业	4.45	2.61			0.14	0.27	2.21
国有企业							
集体企业							
私营独资企业	0.29	0.27				0.27	
港澳台商独资经营企业	4.15	2.34			0.14		2.21
外资企业							
合作、合伙企业	0.85						
私营合伙企业	0.85						
股份有限公司	16.70	2.22			0.78	1.16	0.10
股份有限公司(内资)	6.36	0.24			0.04	0.20	
私营股份有限公司	10.04	1.70			0.74	0.96	
港澳台商投资股份有限公司	0.11	0.10					0.10
外商投资股份有限公司	0.18	0.18					
有限责任公司	39.76	16.25	0.51	0.15	6.61	8.12	
国有独资公司							
私营有限责任公司	20.53	9.64		0.01	3.38	6.26	
合资经营企业(港或澳、台资)	2.08	0.30			0.09	0.21	
中外合资经营企业	3.31	1.56			0.69		
其他有限责任公司	13.83	4.75	0.51	0.14	2.46	1.65	
三、在总计中:亏损企业	5.30	0.14			0.04	0.10	
在总计中:国有控股企业	5.01	0.04			0.04		

7-25 续表 4

分　组	所有者权益合计 实收资本 外商资本	营业收入	主营业务收入	营业成本	主营业务成本	营业税金及附加	主营业务税金及附加
总　计	1.04	230.03	229.68	183.12	182.98	2.88	2.85
一、按登记注册类型分组:							
内资企业		167.80	167.67	132.94	132.79	2.36	2.33
有限责任公司		55.05	54.98	43.54	43.42	0.35	0.35
国有独资公司							
其他有限责任公司		55.05	54.98	43.54	43.42	0.35	0.35
股份有限公司		11.74	11.73	9.36	9.35	0.29	0.29
私营企业		101.01	100.96	80.04	80.02	1.72	1.69
私营独资企业		0.77	0.77	0.55	0.55	0.06	0.06
私营合伙企业		11.14	11.14	8.82	8.82	0.28	0.28
私营有限责任公司		52.01	51.98	41.82	41.82	0.67	0.65
私营股份有限公司		37.10	37.07	28.84	28.83	0.71	0.70
其他企业							
港、澳、台商投资企业		48.55	48.53	39.52	39.51	0.46	0.46
合资经营企业(港或澳、台资)		15.43	15.40	12.82	12.82	0.08	0.08
合作经营企业(港或澳、台资)							
港澳台商独资经营企业		32.81	32.81	26.39	26.39	0.38	0.38
港澳台商投资股份有限公司		0.31	0.31	0.30	0.30		
其他港澳台商投资企业							
外商投资企业	1.04	13.68	13.48	10.67	10.67	0.06	0.06
中外合资经营企业	0.86	12.24	12.24	9.66	9.66	0.06	0.06
中外合作经营企业							
外资企业							
外商投资股份有限公司	0.18	1.44	1.24	1.01	1.01	0.01	0.01
其他外商投资企业							
二、按经济组织类型分组							
独资企业		33.58	33.58	26.95	26.95	0.44	0.44
国有企业							
集体企业							
私营独资企业		0.77	0.77	0.55	0.55	0.06	0.06
港澳台商独资经营企业		32.81	32.81	26.39	26.39	0.38	0.38
外资企业							
合作、合伙企业		11.14	11.14	8.82	8.82	0.28	0.28
私营合伙企业		11.14	11.14	8.82	8.82	0.28	0.28
股份有限公司	0.18	50.59	50.36	39.51	39.49	1.01	1.00
股份有限公司(内资)		11.74	11.73	9.36	9.35	0.29	0.29
私营股份有限公司		37.10	37.07	28.84	28.83	0.71	0.70
港澳台商投资股份有限公司		0.31	0.31	0.30	0.30		
外商投资股份有限公司	0.18	1.44	1.24	1.01	1.01	0.01	0.01
有限责任公司	0.86	134.72	134.60	107.84	107.72	1.16	1.13
国有独资公司							
私营有限责任公司		52.01	51.98	41.82	41.82	0.67	0.65
合资经营企业(港或澳、台资)		15.43	15.40	12.82	12.82	0.08	0.08
中外合资经营企业	0.86	12.24	12.24	9.66	9.66	0.06	0.06
其他有限责任公司		55.05	54.98	43.54	43.42	0.35	0.35
三、在总计中:亏损企业		0.45	0.44	0.41	0.40	0.01	0.01
在总计中:国有控股企业		0.22	0.21	0.22	0.21	0.01	0.01

7-25 续表 5

分　　组	其他业务收入	销售费用	管理费用		财务费用		
				税金		利息收入	利息支出
总　　计	0.35	4.43	7.11	0.21	1.05	0.03	0.74
一、按登记注册类型分组:							
内资企业	0.13	3.63	5.79	0.20	0.92	0.03	0.62
有限责任公司	0.07	1.55	1.88	0.05	0.30		0.27
国有独资公司							
其他有限责任公司	0.07	1.55	1.88	0.05	0.30		0.27
股份有限公司	0.01	0.20	0.42	0.01	0.05		0.05
私营企业	0.05	1.88	3.49	0.14	0.57	0.03	0.29
私营独资企业		0.02	0.04	0.02	0.01	0.01	
私营合伙企业			0.36	0.02			
私营有限责任公司	0.03	1.08	1.55	0.09	0.18	0.01	0.14
私营股份有限公司	0.02	0.78	1.54	0.01	0.38		0.15
其他企业							
港、澳、台商投资企业	0.02	0.47	0.82	0.01	0.04		0.03
合资经营企业(港或澳、台资)	0.02	0.09	0.11		0.01		
合作经营企业(港或澳、台资)							
港澳台商独资经营企业		0.37	0.70	0.01	0.04		0.03
港澳台商投资股份有限公司		0.01	0.01				
其他港澳台商投资企业							
外商投资企业	0.20	0.33	0.50	0.01	0.09		0.09
中外合资经营企业		0.30	0.28	0.01	0.09		0.09
中外合作经营企业							
外资企业							
外商投资股份有限公司	0.20	0.02	0.21				
其他外商投资企业							
二、按经济组织类型分组							
独资企业		0.40	0.74	0.03	0.05	0.01	0.03
国有企业							
集体企业							
私营独资企业		0.02	0.04	0.02	0.01	0.01	
港澳台商独资经营企业		0.37	0.70	0.01	0.04		0.03
外资企业							
合作、合伙企业			0.36	0.02			
私营合伙企业			0.36	0.02			
股份有限公司	0.23	1.01	2.18	0.02	0.44		0.21
股份有限公司(内资)	0.01	0.20	0.42	0.01	0.05		0.05
私营股份有限公司	0.02	0.78	1.54	0.01	0.38		0.15
港澳台商投资股份有限公司		0.01	0.01				
外商投资股份有限公司	0.20	0.02	0.21				
有限责任公司	0.12	3.03	3.83	0.15	0.57	0.02	0.50
国有独资公司							
私营有限责任公司	0.03	1.08	1.55	0.09	0.18	0.01	0.14
合资经营企业(港或澳、台资)	0.02	0.09	0.11		0.01		
中外合资经营企业		0.30	0.28	0.01	0.09		0.09
其他有限责任公司	0.07	1.55	1.88	0.05	0.30		0.27
三、在总计中:亏损企业	0.01	0.02	0.28	0.01	0.03		0.03
在总计中:国有控股企业	0.01		0.24	0.01	0.03		0.03

7-25 续表 6

分　　组	营业利润	资产减值损失	投资收益	营业外收入	政府补助	营业外支出	利润总额
总　　计	31.30	0.09	-0.04	0.34	0.22	0.14	31.49
一、按登记注册类型分组:							
内资企业	22.03	0.09	-0.04	0.33	0.22	0.13	22.23
有限责任公司	7.43			0.09	0.09	0.01	7.51
国有独资公司							
其他有限责任公司	7.43			0.09	0.09	0.01	7.51
股份有限公司	1.39	0.02	-0.01			0.01	1.37
私营企业	13.21	0.07	-0.03	0.24	0.14	0.11	13.35
私营独资企业	0.08						0.08
私营合伙企业	1.67						1.67
私营有限责任公司	6.68	0.03		0.06	0.05	0.01	6.74
私营股份有限公司	4.78	0.04	-0.03	0.18	0.08	0.10	4.86
其他企业							
港、澳、台商投资企业	7.24						7.24
合资经营企业(港或澳、台资)	2.31						2.31
合作经营企业(港或澳、台资)							
港澳台商独资经营企业	4.92						4.92
港澳台商投资股份有限公司							0.01
其他港澳台商投资企业							
外商投资企业	2.03					0.01	2.02
中外合资经营企业	1.84					0.01	1.84
中外合作经营企业							
外资企业							
外商投资股份有限公司	0.19						0.19
其他外商投资企业							
二、按经济组织类型分组							
独资企业	5.01						5.01
国有企业							
集体企业							
私营独资企业	0.08						0.08
港澳台商独资经营企业	4.92						4.92
外资企业							
合作、合伙企业	1.67						1.67
私营合伙企业	1.67						1.67
股份有限公司	6.35	0.06	-0.04	0.19	0.08	0.12	6.42
股份有限公司(内资)	1.39	0.02	-0.01			0.01	1.37
私营股份有限公司	4.78	0.04	-0.03	0.18	0.08	0.10	4.86
港澳台商投资股份有限公司							0.01
外商投资股份有限公司	0.19						0.19
有限责任公司	18.27	0.03		0.15	0.14	0.02	18.39
国有独资公司							
私营有限责任公司	6.68	0.03		0.06	0.05	0.01	6.74
合资经营企业(港或澳、台资)	2.31						2.31
中外合资经营企业	1.84					0.01	1.84
其他有限责任公司	7.43			0.09	0.09	0.01	7.51
三、在总计中:亏损企业	-0.32	0.02	-0.01			0.02	-0.34
在总计中:国有控股企业	-0.31	0.02	-0.01			0.01	-0.32

7-25 续表 7

分　组	所得税费用	亏损企业亏损总额	利税总额	应交税金及附加	本年应付职工薪酬	本年应交增值税	总资产贡献率（%）
总　计	1.93	0.34	40.38	11.03	10.59	6.00	37.29
一、按登记注册类型分组:							
内资企业	1.13	0.34	28.88	7.98	5.85	4.28	31.25
有限责任公司	0.24		9.28	2.06	1.92	1.41	30.97
国有独资公司							
其他有限责任公司	0.24		9.28	2.06	1.92	1.41	30.97
股份有限公司	0.42	0.32	1.80	0.86	0.40	0.14	21.83
私营企业	0.47	0.01	17.80	5.06	3.54	2.73	32.86
私营独资企业			0.18	0.12	0.06	0.04	26.52
私营合伙企业			2.21	0.56	0.13	0.26	100.26
私营有限责任公司	0.19		9.17	2.71	2.68	1.76	26.57
私营股份有限公司	0.28	0.01	6.24	1.67	0.67	0.67	37.24
其他企业							
港、澳、台商投资企业	0.75		9.09	2.60	3.99	1.39	94.91
合资经营企业(港或澳、台资)	0.58		2.69	0.96	0.22	0.30	72.96
合作经营企业(港或澳、台资)							
港澳台商独资经营企业	0.17		6.39	1.64	3.70	1.09	111.34
港澳台商投资股份有限公司			0.01		0.06		4.47
其他港澳台商投资企业							
外商投资企业	0.05		2.42	0.45	0.75	0.33	39.95
中外合资经营企业	0.05		2.16	0.38	0.37	0.27	42.36
中外合作经营企业							
外资企业							
外商投资股份有限公司			0.25	0.07	0.38	0.06	26.66
其他外商投资企业							
二、按经济组织类型分组							
独资企业	0.17		6.57	1.76	3.76	1.13	103.04
国有企业							
集体企业							
私营独资企业			0.18	0.12	0.06	0.04	26.52
港澳台商独资经营企业	0.17		6.39	1.64	3.70	1.09	111.34
外资企业							
合作、合伙企业			2.21	0.56	0.13	0.26	100.26
私营合伙企业			2.21	0.56	0.13	0.26	100.26
股份有限公司	0.70	0.34	8.30	2.60	1.50	0.87	31.78
股份有限公司(内资)	0.42	0.32	1.80	0.86	0.40	0.14	21.83
私营股份有限公司	0.28	0.01	6.24	1.67	0.67	0.67	37.24
港澳台商投资股份有限公司			0.01		0.06		4.47
外商投资股份有限公司			0.25	0.07	0.38	0.06	26.66
有限责任公司	1.06		23.30	6.11	5.19	3.74	31.79
国有独资公司							
私营有限责任公司	0.19		9.17	2.71	2.68	1.76	26.57
合资经营企业(港或澳、台资)	0.58		2.69	0.96	0.22	0.30	72.96
中外合资经营企业	0.05		2.16	0.38	0.37	0.27	42.36
其他有限责任公司	0.24		9.28	2.06	1.92	1.41	30.97
三、在总计中:亏损企业		0.34	-0.34		0.38	-0.01	-4.37
在总计中:国有控股企业		0.32	-0.34	-0.01	0.33	-0.03	-4.84

7-25 续表 8

分组	资产负债率（%）	流动资产周转率（次/年）	成本费用利润率（%）	产品销售率（%）	从业人员平均人数	从业人员期末人数	平均用工人数
总计	43.95	5.29	16.09	96.10	3.01	3.09	2.98
一、按登记注册类型分组:							
内资企业	44.95	4.68	15.52	95.35	1.63	1.70	1.63
有限责任公司	55.15	3.45	15.89	87.55	0.46	0.46	0.46
国有独资公司							
其他有限责任公司	55.15	3.45	15.89	87.55	0.46	0.46	0.46
股份有限公司	25.11	5.97	13.69	94.75	0.09	0.09	0.08
私营企业	42.29	5.65	15.52	99.74	1.09	1.16	1.09
私营独资企业	53.11	3.35	13.38	95.35	0.02	0.02	0.02
私营合伙企业	61.56	11.68	18.19	100.00	0.03	0.03	0.03
私营有限责任公司	41.28	4.31	15.09	99.59	0.85	0.92	0.85
私营股份有限公司	41.46	8.02	15.40	99.99	0.19	0.19	0.19
其他企业							
港、澳、台商投资企业	33.93	10.60	17.72	98.36	1.19	1.21	1.19
合资经营企业(港或澳、台资)	43.41	5.74	17.71	94.83	0.06	0.06	0.06
合作经营企业(港或澳、台资)							
港澳台商独资经营企业	28.05	18.70	17.90	100.00	1.11	1.12	1.11
港澳台商投资股份有限公司	27.65	2.29	1.92	100.00	0.03	0.03	0.03
其他港澳台商投资企业							
外商投资企业	44.41	4.41	17.45	97.15	0.19	0.19	0.15
中外合资经营企业	37.74	5.32	17.76	96.86	0.09	0.09	0.08
中外合作经营企业							
外资企业							
外商投资股份有限公司	81.11	1.80	14.91	100.00	0.10	0.09	0.08
其他外商投资企业							
二、按经济组织类型分组							
独资企业	30.50	16.92	17.80	99.89	1.12	1.13	1.13
国有企业							
集体企业							
私营独资企业	53.11	3.35	13.38	95.35	0.02	0.02	0.02
港澳台商独资经营企业	28.05	18.70	17.90	100.00	1.11	1.12	1.11
外资企业							
合作、合伙企业	61.56	11.68	18.19	100.00	0.03	0.03	0.03
私营合伙企业	61.56	11.68	18.19	100.00	0.03	0.03	0.03
股份有限公司	37.62	6.72	14.89	98.66	0.40	0.40	0.38
股份有限公司(内资)	25.11	5.97	13.69	94.75	0.09	0.09	0.08
私营股份有限公司	41.46	8.02	15.40	99.99	0.19	0.19	0.19
港澳台商投资股份有限公司	27.65	2.29	1.92	100.00	0.03	0.03	0.03
外商投资股份有限公司	81.11	1.80	14.91	100.00	0.10	0.09	0.08
有限责任公司	46.85	4.08	15.96	93.92	1.46	1.53	1.44
国有独资公司							
私营有限责任公司	41.28	4.31	15.09	99.59	0.85	0.92	0.85
合资经营企业(港或澳、台资)	43.41	5.74	17.71	94.83	0.06	0.06	0.06
中外合资经营企业	37.74	5.32	17.76	96.86	0.09	0.09	0.08
其他有限责任公司	55.15	3.45	15.89	87.55	0.46	0.46	0.46
三、在总计中:亏损企业	24.73	0.29	-45.84	33.97	0.09	0.08	0.08
在总计中:国有控股企业	23.41	0.17	-66.35	24.17	0.07	0.07	0.07

7-25 续表 9

分　组	期末用工人数	主营业务收入利润率（%）	人均主营业务收入（万元/人）	每百元资产实现的主营业务收入(元)	产成品存货周转天数(天)	应收账款平均回收期(天)
总　　计	2.91	13.71	77.04	208.48	9.15	21.74
一、按登记注册类型分组:						
内资企业	1.55	13.26	102.72	177.83	9.80	24.61
有限责任公司	0.47	13.66	119.63	178.28	6.52	30.06
国有独资公司						
其他有限责任公司	0.47	13.66	119.63	178.28	6.52	30.06
股份有限公司	0.01	11.71	139.10	138.10	32.95	3.99
私营企业	1.08	13.22	92.77	183.71	8.88	24.03
私营独资企业	0.02	10.95	42.70	122.77	15.97	45.37
私营合伙企业	0.03	15.00	348.01	505.18		
私营有限责任公司	0.87	12.96	61.06	148.64	12.90	33.81
私营股份有限公司	0.15	13.10	198.26	216.11	5.64	17.10
其他企业						
港、澳、台商投资企业	1.20	14.92	40.62	505.14	3.50	4.50
合资经营企业(港或澳、台资)	0.06	15.00	265.54	418.24	6.20	4.03
合作经营企业(港或澳、台资)						
港澳台商独资经营企业	1.11	15.00	29.59	568.67	1.53	4.48
港澳台商投资股份有限公司	0.03	1.89	11.24	203.89	61.57	30.13
其他港澳台商投资企业						
外商投资企业	0.15	15.00	87.31	214.83	21.91	48.19
中外合资经营企业	0.08	15.00	162.27	230.38	17.16	39.33
中外合作经营企业						
外资企业						
外商投资股份有限公司	0.08	15.00	15.75	129.14	67.22	135.30
其他外商投资企业						
二、按经济组织类型分组						
独资企业	1.13	14.91	29.80	525.03	1.83	5.42
国有企业						
集体企业						
私营独资企业	0.02	10.95	42.70	122.77	15.97	45.37
港澳台商独资经营企业	1.11	15.00	29.59	568.67	1.53	4.48
外资企业						
合作、合伙企业	0.03	15.00	348.01	505.18		
私营合伙企业	0.03	15.00	348.01	505.18		
股份有限公司	0.27	12.75	133.12	188.16	14.10	17.05
股份有限公司(内资)	0.01	11.71	139.10	138.10	32.95	3.99
私营股份有限公司	0.15	13.10	198.26	216.11	5.64	17.10
港澳台商投资股份有限公司	0.03	1.89	11.24	203.89	61.57	30.13
外商投资股份有限公司	0.08	15.00	15.75	129.14	67.22	135.30
有限责任公司	1.48	13.67	93.19	179.94	9.91	29.37
国有独资公司						
私营有限责任公司	0.87	12.96	61.06	148.64	12.90	33.81
合资经营企业(港或澳、台资)	0.06	15.00	265.54	418.24	6.20	4.03
中外合资经营企业	0.08	15.00	162.27	230.38	17.16	39.33
其他有限责任公司	0.47	13.66	119.63	178.28	6.52	30.06
三、在总计中:亏损企业	0.01	−75.96	5.21	6.26	794.32	176.61
在总计中:国有控股企业		−156.72	2.83	3.17	1461.34	225.58

7-26 永新县规模以上工业企业主要经济指标（大类行业）

单位：亿元

行业	企业单位数（个）	亏损企业	工业总产值(当年价格)	工业销售产值(当年价格)	出口交货值	年初存货	产成品
总计	66	2	161.55	158.83	0.03	2.88	0.65
黑色金属矿采选业	1	1	0.58	0.63		0.28	0.03
农副食品加工业	2		3.62	3.62		0.02	
食品制造业	1		6.63	6.40		0.02	
纺织业	9		6.91	6.76		0.72	0.01
纺织服装、服饰业	20		19.39	19.30		0.24	0.04
皮革、毛皮、羽毛及其制品和制鞋业	14		54.97	53.76		0.77	0.32
造纸和纸制品业	1		0.73	0.71		0.05	0.04
化学原料和化学制品制造业	5		12.25	12.27		0.36	0.02
医药制造业	1		3.26	3.26			
非金属矿物制品业	1		0.35	0.35		0.01	
黑色金属冶炼和压延加工业							
有色金属冶炼和压延加工业	3		25.17	24.08		0.27	0.10
金属制品业	3	1	2.20	2.20	0.03	0.13	0.08
汽车制造业	1		1.02	1.02		0.01	
铁路、船舶、航空航天和其他运输设备制造业							
电气机械和器材制造业	2		22.98	22.98			
计算机、通信和其他电子设备制造业	1		0.50	0.50		0.01	
电力、热力生产和供应业	1		1.00	1.00			

7-26 续表 1

行业	资产总计	流动资产合计	应收账款	存货	产成品	固定资产合计
总计	98.83	50.65	23.74	7.59	3.17	11.68
黑色金属矿采选业	1.49	0.79	0.39	0.21	0.03	0.52
农副食品加工业	1.06	0.53	0.22	0.12	0.01	0.03
食品制造业	0.72	0.25	0.03	0.13	0.03	0.23
纺织业	3.95	1.81	0.46	0.84	0.46	1.77
纺织服装、服饰业	8.26	3.85	1.44	0.52	0.21	1.47
皮革、毛皮、羽毛及其制品和制鞋业	15.81	9.92	2.58	2.87	0.90	2.40
造纸和纸制品业	0.33	0.19	0.04	0.04	0.03	0.10
化学原料和化学制品制造业	4.84	3.22	1.25	0.63	0.15	0.37
医药制造业	0.97	0.51	0.34	0.13	0.08	
非金属矿物制品业	0.43	0.09	0.06	0.01		0.26
黑色金属冶炼和压延加工业						
有色金属冶炼和压延加工业	2.04	0.68	0.17	0.23	0.19	1.26
金属制品业	0.98	0.72	0.28	0.20	0.04	0.06
汽车制造业	0.53	0.19	0.05	0.01		0.34
铁路、船舶、航空航天和其他运输设备制造业						
电气机械和器材制造业	50.57	25.44	15.25	1.65	1.04	
计算机、通信和其他电子设备制造业	0.59	0.16	0.14	0.01		0.40
电力、热力生产和供应业	6.27	2.31	1.03			2.47

7-26 续表 2

行业	资产总计			负债合计			
	固定资产原价	累计折旧	本年折旧		流动负债合计	应付账款	非流动负债合计
总计	11.07	3.08	0.86	38.23	10.94	2.87	3.05
黑色金属矿采选业	0.88	0.37	0.02	0.63	0.54		0.01
农副食品加工业	0.04	0.01		0.20	0.08	0.05	0.01
食品制造业	0.60	0.37	0.02	0.31	0.31	0.02	
纺织业	1.56	0.21	0.15	1.69	1.35	0.43	0.20
纺织服装、服饰业	1.90	0.43	0.14	4.35	0.97	0.38	0.11
皮革、毛皮、羽毛及其制品和制鞋业	3.19	0.87	0.30	4.18	3.18	0.61	0.04
造纸和纸制品业	0.18	0.08		0.15	0.15	0.04	
化学原料和化学制品制造业	0.55	0.20	0.05	1.94	1.03	0.27	
医药制造业				0.15	0.15		
非金属矿物制品业	0.33	0.07	0.03	0.13	0.09	0.06	0.01
黑色金属冶炼和压延加工业							
有色金属冶炼和压延加工业	0.86	0.31	0.08	0.71	0.58	0.19	0.05
金属制品业	0.08	0.02	0.01	0.56	0.56	0.27	
汽车制造业	0.37	0.03		0.19	0.18	0.08	0.01
铁路、船舶、航空航天和其他运输设备制造业							
电气机械和器材制造业				18.79	0.12		
计算机、通信和其他电子设备制造业	0.54	0.13	0.05	0.39	0.38	0.06	0.01
电力、热力生产和供应业				3.87	1.27	0.42	2.60

7-26 续表 3

行业	所有者权益合计	实收资本				
			国家资本	法人资本	个人资本	外商资本
总计	60.11	45.85	0.11	6.79	38.94	0.01
黑色金属矿采选业	0.86	0.11	0.11			
农副食品加工业	0.86	0.86		0.36	0.50	
食品制造业	0.40	0.32		0.32		
纺织业	2.26	1.63		1.39	0.23	
纺织服装、服饰业	3.91	3.99		1.64	2.35	
皮革、毛皮、羽毛及其制品和制鞋业	11.13	2.17		0.74	1.41	0.01
造纸和纸制品业	0.18	0.15		0.15		
化学原料和化学制品制造业	2.90	1.31		0.78	0.53	
医药制造业	0.82	0.82			0.82	
非金属矿物制品业	0.31	0.31		0.31		
黑色金属冶炼和压延加工业						
有色金属冶炼和压延加工业	1.33	0.56		0.56		
金属制品业	0.42	0.49			0.49	
汽车制造业	0.34	0.34		0.34		
铁路、船舶、航空航天和其他运输设备制造业						
电气机械和器材制造业	31.79	31.79			31.79	
计算机、通信和其他电子设备制造业	0.20	0.20		0.20		
电力、热力生产和供应业	2.40	0.81			0.81	

7–26 续表 4

行　业	营业收入	主营业务收入	营业成本	主营业务成本	营业税金及附加	主营业务税金及附加
总计	160.54	160.45	140.18	140.18	0.75	0.75
黑色金属矿采选业	0.58	0.58	0.41	0.41	0.02	0.02
农副食品加工业	3.62	3.62	3.10	3.10	0.06	0.06
食品制造业	6.27	6.27	5.20	5.20	0.01	0.01
纺织业	7.16	7.16	6.30	6.30	0.05	0.05
纺织服装、服饰业	19.43	19.43	17.19	17.19	0.16	0.16
皮革、毛皮、羽毛及其制品和制鞋业	54.71	54.71	47.46	47.46	0.20	0.20
造纸和纸制品业	0.71	0.71	0.66	0.66		
化学原料和化学制品制造业	12.30	12.30	10.62	10.62	0.03	0.03
医药制造业	3.26	3.26	2.86	2.86	0.01	0.01
非金属矿物制品业	0.35	0.35	0.28	0.28		
黑色金属冶炼和压延加工业						
有色金属冶炼和压延加工业	24.09	24.09	23.19	23.19	0.05	0.05
金属制品业	2.20	2.20	2.04	2.04	0.01	0.01
汽车制造业	1.02	1.02	0.81	0.81	0.01	0.01
铁路、船舶、航空航天和其他运输设备制造业						
电气机械和器材制造业	22.98	22.98	18.45	18.45	0.12	0.12
计算机、通信和其他电子设备制造业	0.89	0.89	0.73	0.73	0.01	0.01
电力、热力生产和供应业	1.00	0.91	0.87	0.87		

7–26 续表 5

行　业	其他业务收入	销售费用	管理费用	税金	财务费用	利息支出
总计	0.09	0.88	1.52	0.03	0.34	0.20
黑色金属矿采选业		0.02	0.27			
农副食品加工业		0.02	0.02		0.01	0.01
食品制造业		0.16	0.18		0.02	0.02
纺织业		0.07	0.08		0.02	0.02
纺织服装、服饰业		0.16	0.20		0.04	0.04
皮革、毛皮、羽毛及其制品和制鞋业		0.22	0.30	0.02	0.10	0.07
造纸和纸制品业			0.01		0.01	
化学原料和化学制品制造业		0.12	0.16		0.03	0.03
医药制造业		0.02	0.02			
非金属矿物制品业		0.01	0.01			
黑色金属冶炼和压延加工业						
有色金属冶炼和压延加工业		0.02	0.03			
金属制品业		0.02	0.02		0.01	
汽车制造业		0.01	0.01			
铁路、船舶、航空航天和其他运输设备制造业						
电气机械和器材制造业		0.04	0.05		0.01	0.01
计算机、通信和其他电子设备制造业			0.14			
电力、热力生产和供应业	0.09		0.02		0.08	

7-26 续表 6

行　　业	营业利润	资产减值损失	营业外收入	政府补助	营业外支出	利润总额
总计	16.86	0.01	0.17	0.01	0.02	17.02
黑色金属矿采选业	-0.16	0.01				-0.16
农副食品加工业	0.41					0.41
食品制造业	0.70		0.02		0.01	0.70
纺织业	0.63					0.63
纺织服装、服饰业	1.69		0.14			1.83
皮革、毛皮、羽毛及其制品和制鞋业	6.43					6.43
造纸和纸制品业	0.03					0.03
化学原料和化学制品制造业	1.35					1.35
医药制造业	0.35					0.35
非金属矿物制品业	0.04					0.04
黑色金属冶炼和压延加工业						
有色金属冶炼和压延加工业	0.79					0.79
金属制品业	0.10					0.10
汽车制造业	0.18					0.18
铁路、船舶、航空航天和其他运输设备制造业						
电气机械和器材制造业	4.30					4.30
计算机、通信和其他电子设备制造业			0.01	0.01		0.01
电力、热力生产和供应业	0.03					0.03

7-26 续表 7

行　　业	所得税费用	亏损企业亏损总额	利税总额	应交税金及附加	本年应付职工薪酬	本年应交增值税	总资产贡献率（%）
总计	0.16	0.17	22.98	6.15	3.44	5.22	23.46
黑色金属矿采选业		0.16	-0.05	0.11	0.12	0.09	-3.56
农副食品加工业			0.58	0.18	0.04	0.12	55.83
食品制造业			0.92	0.22	0.09	0.21	131.39
纺织业			0.96	0.33	0.19	0.28	24.89
纺织服装、服饰业			2.73	0.90	0.85	0.74	33.46
皮革、毛皮、羽毛及其制品和制鞋业	0.14		8.49	2.22	0.50	1.86	54.20
造纸和纸制品业			0.05	0.01	0.04	0.01	13.99
化学原料和化学制品制造业			1.96	0.61	0.23	0.58	40.97
医药制造业			0.44	0.09	0.08	0.08	45.80
非金属矿物制品业			0.06	0.02	0.01	0.02	14.73
黑色金属冶炼和压延加工业							
有色金属冶炼和压延加工业	0.02		1.18	0.41	0.13	0.34	58.33
金属制品业			0.17	0.07	0.07	0.06	18.05
汽车制造业			0.22	0.04	0.02	0.03	41.84
铁路、船舶、航空航天和其他运输设备制造业							
电气机械和器材制造业			5.08	0.77	0.31	0.66	10.06
计算机、通信和其他电子设备制造业			0.14	0.13	0.69	0.12	23.15
电力、热力生产和供应业			0.05	0.02	0.06	0.02	0.76

7–26 续表 8

行　　业	资产负债率（%）	流动资产周转率(次/年)	成本费用利润率（%）	产品销售率（%）	从业人员平均人数	从业人员期末人数	平均用工人数
总计	38.69	3.17	11.91	98.32	0.90	0.98	0.93
黑色金属矿采选业	42.40	0.74	–22.83	108.68	0.02	0.02	0.02
农副食品加工业	18.85	6.86	12.92	99.93	0.02	0.02	0.02
食品制造业	43.95	25.13	12.65	96.53	0.01	0.01	0.01
纺织业	42.73	3.96	9.76	97.81	0.05	0.05	0.05
纺织服装、服饰业	52.66	5.05	10.43	99.55	0.23	0.24	0.24
皮革、毛皮、羽毛及其制品和制鞋业	26.47	5.51	13.38	97.80	0.14	0.14	0.16
造纸和纸制品业	46.34	3.79	4.59	97.32	0.02	0.02	0.02
化学原料和化学制品制造业	40.09	3.81	12.32	100.19	0.06	0.06	0.06
医药制造业	15.51	6.39	12.13	100.00	0.03	0.03	0.03
非金属矿物制品业	28.95	3.88	14.17	100.00			
黑色金属冶炼和压延加工业							
有色金属冶炼和压延加工业	34.67	35.35	3.38	95.69	0.04	0.04	0.04
金属制品业	57.00	3.05	4.80	99.91	0.03	0.03	0.03
汽车制造业	35.39	5.49	21.23	100.00	0.01	0.01	0.01
铁路、船舶、航空航天和其他运输设备制造业							
电气机械和器材制造业	37.15	0.90	23.20	100.00	0.12	0.13	0.13
计算机、通信和其他电子设备制造业	66.12	5.58	0.82	100.00	0.12	0.17	0.12
电力、热力生产和供应业	61.72	0.43	2.82	100.00	0.01	0.01	0.01

7–26 续表 9

行　　业	期末用工人数	主营业务收入利润率（%）	人均主营业务收入（万元/人）	每百元资产实现的主营业务收入(元)	产成品存货周转天数(天)	应收账款平均回收期(天)
总计	0.97	10.61	172.34	162.35	8.15	53.25
黑色金属矿采选业	0.02	–28.14	37.82	38.83	27.95	245.09
农副食品加工业	0.02	11.27	227.61	341.58	0.58	22.12
食品制造业	0.01	11.23	596.81	876.12	2.12	1.99
纺织业	0.05	8.83	144.00	180.97	26.17	23.05
纺织服装、服饰业	0.24	9.44	82.39	235.17	4.47	26.75
皮革、毛皮、羽毛及其制品和制鞋业	0.14	11.76	344.51	346.10	6.82	16.98
造纸和纸制品业	0.02	4.38	46.84	217.07	17.93	19.21
化学原料和化学制品制造业	0.06	10.94	203.56	254.18	4.95	36.58
医药制造业	0.03	10.79	110.09	336.34	9.94	37.04
非金属矿物制品业		12.28	90.79	79.89		62.61
黑色金属冶炼和压延加工业						
有色金属冶炼和压延加工业	0.04	3.26	614.45	1183.20	3.01	2.53
金属制品业	0.03	4.56	78.85	224.84	6.85	45.61
汽车制造业	0.01	17.31	157.08	193.22	1.34	17.63
铁路、船舶、航空航天和其他运输设备制造业						
电气机械和器材制造业	0.13	18.73	173.56	45.44	20.26	238.93
计算机、通信和其他电子设备制造业	0.17	0.81	7.38	149.38	1.37	58.70
电力、热力生产和供应业	0.01	3.01	91.01	14.52		405.44

7-27 永新县规模以上工业企业主要经济指标（综合分组）

单位：亿元

分　　组	企业单位数（个）	亏损企业	工业总产值(当年价格)	工业销售产值(当年价格)	出口交货值	年初存货	产成品
总　　计	66	2	161.55	158.83	0.03	2.88	0.65
一、按登记注册类型分组:							
内资企业	63	2	149.02	146.31	0.03	2.88	0.65
国有企业	1	1	0.58	0.63		0.28	0.03
中央企业							
地方企业	1	1	0.58	0.63		0.28	0.03
有限责任公司	16		19.36	19.15		0.53	0.11
国有独资公司							
其他有限责任公司	16		19.36	19.15		0.53	0.11
股份有限公司	1		5.10	5.10			
私营企业	45	1	123.98	121.43	0.03	2.07	0.51
私营有限责任公司	44	1	122.96	121.43	0.03	2.07	0.51
私营股份有限公司	1		1.02				
其他企业							
港、澳、台商投资企业	2		10.31	10.31			
港澳台商独资经营企业	2		10.31	10.31			
外商投资企业	1		2.22	2.22			
中外合资经营企业	1		2.22	2.22			
二、按经济组织类型分组							
独资企业	3	1	10.89	10.94		0.28	0.03
国有企业	1	1	0.58	0.63		0.28	0.03
港澳台商独资经营企业	2		10.31	10.31			
股份有限公司	2		6.12	5.10			
股份有限公司(内资)	1		5.10	5.10			
私营股份有限公司	1		1.02				
有限责任公司	61	1	144.53	142.79	0.03	2.60	0.61
国有独资公司							
私营有限责任公司	44	1	122.96	121.43	0.03	2.07	0.51
合资经营企业(港或澳、台资)							
中外合资经营企业	1		2.22	2.22			
其他有限责任公司	16		19.36	19.15		0.53	0.11
三、在总计中:亏损企业	2	2	0.91	0.96	0.03	0.32	0.03
在总计中:国有控股企业	1	1	0.58	0.63		0.28	0.03

7-27 续表 1

分组	资产总计	流动资产合计	应收账款	存货	产成品	固定资产合计	固定资产原价
总计	98.83	50.65	23.74	7.59	3.17	11.68	11.07
一、按登记注册类型分组:							
内资企业	95.05	48.61	23.20	7.16	2.89	11.25	10.19
国有企业	1.49	0.79	0.39	0.21	0.03	0.52	0.88
中央企业							
地方企业	1.49	0.79	0.39	0.21	0.03	0.52	0.88
有限责任公司	7.32	3.25	1.01	0.62	0.08	2.85	3.85
国有独资公司							
其他有限责任公司	7.32	3.25	1.01	0.62	0.08	2.85	3.85
股份有限公司	1.76	1.30	0.58	0.22	0.09		
私营企业	84.47	43.27	21.21	6.11	2.69	7.89	5.46
私营有限责任公司	84.18	43.17	21.20	6.09	2.69	7.77	5.34
私营股份有限公司	0.29	0.10		0.02		0.12	0.12
其他企业							
港、澳、台商投资企业	3.08	1.67	0.36	0.35	0.25	0.43	0.88
港澳台商独资经营企业	3.08	1.67	0.36	0.35	0.25	0.43	0.88
外商投资企业	0.70	0.37	0.17	0.08	0.03		
中外合资经营企业	0.70	0.37	0.17	0.08	0.03		
二、按经济组织类型分组							
独资企业	4.57	2.46	0.76	0.57	0.28	0.94	1.77
国有企业	1.49	0.79	0.39	0.21	0.03	0.52	0.88
港澳台商独资经营企业	3.08	1.67	0.36	0.35	0.25	0.43	0.88
股份有限公司	2.05	1.40	0.59	0.24	0.09	0.12	0.12
股份有限公司(内资)	1.76	1.30	0.58	0.22	0.09		
私营股份有限公司	0.29	0.10		0.02		0.12	0.12
有限责任公司	92.20	46.79	22.39	6.79	2.80	10.61	9.18
国有独资公司							
私营有限责任公司	84.18	43.17	21.20	6.09	2.69	7.77	5.34
合资经营企业(港或澳、台资)							
中外合资经营企业	0.70	0.37	0.17	0.08	0.03		
其他有限责任公司	7.32	3.25	1.01	0.62	0.08	2.85	3.85
三、在总计中:亏损企业	1.68	0.97	0.41	0.25	0.03	0.53	0.89
在总计中:国有控股企业	1.49	0.79	0.39	0.21	0.03	0.52	0.88

7-27 续表 2

分组	资产总计		负债合计			
	累计折旧			流动负债合计		非流动负债合计
		本年折旧			应付账款	
总计	3.08	0.86	38.23	10.94	2.87	3.05
一、按登记注册类型分组:						
内资企业	2.62	0.80	37.55	10.42	2.78	3.04
国有企业	0.37	0.02	0.63	0.54		0.01
中央企业						
地方企业	0.37	0.02	0.63	0.54		0.01
有限责任公司	1.00	0.31	3.49	2.57	0.90	0.14
国有独资公司						
其他有限责任公司	1.00	0.31	3.49	2.57	0.90	0.14
股份有限公司			0.66			
私营企业	1.26	0.47	32.77	7.32	1.88	2.89
私营有限责任公司	1.25	0.47	32.52	7.07	1.88	2.89
私营股份有限公司			0.25	0.25		
其他企业						
港、澳、台商投资企业	0.46	0.06	0.53	0.52	0.09	0.01
港澳台商独资经营企业	0.46	0.06	0.53	0.52	0.09	0.01
外商投资企业			0.15			
中外合资经营企业			0.15			
二、按经济组织类型分组						
独资企业	0.82	0.08	1.16	1.06	0.09	0.02
国有企业	0.37	0.02	0.63	0.54		0.01
港澳台商独资经营企业	0.46	0.06	0.53	0.52	0.09	0.01
股份有限公司			0.90	0.25		
股份有限公司(内资)			0.66			
私营股份有限公司			0.25	0.25		
有限责任公司	2.26	0.78	36.17	9.64	2.78	3.03
国有独资公司						
私营有限责任公司	1.25	0.47	32.52	7.07	1.88	2.89
合资经营企业(港或澳、台资)						
中外合资经营企业			0.15			
其他有限责任公司	1.00	0.31	3.49	2.57	0.90	0.14
三、在总计中:亏损企业	0.37	0.02	0.79	0.69	0.05	0.01
在总计中:国有控股企业	0.37	0.02	0.63	0.54		0.01

7-27 续表 3

分　组	所有者权益合计	实收资本				
			国家资本	法人资本	个人资本	外商资本
总　计	60.11	45.85	0.11	6.79	38.94	0.01
一、按登记注册类型分组:						
内资企业	57.01	44.96	0.11	6.79	38.06	
国有企业	0.86	0.11	0.11			
中央企业						
地方企业	0.86	0.11	0.11			
有限责任公司	3.83	3.47		2.78	0.69	
国有独资公司						
其他有限责任公司	3.83	3.47		2.78	0.69	
股份有限公司	1.11	0.40		0.40		
私营企业	51.21	40.99		3.61	37.38	
私营有限责任公司	51.17	40.93		3.61	37.33	
私营股份有限公司	0.04	0.05			0.05	
其他企业						
港、澳、台商投资企业	2.55	0.34			0.33	0.01
港澳台商独资经营企业	2.55	0.34			0.33	0.01
外商投资企业	0.54	0.54			0.54	
中外合资经营企业	0.54	0.54			0.54	
二、按经济组织类型分组						
独资企业	3.41	0.45	0.11		0.33	0.01
国有企业	0.86	0.11	0.11			
港澳台商独资经营企业	2.55	0.34			0.33	0.01
股份有限公司	1.15	0.45		0.40	0.05	
股份有限公司(内资)	1.11	0.40		0.40		
私营股份有限公司	0.04	0.05			0.05	
有限责任公司	55.55	44.94		6.39	38.56	
国有独资公司						
私营有限责任公司	51.17	40.93		3.61	37.33	
合资经营企业(港或澳、台资)						
中外合资经营企业	0.54	0.54			0.54	
其他有限责任公司	3.83	3.47		2.78	0.69	
三、在总计中:亏损企业	0.90	0.21	0.11		0.10	
在总计中:国有控股企业	0.86	0.11	0.11			

7-27 续表 4

分组	营业收入	主营业务收入	营业成本	主营业务成本	营业税金及附加	主营业务税金及附加	其他业务收入
总计	160.54	160.45	140.18	140.18	0.75	0.75	0.09
一、按登记注册类型分组:							
内资企业	148.01	147.92	129.45	129.45	0.73	0.73	0.09
国有企业	0.58	0.58	0.41	0.41	0.02	0.02	
中央企业							
地方企业	0.58	0.58	0.41	0.41	0.02	0.02	
有限责任公司	19.77	19.77	16.99	16.99	0.15	0.15	
国有独资公司							
其他有限责任公司	19.77	19.77	16.99	16.99	0.15	0.15	
股份有限公司	5.10	5.10	4.04	4.04	0.01	0.01	
私营企业	122.56	122.47	108.01	108.01	0.54	0.54	0.09
私营有限责任公司	121.54	121.45	107.03	107.03	0.54	0.54	0.09
私营股份有限公司	1.02	1.02	0.98	0.98			
其他企业							
港、澳、台商投资企业	10.31	10.31	8.80	8.80	0.02	0.02	
港澳台商独资经营企业	10.31	10.31	8.80	8.80	0.02	0.02	
外商投资企业	2.22	2.22	1.92	1.92	0.01	0.01	
中外合资经营企业	2.22	2.22	1.92	1.92	0.01	0.01	
二、按经济组织类型分组							
独资企业	10.89	10.89	9.21	9.21	0.04	0.04	
国有企业	0.58	0.58	0.41	0.41	0.02	0.02	
港澳台商独资经营企业	10.31	10.31	8.80	8.80	0.02	0.02	
股份有限公司	6.12	6.12	5.02	5.02	0.01	0.01	
股份有限公司(内资)	5.10	5.10	4.04	4.04	0.01	0.01	
私营股份有限公司	1.02	1.02	0.98	0.98			
有限责任公司	143.53	143.44	125.95	125.95	0.70	0.70	0.09
国有独资公司							
私营有限责任公司	121.54	121.45	107.03	107.03	0.54	0.54	0.09
合资经营企业(港或澳、台资)							
中外合资经营企业	2.22	2.22	1.92	1.92	0.01	0.01	
其他有限责任公司	19.77	19.77	16.99	16.99	0.15	0.15	
三、在总计中:亏损企业	0.91	0.91	0.73	0.73	0.02	0.02	
在总计中:国有控股企业	0.58	0.58	0.41	0.41	0.02	0.02	

7-27 续表 5

分　　组	销售费用	管理费用	税金	财务费用	利息支出	营业利润	资产减值损失
总　　计	0.88	1.52	0.03	0.34	0.20	16.86	0.01
一、按登记注册类型分组:							
内资企业	0.85	1.44	0.03	0.31	0.18	15.22	0.01
国有企业	0.02	0.27				-0.16	0.01
中央企业							
地方企业	0.02	0.27				-0.16	0.01
有限责任公司	0.34	0.51		0.06	0.07	1.72	
国有独资公司							
其他有限责任公司	0.34	0.51		0.06	0.07	1.72	
股份有限公司	0.04	0.08		0.01		0.92	
私营企业	0.45	0.58	0.02	0.24	0.12	12.74	
私营有限责任公司	0.44	0.57	0.02	0.24	0.12	12.72	
私营股份有限公司	0.01	0.01				0.02	
其他企业							
港、澳、台商投资企业	0.03	0.05		0.02	0.02	1.39	
港澳台商独资经营企业	0.03	0.05		0.02	0.02	1.39	
外商投资企业		0.03				0.25	
中外合资经营企业		0.03				0.25	
二、按经济组织类型分组							
独资企业	0.05	0.32		0.02	0.02	1.23	0.01
国有企业	0.02	0.27				-0.16	0.01
港澳台商独资经营企业	0.03	0.05		0.02	0.02	1.39	
股份有限公司	0.05	0.09		0.01		0.94	
股份有限公司(内资)	0.04	0.08		0.01		0.92	
私营股份有限公司	0.01	0.01				0.02	
有限责任公司	0.78	1.12	0.03	0.30	0.18	14.69	
国有独资公司							
私营有限责任公司	0.44	0.57	0.02	0.24	0.12	12.72	
合资经营企业(港或澳、台资)							
中外合资经营企业		0.03				0.25	
其他有限责任公司	0.34	0.51		0.06	0.07	1.72	
三、在总计中:亏损企业	0.03	0.28		0.01		-0.17	0.01
在总计中:国有控股企业	0.02	0.27				-0.16	0.01

7-27 续表 6

分　　组	营业外收入	政府补助	营业外支出	利润总额	所得税费用	亏损企业亏损总额
总　　计	0.17	0.01	0.02	17.02	0.16	0.17
一、按登记注册类型分组:						
内资企业	0.17	0.01	0.01	15.38	0.16	0.17
国有企业				–0.16		0.16
中央企业						
地方企业				–0.16		0.16
有限责任公司	0.02	0.01	0.01	1.73		
国有独资公司						
其他有限责任公司	0.02	0.01	0.01	1.73		
股份有限公司				0.92		
私营企业	0.15			12.89	0.16	
私营有限责任公司	0.15			12.87	0.16	
私营股份有限公司				0.02		
其他企业						
港、澳、台商投资企业				1.39		
港澳台商独资经营企业				1.39		
外商投资企业				0.25		
中外合资经营企业				0.25		
二、按经济组织类型分组						
独资企业				1.23		0.16
国有企业				–0.16		0.16
港澳台商独资经营企业				1.39		
股份有限公司				0.94		
股份有限公司(内资)				0.92		
私营股份有限公司				0.02		
有限责任公司	0.17	0.01	0.01	14.84	0.16	
国有独资公司						
私营有限责任公司	0.15			12.87	0.16	
合资经营企业(港或澳、台资)						
中外合资经营企业				0.25		
其他有限责任公司	0.02	0.01	0.01	1.73		
三、在总计中:亏损企业				–0.17		0.17
在总计中:国有控股企业				–0.16		0.16

7-27 续表 7

分　组	利税总额	应交税金及附加	本年应付职工薪酬	本年应交增值税	总资产贡献率（%）	资产负债率（%）
总　　计	22.98	6.15	3.44	5.22	23.46	38.69
一、按登记注册类型分组:						
内资企业	20.88	5.69	3.23	4.78	22.16	39.50
国有企业	-0.05	0.11	0.12	0.09	-3.56	42.40
中央企业						
地方企业	-0.05	0.11	0.12	0.09	-3.56	42.40
有限责任公司	2.58	0.85	1.21	0.70	36.14	47.67
国有独资公司						
其他有限责任公司	2.58	0.85	1.21	0.70	36.14	47.67
股份有限公司	1.28	0.36	0.06	0.35	72.88	37.17
私营企业	17.07	4.37	1.84	3.64	20.34	38.79
私营有限责任公司	17.03	4.35	1.83	3.62	20.37	38.63
私营股份有限公司	0.04	0.02	0.01	0.02	14.01	85.85
其他企业						
港、澳、台商投资企业	1.68	0.28	0.10	0.27	54.94	17.25
港澳台商独资经营企业	1.68	0.28	0.10	0.27	54.94	17.25
外商投资企业	0.43	0.18	0.12	0.17	61.69	21.87
中外合资经营企业	0.43	0.18	0.12	0.17	61.69	21.87
二、按经济组织类型分组						
独资企业	1.62	0.40	0.22	0.35	35.87	25.45
国有企业	-0.05	0.11	0.12	0.09	-3.56	42.40
港澳台商独资经营企业	1.68	0.28	0.10	0.27	54.94	17.25
股份有限公司	1.32	0.38	0.07	0.37	64.59	44.03
股份有限公司(内资)	1.28	0.36	0.06	0.35	72.88	37.17
私营股份有限公司	0.04	0.02	0.01	0.02	14.01	85.85
有限责任公司	20.04	5.38	3.15	4.49	21.93	39.22
国有独资公司						
私营有限责任公司	17.03	4.35	1.83	3.62	20.37	38.63
合资经营企业(港或澳、台资)						
中外合资经营企业	0.43	0.18	0.12	0.17	61.69	21.87
其他有限责任公司	2.58	0.85	1.21	0.70	36.14	47.67
三、在总计中:亏损企业	-0.05	0.11	0.13	0.09	-3.08	46.67
在总计中:国有控股企业	-0.05	0.11	0.12	0.09	-3.56	42.40

7-27 续表 8

分组	流动资产周转率（次/年）	成本费用利润率（%）	产品销售率（%）	从业人员平均人数	从业人员期末人数	平均用工人数
总计	3.17	11.91	98.32	0.90	0.98	0.93
一、按登记注册类型分组:						
内资企业	3.04	11.65	98.18	0.82	0.89	0.85
国有企业	0.74	-22.83	108.68	0.02	0.02	0.02
中央企业						
地方企业	0.74	-22.83	108.68	0.02	0.02	0.02
有限责任公司	6.08	9.68	98.93	0.23	0.28	0.23
国有独资公司						
其他有限责任公司	6.08	9.68	98.93	0.23	0.28	0.23
股份有限公司	3.92	22.12	100.00	0.01	0.01	0.01
私营企业	2.83	11.79	97.94	0.56	0.58	0.59
私营有限责任公司	2.82	11.88	98.75	0.55	0.57	0.58
私营股份有限公司	10.09	2.16		0.01	0.01	0.01
其他企业						
港、澳、台商投资企业	6.17	15.65	100.00	0.03	0.03	0.03
港澳台商独资经营企业	6.17	15.65	100.00	0.03	0.03	0.03
外商投资企业	6.02	12.56	100.00	0.05	0.05	0.05
中外合资经营企业	6.02	12.56	100.00	0.05	0.05	0.05
二、按经济组织类型分组						
独资企业	4.43	12.80	100.46	0.05	0.05	0.05
国有企业	0.74	-22.83	108.68	0.02	0.02	0.02
港澳台商独资经营企业	6.17	15.65	100.00	0.03	0.03	0.03
股份有限公司	4.36	18.28	83.36	0.02	0.02	0.02
股份有限公司(内资)	3.92	22.12	100.00	0.01	0.01	0.01
私营股份有限公司	10.09	2.16		0.01	0.01	0.01
有限责任公司	3.07	11.58	98.79	0.83	0.90	0.86
国有独资公司						
私营有限责任公司	2.82	11.88	98.75	0.55	0.57	0.58
合资经营企业(港或澳、台资)						
中外合资经营企业	6.02	12.56	100.00	0.05	0.05	0.05
其他有限责任公司	6.08	9.68	98.93	0.23	0.28	0.23
三、在总计中:亏损企业	0.94	-15.99	105.29	0.02	0.02	0.02
在总计中:国有控股企业	0.74	-22.83	108.68	0.02	0.02	0.02

7-27 续表 9

分　组	期末用工人数	主营业务收入利润率（%）	人均主营业务收入（万元/人）	每百元资产实现的主营业务收入(元)	产成品存货周转天数(天)	应收账款平均回收期(天)
总　　计	0.97	10.61	172.34	162.35	8.15	53.25
一、按登记注册类型分组:						
内资企业	0.89	10.40	174.46	155.63	8.04	56.46
国有企业	0.02	-28.14	37.82	38.83	27.95	245.09
中央企业						
地方企业	0.02	-28.14	37.82	38.83	27.95	245.09
有限责任公司	0.28	8.76	85.16	269.96	1.66	18.47
国有独资公司						
其他有限责任公司	0.28	8.76	85.16	269.96	1.66	18.47
股份有限公司	0.01	18.08	361.94	289.49	7.93	41.23
私营企业	0.57	10.52	208.88	144.98	8.97	62.34
私营有限责任公司	0.57	10.59	210.01	144.27	9.05	62.86
私营股份有限公司		2.11	127.37	352.48		0.87
其他企业						
港、澳、台商投资企业	0.03	13.51	298.01	334.60	10.34	12.74
港澳台商独资经营企业	0.03	13.51	298.01	334.60	10.34	12.74
外商投资企业	0.05	11.13	45.68	318.35	5.53	27.64
中外合资经营企业	0.05	11.13	45.68	318.35	5.53	27.64
二、按经济组织类型分组						
独资企业	0.05	11.30	218.23	238.19	11.13	25.08
国有企业	0.02	-28.14	37.82	38.83	27.95	245.09
港澳台商独资经营企业	0.03	13.51	298.01	334.60	10.34	12.74
股份有限公司	0.01	15.42	277.03	298.37	6.38	34.51
股份有限公司(内资)	0.01	18.08	361.94	289.49	7.93	41.23
私营股份有限公司		2.11	127.37	352.48		0.87
有限责任公司	0.90	10.35	166.98	155.57	8.00	56.19
国有独资公司						
私营有限责任公司	0.57	10.59	210.01	144.27	9.05	62.86
合资经营企业(港或澳、台资)						
中外合资经营企业	0.05	11.13	45.68	318.35	5.53	27.64
其他有限责任公司	0.28	8.76	85.16	269.96	1.66	18.47
三、在总计中:亏损企业	0.02	-18.45	48.22	53.88	15.85	163.43
在总计中:国有控股企业	0.02	-28.14	37.82	38.83	27.95	245.09

7–28 井冈山市规模以上工业企业主要经济指标（大类行业）

单位：亿元

行　　业	企业单位数（个）	亏损企业	工业总产值(当年价格)	工业销售产值(当年价格)	年初存货	产成品
总计	23	3	27.80	25.07	1.01	0.53
非金属矿采选业	1		0.45	0.37		
农副食品加工业	1		0.90	0.89	0.23	
食品制造业						
酒、饮料和精制茶制造业	1		0.20	0.23	0.09	
橡胶和塑料制品业	2		2.23	2.07	0.05	0.05
非金属矿物制品业	12	2	15.61	13.28	0.57	0.48
黑色金属冶炼和压延加工业						
有色金属冶炼和压延加工业	1		4.82	4.82		
金属制品业	1		0.63	0.63		
电气机械和器材制造业	1		1.84	1.68		
计算机、通信和其他电子设备制造业	1	1	0.38	0.37	0.07	
电力、热力生产和供应业	1		0.31	0.31		
燃气生产和供应业	1		0.42	0.42		

7–28 续表 1

行　　业	资产总计	流动资产合计	应收账款	存货	产成品	固定资产合计	固定资产原价
总计	13.71	5.47	1.30	1.62	0.98	5.10	6.95
非金属矿采选业	0.07	0.02				0.03	0.03
农副食品加工业	0.65	0.45	0.14	0.27	0.20	0.13	0.10
食品制造业							
酒、饮料和精制茶制造业	0.30	0.21	0.01	0.10	0.05		
橡胶和塑料制品业	0.35	0.22	0.12	0.03	0.03	0.09	0.11
非金属矿物制品业	7.23	2.20	0.35	0.66	0.59	2.67	3.54
黑色金属冶炼和压延加工业							
有色金属冶炼和压延加工业	1.39	0.98	0.38	0.14	0.02	0.05	0.07
金属制品业	0.24	0.20		0.02	0.01	0.02	0.02
电气机械和器材制造业	0.55	0.15	0.05	0.08	0.07	0.39	0.30
计算机、通信和其他电子设备制造业	1.17	0.60	0.21	0.32		0.52	0.65
电力、热力生产和供应业	1.49	0.29	0.02			1.07	1.96
燃气生产和供应业	0.28	0.16	0.04	0.01	0.01	0.12	0.17

7-28 续表 2

行业	资产总计		负债合计			
	累计折旧	本年折旧		流动负债合计	应付账款	非流动负债合计
总计	2.84	1.18	5.92	3.66	0.82	1.03
非金属矿采选业	0.02		0.06	0.06		
农副食品加工业	0.04	0.01	0.33	0.33	0.05	
食品制造业						
酒、饮料和精制茶制造业			0.21			
橡胶和塑料制品业	0.05	0.03	0.22	0.22		
非金属矿物制品业	1.56	0.20	2.32	1.26	0.16	0.27
黑色金属冶炼和压延加工业						
有色金属冶炼和压延加工业	0.02		0.80	0.80	0.25	
金属制品业			0.14	0.14	0.02	
电气机械和器材制造业	0.09		0.24			
计算机、通信和其他电子设备制造业	0.13	0.05	0.73	0.68	0.33	0.05
电力、热力生产和供应业	0.89	0.89	0.75	0.04	0.01	0.71
燃气生产和供应业	0.05		0.13	0.13		

7-28 续表 3

行业	所有者权益合计					营业收入	
		实收资本					主营业务收入
			集体资本	法人资本	个人资本		
总计	7.79	3.18	1.00	1.04	1.14	20.46	19.71
非金属矿采选业	0.02	0.05			0.05	0.42	0.42
农副食品加工业	0.32	0.10		0.10		0.89	0.89
食品制造业							
酒、饮料和精制茶制造业	0.09	0.08		0.08		0.24	0.24
橡胶和塑料制品业	0.13	0.12		0.07	0.05	1.65	1.65
非金属矿物制品业	4.91	1.06	0.40	0.22	0.44	11.09	11.08
黑色金属冶炼和压延加工业							
有色金属冶炼和压延加工业	0.59	0.50			0.50	3.82	3.25
金属制品业	0.10	0.02		0.02		0.39	0.35
电气机械和器材制造业	0.31	0.10			0.10	0.68	0.68
计算机、通信和其他电子设备制造业	0.44	0.50		0.50		0.51	0.38
电力、热力生产和供应业	0.73	0.60	0.60			0.31	0.31
燃气生产和供应业	0.15	0.05		0.05		0.47	0.47

7-28 续表 4

行　　业	营业成本	主营业务成本	营业税金及附加	主营业务税金及附加	其他业务收入	销售费用
总计	18.39	17.75	0.12	0.12	0.74	0.38
非金属矿采选业	0.37	0.37				
农副食品加工业	0.68	0.68				0.08
食品制造业						
酒、饮料和精制茶制造业	0.19	0.19				0.02
橡胶和塑料制品业	1.52	1.52				0.02
非金属矿物制品业	10.16	10.15	0.04	0.04	0.01	0.16
黑色金属冶炼和压延加工业						
有色金属冶炼和压延加工业	3.53	3.05	0.06	0.06	0.57	0.06
金属制品业	0.35	0.35	0.01	0.01	0.04	
电气机械和器材制造业	0.60	0.60				0.02
计算机、通信和其他电子设备制造业	0.50	0.35			0.13	0.01
电力、热力生产和供应业	0.12	0.12				
燃气生产和供应业	0.36	0.36				0.02

7-28 续表 5

行　　业	管理费用	税金	财务费用	利息支出	营业利润	资产减值损失	营业外收入	营业外支出
总计	0.50	0.01	0.17	0.15	0.88	0.01	0.02	0.04
非金属矿采选业					0.04			
农副食品加工业	0.04		0.01		0.07			
食品制造业								
酒、饮料和精制茶制造业	0.02				0.01			
橡胶和塑料制品业	0.01		0.02	0.02	0.08			
非金属矿物制品业	0.22		0.10	0.09	0.41		0.01	
黑色金属冶炼和压延加工业								
有色金属冶炼和压延加工业	0.08				0.09			0.03
金属制品业					0.02			
电气机械和器材制造业	0.02				0.04			
计算机、通信和其他电子设备制造业	0.04				-0.05	0.01	0.01	
电力、热力生产和供应业	0.01		0.04	0.04	0.14			
燃气生产和供应业	0.05				0.03			

7-28 续表 6

行业	利润总额	所得税费用	亏损企业亏损总额	利税总额	应交税金及附加	本年应付职工薪酬	本年应交增值税
总计	0.86	0.06	0.06	1.43	0.65	2.96	0.45
非金属矿采选业	0.04			0.05		0.01	
农副食品加工业	0.07			0.10	0.03	0.03	0.03
食品制造业							
酒、饮料和精制茶制造业	0.01			0.02	0.01	0.01	0.01
橡胶和塑料制品业	0.08			0.09	0.02	0.08	0.01
非金属矿物制品业	0.41		0.03	0.59	0.18	2.67	0.14
黑色金属冶炼和压延加工业							
有色金属冶炼和压延加工业	0.06	0.02		0.29	0.26	0.03	0.18
金属制品业	0.02	0.01		0.08	0.07	0.02	0.05
电气机械和器材制造业	0.04			0.07	0.03	0.01	0.03
计算机、通信和其他电子设备制造业	-0.04		0.04	-0.04		0.07	
电力、热力生产和供应业	0.14	0.03		0.15	0.05	0.01	0.01
燃气生产和供应业	0.03			0.03		0.02	

7-28 续表 7

行业	总资产贡献率（%）	资产负债率（%）	流动资产周转率（次/年）	成本费用利润率（%）	产品销售率（%）	从业人员平均人数	从业人员期末人数
总计	11.53	43.18	3.74	4.41	90.18	0.74	0.75
非金属矿采选业	62.81	76.41	21.75	11.71	82.60		
农副食品加工业	14.87	50.58	1.98	8.21	98.86	0.01	0.01
食品制造业							
酒、饮料和精制茶制造业	5.73	68.68	1.18	4.08	114.53	0.01	0.01
橡胶和塑料制品业	32.20	63.65	7.62	5.13	92.80	0.02	0.02
非金属矿物制品业	9.38	32.07	5.04	3.85	85.04	0.65	0.65
黑色金属冶炼和压延加工业							
有色金属冶炼和压延加工业	20.96	57.67	3.88	1.53	100.00	0.01	0.01
金属制品业	34.10	57.91	1.99	5.44	100.00	0.01	0.01
电气机械和器材制造业	13.59	43.36	4.60	6.36	91.08	0.01	0.01
计算机、通信和其他电子设备制造业	-3.10	62.55	0.86	-6.62	96.84	0.02	0.02
电力、热力生产和供应业	12.68	50.65	1.07	79.30	100.00	0.01	0.01
燃气生产和供应业	11.11	46.25	2.87	6.89	100.00		

7-28 续表 8

行　　业	平均用工人数	期末用工人数	主营业务收入利润率（%）	人均主营业务收入（万元/人）	每百元资产实现的主营业务收入(元)	产成品存货周转天数(天)	应收账款平均回收期(天)
总计	0.79	0.78	4.35	24.84	143.75	19.80	23.77
非金属矿采选业			10.46	87.04	568.05	0.44	0.52
农副食品加工业	0.01	0.01	7.58	100.58	136.15	103.46	55.66
食品制造业							
酒、饮料和精制茶制造业	0.01	0.01	3.90	36.85	81.00	94.08	13.62
橡胶和塑料制品业	0.02	0.02	4.87	78.65	476.59	6.83	25.36
非金属矿物制品业	0.70	0.69	3.69	15.87	153.17	20.91	11.27
黑色金属冶炼和压延加工业							
有色金属冶炼和压延加工业	0.01	0.01	1.73	360.83	233.45	2.69	42.53
金属制品业	0.01	0.01	5.55	50.03	144.43	7.75	2.88
电气机械和器材制造业	0.01	0.01	5.95	60.18	124.40	43.55	24.78
计算机、通信和其他电子设备制造业	0.02	0.02	-9.40	17.65	32.96		192.26
电力、热力生产和供应业			44.17	104.49	21.10		19.78
燃气生产和供应业			6.44	178.92	166.14	7.46	27.88

7-29 井冈山市规模以上工业企业主要经济指标（综合分组）

单位：亿元

分　　组	企业单位数（个）	亏损企业	工业总产值(当年价格)	工业销售产值(当年价格)	年初存货	产成品
总　　计	23	3	27.80	25.07	1.01	0.53
一、按登记注册类型分组:						
内资企业	22	3	27.02	24.29	1.00	0.52
有限责任公司	6		5.36	5.10	0.28	0.26
国有独资公司						
其他有限责任公司	6		5.36	5.10	0.28	0.26
股份有限公司	1	1	0.28	0.28	0.03	0.02
私营企业	15	2	21.39	18.91	0.69	0.24
私营有限责任公司	11	2	13.15	12.49	0.61	0.17
私营股份有限公司	4		8.24	6.43	0.08	0.06
其他企业						
港、澳、台商投资企业	1		0.78	0.78	0.01	0.01
合资经营企业(港或澳、台资)	1		0.78	0.78	0.01	0.01
股份有限公司	5	1	8.51	6.71	0.11	0.09
股份有限公司(内资)	1	1	0.28	0.28	0.03	0.02
私营股份有限公司	4		8.24	6.43	0.08	0.06
有限责任公司	18	2	19.29	18.36	0.90	0.44
国有独资公司						
私营有限责任公司	11	2	13.15	12.49	0.61	0.17
合资经营企业(港或澳、台资)	1		0.78	0.78	0.01	0.01
中外合资经营企业						
其他有限责任公司	6		5.36	5.10	0.28	0.26
三、在总计中:亏损企业	3	3	0.89	0.87	0.18	0.08

7–29 续表 1

分　　组	资产总计	流动资产合计	流动资产合计			固定资产合计	固定资产原价
			应收账款	存货			
					产成品		
总　　计	13.71	5.47	1.30	1.62	0.98	5.10	6.95
一、按登记注册类型分组:							
内资企业	13.57	5.35	1.25	1.61	0.97	5.08	6.92
有限责任公司	4.06	1.27	0.16	0.30	0.29	2.45	3.49
国有独资公司							
其他有限责任公司	4.06	1.27	0.16	0.30	0.29	2.45	3.49
股份有限公司	0.27	0.04	0.01	0.02	0.01	0.20	0.20
私营企业	9.24	4.03	1.09	1.29	0.68	2.43	3.23
私营有限责任公司	6.61	3.12	1.01	1.11	0.53	1.85	2.35
私营股份有限公司	2.63	0.91	0.07	0.19	0.15	0.59	0.88
其他企业							
港、澳、台商投资企业	0.14	0.12	0.05	0.01		0.02	0.04
合资经营企业(港或澳、台资)	0.14	0.12	0.05	0.01		0.02	0.04
股份有限公司	2.91	0.96	0.09	0.21	0.15	0.79	1.08
股份有限公司(内资)	0.27	0.04	0.01	0.02	0.01	0.20	0.20
私营股份有限公司	2.63	0.91	0.07	0.19	0.15	0.59	0.88
有限责任公司	10.81	4.51	1.22	1.41	0.82	4.31	5.87
国有独资公司							
私营有限责任公司	6.61	3.12	1.01	1.11	0.53	1.85	2.35
合资经营企业(港或澳、台资)	0.14	0.12	0.05	0.01		0.02	0.04
中外合资经营企业							
其他有限责任公司	4.06	1.27	0.16	0.30	0.29	2.45	3.49
三、在总计中:亏损企业	1.64	0.72	0.24	0.40	0.07	0.79	0.92

7–28 续表 2

分　　组	资产总计		负债合计	流动负债合计		非流动负债合计
	累计折旧				应付账款	
		本年折旧				
总　　计	2.84	1.18	5.92	3.66	0.82	1.03
一、按登记注册类型分组:						
内资企业	2.82	1.16	5.85	3.59	0.82	1.03
有限责任公司	1.28	0.95	2.05	1.22	0.08	0.83
国有独资公司						
其他有限责任公司	1.28	0.95	2.05	1.22	0.08	0.83
股份有限公司			0.10	0.02	0.02	0.08
私营企业	1.54	0.20	3.69	2.35	0.72	0.12
私营有限责任公司	1.00	0.14	3.11	2.21	0.70	0.12
私营股份有限公司	0.54	0.06	0.59	0.14	0.02	
其他企业						
港、澳、台商投资企业	0.02	0.02	0.08	0.07		
合资经营企业(港或澳、台资)	0.02	0.02	0.08	0.07		
股份有限公司	0.54	0.06	0.69	0.16	0.04	0.08
股份有限公司(内资)			0.10	0.02	0.02	0.08
私营股份有限公司	0.54	0.06	0.59	0.14	0.02	
有限责任公司	2.30	1.12	5.23	3.50	0.78	0.95
国有独资公司						
私营有限责任公司	1.00	0.14	3.11	2.21	0.70	0.12
合资经营企业(港或澳、台资)	0.02	0.02	0.08	0.07		
中外合资经营企业						
其他有限责任公司	1.28	0.95	2.05	1.22	0.08	0.83
三、在总计中:亏损企业	0.14	0.06	0.93	0.73	0.35	0.20

7-29 续表 3

分　　组	所有者权益合计	实收资本	集体资本	法人资本	个人资本	营业收入	主营业务收入
总　　计	7.79	3.18	1.00	1.04	1.14	20.46	19.71
一、按登记注册类型分组:							
内资企业	7.72	3.11	1.00	0.97	1.14	19.68	18.94
有限责任公司	2.01	1.29	1.00	0.05	0.24	5.14	5.14
国有独资公司							
其他有限责任公司	2.01	1.29	1.00	0.05	0.24	5.14	5.14
股份有限公司	0.17	0.09			0.09	0.28	0.28
私营企业	5.54	1.73		0.92	0.81	14.26	13.52
私营有限责任公司	3.50	1.71		0.90	0.81	9.88	9.17
私营股份有限公司	2.04	0.02		0.02		4.38	4.34
其他企业							
港、澳、台商投资企业	0.07	0.07		0.07		0.78	0.78
合资经营企业(港或澳、台资)	0.07	0.07		0.07		0.78	0.78
股份有限公司	2.22	0.10		0.02	0.09	4.66	4.62
股份有限公司(内资)	0.17	0.09			0.09	0.28	0.28
私营股份有限公司	2.04	0.02		0.02		4.38	4.34
有限责任公司	5.57	3.08	1.00	1.02	1.05	15.79	15.09
国有独资公司							
私营有限责任公司	3.50	1.71		0.90	0.81	9.88	9.17
合资经营企业(港或澳、台资)	0.07	0.07		0.07		0.78	0.78
中外合资经营企业							
其他有限责任公司	2.01	1.29	1.00	0.05	0.24	5.14	5.14
三、在总计中:亏损企业	0.71	0.69		0.50	0.19	1.00	0.87

7-28 续表 4

分　　组	营业成本	主营业务成本	营业税金及附加	主营业务税金及附加	其他业务收入	销售费用	管理费用
总　　计	18.39	17.75	0.12	0.12	0.74	0.38	0.50
一、按登记注册类型分组:							
内资企业	17.65	17.01	0.12	0.12	0.74	0.38	0.50
有限责任公司	4.47	4.47	0.02	0.02		0.06	0.15
国有独资公司							
其他有限责任公司	4.47	4.47	0.02	0.02		0.06	0.15
股份有限公司	0.24	0.24					0.01
私营企业	12.93	12.30	0.11	0.11	0.74	0.31	0.33
私营有限责任公司	8.92	8.29	0.09	0.09	0.70	0.23	0.26
私营股份有限公司	4.01	4.01	0.02	0.02	0.04	0.08	0.08
其他企业							
港、澳、台商投资企业	0.74	0.74					
合资经营企业(港或澳、台资)	0.74	0.74					
股份有限公司	4.25	4.25	0.02	0.02	0.04	0.08	0.09
股份有限公司(内资)	0.24	0.24					0.01
私营股份有限公司	4.01	4.01	0.02	0.02	0.04	0.08	0.08
有限责任公司	14.13	13.50	0.10	0.10	0.70	0.30	0.41
国有独资公司							
私营有限责任公司	8.92	8.29	0.09	0.09	0.70	0.23	0.26
合资经营企业(港或澳、台资)	0.74	0.74					
中外合资经营企业							
其他有限责任公司	4.47	4.47	0.02	0.02		0.06	0.15
三、在总计中:亏损企业	0.96	0.80			0.14	0.02	0.06

7-29 续表 5

分　　组	税金	财务费用	利息支出	营业利润	资产减值损失	营业外收入	营业外支出
总　　计	0.01	0.17	0.15	0.88	0.01	0.02	0.04
一、按登记注册类型分组:							
内资企业		0.17	0.14	0.86	0.01	0.02	0.04
有限责任公司		0.09	0.09	0.34		0.01	
国有独资公司							
其他有限责任公司		0.09	0.09	0.34		0.01	
股份有限公司		0.03	0.03	−0.01			
私营企业		0.04	0.03	0.53	0.01	0.01	0.04
私营有限责任公司		0.04	0.03	0.33	0.01	0.01	0.03
私营股份有限公司				0.19			
其他企业							
港、澳、台商投资企业		0.01	0.01	0.02			
合资经营企业(港或澳、台资)		0.01	0.01	0.02			
股份有限公司		0.03	0.03	0.18			
股份有限公司(内资)		0.03	0.03	−0.01			
私营股份有限公司				0.19			
有限责任公司	0.01	0.14	0.12	0.69	0.01	0.02	0.03
国有独资公司							
私营有限责任公司		0.04	0.03	0.33	0.01	0.01	0.03
合资经营企业(港或澳、台资)		0.01	0.01	0.02			
中外合资经营企业							
其他有限责任公司		0.09	0.09	0.34		0.01	
三、在总计中:亏损企业		0.03	0.03	−0.07	0.01	0.01	

7-28 续表 6

分　　组	利润总额	所得税费用	亏损企业亏损总额	利税总额	应交税金及附加	本年应付职工薪酬	本年应交增值税
总　　计	0.86	0.06	0.06	1.43	0.65	2.96	0.45
一、按登记注册类型分组:							
内资企业	0.84	0.06	0.06	1.40	0.64	2.90	0.45
有限责任公司	0.35	0.03		0.40	0.09	0.50	0.04
国有独资公司							
其他有限责任公司	0.35	0.03		0.40	0.09	0.50	0.04
股份有限公司	−0.01		0.01	−0.01		0.04	
私营企业	0.50	0.03	0.05	1.01	0.54	2.36	0.41
私营有限责任公司	0.31	0.02	0.05	0.68	0.39	0.64	0.28
私营股份有限公司	0.19	0.01		0.33	0.15	1.72	0.12
其他企业							
港、澳、台商投资企业	0.02			0.03	0.01	0.06	0.01
合资经营企业(港或澳、台资)	0.02			0.03	0.01	0.06	0.01
股份有限公司	0.18	0.01	0.01	0.32	0.15	1.76	0.12
股份有限公司(内资)	−0.01		0.01	−0.01		0.04	
私营股份有限公司	0.19	0.01		0.33	0.15	1.72	0.12
有限责任公司	0.68	0.06	0.05	1.11	0.49	1.20	0.33
国有独资公司							
私营有限责任公司	0.31	0.02	0.05	0.68	0.39	0.64	0.28
合资经营企业(港或澳、台资)	0.02			0.03	0.01	0.06	0.01
中外合资经营企业							
其他有限责任公司	0.35	0.03		0.40	0.09	0.50	0.04
三、在总计中:亏损企业	−0.06		0.06	−0.06		0.20	

7-29 续表 7

分　　组	总资产贡献率（%）	资产负债率（%）	流动资产周转率（次/年）	成本费用利润率（%）	产品销售率（%）	从业人员平均人数	从业人员期末人数
总　　计	11.53	43.18	3.74	4.41	90.18	0.74	0.75
一、按登记注册类型分组:							
内资企业	11.40	43.09	3.68	4.47	89.89	0.73	0.73
有限责任公司	12.00	50.57	4.03	7.24	95.08	0.20	0.20
国有独资公司							
其他有限责任公司	12.00	50.57	4.03	7.24	95.08	0.20	0.20
股份有限公司	5.50	36.70	6.60	-4.44	102.51	0.01	0.01
私营企业	11.31	39.99	3.54	3.70	88.43	0.52	0.52
私营有限责任公司	10.75	47.01	3.17	3.29	94.94	0.21	0.21
私营股份有限公司	12.73	22.37	4.80	4.61	78.03	0.30	0.30
其他企业							
港、澳、台商投资企业	24.08	52.54	6.67	2.94	100.00	0.02	0.02
合资经营企业(港或澳、台资)	24.08	52.54	6.67	2.94	100.00	0.02	0.02
股份有限公司	12.05	23.73	4.88	4.02	78.83	0.32	0.32
股份有限公司(内资)	5.50	36.70	6.60	-4.44	102.51	0.01	0.01
私营股份有限公司	12.73	22.37	4.80	4.61	78.03	0.30	0.30
有限责任公司	11.39	48.42	3.50	4.53	95.18	0.43	0.43
国有独资公司							
私营有限责任公司	10.75	47.01	3.17	3.29	94.94	0.21	0.21
合资经营企业(港或澳、台资)	24.08	52.54	6.67	2.94	100.00	0.02	0.02
中外合资经营企业							
其他有限责任公司	12.00	50.57	4.03	7.24	95.08	0.20	0.20
三、在总计中:亏损企业	-2.03	56.70	1.40	-5.82	97.17	0.07	0.07

7-28 续表 8

分　　组	平均用工人数	期末用工人数	主营业务收入利润率（%）	人均主营业务收入（万元/人）	每百元资产实现的主营业务收入(元)	产成品存货周转天数(天)	应收账款平均回收期(天)
总　　计	0.79	0.78	4.35	24.84	143.75	19.80	23.77
一、按登记注册类型分组:							
内资企业	0.78	0.77	4.42	24.32	139.53	20.58	23.85
有限责任公司	0.17	0.17	6.73	30.23	126.60	23.38	10.93
国有独资公司							
其他有限责任公司	0.17	0.17	6.73	30.23	126.60	23.38	10.93
股份有限公司	0.01	0.01	-4.61	20.51	103.07	8.58	17.06
私营企业	0.59	0.58	3.72	22.72	146.29	19.80	28.91
私营有限责任公司	0.21	0.20	3.39	43.92	138.86	22.91	39.72
私营股份有限公司	0.39	0.38	4.43	11.25	164.92	13.39	6.06
其他企业							
港、澳、台商投资企业	0.02	0.02	2.86	51.95	542.41	1.74	21.70
合资经营企业(港或澳、台资)	0.02	0.02	2.86	51.95	542.41	1.74	21.70
股份有限公司	0.40	0.39	3.87	11.57	159.08	13.12	6.73
股份有限公司(内资)	0.01	0.01	-4.61	20.51	103.07	8.58	17.06
私营股份有限公司	0.39	0.38	4.43	11.25	164.92	13.39	6.06
有限责任公司	0.39	0.39	4.50	38.32	139.62	21.90	28.99
国有独资公司							
私营有限责任公司	0.21	0.20	3.39	43.92	138.86	22.91	39.72
合资经营企业(港或澳、台资)	0.02	0.02	2.86	51.95	542.41	1.74	21.70
中外合资经营企业							
其他有限责任公司	0.17	0.17	6.73	30.23	126.60	23.38	10.93
三、在总计中:亏损企业	0.07	0.07	-7.13	12.12	52.85	29.65	99.12

7-30 井冈山经开区规模以上工业企业主要经济指标（大类行业）

单位：亿元

行　　业	企业单位数（个）	亏损企业	工业总产值(当年价格)	工业销售产值(当年价格)	出口交货值	年初存货	产成品
总计	100	1	522.54	505.78	17.16	4.71	4.27
农副食品加工业	1	1	0.78	0.77		0.06	0.01
食品制造业	2		11.05	10.50		0.24	0.24
酒、饮料和精制茶制造业							
烟草制品业							
纺织业	4		7.52	7.47		0.09	0.09
纺织服装、服饰业	4		49.10	48.77	1.53	0.20	0.18
皮革、毛皮、羽毛及其制品和制鞋业	1		0.22	0.22			
木材加工和木、竹、藤、棕、草制品业	1		18.74	17.98		0.32	0.32
家具制造业							
造纸和纸制品业	2		6.21	6.07		0.03	0.03
印刷和记录媒介复制业	3		12.36	11.88		0.10	0.10
文教、工美、体育和娱乐用品制造业	1		13.04	12.87		0.02	0.02
石油加工、炼焦和核燃料加工业							
化学原料和化学制品制造业	6		57.86	55.83		0.28	0.27
医药制造业	10		52.23	50.63		0.36	0.33
化学纤维制造业							
橡胶和塑料制品业	6		6.95	6.92	2.02	0.29	0.10
非金属矿物制品业	4		12.92	12.67		0.09	0.09
黑色金属冶炼和压延加工业	1		14.59	14.25		0.02	0.02
有色金属冶炼和压延加工业	4		20.92	20.02		0.14	0.14
金属制品业	4		11.90	11.71		0.08	0.08
通用设备制造业	4		14.27	13.33		0.13	0.13
专用设备制造业	5		11.96	9.93		0.08	0.08
汽车制造业	2		11.50	11.15		0.07	0.07
铁路、船舶、航空航天和其他运输设备制造业							
电气机械和器材制造业	10		37.05	35.35	1.61	0.60	0.51
计算机、通信和其他电子设备制造业	23		146.24	142.71	12.00	1.42	1.41
废弃资源综合利用业	1		4.92	4.55		0.03	0.03
金属制品、机械和设备修理业							
电力、热力生产和供应业	1		0.21	0.21		0.06	

7-30 续表 1

行　　业	资产总计	流动资产合计				固定资产合计	固定资产原价
		流动资产合计	应收账款	存货	产成品		
总计	255.46	65.85	14.83	8.58	8.02	106.09	141.71
农副食品加工业	0.68	0.32	0.08	0.16	0.02	0.36	
食品制造业	20.48	2.25	0.39	0.36	0.33	11.06	16.95
酒、饮料和精制茶制造业							
烟草制品业							
纺织业	8.11	1.83	0.46	0.15	0.15	3.75	3.83
纺织服装、服饰业	11.35	3.17	0.26	0.23	0.23	4.58	6.19
皮革、毛皮、羽毛及其制品和制鞋业	0.24	0.11				0.13	0.16
木材加工和木、竹、藤、棕、草制品业	20.37	2.98	0.19	0.43	0.43	9.31	13.85
家具制造业							
造纸和纸制品业	1.39	0.49	0.05	0.05	0.05	0.11	1.27
印刷和记录媒介复制业	6.90	2.38	0.13	0.18	0.18	1.75	2.42
文教、工美、体育和娱乐用品制造业	2.00	0.67	0.04	0.04	0.04	0.99	1.85
石油加工、炼焦和核燃料加工业							
化学原料和化学制品制造业	22.37	4.64	0.59	0.41	0.40	10.31	11.11
医药制造业	18.62	4.32	0.40	0.41	0.41	7.95	11.26
化学纤维制造业							
橡胶和塑料制品业	8.27	3.56	1.33	0.45	0.23	2.63	3.75
非金属矿物制品业	3.66	0.66	0.12	0.12	0.12	1.31	1.68
黑色金属冶炼和压延加工业	6.65	2.75	0.29	0.37	0.37	2.46	3.99
有色金属冶炼和压延加工业	11.77	4.62	2.16	0.69	0.69	0.76	0.75
金属制品业	5.98	1.66	0.16	0.14	0.14	2.53	3.21
通用设备制造业	6.91	1.72	0.15	0.18	0.18	0.38	3.74
专用设备制造业	5.93	2.53	0.39	0.24	0.24	2.73	2.77
汽车制造业	3.79	0.87	0.16	0.12	0.12	1.47	2.59
铁路、船舶、航空航天和其他运输设备制造业							
电气机械和器材制造业	17.13	4.08	1.06	1.05	0.95	5.11	5.73
计算机、通信和其他电子设备制造业	66.64	18.58	6.36	2.71	2.70	33.04	41.01
废弃资源综合利用业	2.25	0.59	0.05	0.05	0.05	0.99	0.90
金属制品、机械和设备修理业							
电力、热力生产和供应业	3.95	1.06	0.04	0.05		2.39	2.69

7-30 续表 2

行　　业	资产总计		负债合计			
	累计折旧	本年折旧		流动负债合计	应付账款	非流动负债合计
总计	63.37	15.69	80.12	15.45	4.66	10.74
农副食品加工业			0.18	0.18	0.13	
食品制造业	8.69	1.75	4.18	2.03	0.16	2.15
酒、饮料和精制茶制造业						
烟草制品业						
纺织业	2.25	0.48	2.86	1.00	0.09	0.45
纺织服装、服饰业	3.55	0.81	2.98	0.35	0.08	0.53
皮革、毛皮、羽毛及其制品和制鞋业	0.05	0.01	0.11	0.07		0.04
木材加工和木、竹、藤、棕、草制品业	4.55	1.39	5.27			
家具制造业						
造纸和纸制品业	0.53	0.17	0.44			
印刷和记录媒介复制业	0.86	0.32	1.71			
文教、工美、体育和娱乐用品制造业	1.01	0.23	0.60	0.29	0.13	0.16
石油加工、炼焦和核燃料加工业						
化学原料和化学制品制造业	6.74	1.20	6.93	3.18	0.27	2.85
医药制造业	5.89	1.09	5.42	0.65	0.11	0.47
化学纤维制造业						
橡胶和塑料制品业	1.81	0.64	3.36	1.50	0.74	1.18
非金属矿物制品业	0.64	0.18	1.62	0.34		
黑色金属冶炼和压延加工业	2.26	0.47	3.01			
有色金属冶炼和压延加工业	0.06	0.03	5.41			
金属制品业	1.27	0.29	1.32			
通用设备制造业	2.04	0.60	1.06	0.26	0.02	
专用设备制造业	0.41	0.11	1.36			
汽车制造业	0.95	0.20	0.65			
铁路、船舶、航空航天和其他运输设备制造业						
电气机械和器材制造业	1.27	0.54	5.91	0.59	0.28	0.08
计算机、通信和其他电子设备制造业	18.12	5.04	21.87	3.71	2.23	1.98
废弃资源综合利用业	0.12	0.03	0.51			
金属制品、机械和设备修理业						
电力、热力生产和供应业	0.30	0.09	3.35	1.30	0.43	0.85

7-30 续表 3

行　　业	所有者权益合计	实收资本	集体资本	法人资本	个人资本	港澳台资本	外商资本
总计	175.34	44.68	0.23	25.12	9.17	9.70	0.46
农副食品加工业	0.50	0.50		0.50			
食品制造业	16.31	1.81		1.81			
酒、饮料和精制茶制造业							
烟草制品业							
纺织业	5.25	0.90		0.45	0.45		
纺织服装、服饰业	8.38	0.58				0.58	
皮革、毛皮、羽毛及其制品和制鞋业	0.13	0.15			0.15		
木材加工和木、竹、藤、棕、草制品业	15.10						
家具制造业							
造纸和纸制品业	0.95	0.52		0.52			
印刷和记录媒介复制业	5.18	0.73		0.63	0.10		
文教、工美、体育和娱乐用品制造业	1.40	0.33			0.33		
石油加工、炼焦和核燃料加工业							
化学原料和化学制品制造业	15.44	3.57		3.19	0.38		
医药制造业	13.20	3.73		3.27	0.44		0.02
化学纤维制造业							
橡胶和塑料制品业	4.91	1.54		0.33	0.77		0.44
非金属矿物制品业	2.04	1.22		1.22			
黑色金属冶炼和压延加工业	3.64						
有色金属冶炼和压延加工业	6.36	1.12		1.12			
金属制品业	4.66	1.97		1.68	0.29		
通用设备制造业	5.85	1.30		1.05	0.25		
专用设备制造业	4.57	1.09		0.77	0.32		
汽车制造业	3.14	1.10			0.65	0.45	
铁路、船舶、航空航天和其他运输设备制造业							
电气机械和器材制造业	11.22	3.18	0.23	2.03		0.92	
计算机、通信和其他电子设备制造业	44.77	18.68		5.86	5.07	7.76	
废弃资源综合利用业	1.74	0.09		0.09			
金属制品、机械和设备修理业							
电力、热力生产和供应业	0.60	0.60		0.60			

7–30 续表 4

行　　业	营业收入	主营业务收入	营业成本	主营业务成本	营业税金及附加	主营业务税金及附加	其他业务收入
总计	547.97	547.96	482.97	482.96	4.48	4.48	0.01
农副食品加工业	1.85	1.85	1.62	1.62			
食品制造业	11.13	11.13	8.07	8.07	0.18	0.18	
酒、饮料和精制茶制造业							
烟草制品业							
纺织业	8.35	8.35	7.26	7.26	0.18	0.18	
纺织服装、服饰业	49.33	49.33	42.53	42.53	0.46	0.46	
皮革、毛皮、羽毛及其制品和制鞋业	0.31	0.31	0.26	0.26			
木材加工和木、竹、藤、棕、草制品业	20.96	20.96	16.03	16.03	0.08	0.08	
家具制造业							
造纸和纸制品业	6.26	6.26	5.66	5.66	0.06	0.06	
印刷和记录媒介复制业	12.45	12.45	11.07	11.07	0.13	0.13	
文教、工美、体育和娱乐用品制造业	13.08	13.08	11.84	11.84	0.09	0.09	
石油加工、炼焦和核燃料加工业							
化学原料和化学制品制造业	58.69	58.69	50.73	50.73	0.28	0.28	
医药制造业	52.64	52.64	47.23	47.23	0.38	0.38	
化学纤维制造业							
橡胶和塑料制品业	7.11	7.11	5.47	5.47	0.14	0.14	
非金属矿物制品业	13.09	13.09	11.59	11.59	0.14	0.14	
黑色金属冶炼和压延加工业	15.59	15.59	12.52	12.52	0.08	0.08	
有色金属冶炼和压延加工业	21.07	21.07	19.25	19.25	0.23	0.23	
金属制品业	12.02	12.02	10.59	10.59	0.24	0.24	
通用设备制造业	17.28	17.28	15.61	15.61	0.10	0.10	
专用设备制造业	12.11	12.11	10.98	10.98	0.13	0.13	
汽车制造业	11.58	11.58	10.37	10.37	0.13	0.13	
铁路、船舶、航空航天和其他运输设备制造业							
电气机械和器材制造业	39.33	39.33	35.07	35.07	0.38	0.38	
计算机、通信和其他电子设备制造业	158.55	158.54	144.45	144.43	1.06	1.06	0.01
废弃资源综合利用业	4.96	4.96	4.60	4.60	0.01	0.01	
金属制品、机械和设备修理业							
电力、热力生产和供应业	0.21	0.21	0.18	0.18			

7-30 续表 5

行业	其他业务利润	销售费用	管理费用		财务费用		
				税金		利息收入	利息支出
总计	0.01	8.28	13.44	0.03	2.59	0.06	2.47
农副食品加工业		0.14	0.09				
食品制造业		0.39	0.61		0.15		0.15
酒、饮料和精制茶制造业							
烟草制品业							
纺织业		0.22	0.22		0.06		0.06
纺织服装、服饰业		0.61	1.57		0.30		0.30
皮革、毛皮、羽毛及其制品和制鞋业		0.02	0.02				
木材加工和木、竹、藤、棕、草制品业		0.59	0.83		0.04		0.04
家具制造业							
造纸和纸制品业		0.06	0.22		0.01		0.01
印刷和记录媒介复制业		0.30	0.26		0.07		0.07
文教、工美、体育和娱乐用品制造业		0.18	0.56		0.10		0.10
石油加工、炼焦和核燃料加工业							
化学原料和化学制品制造业		0.84	0.89		0.31		0.31
医药制造业		1.06	1.12		0.23	0.06	0.17
化学纤维制造业							
橡胶和塑料制品业		0.17	0.47		0.05		0.01
非金属矿物制品业		0.16	0.24		0.08		0.08
黑色金属冶炼和压延加工业		0.18	0.34		0.18		0.18
有色金属冶炼和压延加工业		0.23	0.25		0.11		0.11
金属制品业		0.11	0.17		0.06		0.06
通用设备制造业		0.14	0.34		0.08		0.08
专用设备制造业		0.29	0.24		0.02		0.02
汽车制造业		0.14	0.41		0.06		0.06
铁路、船舶、航空航天和其他运输设备制造业							
电气机械和器材制造业		0.57	1.20	0.01	0.11		0.12
计算机、通信和其他电子设备制造业	0.01	1.85	3.31	0.01	0.54		0.51
废弃资源综合利用业		0.03	0.06		0.02		0.02
金属制品、机械和设备修理业							
电力、热力生产和供应业			0.01				

7-30 续表 6

行　　业	营业利润	资产减值损失	投资收益	营业外收入	政府补助	营业外支出	利润总额
总计	36.24	0.01	0.05	0.09	0.02	0.01	36.32
农副食品加工业							
食品制造业	1.72						1.72
酒、饮料和精制茶制造业							
烟草制品业							
纺织业	0.42						0.42
纺织服装、服饰业	3.86						3.86
皮革、毛皮、羽毛及其制品和制鞋业	0.02						0.02
木材加工和木、竹、藤、棕、草制品业	3.38						3.38
家具制造业							
造纸和纸制品业	0.25						0.25
印刷和记录媒介复制业	0.62						0.62
文教、工美、体育和娱乐用品制造业	0.32						0.32
石油加工、炼焦和核燃料加工业							
化学原料和化学制品制造业	5.64			0.01			5.65
医药制造业	2.62						2.62
化学纤维制造业							
橡胶和塑料制品业	0.82	0.01	0.01	0.06	0.02	0.01	0.87
非金属矿物制品业	0.88						0.88
黑色金属冶炼和压延加工业	2.30						2.30
有色金属冶炼和压延加工业	1.00						1.00
金属制品业	0.86						0.86
通用设备制造业	1.01						1.01
专用设备制造业	0.45						0.45
汽车制造业	0.47						0.47
铁路、船舶、航空航天和其他运输设备制造业							
电气机械和器材制造业	2.03		0.04				2.03
计算机、通信和其他电子设备制造业	7.34						7.34
废弃资源综合利用业	0.25						0.25
金属制品、机械和设备修理业							
电力、热力生产和供应业	0.02			0.01			0.03

7–30 续表 7

行　　业	所得税费用	利税总额	应交税金及附加	本年应付职工薪酬	本年应交增值税	总资产贡献率（%）	资产负债率（%）
总计	0.19	52.70	16.59	14.77	11.90	21.57	31.36
农副食品加工业				0.07		–0.51	26.64
食品制造业		2.24	0.52	0.20	0.33	11.67	20.39
酒、饮料和精制茶制造业							
烟草制品业							
纺织业		0.91	0.49	0.48	0.31	11.89	35.31
纺织服装、服饰业		5.49	1.64	2.29	1.17	51.03	26.20
皮革、毛皮、羽毛及其制品和制鞋业		0.03	0.02	0.06	0.01	13.79	46.23
木材加工和木、竹、藤、棕、草制品业		3.82	0.44	0.45	0.36	18.96	25.87
家具制造业							
造纸和纸制品业		0.47	0.22	0.08	0.15	34.14	31.70
印刷和记录媒介复制业		1.22	0.60	0.30	0.47	18.69	24.85
文教、工美、体育和娱乐用品制造业		0.73	0.42	0.28	0.33	41.61	30.08
石油加工、炼焦和核燃料加工业							
化学原料和化学制品制造业	0.01	6.91	1.27	0.67	0.98	32.24	30.98
医药制造业	0.03	4.85	2.26	0.94	1.86	26.64	29.12
化学纤维制造业							
橡胶和塑料制品业	0.07	1.13	0.32	0.36	0.12	13.73	40.63
非金属矿物制品业		1.34	0.46	0.25	0.32	38.79	44.28
黑色金属冶炼和压延加工业		2.60	0.31	0.19	0.23	41.91	45.27
有色金属冶炼和压延加工业		1.75	0.75	0.45	0.52	15.80	45.97
金属制品业		1.48	0.62	0.27	0.39	25.83	22.11
通用设备制造业		1.57	0.56	0.34	0.46	23.94	15.39
专用设备制造业		0.91	0.46	0.44	0.34	15.70	22.90
汽车制造业		0.90	0.43	0.34	0.30	25.22	17.19
铁路、船舶、航空航天和其他运输设备制造业							
电气机械和器材制造业	0.07	3.24	1.28	2.04	0.82	19.60	34.49
计算机、通信和其他电子设备制造业	0.03	10.69	3.39	4.25	2.29	16.82	32.82
废弃资源综合利用业		0.39	0.14		0.13	18.21	22.71
金属制品、机械和设备修理业							
电力、热力生产和供应业		0.03	0.01	0.01		0.75	84.80

7-30 续表 8

行业	流动资产周转率（次/年）	成本费用利润率（%）	产品销售率（%）	从业人员平均人数	从业人员期末人数	平均用工人数
总计	8.32	7.16	96.79	4.60	4.63	4.14
农副食品加工业	5.71	-0.19	98.65	0.01	0.01	0.01
食品制造业	4.96	18.67	95.01	0.11	0.11	0.05
酒、饮料和精制茶制造业						
烟草制品业						
纺织业	4.57	5.42	99.39	0.12	0.12	0.12
纺织服装、服饰业	15.56	8.56	99.32	0.62	0.61	0.62
皮革、毛皮、羽毛及其制品和制鞋业	2.85	5.69	100.00	0.02	0.02	0.02
木材加工和木、竹、藤、棕、草制品业	7.04	19.32	95.97	0.13	0.14	
家具制造业						
造纸和纸制品业	12.67	4.19	97.82	0.04	0.05	0.04
印刷和记录媒介复制业	5.24	5.30	96.09	0.08	0.07	0.06
文教、工美、体育和娱乐用品制造业	19.57	2.50	98.71	0.09	0.10	0.08
石油加工、炼焦和核燃料加工业						
化学原料和化学制品制造业	12.64	10.70	96.50	0.21	0.21	0.17
医药制造业	12.18	5.27	96.94	0.33	0.32	0.32
化学纤维制造业						
橡胶和塑料制品业	2.00	14.17	99.51	0.11	0.11	0.11
非金属矿物制品业	19.76	7.27	98.04	0.06	0.06	0.06
黑色金属冶炼和压延加工业	5.66	17.38	97.72	0.07	0.08	0.07
有色金属冶炼和压延加工业	4.56	5.04	95.70	0.11	0.11	0.08
金属制品业	7.24	7.87	98.35	0.07	0.07	0.07
通用设备制造业	10.07	6.23	93.38	0.10	0.09	0.10
专用设备制造业	4.78	3.86	83.02	0.13	0.12	0.13
汽车制造业	13.27	4.27	97.01	0.09	0.09	0.07
铁路、船舶、航空航天和其他运输设备制造业						
电气机械和器材制造业	9.64	5.50	95.40	0.63	0.64	0.55
计算机、通信和其他电子设备制造业	8.53	4.89	97.59	1.45	1.48	1.39
废弃资源综合利用业	8.46	5.35	92.34	0.01	0.01	
金属制品、机械和设备修理业						
电力、热力生产和供应业	0.20	14.13	100.00	0.01	0.01	0.01

7-30 续表 9

行　　业	期末用工人数	主营业务收入利润率（%）	人均主营业务收入（万元/人）	每百元资产实现的主营业务收入(元)	产成品存货周转天数(天)	应收账款平均回收期(天)
总计	3.88	6.63	132.47	214.50	5.98	9.75
农副食品加工业		−0.19	169.51	271.37	3.92	15.48
食品制造业	0.11	15.47	230.92	54.34	14.76	12.65
酒、饮料和精制茶制造业						
烟草制品业						
纺织业	0.12	5.03	71.46	102.98	7.42	19.74
纺织服装、服饰业	0.46	7.81	79.52	434.47	1.97	1.93
皮革、毛皮、羽毛及其制品和制鞋业	0.02	5.36	20.99	131.57	4.26	3.90
木材加工和木、竹、藤、棕、草制品业		16.13		102.90	9.71	3.26
家具制造业						
造纸和纸制品业	0.01	3.98	146.18	449.64	3.44	2.60
印刷和记录媒介复制业	0.06	4.98	208.96	180.56	5.77	3.86
文教、工美、体育和娱乐用品制造业	0.08	2.42	154.05	654.40	1.12	1.10
石油加工、炼焦和核燃料加工业						
化学原料和化学制品制造业	0.20	9.62	336.74	262.32	2.83	3.59
医药制造业	0.32	4.97	164.30	282.70	3.10	2.76
化学纤维制造业						
橡胶和塑料制品业	0.08	12.27	64.45	86.01	15.03	67.05
非金属矿物制品业	0.06	6.71	215.98	357.58	3.70	3.24
黑色金属冶炼和压延加工业	0.08	14.73	239.05	234.23	10.51	6.59
有色金属冶炼和压延加工业	0.09	4.75	266.00	178.95	12.95	36.86
金属制品业	0.07	7.15	175.03	201.07	4.82	4.69
通用设备制造业	0.10	5.83	169.12	250.19	4.12	3.18
专用设备制造业	0.08	3.68	90.76	204.23	7.90	11.49
汽车制造业	0.08	4.05	159.24	305.14	4.06	4.82
铁路、船舶、航空航天和其他运输设备制造业						
电气机械和器材制造业	0.52	5.17	71.84	229.65	9.72	9.66
计算机、通信和其他电子设备制造业	1.33	4.63	114.00	237.92	6.	14.44
废弃资源综合利用业	0.01	5.07		220.17	3.67	3.37
金属制品、机械和设备修理业						
电力、热力生产和供应业	0.01	12.66	16.61	5.30		75.67

7-31 井冈山经开区规模以上工业企业主要经济指标（综合分组）

单位：亿元

分　　组	企业单位数（个）	亏损企业	工业总产值(当年价格)	工业销售产值(当年价格)	出口交货值	年初存货	产成品
总　　计	100	1	522.54	505.78	17.16	4.71	4.27
一、按登记注册类型分组:							
内资企业	81	1	338.19	324.25	2.43	3.08	2.82
有限责任公司	7	1	27.69	26.71		0.43	0.38
国有独资公司							
其他有限责任公司	7	1	27.69	26.71		0.43	0.38
股份有限公司	6		13.41	12.93		0.17	0.16
私营企业	68		297.09	284.62	2.43	2.48	2.28
私营有限责任公司	60		288.09	275.93	2.43	2.28	2.14
私营股份有限公司	8		9.00	8.69		0.19	0.14
其他企业							
港、澳、台商投资企业	12		145.88	143.92	14.40	1.10	0.99
合资经营企业(港或澳、台资)	3		28.63	27.87	1.61	0.27	0.18
合作经营企业(港或澳、台资)							
港澳台商独资经营企业	9		117.26	116.05	12.79	0.83	0.81
外商投资企业	7		38.46	37.61	0.33	0.53	0.45
中外合资经营企业	3		20.26	19.52	0.26	0.23	0.23
中外合作经营企业							
外资企业	4		18.20	18.09	0.08	0.30	0.23
二、按经济组织类型分组							
独资企业	13		135.45	134.14	12.86	1.13	1.03
港澳台商独资经营企业	9		117.26	116.05	12.79	0.83	0.81
外资企业	4		18.20	18.09	0.08	0.30	0.23
股份有限公司	14		22.42	21.61		0.36	0.30
股份有限公司(内资)	6		13.41	12.93		0.17	0.16
私营股份有限公司	8		9.00	8.69		0.19	0.14
有限责任公司	73	1	364.67	350.03	4.30	3.21	2.93
国有独资公司							
私营有限责任公司	60		288.09	275.93	2.43	2.28	2.14
合资经营企业(港或澳、台资)	3		28.63	27.87	1.61	0.27	0.18
中外合资经营企业	3		20.26	19.52	0.26	0.23	0.23
其他有限责任公司	7	1	27.69	26.71		0.43	0.38
三、在总计中:亏损企业	1	1	0.78	0.77		0.06	0.01
在总计中:国有控股企业	1		0.53	0.52			

7-31 续表 1

分 组	资产总计	流动资产合计	应收账款	存货	产成品	固定资产合计	固定资产原价
总 计	255.46	65.85	14.83	8.58	8.02	106.09	141.71
一、按登记注册类型分组:							
内资企业	192.55	52.29	11.92	6.53	6.13	74.57	99.56
有限责任公司	28.39	4.41	0.45	0.79	0.64	11.40	14.73
国有独资公司							
其他有限责任公司	28.39	4.41	0.45	0.79	0.64	11.40	14.73
股份有限公司	13.77	6.01	2.68	0.89	0.89	2.37	3.45
私营企业	150.38	41.88	8.79	4.85	4.61	60.81	81.38
私营有限责任公司	137.13	37.05	8.27	4.57	4.39	54.96	75.56
私营股份有限公司	13.25	4.82	0.51	0.28	0.21	5.84	5.82
其他企业							
港、澳、台商投资企业	36.00	7.68	1.56	1.39	1.29	19.93	23.98
合资经营企业(港或澳、台资)	8.65	2.58	0.55	0.39	0.29	4.10	4.43
合作经营企业(港或澳、台资)							
港澳台商独资经营企业	27.35	5.11	1.01	1.00	1.00	15.83	19.55
外商投资企业	26.92	5.87	1.35	0.66	0.59	11.59	18.18
中外合资经营企业	19.10	2.51	0.51	0.35	0.35	9.39	14.14
中外合作经营企业							
外资企业	7.81	3.36	0.84	0.31	0.24	2.20	4.04
二、按经济组织类型分组							
独资企业	35.17	8.47	1.85	1.31	1.24	18.04	23.59
港澳台商独资经营企业	27.35	5.11	1.01	1.00	1.00	15.83	19.55
外资企业	7.81	3.36	0.84	0.31	0.24	2.20	4.04
股份有限公司	27.02	10.83	3.19	1.17	1.10	8.21	9.26
股份有限公司(内资)	13.77	6.01	2.68	0.89	0.89	2.37	3.45
私营股份有限公司	13.25	4.82	0.51	0.28	0.21	5.84	5.82
有限责任公司	193.27	46.55	9.79	6.10	5.67	79.84	108.86
国有独资公司							
私营有限责任公司	137.13	37.05	8.27	4.57	4.39	54.96	75.56
合资经营企业(港或澳、台资)	8.65	2.58	0.55	0.39	0.29	4.10	4.43
中外合资经营企业	19.10	2.51	0.51	0.35	0.35	9.39	14.14
其他有限责任公司	28.39	4.41	0.45	0.79	0.64	11.40	14.73
三、在总计中:亏损企业	0.68	0.32	0.08	0.16	0.02	0.36	
在总计中:国有控股企业	1.10	0.70	0.28	0.10	0.10	0.35	0.80

7-31 续表 2

分　　组	资产总计		负债合计	流动负债合计		非流动负债合计
	累计折旧	本年折旧			应付账款	
总　　计	63.37	15.69	80.12	15.45	4.66	10.74
一、按登记注册类型分组:						
内资企业	40.02	10.52	64.53	11.78	3.43	5.94
有限责任公司	4.81	1.54	6.70	0.18	0.13	
国有独资公司						
其他有限责任公司	4.81	1.54	6.70	0.18	0.13	
股份有限公司	1.57	0.33	6.02	0.11	0.02	
私营企业	33.64	8.65	51.82	11.49	3.28	5.94
私营有限责任公司	32.92	8.46	45.53	9.80	2.85	4.91
私营股份有限公司	0.72	0.19	6.29	1.69	0.43	1.03
其他企业						
港、澳、台商投资企业	13.28	2.98	9.82	2.74	0.73	3.38
合资经营企业(港或澳、台资)	2.88	0.48	3.15	1.08	0.29	1.80
合作经营企业(港或澳、台资)						
港澳台商独资经营企业	10.40	2.49	6.66	1.67	0.44	1.58
外商投资企业	10.08	2.19	5.78	0.93	0.50	1.42
中外合资经营企业	7.95	1.67	2.69	0.56	0.21	1.33
中外合作经营企业						
外资企业	2.13	0.52	3.09	0.37	0.29	0.09
二、按经济组织类型分组						
独资企业	12.53	3.01	9.75	2.04	0.73	1.66
港澳台商独资经营企业	10.40	2.49	6.66	1.67	0.44	1.58
外资企业	2.13	0.52	3.09	0.37	0.29	0.09
股份有限公司	2.29	0.52	12.30	1.80	0.45	1.03
股份有限公司(内资)	1.57	0.33	6.02	0.11	0.02	
私营股份有限公司	0.72	0.19	6.29	1.69	0.43	1.03
有限责任公司	48.55	12.15	58.07	11.61	3.48	8.05
国有独资公司						
私营有限责任公司	32.92	8.46	45.53	9.80	2.85	4.91
合资经营企业(港或澳、台资)	2.88	0.48	3.15	1.08	0.29	1.80
中外合资经营企业	7.95	1.67	2.69	0.56	0.21	1.33
其他有限责任公司	4.81	1.54	6.70	0.18	0.13	
三、在总计中:亏损企业			0.18	0.18	0.13	
在总计中:国有控股企业	0.69	0.01	0.13			

7-31 续表 3

分　　组	所有者权益合计	实收资本					
			集体资本	法人资本	个人资本	港澳台资本	外商资本
总　　计	175.34	44.68	0.23	25.12	9.17	9.70	0.46
一、按登记注册类型分组:							
内资企业	128.02	31.72	0.23	20.26	8.87	2.34	0.02
有限责任公司	21.70	1.29	0.23	1.05			
国有独资公司							
其他有限责任公司	21.70	1.29	0.23	1.05			
股份有限公司	7.75	1.98		1.88	0.10		
私营企业	98.57	28.45		17.32	8.77	2.34	0.02
私营有限责任公司	91.60	24.37		15.38	8.52	0.45	0.02
私营股份有限公司	6.97	4.08		1.94	0.25	1.89	
其他企业							
港、澳、台商投资企业	26.18	9.99		2.47	0.15	7.36	
合资经营企业(港或澳、台资)	5.49	2.11		1.50		0.61	
合作经营企业(港或澳、台资)							
港澳台商独资经营企业	20.69	7.88		0.97	0.15	6.75	
外商投资企业	21.14	2.98		2.39	0.15		0.44
中外合资经营企业	16.41	1.74		1.74			
中外合作经营企业							
外资企业	4.73	1.24		0.65	0.15		0.44
二、按经济组织类型分组							
独资企业	25.42	9.12		1.62	0.30	6.75	0.44
港澳台商独资经营企业	20.69	7.88		0.97	0.15	6.75	
外资企业	4.73	1.24		0.65	0.15		0.44
股份有限公司	14.72	6.06		3.82	0.35	1.89	
股份有限公司(内资)	7.75	1.98		1.88	0.10		
私营股份有限公司	6.97	4.08		1.94	0.25	1.89	
有限责任公司	135.20	29.51	0.23	19.68	8.52	1.06	0.02
国有独资公司							
私营有限责任公司	91.60	24.37		15.38	8.52	0.45	0.02
合资经营企业(港或澳、台资)	5.49	2.11		1.50		0.61	
中外合资经营企业	16.41	1.74		1.74			
其他有限责任公司	21.70	1.29	0.23	1.05			
三、在总计中:亏损企业	0.50	0.50		0.50			
在总计中:国有控股企业	0.97	0.10		0.10			

7-31 续表 4

分组	营业收入	主营业务收入	营业成本	主营业务成本	营业税金及附加	主营业务税金及附加	其他业务收入
总计	547.97	547.96	482.97	482.96	4.48	4.48	0.01
一、按登记注册类型分组:							
内资企业	352.79	352.79	309.86	309.84	3.18	3.18	0.01
有限责任公司	31.13	31.13	25.08	25.08	0.16	0.16	
国有独资公司							
其他有限责任公司	31.13	31.13	25.08	25.08	0.16	0.16	
股份有限公司	14.32	14.32	12.68	12.68	0.15	0.15	
私营企业	307.34	307.33	272.10	272.09	2.87	2.87	0.01
私营有限责任公司	297.54	297.54	263.56	263.56	2.68	2.68	
私营股份有限公司	9.80	9.80	8.55	8.53	0.19	0.19	0.01
其他企业							
港、澳、台商投资企业	156.43	156.43	140.86	140.86	0.97	0.97	
合资经营企业(港或澳、台资)	28.89	28.89	24.76	24.76	0.06	0.06	
合作经营企业(港或澳、台资)							
港澳台商独资经营企业	127.54	127.54	116.10	116.10	0.91	0.91	
外商投资企业	38.74	38.74	32.25	32.25	0.33	0.33	
中外合资经营企业	20.39	20.39	16.73	16.73	0.28	0.28	
中外合作经营企业							
外资企业	18.35	18.35	15.52	15.52	0.05	0.05	
二、按经济组织类型分组							
独资企业	145.89	145.89	131.62	131.62	0.97	0.97	
港澳台商独资经营企业	127.54	127.54	116.10	116.10	0.91	0.91	
外资企业	18.35	18.35	15.52	15.52	0.05	0.05	
股份有限公司	24.12	24.11	21.23	21.21	0.34	0.34	0.01
股份有限公司(内资)	14.32	14.32	12.68	12.68	0.15	0.15	
私营股份有限公司	9.80	9.80	8.55	8.53	0.19	0.19	0.01
有限责任公司	377.95	377.95	330.13	330.13	3.17	3.17	
国有独资公司							
私营有限责任公司	297.54	297.54	263.56	263.56	2.68	2.68	
合资经营企业(港或澳、台资)	28.89	28.89	24.76	24.76	0.06	0.06	
中外合资经营企业	20.39	20.39	16.73	16.73	0.28	0.28	
其他有限责任公司	31.13	31.13	25.08	25.08	0.16	0.16	
三、在总计中:亏损企业	1.85	1.85	1.62	1.62			
在总计中:国有控股企业	0.57	0.57	0.46	0.46	0.01	0.01	

7-31 续表 5

分　组	其他业务利润	销售费用	管理费用		财务费用		
				税金		利息收入	利息支出
总　　计	0.01	8.28	13.44	0.03	2.59	0.06	2.47
一、按登记注册类型分组:							
内资企业	0.01	6.07	8.83	0.02	1.77	0.06	1.63
有限责任公司		0.90	1.08		0.05		0.05
国有独资公司							
其他有限责任公司		0.90	1.08		0.05		0.05
股份有限公司		0.35	0.33		0.08		0.07
私营企业	0.01	4.82	7.42	0.02	1.64	0.06	1.51
私营有限责任公司		4.50	7.17		1.60	0.06	1.47
私营股份有限公司	0.01	0.32	0.25	0.02	0.04		0.04
其他企业							
港、澳、台商投资企业		1.46	3.15	0.01	0.58		0.59
合资经营企业(港或澳、台资)		0.35	0.32	0.01	0.11		0.11
合作经营企业(港或澳、台资)							
港澳台商独资经营企业		1.11	2.82		0.48		0.48
外商投资企业		0.75	1.46		0.24		0.24
中外合资经营企业		0.48	0.79		0.18		0.18
中外合作经营企业							
外资企业		0.26	0.67		0.06		0.07
二、按经济组织类型分组							
独资企业		1.38	3.49		0.54		0.55
港澳台商独资经营企业		1.11	2.82		0.48		0.48
外资企业		0.26	0.67		0.06		0.07
股份有限公司	0.01	0.67	0.58	0.02	0.12		0.11
股份有限公司(内资)		0.35	0.33		0.08		0.07
私营股份有限公司	0.01	0.32	0.25	0.02	0.04		0.04
有限责任公司		6.24	9.37	0.01	1.93	0.06	1.81
国有独资公司							
私营有限责任公司		4.50	7.17		1.60	0.06	1.47
合资经营企业(港或澳、台资)		0.35	0.32	0.01	0.11		0.11
中外合资经营企业		0.48	0.79		0.18		0.18
其他有限责任公司		0.90	1.08		0.05		0.05
三、在总计中:亏损企业		0.14	0.09				
在总计中:国有控股企业		0.03	0.03				

7-31 续表 6

分　　组	营业利润	资产减值损失	投资收益	营业外收入	政府补助	营业外支出	利润总额
总　　计	36.24	0.01	0.05	0.09	0.02	0.01	36.32
一、按登记注册类型分组:							
内资企业	23.08			0.05	0.02	0.01	23.12
有限责任公司	3.87						3.87
国有独资公司							
其他有限责任公司	3.87						3.87
股份有限公司	0.73			0.01			0.74
私营企业	18.48			0.04	0.02	0.01	18.51
私营有限责任公司	18.02			0.03	0.02	0.01	18.04
私营股份有限公司	0.46			0.01			0.47
其他企业							
港、澳、台商投资企业	9.45		0.04				9.45
合资经营企业(港或澳、台资)	3.29						3.29
合作经营企业(港或澳、台资)							
港澳台商独资经营企业	6.16		0.04				6.16
外商投资企业	3.71	0.01	0.01	0.04			3.75
中外合资经营企业	1.93						1.93
中外合作经营企业							
外资企业	1.78	0.01	0.01	0.04			1.82
二、按经济组织类型分组							
独资企业	7.94	0.01	0.05	0.04			7.98
港澳台商独资经营企业	6.16		0.04				6.16
外资企业	1.78	0.01	0.01	0.04			1.82
股份有限公司	1.19			0.02			1.21
股份有限公司(内资)	0.73			0.01			0.74
私营股份有限公司	0.46			0.01			0.47
有限责任公司	27.12			0.03	0.02	0.01	27.14
国有独资公司							
私营有限责任公司	18.02			0.03	0.02	0.01	18.04
合资经营企业(港或澳、台资)	3.29						3.29
中外合资经营企业	1.93						1.93
其他有限责任公司	3.87						3.87
三、在总计中:亏损企业							
在总计中:国有控股企业	0.04						0.04

7-31 续表 7

分　　组	所得税费用	利税总额	应交税金及附加	本年应付职工薪酬	本年应交增值税	总资产贡献率（%）	资产负债率（%）
总　　计	0.19	52.70	16.59	14.77	11.90	21.57	31.36
一、按登记注册类型分组:							
内资企业	0.11	35.21	12.22	9.00	8.91	19.10	33.51
有限责任公司		4.58	0.71	0.91	0.55	16.32	23.58
国有独资公司							
其他有限责任公司		4.58	0.71	0.91	0.55	16.32	23.58
股份有限公司	0.01	1.43	0.69	0.42	0.54	10.89	43.69
私营企业	0.11	29.20	10.81	7.67	7.81	20.38	34.46
私营有限责任公司	0.11	28.18	10.25	7.23	7.46	21.58	33.20
私营股份有限公司		1.02	0.57	0.44	0.36	7.97	47.44
其他企业							
港、澳、台商投资企业	0.01	12.52	3.08	4.66	2.10	36.41	27.27
合资经营企业(港或澳、台资)	0.01	3.79	0.51	0.62	0.44	45.11	36.49
合作经营企业(港或澳、台资)							
港澳台商独资经营企业		8.73	2.57	4.04	1.66	33.67	24.35
外商投资企业	0.07	4.97	1.29	1.11	0.90	19.38	21.48
中外合资经营企业		2.62	0.69	0.43	0.42	14.65	14.10
中外合作经营企业							
外资企业	0.07	2.35	0.60	0.68	0.48	30.96	39.52
二、按经济组织类型分组							
独资企业	0.07	11.08	3.17	4.72	2.14	33.06	27.72
港澳台商独资经营企业		8.73	2.57	4.04	1.66	33.67	24.35
外资企业	0.07	2.35	0.60	0.68	0.48	30.96	39.52
股份有限公司	0.01	2.44	1.26	0.86	0.90	9.45	45.53
股份有限公司(内资)	0.01	1.43	0.69	0.42	0.54	10.89	43.69
私营股份有限公司		1.02	0.57	0.44	0.36	7.97	47.44
有限责任公司	0.12	39.17	12.16	9.19	8.87	21.17	30.05
国有独资公司							
私营有限责任公司	0.11	28.18	10.25	7.23	7.46	21.58	33.20
合资经营企业(港或澳、台资)	0.01	3.79	0.51	0.62	0.44	45.11	36.49
中外合资经营企业		2.62	0.69	0.43	0.42	14.65	14.10
其他有限责任公司		4.58	0.71	0.91	0.55	16.32	23.58
三、在总计中:亏损企业				0.07		-0.51	26.64
在总计中:国有控股企业		0.06	0.03	0.05	0.01	5.74	11.55

7-31 续表 8

分　　组	流动资产周转率（次/年）	成本费用利润率（%）	产品销售率（%）	从业人员平均人数	从业人员期末人数	平均用工人数
总　　计	8.32	7.16	96.79	4.60	4.63	4.14
一、按登记注册类型分组:						
内资企业	6.75	7.08	95.88	2.97	3.00	2.57
有限责任公司	7.06	14.28	96.47	0.28	0.29	0.07
国有独资公司						
其他有限责任公司	7.06	14.28	96.47	0.28	0.29	0.07
股份有限公司	2.38	5.52	96.36	0.13	0.12	0.11
私营企业	7.34	6.47	95.80	2.56	2.58	2.39
私营有限责任公司	8.03	6.52	95.78	2.42	2.44	2.25
私营股份有限公司	2.03	5.11	96.50	0.14	0.14	0.15
其他企业						
港、澳、台商投资企业	20.36	6.47	98.65	1.30	1.30	1.31
合资经营企业(港或澳、台资)	11.22	12.89	97.35	0.22	0.23	0.22
合作经营企业(港或澳、台资)						
港澳台商独资经营企业	24.97	5.11	98.97	1.08	1.08	1.08
外商投资企业	6.60	10.80	97.79	0.33	0.33	0.26
中外合资经营企业	8.11	10.62	96.34	0.13	0.13	0.06
中外合作经营企业						
外资企业	5.46	11.00	99.40	0.20	0.20	0.20
二、按经济组织类型分组						
独资企业	17.23	5.82	99.03	1.28	1.28	1.28
港澳台商独资经营企业	24.97	5.11	98.97	1.08	1.08	1.08
外资企业	5.46	11.00	99.40	0.20	0.20	0.20
股份有限公司	2.23	5.35	96.41	0.28	0.26	0.25
股份有限公司(内资)	2.38	5.52	96.36	0.13	0.12	0.11
私营股份有限公司	2.03	5.11	96.50	0.14	0.14	0.15
有限责任公司	8.12	7.81	95.99	3.04	3.09	2.60
国有独资公司						
私营有限责任公司	8.03	6.52	95.78	2.42	2.44	2.25
合资经营企业(港或澳、台资)	11.22	12.89	97.35	0.22	0.23	0.22
中外合资经营企业	8.11	10.62	96.34	0.13	0.13	0.06
其他有限责任公司	7.06	14.28	96.47	0.28	0.29	0.07
三、在总计中:亏损企业	5.71	-0.19	98.65	0.01	0.01	0.01
在总计中:国有控股企业	0.82	7.24	98.63	0.01	0.02	0.01

7–31 续表 9

分　　组	期末用工人数	主营业务收入利润率（%）	人均主营业务收入（万元/人）	每百元资产实现的主营业务收入(元)	产成品存货周转天数(天)	应收账款平均回收期(天)
总　　计	3.88	6.63	132.47	214.50	5.98	9.75
一、按登记注册类型分组:						
内资企业	2.40	6.55	137.27	183.22	7.13	12.16
有限责任公司	0.04	12.43	461.24	109.65	9.17	5.21
国有独资公司						
其他有限责任公司	0.04	12.43	461.24	109.65	9.17	5.21
股份有限公司	0.10	5.18	131.60	104.00	25.20	67.35
私营企业	2.26	6.02	128.39	204.37	6.10	10.29
私营有限责任公司	2.16	6.06	132.36	216.97	6.00	10.01
私营股份有限公司	0.10	4.78	67.19	73.93	9.05	18.92
其他企业						
港、澳、台商投资企业	1.30	6.04	119.83	434.55	3.30	3.60
合资经营企业(港或澳、台资)	0.22	11.39	129.78	334.17	4.20	6.84
合作经营企业(港或澳、台资)						
港澳台商独资经营企业	1.08	4.83	117.79	466.28	3.11	2.86
外商投资企业	0.18	9.67	148.38	143.93	6.59	12.57
中外合资经营企业	0.13	9.47	340.94	106.74	7.62	9.09
中外合作经营企业						
外资企业	0.06	9.90	91.18	234.85	5.48	16.43
二、按经济组织类型分组						
独资企业	1.13	5.47	113.62	414.85	3.39	4.57
港澳台商独资经营企业	1.08	4.83	117.79	466.28	3.11	2.86
外资企业	0.06	9.90	91.18	234.85	5.48	16.43
股份有限公司	0.20	5.02	94.72	89.25	18.70	47.67
股份有限公司(内资)	0.10	5.18	131.60	104.00	25.20	67.35
私营股份有限公司	0.10	4.78	67.19	73.93	9.05	18.92
有限责任公司	2.54	7.18	145.48	195.55	6.19	9.32
国有独资公司						
私营有限责任公司	2.16	6.06	132.36	216.97	6.00	10.01
合资经营企业(港或澳、台资)	0.22	11.39	129.78	334.17	4.20	6.84
中外合资经营企业	0.13	9.47	340.94	106.74	7.62	9.09
其他有限责任公司	0.04	12.43	461.24	109.65	9.17	5.21
三、在总计中:亏损企业		–0.19	169.51	271.37	3.92	15.48
在总计中:国有控股企业		6.62	41.34	51.93	78.85	176.38

7-32 2016年吉安市各地区工业污染排放及处理利用情况

单位：亿元

县(市、区)	工业废水				工业废气				
	工业用水量（万吨）	工业废水排放量（万吨）	废水治理设施数（套）	废水治理设施处理能力（万吨/日）	工业废气排放量（万立方米）	废气治理设施数（套）	脱硫设施数（套）	废气治理设施处理能力（万立方米/时）	二氧化硫排放量（吨）
吉安市	5972.35	3584.10	297	35.90	868.64	2227	67	2183.42	25081.31
吉州区	230.96	180.54	7	0.31	4.87	52	13	17.17	560.00
青原区	1821.83	380.82	16	2.25	313.62	1530	7	720.80	5082.76
吉安县	985.99	668.34	68	3.48	171.11	155	4	366.57	3489.05
吉水县	459.46	270.12	17	0.77	18.04	99	1	8.66	1689.79
峡江县	471.79	462.75	26	13.16	14.78	42	4	33.53	1093.53
新干县	301.81	217.95	39	2.64	115.71	87	17	467.06	2580.07
永丰县	429.71	330.26	42	2.01	42.06	58	4	180.66	2171.70
泰和县	254.45	190.74	18	2.33	57.18	22		140.36	960.14
遂川县	121.61	101.70	11	0.39	20.95	26	2	56.59	274.35
万安县	147.73	130.21	5	1.18	22.92	28	1	29.16	544.35
安福县	338.11	288.53	17	6.25	42.45	18		102.06	4116.69
永新县	327.43	292.47	16	1.02	31.72	40	13	26.66	1545.11
井冈山市	81.47	69.68	15	0.12	13.23	70	1	34.15	973.77

7-32 续表 1

县(市、区)	工业废气		工业固体废物						
	氮氧化物排放量（吨）	烟（粉）尘排放量（吨）	一般工业固体废物产生量（万吨）	危险废物产生量（吨）	一般工业固体废物综合利用量（万吨）	危险废物综合利用量（吨）	一般工业固体废物贮存量（万吨）	一般工业固体废物处置量（万吨）	一般工业固体废物倾倒丢弃量（万吨）
吉安市	11879.07	15791.07	299.56	1.59	287.39	1.15	6.27	6.08	0.14
吉州区	366.59	182.84	0.44	0.07	0.40	0.07		0.04	
青原区	2692.65	1317.35	81.52	0.02	81.52	0.00	0.00	0.00	
吉安县	954.65	1399.25	72.22	1.05	69.15	0.92	0.00	3.37	0.00
吉水县	417.48	918.85	10.91	0.01	10.88	0.01		0.03	
峡江县	303.03	566.10	9.55	0.06	8.86	0.04		0.66	0.03
新干县	1651.03	1680.94	8.91	0.23	7.02	0.00	0.01	1.82	0.07
永丰县	1589.31	2170.92	10.71		10.62		0.07	0.00	0.02
泰和县	1699.42	1941.67	13.96	0.00	10.86		3.06	0.04	
遂川县	244.80	937.12	0.70	0.13	0.69	0.11			0.02
万安县	248.51	809.91	12.76		12.76				
安福县	1064.42	1510.97	71.87		68.76		3.11		
永新县	346.58	1705.62	2.85	0.01	2.85				
井冈山市	300.61	649.53	3.15	0.00	3.02	0.00	0.01	0.12	0.01

主要统计指标解释

工业　指从事自然资源的开采，对采掘品和农产品进行加工和再加工的物质生产部门。具体包括：(1)对自然资源的开采，如采矿、晒盐等(但不包括禽兽捕猎和水产捕捞)；(2)对农副产品的加工、再加工，如粮油加工、食品加工、缫丝、纺织、制革等；(3)对采掘品的加工、再加工，如炼铁、炼钢、化工生产、石油加工、机器制造、木材加工等，以及电力、自来水、煤气的生产和供应等；(4)对工业品的修理、翻新，如机器设备的修理、交通运输工具(如汽车)的修理等。

工业统计调查单位为独立核算法人工业企业。

独立核算法人工业企业指从事工业生产经营活动的单位。独立核算法人工业企业应同时具备以下条件：①依法成立，有自己的名称、组织机构和场所，能够承担民事责任；②独立拥有和使用资产，承担负债，有权与其他单位签订合同；③独立核算盈亏，并能够编制资产负债表。

本年鉴中涉及的企业登记注册类型：

国有及国有控股企业　指国有企业加上国有控股企业。国有企业(即原全民所有制工业或国营工业)指企业全部资产归国家所有，并按《中华人民共和国企业法人登记管理条例》规定登记注册的非公司制的经济组织。包括国有企业、国有独资公司和国有联营企业。1957 年以前的公私合营和私营工业，后均改造为国营工业，1992 年改为国有工业，这部分工业的资料不单独分列时，均包括在国有企业内。国有控股企业是对混合所有制经济的企业进行的“国有控股”分类。它是指这些企业的全部资产中国有资产(股份)相对其他所有者中的任何一个所有者占资(股)最多的企业。该分组反映了国有经济控股情况。

集体企业　指企业资产归集体所有，并按《中华人民共和国企业法人登记管理条例》规定登记注册的经济组织。是社会主义公有制经济的组成部分。包括城乡所有使用集体投资举办的企业，以及部分个人通过集资自愿放弃所有权并依法经工商行政管理机关认定为集体所有制的企业。

股份合作企业　指以合作制为基础，由企业职工共同出资入股，吸收一定比例的社会资产投资组建，实行自主经营，自负盈亏，共同劳动，民主管理，按劳分配与按股分红相结合的一种集体经济组织。

联营企业　指两个及两个以上相同或不同所有制性质的企业法人或事业单位法人，按自愿、平等、互利的原则，共同投资组成的经济组织。联营企业包括：

国有联营企业指国有企业与国有企业间的联营；

集体联营企业指集体企业与集体企业间的联营；

国有与集体联营企业指国有企业与集体企业间的联营。

有限责任公司　指根据《中华人民共和国公司登记管理条例》规定登记注册，由两个以上，五十个以下的股东共同出资，每个股东以其所认缴的出资额对公司承担有限责任，公司以其全部资产对其债务承担责任的经济组织。

有限责任公司包括国有独资公司以及其他有限责任公司。

股份有限公司　指根据《中华人民共和国企业法人登记管理条例》规定登记注册，其全部注册资本由等额股份构成并通过发行股票筹集资本，股东以其认购的股份对公司承担有限责任，公司以其全部资产对其债务承担责任的经济组织。

私营企业　指由自然人投资设立或由自然人控股，以雇佣劳动为基础的营利性经济组织。包括按照《公司法》、《合伙企业法》、《私营企业暂行条例》规定登记注册的私营有限责任公司、私营股份有限公司、私营合伙企业和私营独资企业。

港、澳、台商投资企业　指企业注册登记类型中的港、澳、台资合资、合作、独资经营企业和股份有限公司之和。

外商投资企业　指国外投资者根据我国有关涉外经济的法律、法规在大陆境内开办的中外合资、合作经营企业、外资企业和外商投资股份有限公司之和。

“三资”企业系指港、澳、台商投资企业和外资企业的简称。

其他企业 指以上八种类型之外的其他经济类型。随着经济体制改革的深化，可能会出现新的经济形式，或遇到不易划清的，可列入其他经济类型。

轻工业 指主要提供生活消费品和制作手工工具的工业。按其所使用的原料不同，可分为两大类：(1)以农产品为原料的轻工业，是指直接或间接以农产品为基本原料的轻工业。主要包括食品制造、饮料制造、烟草加工、纺织、缝纫、皮革和毛皮制作、造纸以及印刷等工业；(2)以非农产品为原料的轻工业，是指以工业品为原料的轻工业。主要包括文教体育用品、化学药品制造、合成纤维制造、日用化学制品、日用玻璃制品、日用金属制品、手工工具制造、医疗器械制造、文化和办公用机械制造等工业。

重工业 指为国民经济各部门提供物质技术基础的主要生产资料的工业。按其生产性质和产品用途，可以分为下列三类：(1)采掘(伐)工业，是指对自然资源的开采，包括石油开采、煤炭开采、金属矿开采、非金属矿开采等工业；(2)原材料工业，指向国民经济各部门提供基本材料、动力和燃料的工业。包括金属冶炼及加工、炼焦及焦炭、化学、化工原料、水泥、人造板以及电力、石油和煤炭加工等工业；(3)加工工业，是指对工业原材料进行再加工制造的工业。包括装备国民经济各部门的机械设备制造工业、金属结构、水泥制品等工业，以及为农业提供的生产资料如化肥、农药等工业。

根据上述划分原则，修理业中以重工业产品为修理作业对象的划为重工业，反之划为轻工业。

工业总产值

(1)定义：

工业总产值是以货币形式表现的，工业企业在一定时期内生产的工业最终产品或提供工业性劳务活动的总价值量。它反映一定时间内工业生产的总规模和总水平。

(2)计算原则：

工业生产的原则，即凡是企业在报告期生产的经检验合格的产品，不管是否在报告期销售，均包括在内。

最终产品的原则，即凡是计入工业总产值的产品，必须是本企业生产的经检验合格的，不需要再进行任何加工的最终产品。如果企业有中间产品(半成品)对外销售，则对外销售的中间产品应视为企业的最终产品。

工厂法原则，即工业总产值是以工业企业作为基本计算(核算)单位，即按企业的最终产品计算工业总产值。按这种方法计算的工业总产值，不允许同一产品价值在企业内部重复计算，不能把企业内部各个车间(分厂)生产的成果相加，但允许企业间的重复计算。

(3)内容及计算方法：

1995年全国工业普查对工业总产值(原规定)的内容及计算原则和方法做了某些修订，修订后的工业总产值(新规定)包括三项内容：即本期生产成品价值、对外加工费收入、在制品半成品期末期初差额价值三部分。

本期生产成品价值：指企业本期生产，并在报告期内不再进行加工，经检验、包装入库的全部工业成品(半成品)价值合计，包括企业生产的自制设备及提供给本企业在建工程、其他非工业部门和福利部门等单位使用的成品价值。本期生产成品价值为按自备原材料生产的产品的数量乘以本期不含增值税(销项税额)的产品实际销售平均单价计算；会计核算中按成本价格转帐的自制设备和自产自用的成品，按成本价格计算生产成品价值。生产成品价值中不包括用定货者来料加工的成品(半成品)价值。

对外加工费收入：指企业在报告期内完成的对外承接的工业品加工(包括用定货者来料加工产品)的加工费收入和对外工业修理作业所取得的加工费收入。对外加工费收入按不含增值税(销项税额)的价格计算，可根据会计“产品销售收入”科目的有关资料取得。

对于本企业对内非工业部门提供的加工修理、设备安装的劳务收入，如果企业会计核算基础较好，能取得这部分资料，而且这部分价值所占比重较大，应包括在对外加工费收入中。

自制半成品在制品期末期初差额价值：指企业报告期在制品期末减期初的差额价值，本指标一般可以从会计核算资料中取得。如果会计产品成本核算中不计算半成品、在制品的成本，则总产值中也不包括这部分价值，反之则包括。

(4)工业总产值统计范围变化和计算方法修订情况：

1984年以前工业总产值不包括村办工业，村办工业总产值划归农业。1984 年以后工业总产值包括村办工业。

1995 年工业普查对工业总产值计算方法做了修订，即从 1995 年始按新修订(新规定)方法计算工业总产值。新规定与原规定的区别如下：

全价与加工费的计算原则不同：新规定为凡自备原材料，不论其生产繁简程度如何，一律按全价计算工业总产值；凡来料加工，允许按加工费计算工业总产值。原规定则视生产加工的繁简程度不同，规定哪些行业按全价，哪些行业按加工费计算工业总产值。

自制半成品、在产品期末期初差额价值的计算原则不同：新规定要求，凡会计产品成本核算时计算了成本的差额价值，总产值中就应包括，否则可不包括；原规定则按生产周期六个月的界限区分，凡生产周期六个月以上的企业，总产值计算中应包括这部分差额价值，否则可不包括。

计算价格不同：新规定按不含增值税(销项税额)的价格计算；原规定则按含增值税(销项税额)的价格计算。

工业增加值　指工业企业在报告期内以货币表现的工业生产活动的最终成果。

工业增加值有两种计算方法：一是生产法，即工业总产出减去工业中间投入加上应交增值税；二是收入法，即从收入的角度出发，根据生产要素在生产过程中应得到的收入份额计算，具体构成项目有固定资产折旧、劳动者报酬、生产税净额、营业盈余，这种方法也称要素分配法。本年鉴中的工业增加值是以生产法计算的。

生产法工业增加值的计算方法为：

工业增加值=工业总产出-工业中间投入+应交增值税

(1)工业总产出：指工业企业在一定时期内工业生产活动的总成果。工业总产出包括：成品生产价值，对外加工费收入，自制半成品、在产品期末期初差额价值。1995 年后用新规定计算的工业总产值代替。

(2)工业中间投入：指工业企业在工业生产活动中消耗的外购物质产品和对外支付的服务费用。服务费用包括支付给物质生产部门(工业、农业、批发零售贸易业、建筑业、运输邮电业)的服务费用和支付给非物质生产部门(如保险、金融、文化教育、科学研究、医疗卫生、行政管理等)的服务费用。工业中间投入的确定须遵循以下原则：必须从外部购入的，并已计入工业总产出的产品和服务价值；必须是本期投入生产，并一次性消耗掉(包括本期摊销的低值易耗品等)的产品和服务价值。

工业中间投入包括直接材料费用、制造费用中的工业中间投入、管理费用中的工业中间投入、销售费用中的工业中间投入和利息支出五部分。

资产总计　指企业拥有或控制的能以货币计量的经济资源，包括各种财产、债权和其他权利。资产按流动性分为流动资产、长期投资、固定资产、无形资产、递延资产和其他资产。该指标根据企业会计“资产负债表”中“资产总计”项目的期末数增列。

流动资产　指企业可以在一年内或者超过一年的一个生产周期内变现或者耗用的资产，包括现金及各种存款、短期投资，应收及预付款项、存货等。

流动资产平均余额　指企业在报告期内全部流动资产的平均余额。

固定资产原值　指企业在建造、购置、安装、改建、扩建、技术改造某项固定资产时所支出的全部货币总额。它一般包括买价、包装费、运杂费和安装费等。

固定资产净值年平均余额　指固定资产净值在报告期内余额的平均数。计算公式为：

$$\text{固定资产净值年平均余额}=\frac{\text{1至12月各月月初、月末固定资产净值之和}}{24}$$

该指标根据“资产负债表”中“固定资产原价”、“累计折旧”指标的期初、期末数计算填列。

固定资产净值指固定资产原价减去历年已提折旧额后的净额。计算公式为：

固定资产净值=固定资产原价－累计折旧

负债合计　指企业所承担的能以货币计量，将以资产或劳务偿付的债务，偿还形式包括货币、资产或提供劳务。负债一般按偿还期长短分为流动负债和长期负债。根据会计“资产负债表”中“负债合计”的年末数填列。

流动负债　是指将在一年或超过一年的一个营业周期内偿还的债务。包括短期借款、应付票据、应付帐款、预收货款、应付工资、应交税金、应付利润、其他应付款、预提费用等。

所有者权益　指企业投资人对企业净资产的所有

权。企业净资产等于企业全部资产减去全部负债后的余额，包括企业投资人对企业的最初投入的实际到位的资产及资本公积金、盈余公积金和未分配利润。所有者权益合计数小于零，表示企业资不抵债。

主营业务收入 指企业销售产品和提供劳务等主要经营业务取得的收入。1994 年实施的税制后，取消了产品税，开征消费税，增值税由价内税改为价外税，因此，产品销售收入中不再含增值税。

主营业务成本 指企业销售产品和提供劳务等主要经营业务过程中的实际成本。

主营业务税金及附加 指企业销售产品和提供劳务等主要经营业务应负担的城市维护建设税、消费税、资源税和教育费附加。

利润总额 指企业生产经营活动的最终成果，是企业在一定时期内实现的盈亏相抵后的利润总额(亏损以“-”号表示)，它等于营业利润加上补贴收入加上投资收益加上营业外净收入再加上以前年度损益调整。

本年应交增值税 指企业在报告期内应交纳的增值税额。它等于本年销项税额加上出口退税加上进项税额转出数减去本年进项税额。小规模纳税企业直接按全年计税销售额乘以征收率计算取得。

从业人员平均人数 是指报告期内每天拥有的从业人员人数。其计算公式为：

$$季平均人数=\frac{季内各月平均人数之和}{3}$$

$$月平均人数=\frac{报告月内每天实有人数之和}{报告月日历日数}$$

$$年平均人数=\frac{年内各月平均人数之和}{12}$$

工业增加值率 指在一定时期内工业增加值占同期工业总产值的比重，反映降低中间消耗的经济效益。计算公式为：

$$工业增加值率(\%)=\frac{工业现价增加值}{工业现价总产值}\times 100\%$$

总资产贡献率 反映企业全部资产的获利能力，是企业经营业绩和管理水平的集中体现，是评价和考核企业盈利能力的核心指标。计算公式为：

$$总资产贡献率(\%)=\frac{利润总额+税金总额+利息支出}{平均资金总额}\times 100\%$$

公式中：税金总额为产品销售税金及附加与应交增值税之和；平均资产总额为期初期末资产之和的算术平均值。

资产负债率 该指标既反映企业经营风险的大小，也反映企业利用债权人提供的资金从事经营活动的能力。计算公式为：

$$资产负债率(\%)=\frac{负债总额}{资产总额}\times 100\%$$

资产与负债均为报告期期末数。

流动资产周转次数 指一定时期内流动资产完成的周转次数，反映投入工业企业流动资金的周转速度。计算公式为：

$$流动资产周转次数=\frac{产品销售收入}{全部流动资产平均余额}$$

公式中：全部流动资产平均余额为期初和期末的流动资产之和的算术平均值。

成本费用利润率 反映企业投入的生产成本及费用的经济效益，同时也反映企业降低成本所取得的经济效益。计算公式为：

$$成本费用利润率(\%)=\frac{利润总额}{成本费用总额}\times 100\%$$

公式中：成本费用总额为产品销售成本、销售费用、管理费用、财务费用之和。

产品销售率 该指标反映工业产品已实现销售的程度，是分析工业产销衔接情况，研究工业产品满足社会需求的指标。计算公式为：

$$产品销售率(\%)=\frac{工业销售产值}{工业总产值(现价)}\times 100\%$$

全员劳动生产率 指根据产品的价值量指标计算的平均每一就业人员在单位时间内的产品生产量。是考核企业经济活动的重要指标，是企业生产技术水平、经营管理水平、职工技术熟练程度和劳动积极性的综合表现。目前，我国的全员劳动生产率是将工业企业的增加值除以同一时期全部就业人员的平均人数来计算的。计算公式为：

$$全员劳动生产率(元/人)=\frac{工业增加值}{全部从业人员平均人数}$$

资本保值增值率 该指标反映企业净资产的变动状况，是企业发展能力的集中体现。计算公式为：

$$资本保值增值率(\%)=\frac{报告期期末所有者权益}{上年同期期末所有者权益}\times 100\%$$

工业资金利税率 指报告期已实现的利润、税金总额与同期的资产(流动资产和固定资产净值)之比，反映企业资金运用的经济效益指标。计算公式为：

$$工业资金利税率(\%)=\frac{利税总额}{平均流动资产+固定资产净值平均余额}\times 100\%$$

工业经济效益综合指数 是综合衡量地区工业经济效益总体水平的一种特殊相对数，是反映一定时期工业经济运行质量的主要指标。工业经济效益综合指数由总资产贡献率、资本保值增值率、资产负债率、流动资产周转率、成本费用利润率、全员劳动生产率和产品销售率的实际数值分别除以该项指标的全国标准值，并乘以各自的权数，加总后除以总权数求得。该指标可从静态水平和动态趋势上较为全面地反映各地区工业经济效益的变化情况，并可在一定程度上消除地区对比的不可比因素。

建　筑　业　8

ENVIRONMENTAL

●2016年，建筑业总产值247.88亿元。

本篇章

资料整理	微机处理
夏琳开	夏琳开

8-1 建筑业企业生产情况

指标名称	计量单位	总计	国有及国有控股企业
一、企业个数	个	152	12
有工作量的企业个数	个	151	12
签订的合同额	千元	25165099	3557020
1、上年结转合同额	千元	6708585	1864593
2、本年新签合同额	千元	18456514	1692427
1、直接从建设单位承揽工程完成的产值	千元	23729685	1784546
（1）自行完成施工产值	千元	23342563	1784546
（2）分包出去工程的产值	千元	387122	
2、从建设单位以外承揽工程完成的产值	千元	1445203	
二、建筑业总产值	千元	24787766	1784546
其中：装饰装修产值	千元	2095131	290247
其中：在外省完成的产值	千元	5001530	
1、建筑工程产值	千元	21314893	1522715
2、安装工程产值	千元	2425087	134239
3、其他产值	千元	1047786	127592
三、竣工产值	千元	16656483	965493
四、房屋建筑施工面积	平方米	15492230	1257930
其中：本年新开工面积	平方米	8918006	527419
其中：实行投标承包面积	平方米	8083526	458926
钢材	吨	974423	16483
木材	平方米	2526585	507866
水泥	吨	2001533	47082
平板玻璃	重量箱	227382	2523
平板玻璃	平方米	2971174	49863
铝材	吨	191715	1782
从业人员期末人数	人	70484	6319
其中：工程技术人员	人	11553	882
其中：一级建造师	人	340	18
其中：现场施工人员	人	20899	1235
其中：持证上岗人员	人	15021	873
净值	千元	670461	65664
总台数	台	10512	617
总功率	千瓦	173782	12564
五、企业总产值	千元	26185912	1853060

8-2 在外省完成产值

省（自治区、直辖市）名称	产值（千元）
北　京	4563
内蒙古	4554
辽　宁	5968
黑龙江	1463663
上　海	14406
浙　江	7428
安　徽	17855
福　建	271413
河　南	2005
湖　北	7956
湖　南	104582
广　西	519395
重　庆	60884
四　川	52667
贵　州	605907
云　南	460752
陕　西	4545
宁　夏	1392987

8-3 建筑业企业房屋建筑竣工面积及价值

房屋建筑分类	房屋建筑竣工面积（平方米）	国有及国有控股企业（平方米）	竣工房屋价值（千元）	国有及国有控股企业（千元）
合计	10682449	515593	13877273	658686
住宅房屋	4523397	350655	5013174	424239
商业及服务用房屋	1313740	30000	1607920	70000
商厦房屋（批发和零售用房）	623794		665321	
宾馆用房屋（住宿用房）	43351	30000	82738	70000
餐饮用房屋（餐饮用房）	6782		7470	
商务会展用房屋	6200		8940	
其他商业及服务用房屋（居民服务业用房）	633613		843451	
办公用房屋	957470	82992	1024838	120657
科研、教育、医疗用房屋	451519	27200	464684	20700
科学研究用房屋	30527		29832	
教育用房屋	386017	27200	393048	20700
医疗用房屋（卫生医疗用房）	34975		41804	
文化、体育、娱乐用房屋	167668		235715	
厂房及建筑物	3086078	5300	5304736	4034
厂房	2926122	5300	5135082	4034
仓库	45875		54210	
其他未列明的房屋建筑物	136702	19446	171996	19056

主要统计指标解释

建筑业统计单位 指从事房屋、构筑物建造和设备安装活动的法人企业。建筑业法人企业应同时具备的条件是：① 依法成立，有自己的名称、组织机构和场所，能够承担民事责任；②独立拥有和使用资产，承担负债，有权与其他单位签订合同；③独立核算盈亏，能够编制资产负债表。

建筑业总产值 是以货币形式表现的建筑业企业在一定时期内生产的建筑业产品和提供的服务的总和。建筑业总产值包括：

(1)建筑工程产值：指列入建筑工程预算内的各种工程价值。

(2)安装工程产值：指设备安装工程价值，不包括被安装设备本身的价值。

(3)其他产值：建筑业总产值中除建筑工程、安装工程以外的产值。包括房屋构筑物修理产值、非标准设备制造产值、总包企业向分包企业收取的管理费以及不能明确划分的施工活动所完成的产值。

a. 房屋构筑物修理产值：指房屋和构筑物修理所完成的产值，但不包括被修理房屋、构筑物本身价值和生产设备的修理产值。

b. 非标准设备制造产值：指加工制造没有定型的非标准生产设备的加工费和原材料价值(如化工厂、炼油厂用的各种罐、槽，矿井生产统一使用的各种漏斗、三角槽、阀门等)以及附属加工厂为本企业承建工程制作的非标准设备的价值。

竣工产值(竣工工程产值) 是指以货币表现的建筑业生产所形成的成品有价值，反映建筑业的成就，是考核建筑业施工速度和经济效益的依据之一。

房屋建筑施工面积 指在报告期内施工的全部房屋建筑面积，包括本期新开工的房屋面积、上期施工跨入本期继续施工的房屋面积、上期停缓建在本期恢复施工的房屋面积、本期竣工的房屋面积及本期施工后又停缓建的房屋面积。

房屋建筑竣工面积 指在报告期内房屋建筑按照设计要求全部完工，达到了住人和使用条件，经验收鉴定合格，正式移交使用单位的房屋建筑面积。

自有机械设备年末总台数 指归本企业所有，属于本企业固定资产的生产性机械设备年末总台数。包括施工机械、生产设备、运输设备以及其他设备。

自有机械设备年末总功率 指本企业自有施工机械、生产设备、运输设备以及其他设备等列为在册固定资产的生产性机械设备年末总功率，按设定能力或查定能力计算。包括机械本身的动力和为该机械服务的单独动力设备，如电动机等。计算单位用千瓦，动力换算可按 1 马力＝0.735 千瓦折合成千瓦数。电焊机、变压器、锅炉不计算动力。

交通运输、邮电通讯业 9

TRANSPORTION， POSTAL AND TELECOMMUNICATIONS SERVICES

●2016 年，邮电主营业务收入 287924 万元，比上年增长 12.1%。

●2016 年，快递业务量 2161.75 万件，比上年增长 48.4%。

●2016 年，公路货物运输量 10309 万吨，比上年增长 6.4%。

本篇章

资料整理	微机处理
刘　刚	刘　刚
董小琴	董小琴

9-1 邮 电 事 业

指　　标	单位	2016 年	2015 年	同比 ± %
邮电主营业务收入	万元	287924	256940	12.1
函件	万件	154.33	241.68	-36.1
报刊累计数	万件	6696.03	7303.74	-8.3
快递业务量	万件	2161.75	1456.5	48.4
邮电局、所	处	267	255	4.7
邮路总长度	公里	6404	5988	6.9
农村投递长度	公里	16737	17394	-3.8
固定电话用户数	万部	41.24	47.07	-12.4
移动电话	万户	355.01	343.68	3.3

9-2 交通运输业情况

指　　标	单位	2016 年	2015 年	同比 ± %
一、公路运输情况				
1、客运周转量	万人公里	322770	325545	-0.9
2、货运周转量	万吨公里	4059987	3899032	4.1
3、旅客发送量	万人	4744	4771	-0.5
4、货物运输量	万吨	10309	9685	6.4
二、铁路运输情况(吉安站)				
1、发送旅客	万人	429	390	10
2、到达旅客	万人	430	412	4
3、货物发送	万吨	8.4	4	121
4、货物到达	万吨	334	410	-14

主要统计指标解释

铁路营业里程 指办理客货运输业务的铁路正线总长度。凡是全线或部分建成双线及以上的线路，以第一线的实际长度计算；复线、站线、段管线、岔线和特别用途线以及不计算运费的联络线都不计算营业里程。铁路营业里程是反映铁路运输业基础设施发展水平的重要指标，也是计算客货周转量、运输密度和机车车辆运用效率指标的基础资料。

公路里程 也称“公路通车里程”，是指实际达到《公路工程[WTB2]技术标准 JTJ01-88》规定的等级公路，并经主管部门的正式验收支付使用的公路里程数。它包括大中城市的郊区公路以及通过小城镇街道的公路里程，也包括桥梁、渡口的长度，但不包括城市的街道以及厂矿、林区和农业生产用道的里程。两条或多条公路共同经由同一路段，只计算一次，不重复计算里程长度。公路里程是反映公路建设发展规模的重要指标，也是计算运输网密度等指标的基础资料。

内河航道里程 也称“内河通航里程”，是指在枯水季节水深在 0.3 米及以上，能通航运输船舶及排筏的天然河流、湖泊水库、运河及通航渠道的长度。包括全年季节性通航累计三个月以上的航道，但不包括仅供零散流放竹木排的河道。内河航道里程是反映内河水运网规模、水平和发展情况的主要指标。

货（客）运量 指运输业实际运送的货物（旅客）数量。货运按吨计算，客运按人计算。货物不论运输距离长短，货物类别，均按实际重量统计；旅客不论行程远近或票价多少，均按一人一次作为客运量统计。半票价、小孩票，也按一人统计。货（客）运量是反映运输业为国民经济和人民生活服务的数量指标，也是制定和检查运输生产计划、研究运输展规模和速度的重要指标。

货物（旅客）周转量 指运输业运送的货物（旅客）数量与其相应运输距离的乘积之总和，通常以吨公里和人公里为计算单位。计算货物周转量通常按发出站与到达站之间的最短距离，也就是计费距离计算。它是反映运输业生产总成果的重要指标，也是编制和检查运输生产计划、计算运输效率、劳动生产率以及核算运输单位成本的主要基础资料。

铁路货车静载重 指铁路货车在始发站静止状态下平均每车装载的货物重量。静载重的多少取决于运送货物的性质、种类、车辆的类型和装载技术的高低。根据货车的平均载重能力和静载重进行对比，可以反映货车载重能力的利用程度。计算公式为：

$$货车静载重=\frac{货物发送吨数}{装车数}$$

铁路货运机车平均日产量 指平均每台货运机车在一昼夜内所完成的总重吨公里数。它既包括载运货物的重量，也包括车辆本身的自重，它是从时间和牵引能力两方面反映了机车运用效率的综合性指标。计算公式为：

$$货运机车平均日产量=\frac{货运总重吨公里数}{货运机车台日数}$$

邮电业务总量 指以货币表现的邮电部门为用户传递信息和提供其他邮电服务的总量。它用各种邮电分类业务量，如函件件数、电报份数、长话张数、市内电话和农村电话的年均户数、订销报刊累计份数等，分别乘以相应的不变单价加总后再加上出租电路和设备的收入、代用户维护电话交换机和线路等设备的收入、其他业务收入求得。邮电业务总量综合反映了一定时期邮电工作的总成果，是研究邮电业务量构成和发展趋势的重要指标。

商业、外贸和旅游 10

FOREIGN ECONOMY TRADE AND TOURISM

●2016 年，全市完成社会消费品零售总额 448.67 亿元。

●2016 年，全市实际利用外资 97477 万美元。

●2016 年，全市实现进出口总额 504599 万美元，其中出口 425310 万美元。

●2016 年，全市接待入境旅游者 22.21 万人次，旅游创汇收入 7446.8 万美元；接待国内旅游者 6413.96 万人次，国内旅游收入 568.12 亿元。

本篇章

资料整理	微机处理
胡大传	胡大传

10-1 历年社会消费品零售总额

年 份	社会消费品零售总额	年 份	社会消费品零售总额
1949	4067	1983	59109
1950	4513	1984	66088
1951	5595	1985	79759
1952	6664	1986	88917
1953	7782	1987	97242
1954	8595	1988	123378
1955	8757	1989	134313
1956	9543	1990	135060
1957	9798	1991	145532
1958	11363	1992	172188
1959	14680	1993	207111
1960	16260	1994	279407
1961	13383	1995	330344
1962	14357	1996	390923
1963	15056	1997	434602
1964	16684	1998	502651
1965	16812	1999	552013
1966	18732	2000	591883
1967	19522	2001	634836
1968	19789	2002	684577
1969	20441	2003	731304
1970	21898	2004	740592
1971	23177	2005	861168
1972	24406	2006	992780
1973	26423	2007	1162508
1974	26778	2008	1437031
1975	30228	2009	1710044
1976	28779	2010	2028251
1977	31498	2011	2302774
1978	34609	2012	2644564
1979	38819	2013	3019335
1980	47374	2014	3407844
1981	53374	2015	3964807
1982	56133	2016	4486619

10–2 社会消费品零售总额

单位：万元

指 标	2016年	增长(%)
社会消费品零售总额	4486619	12.6
按销售地区分		
城镇	3462547	14.2
其中：城区	1713514	11.8
乡村	1024072	9.7

10–3 各县(市、区)社会消费品零售总额

单位：万元

县(市、区)	2016年	增长(%)
吉 安 市	4486619.0	12.6
吉 州 区	596046.8	11.4
青 原 区	320797.3	12.8
吉 安 县	442084.1	13.5
吉 水 县	428417.8	13.0
峡 江 县	174268.0	11.5
新 干 县	347084.3	12.8
永 丰 县	356137.4	13.7
泰 和 县	348175.2	12.4
遂 川 县	342919.7	12.4
万 安 县	231687.5	11.8
安 福 县	413491.9	12.1
永 新 县	313916.8	13.2
井冈山市	171592.4	13.9

10-4 各县(市、区)批发零售贸易业销售总额

单位：万元

县(市、区)	销售总额	按行业分			
		批发业销售额	零售业销售额	住宿业营业额	餐饮业营业额
吉 安 市	8565096.7	2840732.5	5102908.7	113606.4	507849.1
吉 州 区	1416412.5	1036121.2	360848.4	8050.4	11392.5
青 原 区	1020984.0	492485.3	488164.8	7094.5	33239.4
吉 安 县	692609.4	69994.0	580966.9	2770.0	38878.4
吉 水 县	765049.4	151743.7	554966.1	2813.4	55526.1
峡 江 县	512624.1	211425.1	269737.3	6987.6	24474.1
新 干 县	542151.9	168347.2	330515.8	15394.5	27894.5
永 丰 县	509659.3	102880.0	368130.3	4670.3	33978.7
泰 和 县	566048.2	133395.6	376049.5	4451.9	52151.2
遂 川 县	677730.6	160274.8	468092.9	3400.8	45962.2
万 安 县	274206.3	52575.0	195651.4	4362.9	21617.0
安 福 县	668490.6	115107.3	527402.3	5942.3	20038.7
永 新 县	433411.6	49412.1	331588.9	3895.9	48514.8
井冈山市	485718.8	96971.3	250794.0	43771.9	94181.5

10–5 利用外资情况

指　　标	2016 年	2015 年
项目数(个)	114	113
中外合资企业	1	3
外资企业	113	110
合同金额(万美元)	117440	104623
中外合资企业	388	2142
外 资 企 业	107895	102481
实际使用金额(万美元)	97477	88323
中外合资企业	632	2343
外资企业	96845	85979

10–6 进出口情况

指　　标	单　位	2016 年	2015 年	增长(%)
进出口总额	万美元	504599	490035	4.0
#进口总额	万美元	79288	65564	20.9
#出口总额	万美元	425310	424470	1.4

10–7 旅游情况

指　　标	单　位	2016 年	2015 年	增长(%)
旅游总人数	万人次	6436.17	5016.5	28.3
国内旅游人数	万人次	6413.96	4995.33	28.3
入境旅游者人数	万人次	22.21	21.17	4.9
旅游总收入	亿元	568.12	409.9	38.6
国内旅游收入	亿元	563.06	405.36	38.9
旅游创汇收入	万美元	7446.8	7085.46	5.1

10-8 限额以上批发和零售业法人企业财务情况

单位：万元

分组	批发和零售业							
	法人企业数（个）	执行《2006年企业会计准则》企业数（个）	一、年初存货	二、期末资产负债				
				流动资产合计	应收帐款	存货	固定资产合计	固定资产原价
总计	340	282	162153.3	1021442.2	567354	189517.3	204535.2	252019.8
一、批发业	67	53	87173.6	770925.7	532090.4	97109.2	74533.3	123470.8
农、林、牧产品批发	4	3	5287.9	11861.5	645.8	4881.9	3248.2	6010.3
谷物、豆及薯类批发	4	3	5287.9	11861.5	645.8	4881.9	3248.2	6010.3
食品、饮料及烟草制品批发	10	9	56166.8	180246.9	34293.4	64623.9	29041.3	54207
米、面制品及食用油批发	2	2	6901.2	4428.6	190.8	3002.9	2166.6	7152.8
肉、禽、蛋、奶及水产品批发	3	3	200.7	3305.2	154.4	195.9	1424.3	1570
盐及调味品批发	1	1	1585.4	4672.1	197.7	1144.6	777.8	1077.2
酒、饮料及茶叶批发	2	2	425.7	891.7	257	614.7	164	194.5
烟草制品批发	1	1	47013.1	166286.6	33366.5	59504.1	24496.3	44191.9
其他食品批发	1		40.7	662.7	127	161.7	12.3	20.6
纺织、服装及家庭用品批发	3	3	673.2	6780.1	4774.9	1028.5	100.3	188.8
化妆品及卫生用品批发	1	1	510.2	3159.6	1670.1	884.6	25.3	58.2
家用电器批发	1	1	42.2	3387.9	2994	43.9		30.6
其他家庭用品批发	1	1	120.8	232.6	110.8	100	75	100
文化、体育用品及器材批发	1	1	187.5	500.7	257.8	187.5	55.5	97.8
文具用品批发	1	1	187.5	500.7	257.8	187.5	55.5	97.8
医药及医疗器材批发	20	15	11163.6	92910.9	57081	11463.4	3584.5	4864
西药批发	4	1	1506.2	7296.8	3623.9	1101.6	622.4	883.9
中药批发	8	7	9412.5	42974.7	25538	10222.7	2901.6	3890
医疗用品及器材批发	8	7	244.9	42639.4	27919.1	139.1	60.5	90.1
矿产品、建材及化工产品批发	19	16	12477.6	469589.9	431411.9	12607.7	34574.6	53226.2
煤炭及制品批发	1	1	184.5	2489.5	1300.3	15		
石油及制品批发	1	1	1625.5	426425.3	425034.5	1390.8	31406.4	49416.8
金属及金属矿批发	6	5	6856.7	30968.4	1087.4	7050.2	1.8	126.3
建材批发	4	4	109.4	3627.3	2055.8	1047.9	535	822.3

10–8 续表 1

分组	批发和零售业							
	二、期末资产负债							
	累计折旧	本年折旧	在建工程	资产总计	流动负债合计	应付账款	非流动负债合计	负债合计
总计	80807.5	9753.4	21225.3	1355219.3	863791.8	160364.3	61500.7	952852.8
一、批发业	48937.5	4279	10947.7	899138.4	627332.7	111623.4	4274.8	631607.5
农、林、牧产品批发	2762.1	415.7	2719.2	19366.5	15399.8	299.5	533.7	15933.5
谷物、豆及薯类批发	2762.1	415.7	2719.2	19366.5	15399.8	299.5	533.7	15933.5
食品、饮料及烟草制品批发	25165.7	2451.1	3188.9	222251.5	92420	53056	1014.3	93434.3
米、面制品及食用油批发	4986.2	201.1	917.8	9031.2	5710.4	165	821.3	6531.7
肉、禽、蛋、奶及水产品批发	145.7	23.2		4804.3	2917.5	60	128.7	3046.2
盐及调味品批发	299.4	116.5		6664.4	3097.3	1321.8		3097.3
酒、饮料及茶叶批发	30.5	14		1069.7	902.7	540.5	56.3	959
烟草制品批发	19695.6	2090.6	2271.1	200006.9	79440.2	50768.3	8	79448.2
其他食品批发	8.3	5.7		675	351.9	200.4		351.9
纺织、服装及家庭用品批发	88.5	20.6	253.4	6880.4	5795.1	3017.2		5795.1
化妆品及卫生用品批发	32.9	11.6		3184.9	2985.6	393.3		2985.6
家用电器批发	30.6			3387.9	2789.5	2623.9		2789.5
其他家庭用品批发	25	9	253.4	307.6	20			20
文化、体育用品及器材批发	42.3	21.1		588.6	108	100.1		108
文具用品批发	42.3	21.1		588.6	108	100.1		108
医药及医疗器材批发	1279.5	564.4	197.9	100365.3	80638.5	38090.8	646.2	81284.7
西药批发	261.5	37.1		8246.5	6253.5	3734.8	123.9	6377.4
中药批发	988.4	513.5	197.9	48420.8	32557.1	16947.5	362.6	32919.7
医疗用品及器材批发	29.6	13.8		43698	41827.9	17408.5	159.7	41987.6
矿产品、建材及化工产品批发	18651.6	110.8	4129.8	534768.6	424530.3	12947.1	1302.4	425832.7
煤炭及制品批发				2489.5	1819.5	1456		1819.5
石油及制品批发	18010.4		3669.9	483650.4	385503			385503
金属及金属矿批发	124.5	38.5		34919.2	31377.2	8934.9	29.6	31406.8
建材批发	287.3	43		4215.4	3030	783.7	132.8	3162.8

10-8 续表 2

分组	批发和零售业							
	二、期末资产负债							
	所有者权益	实收资本						
			国家资本	集体资本	法人资本	个人资本	港澳台资本	外商资本
总计	402366.5	1054049.4	104505.1	6898.6	67228.8	875298.7	83.1	35.1
一、批发业	267530.9	122754.4	103996.2	1880	6731.4	10146.8		
农、林、牧产品批发	3433	2446.5	1926.5		300	220		
谷物、豆及薯类批发	3433	2446.5	1926.5		300	220		
食品、饮料及烟草制品批发	128817.2	6176.3	3585.1	800	1171	620.2		
米、面制品及食用油批发	2499.5	2461.3	1631.3		830			
肉、禽、蛋、奶及水产品批发	1758.1	1652.5	100	800	252.5	500		
盐及调味品批发	3567.1	800	800					
酒、饮料及茶叶批发	110.7	108.7			88.5	20.2		
烟草制品批发	120558.7	1053.8	1053.8					
其他食品批发	323.1	100				100		
纺织、服装及家庭用品批发	1085.3	900	200	260	390	50		
化妆品及卫生用品批发	199.3	200	200					
家用电器批发	598.4	500		260	240			
其他家庭用品批发	287.6	200			150	50		
文化、体育用品及器材批发	480.6	30				30		
文具用品批发	480.6	30				30		
医药及医疗器材批发	19080.6	5527.6	107.2		1988.4	3432		
西药批发	1869.1	2030.3	107.2		674	1249.1		
中药批发	15501.1	3201.6			1153.3	2048.3		
医疗用品及器材批发	1710.4	295.7			161.1	134.6		
矿产品、建材及化工产品批发	108935.9	104995.3	98177.4	820	2162	3835.9		
煤炭及制品批发	670	1000			755	245		
石油及制品批发	98147.4	98147.4	98147.4					
金属及金属矿批发	3512.4	2350			1050	1300		
建材批发	1052.6	1002.9			200	802.9		

10-8 续表 3

分组	批发和零售业							
	三、损益及分配							
	营业收入	主营业务收入	营业成本	主营业务成本	营业税金及附加	主营业务税金及附加	其他业务利润	销售费用
总计	2053655.6	2012226.6	1750264.2	1716321.5	49489.1	49314.3	19911.9	94870.2
一、批发业	1203860	1189525.7	1009990.7	995975.3	43361.7	43360.6	731.1	53731.3
农、林、牧产品批发	38636.5	38636.5	35812.2	35812.2	34.9	33.8	18.1	1375.4
谷物、豆及薯类批发	38636.5	38636.5	35812.2	35812.2	34.9	33.8	18.1	1375.4
食品、饮料及烟草制品批发	443395.7	437810.5	333470.5	328100.5	41151	41151	170.5	14018.1
米、面制品及食用油批发	30581.2	30581.2	30395.4	30395.4	1.9	1.9		1136.2
肉、禽、蛋、奶及水产品批发	17900.1	17900.1	14124.3	14124.3	49.2	49.2	35.6	1038.1
盐及调味品批发	10994.2	10959.4	7458.7	7452.7	60.6	60.6		2084.4
酒、饮料及茶叶批发	5911.2	5911.2	5637.4	5637.4	18.8	18.8	127.5	242.9
烟草制品批发	374297.7	368747.3	273256.8	267892.8	41010.5	41010.5	7.4	9028.5
其他食品批发	3711.3	3711.3	2597.9	2597.9	10	10		488
纺织、服装及家庭用品批发	29431.2	29431.2	24394.6	24394.6	67.8	67.8	277.1	1961.4
化妆品及卫生用品批发	5711	5711	1356.8	1356.8	53.4	53.4		1889.4
家用电器批发	22520.2	22520.2	22237.8	22237.8	5.3	5.3	277.1	
其他家庭用品批发	1200	1200	800	800	9.1	9.1		72
文化、体育用品及器材批发	4209	4209	3587.4	3587.4	24	24		68.9
文具用品批发	4209	4209	3587.4	3587.4	24	24		68.9
医药及医疗器材批发	217955.8	217955.8	185289.5	185289.5	973.8	973.8	2.5	20635.4
西药批发	35250.6	35250.6	33506.8	33506.8	68.8	68.8		1536.3
中药批发	164049.1	164049.1	140165.6	140165.6	626.9	626.9	2.5	15771
医疗用品及器材批发	18656.1	18656.1	11617.1	11617.1	278.1	278.1		3328.1
矿产品、建材及化工产品批发	430127.1	421378	393613.7	384968.3	867.8	867.8	227.7	13775.4
煤炭及制品批发	6815.8	6815.8	6787	6787				6.2
石油及制品批发	338544.8	329795.7	308500.2	299854.8	312.4	312.4	103.7	12439.3
金属及金属矿批发	44378.1	44378.1	42465.1	42465.1	166.7	166.7		205.4
建材批发	12116.1	12116.1	10085	10085	80.6	80.6		377.8

10-8 续表 4

分组	批发和零售业								
	三、损益及分配								
	管理费用	税金	财务费用	利息收入	利息支出	资产减值损失	公允价值变动收益	投资收益	营业利润
总计	65967	1745.9	6942.6	2453.7	3676.8	3198.7	59.1	834.8	91812.1
一、批发业	32299.4	651.5	1140.3	1987.2	1253.4	3101.8		8.6	60373.7
农、林、牧产品批发	1876.5		433.9	6.2	406.4				-893.4
谷物、豆及薯类批发	1876.5		433.9	6.2	406.4				-893.4
食品、饮料及烟草制品批发	17334.9	492.2	-1620.5	1940.7	240.2	50.5		7.5	39126
米、面制品及食用油批发	857.4	2.2	227.6	14.8	241.4				-2037.3
肉、禽、蛋、奶及水产品批发	1108.8		15.5	5.5					1564.2
盐及调味品批发	337.2	16.4	-1.2		-1.2				1054.5
酒、饮料及茶叶批发	65.5		36.2						37.8
烟草制品批发	14761.6	463.6	-1911.5	1920.4		50.5		7.5	38108.7
其他食品批发	204.4	10	12.9						398.1
纺织、服装及家庭用品批发	2723.6	40.6	8.4	1.3					275.4
化妆品及卫生用品批发	2478.6		3.7						-70.9
家用电器批发	180		-1.3	1.3					98.4
其他家庭用品批发	65	40.6	6						247.9
文化、体育用品及器材批发	70.8		21.5						436.4
文具用品批发	70.8		21.5						436.4
医药及医疗器材批发	3435.5	81.3	183.1	9.6	135.8	604.3			6834.2
西药批发	400.1	4	9.3	2.6	8.4				-270.7
中药批发	721.1	64.5	143.1	6.7	102	604.3			6017.1
医疗用品及器材批发	2314.3	12.8	30.7	0.3	25.4				1087.8
矿产品、建材及化工产品批发	4741.2	14.2	2022.4	25.6	409	2447			12659.6
煤炭及制品批发	8.3	0.9	3.5	0.1	3.6				10.8
石油及制品批发	3235.5		504			2447			11106.4
金属及金属矿批发	286.9	5.3	1234.6	2.2	227.2				19.4
建材批发	331.8		192.8	23.3	131				1048.1

10-8　续表 5

分　组	批发和零售业							
	三、损益及分配					四、人工成本及增值税		五、从事住宿和餐饮业活动的从业人员平均人数（人）
	营业外收入	政府补助	营业外支出	利润总额	应交所得税	应付职工薪酬（本年贷方累计发生额）	应交增值税	
总计	27113.5	24818.8	2060.4	109498.6	17374.7	68746.7	43513.5	15378
一、批发业	25293.1	24805.9	1279.3	83506.9	15712.6	28192.4	30413.1	4223
农、林、牧产品批发	1746	1528.6	1.2	869.5	51.3	1430.6	66.9	212
谷物、豆及薯类批发	1746	1528.6	1.2	869.5	51.3	1430.6	66.9	212
食品、饮料及烟草制品批发	22755	22594.3	774.7	59651.8	15261.2	13586.6	19255.6	1471
米、面制品及食用油批发	2555	2543.5		517.7		1029	6.6	192
肉、禽、蛋、奶及水产品批发	120.5			628.5		237.3		90
盐及调味品批发			27.5	1027	265.6	1218	541.7	126
酒、饮料及茶叶批发	3			40.7	14.7	67.3	28.9	59
烟草制品批发	20076.5	20050.8	747.2	57437.9	14980.9	10955	18678.4	974
其他食品批发						80		30
纺织、服装及家庭用品批发				275.4	2.5	607.4	600.4	167
化妆品及卫生用品批发				-70.9		433	555	122
家用电器批发				98.4	2.5	44.4	43.4	20
其他家庭用品批发				247.9		130	2	25
文化、体育用品及器材批发				436.4		53.5	79.9	13
文具用品批发				436.4		53.5	79.9	13
医药及医疗器材批发	51.1		97.8	7400.4	176.3	3477.1	5505.7	810
西药批发	51.1		2	-221.8	5.9	914.4	530.5	243
中药批发			95.8	6534.4	74.9	2257.7	4082.1	475
医疗用品及器材批发				1087.8	95.5	305	893.1	92
矿产品、建材及化工产品批发	716	683	405.6	12988.8	110.2	8182.8	4600.8	1305
煤炭及制品批发	3	3		13.8		10.8		5
石油及制品批发	32.9		402.8	10736.5		6932.7	2967.5	911
金属及金属矿批发	675	675	2.8	747.8	110	313.6	1538.9	105
建材批发	0.1			1048.1	0.2	245.7	47	93

10-8 续表 6

分组	批发和零售业							
	法人企业数（个）	执行《2006 年企业会计准则》企业数（个）	一、年初存货	二、期末资产负债				
				流动资产合计	应收帐款	存货	固定资产合计	固定资产原价
化肥批发	5	5	3275.8	4830.8	1808.3	2717.2	1626.2	1813.3
农药批发	1		425.6	625	125.6	386.5	62	72
其他化工产品批发	1		0.1	623.6		0.1	943.2	975.5
机械设备、五金产品及电子产品批发	7	5	720	4706.3	937.3	1051.8	1475.5	1846.1
农业机械批发	4	2	673.4	1977.5	498.5	685.9	1082.8	1235
五金产品批发	1	1	20.5	1651.2	210.1	25.6	0.1	14
电气设备批发	1	1	4.5	326.4		4.5	370	570
其他机械设备及电子产品批发	1	1	21.6	751.2	228.7	335.8	22.6	27.1
其他批发业	3	1	497	4329.4	2688.3	1264.5	2453.4	3030.6
再生物资回收与批发	3	1	497	4329.4	2688.3	1264.5	2453.4	3030.6
内资企业	67	53	87173.6	770925.7	532090.4	97109.2	74533.3	123470.8
国有企业	5	3	48817.5	171956.8	33659.6	60927.9	27421.3	47523.9
集体企业	1	1	1885	2500	1250	1235	538.6	643.6
有限责任公司	20	12	14467.8	39029.5	9684.9	10315.9	6296	14611.1
国有独资公司	1	1	4968.2	8327.1	248.5	4436.6	2772.9	5325.1
其他有限责任公司	19	11	9499.6	30702.4	9436.4	5879.3	3523.1	9286
股份有限公司	4	4	8727.6	447090.3	425412.3	8643.1	31820	50080.4
私营企业	37	33	13275.7	110349.1	62083.6	15987.3	8457.4	10611.8
私营有限责任公司	34	30	13044	104737.6	60180.5	15419.1	6587.7	8123.3
私营股份有限公司	3	3	231.7	5611.5	1903.1	568.2	1869.7	2488.5
国有控股	10	8	61974.3	613507.9	459291.5	69580.1	63137.8	108847.8
集体控股	2	2	2454.1	3249.9	1343.7	1852.3	746.4	923
私人控股	55	43	22745.2	154167.9	71455.2	25676.8	10649.1	13700
独立门店	46	35	24938	116633.5	60786.4	21772	13680.2	21594.8
连锁总店	1	1	1625.5	426425.3	425034.5	1390.8	31406.4	49416.8
其他	20	17	60610.1	227866.9	46269.5	73946.4	29446.7	52459.2

10–8 续表 7

分组	批发和零售业							
	二、期末资产负债							
	累计折旧	本年折旧	在建工程	资产总计	流动负债合计	应付账款	非流动负债合计	负债合计
化肥批发	187.1	28.5	459.9	7240.3	2613.7	1772.5	1140	3753.7
农药批发	10	0.8		687	160.2			160.2
其他化工产品批发	32.3			1566.8	26.7			26.7
机械设备、五金产品及电子产品批发	370.6	171.5		6528.8	2979.1	1151.3	698.4	3677.5
农业机械批发	152.2	69.6		3177.7	1871.7	1125.5	659.5	2531.2
五金产品批发	13.9	1.3		1651.3	624.1	25.8		624.1
电气设备批发	200	99.6		900.2	222.8			222.8
其他机械设备及电子产品批发	4.5	1		799.6	260.5		38.9	299.4
其他批发业	577.2	523.8	458.5	8388.7	5461.9	2961.4	79.8	5541.7
再生物资回收与批发	577.2	523.8	458.5	8388.7	5461.9	2961.4	79.8	5541.7
内资企业	48937.5	4279	10947.7	899138.4	627332.7	111623.4	4274.8	631607.5
国有企业	20102.6	2221.9	2271.1	209826.6	82924.8	52189.4	128.7	83053.5
集体企业	105	28.5	201.1	3563	1455	1253	880	2335
有限责任公司	8315.1	743.5	4093.7	53671.6	41410	9663.6	1694.8	43104.8
国有独资公司	2552.2	394	2719.2	15317.8	11505.1	42.3	533.7	12038.8
其他有限责任公司	5762.9	349.5	1374.5	38353.8	29904.9	9621.3	1161.1	31066
股份有限公司	18260.4	51.6	3669.9	508588.5	408084.4	8520.1		408084.4
私营企业	2154.4	1233.5	711.9	123488.7	93458.5	39997.3	1571.3	95029.8
私营有限责任公司	1535.6	765.7	253.4	115077.5	87951.3	39061.3	1459.3	89410.6
私营股份有限公司	618.8	467.8	458.5	8411.2	5507.2	936	112	5619.2
国有控股	45710	2829.7	9578	719605.7	488728	52231.7	1483.7	490211.7
集体控股	176.6	28.5	459.9	4779.5	1571.7	1292.8	1140	2711.7
私人控股	3050.9	1420.8	909.8	174753.2	137033	58098.9	1651.1	138684.1
独立门店	7914.6	1568.6	2287.5	139087.7	96769.3	45376.6	3570.2	100339.5
连锁总店	18010.4		3669.9	483650.4	385503			385503
其他	23012.5	2710.4	4990.3	276400.3	145060.4	66246.8	704.6	145765

10-8 续表 8

分组	批发和零售业							
	二、期末资产负债							
	所有者权益	实收资本	国家资本	集体资本	法人资本	个人资本	港澳台资本	外商资本
化肥批发	3486.6	1977		820	157	1000		
农药批发	526.8	488				488		
其他化工产品批发	1540.1	30	30					
机械设备、五金产品及电子产品批发	2851.3	1928.7			520	1408.7		
农业机械批发	646.5	568.7			370	198.7		
五金产品批发	1027.2	1000				1000		
电气设备批发	677.4	60				60		
其他机械设备及电子产品批发	500.2	300			150	150		
其他批发业	2847	750			200	550		
再生物资回收与批发	2847	750			200	550		
内资企业	267530.9	122754.4	103996.2	1880	6731.4	10146.8		
国有企业	126773.1	2991	2091	800	100			
集体企业	1228	320		320				
有限责任公司	10566.8	8044.8	3557.8	760	1805	1922		
国有独资公司	3279	726.5	726.5					
其他有限责任公司	7287.8	7318.3	2831.3	760	1805	1922		
股份有限公司	100504.1	99604.4	98147.4		157	1300		
私营企业	28458.9	11794.2	200		4669.4	6924.8		
私营有限责任公司	25666.9	10473.7	200		3848.9	6424.8		
私营股份有限公司	2792	1320.5			820.5	500		
国有控股	229394	104853.2	103796.2	800	257			
集体控股	2067.8	820		820				
私人控股	36069.1	17081.2	200	260	6474.4	10146.8		
独立门店	38748.2	16101	3868.5	1880	3301.6	7050.9		
连锁总店	98147.4	98147.4	98147.4					
其他	130635.3	8506	1980.3		3429.8	3095.9		

10–8 续表 9

分组	批发和零售业							
	三、损益及分配							
	营业收入	主营业务收入	营业成本	主营业务成本	营业税金及附加	主营业务税金及附加	其他业务利润	销售费用
化肥批发	20698.6	20698.6	18826.8	18826.8	302.5	302.5	124	666.5
农药批发	3635	3635	3444.2	3444.2	1.2	1.2		72.5
其他化工产品批发	3938.7	3938.7	3505.4	3505.4	4.4	4.4		7.7
机械设备、五金产品及电子产品批发	29303.2	29303.2	24261.3	24261.3	225.4	225.4	35.2	1715.2
农业机械批发	7739.8	7739.8	7141	7141	14.1	14.1	35.2	60.2
五金产品批发	3490.1	3490.1	3399.8	3399.8				105
电气设备批发	10211.9	10211.9	7124.5	7124.5	22.6	22.6		1038.6
其他机械设备及电子产品批发	7861.4	7861.4	6596	6596	188.7	188.7		511.4
其他批发业	10801.5	10801.5	9561.5	9561.5	17	17		181.5
再生物资回收与批发	10801.5	10801.5	9561.5	9561.5	17	17		181.5
内资企业	1203860	1189525.7	1009990.7	995975.3	43361.7	43360.6	731.1	53731.3
国有企业	396464.8	390879.6	290107.4	284737.4	41101.9	41101.9	7.4	11140.2
集体企业	8950	8950	8236.5	8236.5	268.5	268.5		85
有限责任公司	151972.1	151972.1	142276.8	142276.8	229.3	228.2	419.2	4678.9
国有独资公司	13727.6	13727.6	12975.1	12975.1	1.1		18.1	708.9
其他有限责任公司	138244.5	138244.5	129301.7	129301.7	228.2	228.2	401.1	3970
股份有限公司	360933.9	352184.8	326988.4	318343	331.2	331.2	103.7	13521.4
私营企业	285539.2	285539.2	242381.6	242381.6	1430.8	1430.8	200.8	24305.8
私营有限责任公司	277899.6	277899.6	235154.5	235154.5	1405.4	1405.4	165.2	24065.9
私营股份有限公司	7639.6	7639.6	7227.1	7227.1	25.4	25.4	35.6	239.9
国有控股	802095.1	787760.8	663459.3	649443.9	41420.4	41419.3	129.2	26051
集体控股	11630	11630	10788.5	10788.5	272.5	272.5	124	153
私人控股	390134.9	390134.9	335742.9	335742.9	1668.8	1668.8	477.9	27527.3
独立门店	382052.9	382018.1	341890.5	341884.5	1530.2	1530.2	601.9	18135.3
连锁总店	338544.8	329795.7	308500.2	299854.8	312.4	312.4	103.7	12439.3
其他	483262.3	477711.9	359600	354236	41519.1	41518	25.5	23156.7

10-8 续表 10

分组	批发和零售业								
	三、损益及分配								
	管理费用	税金	财务费用	利息收入	利息支出	资产减值损失	公允价值变动收益	投资收益	营业利润
化肥批发	433.5	7	87.5		47.2				381.8
农药批发	24	1							93.1
其他化工产品批发	421.2								
机械设备、五金产品及电子产品批发	1698.5	23.2	87	3.6	61.7			1.1	1316.9
农业机械批发	208.9		67.4	3.5	61.5			1.1	249.3
五金产品批发	7.3		0.6	0.1	0.2				–22.6
电气设备批发	1120.2	4.6	17.2						888.8
其他机械设备及电子产品批发	362.1	18.6	1.8						201.4
其他批发业	418.4		4.5	0.2	0.3				618.6
再生物资回收与批发	418.4		4.5	0.2	0.3				618.6
内资企业	32299.4	651.5	1140.3	1987.2	1253.4	3101.8		8.6	60373.7
国有企业	15746.7	484	–1904.3	1920.4	7.2	50.5		7.5	40229.8
集体企业	185		40		40				135
有限责任公司	4908.2	82.4	785.7	24.1	746.8				–903.8
国有独资公司	1094.6		291.2	2.6	293.8				–1343.3
其他有限责任公司	3813.6	82.4	494.5	21.5	453				439.5
股份有限公司	4347.6	5	1528.8	5.5	4.2	2447			11769.5
私营企业	7111.9	80.1	690.1	37.2	455.2	604.3		1.1	9143.2
私营有限责任公司	6880.3	80.1	685.9	37.1	455.2	604.3		1.1	9231.8
私营股份有限公司	231.6		4.2	0.1					–88.6
国有控股	21508.1	489.3	–791.5	1941.4	636	2497.5		7.5	47960.7
集体控股	205		60		40				151
私人控股	10586.3	162.2	1871.8	45.8	577.4	604.3		1.1	12262
独立门店	9362.4	175.2	936.5	61.2	713.3	604.3		1.1	9725.2
连锁总店	3235.5		504			2447			11106.4
其他	19701.5	476.3	–300.2	1926	540.1	50.5		7.5	39542.1

10-8 续表 11

分组	批发和零售业							
	三、损益及分配					四、人工成本及增值税		五、从事住宿和餐饮业活动的从业人员平均人数（人）
	营业外收入	政府补助	营业外支出	利润总额	应交所得税	应付职工薪酬（本年贷方累计发生额）	应交增值税	
化肥批发	5	5		349.5		400		106
农药批发				93.1		80.2		21
其他化工产品批发						199.8	47.4	64
机械设备、五金产品及电子产品批发	25			1273.1	20.2	500	160.5	143
农业机械批发				180.5	1.7	143	36.1	48
五金产品批发	25			2.4	0.2	47		12
电气设备批发				888.8	18.3	156.4	43.2	35
其他机械设备及电子产品批发				201.4		153.6	81.2	48
其他批发业				611.5	90.9	354.4	143.3	102
再生物资回收与批发				611.5	90.9	354.4	143.3	102
内资企业	25293.1	24805.9	1279.3	83506.9	15712.6	28192.4	30413.1	4223
国有企业	20076.5	20050.8	776.7	58473.3	15246.5	12610.4	19299.7	1232
集体企业	5	5		140		155		50
有限责任公司	4554	4325.1	4.5	3116.7	147.5	3459.9	1068.6	755
国有独资公司	1578.6	1528.6	1.2	252.2		648.7		5
其他有限责任公司	2975.4	2796.5	3.3	2864.5	147.5	2811.2	1068.6	750
股份有限公司	32.9		402.8	11399.6		7177.2	3018.4	979
私营企业	624.7	425	95.3	10377.3	318.6	4789.9	7026.4	1207
私营有限责任公司	504.2	425	95.3	10352.5	318.3	4510.4	6979.8	1131
私营股份有限公司	120.5			24.8	0.3	279.5	46.6	76
国有控股	24410.4	24122.9	1180.7	70152.2	15246.5	21873.8	22267.2	2489
集体控股	5	5		140		247		95
私人控股	877.7	678	98.6	13214.7	466.1	6071.6	8145.9	1639
独立门店	2880.3	2551.5	31	11619.7	686.6	7366.6	4385.7	1653
连锁总店	32.9		402.8	10736.5		6932.7	2967.5	911
其他	22379.9	22254.4	845.5	61150.7	15026	13893.1	23059.9	1659

10-8 续表 12

分　组	批发和零售业							
	法人企业数（个）	执行《2006 年企业会计准则》企业数（个）	一、年初存货	二、期末资产负债				
				流动资产合计	应收帐款	存货	固定资产合计	固定资产原价
大型	2	2	48638.6	592711.9	458401	60894.9	55902.7	93608.7
中型	18	16	32429.3	96429.8	33817.6	28106.7	9511.6	18968.1
小型	42	32	5788.4	76037	35551.5	7770.3	8914.1	10611
微型	5	3	317.3	5747	4320.3	337.3	204.9	283
二、零售业	273	229	74979.7	250516.5	35263.6	92408.1	130001.9	128549
综合零售	35	31	12855.2	58383	7253.8	26504	58668.9	68138.4
百货零售	16	14	4629.3	15066.7	474	9176.6	6570.5	10379.3
超级市场零售	19	17	8225.9	43316.3	6779.8	17327.4	52098.4	57759.1
食品、饮料及烟草制品专门零售	20	19	7329.1	16446.6	1572.4	7049.8	5789.1	7518.4
粮油零售	7	7	2334.8	3256.3	1106.5	1135.6	2203.1	2685.2
果品、蔬菜零售	1	1	11.7	102.3	71.1	31.2	855.5	893.9
肉、禽、蛋、奶及水产品零售	6	5	612.1	1008.2	234.4	624.8	1980.9	2123.9
酒、饮料及茶叶零售	5	5	4370.5	11844.1	91	5171	738.9	1803.3
其他食品零售	1	1		235.7	69.4	87.2	10.7	12.1
纺织、服装及日用品专门零售	6	5	438	2776.8	990.2	985.3	2145.1	3101.9
服装零售	2	2	35.5	279.3	173	60.3	56.6	72.2
鞋帽零售	1		371.3	902.3	165.4	405.7	798.2	982.6
箱、包零售	3	3	31.2	1595.2	651.8	519.3	1290.3	2047.1
文化、体育用品及器材专门零售	2	1	624.8	105	41.3	63.7	191.8	211.5
文具用品零售	1	1	142.2				39.8	46.5
珠宝首饰零售	1		482.6	105	41.3	63.7	152	165
医药及医疗器材专门零售	12	9	3935.3	12961.9	2084.2	6055.1	2274.1	3140.4
药品零售	11	8	3688.3	12656.7	2084.2	6055.1	2216.7	3081.5
医疗用品及器材零售	1	1	247	305.2			57.4	58.9
汽车、摩托车、燃料及零配件专门零售	119	100	40018.6	129352.7	15342.6	42353.1	53524.7	36923.1
汽车零售	115	96	38254.9	127184	15224.8	40779.1	19169.9	25493

10-8 续表 13

<table>
<tr><th rowspan="3">分　组</th><th colspan="8">批发和零售业</th></tr>
<tr><th colspan="8">二、期末资产负债</th></tr>
<tr><th>累计折旧</th><th>本年折旧</th><th>在建工程</th><th>资产总计</th><th>流动负债合计</th><th>应付账款</th><th>非流动负债合计</th><th>负债合计</th></tr>
<tr><td>大型</td><td>37706</td><td>2090.6</td><td>5941</td><td>683657.3</td><td>464943.2</td><td>50768.3</td><td>8</td><td>464951.2</td></tr>
<tr><td>中型</td><td>9456.5</td><td>1456.2</td><td>3838.1</td><td>119209.6</td><td>88742.9</td><td>33714.3</td><td>2373.6</td><td>91116.5</td></tr>
<tr><td>小型</td><td>1696.9</td><td>707.3</td><td>1168.6</td><td>89385.5</td><td>67548.5</td><td>26068.9</td><td>1852.3</td><td>69400.8</td></tr>
<tr><td>微型</td><td>78.1</td><td>24.9</td><td></td><td>6886</td><td>6098.1</td><td>1071.9</td><td>40.9</td><td>6139</td></tr>
<tr><td>二、零售业</td><td>31870</td><td>5474.4</td><td>10277.6</td><td>456080.9</td><td>236459.1</td><td>48740.9</td><td>57225.9</td><td>321245.3</td></tr>
<tr><td>综合零售</td><td>15569.3</td><td>912.9</td><td>2878.9</td><td>148463</td><td>75002.2</td><td>15141.6</td><td>10281.5</td><td>112219</td></tr>
<tr><td>百货零售</td><td>3808.8</td><td>137.1</td><td>39.9</td><td>47069.9</td><td>16010.1</td><td>9551</td><td>3896.8</td><td>46842.2</td></tr>
<tr><td>超级市场零售</td><td>11760.5</td><td>775.8</td><td>2839</td><td>101393.1</td><td>58992.1</td><td>5590.6</td><td>6384.7</td><td>65376.8</td></tr>
<tr><td>食品、饮料及烟草制品专门零售</td><td>1729.3</td><td>1227.6</td><td>44.3</td><td>24451.9</td><td>6686.8</td><td>3667</td><td>706.5</td><td>7393.3</td></tr>
<tr><td>粮油零售</td><td>482.1</td><td>88.1</td><td></td><td>5639.6</td><td>2899.7</td><td>1250.3</td><td>10</td><td>2909.7</td></tr>
<tr><td>果品、蔬菜零售</td><td>38.4</td><td>38.4</td><td></td><td>957.8</td><td>117.2</td><td>70.2</td><td>540.6</td><td>657.8</td></tr>
<tr><td>肉、禽、蛋、奶及水产品零售</td><td>143</td><td>78.5</td><td>40</td><td>3659.5</td><td>819.5</td><td>475.6</td><td>25.9</td><td>845.4</td></tr>
<tr><td>酒、饮料及茶叶零售</td><td>1064.4</td><td>1021.2</td><td>4.3</td><td>13618.6</td><td>2423</td><td>1672.2</td><td>130</td><td>2553</td></tr>
<tr><td>其他食品零售</td><td>1.4</td><td>1.4</td><td></td><td>576.4</td><td>427.4</td><td>198.7</td><td></td><td>427.4</td></tr>
<tr><td>纺织、服装及日用品专门零售</td><td>956.8</td><td>136.5</td><td>23.6</td><td>5010.7</td><td>2663.4</td><td>95.9</td><td>441</td><td>3104.4</td></tr>
<tr><td>服装零售</td><td>15.6</td><td>3.2</td><td></td><td>335.9</td><td>50.4</td><td>25.3</td><td></td><td>50.4</td></tr>
<tr><td>鞋帽零售</td><td>184.4</td><td>16.2</td><td></td><td>1743.7</td><td>1527.5</td><td>9.8</td><td></td><td>1527.5</td></tr>
<tr><td>箱、包零售</td><td>756.8</td><td>117.1</td><td>23.6</td><td>2931.1</td><td>1085.5</td><td>60.8</td><td>441</td><td>1526.5</td></tr>
<tr><td>文化、体育用品及器材专门零售</td><td>19.7</td><td>2.2</td><td></td><td>545.1</td><td>113.7</td><td>109.8</td><td></td><td>113.7</td></tr>
<tr><td>文具用品零售</td><td>6.7</td><td>2.2</td><td></td><td>288.1</td><td>36.8</td><td>32.9</td><td></td><td>36.8</td></tr>
<tr><td>珠宝首饰零售</td><td>13</td><td></td><td></td><td>257</td><td>76.9</td><td>76.9</td><td></td><td>76.9</td></tr>
<tr><td>医药及医疗器材专门零售</td><td>903</td><td>112.8</td><td>1833.1</td><td>23925.9</td><td>10909.9</td><td>4327.1</td><td>77.3</td><td>11349.8</td></tr>
<tr><td>药品零售</td><td>889</td><td>112.8</td><td>1833.1</td><td>23563.3</td><td>10909.9</td><td>4327.1</td><td>77.3</td><td>10987.2</td></tr>
<tr><td>医疗用品及器材零售</td><td>14</td><td></td><td></td><td>362.6</td><td></td><td></td><td></td><td>362.6</td></tr>
<tr><td>汽车、摩托车、燃料及零配件专门零售</td><td>10389.7</td><td>2493.2</td><td>5282.9</td><td>210008.6</td><td>118956</td><td>18137.2</td><td>43287</td><td>162238.4</td></tr>
<tr><td>汽车零售</td><td>6325</td><td>1658.9</td><td>5282.9</td><td>173386.1</td><td>118350.4</td><td>17896.4</td><td>7555.4</td><td>125901.2</td></tr>
</table>

分组	批发和零售业							
	二、期末资产负债							
	所有者权益	实收资本	国家资本	集体资本	法人资本	个人资本	港澳台资本	外商资本
大型	218706.1	99201.2	99201.2					
中型	28093.1	9249.9	4557.8	580	1153	2959.1		
小型	19984.7	13508.7	237.2	1300	5018.4	6953.1		
微型	747	794.6			560	234.6		
二、零售业	134835.6	931295	508.9	5018.6	60497.4	865151.9	83.1	35.1
综合零售	36244	48786.6	35.1	3505.1	34152	11024.2	35.1	35.1
百货零售	227.7	32994		70	31146.7	1777.3		
超级市场零售	36016.3	15792.6	35.1	3435.1	3005.3	9246.9	35.1	35.1
食品、饮料及烟草制品专门零售	17058.6	15889.6			1968.6	13921		
粮油零售	2729.9	1671			771	900		
果品、蔬菜零售	300	300				300		
肉、禽、蛋、奶及水产品零售	2814.1	1273.4			267.6	1005.8		
酒、饮料及茶叶零售	11065.6	12595.2			930	11665.2		
其他食品零售	149	50				50		
纺织、服装及日用品专门零售	1906.3	951.2			6	945.2		
服装零售	285.5	130				130		
鞋帽零售	216.2	208				208		
箱、包零售	1404.6	613.2			6	607.2		
文化、体育用品及器材专门零售	431.4	380				380		
文具用品零售	251.3	200				200		
珠宝首饰零售	180.1	180				180		
医药及医疗器材专门零售	12576.1	3548.2	386.3		2345	816.9		
药品零售	12576.1	3548.2	386.3		2345	816.9		
医疗用品及器材零售								
汽车、摩托车、燃料及零配件专门零售	47770.2	845816		1100	19472.3	825243.7		
汽车零售	47484.9	845600.7		1100	19386.8	825113.9		

10-8 续表 15

分组	批发和零售业							
	三、损益及分配							
	营业收入	主营业务收入	营业成本	主营业务成本	营业税金及附加	主营业务税金及附加	其他业务利润	销售费用
大型	712842.5	698543	581757	567747.6	41322.9	41322.9	111.1	21467.8
中型	336896.6	336861.8	293350.8	293344.8	1258.1	1257	295.2	25733.1
小型	150196.9	150196.9	131197.5	131197.5	763.2	763.2	289.6	6245.8
微型	3924	3924	3685.4	3685.4	17.5	17.5	35.2	284.6
二、零售业	849795.6	822700.9	740273.5	720346.2	6127.4	5953.7	19180.8	41138.9
综合零售	169351.3	145939	136543.6	119945.6	1647.9	1536.7	6402.3	14862.2
百货零售	57253.3	34836.7	46512.9	30025.5	387.2	296	798.7	8088.5
超级市场零售	112098	111102.3	90030.7	89920.1	1260.7	1240.7	5603.6	6773.7
食品、饮料及烟草制品专门零售	37357.5	37049.3	32811.4	32344.5	221.3	202.3	10956.7	1708.7
粮油零售	15089	15062.8	13666	13616	40.4	21.4		588.7
果品、蔬菜零售	588.1	588.1	416.4	416.4	1.9	1.9		7.3
肉、禽、蛋、奶及水产品零售	5803	5521	4653.8	4360.9	57.7	57.7		241.5
酒、饮料及茶叶零售	15326.1	15326.1	13607	13483	120.8	120.8	10956.7	860.2
其他食品零售	551.3	551.3	468.2	468.2	0.5	0.5		11
纺织、服装及日用品专门零售	8363.4	8259.5	6483.8	6452.6	74	73.5	283	500.7
服装零售	1499.4	1450.3	1184	1174.8	2	1.7	270.5	172.8
鞋帽零售	2186.7	2186.7	1685.2	1685.2	10.8	10.8		213.1
箱、包零售	4677.3	4622.5	3614.6	3592.6	61.2	61	12.5	114.8
文化、体育用品及器材专门零售	2127.5	2127.5	1875.2	1875.2	17.1	17.1		41.9
文具用品零售	1566.5	1566.5	1420.5	1420.5	5.1	5.1		21.3
珠宝首饰零售	561	561	454.7	454.7	12	12		20.6
医药及医疗器材专门零售	25677.6	25644.8	20169.1	20169.1	229.3	223.3	32.8	1714.5
药品零售	25152.2	25119.4	19902.3	19902.3	218.9	212.9	32.8	1640
医疗用品及器材零售	525.4	525.4	266.8	266.8	10.4	10.4		74.5
汽车、摩托车、燃料及零配件专门零售	490919.8	488136.6	443100.3	440528.9	2948.1	2923.1	572	15092.9
汽车零售	426896.2	425545.9	384816.6	383492	2857	2835	385.9	11641.3

10-8 续表 16

分　组	批发和零售业								
	三、损益及分配								
	管理费用	税金	财务费用	利息收入	利息支出	资产减值损失	公允价值变动收益	投资收益	营业利润
大型	17997.1	463.6	-1407.5	1920.4		2497.5		7.5	49215.1
中型	8947.6	52.3	1804.3	30.4	747.5	604.3			5201.4
小型	5270.9	135.3	733.3	36.4	503.7				6113.6
微型	83.8	0.3	10.2		2.2			1.1	-156.4
二、零售业	33667.6	1094.4	5802.3	466.5	2423.4	96.9	59.1	826.2	31438.4
综合零售	15896.5	513	1842.2	286.1	552.2	-155	-1.2	707.1	5184.6
百货零售	1266.8	44.2	811.8	43.3	444.8	-155.8			1189
超级市场零售	14629.7	468.8	1030.4	242.8	107.4	0.8	-1.2	707.1	3995.6
食品、饮料及烟草制品专门零售	621.4	18.8	125.6	9	89.4	8.4	4	5.6	1874.7
粮油零售	213.3	1.1	80.1		74.7				500.5
果品、蔬菜零售	48.9		0.4		0.4				113.2
肉、禽、蛋、奶及水产品零售	163.8	11	35.2	9	8	8.4	4	5.6	656.6
酒、饮料及茶叶零售	185.6	1.6	9.8		6.2				542.7
其他食品零售	9.8	5.1	0.1		0.1				61.7
纺织、服装及日用品专门零售	563.8	22.2	118.7	13	108.6	1.2	1.8	2.5	625.5
服装零售	78.6	0.4	5.3	5.4	0.1				56.7
鞋帽零售	247.8		21.6	1.3	20.3				8.2
箱、包零售	237.4	21.8	91.8	6.3	88.2	1.2	1.8	2.5	560.6
文化、体育用品及器材专门零售	35	4.8	4.3		4.3				154
文具用品零售	16.8	4.8	0.1		0.1				102.7
珠宝首饰零售	18.2		4.2		4.2				51.3
医药及医疗器材专门零售	1297.1	12.5	224	13.6	85.8	12		1	2032.6
药品零售	1241.4	12.5	203	13.6	85.8			1	1947.6
医疗用品及器材零售	55.7		21			12			85
汽车、摩托车、燃料及零配件专门零售	11222.1	276.2	2890.8	73.5	1342.7	126.4	12	60.5	16863.2
汽车零售	8762.6	244	2853.4	73.4	1305.2	125.4	2	40.5	17133.9

10–8 续表 17

分组	批发和零售业							
	三、损益及分配					四、人工成本及增值税		五、从事住宿和餐饮业活动的从业人员平均人数（人）
	营业外收入	政府补助	营业外支出	利润总额	应交所得税	应付职工薪酬（本年贷方累计发生额）	应交增值税	
大型	20109.4	20050.8	1150	68174.4	14980.9	17887.7	21645.9	1885
中型	4332.3	4077.1	123.5	10032.2	334.1	6647.3	5758.9	1248
小型	826.6	678	3.8	5480.4	391.2	3065.4	3008.3	936
微型	24.8		2	−180.1	6.4	592		154
二、零售业	1820.4	12.9	781.1	25991.7	1662.1	40554.3	13100.4	11155
综合零售	625.7	0.3	112.2	6284.3	350.3	15485.6	3099.7	5630
百货零售	110.9		49.2	3341.2	16.9	2666.4	1232.1	1460
超级市场零售	514.8	0.3	63	2943.1	333.4	12819.2	1867.6	4170
食品、饮料及烟草制品专门零售	92.6	2	221.5	1689.6	122	1361.9	367	538
粮油零售				488.1	22.2	550.4	85.4	196
果品、蔬菜零售				113.2	28.3	226.3	19.2	76
肉、禽、蛋、奶及水产品零售	92.6	2	31.9	589	1.2	241.6		101
酒、饮料及茶叶零售			189.6	437.6	54.9	314.2	257.3	158
其他食品零售				61.7	15.4	29.4	5.1	7
纺织、服装及日用品专门零售	355.9		18.2	440.2	5	688.8	17.6	190
服装零售				56.7	5	169.7	17.6	62
鞋帽零售				8.2		239.8		88
箱、包零售	355.9		18.2	375.3		279.3		40
文化、体育用品及器材专门零售				154	1.2	127.2	3.2	30
文具用品零售				102.7		96	3.2	20
珠宝首饰零售				51.3	1.2	31.2		10
医药及医疗器材专门零售	1.9		29.1	1738	107.2	1861.7	715.4	545
药品零售	1.9		29.1	1738	107.2	1849.7	715.4	540
医疗用品及器材零售						12		5
汽车、摩托车、燃料及零配件专门零售	484.8	10.6	175.4	12997.2	894.1	12247.2	7831.4	2683
汽车零售	482.3	10.6	150.6	12706.2	894.1	9998.3	7176.7	2449

10-8 续表 18

分组	批发和零售业							
	法人企业数（个）	执行《2006 年企业会计准则》企业数（个）	一、年初存货	二、期末资产负债				
				流动资产合计	应收帐款	存货	固定资产合计	固定资产原价
汽车零配件零售	1	1	14	50	12	10	15	55
摩托车及零配件零售	1	1	301	150.5	91		46	132
机动车燃料零售	2	2	1448.7	1968.2	14.8	1564	34293.8	11243.1
家用电器及电子产品专门零售	36	32	4677	12267.4	2527.4	4654.7	1727.3	2651.8
日用家电设备零售	23	20	4081	9351.4	1252.4	3909.8	687.9	1318.4
计算机、软件及辅助设备零售	12	11	596	2396.7	831.6	744.9	1032.9	1326.9
通信设备零售	1	1		519.3	443.4		6.5	6.5
五金、家具及室内装饰材料专门零售	14	9	1439.6	6613.5	2596.1	1431.6	2937.4	3267.7
五金零售	2	1	67.7	333.4	25.6	267.5	3.7	3.7
灯具零售	1	1	36.8	412.6	67.4	39.2	204.8	297.6
家具零售	8	6	598.9	4287.6	2453.1	419.8	2262.2	2370
卫生洁具零售	1		197.3	860		163	429.8	557.8
陶瓷、石材装饰材料零售	1		7.9	3.7			6.4	8.1
其他室内装饰材料零售	1	1	531	716.2	50	542.1	30.5	30.5
货摊、无店铺及其他零售业	29	23	3662.1	11609.6	2855.6	3310.8	2743.5	3595.8
互联网零售	16	13	1505.5	4032.6	1165.3	1689.9	1111.3	1452.8
其他未列明零售业	13	10	2156.6	7577	1690.3	1620.9	1632.2	2143
内资企业	273	229	74979.7	250516.5	35263.6	92408.1	130001.9	128549
国有企业	4	4	1107.9	2465.3	411.1	1107.9	721.7	1135.3
有限责任公司	70	60	27015.9	81414.9	4951	33198.1	18874.8	21681.5
其他有限责任公司	70	60	27015.9	81414.9	4951	33198.1	18874.8	21681.5
股份有限公司	14	12	4685.3	19214	6537.6	8222.1	36771.6	14308.7
私营企业	184	152	42120.6	147372.3	23363.9	49868	73475.7	91230.3
私营独资企业	8	7	1614.9	2003.9	259.6	1306.1	522.4	789.4
私营合伙企业	1	1	65.3	250.4	69.9	64.7	19.1	36
私营有限责任公司	171	140	38855.2	140706.8	21873.9	47753.3	72282.2	89473.4

10–8 续表 19

分 组	批发和零售业							
	二、期末资产负债							
	累计折旧	本年折旧	在建工程	资产总计	流动负债合计	应付账款	非流动负债合计	负债合计
汽车零配件零售	40	40		90	16		19	35
摩托车及零配件零售	86	20		270.5	105		45	150
机动车燃料零售	3938.7	774.3		36262	484.6	240.8	35667.6	36152.2
家用电器及电子产品专门零售	924.5	238.1	214.8	16427.1	9540.8	4124.2	961.1	10501.9
日用家电设备零售	630.5	154.4	159.8	11302.3	8127.8	3424.7	681.2	8809
计算机、软件及辅助设备零售	294	83.7	55	4449.3	942.2	409.1	134.8	1077
通信设备零售				675.5	470.8	290.4	145.1	615.9
五金、家具及室内装饰材料专门零售	525.3	193.3		11168.4	5574.8	341	190.3	6032.1
五金零售				381.2	226.2	−105.7		226.2
灯具零售	92.8	30		617.4	423.9			423.9
家具零售	302.8	163.3		7749.6	3230.1	40.6	149.5	3646.6
卫生洁具零售	128			1386	1052.1	336		1052.1
陶瓷、石材装饰材料零售	1.7			287.5	35.4		40.8	76.2
其他室内装饰材料零售				746.7	607.1	70.1		607.1
货摊、无店铺及其他零售业	852.4	157.8		16080.2	7011.5	2797.1	1281.2	8292.7
互联网零售	341.6	53.4		6392.5	2067.3	599.2	970.1	3037.4
其他未列明零售业	510.8	104.4		9687.7	4944.2	2197.9	311.1	5255.3
内资企业	31870	5474.4	10277.6	456080.9	236459.1	48740.9	57225.9	321245.3
国有企业	413.6	11.2	45	3307.2	2021	1161.4	11.4	2032.4
有限责任公司	8906.6	1788.6	1939.8	133637.3	75083.2	18842.5	7031.3	109057.9
其他有限责任公司	8906.6	1788.6	1939.8	133637.3	75083.2	18842.5	7031.3	109057.9
股份有限公司	4526.5	913.7	3917.8	59520.1	7278.5	2151	37199.6	44480
私营企业	17988.2	2760.9	4375	259393.9	152070.5	26586	12977.7	165663.2
私营独资企业	291.2	44		5373.3	3233.4	2972.8	587.7	3821.1
私营合伙企业	16.9	2.8		269.5	34.4	15		34.4
私营有限责任公司	17400.6	2677.6	4375	248618.4	146801.8	22763.7	12340	159756.8

10-8　续表 20

分　组	批发和零售业							
	二、期末资产负债							
	所有者权益	实收资本						
			国家资本	集体资本	法人资本	个人资本	港澳台资本	外商资本
汽车零配件零售	55	55			55			
摩托车及零配件零售	120.5	50.5			30.5	20		
机动车燃料零售	109.8	109.8				109.8		
家用电器及电子产品专门零售	5925.2	7073.5	87.5	73.5	1306	5558.5	48	
日用家电设备零售	2493.3	3893.7	27.5		570	3296.2		
计算机、软件及辅助设备零售	3372.3	3120.2	60	73.5	736	2202.7	48	
通信设备零售	59.6	59.6				59.6		
五金、家具及室内装饰材料专门零售	5136.3	5736			638	5098		
五金零售	155	145			135	10		
灯具零售	193.5	50			50			
家具零售	4103	5041			253	4788		
卫生洁具零售	333.9	200				200		
陶瓷、石材装饰材料零售	211.3	200			200			
其他室内装饰材料零售	139.6	100				100		
货摊、无店铺及其他零售业	7787.5	3113.9		340	609.5	2164.4		
互联网零售	3355.1	1944.8		300	494.5	1150.3		
其他未列明零售业	4432.4	1169.1		40	115	1014.1		
内资企业	134835.6	931295	508.9	5018.6	60497.4	865151.9	83.1	35.1
国有企业	1274.8	463.8	413.8		50			
有限责任公司	24579.4	160194.3	60	1083.5	35052.5	123950.3	48	
其他有限责任公司	24579.4	160194.3	60	1083.5	35052.5	123950.3	48	
股份有限公司	15040.1	11008.8		3400	3306	4302.8		
私营企业	93730.7	759417.5		500	22053.8	736863.7		
私营独资企业	1552.2	1107.4			207.2	900.2		
私营合伙企业	235.1	200				200		
私营有限责任公司	88861.6	757830.1		500	21746.6	735583.5		

10-8 续表 21

分组	批发和零售业							
	三、损益及分配							
	营业收入	主营业务收入	营业成本	主营业务成本	营业税金及附加	主营业务税金及附加	其他业务利润	销售费用
汽车零配件零售	50	40	26	22	5	2	18	5
摩托车及零配件零售	867.1	867.1	530	530	18	18		17
机动车燃料零售	63106.5	61683.6	57727.7	56484.9	68.1	68.1	168.1	3429.6
家用电器及电子产品专门零售	59520.8	59490.3	52531	52531	355	355	911	3838.3
日用家电设备零售	43796.4	43765.9	39260.8	39260.8	171.2	171.2	840	3516.8
计算机、软件及辅助设备零售	13528.3	13528.3	11166.7	11166.7	171.5	171.5	71	259.7
通信设备零售	2196.1	2196.1	2103.5	2103.5	12.3	12.3		61.8
五金、家具及室内装饰材料专门零售	20423.6	20423.6	17029.3	17029.3	159.5	159.5	18	1516.5
五金零售	2325.2	2325.2	2050.7	2050.7	4.1	4.1		227.1
灯具零售	2216.5	2216.5	1772.9	1772.9	6.4	6.4		169.9
家具零售	12358.2	12358.2	10276.7	10276.7	135.6	135.6	18	1112.7
卫生洁具零售	699	699	500.2	500.2	0.9	0.9		3.6
陶瓷、石材装饰材料零售	569.3	569.3	527.4	527.4	2.9	2.9		3.2
其他室内装饰材料零售	2255.4	2255.4	1901.4	1901.4	9.6	9.6		
货摊、无店铺及其他零售业	36054.1	35630.3	29729.8	29470	475.2	463.2	5	1863.2
互联网零售	19887.5	19745.2	15906	15816	381	369	5	952.5
其他未列明零售业	16166.6	15885.1	13823.8	13654	94.2	94.2		910.7
内资企业	849795.6	822700.9	740273.5	720346.2	6127.4	5953.7	19180.8	41138.9
国有企业	6239.3	6206.5	5253.2	5253.2	25.7	25.7	32.8	491.1
有限责任公司	216363.8	192933.5	184018.9	167261.1	1284.4	1190.9	12400.7	18287.5
其他有限责任公司	216363.8	192933.5	184018.9	167261.1	1284.4	1190.9	12400.7	18287.5
股份有限公司	110131.9	108709	98738.2	97495.4	324.4	298	223.3	4877.8
私营企业	516138.5	513929.8	451613.2	449686.5	4485.4	4431.6	6524	17479
私营独资企业	19839	19839	16900	16900	218.5	218.5	634.2	625.9
私营合伙企业	2093.1	2093.1	1794.4	1794.4	9.8	9.8		132.3
私营有限责任公司	486521.7	484594.5	426096.4	424243.7	4225.6	4171.8	5889.8	16418.8

10-8 续表 22

分组	批发和零售业								
	三、损益及分配								
	管理费用	税金	财务费用	利息收入	利息支出	资产减值损失	公允价值变动收益	投资收益	营业利润
汽车零配件零售	25	5				1	10	20	18
摩托车及零配件零售	14								288.1
机动车燃料零售	2420.5	27.2	37.4	0.1	37.5				-576.8
家用电器及电子产品专门零售	997.3	178.9	280.5	21.8	143.4	91.5	34.5	17.5	1476.7
日用家电设备零售	611.2	104.5	244.3	12.3	127.8	83.1			-93.5
计算机、软件及辅助设备零售	373.5	74.4	36	9.3	15.6	8.4	34.5	17.5	1564.5
通信设备零售	12.6		0.2	0.2					5.7
五金、家具及室内装饰材料专门零售	716.7	52.5	159	2.5	52.3				842.5
五金零售	50.5	5	2.1						-9.3
灯具零售	87		36.8		15.2				143.5
家具零售	357.7	46.6	44.8	2.5	37.1				430.6
卫生洁具零售	36.2		45.6						112.5
陶瓷、石材装饰材料零售	2.6	0.9	2.1						31.1
其他室内装饰材料零售	182.7		27.6						134.1
货摊、无店铺及其他零售业	2317.7	15.5	157.2	47	44.7	12.4	8	32	2384.6
互联网零售	1609.1	6.7	106	1	13.1	12.4	8	32	1806.5
其他未列明零售业	708.6	8.8	51.2	46	31.6				578.1
内资企业	33667.6	1094.4	5802.3	466.5	2423.4	96.9	59.1	826.2	31438.4
国有企业	445.7	5.4	-1.6	12.5	0.5			1	26.2
有限责任公司	6826.2	550.5	2504.4	72.3	873.6	-114.6	39	58	5647
其他有限责任公司	6826.2	550.5	2504.4	72.3	873.6	-114.6	39	58	5647
股份有限公司	3776.8	68.2	375.8	29.3	218.3	1.5	1.5		2038.9
私营企业	22615.4	468	2922.5	352.4	1331	208.8	19.8	769.5	23474.6
私营独资企业	628.5	110.8	138.7	2.3	71				1327.4
私营合伙企业	123.8		4.9		4.9				27.9
私营有限责任公司	21561.1	355	2792.2	303.8	1222.3	208.8	19.8	769.5	21879.2

10–8 续表 23

分组	批发和零售业							
	三、损益及分配					四、人工成本及增值税		五、从事住宿和餐饮业活动的从业人员平均人数（人）
	营业外收入	政府补助	营业外支出	利润总额	应交所得税	应付职工薪酬（本年货方累计发生额）	应交增值税	
汽车零配件零售						2		25
摩托车及零配件零售				303.1		18.5		7
机动车燃料零售	2.5		24.8	–12.1		2228.4	654.7	202
家用电器及电子产品专门零售	248.9		7	757.5	66.4	6758.7	563.5	827
日用家电设备零售	69		5	444.5	30.7	6127.3	345.6	671
计算机、软件及辅助设备零售	179.9		2	307.3	34.6	562.2	205.6	134
通信设备零售				5.7	1.1	69.2	12.3	22
五金、家具及室内装饰材料专门零售	0.6		2.4	628.7	0.8	967	222.7	295
五金零售				–14.5		18.4		26
灯具零售				143.5		26.6	64.5	8
家具零售	0.6		2.4	365.6	0.8	785.1	127.2	208
卫生洁具零售						33.9		8
陶瓷、石材装饰材料零售						24	5.3	10
其他室内装饰材料零售				134.1		79	25.7	35
货摊、无店铺及其他零售业	10		215.3	1302.2	115.1	1056.2	279.9	417
互联网零售	10		200	825	69.8	538.8	75.8	229
其他未列明零售业			15.3	477.2	45.3	517.4	204.1	188
内资企业	1820.4	12.9	781.1	25991.7	1662.1	40554.3	13100.4	11155
国有企业	1.9		26.6	1.5		517.9	141.7	216
有限责任公司	558.4	7	430	4546.3	137.5	14796.1	2278	4144
其他有限责任公司	558.4	7	430	4546.3	137.5	14796.1	2278	4144
股份有限公司	21	0.9	33.6	1535.2	214	4042.4	916.6	915
私营企业	1239.1	5	290.9	19908.7	1310.6	21183.5	9680.1	5870
私营独资企业	74		2.5	1290.2	19.8	680.6	51.4	255
私营合伙企业				27.9		69.2		34
私营有限责任公司	1163.5	5	273.1	18354.2	1246.2	20114.3	9569	5480

10-8 续表 24

分组	批发和零售业							
	法人企业数（个）	执行《2006 年企业会计准则》企业数（个）	一、年初存货	二、期末资产负债				
				流动资产合计	应收帐款	存货	固定资产合计	固定资产原价
私营股份有限公司	4	4	1585.2	4411.2	1160.5	743.9	652	931.5
其他企业	1	1	50	50		12	158.1	193.2
国有控股	5	5	2443	4171.8	411.1	2568.9	34990	12208.2
集体控股	5	4	3386.3	4580.5	788.6	3179.2	6490.7	505.5
私人控股	249	207	61196.5	221746.6	33596	72729.6	80496.5	101676.8
其他	14	13	7953.9	20017.6	467.9	13930.4	8024.7	14158.5
独立门店	240	204	64838.1	198254.3	30071.7	68246.9	71945	61764.2
连锁总店	5	3	4486.9	31849.8	1872.1	12252.8	47226.7	49038.4
连锁门店	6	6	3916	10394.5	146.9	9488.6	7077.5	12571.8
其他	22	16	1738.7	10017.9	3172.9	2419.8	3752.7	5174.6
大型	2	1	2745.2	23089.8	487.1	7841.4	46522.5	48145.1
中型	55	47	44315.2	124567.6	15313.9	49684.7	52284.1	39411.9
小型	132	113	20275.7	75127.2	14038.8	22030.3	18270.9	22850.3
微型	84	68	7643.6	27731.9	5423.8	12851.7	12924.4	18141.7
有店铺零售	251	213	73326.1	243833.1	33042.3	89981.5	127619.9	125060.2
食杂店	3	3	1164.9	370.4	94.9	159.7	1039.6	1113.7
便利店	6	4	433.5	1248.5	215.6	626	1282.5	1519.6
超市	32	30	10435.4	24184.8	7186.4	12669.5	14223.4	11704.8
大型超市	6	5	3446.8	32036	41.6	14379.6	46125	58274
百货店	5	4	271.2	4251.8	187.9	466.1	292.1	487.9
专业店	95	85	14152.8	47654.9	10566.7	12971.7	9557.9	12856.6
专卖店	91	72	38203.2	113206.9	11954.1	41643.5	52238	34962.3
家居建材商店	4	2	356.1	3850.8	2415.8	410	2008.6	2023.4
厂家直销中心	9	8	4862.2	17029	379.3	6655.4	852.8	2117.9
无店铺零售	22	16	1653.6	6683.4	2221.3	2426.6	2382	3488.8
网上商店	21	15	1636	5170.2	1606.1	1949.7	1160.7	1513.5

10-8　续表 25

分　组	批发和零售业							
	二、期末资产负债							
	累计折旧	本年折旧	在建工程	资产总计	流动负债合计	应付账款	非流动负债合计	负债合计
私营股份有限公司	279.5	36.5		5132.7	2000.9	834.5	50	2050.9
其他企业	35.1			222.4	5.9		5.9	11.8
国有控股	4207.6	781.7	45	39282	2328.2	1233.2	35679	38007.2
集体控股	114.6	22.5		11298.6	9940.9	1896.7		9940.9
私人控股	21414	4230.3	10100.1	355956.5	206363.9	37897.4	20651.5	227632.3
其他	6133.8	439.9	132.5	49543.8	17826.1	7713.6	895.4	45664.9
独立门店	17042.3	4845.8	9145.7	312574.9	167997.3	39271.2	50517.9	219132.1
连锁总店	7911.5	3.2	1108.3	89798.4	54295	2644.4	4301.4	58596.4
连锁门店	5494.3	319		38430.8	9353.9	5484.6	533.9	36831.2
其他	1421.9	306.4	23.6	15276.8	4812.9	1340.7	1872.7	6685.6
大型	7722.4		639	75042.4	47793.4	1820.7	4300	52093.4
中型	14336.4	3474.5	4841	202140	111769.3	22289.3	44665.2	156693.4
小型	4579.5	1308.5	4058.1	110423.2	60212.8	14860.8	6119.1	66330.1
微型	5231.7	691.4	739.5	68475.3	16683.6	9770.1	2141.6	46128.4
有店铺零售	30763.1	5299.8	10254	445391.6	232746.4	47761.2	55839	316145.7
食杂店	74.1	5.8		1420	644.9	617.5	10	654.9
便利店	237.1	78.5	40	3130	1132.9	662.2	69	1201.9
超市	3581.2	603	2247.7	41948.9	24948	9728.3	2520.9	27460.8
大型超市	12149	319.7	639	103365.3	45517.1	5612.3	4315.7	76776.2
百货店	195.8	66	9.9	7952.8	6473.2	506.2	3501	9974.2
专业店	3337.3	902.6	899.3	68190.3	36267	10957.4	2772.3	39400.1
专卖店	9713.7	2145.1	4261	191738.4	107217.6	17437.7	42614.1	149828.9
家居建材商店	209.8	106.2		6039	3111.7	34.1	6.5	3385.2
厂家直销中心	1265.1	1072.9	2157.1	21606.9	7434	2205.5	29.5	7463.5
无店铺零售	1106.9	174.6	23.6	10689.3	3712.7	979.7	1386.9	5099.6
网上商店	352.9	58.9		7909.5	2665.1	923.5	970.1	3635.2

10-8 续表 26

分组	批发和零售业							
	二、期末资产负债							
	所有者权益	实收资本						
			国家资本	集体资本	法人资本	个人资本	港澳台资本	外商资本
私营股份有限公司	3081.8	280			100	180		
其他企业	210.6	210.6	35.1	35.1	35.1	35.1	35.1	35.1
国有控股	1274.8	463.8	413.8		50			
集体控股	1357.7	1300		970	300	30		
私人控股	128324.2	897423.5	95.1	4018.6	30904.7	862286.9	83.1	35.1
其他	3878.9	32107.7		30	29242.7	2835		
独立门店	93442.8	890719.8	508.9	4718.6	28176.2	857197.9	83.1	35.1
连锁总店	31202	7380			2300	5080		
连锁门店	1599.6	30206.7			29292.7	914		
其他	8591.2	2988.5		300	728.5	1960		
大型	22949	5380			300	5080		
中型	45446.6	849048.9	386.3	3470	10174.2	835018.4		
小型	44093.1	30648.4	122.6	648.6	14743.4	15015.6	83.1	35.1
微型	22346.9	46217.7		900	35279.8	10037.9		
有店铺零售	129245.9	928200.2	508.9	4718.6	60002.9	862851.6	83.1	35.1
食杂店	765.1	710			10	700		
便利店	1928.1	895.2		30	275.4	589.8		
超市	14488.1	12637.6	198.8	3505.1	3869.3	4994.2	35.1	35.1
大型超市	26589.1	35972.7			29592.7	6380		
百货店	-2021.4	1900			1650	250		
专业店	28790.2	121192.1	250.1	10	8674.8	112257.2		
专卖店	41909.5	736804.1	60	1173.5	13551.7	721970.9	48	
家居建材商店	2653.8	3838			50	3788		
厂家直销中心	14143.4	14250.5			2329	11921.5		
无店铺零售	5589.7	3094.8		300	494.5	2300.3		
网上商店	4274.3	2494.8		300	494.5	1700.3		

10-8 续表 27

分组	批发和零售业							
	三、损益及分配							
	营业收入	主营业务收入	营业成本	主营业务成本	营业税金及附加	主营业务税金及附加	其他业务利润	销售费用
私营股份有限公司	7684.7	7403.2	6822.4	6748.4	31.5	31.5		302
其他企业	922.1	922.1	650	650	7.5	7.5		3.5
国有控股	67980.8	66525.1	61687.9	60445.1	88.9	88.9	200.9	3856.3
集体控股	28060	28060	22300.2	22300.2	85	85		3786.2
私人控股	672208.1	668846.8	585724.9	583686.7	5604.4	5517.5	18680.3	25844
其他	81546.7	59269	70560.5	53914.2	349.1	262.3	299.6	7652.4
独立门店	697750.9	693051	617980.3	614598.7	4691	4616	13547.2	28060.4
连锁总店	71026.5	71026.5	56604.9	56604.9	808.5	808.5	5289	4620.5
连锁门店	50482.2	28217	41243.5	24757	236.4	150	299.6	6869.2
其他	30536	30406.4	24444.8	24385.6	391.5	379.2	45	1588.8
大型	61615.6	61615.6	49325.2	49325.2	719.1	719.1	5289	3548.5
中型	410406.8	407060.7	372550.4	370778.7	1493.9	1468.5	12905.8	19245.2
小型	253635.9	251757.2	217911.3	216462.5	2707.2	2652.4	874.8	10636.6
微型	124137.3	102267.4	100486.6	83779.8	1207.2	1113.7	111.2	7708.6
有店铺零售	824823.7	797920.9	720633.6	700805.5	5684.5	5523.1	19135.8	39871.6
食杂店	2299.9	2273.7	1911.4	1911.4	11.9	10.9		135.3
便利店	4438.9	4416.9	3742.5	3211.8	55.5	52.5	18	277.4
超市	93683.9	92413.2	76220.2	76104.6	495.7	475.7	545.1	8503
大型超市	76031.6	54418.7	60870	44387.6	1111.4	1025	5289	5447.3
百货店	4996.3	4197.6	3641.9	3541.9	117	94.2	798.7	1382.2
专业店	188497.4	188101.5	164516.2	164275	1506.8	1505.9	933.1	8047.4
专卖店	422728.4	420006.3	382479.1	380142.9	2138.4	2117.3	582.7	13986.1
家居建材商店	9108.3	9108.3	7362.1	7362.1	82.1	82.1		1074.7
厂家直销中心	23039	22984.7	19890.2	19868.2	165.7	159.5	10969.2	1018.2
无店铺零售	24971.9	24780	19639.9	19540.7	442.9	430.6	45	1267.3
网上商店	23164.6	22973.2	18547.3	18448.1	388.7	376.4	45	1154.5

10-8 续表 28

分组	批发和零售业								
	三、损益及分配								
	管理费用	税金	财务费用	利息收入	利息支出	资产减值损失	公允价值变动收益	投资收益	营业利润
私营股份有限公司	302	2.2	-13.3	46.3	32.8				240.1
其他企业	3.5	2.3	1.2			1.2	-1.2	-2.3	251.7
国有控股	2851.4	32.6	35.8	12.6	38			1	-538.5
集体控股	1314.4	450	558.7		0.2				15.5
私人控股	27669.8	578.4	4854.4	401.9	2354.6	252	59.1	825.2	30336.5
其他	1832	33.4	353.4	52	30.6	-155.1			1624.9
独立门店	18504.8	589.7	4643.3	353	2310.8	243.5	51.1	123.3	26377.5
连锁总店	12761	450	740.7	0.2				670.9	779.9
连锁门店	1104.2	29.9	286.4	57.5	0.2	-156.6			1569.6
其他	1297.6	24.8	131.9	55.8	112.4	10	8	32	2711.4
大型	12722	450	629					670.9	-39.2
中型	11287.8	153.3	2929	279.5	1500	47.2		1	4881.2
小型	7434.3	390.6	1518.4	116	751.3	84	49.1	130.4	14371.5
微型	2223.5	100.5	725.9	71	172.1	-34.3	10	23.9	12224.9
有店铺零售	31694.6	1062.6	5604.9	457.5	2322.1	84.5	51.1	794.2	29113.4
食杂店	125	0.9	5.7		5.3				110.6
便利店	198.9	17	19	8.8	9.4	9.4	14	25.6	180.2
超市	3325.1	477.7	837.9	28.7	131.6	0.8	-1.2	36.2	4635.8
大型超市	12616.7	34.1	583.2	258.6		-156.2		670.9	1695.3
百货店	115.5	7.5	425.7	0.3	420.6	0.4			-686.4
专业店	4689.8	193.1	845	92.2	338	144.6	-10	32	8767.1
专卖店	9683.8	281.7	2760.6	63.6	1331.5	84.3	46.5	27	12921.1
家居建材商店	320.4	44.5	36	2.5	36.9				232.9
厂家直销中心	619.4	6.1	91.8	2.8	48.8	1.2	1.8	2.5	1256.8
无店铺零售	1973	31.8	197.4	9	101.3	12.4	8	32	2325
网上商店	1752.1	12	110.7	7.8	13.4	12.4	8	32	2084.9

10-8 续表 29

分组	批发和零售业							
	三、损益及分配					四、人工成本及增值税		五、从事住宿和餐饮业活动的从业人员平均人数（人）
	营业外收入	政府补助	营业外支出	利润总额	应交所得税	应付职工薪酬（本年货方累计发生额）	应交增值税	
私营股份有限公司	1.6		15.3	236.4	44.6	319.4	59.7	101
其他企业						14.4	84	10
国有控股	4.4		51.4	1.5		2708.3	792.5	402
集体控股	113.9		3.5	107.1	3.3	3893.3	484.6	1753
私人控股	1688.4	12.3	703.8	21900.7	1630.2	31847.3	10790.6	8170
其他	13.7	0.6	22.4	3982.4	28.6	2105.4	1032.7	830
独立门店	1590.8	12.9	473.1	18743.8	1489.7	30178.8	10395.4	7271
连锁总店	203.8		59.7	1594.7		7760.2	1519.2	2733
连锁门店	15.8		29.2	3941.5	-1.8	1353	899.3	684
其他	10		219.1	1711.7	174.2	1262.3	286.5	467
大型	203.8		59.7	775.6		7139	1519.2	2603
中型	252.2	7.3	391	3029.8	634.5	21861.6	3377.8	5008
小型	1182.9	2	276.6	9867.5	742.2	9349.1	5962.6	2669
微型	181.5	3.6	53.8	12318.8	285.4	2204.6	2240.8	875
有店铺零售	1810.4	12.9	562.9	24666.4	1569.5	39509.5	12940.4	10795
食杂店				78.2		124.1	0.6	64
便利店	27.6	2	31.9	189.1	3	280.6		107
超市	495.6	0.3	21	2920.7	129.3	8703.8	915	3922
大型超市	180.4		75.8	4577.2	224.4	6703.5	2021.3	1739
百货店	16.6		15.4	-641.4	2.2	624.7	214.8	212
专业店	93.1	10.6	84.6	7428.3	435	11337	2106.7	1858
专卖店	640.7		142.2	8989.6	642	10428.1	7121.7	2450
家居建材商店	0.6		2.4	231.1	0.8	670.3	93.4	169
厂家直销中心	355.8		189.6	893.6	132.8	637.4	466.9	274
无店铺零售	10		218.2	1325.3	92.6	1044.8	160	360
网上商店	10		200	1103.4	92.6	856.1	160	348

10-8 续表 30

分组	批发和零售业							
	法人企业数（个）	执行《2006年企业会计准则》企业数（个）	一、年初存货	二、期末资产负债				
				流动资产合计			固定资产合计	固定资产原价
					应收帐款	存货		
三、批发业按地区分组	67	53	87173.6	770925.7	532090.4	97109.2	74533.3	123470.8
吉州区	6	5	4010.3	436553.4	428988.2	3346.5	32285.4	50701.6
青原区	5	4	55741.3	195296.6	51788.9	68460.4	26267.8	46659.1
吉安县	3	3	784.7	1678.4	539.7	937.1	1205.2	1338
吉水县	11	10	1678.3	45323.7	29368.8	1293.6	845.2	1119.4
峡江县	2		1069.8	5751.3	2685.4	563.2	223.9	263.4
新干县	8	7	6904	9581.8	2654.1	4299.4	3243.7	8744.1
永丰县	7	7	917.6	17545	7860.5	2232.5	653.6	785.6
泰和县	5	4	864.9	6070.4	1982.2	1146.9	2963	3658
遂川县	1	1		331.8	110.6	201.7		
万安县	1	1	13.7	106.7	92.8	13.9	1000	1010
安福县	15	8	13220.9	47077.9	4685.6	13296.7	5128.6	8192.4
永新县	2	2	1885.5	5457.1	1311.6	1235.5	550.7	665.6
井冈山市	1	1	82.6	151.6	22	81.8	166.2	333.6
四、零售业按地区分组	273	229	74979.7	250516.5	35263.6	92408.1	130001.9	128549
吉州区	30	25	25312.3	85624	2797.3	36185.1	85641.9	79193.9
青原区	24	12	17850.6	51370.3	6275.6	20519.4	10648.8	6541.4
吉安县	31	31	7441.1	27786	3614.5	7057.8	3464.8	4658.1
吉水县	7	7	1186.3	2305.7	215.5	936.1	830.7	1061.9
峡江县	6	5	2171.3	15123.8	769.5	3026.1	2448.8	3026.6
新干县	31	30	1879.8	11731.5	4360.7	2670.6	4969.1	6522.4
永丰县	14	13	1666.2	3893.9	362.6	1903.4	775.9	998.8
泰和县	27	24	3062.6	7330.6	2492.1	3218.4	3986.3	4681.4
遂川县	35	29	5080.1	14861	4351	5680.6	6892.7	8643.6
万安县	19	17	2434.3	14260.6	7446.8	5218.8	3279.1	4264
安福县	24	17	3596.5	9920.7	1206.3	3296.5	1495	1763.4
永新县	25	19	3298.6	6308.4	1371.7	2695.3	5568.8	7193.5

分组	批发和零售业							
	二、期末资产负债							
	累计折旧	本年折旧	在建工程	资产总计	流动负债合计	应付账款	非流动负债合计	负债合计
三、批发业按地区分组	48937.5	4279	10947.7	899138.4	627332.7	111623.4	4274.8	631607.5
吉州区	18416.2	135.6	4121.2	496189.7	393030.2	5159		393030.2
青原区	20391.3	2539.3	2271.1	231014	95312	63115.9	130.2	95442.2
吉安县	132.8	19.2		2883.6	1252.8	165		1252.8
吉水县	274.2	58.1	258.8	47603	44212.1	19273.6	419.7	44631.8
峡江县	39.5	16.7		6132.8	5018.5	3544.8	19.9	5038.4
新干县	5500.4	401.5	917.8	16563.8	9778.5	1040.1	1825.2	11603.7
永丰县	132	53.3		19162.9	17679.2	3722.3	83.1	17762.3
泰和县	695	487.3	458.5	9937.7	6603.4	1115.3		6603.4
遂川县				361.7	180.1	30.7	29.6	209.7
万安县	10	10		1116.7	100	60	16.7	116.7
安福县	3063.8	517.3	2719.2	61257.7	49582	13112.7	758.4	50340.4
永新县	114.9	28.5	201.1	6597	4224.5	1253	992	5216.5
井冈山市	167.4	12.2		317.8	359.4	31		359.4
四、零售业按地区分组	31870	5474.4	10277.6	456080.9	236459.1	48740.9	57225.9	321245.3
吉州区	20541.5	2494.5	2347.4	209141.6	98744.1	13300	44990.1	170677.6
青原区	1992.4	433.4	2858.8	76109.7	57018	11380.1	2912.3	59930.3
吉安县	1194.2	292.7	30	37879.2	22502.3	5971.4	532	23036.2
吉水县	231.2	68.6		3191.6	2072.5	1082.7	11	2083.5
峡江县	577.8	183.4	153.7	17901.3	13110.3	494.3	32	13142.3
新干县	1553.3	408.7	1687.8	20871.2	10614.5	2771.4	931.5	11544.2
永丰县	223.9	73.6	27.3	5374	3872.2	2108.7	149.1	4021.3
泰和县	695.1	248.1	739.5	16267.1	7431.7	3031.6	849.3	8281
遂川县	1982.6	702.9		23638	7215.6	3461.2	1688.4	9520.8
万安县	984.9	294	2255	18105.8	3284.6	1719	2905.2	6189.8
安福县	268.4	76.4	136.8	12763.3	4425.1	1564.7	889.3	5314.4
永新县	1624.7	198.1	41.3	14838.1	6168.2	1855.8	1335.7	7503.9

10-8 续表 32

分组	批发和零售业							
	二、期末资产负债							
	所有者权益	实收资本	国家资本	集体资本	法人资本	个人资本	港澳台资本	外商资本
三、批发业按地区分组	267530.9	122754.4	103996.2	1880	6731.4	10146.8		
吉州区	103159.5	99976.4	98947.4	260	390	379		
青原区	135571.8	1983.8	1053.8		30	900		
吉安县	1630.8	1487			987	500		
吉水县	2971.2	1541.3		500	371.1	670.2		
峡江县	1094.4	1255.1			6	1249.1		
新干县	4960.1	3596.5	1631.3		350	1615.2		
永丰县	1400.6	2712.1	200		1211.8	1300.3		
泰和县	3334.3	3556	1200		668	1688		
遂川县	152	100			100			
万安县	1000	1000	100	800	100			
安福县	10917.3	5043.7	863.7		2365	1815		
永新县	1380.5	472.5		320	152.5			
井冈山市	-41.6	30				30		
四、零售业按地区分组	134835.6	931295	508.9	5018.6	60497.4	865151.9	83.1	35.1
吉州区	38464	60593.5			31142.2	29451.3		
青原区	16179.4	713655.2		600	6915.2	706140		
吉安县	14843	108957.4			2975.2	105982.2		
吉水县	1108.1	1215		70	315	830		
峡江县	4759	2540			1705	835		
新干县	9327	5159.7		300	3607	1252.7		
永丰县	1352.7	1231	27.5		303.5	900		
泰和县	7986.1	6422.1		30	3317.8	3074.3		
遂川县	14117.2	10760.7	222.6		2447.7	8090.4		
万安县	11916	9806.8	95.1	4008.6	2618.8	2966.1	83.1	35.1
安福县	7448.9	5002.9			1916.6	3086.3		
永新县	7334.2	5950.7	163.7	10	3233.4	2543.6		

10-8 续表 33

分组	批发和零售业							
	三、损益及分配							
	营业收入	主营业务收入	营业成本	主营业务成本	营业税金及附加	主营业务税金及附加	其他业务利润	销售费用
三、批发业按地区分组	1203860	1189525.7	1009990.7	995975.3	43361.7	43360.6	731.1	53731.3
吉州区	381404	372620.1	345875.4	337224	402.5	402.5	380.8	15162.7
青原区	510402.5	504852.1	399612.2	394248.2	41376.2	41376.2	137.4	14352.7
吉安县	18648.3	18648.3	15741.9	15741.9	17.7	17.7		1108.6
吉水县	19239.1	19239.1	13611.1	13611.1	217.2	217.2	124	3295.7
峡江县	29992.4	29992.4	28751.2	28751.2	58.3	58.3		1320
新干县	70108.5	70108.5	60997.7	60997.7	411.4	411.4		3807.3
永丰县	35740.5	35740.5	17243.9	17243.9	330.9	330.9		12096.7
泰和县	29695.2	29695.2	27165	27165	11	11		1225.8
遂川县	3194.4	3194.4	2539.1	2539.1	31.6	31.6		101.8
万安县	4701	4701	3600	3600	22.8	22.8		
安福县	87976.5	87976.5	83035.7	83035.7	196	194.9	53.3	1131.6
永新县	11751.5	11751.5	10980.7	10980.7	284.1	284.1	35.6	110.6
井冈山市	1006.1	1006.1	836.8	836.8	2	2		17.8
四、零售业按地区分组	849795.6	822700.9	740273.5	720346.2	6127.4	5953.7	19180.8	41138.9
吉州区	268578.6	243746.3	238868.5	221125.1	1154.4	1063.2	17550.1	17238.3
青原区	171603.3	171130.7	156880.1	156085.5	534.6	533.9	138.7	8319.4
吉安县	107302	107302	97619.5	97618.3	381.4	379.4	18	3468.2
吉水县	9891.9	9891.9	8373.1	8373.1	128.5	128.5		458.6
峡江县	31567.3	31567.3	29784.6	29784.6	32.7	32.3		535.3
新干县	54445.6	54341.5	44753.7	44722.5	538.5	532	96	3147.1
永丰县	20581.7	20519.4	17252.9	17212.9	163.3	163.3	230.5	1438.9
泰和县	20629.6	19893.7	15928.9	15269.7	781.7	746.7	18	1028.2
遂川县	68478.7	68444.3	51694.9	51694.9	802.1	802.1	350.4	2144.9
万安县	33820.1	32967.5	24038.3	23380.6	1263.1	1227	101.8	1097.9
安福县	34185.7	34185.7	30298.4	30298.4	168.8	167	43.1	1211.3
永新县	28711.1	28710.6	24780.6	24780.6	178.3	178.3	634.2	1050.8

10-8 续表 34

分组	批发和零售业								
	三、损益及分配								
	管理费用	税金	财务费用	利息收入	利息支出	资产减值损失	公允价值变动收益	投资收益	营业利润
三、批发业按地区分组	32299.4	651.5	1140.3	1987.2	1253.4	3101.8		8.6	60373.7
吉州区	4087.2	121.6	520.5	1.3	-1.2	2447			12908.7
青原区	14932.6	466.1	-1785.2	1925.6	79.6	654.8		7.5	41394
吉安县	1025.8	6.9	42.9	5.5	27.4				711.4
吉水县	1738.3	2	58.9	0.4	31			1.1	319
峡江县	144.2		1	2.5					-282.3
新干县	3571.4	36.3	396.9	41.3	326.1				923.8
永丰县	2885.1	7.7	72.4	0.6	15.2				3111.5
泰和县	772.5	1	130.5	3.7	112.6				393.4
遂川县	60.1		21.6		21.6				440.2
万安县	22								1056.2
安福县	2643.7	9.9	1551.6	5.1	510.7				-582.1
永新县	319.7		40		40				16.4
井冈山市	96.8		89.2	1.2	90.4				-36.5
四、零售业按地区分组	33667.6	1094.4	5802.3	466.5	2423.4	96.9	59.1	826.2	31438.4
吉州区	17535.9	108.1	2129.2	68.3	1118.1	-155.1	1.5	670.9	-1685.5
青原区	3816.3	493.7	1460.5	32.2	443.5	56	4	5.6	1801.9
吉安县	2610.1	16.6	434.6	65.3	138.3	11			2777.2
吉水县	824.8	0.8	134.5		1.6			3.9	452.5
峡江县	364.8	20.3	18.4	3.7	13.2				831.5
新干县	1916.4	44.5	330	16.9	227	84.3	1.8	2.5	3677.4
永丰县	702.7	7.3	60	1.1	18.2	0.4			963.5
泰和县	492.2	41.5	117.7	12.1	31.2	39.5	8	83	2332.4
遂川县	2976	84.7	484.8	232	120.3	14.4		1	10662.1
万安县	625.3	136	300.2	27.3	114	46.1	43.8	59.3	6552.3
安福县	525.8	10.7	68.6	1.5	25.8	0.3			1912.8
永新县	1277.3	130.2	263.8	6.1	172.2				1160.3

10–8 续表 35

分　组	批发和零售业							
	三、损益及分配					四、人工成本及增值税		五、从事住宿和餐饮业活动的从业人员平均人数（人）
	营业外收入	政府补助	营业外支出	利润总额	应交所得税	应付职工薪酬（本年货方累计发生额）	应交增值税	
三、批发业按地区分组	25293.1	24805.9	1279.3	83506.9	15712.6	28192.4	30413.1	4223
吉州区	32.9		431.3	12112.2	269.4	8503.8	3597.2	1136
青原区	20079.5	20050.8	747.7	61338.7	15025.6	12234.6	20608.8	1228
吉安县				711.4		283.5	6.6	50
吉水县				264.4	97	504.1	822.2	173
峡江县	51.1			–231.4	5.6	656.9	451.7	171
新干县	2555.1	2543.5		3478.8	21.6	1625.6	417.4	381
永丰县	25		96.3	2985.1	39.9	1152.5	2610.6	341
泰和县	167.4			571	0.3	956.5	46.6	236
遂川县				440.2	110	91		21
万安县						107.6		30
安福县	2256.6	2206.6	4	1731.1	143.2	1748.6	1852	345
永新县	125.5	5		141.9		206.2		65
井冈山市				–36.5		121.5		46
四、零售业按地区分组	1820.4	12.9	781.1	25991.7	1662.1	40554.3	13100.4	11155
吉州区	355.2		326.2	2608.8	70.6	14421.6	3216.6	2791
青原区	205.6		109.1	1146	280.6	7172.4	2198.4	2572
吉安县	96.3	10	38.4	2557	76.1	2474.6	131.9	1038
吉水县				–114.3	1.2	1011.9	89.4	374
峡江县	47.8	0.6		865.4	192.2	575.1	4114.6	257
新干县	666.5		50	3305.1	453.4	1651.2	911.1	508
永丰县	0.1			962.5	40.7	1034.7	420.1	399
泰和县	78.1	2	42.6	1478.1	39.6	2538.5	145	554
遂川县	1		31.1	10066	275.3	4842	1024.7	904
万安县	320.2	0.3	150	948.3	16.2	1589.4	281.1	486
安福县	4.4		10.8	1667.1	212.9	1564.4	307.6	567
永新县	45.2		22.9	501.7	3.3	1678.5	259.9	705

10-9 限额以上批发零售法人企业商品购进、销售和库存

单位：万元

分　组	批发和零售业							
	法人企业数（个）	从业人员期末人数（人）	商品购进额	进口	商品销售额	其中：通过公共网络实现的销售额	其中：通过非自营平台实现的商品销售额	其中：使用银行卡支付的商品销售额
总计	340	16340	1796272.3	2458	2089467	263126.5	17062.7	377875.1
一、批发业	67	4864	1043714.7		1250836.6	168845.6	5180	260681.8
农、林、牧产品批发	4	350	43675.7		38636.5			
谷物、豆及薯类批发	4	350	43675.7		38636.5			
食品、饮料及烟草制品批发	10	1823	330914.8		436091.4	136850.5	5180	241485.7
米、面制品及食用油批发	2	399	27143.7		30581.2			
肉、禽、蛋、奶及水产品批发	3	98	15412.5		18569.7			
盐及调味品批发	1	173	3048.5		7494.6			
酒、饮料及茶叶批发	2	72	3010.6		5596.6	2686.9	78	
烟草制品批发	1	1051	281739.5		368747.3	129061.6		239685.7
其他食品批发	1	30	560		5102	5102	5102	1800
纺织、服装及家庭用品批发	3	166	30336.1		30431.2			
化妆品及卫生用品批发	1	126	5600		5711			
家用电器批发	1	20	22236.1		22520.2			
其他家庭用品批发	1	20	2500		2200			
文化、体育用品及器材批发	1	12	3577.6		4209			
文具用品批发	1	12	3577.6		4209			
医药及医疗器材批发	20	898	159162.2		226212.8	29345.1		539.7
西药批发	4	288	5505.7		35250.6	29286.3		
中药批发	8	518	134436.9		160426.7	58.8		539.7
医疗用品及器材批发	8	92	19219.6		30535.5			
矿产品、建材及化工产品批发	19	1362	436637.3		474938.6			16640.8
煤炭及制品批发	1	5	6347		6815.8			
石油及制品批发	1	911	350830.1		385861			
金属及金属矿批发	6	114	40215.3		40564.5			6887.8
建材批发	4	112	11688.6		13368.9			

10-9 续表 1

分组	批发和零售业						
	批发额	出口	零售额	其中：通过公共网络实现的零售额	其中：通过非自营平台实现的零售额	期末商品库存额	年末零售营业面积(平方米)
总计	1194090.5	2812	895376.5	85858.5	12105.5	308780.2	604736
一、批发业	1161876.2	2810	88960.4	5840.9	5102	213221.2	135786
农、林、牧产品批发	36107.9		2528.6			43651	12887
谷物、豆及薯类批发	36107.9		2528.6			43651	12887
食品、饮料及烟草制品批发	429705.3		6386.1	5102	5102	135211.8	4980
米、面制品及食用油批发	30581.2					74867.5	1800
肉、禽、蛋、奶及水产品批发	18566.5		3.2			60.9	2300
盐及调味品批发	7494.6					589	450
酒、饮料及茶叶批发	4315.7		1280.9			602.2	310
烟草制品批发	368747.3					58469.5	
其他食品批发			5102	5102	5102	622.7	120
纺织、服装及家庭用品批发	26369.8		4061.4			1236.8	3220
化妆品及卫生用品批发	2969.8		2741.2			884.6	1600
家用电器批发	22000		520.2			42.2	420
其他家庭用品批发	1400		800			310	1200
文化、体育用品及器材批发	2946.4		1262.6			10.2	196
文具用品批发	2946.4		1262.6			10.2	196
医药及医疗器材批发	210422.9		15789.9	58.8		12170	24039
西药批发	22799.5		12451.1			1103.2	9300
中药批发	158081.9		2344.8	58.8		9954.8	12759
医疗用品及器材批发	29541.5		994			1112	1980
矿产品、建材及化工产品批发	419792.7		55145.9			18669.6	80787
煤炭及制品批发	6815.8					15	200
石油及制品批发	336577.6		49283.4			11595.7	62350
金属及金属矿批发	40564.5					3003.8	3194
建材批发	12074.4		1294.5			223.5	4763

10-9 续表 2

分　　组	批发和零售业							
	法人企业数（个）	从业人员期末人数（人）	商品购进额	进口	商品销售额	其中：通过公共网络实现的销售额	其中：通过非自营平台实现的商品销售额	其中：使用银行卡支付的商品销售额
化肥批发	5	135	20485.9		20754.7			9753
农药批发	1	21	3565		3635			
其他化工产品批发	1	64	3505.4		3938.7			
机械设备、五金产品及电子产品批发	7	150	27421.4		29177.6	2650		2015.6
农业机械批发	4	51	8222		8463.6			2015.6
五金产品批发	1	12	3399.8		3490.1	2650		
电气设备批发	1	35	7674		9342.6			
其他机械设备及电子产品批发	1	52	8125.6		7881.3			
其他批发业	3	103	11989.6		11139.5			
再生物资回收与批发	3	103	11989.6		11139.5			
内资企业	67	4864	1043714.7		1250836.6	168845.6	5180	260681.8
国有企业	5	1356	295024.4		387414.8	129061.6		239685.7
集体企业	1	50	8840		8950			8950
有限责任公司	20	1079	145052.7		150034.8	5102	5102	2654.1
国有独资公司	1	143	8949.9		13727.6			
其他有限责任公司	19	936	136102.8		136307.2	5102	5102	2654.1
股份有限公司	4	1016	369872.4		408250.1			6033.7
私营企业	37	1363	224925.2		296186.9	34682	78	3358.3
私营有限责任公司	34	1279	216522		287539.7	34682	78	3358.3
私营股份有限公司	3	84	8403.2		8647.2			
国有控股	10	2966	715864.6		840361.3	129061.6		239685.7
集体控股	2	95	12000		11630			8950
私人控股	55	1803	315850.1		398845.3	39784	5180	12046.1
独立门店	46	2001	331499.8		390869.1	34388.3	5102	13568.6
连锁总店	1	911	350830.1		385861			
其他	20	1952	361384.8		474106.5	134457.3	78	247113.2

10–9 续表 3

分　组	批发和零售业						
	批发额	出口	零售额	其中：通过公共网络实现的零售额	其中：通过非自营平台实现的零售额	期末商品库存额	年末零售营业面积(平方米)
化肥批发	16186.7		4568			3345.9	9460
农药批发	3635					485.6	320
其他化工产品批发	3938.7					0.1	500
机械设备、五金产品及电子产品批发	25391.7	2810	3785.9	680.1		1023.6	5677
农业机械批发	6416		2047.6			729.3	2757
五金产品批发	2810	2810	680.1	680.1		25.6	1600
电气设备批发	9342.6					4.5	320
其他机械设备及电子产品批发	6823.1		1058.2			264.2	1000
其他批发业	11139.5					1248.2	4000
再生物资回收与批发	11139.5					1248.2	4000
内资企业	1161876.2	2810	88960.4	5840.9	5102	213221.2	135786
国有企业	387414.8					59346.4	6950
集体企业	5500		3450			1890	4500
有限责任公司	140566.7		9468.1	5102	5102	121792.5	21237
国有独资公司	13727.6					6856.3	5000
其他有限责任公司	126839.1		9468.1	5102	5102	114936.2	16237
股份有限公司	358966.7		49283.4			15034.5	63650
私营企业	269428	2810	26758.9	738.9		15157.8	39449
私营有限责任公司	260784	2810	26755.7	738.9		14541.3	34249
私营股份有限公司	8644		3.2			616.5	5200
国有控股	789087.3		51274			189313.7	82312
集体控股	7700		3930			2507.3	7500
私人控股	365088.9	2810	33756.4	5840.9	5102	21400.2	45974
独立门店	359518.8		31350.3	5102	5102	129995.1	58744
连锁总店	336577.6		49283.4			11595.7	62350
其他	465779.8	2810	8326.7	738.9		71630.4	14692

10-9 续表 4

分组	批发和零售业							
	法人企业数（个）	从业人员期末人数（人）	商品购进额		商品销售额	其中：通过公共网络实现的销售额		其中：使用银行卡支付的商品销售额
				进口			其中：通过非自营平台实现的商品销售额	
大型	2	1962	632569.6		754608.3	129061.6		239685.7
中型	18	1695	271701.7		331791.7	29286.3		14983.7
小型	42	1008	135230.7		159840.8	10497.7	5180	3142.7
微型	5	199	4212.7		4595.8			2869.7
二、零售业	273	11476	752557.6	2458	838630.4	94280.9	11882.7	117193.3
综合零售	35	5782	156200.6	8	177247.6	27040.7		28343.2
百货零售	16	1537	41541.9	8	63119.7	27040.7		16630.5
超级市场零售	19	4245	114658.7		114127.9			11712.7
食品、饮料及烟草制品专门零售	20	528	27709.4		37327.2	1458.5	815.3	593.8
粮油零售	7	184	14869.7		15247.4			
果品、蔬菜零售	1	78			588.1			
肉、禽、蛋、奶及水产品零售	6	101	5003.5		5414.1	907.2	264	481.1
酒、饮料及茶叶零售	5	158	7423.8		15526.3			
其他食品零售	1	7	412.4		551.3	551.3	551.3	112.7
纺织、服装及日用品专门零售	6	233	5268.6		9942.9	7657.8		152.8
服装零售	2	62	1363.5		1768.4	872		
鞋帽零售	1	88	1023.6		2186.7	2186.7		
箱、包零售	3	83	2881.5		5987.8	4599.1		152.8
文化、体育用品及器材专门零售	2	30	2135.9		2127.5			100.3
文具用品零售	1	20	1653.8		1566.5			
珠宝首饰零售	1	10	482.1		561			100.3
医药及医疗器材专门零售	12	583	24409.2		26103.5			10.9
药品零售	11	578	23809.8		25578.1			10.9
医疗用品及器材零售	1	5	599.4		525.4			
汽车、摩托车、燃料及零配件专门零售	119	2740	429772.2	1600	467424.6	31007.5	430	70508.1
汽车零售	115	2473	368119.7	1600	403331	30977.5	400	69998.1

10-9 续表 5

分组	批发和零售业						
	批发额	出口	零售额	其中：通过公共网络实现的零售额	其中：通过非自营平台实现的零售额	期末商品库存额	年末零售营业面积(平方米)
大型	705324.9		49283.4			70065.2	62350
中型	307294.4		24497.3			135354	32965
小型	145766.5	2810	14074.3	5840.9	5102	7520.1	38821
微型	3490.4		1105.4			281.9	1650
二、零售业	32214.3	2	806416.1	80017.6	7003.5	95559	468950
综合零售	4760.8	2	172486.8	27040.7		20138.7	238063
百货零售	1760.8	2	61358.9	27040.7		4759.3	160058
超级市场零售	3000		111127.9			15379.4	78005
食品、饮料及烟草制品专门零售	1796.9		35530.3	1400.7	815.3	12479.1	12027
粮油零售	359.8		14887.6			8333.9	6296
果品、蔬菜零售			588.1			17.7	400
肉、禽、蛋、奶及水产品零售	990.1		4424	849.4	264	539.3	2381
酒、饮料及茶叶零售	447		15079.3			3563.5	2720
其他食品零售			551.3	551.3	551.3	24.7	230
纺织、服装及日用品专门零售	2365.9		7577	6421.3		608.4	35349
服装零售			1768.4	872		55.6	1663
鞋帽零售	1236.5		950.2	950.2		386.5	23000
箱、包零售	1129.4		4858.4	4599.1		166.3	10686
文化、体育用品及器材专门零售			2127.5			586.4	740
文具用品零售			1566.5			132.5	600
珠宝首饰零售			561			453.9	140
医药及医疗器材专门零售	7240.8		18862.7			5978.2	9114
药品零售	7240.8		18337.3			5778.2	8854
医疗用品及器材零售			525.4			200	260
汽车、摩托车、燃料及零配件专门零售	2833.4		464591.2	24134.8	60	46183.2	98287
汽车零售	2805.4		400525.6	24112.8	50	44513.2	93932

10–9 续表 6

分　组	批发和零售业							
	法人企业数（个）	从业人员期末人数（人）	商品购进额	进口	商品销售额	其中：通过公共网络实现的销售额	其中：通过非自营平台实现的商品销售额	其中：使用银行卡支付的商品销售额
汽车零配件零售	1	28	80		60	30	30	
摩托车及零配件零售	1	13	952		867.1			510
机动车燃料零售	2	226	60620.5		63166.5			
家用电器及电子产品专门零售	36	871	56507.3		61836.8	8819.7	1869.3	8054.6
日用家电设备零售	23	693	42100.4		46238.1	6350.4		3547.3
计算机、软件及辅助设备零售	12	156	12387.6		13402.6	600		2638
通信设备零售	1	22	2019.3		2196.1	1869.3	1869.3	1869.3
五金、家具及室内装饰材料专门零售	14	298	18051.5		20447.4	2255.4	2255.4	2835
五金零售	2	26	2465.4		2325.2			1015
灯具零售	1	8	2218.9		2216.5			
家具零售	8	211	10028		12382			1820
卫生洁具零售	1	8	886		699			
陶瓷、石材装饰材料零售	1	10	551.8		569.3			
其他室内装饰材料零售	1	35	1901.4		2255.4	2255.4	2255.4	
货摊、无店铺及其他零售业	29	411	32502.9	850	36172.9	16041.3	6512.7	6594.6
互联网零售	16	220	18855		20521.3	16022.4	6493.8	6263.8
其他未列明零售业	13	191	13647.9	850	15651.6	18.9	18.9	330.8
内资企业	273	11476	752557.6	2458	838630.4	94280.9	11882.7	117193.3
国有企业	4	244	6206.5		6620.6			
有限责任公司	70	4215	197708.2		224909	41711.1	3725.3	29202.7
其他有限责任公司	70	4215	197708.2		224909	41711.1	3725.3	29202.7
股份有限公司	14	943	104773.5		109725.4	3805.5		4138
私营企业	184	6064	442929.4	2458	496453.3	48764.3	8157.4	83737.6
私营独资企业	8	256	19323.2		19839			1039
私营合伙企业	1	34	2092.5		2093.1			
私营有限责任公司	171	5673	415562	2458	466918	48764.3	8157.4	82698.6

10–9 续表 7

分组	批发和零售业						
	批发额	出口	零售额	其中：通过公共网络实现的零售额	其中：通过非自营平台实现的零售额	期末商品库存额	年末零售营业面积(平方米)
汽车零配件零售	28		32	22	10	21	2600
摩托车及零配件零售			867.1			85	320
机动车燃料零售			63166.5			1564	1435
家用电器及电子产品专门零售	7453.4		54383.4	5058.3		4925	19920
日用家电设备零售	5136.5		41101.6	3890.4		4095.2	16561
计算机、软件及辅助设备零售	1188.7		12213.9	100		460.7	2759
通信设备零售	1128.2		1067.9	1067.9		369.1	600
五金、家具及室内装饰材料专门零售	485.1		19962.3			1695.6	45359
五金零售	88.4		2236.8			267.5	4172
灯具零售			2216.5			39.2	677
家具零售	60.7		12321.3			750.4	39810
卫生洁具零售	336		363			276.6	160
陶瓷、石材装饰材料零售			569.3			7.9	420
其他室内装饰材料零售			2255.4			354	120
货摊、无店铺及其他零售业	5278		30894.9	15961.8	6128.2	2964.4	10091
互联网零售	2300		18221.3	15942.9	6109.3	1372	4311
其他未列明零售业	2978		12673.6	18.9	18.9	1592.4	5780
内资企业	32214.3	2	806416.1	80017.6	7003.5	95559	468950
国有企业	2697.1		3923.5			1194	5176
有限责任公司	9095.1		215813.9	36989.1	1385.4	30030.2	192793
其他有限责任公司	9095.1		215813.9	36989.1	1385.4	30030.2	192793
股份有限公司	4082.5		105642.9	2069		4302.9	38020
私营企业	16339.6	2	480113.7	40959.5	5618.1	60013.9	232361
私营独资企业	984.3		18854.7			2710.2	4341
私营合伙企业	169.8		1923.3			64.7	120
私营有限责任公司	15085.5	2	451832.5	40959.5	5618.1	56597.3	225180

10–9 续表 8

分　组	批发和零售业							
	法人企业数（个）	从业人员期末人数（人）	商品购进额	进口	商品销售额	其中：通过公共网络实现的销售额	其中：通过非自营平台实现的商品销售额	其中：使用银行卡支付的商品销售额
私营股份有限公司	4	101	5951.7		7603.2			
其他企业	1	10	940		922.1			115
国有控股	5	454	65359		68362.1			
集体控股	5	1753	40021.2		33855.9	3000	100	3000
私人控股	249	8407	582640	2458	650088.6	64680.4	11782.7	95311.2
其他	14	862	64537.4		86323.8	26600.5		18882.1
独立门店	240	7506	620568.4	2450	679686.3	52398.2	6750.9	86707.3
连锁总店	5	2733	77230.1		74125.2			8441.7
连锁门店	6	705	28349.6		54722.1	26600.5		16493.6
其他	22	532	26409.5	8	30096.8	15282.2	5131.8	5550.7
大型	2	2603	66994.6		64714.3			8441.7
中型	55	5236	349703.8	8	394893.5	27631.3		53179.5
小型	132	2788	228731.2	2350	244728.2	30215.7	8731.7	28071.5
微型	84	849	107128	100	134294.4	36433.9	3151	27500.6
有店铺零售	251	11077	730465.2	2458	813326.8	74755.9	4818.7	110816.8
食杂店	3	52	2401.8		2438.3			
便利店	6	121	3704.2		4256.9	865	294	115
超市	32	4091	100603.4		98221.3	302.2		3752.1
大型超市	6	1754	54025.5	8	77954.9	27040.7		25072.2
百货店	5	208	6026.9		6479.9			
专业店	95	1901	180004.7	2450	195120.8	12944	2269.3	18779.6
专卖店	91	2504	360855.1		394794.9	29263.7		61120.3
家居建材商店	4	172	6624.7		9132.1			1820
厂家直销中心	9	274	16218.9		24927.7	4340.3	2255.4	157.6
无店铺零售	22	399	22092.4		25303.6	19525	7064	6376.5
网上商店	21	344	22063.5		24067.7	19525	7064	6376.5

10–9 续表 9

分　组	批发和零售业						
	批发额	出口	零售额	其中：通过公共网络实现的零售额	其中：通过非自营平台实现的零售额	期末商品库存额	年末零售营业面积(平方米)
私营股份有限公司	100		7503.2			641.7	2720
其他企业			922.1			18	600
国有控股	2697.1		65665			2655	5626
集体控股	4150		29705.9	3000	100	7846.1	11800
私人控股	22898	2	627190.6	50417.1	6903.5	77513.1	338944
其他	2469.2		83854.6	26600.5		7544.8	112580
独立门店	25365		654321.3	38214.4	2256.2	75071	306053
连锁总店	3000		71125.2			15379.2	44625
连锁门店			54722.1	26600.5		3140.4	103441
其他	3849.3	2	26247.5	15202.7	4747.3	1968.4	14831
大型	3000		61714.3			10967.9	39625
中型	8047.7	2	386845.8	26394.8		45597.1	189169
小型	17316		227412.2	17317.7	3957	28574.8	103894
微型	3850.6		130443.8	36305.1	3046.5	10419.2	136262
有店铺零售	28883.8	2	784443	60572.1	324	93932.4	462479
食杂店	319.8		2118.5			120.5	1085
便利店	2197.7		2059.2	857	274	132.2	5990
超市	5255.5		92965.8	244.4		14254.3	50956
大型超市	322.6	2	77632.3	27040.7		6277.7	164041
百货店	401.9		6078			663.1	28620
专业店	11954.4		183166.4	2817.9	50	26012.3	63779
专卖店	2777.7		392017.2	27527.2		40867.9	102244
家居建材商店			9132.1			430	31260
厂家直销中心	5654.2		19273.5	2084.9		5174.4	14504
无店铺零售	3330.5		21973.1	19445.5	6679.5	1626.6	6471
网上商店	2343.8		21723.9	19445.5	6679.5	1609	6321

10-9 续表10

分组	批发和零售业							
	法人企业数（个）	从业人员期末人数（人）	商品购进额	进口	商品销售额	其中：通过公共网络实现的销售额	其中：通过非自营平台实现的商品销售额	其中：使用银行卡支付的商品销售额
三、批发业按地区分组	67	4864	1043714.7		1250836.6	168845.6	5180	260681.8
吉州区	6	1178	383365.3		427611.3	5102	5102	1800
青原区	5	1327	408445.4		504546.5	129061.6		239685.7
吉安县	3	98	15330.5		18648.3			
吉水县	11	175	23128.1		32710.8			803
峡江县	2	216	985.5		29992.4	29286.3		
新干县	8	605	59616.7		66131.6			
永丰县	7	367	15635.5		35681.7	5395.7	78	1393.8
泰和县	5	237	39814.1		30033.2			
遂川县	1	21	2561.7		2510.9			
万安县	1	30	4721.9		4701			
安福县	15	491	77592.4		84846.4			8049.3
永新县	2	73	12315.6		12421.1			8950
井冈山市	1	46	202		1001.4			
四、零售业按地区分组	273	11476	752557.6	2458	838630.4	94280.9	11882.7	117193.3
吉州区	30	2833	208016.8		255626.5	49498	4974.3	40398.1
青原区	24	2618	162488.1		173110.7	12296.5		39910.6
吉安县	31	1033	101336.3		107302			1903
吉水县	7	402	9682	858	10123.2	440.2		136.9
峡江县	6	245	24586.6		24132.1			1019.8
新干县	31	553	50486.1	680	56485.3	19861.2	2989.6	12107.9
永丰县	14	452	24473.4		25780.9	824.9	824.9	
泰和县	27	633	17626.1	920	21000.5	1516.2	874	3156.1
遂川县	35	888	61862.2		68807.6	2574.9	850	850
万安县	19	491	34663		33820.1	2470.6	818.6	10950.9
安福县	24	559	32128.2		34423.6	2611.7	551.3	5721
永新县	25	769	25208.8		28017.9	2186.7		1039

10-9 续表 11

分组	批发和零售业						
	批发额	出口	零售额	其中：通过公共网络实现的零售额	其中：通过非自营平台实现的零售额	期末商品库存额	年末零售营业面积(平方米)
三、批发业按地区分组	1161876.2	2810	88960.4	5840.9	5102	213221.2	135786
吉州区	371905.7		55705.6	5102	5102	13665.1	64940
青原区	504025.6		520.9			67325	10647
吉安县	18648.3					1229.7	2100
吉水县	30093.6		2617.2			1528.7	7246
峡江县	17541.3		12451.1			563.2	1800
新干县	64155.3		1976.3			75209.4	7290
永丰县	27893	2810	7788.7	738.9		2019	5162
泰和县	27773		2260.2			37692.5	12892
遂川县	2510.9					261.4	2000
万安县	4701					21	1000
安福县	83035.6		1810.8			11780.3	14559
永新县	8967.9		3453.2			1894.7	5700
井冈山市	625		376.4			31.2	450
四、零售业按地区分组	32214.3	2	806416.1	80017.6	7003.5	95559	468950
吉州区	3782.2		251844.3	44342.6	2718.9	26041.5	188258
青原区	4718.7		168392	12236.5		26141.7	44488
吉安县			107302			16716	29641
吉水县	1472.6	2	8650.6	440.2		1515.8	28380
峡江县	967.8		23164.3			1655.1	8970
新干县	6096.3		50389	12545.1	1120.3	2737.5	33718
永丰县	266.3		25514.6	812	524.9	2138.6	11009
泰和县	3808.7		17191.8	1100.4	504	3477.8	22795
遂川县	1617.9		67189.7	2574.9	850	7646.1	50544
万安县			33820.1	2404	734.1	1105.6	4734
安福县	2205.3		32218.3	2611.7	551.3	3544.6	13602
永新县	7278.5		20739.4	950.2		2838.7	32811

10-10 限额以上批发和零售业法人企业基本情况

单位：万元

分　组	法人企业数（个）	从业人员期末人数（人）	其中：女性	法人所属产业活动单位数（个）	批发和零售业	其他
总计	340	16340	9537	830	514	316
一、批发业	67	4864	1878	300	242	58
农、林、牧产品批发	4	350	85	28	25	3
谷物、豆及薯类批发	4	350	85	28	25	3
食品、饮料及烟草制品批发	10	1823	554	39	32	7
米、面制品及食用油批发	2	399	138	14	13	1
肉、禽、蛋、奶及水产品批发	3	98	24	3		3
盐及调味品批发	1	173	30	5	5	
酒、饮料及茶叶批发	2	72	45	2		2
烟草制品批发	1	1051	302	14	14	
其他食品批发	1	30	15	1		1
纺织、服装及家庭用品批发	3	166	76	3		3
化妆品及卫生用品批发	1	126	50	1		1
家用电器批发	1	20	11	1		1
其他家庭用品批发	1	20	15	1		1
文化、体育用品及器材批发	1	12	9	1		1
文具用品批发	1	12	9	1		1
医药及医疗器材批发	20	898	439	22	3	19
西药批发	4	288	127	6	3	3
中药批发	8	518	266	8		8
医疗用品及器材批发	8	92	46	8		8
矿产品、建材及化工产品批发	19	1362	614	195	179	16
煤炭及制品批发	1	5	3	1		1
石油及制品批发	1	911	459	157	157	
金属及金属矿批发	6	114	23	6		6
建材批发	4	112	23	4		4
化肥批发	5	135	78	25	22	3
农药批发	1	21		1		1
其他化工产品批发	1	64	28	1		1
机械设备、五金产品及电子产品批发	7	150	58	8	2	6
农业机械批发	4	51	20	4		4

10–10　续表 1

分　　组	法人企业数（个）	从业人员期末人数（人）	其中：女性	法人所属产业活动单位数（个）	批发和零售业	其他
五金产品批发	1	12	1	1		1
电气设备批发	1	35	2	2	2	
其他机械设备及电子产品批发	1	52	35	1		1
其他批发业	3	103	43	4	1	3
再生物资回收与批发	3	103	43	4	1	3
内资企业	67	4864	1878	300	242	58
国有企业	5	1356	373	24	22	2
集体企业	1	50	29	4	4	
有限责任公司	20	1079	374	56	38	18
国有独资公司	1	143	38	11	10	1
其他有限责任公司	19	936	336	45	28	17
股份有限公司	4	1016	489	177	175	2
私营企业	37	1363	613	39	3	36
私营有限责任公司	34	1279	573	35	2	33
私营股份有限公司	3	84	40	4	1	3
国有控股	10	2966	1064	237	234	3
集体控股	2	95	59	5	4	1
私人控股	55	1803	755	58	4	54
独立门店	46	2001	770	100	61	39
连锁总店	1	911	459	157	157	
其他	20	1952	649	43	24	19
大型	2	1962	761	171	171	
中型	18	1695	618	78	66	12
小型	42	1008	402	46	5	41
微型	5	199	97	5		5
二、零售业	273	11476	7659	530	272	258
综合零售	35	5782	4877	157	129	28
百货零售	16	1537	1168	19	6	13
超级市场零售	19	4245	3709	138	123	15
食品、饮料及烟草制品专门零售	20	528	206	20		20
粮油零售	7	184	65	7		7

10-10　续表 2

分　组	法人企业数（个）	从业人员期末人数（人）	其中：女性	法人所属产业活动单位数（个）	批发和零售业	其他
果品、蔬菜零售	1	78	65	1		1
肉、禽、蛋、奶及水产品零售	6	101	29	6		6
酒、饮料及茶叶零售	5	158	42	5		5
其他食品零售	1	7	5	1		1
纺织、服装及日用品专门零售	6	233	153	12	6	6
服装零售	2	62	59	2		2
鞋帽零售	1	88	52	7	6	1
箱、包零售	3	83	42	3		3
文化、体育用品及器材专门零售	2	30	21	2		2
文具用品零售	1	20	12	1		1
珠宝首饰零售	1	10	9	1		1
医药及医疗器材专门零售	12	583	380	114	105	9
药品零售	11	578	378	113	105	8
医疗用品及器材零售	1	5	2	1		1
汽车、摩托车、燃料及零配件专门零售	119	2740	1107	142	25	117
汽车零售	115	2473	1004	115		115
汽车零配件零售	1	28	5	1		1
摩托车及零配件零售	1	13	4	1		1
机动车燃料零售	2	226	94	25	25	
家用电器及电子产品专门零售	36	871	574	37	2	35
日用家电设备零售	23	693	489	24	2	22
计算机、软件及辅助设备零售	12	156	75	12		12
通信设备零售	1	22	10	1		1
五金、家具及室内装饰材料专门零售	14	298	154	14		14
五金零售	2	26	6	2		2
灯具零售	1	8	5	1		1
家具零售	8	211	124	8		8
卫生洁具零售	1	8	6	1		1
陶瓷、石材装饰材料零售	1	10	4	1		1
其他室内装饰材料零售	1	35	9	1		1
货摊、无店铺及其他零售业	29	411	187	32	5	27

10-10 续表 3

分　　组	法人企业数（个）	从业人员期末人数（人）		法人所属产业活动单位数（个）		
			其中：女性		批发和零售业	其他
互联网零售	16	220	112	16		16
其他未列明零售业	13	191	75	16	5	11
内资企业	273	11476	7659	530	272	258
国有企业	4	244	106	73	70	3
有限责任公司	70	4215	2993	159	95	64
其他有限责任公司	70	4215	2993	159	95	64
股份有限公司	14	943	609	55	44	11
私营企业	184	6064	3941	242	63	179
私营独资企业	8	256	147	12	6	6
私营合伙企业	1	34	19	1		1
私营有限责任公司	171	5673	3709	225	57	168
私营股份有限公司	4	101	66	4		4
其他企业	1	10	10	1		1
国有控股	5	454	196	89	86	3
集体控股	5	1753	1518	89	86	3
私人控股	249	8407	5404	338	100	238
其他	14	862	541	14		14
独立门店	240	7506	4474	367	139	228
连锁总店	5	2733	2390	134	131	3
连锁门店	6	705	488	7	2	5
其他	22	532	307	22		22
大型	2	2603	2310	101	100	1
中型	55	5236	3512	202	158	44
小型	132	2788	1381	143	14	129
微型	84	849	456	84		84
有店铺零售	251	11077	7451	508	272	236
食杂店	3	52	24	3		3
便利店	6	121	43	6		6
超市	32	4091	3358	164	139	25
大型超市	6	1754	1521	34	29	5
百货店	5	208	161	5		5
专业店	95	1901	963	140	49	91

10-10　续表 4

分　　组	法人企业数（个）	从业人员期末人数（人）	其中：女性	法人所属产业活动单位数（个）	批发和零售业	其他
专卖店	91	2504	1206	143	55	88
家居建材商店	4	172	104	4		4
厂家直销中心	9	274	71	9		9
无店铺零售	22	399	208	22		22
网上商店	21	344	177	21		21
三、批发业按地区分组	67	4864	1878	300	242	58
吉州区	6	1178	544	166	162	4
青原区	5	1327	439	18	14	4
吉安县	3	98	25	20	18	2
吉水县	11	175	87	11		11
峡江县	2	216	103	2		2
新干县	8	605	256	21	15	6
永丰县	7	367	154	7		7
泰和县	5	237	78	19	15	4
遂川县	1	21	2	1		1
万安县	1	30	9	1		1
安福县	15	491	132	28	14	14
永新县	2	73	37	5	4	1
井冈山市	1	46	12	1		1
四、零售业按地区分组	273	11476	7659	530	272	258
吉州区	30	2833	1935	64	38	26
青原区	24	2618	1888	137	115	22
吉安县	31	1033	521	33	4	29
吉水县	7	402	328	8	2	6
峡江县	6	245	182	6		6
新干县	31	553	271	31		31
永丰县	14	452	333	14		14
泰和县	27	633	412	35	9	26
遂川县	35	888	554	69	35	34
万安县	19	491	325	19		19
安福县	24	559	370	36	13	23
永新县	25	769	540	78	56	22

10-11 限额以上住宿和餐饮业法人企业财务情况

分组	住宿和餐饮业							
	法人企业数（个）	执行《2006年企业会计准则》企业数（个）	一、年初存货	二、期末资产负债				
				流动资产合计	应收帐款	存货	固定资产合计	固定资产原价
总计	131	115	4667.1	57505.5	7640.4	4971	121904.7	178969.2
一、住宿业	69	62	3917.5	47920.7	5934	4109.5	102108.4	151456.9
旅游饭店	37	35	3479.5	40697.4	4557.8	3099.4	85475	127332.8
一般旅馆	31	26	438	7120.1	1348.4	994.7	16624.4	24114.9
其他住宿业	1	1		103.2	27.8	15.4	9	9.2
内资企业	68	61	3812	47615.3	5888.2	4025.6	100816.2	146471.2
国有企业	17	16	803.9	9120.6	1028	611.9	23467.5	41443.8
股份合作企业	1	1	244.8	160.4	106.7	12.1	144	622.9
有限责任公司	14	13	1751.9	25597.1	2928.2	1919.3	41430.4	59057.7
国有独资公司	1	1	66.7	2279.1	1821.9	63.6	7681.1	8542.5
其他有限责任公司	13	12	1685.2	23318	1106.3	1855.7	33749.3	50515.2
股份有限公司	4	3	564.1	2700.6	117.3	316.2	9435.3	12483.6
私营企业	27	25	389.7	9520.5	1457.1	1109.3	24214.2	29956.4
私营独资企业	6	4	3	1470	130.6	81.2	1451.7	2473.9
私营合伙企业	2	2		411	180	128	260.8	400
私营有限责任公司	17	17	386.7	7183.9	802.6	889.9	19547.4	23730.5
私营股份有限公司	2	2		455.6	343.9	10.2	2954.3	3352
其他企业	5	3	57.6	516.1	250.9	56.8	2124.8	2906.8
港、澳、台商投资企业	1	1	105.5	305.4	45.8	83.9	1292.2	4985.7
港澳台商独资企业	1	1	105.5	305.4	45.8	83.9	1292.2	4985.7
国有控股	22	21	1259.9	17698.7	3085.5	1070.5	50008.8	78180.8
私人控股	39	34	1925.8	16536.1	2190.7	2811.4	43178.1	54473.6
港澳台商控股	1	1	105.5	305.4	45.8	83.9	1292.2	4985.7
其他	7	6	626.3	13380.5	612	143.7	7629.3	13816.8
独立门店	61	54	3742.4	45039.8	5547.9	3917.4	90518.9	133545.4
其他	8	8	175.1	2880.9	386.1	192.1	11589.5	17911.5
中型	4	4	1259.7	8523.1	2010.4	1304.8	18989.9	27045.9
小型	63	56	2648.7	38985.6	3896.1	2797.2	81774.5	122220.8
微型	2	2	9.1	412	27.5	7.5	1344	2190.2

10-11 续表 1

分组	住宿和餐饮业							
	二、期末资产负债							
	累计折旧	本年折旧	在建工程	资产总计	流动负债合计	应付账款	非流动负债合计	负债合计
总计	57217	9901.9	5136	242703.1	106669.5	11439.8	27131.3	134352.3
一、住宿业	49501	8090.1	4821.6	202029.8	78829.2	8084.8	26121	105045.9
旅游饭店	41968.6	6731.9	4339.1	170826.2	68341.3	5432.9	25658.9	94000.2
一般旅馆	7532.2	1358.1		30556.2	10433.8	2651.9	462.1	10991.6
其他住宿业	0.2	0.1	482.5	647.4	54.1			54.1
内资企业	45807.5	7834.4	4821.6	189343.2	71718.4	7973.6	25810.9	97625
国有企业	17976.3	3511.5	3671.1	42890.3	19465.8	2302.5	6887.6	26353.4
股份合作企业	478.9	21.1		1860.4	1110.4	24.4	700	1810.4
有限责任公司	17627.3	1849.7	446.8	82886.3	33751.8	2139.2	16815.4	50566.3
国有独资公司	861.4	283.1	57.9	16196.8	2374.2	208	205	2579.2
其他有限责任公司	16765.9	1566.6	388.9	66689.5	31377.6	1931.2	16610.4	47987.1
股份有限公司	3159.1	339.4	185.8	14304.1	3125.2	730.4	1135	4260.2
私营企业	5781.8	1941.7	517.9	41960.2	10544	2093	145.3	10785.9
私营独资企业	1061.8	204.2		3809.7	2437.8	755.2	11	2545.4
私营合伙企业	139.2	28.1		2361.8	268	216.8	3.5	271.5
私营有限责任公司	4183.1	1709.4	517.9	31870.8	6113.5	1121	130.8	6244.3
私营股份有限公司	397.7			3917.9	1724.7			1724.7
其他企业	784.1	171		5441.9	3721.2	684.1	127.6	3848.8
港、澳、台商投资企业	3693.5	255.7		12686.6	7110.8	111.2	310.1	7420.9
港澳台商独资企业	3693.5	255.7		12686.6	7110.8	111.2	310.1	7420.9
国有控股	28172	4384.7	3843.9	87246.9	33315.9	2791.4	8227.6	41543.5
私人控股	11337.2	3001	819.2	73820.6	24928.6	3825.1	13028.3	38052.6
港澳台商控股	3693.5	255.7		12686.6	7110.8	111.2	310.1	7420.9
其他	6298.3	448.7	158.5	28275.7	13473.9	1357.1	4555	18028.9
独立门店	43179	7620.9	4175	185372.3	70541.5	7120.4	24141.8	94779
其他	6322	469.2	646.6	16657.5	8287.7	964.4	1979.2	10266.9
中型	8056	1185.9	359.2	47386.6	19896.3	928.4	10115.1	30011.4
小型	40598.8	6817.7	4462.4	152887.2	57228.8	6841.7	16005.9	73330.4
微型	846.2	86.5		1756	1704.1	314.7		1704.1

10-11 续表 2

分组	住宿和餐饮业							
	二、期末资产负债							
	所有者权益	实收资本	国家资本	集体资本	法人资本	个人资本	港澳台资本	外商资本
总计	108350.8	99728.7	30959.6	4140	27416.6	32105.3	5107.2	
一、住宿业	96983.9	83928.7	30937.8	4140	17508.6	26342.3	5000	
旅游饭店	76826	65328.5	29067.2	4140	13010.3	14111	5000	
一般旅馆	19564.6	18193.7	1870.6		4498.3	11824.8		
其他住宿业	593.3	406.5				406.5		
内资企业	91718.2	78928.7	30937.8	4140	17508.6	26342.3		
国有企业	16536.9	13537.8	13337.8		200			
股份合作企业	50	50				50		
有限责任公司	32320	32059.4	17600	4140	5661	4658.4		
国有独资公司	13617.6	1000	1000					
其他有限责任公司	18702.4	31059.4	16600	4140	5661	4658.4		
股份有限公司	10043.9	10168.1			7368.1	2800		
私营企业	31174.3	21862.9			4279.5	17583.4		
私营独资企业	1264.3	1594.5			14.2	1580.3		
私营合伙企业	2090.3	2040.3			2040.3			
私营有限责任公司	25626.5	16770.1			2225	14545.1		
私营股份有限公司	2193.2	1458				1458		
其他企业	1593.1	1250.5				1250.5		
港、澳、台商投资企业	5265.7	5000					5000	
港澳台商独资企业	5265.7	5000					5000	
国有控股	45703.4	38505.9	30937.8		7568.1			
私人控股	35768	28811.8			6179.5	22632.3		
港澳台商控股	5265.7	5000					5000	
其他	10246.8	11611		4140	3761	3710		
独立门店	90593.3	77035.7	25394.8	4140	17078.6	25422.3	5000	
其他	6390.6	6893	5543		430	920		
中型	17375.2	7682.2	1000		1681.2	1	5000	
小型	79556.8	76033	29934.8	4140	15827.4	26130.8		
微型	51.9	213.5	3			210.5		

10-11 续表 3

分组	住宿和餐饮业							
	三、损益及分配							
	营业收入	主营业务收入	营业成本	主营业务成本	营业税金及附加	主营业务税金及附加	其他业务利润	销售费用
总计	75087.2	74083.6	37825.4	37317.4	2416	2298.9	5021.6	17266
一、住宿业	49435.8	48567.7	23648.3	23223.8	1622.5	1557.5	4473.2	12675.1
旅游饭店	34667.1	34008.8	14914.1	14677.7	1032.5	978.8	3850.1	10816
一般旅馆	14316.7	14106.9	8418.8	8230.7	589.7	578.4	623.1	1859.1
其他住宿业	452	452	315.4	315.4	0.3	0.3		
内资企业	46924.8	46279.3	21599.2	21174.7	1539.5	1474.5	4473.2	12637.8
国有企业	12080	11887.8	4783.4	4747.4	351.8	348.3	610.8	4987.6
股份合作企业	319.9	319.9	274.3	274.3	8.5	8.5		
有限责任公司	14263.3	14110.2	4175.8	3915	396.2	343.6	3718	4825
国有独资公司	3735.2	3735.2	692.6	692.6	84.2	84.2	2958.4	1692.8
其他有限责任公司	10528.1	10375	3483.2	3222.4	312	259.4	759.6	3132.2
股份有限公司	1943.5	1823.6	585.7	584.3	79.5	79.5	28.2	1042.6
私营企业	14901.7	14797.5	9602.7	9490.1	513.4	504.6	116.2	1378.6
私营独资企业	4373.9	4362.6	3437.8	3431.1	173.5	170	0.3	254.8
私营合伙企业	1141	1141	705.2	665.2	41.1	40.1		
私营有限责任公司	8125.9	8109.8	4848.9	4839.1	281.9	279.5	115.9	1122.4
私营股份有限公司	1260.9	1184.1	610.8	554.7	16.9	15		1.4
其他企业	3416.4	3340.3	2177.3	2163.6	190.1	190		404
港、澳、台商投资企业	2511	2288.4	2049.1	2049.1	83	83		37.3
港澳台商独资企业	2511	2288.4	2049.1	2049.1	83	83		37.3
国有控股	19394.9	18995.2	6906.1	6674.2	494.6	491.1	3685	7934.5
私人控股	23446	23228.4	13535.4	13346.5	908.1	846.6	379.5	2986.2
港澳台商控股	2511	2288.4	2049.1	2049.1	83	83		37.3
其他	4083.9	4055.7	1157.7	1154	136.8	136.8	408.7	1717.1
独立门店	46138.6	45315.9	22403.8	22015.3	1527.4	1465.9	4418	11295.3
其他	3297.2	3251.8	1244.5	1208.5	95.1	91.6	55.2	1379.8
中型	12097.6	11875	5668.3	5668.3	392.9	344.6	2978.2	2875
小型	36740.2	36094.7	17820.6	17396.1	1219.5	1202.8	1495	9533.8
微型	598	598	159.4	159.4	10.1	10.1		266.3

10–11 续表 4

分组	住宿和餐饮业								
	三、损益及分配								
	管理费用		财务费用			资产减值损失	公允价值变动收益	投资收益	营业利润
		税金		利息收入	利息支出				
总计	14656.1	501.5	1811.7	27.1	1232.1	11.1	1	19.5	1889.2
一、住宿业	10821.6	391.5	1586.9	11	1087.4	11.1	1	19.5	−190.8
旅游饭店	9382.4	267.5	1203.5	6.7	863.4	−3		16	−1946.9
一般旅馆	1404.7	124	367.2	4.3	207.8	14.1	1	3.5	1670.5
其他住宿业	34.5		16.2		16.2				85.6
内资企业	10609.2	391.5	1574.8	10.8	1087.4	11.1	1	19.5	−307.9
国有企业	2780.3	211.8	210.1	23.4	154.3			2.7	−1021.1
股份合作企业	62		0.7						−25.6
有限责任公司	5085.4	47.7	628.5	−18	380.6	15.1		13.3	−635.5
国有独资公司	942.3		−0.6	−0.6					323.9
其他有限责任公司	4143.1	47.7	629.1	−17.4	380.6	15.1		13.3	−959.4
股份有限公司	545.2	37.2	6.2	2.5	4.7	−6.1			132.6
私营企业	1887.1	37.8	680.2	2.5	498.7	2.1	1	3.5	839.4
私营独资企业	350.4	3.2	18.8	0.3	1				86
私营合伙企业	75.8		153.6		45.1				165.3
私营有限责任公司	1446.4	33.8	496.8	2.2	452.6	2.1	1	3.5	−18.2
私营股份有限公司	14.5	0.8	11						606.3
其他企业	249.2	57	49.1	0.4	49.1				402.3
港、澳、台商投资企业	212.4		12.1	0.2					117.1
港澳台商独资企业	212.4		12.1	0.2					117.1
国有控股	5755	224.2	−84	25.8	−146.7	3.1		2.7	−1418.9
私人控股	3906.8	107.4	968.6	3.5	701.6	14.1	1	3.5	1184.2
港澳台商控股	212.4		12.1	0.2					117.1
其他	947.4	59.9	690.2	−18.5	532.5	−6.1		13.3	−73.2
独立门店	9799.5	353.6	1522.2	11.9	1087.4	17.2	1	17.8	−141.8
其他	1022.1	37.9	64.7	−0.9		−6.1		1.7	−49
中型	2803.9		212.4	−0.4	176.6				145.1
小型	7972.8	374.1	1374.4	10.7	910.3	11.1	1	19.5	−453.1
微型	44.9	17.4	0.1	0.7	0.5				117.2

10-11 续表 5

分组	住宿和餐饮业							
	三、损益及分配					四、人工成本及增值税		五、从事住宿和餐饮业活动的从业人员平均人数（人）
	营业外收入	政府补助	营业外支出	利润总额	应交所得税	应付职工薪酬（本年货方累计发生额）	应交增值税	
总计	1092.6	488.8	103.2	1895.7	259.8	20699.6	1254.1	5741
一、住宿业	1061.2	488.8	99.3	1100	187.7	15045	1059.4	3913
旅游饭店	1003.5	484.5	94.9	-41.4	114.6	9171	982.6	2634
一般旅馆	57.7	4.3	4.4	1055.8	72.9	5784.8	76.8	1258
其他住宿业				85.6	0.2	89.2		21
内资企业	1056.5	488.8	99	978.6	157.3	14356.4	1020	3795
国有企业	893.6	441.5	74.6	499.9	76.2	3036.9	172.5	863
股份合作企业				-25.6		126		39
有限责任公司	106.9		15.3	75.7	24.7	3676	332.8	1016
国有独资公司	6.8		3	327.7		1192.1	149.1	285
其他有限责任公司	100.1		12.3	-252	24.7	2483.9	183.7	731
股份有限公司	3.8		2	-309.4	1.5	729.8	38.3	238
私营企业	52.2	47.3	7.1	645.2	52	3602.1	472	1429
私营独资企业	3.2	0.3	1.3	88.8	13.9	1077.5	106.5	372
私营合伙企业						248.3		99
私营有限责任公司	49	47	5.8	29.5	36.9	2170.5	365.5	864
私营股份有限公司				526.9	1.2	105.8		94
其他企业				92.8	2.9	3185.6	4.4	210
港、澳、台商投资企业	4.7		0.3	121.4	30.4	688.6	39.4	118
港澳台商独资企业	4.7		0.3	121.4	30.4	688.6	39.4	118
国有控股	990.4	441.5	85.4	535.1	76.2	4938.2	351.4	1361
私人控股	64.8	47.3	14.3	880.9	74.3	8105.3	596.1	2054
港澳台商控股	4.7		0.3	121.4	30.4	688.6	39.4	118
其他	1.3		-0.7	-437.4	6.8	1312.9	72.5	380
独立门店	969.1	488.8	98.1	1562.9	184.2	14144.8	1033.2	3625
其他	92.1		1.2	-462.9	3.5	900.2	26.2	288
中型	14.4		11.7	463.5	30.4	3164.9	396.7	787
小型	1046.8	488.8	86.4	520.5	157.3	11759.5	662.7	3095
微型			1.2	116		120.6		31

10-11　续表 6

分　组	住宿和餐饮业							
	法人企业数（个）	执行《2006 年企业会计准则》企业数（个）	一、年初存货	二、期末资产负债				
				流动资产合计	应收帐款	存货	固定资产合计	固定资产原价
四星	11	10	1148.4	18290	635.2	865.8	30669.8	51305.2
三星	17	17	583	9445.7	2750.6	477.7	23180.7	36186.2
二星	3	3	14.3	1021.7	139.5	17.4	1724.6	4009.8
其他	38	32	2171.8	19163.3	2408.7	2748.6	46533.3	59955.7
二、餐饮业	62	53	749.6	9584.8	1706.4	861.5	19796.3	27512.3
正餐服务	54	46	740.7	9006.2	1632.6	719.3	18519	25957.3
快餐服务	7	7	6.7	541.8	67.2	139.2	1127.3	1370.4
其他餐饮业	1		2.2	36.8	6.6	3	150	184.6
餐饮配送服务	1		2.2	36.8	6.6	3	150	184.6
内资企业	60	52	665.9	8314.8	1661.2	785.4	12360.6	17927.4
国有企业	1	1	25.7	47	0.6	25.7	95.6	214.9
有限责任公司	6	5	109.8	770.1	226.7	67.8	759	1095.6
其他有限责任公司	6	5	109.8	770.1	226.7	67.8	759	1095.6
股份有限公司	1	1	107.8	302.2	41.2	83.4	776	992.5
私营企业	52	45	422.6	7195.5	1392.7	608.5	10730	15624.4
私营独资企业	15	13	33.3	764.9	120.7	29.5	2655.6	4034.8
私营合伙企业	2	2		12.2			456.5	505.8
私营有限责任公司	34	29	369.8	6131.3	1015.9	561	7588.4	10859.5
私营股份有限公司	1	1	19.5	287.1	256.1	18	29.5	224.3
港、澳、台商投资企业	2	1	83.7	1270	45.2	76.1	7435.7	9584.9
港澳台商独资企业	1	1	83.7	993		76.1	7197	9318.7
其他港澳台投资企业	1			277	45.2		238.7	266.2
国有控股	1	1	25.7	47	0.6	25.7	95.6	214.9
集体控股	1	1	1.6	415.4	118.1	3.2	107	280
私人控股	56	48	620.6	7602.5	1456.5	709.9	11696	16860
港澳台商控股	2	1	83.7	1270	45.2	76.1	7435.7	9584.9
其他	2	2	18	249.9	86	46.6	462	572.5
独立门店	59	50	601.8	7846.8	1543.6	785.5	16733.3	21810.6
其他	3	3	147.8	1738	162.8	76	3063	5701.7

10-11 续表 7

分组	住宿和餐饮业							
	二、期末资产负债							
	累计折旧		在建工程	资产总计	流动负债合计		非流动负债合计	负债合计
		本年折旧				应付账款		
四星	20635.4	4593.5	83.9	70303.4	35698.1	1597.6	8015.5	43713.6
三星	13005.5	1292.9	3677.3	47016.3	15333.9	1872.5	5765.3	21099.2
二星	2285.2	255.5	96.6	3421.6	1010.4	166.1	298.9	1309.3
其他	13574.9	1948.2	963.8	81288.5	26786.8	4448.6	12041.3	38923.8
二、餐饮业	7716	1811.8	314.4	40673.3	27840.3	3355	1010.3	29306.4
正餐服务	7438.3	1749.8	314.4	38298.2	27360.9	3173.8	748.2	28564.9
快餐服务	243.1	57.2		2188.3	460.8	162.6	262.1	722.9
其他餐饮业	34.6	4.8		186.8	18.6	18.6		18.6
餐饮配送服务	34.6	4.8		186.8	18.6	18.6		18.6
内资企业	5566.8	1014.4	56	27636.7	14113	2637.2	1010.3	15579.1
国有企业	119.3	12		154.6	89.2	12.9		89.2
有限责任公司	336.6	39.7		1928.3	579.2	219.4	325	904.2
其他有限责任公司	336.6	39.7		1928.3	579.2	219.4	325	904.2
股份有限公司	216.5	45.9		1078.2	882.1	223	99.3	981.4
私营企业	4894.4	916.8	56	24475.6	12562.5	2181.9	586	13604.3
私营独资企业	1379.2	383.2		6587.3	3370.3	147.7	63.2	3433.5
私营合伙企业	49.3	15.5		581.2	4.6			4.6
私营有限责任公司	3271.1	518.1	56	16659.8	9099.8	1994.2	522.8	10078.4
私营股份有限公司	194.8			647.3	87.8	40		87.8
港、澳、台商投资企业	2149.2	797.4	258.4	13036.6	13727.3	717.8		13727.3
港澳台商独资企业	2121.7	769.9	258.4	12520.9	13318.8	508.5		13318.8
其他港澳台投资企业	27.5	27.5		515.7	408.5	209.3		408.5
国有控股	119.3	12		154.6	89.2	12.9		89.2
集体控股	173	13.1		659.1	314.6	78.8		314.6
私人控股	5164	974	56	26061.1	13513.7	2455	685.3	14654.8
港澳台商控股	2149.2	797.4	258.4	13036.6	13727.3	717.8		13727.3
其他	110.5	15.3		761.9	195.5	90.5	325	520.5
独立门店	5077.3	1563.6	314.4	35385.5	25350.1	3270	1010.3	26816.2
其他	2638.7	248.2		5287.8	2490.2	85		2490.2

10-11　续表 8

分　　组	住宿和餐饮业							
	二、期末资产负债							
	所有者权益	实收资本	国家资本	集体资本	法人资本	个人资本	港澳台资本	外商资本
四星	26589.8	23244.9	4393.9	4140	3991	5720	5000	
三星	25917.1	12307	10128.9		168.1	2010		
二星	2112.3	2112	2112					
其他	42364.7	46264.8	14303		13349.5	18612.3		
二、餐饮业	11366.9	15800	21.8		9908	5763	107.2	
正餐服务	9733.3	14402.9	21.8		9329	4944.9	107.2	
快餐服务	1465.4	1297.1			579	718.1		
其他餐饮业	168.2	100				100		
餐饮配送服务	168.2	100				100		
内资企业	12057.6	14692.8	21.8		8908	5763		
国有企业	65.4	21.8	21.8					
有限责任公司	1024.1	755.5			400.5	355		
其他有限责任公司	1024.1	755.5			400.5	355		
股份有限公司	96.8	96.8				96.8		
私营企业	10871.3	13818.7			8507.5	5311.2		
私营独资企业	3153.8	3049.3			359	2690.3		
私营合伙企业	576.6	576.6			80	496.6		
私营有限责任公司	6581.4	9633.3			7509	2124.3		
私营股份有限公司	559.5	559.5			559.5			
港、澳、台商投资企业	-690.7	1107.2			1000		107.2	
港澳台商独资企业	-797.9	1000			1000			
其他港澳台投资企业	107.2	107.2					107.2	
国有控股	65.4	21.8	21.8					
集体控股	344.5	300.5			300.5			
私人控股	11406.3	14194.5			8557.5	5637		
港澳台商控股	-690.7	1107.2			1000		107.2	
其他	241.4	176			50	126		
独立门店	26589.8	23244.9	4393.9	4140	3991	5720	5000	
其他	25917.1	12307	10128.9		168.1	2010		

10-11 续表 9

分 组	住宿和餐饮业							
	三、损益及分配							
	营业收入	主营业务收入	营业成本	主营业务成本	营业税金及附加	主营业务税金及附加	其他业务利润	销售费用
四星	11673.7	11155.3	5008.5	5008.5	330.5	330.5	444.3	3696.7
三星	12659.6	12495.9	4362.8	4297.1	330	324.6	3540.6	4846
二星	1633	1633	889.8	889.8	50.7	50.7	56.2	493.8
其他	23469.5	23283.5	13387.2	13028.4	911.3	851.7	432.1	3638.6
二、餐饮业	25651.4	25515.9	14177.1	14093.6	793.5	741.4	548.4	4590.9
正餐服务	22772.8	22657.3	12135.8	12052.3	706.6	654.5	370.4	4538.7
快餐服务	2698.6	2678.6	1919.3	1919.3	74.7	74.7	178	52.2
其他餐饮业	180	180	122	122	12.2	12.2		
餐饮配送服务	180	180	122	122	12.2	12.2		
内资企业	23179.8	23044.3	13715.2	13631.7	732.6	680.5	548.4	3519.7
国有企业	251	251	155	155	17	17		14.9
有限责任公司	1826.3	1784.2	1107.1	1064.8	83.5	78.3	1	360.7
其他有限责任公司	1826.3	1784.2	1107.1	1064.8	83.5	78.3	1	360.7
股份有限公司	1355.2	1355.2	1088.4	1088.4	39.4	39.4		0.2
私营企业	19747.3	19653.9	11364.7	11323.5	592.7	545.8	547.4	3143.9
私营独资企业	5093.5	5020.1	3329.1	3296.9	197	173.2	201	401.1
私营合伙企业	475.7	475.7	333.9	333.9	13.3	13.3		1.2
私营有限责任公司	12926.1	12906.1	7178.3	7169.3	376.1	353	346.4	2418.6
私营股份有限公司	1252	1252	523.4	523.4	6.3	6.3		323
港、澳、台商投资企业	2471.6	2471.6	461.9	461.9	60.9	60.9		1071.2
港澳台商独资企业	2161.6	2161.6	340.3	340.3	49	49		1007.2
其他港澳台投资企业	310	310	121.6	121.6	11.9	11.9		64
国有控股	251	251	155	155	17	17		14.9
集体控股	520.5	478.4	262.2	255.1	13.4	13.4		214.5
私人控股	21698.3	21604.9	12932.2	12855.8	659.8	610.9	548.4	3144.1
港澳台商控股	2471.6	2471.6	461.9	461.9	60.9	60.9		1071.2
其他	710	710	365.8	365.8	42.4	39.2		146.2
独立门店	24311	24175.5	13690.6	13607.1	771.5	719.4	524.1	4333.1
其他	1340.4	1340.4	486.5	486.5	22	22	24.3	257.8

10–11 续表 10

分　组	住宿和餐饮业								
	三、损益及分配								
	管理费用	税金	财务费用	利息收入	利息支出	资产减值损失	公允价值变动收益	投资收益	营业利润
四星	4608.6	82.5	527.4	–15.9	504.1			14.3	–2403.7
三星	2546.9	173.1	214.7	14.2	159.2	–6.1		1.7	819
二星	209.9		0.5	–0.3					–11.7
其他	3456.2	135.9	844.3	13	424.1	17.2	1	3.5	1405.6
二、餐饮业	3834.5	110	224.8	16.1	144.7				2080
正餐服务	3629.7	87	196.2	15.6	119.2				1651
快餐服务	194.8	23	28.6	0.5	25.5				429
其他餐饮业	10								
餐饮配送服务	10								
内资企业	2938.5	110	109.4	3.6	44.7				2260.3
国有企业	63.5								0.6
有限责任公司	74.2	4.1	0.3	2.6					156.9
其他有限责任公司	74.2	4.1	0.3	2.6					156.9
股份有限公司	99.3		9.1	0.1					118.8
私营企业	2701.5	105.9	100	0.9	44.7				1984
私营独资企业	369.2		13.8		3				783.3
私营合伙企业	9.5		2						115.8
私营有限责任公司	1925.8	105.9	81.7	0.9	41.7				1085.1
私营股份有限公司	397		2.5						–0.2
港、澳、台商投资企业	896		115.4	12.5	100				–180.3
港澳台商独资企业	830		115.4	12.5	100				–180.3
其他港澳台投资企业	66								
国有控股	63.5								0.6
集体控股	23	2.9	–2.6	2.6					10
私人控股	2812.8	107.1	109.4	1	44.7				2135.9
港澳台商控股	896		115.4	12.5	100				–180.3
其他	39.2		2.6						113.8
独立门店	3348.3	56.4	221.7	16.1	144.4				2003
其他	486.2	53.6	3.1		0.3				77

10-11 续表 11

分组	住宿和餐饮业							
	三、损益及分配					四、人工成本及增值税		五、从事住宿和餐饮业活动的从业人员平均人数（人）
	营业外收入	政府补助	营业外支出	利润总额	应交所得税	应付职工薪酬（本年贷方累计发生额）	应交增值税	
四星	202.4	43	74.9	–1572.7	106.6	2937.7	318.6	847
三星	836.7	441.5	7.7	1201.1	11	4024.3	441.5	1096
二星				16.1		235.2		98
其他	22.1	4.3	16.7	1455.5	70.1	7847.8	299.3	1872
二、餐饮业	31.4		3.9	795.7	72.1	5654.6	194.7	1828
正餐服务	27.9		3.9	572.2	71	4782.4	190.7	1596
快餐服务	3.5			223.5	1.1	692.2	4	182
其他餐饮业						180		50
餐饮配送服务						180		50
内资企业	31.4		3.9	976	72.1	5060.6	189.6	1673
国有企业	0.1			0.7		56		22
有限责任公司			0.3	85.5	1	842.9	10.5	221
其他有限责任公司			0.3	85.5	1	842.9	10.5	221
股份有限公司			0.1	119.7	30	94	5.4	42
私营企业	31.3		3.5	770.1	41.1	4067.7	173.7	1388
私营独资企业	0.6			180.3		679.3	33.9	286
私营合伙企业						83.9		28
私营有限责任公司	9.8		2.5	570.1	38	3168.7	133.6	1041
私营股份有限公司	20.9		1	19.7	3.1	135.8	6.2	33
港、澳、台商投资企业				–180.3		594	5.1	155
港澳台商独资企业				–180.3		528	5.1	126
其他港澳台投资企业						66		29
国有控股	0.1			0.7		56		22
集体控股				10	1	148.8	10.5	44
私人控股	31.3		3.6	883.8	71.1	4570.7	179.1	1528
港澳台商控股				–180.3		594	5.1	155
其他			0.3	81.5		285.1		79
独立门店	25.4		1.5	690.8	72.1	5207.9	170.2	1713
其他	6		2.4	104.9		446.7	24.5	115

10–11　续表 12

分　组	住宿和餐饮业							
	法人企业数（个）	执行《2006 年企业会计准则》企业数（个）	一、年初存货	二、期末资产负债				
				流动资产合计	应收帐款	存货	固定资产合计	固定资产原价
中型	1	1	83.7	993		76.1	7197	9318.7
小型	54	47	665.9	8508.3	1657.9	768.1	11678.2	17108.1
微型	7	5		83.5	48.5	17.3	921.1	1085.5
三、住宿业按地区分组	69	62	3917.5	47920.7	5934	4109.5	102108.4	151456.9
吉州区	8	7	878.6	6114.8	2423.4	671.6	18111.5	25741.2
青原区	4	4	20.3	689.8	97.3	176.5	2610.7	3424.4
吉安县	1	1	111	490.4	40.6	244.8	1179.2	1853.8
吉水县	1	1	244.8	160.4	106.7	12.1	144	622.9
峡江县	1	1		300	180	120	160	240
新干县	3	3	255.7	1391	403.6	398.2	4364.7	6330.1
永丰县	2	2	2.7	1192.9	80.7	8	9628.9	10727.2
泰和县	3	3	53	748.4	51.9	206.5	2609	3609.2
遂川县	2	2	0.6	170.8	158.6	1.8	1362.7	2148.2
万安县	5	4	71.4	1050.6	421.7	179.6	3131.5	5781.8
安福县	5	4	25.3	3127.5	256.4	109.3	1235.2	2740
永新县	11	8	8.3	1597.4	132	18	4529	4815.5
井冈山市	23	22	2245.8	30886.7	1581.1	1963.1	53042	83422.6
四、餐饮业按地区分组	62	53	749.6	9584.8	1706.4	861.5	19796.3	27512.3
吉州区	5	4	213.3	616.9	107.1	120.3	1094	1425.6
青原区	3	2	68.2	1964.9	408.8	66.4	3106.4	5947
吉安县	1	1	83.7	993		76.1	7197	9318.7
吉水县	2	2	13.8	240.8	17.1	11.6	151.6	351.6
峡江县	1			11.8	4.5	7.3	46.9	46.9
新干县	10	9	109	2010.1	286.2	218.1	2439	2774.3
永丰县	1	1	25.7	47	0.6	25.7	95.6	214.9
泰和县	14	13	46.7	837	274.6	71.9	1716.8	1834.2
遂川县	4	3	151.2	1703.2	340	214.7	915.8	1028.4
万安县	3	3	12	154	52	24	233.5	282.5
安福县	4	4	18.7	906.5	196.5	25.4	284.2	1295.4
永新县	14	11	7.3	99.6	19		2515.5	2992.8

10-11 续表 13

分组	住宿和餐饮业							
	二、期末资产负债							
	累计折旧	本年折旧	在建工程	资产总计	流动负债合计	应付账款	非流动负债合计	负债合计
中型	2121.7	769.9	258.4	12520.9	13318.8	508.5		13318.8
小型	5429.9	955.7	56	27096	14368.5	2803	987.2	15811.5
微型	164.4	86.2		1056.4	153	43.5	23.1	176.1
三、住宿业按地区分组	49501	8090.1	4821.6	202029.8	78829.2	8084.8	26121	105045.9
吉州区	7740.5	958.2	224.7	43739.1	12977.3	939.4	4629.3	17606.6
青原区	813.7	71.1		4686.1	786	27	298.9	1084.9
吉安县	674.6	45.7	2916.8	4603.9	316.4	75.1	2536.6	2853
吉水县	478.9	21.1		1860.4	1110.4	24.4	700	1810.4
峡江县	80	25		2150	250	200		250
新干县	1965.4	406.1		5755.7	2818.9	1042.1		2818.9
永丰县	1098.3	1057.5	132	13051.1	595.9	169.7		595.9
泰和县	1000.2	206.1	482.5	4734.6	111.7	17.6	38.1	149.8
遂川县	785.5	76.2		1548.5	892	165.6	491.5	1383.5
万安县	2650.3	437.3		6994.2	3931	683.5	301.3	4232.3
安福县	1504.8	198.2		5164.9	4050.1	483.9	11	4061.1
永新县	328.2	80.5		7198.2	538.2	373.8	111.7	745.6
井冈山市	30380.6	4507.1	1065.6	100543.1	50451.3	3882.7	17002.6	67453.9
四、餐饮业按地区分组	7716	1811.8	314.4	40673.3	27840.3	3355	1010.3	29306.4
吉州区	331.6	51		1908.9	1084.2	299.3	99.3	1183.5
青原区	2840.6	255.1		5830.7	2749.4	273.3		2749.4
吉安县	2121.7	769.9	258.4	12520.9	13318.8	508.5		13318.8
吉水县	200	40		841.1	127	86.8		127
峡江县				58.8	4.3			4.3
新干县	335.3	156.8		4464.8	1438.3	244.9	84.2	1978.3
永丰县	119.3	12		154.6	89.2	12.9		89.2
泰和县	117.4	80.7		3154	842.5	475.6	572.8	1415.3
遂川县	112.6	62.8		3603.1	4761.2	1214		4761.2
万安县	49	21		883.1	222.1	95.6	182	404.1
安福县	1011.2	156.9		4433.2	2923.1	144.1	1	2924.1
永新县	477.3	205.6	56	2820.1	280.2		71	351.2

10-11　续表 14

分　组	住宿和餐饮业							
	二、期末资产负债							
	所有者权益	实收资本	国家资本	集体资本	法人资本	个人资本	港澳台资本	外商资本
中型	-797.9	1000			1000			
小型	11284.5	14034.7	21.8		8888	5017.7	107.2	
微型	880.3	765.3			20	745.3		
三、住宿业按地区分组	96983.9	83928.7	30937.8	4140	17508.6	26342.3	5000	
吉州区	26132.5	12041.1	1000		168.1	5873	5000	
青原区	3601.2	2120				2120		
吉安县	1750.9	500	500					
吉水县	50	50				50		
峡江县	1900	1850			1850			
新干县	2936.8	2555.7	367.6		500	1688.1		
永丰县	12455.2	6212	612			5600		
泰和县	4584.8	4398			1595	2803		
遂川县	165	163.9	108.9			55		
万安县	2761.9	2152.5	1500		120	532.5		
安福县	1103.8	1059.2			14.2	1045		
永新县	6452.6	5836			190.3	5645.7		
井冈山市	33089.2	44990.3	26849.3	4140	13071	930		
四、餐饮业按地区分组	11366.9	15800	21.8		9908	5763	107.2	
吉州区	725.4	511.8			50	461.8		
青原区	3081.3	3159.5			3159.5			
吉安县	-797.9	1000			1000			
吉水县	714.1	709.9			500	209.9		
峡江县	54.5	50				50		
新干县	2486.5	1321.1			839	482.1		
永丰县	65.4	21.8	21.8					
泰和县	1738.7	1438.3			735	596.1	107.2	
遂川县	-1158.1	3308			2600	708		
万安县	479	380			160	220		
安福县	1509.1	1430.7			385.5	1045.2		
永新县	2468.9	2468.9			479	1989.9		

10-11 续表 15

分组	住宿和餐饮业							
	三、损益及分配							
	营业收入	主营业务收入	营业成本	主营业务成本	营业税金及附加	主营业务税金及附加	其他业务利润	销售费用
中型	2161.6	2161.6	340.3	340.3	49	49		1007.2
小型	21933.6	21798.1	12732.4	12648.9	676.3	624.2	548.4	3582.7
微型	1556.2	1556.2	1104.4	1104.4	68.2	68.2		1
三、住宿业按地区分组	49435.8	48567.7	23648.3	23223.8	1622.5	1557.5	4473.2	12675.1
吉州区	10673.8	10360.2	5001	5000.2	358.7	356.8	3237.9	2364
青原区	1555.1	1547.3	468.5	464	44.7	44.7		448.4
吉安县	1590.9	1590.9	452.2	452.2	60.3	60.3		675.2
吉水县	319.9	319.9	274.3	274.3	8.5	8.5		
峡江县	850	850	600	560	25	24		
新干县	2664	2664	1458	1458	92.9	92.9	543.9	430.5
永丰县	1113.4	1113.4	993.2	993.2	26.9	26.9	106.2	302
泰和县	1396.1	1396.1	731.9	731.9	23.7	23.5		249.9
遂川县	920.4	920.4	543.4	543.4	44.6	44.6		164.1
万安县	4242.4	4166.3	2755.8	2708.4	203.6	199.2	13	507.7
安福县	4664.4	4664.4	3505.1	3505.1	149	149	0.3	307.1
永新县	2294.7	2166	1366	1265.3	154.2	148.5		10.3
井冈山市	17150.7	16808.8	5498.9	5267.8	430.4	378.6	571.9	7215.9
四、餐饮业按地区分组	25651.4	25515.9	14177.1	14093.6	793.5	741.4	548.4	4590.9
吉州区	2481.2	2470.2	1700.2	1688.2	86	82.8	201	123.4
青原区	2527.2	2527.2	907.8	907.8	30.7	30.7	24.3	596.7
吉安县	2161.6	2161.6	340.3	340.3	49	49		1007.2
吉水县	901.8	901.8	345.6	341.6	19.9	15.2		320.9
峡江县	45	45	44.7	44.7	0.3	0.3		1
新干县	4781	4781	3010.2	3010.2	163.7	139.9		290.9
永丰县	251	251	155	155	17	17		14.9
泰和县	3650.7	3630.7	2371.4	2371.4	138.6	123.7	10	191.1
遂川县	1629.8	1629.8	715	715	31.2	31.2	144.1	1430.9
万安县	1177.4	1177.4	645.1	604.9	68.5	64.5	169	19.2
安福县	2436.1	2331.6	1358.4	1331.1	56.3	54.8		585.9
永新县	3608.6	3608.6	2583.4	2583.4	132.3	132.3		8.8

10-11　续表 16

分　组	住宿和餐饮业								
	三、损益及分配								
	管理费用	税金	财务费用	利息收入	利息支出	资产减值损失	公允价值变动收益	投资收益	营业利润
中型	830		115.4	12.5	100				-180.3
小型	2935.9	106.6	103.4	3.2	43.4				1948.6
微型	68.6	3.4	6	0.4	1.3				311.7
三、住宿业按地区分组	10821.6	391.5	1586.9	11	1087.4	11.1	1	19.5	-190.8
吉州区	1829.2	1.3	94.1	0.1	17.1				1026.8
青原区	320.8	4.8	2.8	-0.4					269.9
吉安县	231.4	31.2	153.8	0.5	154.3				18
吉水县	62		0.7						-25.6
峡江县	36.5		108.5						80
新干县	412	0.5	99	1.9	98.4				171.6
永丰县	446.3		338		324				-943
泰和县	64.4	23.5	33.3	0.1	17.6	2.1	1	3.5	295.3
遂川县	74		59.7						34.6
万安县	234.6	60.6	7.8	1.1	1.3	12			576.5
安福县	508.8	4.2	17.9	0.3	0.7				125
永新县	208.5		116.2		93.8				438.4
井冈山市	6393.1	265.4	555.1	7.4	380.2	-3		16	-2258.3
四、餐饮业按地区分组	3834.5	110	224.8	16.1	144.7				2080
吉州区	310.7		11.7	0.1					205.6
青原区	932.7	53.6	5.3						54
吉安县	830		115.4	12.5	100				-180.3
吉水县	152		1.8		0.8				61.6
峡江县	1.5		0.8	0.4					0.4
新干县	553.8	16.3	25.5	0.5	18.3				728.6
永丰县	63.5								0.6
泰和县	349.8	3.1	18.2		4.6				535.1
遂川县	262.8	3.4	21.4		10.8				-687.4
万安县	170.8	24.2	14.5		10.2				259.3
安福县	98.3	9.4	-0.8	2.6					338
永新县	108.6		11						764.5

分组	住宿和餐饮业							
	三、损益及分配					四、人工成本及增值税		五、从事住宿和餐饮业活动的从业人员平均人数（人）
	营业外收入	政府补助	营业外支出	利润总额	应交所得税	应付职工薪酬（本年贷方累计发生额）	应交增值税	
中型				–180.3		528	5.1	126
小型	30.9		3.9	942.9	70.5	4829.6	183.1	1638
微型	0.5			33.1	1.6	297	6.5	64
三、住宿业按地区分组	1061.2	488.8	99.3	1100	187.7	15045	1059.4	3913
吉州区	15		6	1084.7	59.7	3011.3	204.2	848
青原区	0.2			219.6		125.1		101
吉安县	239.2		0.1	257.1		490.5	35.2	109
吉水县				–25.6		126		39
峡江县						240		60
新干县	39.4			211	8.6	516.5	54.4	202
永丰县	43	43	1.5	–850.9		455.1	152	157
泰和县	4	4	0.4	298.9	0.2	456		168
遂川县	15.5			47.1		389	158.5	92
万安县	12.6			136	19.1	3373.8	4.4	216
安福县	3.2	0.3	1.3	126.7	15.1	1172.3	106.5	399
永新县				220.1		647.9	13.2	322
井冈山市	689.1	441.5	90	–624.7	85	4041.5	331	1200
四、餐饮业按地区分组	31.4		3.9	795.7	72.1	5654.6	194.7	1828
吉州区			0.4	206.2	30	643.5	5.4	234
青原区	26.9		3.4	101.8	3.6	447.1	33.3	130
吉安县				–180.3		528	5.1	126
吉水县				61.6	1.4	226.2	13.6	80
峡江县				0.4		3.9		15
新干县				725.3	28.6	1001.4	61.3	332
永丰县	0.1			0.7		56		22
泰和县	0.3			225.6		891.6	4.1	295
遂川县			0.1	–789.8	6.4	605.9	46.1	176
万安县	3.5			95.1	1.1	226.5	7.2	65
安福县				281	1	412.8	18.6	164
永新县	0.6			68.1		611.7		189

10-12 限额以上住宿和餐饮业法人单位经营情况

单位：万元

分组	住宿和餐饮业						
	法人企业数（个）	从业人员期末人数（人）	营业额	其中：使用银行卡支付的营业额	客房收入	其中：通过公共网络实现的客房收入	其中：通过非自营平台实现的客房收入
总计	131	5906	77921.8	10635.9	35331.4	1460.2	209.1
一、住宿业	69	3988	52134.9	7532.1	31125.3	1445.6	209.1
旅游饭店	37	2662	36695	5249.1	20910	901.8	20.6
一般旅馆	31	1297	14987.9	2283	10044.5	543.8	188.5
其他住宿业	1	29	452		170.8		
内资企业	68	3870	49734.7	6703.3	29964.6	1329.7	209.1
国有企业	17	835	12647.4	515	7261.2	39.8	
股份合作企业	1	39	2197.3		1201.7		
有限责任公司	14	1078	14243.1	3924.3	8534.1	898.6	67.5
国有独资公司	1	285	3776.7	1548.4	2073.9	341	
其他有限责任公司	13	793	10466.4	2375.9	6460.2	557.6	67.5
股份有限公司	4	252	1942.7	402.1	1175.8	205.1	20.6
私营企业	27	1454	15287.8	1391.9	9415.7	69.1	20
私营独资企业	6	369	4486.9	214.7	2003.1	1.4	
私营合伙企业	2	97	1640		936.8		
私营有限责任公司	17	896	8178.3	1177.2	5570	67.7	20
私营股份有限公司	2	92	982.6		905.8		
其他企业	5	212	3416.4	470	2376.1	117.1	101
港、澳、台商投资企业	1	118	2400.2	828.8	1160.7	115.9	
港澳台商独资企业	1	118	2400.2	828.8	1160.7	115.9	
国有控股	22	1348	19887.2	2155	11541.7	566.4	20.6
私人控股	39	2108	23851.9	4237.8	15234.3	743.8	188.5
港澳台商控股	1	118	2400.2	828.8	1160.7	115.9	
其他	7	414	5995.6	310.5	3188.6	19.5	
独立门店	61	3648	48675.6	6892.7	29045.5	1252.1	121.6
其他	8	340	3459.3	639.4	2079.8	193.5	87.5
中型	4	777	12048.1	4332	6263.9	656.9	
小型	63	3196	39475.8	3200.1	24459.1	788.7	209.1
微型	2	15	611		402.3		
四星	11	814	11530	1387.7	6976	137.6	

10-12 续表 1

分组	住宿和餐饮业								
	餐费收入	其中：通过公共网络实现的餐费收入	其中：通过非自营平台实现的餐费收入	商品销售额收入	其他收入	客房数（间）	床位数（个）	餐位数（位）	年末餐饮营业面积（平方米）
总计	38661.7	674.9	160.5	1381.8	2546.9	8812	15667	36638	268292
一、住宿业	18048.5	674.9	160.5	501.8	2459.3	7560	13607	20122	203367
旅游饭店	13473.7	361		25.8	2285.5	4840	8859	12738	155806
一般旅馆	4349.8	313.9	160.5	476	117.6	2680	4668	6984	46001
其他住宿业	225				56.2	40	80	400	1560
内资企业	16960	674.9	160.5	501.8	2308.3	7396	13314	19122	193367
国有企业	4925	250.8		66.7	394.5	1659	3246	4570	30293
股份合作企业	966.8			18.4	10.4	73	138	688	2456
有限责任公司	5593.1	200	70	59.2	56.7	2305	3971	4597	79875
国有独资公司	1699.7				3.1	351	650	960	2000
其他有限责任公司	3893.4	200	70	59.2	53.6	1954	3321	3637	77875
股份有限公司	627.9	110.2		0.2	138.8	460	999	1450	11974
私营企业	4028.2	15.9	0.5	136	1707.9	2545	4384	6613	62529
私营独资企业	1085.8			7.2	1390.8	466	796	1014	5040
私营合伙企业	703.2					167	266	402	6630
私营有限责任公司	2166.6	15.9	0.5	124.6	317.1	1726	2922	4385	43679
私营股份有限公司	72.6			4.2		186	400	812	7180
其他企业	819	98	90	221.3		354	576	1204	6240
港、澳、台商投资企业	1088.5				151	164	293	1000	10000
港澳台商独资企业	1088.5				151	164	293	1000	10000
国有控股	7770.4	361		66.9	508.2	2522	4937	6900	51217
私人控股	6477.6	313.9	160.5	409.3	1730.7	4009	6751	9528	123694
港澳台商控股	1088.5				151	164	293	1000	10000
其他	2712			25.6	69.4	865	1626	2694	18456
独立门店	16986.2	464.4	90	498.8	2145.1	6552	11785	18964	191342
其他	1062.3	210.5	70.5	3	314.2	1008	1822	1158	12025
中型	4267				1517.2	1063	1833	3160	55000
小型	13572.8	674.9	160.5	501.8	942.1	6357	11516	16732	147987
微型	208.7					140	258	230	380
四星	4317.9	1.7			236.1	1712	3102	4203	54173

10-12 续表 2

分组	住宿和餐饮业						
	法人企业数（个）	从业人员期末人数（人）	营业额	其中：使用银行卡支付的营业额	客房收入	其中：通过公共网络实现的客房收入	其中：通过非自营平台实现的客房收入
三星	17	1119	14463.5	1835.1	7860.5	342.4	
二星	3	98	1983.9		1086.4	24.1	
其他	38	1957	24157.5	4309.3	15202.4	941.5	209.1
二、餐饮业	62	1918	25786.9	3103.8	4206.1	14.6	
正餐服务	54	1674	22947.4	3103.8	4206.1	14.6	
快餐服务	7	184	2659.5				
其他餐饮业	1	60	180				
餐饮配送服务	1	60	180				
内资企业	60	1763	23255.3	1903.4	2907.9	14.6	
国有企业	1	22	251		109.5		
有限责任公司	6	233	1830.1	3	33.3		
其他有限责任公司	6	233	1830.1	3	33.3		
股份有限公司	1	46	1355.2				
私营企业	52	1462	19819	1900.4	2765.1	14.6	
私营独资企业	15	330	5043.9	108.2	614.7		
私营合伙企业	2	28	475.7		39.4		
私营有限责任公司	34	1064	13047.4	1792.2	1922.4	14.6	
私营股份有限公司	1	40	1252		188.6		
港、澳、台商投资企业	2	155	2531.6	1200.4	1298.2		
港澳台商独资企业	1	126	2161.6	1200.4	1215.2		
其他港澳台投资企业	1	29	370		83		
国有控股	1	22	251		109.5		
集体控股	1	44	542.8	3	33.3		
私人控股	56	1616	21770	1900.4	2765.1	14.6	
港澳台商控股	2	155	2531.6	1200.4	1298.2		
其他	2	81	691.5				
独立门店	59	1811	24336.4	2953.1	3673.4		
其他	3	107	1450.5	150.7	532.7	14.6	
中型	1	126	2161.6	1200.4	1215.2		

10-12 续表 3

分组	住宿和餐饮业								
	餐费收入	其中：通过公共网络实现的餐费收入	其中：通过非自营平台实现的餐费收入	商品销售额收入	其他收入	客房数（间）	床位数（个）	餐位数（位）	年末餐饮营业面积（平方米）
三星	5996.1			18.6	588.3	1768	3403	5624	39890
二星	793.9	249.6		66.7	36.9	124	248	780	10715
其他	6940.6	423.6	160.5	416.5	1598	3956	6854	9515	98589
二、餐饮业	20613.2			880	87.6	1252	2060	16516	64925
正餐服务	17854.9			798.8	87.6	1252	2060	14356	58734
快餐服务	2578.3			81.2				2090	5191
其他餐饮业	180							70	1000
餐饮配送服务	180							70	1000
内资企业	19379.8			880	87.6	946	1702	15456	63103
国有企业	141.5					70	200	550	8000
有限责任公司	1744.7			10	42.1	24	50	1155	4650
其他有限责任公司	1744.7			10	42.1	24	50	1155	4650
股份有限公司	1355.2							400	800
私营企业	16138.4			870	45.5	852	1452	13351	49653
私营独资企业	4401.1			28.1		164	239	1824	8577
私营合伙企业	436.3					11	12	170	400
私营有限责任公司	10237.6			841.9	45.5	622	1110	11157	38676
私营股份有限公司	1063.4					55	91	200	2000
港、澳、台商投资企业	1233.4					306	358	1060	1822
港澳台商独资企业	946.4					266	300	500	822
其他港澳台投资企业	287					40	58	560	1000
国有控股	141.5					70	200	550	8000
集体控股	467.4				42.1	24	50	200	600
私人控股	18089.4			870	45.5	852	1452	14081	52023
港澳台商控股	1233.4					306	358	1060	1822
其他	681.5			10				625	2480
独立门店	19700.4			875	87.6	1098	1734	15180	62225
其他	912.8			5		154	326	1336	2700
中型	5996.1			18.6	588.3	1768	3403	5624	39890

10-12 续表 4

分组	住宿和餐饮业						
	法人企业数（个）	从业人员期末人数（人）	营业额	其中：使用银行卡支付的营业额	客房收入	其中：通过公共网络实现的客房收入	其中：通过非自营平台实现的客房收入
小型	54	1726	22039.4	1771.4	2990.9	14.6	
微型	7	66	1585.9	132			
三、住宿业按地区分组	69	3988	52134.9	7532.1	31125.3	1445.6	209.1
吉州区	8	844	10377.8	3181.8	6183.7	508.1	
青原区	4	101	1906		1425.9		
吉安县	1	109	1590.9		458.3		
吉水县	1	39	2197.3		1201.7		
峡江县	1	60	1350		750		
新干县	3	213	2670.8	92.7	1476.4		
永丰县	2	157	1113.4		611.6	24.1	
泰和县	3	182	1396.1	351	861.7		
遂川县	2	92	920.4		605.6		
万安县	5	218	4242.4	210	2983.4		
安福县	5	392	4664.4	235.8	1971.5	1.4	
永新县	11	324	2406.7	260	1866.3	317.2	101
井冈山市	23	1257	17298.7	3200.8	10729.2	594.8	108.1
四、餐饮业按地区分组	62	1918	25786.9	3103.8	4206.1	14.6	
吉州区	5	249	2481		103.7		
青原区	3	129	2637.3	143.7	616.3	14.6	
吉安县	1	126	2161.6	1200.4	1215.2		
吉水县	2	91	901.8	398.2	256.6		
峡江县	1	17	45				
新干县	10	339	5000.6	451.8	201.9		
永丰县	1	22	251		109.5		
泰和县	14	307	3664.3	294.4	505.5		
遂川县	4	176	1649.3	271.5	613.7		
万安县	3	65	1177.4	100			
安福县	4	205	2258.4	243.8	544.3		
永新县	14	192	3559.2		39.4		

10-12 续表 5

分组	住宿和餐饮业								
	餐费收入	其中：通过公共网络实现的餐费收入	其中：通过非自营平台实现的餐费收入	商品销售额收入	其他收入	客房数（间）	床位数（个）	餐位数（位）	年末餐饮营业面积（平方米）
三星	18080.9			880	87.6	986	1760	15260	57374
二星	1585.9							756	6729
其他	18048.5	674.9	160.5	501.8	2459.3	7560	13607	20122	203367
二、餐饮业	3894.3	5.4		0.2	299.6	1329	2276	3917	40414
正餐服务	446				34.1	378	657	550	2050
快餐服务	1132.6					135	294	400	500
其他餐饮业	966.8			18.4	10.4	73	138	688	2456
餐饮配送服务	600					99	168	120	1000
内资企业	1101.3			90.5	2.6	257	468	1629	7056
国有企业	458.7	249.6			43.1	191	300	990	19038
有限责任公司	448.2			30	56.2	350	515	1640	9360
其他有限责任公司	314.8					143	251	550	12800
股份有限公司	928.2			330.8		309	515	1288	7730
私营企业	1171.6			6.2	1515.1	429	727	1066	5200
私营独资企业	512.8	98	90	15.5	12.1	716	1291	1618	10360
私营合伙企业	6073.2	321.9	70.5	10.2	486.1	3151	6007	5666	85403
私营有限责任公司	20613.2			880	87.6	1252	2060	16516	64925
私营股份有限公司	2377.3					54	84	1175	4100
港、澳、台商投资企业	2021					189	357	1700	4900
港澳台商独资企业	946.4					266	300	500	822
其他港澳台投资企业	640.4			4.8		121	210	1220	2290
国有控股	45							20	300
集体控股	4392.2			406.5		25	51	3256	11096
私人控股	141.5					70	200	550	8000
港澳台商控股	2948.2			210.6		230	390	4384	14060
其他	965.1			25	45.5	152	251	950	8880
独立门店	1046.8			130.6				282	1190
其他	1569.5			102.5	42.1	134	205	1020	3150
中型	3519.8					11	12	1459	6137

10-13 限额以上住宿和餐饮业法人企业基本情况

单位：万元

分　组	法人企业数（个）	从业人员期末人数（人）	其中：女性	法人所属产业活动单位数（个）	住宿和餐饮业	其他
总计	131	5906	3966	15	13	2
一、住宿业	69	3988	2696	11	9	2
旅游饭店	37	2662	1779	7	5	2
一般旅馆	31	1297	902	4	4	
其他住宿业	1	29	15			
内资企业	68	3870	2596	11	9	2
国有企业	17	835	493	2	1	1
股份合作企业	1	39	25			
有限责任公司	14	1078	730	7	6	1
国有独资公司	1	285	210			
其他有限责任公司	13	793	520	7	6	1
股份有限公司	4	252	169			
私营企业	27	1454	1013	2	2	
私营独资企业	6	369	277			
私营合伙企业	2	97	31			
私营有限责任公司	17	896	637	2	2	
私营股份有限公司	2	92	68			
其他企业	5	212	166			
港、澳、台商投资企业	1	118	100			
港澳台商独资企业	1	118	100			
国有控股	22	1348	866	2	1	1
私人控股	39	2108	1459	4	4	
港澳台商控股	1	118	100			
其他	7	414	271	5	4	1
独立门店	61	3648	2458	9	7	2
其他	8	340	238	2	2	
中型	4	777	557			
小型	63	3196	2127	11	9	2
微型	2	15	12			
四星	11	814	496	5	4	1

10-13 续表 1

分　　组	法人企业数（个）	从业人员期末人数（人）		法人所属产业活动单位数（个）		
			其中：女性		住宿和餐饮业	其他
三星	17	1119	747			
二星	3	98	81	2	1	1
其他	38	1957	1372	4	4	
二、餐饮业	62	1918	1270	4	4	
正餐服务	54	1674	1095	2	2	
快餐服务	7	184	140	2	2	
其他餐饮业	1	60	35			
餐饮配送服务	1	60	35			
内资企业	60	1763	1178	4	4	
国有企业	1	22	15			
有限责任公司	6	233	158	2	2	
其他有限责任公司	6	233	158	2	2	
股份有限公司	1	46	38			
私营企业	52	1462	967	2	2	
私营独资企业	15	330	220			
私营合伙企业	2	28	21			
私营有限责任公司	34	1064	698	2	2	
私营股份有限公司	1	40	28			
港、澳、台商投资企业	2	155	92			
港澳台商独资企业	1	126	70			
其他港澳台投资企业	1	29	22			
国有控股	1	22	15			
集体控股	1	44	36	2	2	
私人控股	56	1616	1074	2	2	
港澳台商控股	2	155	92			
其他	2	81	53			
独立门店	59	1811	1201	4	4	
其他	3	107	69			
中型	1	126	70			
小型	54	1726	1156	4	4	

10-13 续表 2

分　　组	法人企业数（个）	从业人员期末人数（人）	其中：女性	法人所属产业活动单位数（个）	住宿和餐饮业	其他
微型	7	66	44			
三、住宿业按地区分组	69	3988	2696	11	9	2
吉州区	8	844	625			
青原区	4	101	81			
吉安县	1	109	68			
吉水县	1	39	25			
峡江县	1	60				
新干县	3	213	138	2	2	
永丰县	2	157	109	2	1	1
泰和县	3	182	123			
遂川县	2	92	42			
万安县	5	218	167			
安福县	5	392	292			
永新县	11	324	256			
井冈山市	23	1257	770	7	6	1
四、餐饮业按地区分组	62	1918	1270	4	4	
吉州区	5	249	168			
青原区	3	129	84			
吉安县	1	126	70			
吉水县	2	91	56			
峡江县	1	17	8			
新干县	10	339	248			
永丰县	1	22	15			
泰和县	14	307	178			
遂川县	4	176	125			
万安县	3	65	50	2	2	
安福县	4	205	130	2	2	
永新县	14	192	138			

主要统计指标解释

社会消费品零售总额 指国民经济各行业直接售给城乡居民和社会集团的消费品总额。它是反映各行业通过多种商品流通渠道向居民和社会集团供应的生活消费品总量，是研究国内零售市场变动情况、反映经济景气程度的重要指标。

社会消费品零售总额包括：(1)售给城乡居民作为生活用的商品和修建房屋用的建筑材料；(2)售给社会集团的各种办公用品和公用消费品；(3)售给机关、团体、学校、部队、企业、事业单位的职工食堂和旅店(招待所)附设专门供本店旅客食用，不对外营业的食堂的各种食品、燃料；企业、单位和国营农场直接售给本单位职工和职工食堂的自己生产的产品；(4)售给部队干部、战士生活用的粮食、副食品、衣着品、日用品、燃料；(5)售给来华的外国人、华侨、港澳台同胞的消费品；(6)居民自费购买的中、西药品、中药材及医疗用品；(7)报社、出版社直接售给居民和社会集团的报纸、图书、杂志，集邮公司出售的新、旧纪念邮票、特种邮票、首日封、集邮册、集邮工具等；(8)旧货寄售商店自购、自销部分的商品；(9)煤气公司、液化石油气站售给居民和社会集团的煤气灶具和罐装液化石油气；(10)农民售给非农业居民和社会集团的商品。不包括售给国民经济各部门企业、事业单位(包括国有经济的农场)生产经营用的各种原材料、燃料、设备、工具等和售给批发零售贸易业、餐饮业作为转卖用的商品，旧货寄售商店受托寄售卖出的商品，服务业的营业收入，邮局出售邮票的收入，自来水、电力、煤气生产(供应)单位的产品供应收入，也不包括农民之间的商品销售。

批发零售贸易业商品购、销、存总额 指各种登记注册类型的批发、零售贸易业(不包括个体)企业(单位)以本企业(单位)为总体的商品购进、销售、库存总额。

商品购进总额 指从本企业(单位)以外的单位和个人购进(包括从境外直接进口)作为转卖或加工后转卖的商品总额。它反映批发零售贸易业从国内、国外市场上购进商品的总量。商品购进总额包括：(1)从工农业生产者购进的商品；(2)从出版社、报社的出版发行部门购进的图书、杂志和报纸；(3)从各种登记注册类型的批发零售贸易企业(单位)购进的商品；(4)从其他单位购进的商品，如从机关、团体、企业等单位购进的剩余物资，从餐饮业、服务业购进的商品，从海关、市场管理部门购进的缉私和没收的商品，从居民手中收购的废旧商品等；(5)从国(境)外直接进口的商品。不包括企业(单位)为自身经营用和未通过买卖行为而收入的商品以及销售退回、商品升溢等。

商品销售总额 指对本企业(单位)以外的单位和个人出售(包括对境外直接出口)的商品总额(含增值税)。它反映批发零售贸易业在国内市场上销售商品以及出口商品的总量。商品销售总额包括：(1)售给城乡居民和社会集团消费用的商品；(2)售给工业、农业、建筑业、运输邮电业、批发零售贸易业、餐饮业、服务业等作为生产、经营使用的商品；(3)售给批发零售贸易业作为转卖或加工后转卖的商品；(4)对国(境)外直接出口的商品。不包括出售本企业(单位)自用的废旧包装用品；未通过买卖行为付出的商品；经本单位介绍，由买卖双方直接结算，本单位只收取手续费的业务；购货退出的商品以及商品损耗和损失等。

批发零售贸易业库存 指报告期末各种登记注册类型的批发零售贸易企业(单位)已取得所有权的商品。它反映批发零售贸易企业(单位)的商品库存情况和对市场商品供应的保证程度。期末库存包括：(1)存放在批发零售贸易业经营单位(如门市部、批发站、经营处)仓库、货场、货柜和货架中的商品；(2)挑选、整理、包装中的商品；(3)已记入购进而尚未运到本单位的商品，即发货单或银行承兑凭证已到而货未到的部分；⑷寄放他处的商品，如因购货方拒绝承付而暂时存放在购货方的商品和已办完加工成品收回手续而未提回的商品；⑸委托其他单位代销(未作销售或调出)尚未售出的商品；⑹代其他单位购进尚未交付的商品。不包括所有权不属于本单位的商品、拨付除批发零售贸易业以外的其他行业所属独立核算加工厂等加工生产尚未收回成品的商品、代国家物资储备部门保管的商品等。

库存总额采用的计算价格是：农副产品采购单位按购进价计算；批发单位按进货价计算；零售单位按核算价格计算，即按什么价格核算就按什么价格计算。

消费品市场成交额　指从事消费品交易的商品市场的全部商品成交金额。消费品市场包括农副产品市场和工业消费品市场。

批发零售贸易业　指专门从事批发和零售贸易活动的经济部门，包括国内商业、对外贸易业和物资供销业。现行综合统计制度中的商品流转统计暂只限独立核算法人批发零售贸易企业及其他行业附营的批发零售贸易单位。不包括个体的批发零售贸易者。但机构、网点、人员的统计与商品流转统计不同，其统计范围包括上述不包括的部分。

批发业　指专门从事批发贸易活动的企业和单位(包括个体经营者，下同)。如从事农副产品采购和供应的供销合作社、百货、纺织品、食品、五交化等批发公司(站)、外贸公司、物资供销公司等等。

零售业　指专门从事从工农业生产者，批发贸易业或居民购进商品，转卖给城乡居民作为生活消费和售给社会集团作为公共消费的商品流通企业和单位。

批发零售贸易业、餐饮业机构　指各种经济类型独立核算法人批发零售贸易企业、餐饮企业及其他行业附营的批发零售贸易企业、餐饮企业的单位个数。

批发零售贸易业、餐饮业网点　指各种经济类型独立核算法人批发零售贸易企业、餐饮企业设立的从事商品批发贸易、零售贸易业务的自然单位数和从事餐饮活动的自然单位数，以及各行业附设的从事商品批发贸易、零售贸易业务的自然单位数和从事餐饮活动的自然单位数。

批发零售贸易业、餐饮业人员　即从业人员，指从事批发零售贸易业、餐饮业劳动并取得劳动报酬或经营收入的人员。

餐饮业商品零售额　指餐饮企业、产业活动单位或个体户直接对居民和社会集团零售的各种商品。包括：(1)经烹饪、调制加工后出售的各种食品，如主食、炒菜、凉拌菜等；(2)不经加工直接转卖的各种外购商品，如卷烟、酒、饮料、熟食、水果等；(3)附设非独立核算的专门销售商品的小卖部出售的各种食品及其他商品。

亿元商品交易市场成交额　指年销售额达到亿元以上，经工商部门批准、专门从事商品批发、零售业务活动的市场。其市场所有摊位销售总额称为商品交易市场成交额。

连锁企业（或称连锁店、连锁公司）　指在核心企业或总店的领导下，由分散的、经营同类商品或服务的企业或活动单位，采取共同方针，实行集中采购和分散销售的有机结合，通过规范化经营，实现规模效益的经济联合组织形式。一般连锁店应由若干个分店组成。其经营特征：（1）经营同类商品；（2）使用统一商号；（3）统一采购配送，采购与销售相分离（部分商品可根据物流合理和保质保鲜原则，由供应商直接送货到门店，其余均由总部统一配送）。

连锁门店包括下列两种形式：

直营连锁：指正规连锁。连锁门店均由总部独资或控股开设，在总部的直接领导下统一经营。

加盟连锁：指特许连锁。各连锁门店（被特许人）通过合同形式，取得使用总部（特许人）商标、商号、经营技术和销售总部开发的商品的特许权，各加盟连锁门店为独立法人，在总部指导下统一经营。

进出口总额　指实际进出我国国境的货物总金额。包括对外贸易实际进出口货物，来料加工装配进出口货物，国家间、联合国及国际组织无偿援助物资和赠送品，华侨、港澳台同胞和外籍华人捐赠品，租赁期满归承租人所有的租赁货物，进料加工进出口货物，边境地方贸易及边境地区小额贸易进出口货物(边民互市贸易除外)，中外合资企业、中外合作经营企业、外商独资经营企业进出口货物和公用物品，到、离岸价格在规定限额以上的进出口货样和广告品(无商业价值、无使用价值和免费提供出口的除外)，从保税仓库提取在中国境内销售的进口货物，以及其他进出口货物。该指标可以观察一个国家在对外贸易方面的总规模。我国规定出口货物按离岸价格统计，进口货物按到岸价格统计。

商品经营单位所在地进、出口额　指在所在地海关注册登记的有进出口经营权的企业实际进、出口额。商品目的地进口额和商品货源地出口额　目的地进口额指进口货物的消费、使用或最终抵运地的实际进口额；货源地出口额指出口货物的产地或原始发货地的实际出口额。

外商直接投资　指外国企业和经济组织或个人(包括华侨、港澳台胞以及我国在境外注册的企业)按我国有关政策、法规，用现汇、实物、技术等在我国境内开办外商独资企业、与我国境内的企业或经济组织共同举办中外合资经营企业、合作经营企业或合作开发资源的投资(包括外商投资收益的再投资)，以及经政府有关部门批准的项目投资总额内企业从境外借入的资金。

旅游人数

(1)入境旅游人数：指报告期内来我国观光、度假、探亲访友、就医疗养、购物、参加会议或从事经济、文化、体育、宗教活动的外国人、港澳台同胞等入境游客。统计时，外国人、港澳台同胞每入境一次统计 1 人次。

(2)国内旅游人数：指在报告期内在中国（大陆）观光游览、度假、探亲访友、就医疗养、购物、参加会议或从事经济、文化、体育、宗教活动的中国（大陆）居民人数，其出游的目的不是通过所从事的活动谋取报酬。统计时，国内游客按每出游一次统计 1 人次。

国际旅游(外汇)收入　指入境游客在中国（大陆）境内旅行、游览过程中用于交通、参观游览、住宿、餐饮、购物、娱乐等全部花费。

国内旅游收入　指国内游客在国内旅行、游览过程中用于交通、参观游览、住宿、餐饮、购物、娱乐等全部花费。

星级饭店　指设备、设施、服务符合《旅游饭店星级的划分与评定》（GB/T14308-2003），通过相关旅游管理部门评定，并取得星级饭店称号的饭店（含预备星级饭店）。

财政、金融 11

PUBLIC FINANCE， BANKING AND INSURANCE

●2016 年，全市财政总收入 229.09 亿元，其中：公共财政预算收入 157.02 亿元。

●2016 年，公共财政预算支出 383.1 亿元，其中：一般公共服务支出占 9.3%；农林水事务支出占 17.3%；教育支出占 20.6%；社会保障和就业支出占 13.9%。

●2016 年末，金额机构人民币各项存款 2292.16 亿元，各项贷款 1273.20 亿元。

●2016 年，住户存款余额 1448.72 亿元，比上年末增长 13.5%。

本篇章

资料整理	微机处理
董小琴	董小琴

11-1 历年财政收支总额及增长速度

年 份	财政收入	财政支出	收支差额	增长速度(%)	
	(万元)	(万元)	(万元)	财政收入	财政支出
1978	6441	9261	–2820	51.4	23.9
1979	7176	10922	–3746	11.4	17.9
1980	8290	12597	–4307	15.5	15.3
1981	8821	10965	–2144	6.4	–12.9
1982	8939	12863	–3924	1.3	17.3
1983	9332	13267	–3935	4.4	3.1
1984	10412	15003	–4591	11.7	13.1
1985	12723	23371	–10648	22.2	55.8
1986	13951	27068	–13117	9.7	15.8
1987	17375	30117	–12742	24.5	11.3
1988	21918	35543	–13625	26.1	18.0
1989	25365	41407	–16042	15.7	16.5
1990	28709	43140	–14431	13.2	4.2
1991	29227	47897	–18670	1.8	11.0
1992	35023	57968	–22945	19.8	21.0
1993	50158	67810	–17652	43.2	17.0
1994	67328	78963	–11635	25.9	16.4
1995	82876	90724	–7848	23.1	14.9
1996	95358	108913	–13555	15.1	20.0

11-1 续表 1

年　份	财政收入	财政支出	收支差额	增长速度(%)	
	(万元)	(万元)	(万元)	财政收入	财政支出
1997	106271	118142	-11871	11.4	8.5
1998	116934	130459	-13525	10.0	10.4
1999	117432	145123	-27691	4.6	11.2
2000	122526	169745	-47219	5.7	17.0
2001	131929	206242	-74313	7.7	21.0
2002	150178	271104	-120926	13.8	31.4
2003	182205	308614	-126409	21.3	13.8
2004	226862	371803	-144941	24.5	20.5
2005	275427	484200	-208773	22.3	30.2
2006	321666	586190	-264524	16.8	21.1
2007	408323	741843	-333520	26.9	26.6
2008	535192	1002202	-467010	31.1	35.1
2009	643596	1280670	-637074	20.3	27.8
2010	886223	1583585	-697362	37.7	23.7
2011	1183107	1972186	-789079	33.5	24.5
2012	1432484	2469444	-1036960	21.1	25.2
2013	1696786	2852905	-1156119	18.5	15.5
2014	1951737	3302572	-1350835	15.0	8.2
2015	2199930	3596439	-1396509	12.7	16.5
2016	2290976	3831014	-1540038	4.1	6.5

11-2　历年财政收入占地区生产总值的比重

年　份	财政总收入 (万元)	地区生产总值 (万元)	财政总收入占地区 生产总值的比重(%)
1978	6441	85886	7.5
1979	7176	93293	7.7
1980	8290	100649	8.2
1981	8821	113964	7.7
1982	8939	121314	7.4
1983	9332	135649	6.9
1984	10412	152919	6.8
1985	12723	180235	7.1
1986	13951	196977	7.1
1987	17375	225486	7.7
1988	21918	293866	7.5
1989	25365	349773	7.3
1990	28709	431361	6.7
1991	29227	471531	6.2
1992	35023	527341	6.6
1993	50158	598116	8.4
1994	67328	814528	8.3
1995	82876	936480	8.8
1996	95358	1135076	8.4

11-1 续表 2

年 份	财政总收入(万元)	地区生产总值(万元)	财政总收入占地区生产总值的比重(%)
1997	106271	1318252	8.1
1998	116934	1432171	8.1
1999	117432	1530699	7.7
2000	122526	1648636	7.4
2001	131929	1752254	7.5
2002	150178	1917888	7.8
2003	182205	2208465	8.3
2004	226862	2599126	8.7
2005	275427	3031422	9.1
2006	321666	3517803	9.1
2007	408323	4060052	10.1
2008	535192	5156101	10.4
2009	643596	5841087	11.0
2010	886223	7205251	12.3
2011	1183107	8790619	13.5
2012	1432484	10062610	14.2
2013	1696786	11239013	15.1
2014	1951737	12421109	15.7
2015	2199930	13285198	16.6
2016	2290976	14613721	15.7

11-3　财政收入分项完成情况

单位：万元,%

收　入　项　目	2016 年	2015 年	增长(%)
一、税收收入	1103917	1153081	-4.3
增值税	333807	241641	38.1
营业税	220444	374939	-41.2
企业所得税	112725	95635	17.9
个人所得税	31865	24537	29.9
资源税	24367	15444	57.8
城市维护建设税	55288	54301	1.8
房产税	19543	21965	-11.0
印花税	9450	9991	-5.4
城镇土地使用税	25071	22564	11.1
土地增值税	79812	96667	-17.4
车船税	10434	8709	19.8
耕地占用税	111601	120821	-7.6
契税	61652	58776	4.9
烟叶税	7858	7091	10.8
二、非税收入	466300	464227	0.4
专项收入	52833	67196	-21.4
行政事业性收费收入	114282	119184	-4.1
罚没收入	74418	74059	0.5
国有资本经营收入			
国有资源（资产）有偿使用收入	197356	179655	9.9
其他收入	27411	24133	13.6
公共财政预算收入小计	1570217	1617308	-2.9
三、上划中央收入	697562	558427	24.9
(一)上划两税	480676	378168	27.1
(二)上划所得税	216886	180259	20.3
四、上划省收入	23197	24195	-4.1
财政总收入	2290976	2199930	4.1

11-4 公共财政预算支出分项完成情况

单位：万元,%

支 出 项 目	2016 年	2015 年	增长(%)
一般公共服务	358731	333730	7.5
国防	6179	5460	13.2
公共安全	174649	149561	16.8
教育	789720	766135	3.1
科学技术	73901	75203	-1.7
文化体育与传媒	67723	68448	-1.1
社会保障和就业	532291	437502	21.7
医疗卫生与计划生育支出	443081	384796	15.1
节能环保	76249	70878	7.6
城乡社区事务	245412	210043	16.8
农林水事务	663129	662615	0.1
交通运输	83869	56773	47.7
资源勘探信息等事务	88155	142001	-37.9
商业服务业等事务	20828	21878	-4.8
金融等事务支出	930	811	14.7
国土海洋气象等事务	24482	23156	5.7
住房保障支出	131795	141696	-7.0
粮油物资储备事务	8032	9363	-14.2
债务付息支出	22036	7048	212.7
其他支出	19171	28878	-33.6
公共财政预算支出小计	3831014	3596439	6.5

11-5 公共财政预算收入分县市区完成情况

单位：万元,%

县(市、区)	2016 年	2015 年	增长(%)	县(市、区)	2016 年	2015 年	增长(%)
总　　计	**1570217**	**1617308**	**-2.9**	新 干 县	101936	106017	-3.8
市 本 级	189640	188899	0.4	永 丰 县	113829	108343	5.1
经 开 区	70349	69453	1.3	泰 和 县	138037	142584	-3.2
县市区小计	1310228	1358956	-3.6	遂 川 县	102891	107605	-4.4
吉 州 区	96214	107884	-10.8	万 安 县	74903	76570	-2.2
青 原 区	57804	66175	-12.6	安 福 县	133465	134556	-0.8
吉 安 县	198167	202770	-2.3	永 新 县	74251	71879	3.3
吉 水 县	99121	108383	-8.5	井冈山市	50424	55990	-9.9
峡 江 县	69186	70200	-1.4				

11-6 公共财政预算支出分县市区完成情况

单位：万元,%

县(市、区)	2016 年	2015 年	增长(%)	县(市、区)	2016 年	2015 年	增长(%)
总　　计	**3831014**	**3596439**	**6.5**	新 干 县	255490	255582	0.0
市 本 级	331295	345761	-4.2	永 丰 县	278290	251508	10.6
经 开 区	60801	70519	-13.8	泰 和 县	330444	319235	3.5
县市区小计	3438918	3180159	8.1	遂 川 县	332986	297370	12.0
吉 州 区	227403	209768	8.4	万 安 县	248061	235289	5.4
青 原 区	141484	139664	1.3	安 福 县	289350	286794	0.9
吉 安 县	379094	348200	8.9	永 新 县	286870	244787	17.2
吉 水 县	317364	270651	17.3	井冈山市	186757	163031	14.6
峡 江 县	165325	158280	4.5				

11-7 财政总收入分县市区完成情况

单位：万元,%

县(市、区)	2016 年	2015 年	增长(%)	县(市、区)	2015 年	2016 年	增长(%)
总　　计	**2290976**	**2199930**	**4.1**	新 干 县	141316	145401	2.9
市 本 级	304067	277992	9.4	永 丰 县	156159	161806	3.6
经 开 区	172653	143658	20.2	泰 和 县	191559	193098	0.8
县市区小计	1814256	1778280	2.0	遂 川 县	129416	133080	2.8
吉 州 区	142720	140312	1.7	万 安 县	101472	104305	2.8
青 原 区	86038	84612	1.7	安 福 县	168003	169070	0.6
吉 安 县	254007	253370	0.3	永 新 县	100069	101658	1.6
吉 水 县	145752	141206	3.2	井冈山市	70536	73924	4.8
峡 江 县	103397	100250	3.1				

11-8 金融机构人民币信贷收支表(一)

单位：万元

项　　目	年末余额	比年初增减数	
		2016 年	2015 年
一、各项存款	22921610	3535260	2421629
（一）境内存款	22915666	3533126	2422056
1.住户存款	14487192	1726716	1511048
（1）活期存款	5940113	811500	586121
（2）定期及其他存款	8547079	915216	924926
2.非金融企业存款	4571715	1461638	550787
（1）活期存款	3357628	1221418	402751
（2）定期及其他存款	1214087	240220	148036
3.广义政府存款	3826678	345109	380833
（1）财政性存款	636492	160744	120810
（2）机关团体存款	3190186	184365	260023
4.非银行业金融机构存款	30080	–337	–20611
（二）境外存款	5944	2134	–427
二、金融债券			
其中：境外发行			
三、卖出回购资产			
四、借款及非银行业金融机构拆入			
五、联行往来（净）			
六、应付及暂收款	361401	4534	33416
七、各项准备	474714	103900	94716
八、所有者权益	832864	98063	145235
其中：实收资本	342991	49352	64644
九、其他	–4065409	–963258	–528279

11-9 金融机构人民币信贷收支表(二)

单位：万元

项　目	年末余额	比年初增减数	
		2016年	2015年
一、各项贷款	12731989	2178438	1784967
（一）境内贷款	12731953	2178410	1784968
1.住户贷款	6753485	1078324	879601
（1）短期贷款	2495878	237159	388647
消费贷款	399095	41777	49029
经营贷款	2096783	195382	339619
（2）中长期贷款	4257607	841165	490954
消费贷款	2915364	743064	504890
经营贷款	1342243	98101	-13936
2.非金融企业及机关团体贷款	5978468	1100085	905367
（1）短期贷款	2265083	364117	358814
（2）中长期贷款	3456488	668238	492899
（3）票据融资	246668	63838	54478
（4）融资租赁			
（5）各项垫款	10228	3892	-824
3.非银行业金融机构贷款			
（二）境外贷款	36	29	-1
二、债券投资	384532	-325087	-29691
其中：境外债券			
三、股权及其他投资	630716	629527	-132
四、买入返售资产	13000	13000	
五、存放非银行业金融机构款项	20	-300	
六、联行往来（净）	6447290	256754	434231
其中：境内存放二级准备金	2046277	480691	54090
七、金银占款			
八、外汇买卖			-100
九、应收及预付款	99415	18423	-33590
十、投资性房地产			
十一、固定资产	218218	7744	11033

11-10 各县(市、区)金融机构人民币存款余额

单位：万元

县(市、区)	存款余额		其中：住户存款	
	2016年	2015年	2016年	2015年
吉安市	22921610	19386350	14487192	12760476
市辖区	6344314	5086783	2939329	2604482
吉 安 县	1990217	1745667	1369330	1197062
吉 水 县	1743271	1503262	1199813	1050002
峡 江 县	824751	736115	549815	473346
新 干 县	1635856	1405669	1162451	1007835
永 丰 县	1543144	1299491	1057286	917536
泰 和 县	2321408	1909139	1596528	1436519
遂 川 县	1494819	1239457	1011486	869308
万 安 县	1098178	949498	779622	685817
安 福 县	1444532	1303088	1098135	979103
永 新 县	1598657	1418652	1195766	1057857
井冈山市	882355	789529	527523	481609

11-11 各县(市、区)金融机构人民币贷款余额

单位：万元

县(市、区)	贷款余额	
	2016年	2015年
吉安市	12731989	10553550
市辖区	4280186	3714186
吉 安 县	974814	765380
吉 水 县	1014825	846342
峡 江 县	416493	319106
新 干 县	979664	760864
永 丰 县	781004	587323
泰 和 县	1072690	895115
遂 川 县	849090	662927
万 安 县	540928	404348
安 福 县	649700	520110
永 新 县	549999	473358
井冈山市	622596	604490

主要统计指标解释

财政总收入 指本年度实际完成的预算收入、基金预算收入及上级财政补助收入等总计。

公共财政预算收入 包括国内增值税、营业税、企业所得税、个人所得税、资源税、城市维护建设税、房产税、印花税、城镇土地使用税、土地增值税、车船税、耕地占用税、契税、烟草税、其他各项税收等税收收入，和专项收入、行政事业性收费收入、罚没收入、国有资本经营收入、国有资源（资产）有偿使用收入、其他收入等非税收入。

公共财政预算支出 包括一般公共服务、国防、公共安全、教育、科学技术、文化体育与传媒、社会保障就业、医疗卫生、环境保护、城乡社区事务、农林水事务、交通运输等方面的支出。

各项税收 包括国内增值税、国内消费税、进口货物增值税和消费税、出口货物退增值税和消费税、营业税、企业所得税、个人所得税、资源税、城市维护建设税、房产税、印花税、城镇土地使用税、土地增值税、车船税、船舶吨税、车辆购置税、关税、耕地占用税、契税、烟叶税等。。

非税收入 包括专项收入、行政事业性收费、罚没收入和其他收入。

一般公共服务支出 指政府提供基本公共管理与服务的支出，包括人大事务、政协事务、政府办公厅（室）及相关机构事务、发展与改革事务、统计信息事务、财政事务、税收事务、审计事务、海关事务、人力资源事务、纪检监察事务、人口与计划生育事务、商贸事务、知识产权事务、工商行政管理事务、国土资源事务、海洋管理事务、测绘事务、地震事务、气象事务、民族事务、宗教事务、港澳台侨事务、档案事务、共产党事务、民主党派事务及工商联事务、群众团体事务、彩票事务等。

国防支出 指政府用于国防方面的支出，包括用于现役部队、预备役部队、民兵、国防科研事业、专项工程、国防动员等方面的支出。

公共安全支出 指政府维护社会公共安全方面的支出，包括武装警察、公安、国家安全、检察、法院、司法行政、监狱、劳教、国家保密、缉私警察等。

教育支出 指政府教育事务支出，包括教育行政管理、学前教育、小学教育、初中教育、普通高中教育、普通高等教育、初等职业教育、中专教育、技校教育、职业高中教育、高等职业教育、广播电视教育、留学生教育、特殊教育、干部继续教育、教育机关服务等。

科学技术支出 指用于科学技术方面的支出，包括科学技术管理事务、基础研究、应用研究、技术研究与开发、科技条件与服务、社会科学、科学技术普及、科技交流与合作等。

文化教育与传媒支出 指政府在文化、文物、体育、广播影视、新闻出版等方面的支出。

社会保障和就业支出 指政府在社会保障与就业方面的支出，包括社会保障和就业管理事务、民政管理事务、财政对社会保险基金的补助、补充全国社会保障基金、行政事业单位离退休、企业改革补助、就业补助、抚恤、退役安置、社会福利、残疾人事业、城市居民最低生活保障、其他城镇社会救济、农村社会救济、自然灾害生活救助、红十字事务等。

医疗卫生支出 指政府医疗卫生方面的支出，包括医疗卫生管理事务支出、医疗服务支出、医疗保障支出、疾病预防控制支出、卫生监督支出、妇幼保健支出、农村卫生支出等。

环境保护支出 指政府环境保护支出，包括环境保护管理事务支出、环境监测与监察支出、污染治理支出、自然生态保护支出、天然林保护工程支出、退耕还林支出、风沙荒漠治理支出、退牧还草支出、已垦草原退耕还草、能源节约利用、污染减排、可再生能源和资源综合利用等支出。

城乡社区事务支出 指政府城乡社区事务支出，包括城乡社区管理事务支出、城乡社区规划与管理支出、城乡社区公共设施支出、城乡社区住宅支出、城乡社区环境卫生支出、建设市场管理与监督支出等。

农林水事务支出 指政府农林水事务支出，包括农业支出、林业支出、水利支出、扶贫支出、农业综合开发支出等。

交通运输支出 指政府交通运输和邮政业方面的支出，包括公路运输支出、水路运输支出、铁路运输支出、民用航空运输支出、邮政业支出等。

信贷资金 指金融机构以信用方式积聚和分配的货币资金。金融机构信贷资金的来源有各项存款、对国际金融机构负债、流通中货币、银行自有资金及当年结益等；信贷资金的运用有各项贷款、黄金占款、外汇占款、财政借款及在国际金融机构中的资产等。

存款 指企业、机关、团体或居民根据资金必须收回的原则，把货币资金存入银行或其他信用机构保管并取得一定利息的一种信用活动形式。根据存款对象的不同可划分为企业存款、财政存款、机关团体存款、基本建设存款、城镇储蓄存款、农村存款等科目。它是银行信贷资金的主要来源。

贷款 指银行或其他信用机构根据资金必须归还的原则，按一定利率，为企业、个人等提供资金的一种信用活动形式。我国银行贷款分为流动资金贷款、固定资产贷款、城乡个体工商户贷款以及农业贷款等科目。

保险金额 指保险人承担赔偿或者给付保险金责任的最高限额。

保费 指投保人为取得保险人在约定范围内所承担赔偿责任而支付给保险人的费用。

赔款 指保险人根据保险合同的规定，向被保险人支付的赔偿保险责任损失的金额。

给付 包括死伤医疗给付和满期给付。死伤医疗给付是指保险人根据人寿保险及长期健康保险合同的规定，因被保险人在保险期内发生保险责任范围内的保险事故支付给被保险人（或受益人）的金额。满期给付是指被保险人生存期满，保险人按人寿保险合同规定支付给被保险人的满期保险金额。

科教、文卫、民政 12

CIENCE， EDUCATION AND CULTURE

●2016 年末，全市有高等学校 2 所，中等职业学校 48 所，普通中学 308 所，小学 716 所。

●2016 年末，全市普通中学专任教师 20386 人，小学专任教师 20019 人；普通中学在校生 26.97 万人，小学在校生 46.98 万人。

●2016 年末，全市共有医疗卫生机构 4775 个（含村卫生室），其中医院、乡镇卫生院 283 个；全市共有卫生技术人员 20449 人，床位数 21994 张。

本篇章

资料整理	微机处理
李玲东	李玲东
刘文红	刘文红

12-1 各类学校教师负担学生数

单位:人

类　别	专任教师数		平均每个教师负担学生数	
	2016 年	2015 年	2016 年	2015 年
普通高等学校	1363	1203	25.56	15.58
中等职业学校	1170	1379	21.87	26.39
普通中学	20386	20017	13.23	13.11
小学	20019	19528	23.47	23.31
学前教育	7205	7197	25.2	26.51

12-2 中等职业学校分县（市、区）概况

县(市、区)	学校数(所)	毕业生数	招生数	在校学生数	毕业班学生数	教职工数	专任教师
全市合计	48	9511	9217	25592	7157	1351	1170
吉州区	9	1184	2789	8112	2543	257	223
青原区	3	153	86	143	30	48	24
吉安县	3	805	1467	3184	722	158	131
吉水县	3	647	645	1371	375	118	106
峡江县	2	217	134	578	146	61	56
新干县	2	127	255	895	244	55	54
永丰县	2	35	78	105	4	32	31
泰和县	6	1003	597	1758	488	79	70
遂川县	5	66	222	618	195	45	38
万安县	2	443	54	214	113	69	64
安福县	2		278	532	105	48	48
永新县	2	100	120	259	62	51	51
井冈山市	2	567	96	743	55	41	39
市直属	5	4164	2396	7080	2075	289	235
井冈山经开区							

12-3 普通中学分县（市、区）概况

县(市、区)	学校数		毕业生数		招生数	
	初 中	高 中	初 中	高 中	初 中	高 中
全市合计	261	47	54451	30976	63769	31964
吉州区	10	3	3650	1008	4396	1051
青原区	11	2	2303	859	2919	1189
吉安县	22	5	5582	3326	6297	2889
吉水县	26	4	5789	3099	6979	3330
峡江县	12	1	1873	988	2127	953
新干县	13	3	3627	2311	4336	2388
永丰县	27	3	4634	2738	5495	3051
泰和县	30	6	5283	3051	6709	2682
遂川县	32	5	7042	3027	7978	4069
万安县	19	3	2892	1978	3505	1775
安福县	20	3	3346	2096	3803	2213
永新县	27	5	5696	3956	6351	3616
井冈山市	9	2	1624	915	2047	992
市直属	2	2	1110	1624	607	1766
井冈山经开区	1				220	

县(市、区)	在校学生数		毕业班学生数		教职工数（含九年、十二年一贯制）	专任教师数（含九年、十二年一贯制）
	初 中	高 中	初 中	高 中		
全市合计	175753	93914	54571	31039	21189	20386
吉州区	12202	3222	3920	1151	1439	1396
青原区	7696	3367	2323	1059	936	905
吉安县	16949	8873	5211	3110	1940	1867
吉水县	19124	9159	5783	2886	2081	1962
峡江县	5840	2896	1776	988	722	704
新干县	12006	6924	3747	2194	1525	1364
永丰县	14981	8868	4595	2821	2005	1969
泰和县	18414	8000	5687	2695	1886	1852
遂川县	23076	10756	7597	3267	2325	2256
万安县	9532	5728	2874	1898	1206	1140
安福县	10820	6503	3504	2074	1825	1779
永新县	17415	10723	5222	3739	2033	1971
井冈山市	5532	2861	1709	901	700	684
市直属	1801	6034	623	2256	487	468
井冈山经开区	365				79	69

12–4　小学分县（市、区）基本概况

县(市、区)	学校数(所)	毕业生数	招生数	在校学生数	毕业班学生数	教职工数（不含九年、十二年一贯制）	专任教师数（不含九年、十二年一贯制）
全市合计	716	61637	78778	469774	69655	20274	20019
吉州区	55	4214	4945	28658	4660	1463	1451
青原区	36	3125	3900	23765	3539	923	910
吉安县	70	6353	7098	45543	6623	1862	1842
吉水县	70	6388	8525	49479	6938	1892	1887
峡江县	27	2140	2809	16609	2558	839	837
新干县	27	4362	5212	29890	4871	1274	1162
永丰县	71	5273	8253	43366	6004	1893	1884
泰和县	68	6191	7440	53024	7580	2419	2406
遂川县	87	7232	10001	60455	8925	2210	2203
万安县	57	3489	4389	26399	3713	1281	1271
安福县	36	3686	5455	29511	4303	1312	1306
永新县	82	6541	7154	43158	7043	1970	1944
井冈山市	27	2103	2761	15505	2291	733	725
市直属	1	403	473	2623	388	149	145
井冈山经开区	2	137	363	1789	219	54	46

12–5　幼儿园基本情况

县(市、区)	园数(所)	班数(个)	入园幼儿数	在园幼儿数	教职工		
					计	其中园长	其中专任教师
全市合计	1991	7029	69469	181572	11039	1776	7205
吉州区	90	471	3866	12427	1154	127	702
青原区	54	263	1449	6470	368	50	208
吉安县	132	516	8495	18486	721	114	418
吉水县	216	718	11348	18106	932	216	651
峡江县	83	273	2735	6886	398	79	238
新干县	165	498	4246	12615	768	134	444
永丰县	204	669	7037	17880	1005	158	706
泰和县	267	857	5934	20053	1280	250	839
遂川县	301	926	6464	21387	1461	268	1062
万安县	133	441	4604	11530	587	85	401
安福县	127	500	6003	13875	952	99	665
永新县	162	498	4056	13288	840	141	512
井冈山市	51	246	1914	6904	401	46	260
市直属	1	24	719	719	76	4	46
井冈山经开区	5	30	599	946	96	5	53

12-6　各级各类学校概况

单位：人

类　别	学校数(所)	毕业生数	招生数	在校学生数	毕业班学生数	教职工数	专任教师
井冈山大学(高校)	1	10491	10227	28883	8339	1593	1048
吉安职业技术学院（高职）	1		2063	5950	243	386	315
中等职业学校	48	9511	9217	25592	7157	1351	1170
其中：教育部门办	29	6808	5493	16607		891	821
普通中学	308	85427	95733	269667	85610	21189	20386
高中	47	30976	31964	93914	31039		
初中	261	54451	63769	175753	54571		
其中：教育部门办	287	80088	89404	253000	80818	20227	19590
高中	32	26652	26646	79842	26999		
初中	255	53436	62758	173158	53819		
小学	716	61637	78778	469774	69655	20274	20019
其中：教育部门办	714	61164	78349	466705	69053	20224	19970
幼儿园(学前班）	1991	58373	69469	181572		11039	7205
其中：教育部门办	304		21315	43634		1497	1095
特殊教育学校(不含随班就读）	10	117	184	976		144	138

12–7　2016年卫生机构技术人员数

单位:人

项　　目	合计	医院	基层医疗卫生机构	专业公共卫生机构
一、卫生技术人员	20449	11273	6696	2480
1、执业（助理）医师	7619	3622	3055	942
其中：执业医师	6195	3432	1974	789
2、注册护士	8509	5567	2028	914
3、药师（士）	1287	759	434	94
4、技师（士）	1438	756	462	220
5、其他	1596	569	717	310

12–8　卫生机构床位数、卫生技术人员数

项　　目	机构数(个)	床位数(张)	卫生技术人员数(人)
总计	4775	21944	20449
一、医院	52	13777	11273
二、基层医疗卫生机构	4433	7099	6696
社区卫生服务中心	11	193	246
社区卫生服务站	16	22	74
乡镇卫生院	231	6884	5266
村卫生室	3869		704
诊所、卫生所、医务室、护理站	306		406
三、专业公共卫生机构	290	1068	2480
疾病预防控制中心（防疫站）	14		375
专科疾病防治院（所、站）	12	133	70
妇幼保健院（所、站）	14	935	1174
急救中心（站）	1		10
采血机构	1		72
卫生监督所	14		139
计划生育服务机构	234		640

12–9 各县（市、区）卫生事业基本情况

县(市、区)	医疗卫生机构数(个)	其中：医院(个)	乡镇卫生院(个)	诊所、卫生所、医务室、护理站(个)	床位数(张)	其中：医院床位数（张）	乡镇卫生院（张）	卫生人员数(人)	其中：医院(人)	农村卫生院(人)
合　计	4775	52	231	306	21944	13777	6884	28305	12945	6000
吉州区	148	7	5	26	3472	3049	160	4902	3563	131
青原区	203	4	8	20	946	432	406	1040	478	180
吉安县	408	4	22	31	1606	867	659	2158	823	670
吉水县	375	4	18	47	1934	1030	804	2156	844	451
峡江县	201	2	11	26	624	480	122	944	374	155
新干县	352	4	13	34	1364	830	472	1730	659	464
永丰县	429	3	21	4	1937	1214	643	2057	622	419
泰和县	573	3	25	11	2283	1296	792	2766	1337	624
遂川县	863	5	29	19	2463	1313	1007	3298	1101	1025
万安县	415	2	19	24	1222	749	457	1666	762	336
安福县	344	4	19	31	1713	1119	520	2423	1055	567
永新县	294	7	23	22	1917	1128	658	2285	986	703
井冈山市	170	3	18	11	463	270	184	880	341	275

12–10 各类医院机构、床位、人员数

类　　别	机构数(个)	床位数(张)	人员数(人)	#卫生技术人员
一、医院	52	13777	12945	11273
综合医院	33	9634	9293	8098
中医医院	12	3269	3130	2762
专科医院	6	814	486	387
护理院	1	60	36	26
二、农村卫生院	231	6884	6000	5266

12-11 各县（市、区）医疗卫生机构卫生技术人员数

县(市、区)	卫生技术人员	执业（助理）医师	#执业医师
总　计	20449	7619	6195
吉州区	4046	1403	1347
青原区	764	327	278
吉安县	1577	551	453
吉水县	1487	549	438
峡江县	704	335	233
新干县	1249	474	388
永丰县	1243	644	462
泰和县	1943	689	600
遂川县	2269	714	525
万安县	1130	430	357
安福县	1666	628	486
永新县	1706	576	415
井冈山市	665	299	213

12-12 医院工作情况

项　　目	单位	医院合计	#综合医院	农村卫生院
一.诊疗人次数	万人次	585.33	411.61	336.53
#门、急诊	万人次	574.28	404.92	315.16
二.健康检查人数	万人次	26.28	17.74	104.11
三. 入院人数	万人	48.64	33.43	42.12
四、出院人数	万人	48.74	33.48	42.08
出院者平均住院天数	天	8.8	8.3	4.6
四.病床利用情况				
年底实有病床数	张	13777	9634	6884
平均开放病床数	张	13446	9403	6780
实际开放总床日数	万床日	490.78	343.2	247.47
实际占用总床日数	万床日	438.78	288.83	197.35
出院者占用总床日数	万床日	427.09	277.94	192.15
病床工作日	日	326.3	307.18	291.08
病床周转次数	次	36.25	35.61	62.06
病床使用率	%	89.41	84.16	79.75

12-13　2016年计划生育情况

县(市、区)	已婚育龄妇女总人数	采取各种节育措施人数(人)	节育率(%)	结扎率(%)
总　计	1041497	876159	84.12	39.90
吉州区	73730	62149	84.29	28.63
青原区	42643	36508	85.61	47.13
井开区	3644	2936	80.57	38.89
吉安县	100625	84296	83.77	43.97
吉水县	109512	94524	86.31	42.89
峡江县	36229	30777	84.95	45.13
新干县	68050	57649	84.72	41.78
永丰县	93848	79513	84.73	41.03
泰和县	115261	96343	83.59	37.93
遂川县	116891	99559	85.17	42.61
万安县	59995	49477	82.47	38.49
安福县	85127	68926	80.97	29.94
永新县	101975	85557	83.90	43.43
井冈山市	33967	27945	82.27	35.44

12-14　2016年各县（市、区）计划生育情况

县(市、区)	现有一孩育龄妇女人数（人）	领取独生子女证累计人数（人）	计划生育率(%)	一孩率(%)	独生子女领证率(%)
合　计	342390	138923	84.13	39.71	13.34
吉州区	37387	17164	90.28	45.80	23.28
青原区	11360	4925	83.28	43.53	11.55
井开区	1033	350	79.53	33.86	9.60
吉安县	30408	11591	83.74	39.07	11.52
吉水县	32458	14114	77.93	37.95	12.89
峡江县	11041	5411	84.84	40.11	14.94
新干县	19773	7449	82.77	38.25	10.95
永丰县	25893	7687	83.69	40.10	8.19
泰和县	39090	18223	84.53	39.25	15.81
遂川县	32953	12577	83.37	37.90	10.76
万安县	20838	8926	83.61	40.99	14.88
安福县	34632	17117	86.84	37.62	20.11
永新县	32628	9716	86.09	39.90	9.53
井冈山市	12896	3673	86.45	42.18	10.81

12-15 体育事业

项目	单位	2016年	2015年
一、等级裁判员发展人数	人	19	0
二、等级运动员的发展人数	人	28	50
三、全国比赛中获冠军人数	人次	3	6
省级比赛获得优秀奖人数	人	87	78

12-16 社会福利事业

项目	单位	2016年	2015年
一、各种福利收养单位（包括民政办和社会办)	个	229	229
1.民政部门办社会福利院	个	13	12
2.农村光荣院、敬老院	个	212	213
3.民办养老机构	个	4	4
年末收养人数	人	22659	22304
二、五保供养人数	人	26597	26597
其中：农村五保供养人数	人	26597	26597

12-17 婚姻登记情况

项目	单位	2015年	2016年
一、准予登记结婚数	对	37712	37018
二、离婚数	对	6489	7382

12-18 公有经济企事业单位各类专业技术人员

项目	2016年		2015年	
	专业技术人员	比重(%)	专业技术人员	比重(%)
一、总计	64058		67874	
#中级技术职称人员	27128	42.35	29935	44.1
各类技术人员				
工程技术人员	5232	8.17	5637	8.31
农业技术人员	3424	5.35	3334	4.91
卫生技术人员	13125	20.49	14026	20.66
科学研究人员	32	0.05	31	0.05
教学人员	38515	60.12	41022	60.44
其他人员	3730	5.82	3824	5.63

12-19 基本养老保险情况表

单位：人、万元

类别	实际缴费人员		离休退休退职人员		应发养老金金额	实发养老金金额	社会化发放人数	社会化发放养老金额
	期末数	平均数	期末数	#离休				
总计	354962	476393	199314	247	540081	540081	199314	540081
一、企业	114382	122795	104198	247	282534	282534	104198	282534
(一)内资企业	114382	122795	104198	247	282534	282534	104198	282534
1、国有企业	35021	42294	81268	245	222803	222803	81268	222803
2、集体企业	6900	6402	16973		45064	45064	16973	45064
3、其他	72461	74099	5957	2	14667	14667	5957	14667
(二)港澳台及外资企业								
二、事业	59174	58283	24479		109325	109325	24479	109325
三、机关	24808	24100	12369		59403	59403	12369	59403
四、其他	156598	271215	58268		88819	88819	58268	88819

12-20 环境保护情况

指标	单位	2016年	2015年	2014年
年末环保系统职工人数	人	450	456	448
监测站个数	个	15	15	14
建设项目环保投资额	亿元	3.89	6.77	1.82
地表水集中式饮用水源保护面积	平方公里	121.54	121.54	121.54
水质监测断面	个	25	21	21
城市环境空气优良率	%	88.8	94.2	99.2
中心城区区域环境噪声	分贝	55	54.4	54.6
中心城区道路交通噪声	分贝	66.9	66.7	69.1

12-21 文化、新闻出版、广播、电视事业

指标	单位	2015年	2016年
艺术表演团体	个	13	12
文化馆、群艺馆	个	14	14
图书馆	个	15	15
博物馆	个	15	17
广播电台	个	12	12
中短波转播发射台	座	2	2
电视发射台	座	14	14
县广播电视台	个	11	11
广播综合人口覆盖率	%	95.78	98.5
电视综合人口覆盖率	%	98.25	99.31

12-22 全部工业法人单位 R&D 人员情况和经费情况

单位：人、万元

	一、企业基本情况						二、R&D 人员情况	
	单位数(个)		有 R&D 活动单位数（个）		有研发机构单位数（个）		1.R&D 人员合计(人)	
	本年	上年	本年	上年	本年	上年	本年	上年
总计	1246	1168	230	124	112	94	5503	3636
大型	27	26	16	11	6	7	1812	1333
中型	240	242	75	48	40	38	1714	1249
小型	946	851	139	64	66	48	1977	1046
微型	33	49		1		1		8
中央	6	5	1				17	
省(自治区、直辖市)	13	23	3	4	6	3	34	61
地(区、市、州、盟)	13	16	4	1	1	1	181	125
县(区、市、旗)	71	76	15	9	7	3	346	240
镇	8	6	1	1			6	5
乡	1	1						
村委会	1	1						
其他	1133	1040	206	109	98	87	4919	3205
内资企业	1151	1066	205	108	98	83	4718	2483
国有企业	6	7		1	1	1		20
集体企业	4	3			1			
有限责任公司	277	239	50	30	18	11	1119	686
国有独资公司	2	5		1				20
其他有限责任公司	275	234	50	29	18	11	1119	666
股份有限公司	24	22	6	2	3	2	1063	195
私营企业	838	793	149	75	75	69	2536	1582
私营独资企业	25	25						
私营合伙企业	8	10				1		
私营有限责任公司	763	722	135	69	68	63	2263	1445
私营股份有限公司	42	36	14	6	7	5	273	137
其他企业	2	2						
港、澳、台商投资企业	60	63	20	12	11	6	722	645
合资经营企业(港或澳、台资)	12	11	8	4	4	4	316	261
港、澳、台商独资经营企业	47	51	12	8	7	2	406	384
港、澳、台商投资股份有限公司	1	1						
外商投资企业	35	39	5	4	3	5	63	508

12-22 续表 1

	一、企业基本情况						二、R&D 人员情况	
	单位数(个)		有 R&D 活动单位数（个）		有研发机构单位数（个）		1.R&D 人员合计(人)	
	本年	上年	本年	上年	本年	上年	本年	上年
中外合资经营企业	17	18	3	2	1	1	39	37
中外合作经营企业	1	1						
外资企业	13	16	1	1	2	3	20	14
外商投资股份有限公司	3	4		1		1		457
其他外商投资企业	1		1				4	
采矿业	38	39	2	2	3	4	16	18
煤炭开采和洗选业	6	9				1		
黑色金属矿采选业	12	14						
有色金属矿采选业	5	5			1	1		
非金属矿采选业	15	11	2	2	2	2	16	18
制造业	1187	1098	228	121	109	90	5487	3603
农副食品加工业	96	84	10	9	6	5	124	169
食品制造业	24	17	7	2	3	2	109	59
酒、饮料和精制茶制造业	18	14	5	3	4	3	73	35
纺织业	79	84	2	1	1		67	5
纺织服装、服饰业	89	106	1	1			8	14
皮革、毛皮、羽毛及其制品和制鞋业	64	53	6	4	2	3	76	42
木材加工和木、竹、藤、棕、草制品业	45	40	7	4	4	4	73	55
家具制造业	14	10		1	1	1		9
造纸和纸制品业	26	24	1				7	
印刷和记录媒介复制业	21	15	2				36	
文教、工美、体育和娱乐用品制造业	23	22	2	2	2		16	26
石油加工、炼焦和核燃料加工业	2	2						
化学原料和化学制品制造业	108	117	35	26	15	19	572	552
医药制造业	63	47	34	9	19	4	554	173
橡胶和塑料制品业	43	41	4	2	1	1	62	31
非金属矿物制品业	105	84	12	4	4	2	199	70
黑色金属冶炼和压延加工业	3	3						
有色金属冶炼和压延加工业	48	59	11	8	6	7	325	155
金属制品业	27	25	3	3	1	1	25	46
通用设备制造业	34	32	12	6	3	4	154	72
专用设备制造业	23	19	9	4	4	3	149	55

12-22 续表 2

	一、企业基本情况						二、R&D 人员情况	
	单位数(个)		有 R&D 活动单位数（个）		有研发机构单位数（个）		1.R&D 人员合计(人)	
	本年	上年	本年	上年	本年	上年	本年	上年
汽车制造业	13	13	3	1	3	5	109	40
铁路、船舶、航空航天和其他运输设备制造业	1							
电气机械和器材制造业	81	76	27	12	10	10	796	836
计算机、通信和其他电子设备制造业	121	102	34	18	20	15	1941	1149
仪器仪表制造业	6	4						
其他制造业	3	2						
废弃资源综合利用业	7	3	1	1		1	12	10
电力、热力、燃气及水生产和供应业	21	31		1				15
电力、热力生产和供应业	13	25		1				15
燃气生产和供应业	5	3						
水的生产和供应业	3	3						
公有经济	42	54	6	5	9	4	137	81
非公有经济	1204	1114	224	119	103	90	5366	3555
国有控股	36	49	6	5	8	4	137	81
集体控股	6	5			1			
私人控股	1082	994	198	99	90	80	4324	2336
港澳台商控股	55	59	15	10	8	2	592	533
外商控股	24	27	2	2	2	5	24	471
其他	43	34	9	8	3	3	426	215
吉安市	1246	1168	230	124	112	94	5503	3636
吉州区	85	77	8	2	4	4	209	66
青原区	75	68	27	11	2	1	257	112
吉安县	228	211	37	18	24	20	1435	1317
吉水县	109	109	20	19	10	16	340	472
峡江县	60	60	7	1	5	1	123	24
新干县	114	98	15	3	7	9	233	16
永丰县	128	117	24	20	12	12	598	636
泰和县	110	94	11	8	4	2	1081	238
遂川县	85	91	34	24	36	20	359	262
万安县	65	61	17	5	3	2	381	203
安福县	98	90	17	5	4	4	253	104
永新县	66	65	8	5	1	2	134	121
井冈山市	23	27	5	3		1	100	65

12-22 续表 3

	二、R&D 人员情况							
	参加项目人员(人)		管理和服务人员(人)		其中：女性(人)		其中：研究人员(人)	
	本年	上年	本年	上年	本年	上年	本年	上年
总计	5321	3370	182	266	1095	815	1662	960
大型	1746	1208	66	125	385	310	558	266
中型	1651	1170	63	79	339	291	467	375
小型	1924	984	53	62	371	213	637	316
微型		8				1		3
中央	16		1		1		4	
省(自治区、直辖市)	34	57		4	11	8	9	21
地(区、市、州、盟)	181	125			36	30	41	18
县(区、市、旗)	316	235	30	5	96	66	128	77
镇	6	4		1	1	1	2	3
乡								
村委会								
其他	4768	2949	151	256	950	710	1478	841
内资企业	4567	2241	151	242	908	473	1414	765
国有企业		18		2		4		3
集体企业								
有限责任公司	1050	665	69	21	222	104	268	220
国有独资公司		20						10
其他有限责任公司	1050	645	69	21	222	104	268	210
股份有限公司	1063	195			215	44	387	45
私营企业	2454	1363	82	219	471	321	759	497
私营独资企业								
私营合伙企业								
私营有限责任公司	2183	1228	80	217	428	292	665	455
私营股份有限公司	271	135	2	2	43	29	94	42
其他企业								
港、澳、台商投资企业	691	630	31	15	174	257	225	144
合资经营企业(港或澳、台资)	315	256	1	5	65	65	98	76
港、澳、台商独资经营企业	376	374	30	10	109	192	127	68
港、澳、台商投资股份有限公司								
外商投资企业	63	499		9	13	85	23	51

12-22 续表 4

	二、R&D 人员情况							
	参加项目人员(人)		管理和服务人员(人)		其中：女性(人)		其中：研究人员(人)	
	本年	上年	本年	上年	本年	上年	本年	上年
中外合资经营企业	39	37			7	16	12	7
中外合作经营企业								
外资企业	20	5		9	5	4	10	3
外商投资股份有限公司		457				65		41
其他外商投资企业	4				1		1	
采矿业	15	15	1	3	3	3	7	8
煤炭开采和洗选业								
黑色金属矿采选业								
有色金属矿采选业								
非金属矿采选业	15	15	1	3	3	3	7	8
制造业	5306	3340	181	263	1092	809	1655	944
农副食品加工业	124	153		16	20	51	26	36
食品制造业	108	59	1		24	19	26	6
酒、饮料和精制茶制造业	73	30		5	7	10	8	9
纺织业	67	5			7	2	32	1
纺织服装、服饰业	8	13		1	3	3	1	1
皮革、毛皮、羽毛及其制品和制鞋业	76	42			16	13	31	17
木材加工和木、竹、藤、棕、草制品业	73	52		3	11	10	25	19
家具制造业		9						5
造纸和纸制品业	7							
印刷和记录媒介复制业	36				6		5	
文教、工美、体育和娱乐用品制造业	16	26			5	4	2	1
石油加工、炼焦和核燃料加工业								
化学原料和化学制品制造业	546	521	26	31	112	110	181	168
医药制造业	528	145	26	28	121	38	163	61
橡胶和塑料制品业	62	31			14	17	19	16
非金属矿物制品业	187	67	12	3	51	7	76	26
黑色金属冶炼和压延加工业								
有色金属冶炼和压延加工业	322	153	3	2	59	19	81	59
金属制品业	25	36		10	3	9	4	17
通用设备制造业	140	72	14		26	16	63	27
专用设备制造业	149	46		9	19	20	47	12

12-22 续表 5

	二、R&D 人员情况							
	参加项目人员(人)		管理和服务人员(人)		其中：女性(人)		其中：研究人员(人)	
	本年	上年	本年	上年	本年	上年	本年	上年
汽车制造业	109	40			12	3	22	16
铁路、船舶、航空航天和其他运输设备制造业								
电气机械和器材制造业	767	815	29	21	130	136	169	157
计算机、通信和其他电子设备制造业	1871	1015	70	134	442	316	674	287
仪器仪表制造业								
其他制造业								
废弃资源综合利用业	12	10			4	6		3
电力、热力、燃气及水生产和供应业		15				3		8
电力、热力生产和供应业		15				3		8
燃气生产和供应业								
水的生产和供应业								
公有经济	136	75	1	6	15	12	25	24
非公有经济	5185	3295	181	260	1080	803	1637	936
国有控股	136	75	1	6	15	12	25	24
集体控股								
私人控股	4214	2103	110	233	830	466	1350	740
港澳台商控股	562	523	30	10	155	238	172	98
外商控股	24	462		9	6	69	11	44
其他	385	207	41	8	89	30	104	54
吉安市	5321	3370	182	266	1095	815	1662	960
吉州区	204	66	5		41	12	76	24
青原区	253	112	4		58	27	71	36
吉安县	1398	1161	37	156	229	324	339	298
吉水县	310	430	30	42	78	87	105	101
峡江县	122	15	1	9	32	8	32	12
新干县	230	16	3		37	5	65	6
永丰县	585	610	13	26	143	113	153	210
泰和县	1068	236	13	2	205	47	390	57
遂川县	355	251	4	11	63	60	143	74
万安县	326	189	55	14	111	66	120	48
安福县	243	104	10		47	29	87	26
永新县	134	120		1	26	29	47	47
井冈山市	93	60	7	5	25	8	34	21

12–22 续表 6

	三、R&D 经费支出情况							
	1.R&D 经费内部支出合计(万元)		其中：①经常费支出(万元)		其中：人员劳务费(万元)		②资产性支出(万元)	
	本年	上年	本年	上年	本年	上年	本年	上年
总计	83440.0	77040.2	73228.5	64210.6	21543.5	20092.4	10211.5	12829.6
大型	25227.3	29034.0	23795.8	22728.8	7638.5	8197.2	1431.5	6305.2
中型	24638.0	24821.7	21667.7	21711.4	5980.9	6747.2	2970.3	3110.3
小型	33574.7	23016.6	27765.0	19639.0	7924.1	5106.9	5809.7	3377.6
微型		167.9		131.4		41.1		36.5
中央	307.3		168.9		84.4		138.4	
省(自治区、直辖市)	693.3	1060.0	657.8	975.6	204.0	213.8	35.5	84.4
地(区、市、州、盟)	948.9	512.1	909.2	512.1	704.3	471.9	39.7	
县(区、市、旗)	5739.7	3209.7	4533.2	2825.0	1541.9	1014.0	1206.5	384.7
镇	50.0	50.0	46.0	46.0	21.9	21.9	4.0	4.0
乡								
村委会								
其他	75700.8	72208.4	66913.4	59851.9	18987.0	18370.8	8787.4	12356.5
内资企业	73046.5	57031.8	63569.6	49790.7	17359.6	14557.9	9476.9	7241.1
国有企业		387.5		359.6		184.1		27.9
集体企业								
有限责任公司	18254.6	17068.1	16100.5	15422.0	4098.3	4425.8	2154.1	1646.1
国有独资公司		182.0		180.0		47.5		2.0
其他有限责任公司	18254.6	16886.1	16100.5	15242.0	4098.3	4378.3	2154.1	1644.1
股份有限公司	13704.5	5373.9	12881.0	5250.1	3715.0	1030.4	823.5	123.8
私营企业	41087.4	34202.3	34588.1	28759.0	9546.3	8917.6	6499.3	5443.3
私营独资企业								
私营合伙企业								
私营有限责任公司	37899.2	30636.0	32075.3	25416.5	8670.9	7712.9	5823.9	5219.5
私营股份有限公司	3188.2	3566.3	2512.8	3342.5	875.4	1204.7	675.4	223.8
其他企业								
港、澳、台商投资企业	9572.0	12594.5	8927.5	7056.9	3890.6	3273.1	644.5	5537.6
合资经营企业(港或澳、台资)	3125.7	3016.1	2711.4	2216.1	1357.3	1104.4	414.3	800.0
港、澳、台商独资经营企业	6446.3	9578.4	6216.1	4840.8	2533.3	2168.7	230.2	4737.6
港、澳、台商投资股份有限公司								
外商投资企业	821.5	7413.9	731.4	7363.0	293.3	2261.4	90.1	50.9

12–22 续表 7

	三、R&D 经费支出情况							
	1.R&D 经费内部支出合计(万元)		其中：①经常费支出(万元)		其中：人员劳务费(万元)		②资产性支出(万元)	
	本年	上年	本年	上年	本年	上年	本年	上年
中外合资经营企业	435.3	515.3	384.1	515.3	172.3	183.7	51.2	
中外合作经营企业								
外资企业	200.2	313.0	193.3	262.1	87.8	64.1	6.9	50.9
外商投资股份有限公司		6585.6		6585.6		2013.6		
其他外商投资企业	186.0		154.0		33.2		32.0	
采矿业	491.4	2014.6	329.2	1514.2	38.1	118.4	162.2	500.4
煤炭开采和洗选业								
黑色金属矿采选业								
有色金属矿采选业								
非金属矿采选业	491.4	2014.6	329.2	1514.2	38.1	118.4	162.2	500.4
制造业	82948.6	74293.6	72899.3	62046.4	21505.4	19860.0	10049.3	12247.2
农副食品加工业	2181.7	3377.7	2064.9	3151.9	433.3	1100.7	116.8	225.8
食品制造业	1751.9	842.7	1456.1	644.9	396.2	152.5	295.8	197.8
酒、饮料和精制茶制造业	1449.6	792.5	1342.8	609.6	353.5	260.1	106.8	182.9
纺织业	684.6	359.3	499.3	323.8	113.1	27.1	185.3	35.5
纺织服装、服饰业	96.0	855.4	96.0	855.4	28.5	72.4		
皮革、毛皮、羽毛及其制品和制鞋业	1650.2	1173.2	1333.0	845.5	240.5	266.8	317.2	327.7
木材加工和木、竹、藤、棕、草制品业	1098.4	952.6	806.1	767.3	301.6	186.1	292.3	185.3
家具制造业		378.2		363.2		78.4		15.0
造纸和纸制品业	83.0		83.0		67.5			
印刷和记录媒介复制业	392.8		363.4		110.8		29.4	
文教、工美、体育和娱乐用品制造业	283.8	226.0	252.1	222.0	63.0	41.5	31.7	4.0
石油加工、炼焦和核燃料加工业								
化学原料和化学制品制造业	9071.6	11363.0	7748.4	10407.7	2130.3	2934.3	1323.2	955.3
医药制造业	8095.9	3600.1	7073.2	3297.2	2120.1	1137.6	1022.7	302.9
橡胶和塑料制品业	1749.7	544.6	1407.2	425.1	566.6	171.9	342.5	119.5
非金属矿物制品业	2617.6	1901.6	2233.9	1611.4	780.6	444.6	383.7	290.2
黑色金属冶炼和压延加工业								
有色金属冶炼和压延加工业	7767.8	5162.9	6376.5	4215.9	874.6	554.2	1391.3	947.0
金属制品业	269.1	686.8	238.6	602.5	73.1	281.3	30.5	84.3
通用设备制造业	1606.5	1270.6	1166.0	1240.6	448.6	289.2	440.5	30.0
专用设备制造业	1973.5	713.6	1621.3	713.6	467.9	262.9	352.2	

12-22 续表 8

	三、R&D经费支出情况							
	1.R&D经费内部支出合计(万元)		其中：①经常费支出(万元)		其中：人员劳务费(万元)		②资产性支出(万元)	
	本年	上年	本年	上年	本年	上年	本年	上年
汽车制造业	2088.4	774.5	1384.6	458.7	531.9	339.6	703.8	315.8
铁路、船舶、航空航天和其他运输设备制造业								
电气机械和器材制造业	10468.7	16740.4	9709.6	15413.7	3137.1	5487.0	759.1	1326.7
计算机、通信和其他电子设备制造业	26632.8	22073.9	24708.3	15573.4	8221.1	5675.9	1924.5	6500.5
仪器仪表制造业								
其他制造业								
废弃资源综合利用业	935.0	504.0	935.0	303.0	45.5	95.9		201.0
电力、热力、燃气及水生产和供应业		732.0		650.0		114.0		82.0
电力、热力生产和供应业		732.0		650.0		114.0		82.0
燃气生产和供应业								
水的生产和供应业								
公有经济	1820.9	1447.5	1636.0	1335.2	585.0	397.9	184.9	112.3
非公有经济	81619.1	75592.7	71592.5	62875.4	20958.5	19694.5	10026.6	12717.3
国有控股	1820.9	1447.5	1636.0	1335.2	585.0	397.9	184.9	112.3
集体控股								
私人控股	67131.4	54680.5	58217.7	47321.7	15893.4	13782.6	8913.7	7358.8
港澳台商控股	8263.0	10232.0	7700.1	5494.4	3510.5	2723.2	562.9	4737.6
外商控股	386.2	6898.6	347.3	6847.7	121.0	2077.7	38.9	50.9
其他	5838.5	3781.6	5327.4	3211.6	1433.6	1111.0	511.1	570.0
吉安市	83440.0	77040.2	73228.5	64210.6	21543.5	20092.4	10211.5	12829.6
吉州区	2314.1	1958.2	2150.3	971.5	624.0	693.4	163.8	986.7
青原区	3979.2	1686.0	3588.1	1423.3	955.8	403.3	391.1	262.7
吉安县	20098.8	24614.6	18314.4	19133.4	6974.7	7695.8	1784.4	5481.2
吉水县	4825.0	9345.0	4051.9	8059.5	1369.8	3347.5	773.1	1285.5
峡江县	1213.9	711.0	962.0	607.5	356.6	453.2	251.9	103.5
新干县	4454.8	443.2	3252.5	398.0	704.8	51.2	1202.3	45.2
永丰县	10381.7	13188.8	9580.5	10646.0	1968.5	2361.3	801.2	2542.8
泰和县	14034.4	6074.7	13108.7	5896.9	3691.8	1144.7	925.7	177.8
遂川县	7738.8	9611.4	6388.1	8533.9	1330.0	1337.4	1350.7	1077.5
万安县	6325.3	2708.5	5286.9	2528.1	1613.6	972.3	1038.4	180.4
安福县	4667.3	2615.4	3779.9	2491.6	1392.5	600.3	887.4	123.8
永新县	2463.8	3028.7	2017.0	2603.9	375.6	694.2	446.8	424.8
井冈山市	942.9	1054.7	748.2	917.0	185.8	337.8	194.7	137.7

12-22 续表 9

	三、R&D 经费支出情况							
	其中：土建工程(万元)		仪器和设备(万元)		其中：①基础研究支出(万元)		②应用研究支出(万元)	
	本年	上年	本年	上年	本年	上年	本年	上年
总计	159.8	242.0	10051.7	12587.6				
大型	7.7	136.4	1423.8	6168.8				
中型	38.7	30.9	2931.6	3079.4				
小型	113.4	74.7	5696.3	3302.9				
微型				36.5				
中央	7.6		130.8					
省(自治区、直辖市)		2.0	35.5	82.4				
地(区、市、州、盟)			39.7					
县(区、市、旗)	2.8	1.8	1203.7	382.9				
镇			4.0	4.0				
乡								
村委会								
其他	149.4	238.2	8638.0	12118.3				
内资企业	152.5	239.8	9324.4	7001.3				
国有企业		1.5		26.4				
集体企业								
有限责任公司	12.0	14.0	2142.1	1632.1				
国有独资公司				2.0				
其他有限责任公司	12.0	14.0	2142.1	1630.1				
股份有限公司		123.8	823.5					
私营企业	140.5	100.5	6358.8	5342.8				
私营独资企业								
私营合伙企业								
私营有限责任公司	129.9	98.1	5694.0	5121.4				
私营股份有限公司	10.6	2.4	664.8	221.4				
其他企业								
港、澳、台商投资企业	3.1	2.2	641.4	5535.4				
合资经营企业(港或澳、台资)	2.2		412.1	800.0				
港、澳、台商独资经营企业	0.9	2.2	229.3	4735.4				
港、澳、台商投资股份有限公司								
外商投资企业	4.2		85.9	50.9				

12-22 续表 10

	三、R&D 经费支出情况							
	其中：土建工程(万元)		仪器和设备(万元)		其中：①基础研究支出(万元)		②应用研究支出(万元)	
	本年	上年	本年	上年	本年	上年	本年	上年
中外合资经营企业	2.0		49.2					
中外合作经营企业								
外资企业	0.2		6.7	50.9				
外商投资股份有限公司								
其他外商投资企业	2.0		30.0					
采矿业	0.7	5.7	161.5	494.7				
煤炭开采和洗选业								
黑色金属矿采选业								
有色金属矿采选业								
非金属矿采选业	0.7	5.7	161.5	494.7				
制造业	159.1	234.3	9890.2	12012.9				
农副食品加工业	14.4	31.2	102.4	194.6				
食品制造业	2.7	0.5	293.1	197.3				
酒、饮料和精制茶制造业	6.5	6.5	100.3	176.4				
纺织业	0.9	1.7	184.4	33.8				
纺织服装、服饰业								
皮革、毛皮、羽毛及其制品和制鞋业		0.1	317.2	327.6				
木材加工和木、竹、藤、棕、草制品业	3.9	6.3	288.4	179.0				
家具制造业				15.0				
造纸和纸制品业								
印刷和记录媒介复制业			29.4					
文教、工美、体育和娱乐用品制造业		0.4	31.7	3.6				
石油加工、炼焦和核燃料加工业								
化学原料和化学制品制造业	25.4	36.1	1297.8	919.2				
医药制造业	37.5	5.6	985.2	297.3				
橡胶和塑料制品业			342.5	119.5				
非金属矿物制品业	9.5	1.6	374.2	288.6				
黑色金属冶炼和压延加工业								
有色金属冶炼和压延加工业	22.2	5.2	1369.1	941.8				
金属制品业		1.3	30.5	83.0				
通用设备制造业	1.2		439.3	30.0				
专用设备制造业	1.4		350.8					

12-22 续表 11

	三、R&D经费支出情况							
	其中：土建工程(万元)		仪器和设备(万元)		其中：①基础研究支出(万元)		②应用研究支出(万元)	
	本年	上年	本年	上年	本年	上年	本年	上年
汽车制造业	20.7		683.1	315.8				
铁路、船舶、航空航天和其他运输设备制造业								
电气机械和器材制造业	8.6	13.1	750.5	1313.6				
计算机、通信和其他电子设备制造业	4.2	124.7	1920.3	6375.8				
仪器仪表制造业								
其他制造业								
废弃资源综合利用业				201.0				
电力、热力、燃气及水生产和供应业		2.0		80.0				
电力、热力生产和供应业		2.0		80.0				
燃气生产和供应业								
水的生产和供应业								
公有经济	8.0	3.5	176.9	108.8				
非公有经济	151.8	238.5	9874.8	12478.8				
国有控股	8.0	3.5	176.9	108.8				
集体控股								
私人控股	147.6	226.9	8766.1	7131.9				
港澳台商控股	1.9	2.2	561.0	4735.4				
外商控股	2.2		36.7	50.9				
其他	0.1	9.4	511.0	560.6				
吉安市	159.8	242.0	10051.7	12587.6				
吉州区	0.5	12.2	163.3	974.5				
青原区	1.5		389.6	262.7				
吉安县	0.5	3.8	1783.9	5477.4				
吉水县	30.8	35.1	742.3	1250.4				
峡江县	18.1		233.8	103.5				
新干县	39.8		1162.5	45.2				
永丰县	9.6	19.2	791.6	2523.6				
泰和县	0.7	123.8	925.0	54.0				
遂川县	32.1	35.3	1318.6	1042.2				
万安县	12.1	5.1	1026.3	175.3				
安福县	1.7		885.7	123.8				
永新县	7.3	2.8	439.5	422.0				
井冈山市	5.1	4.7	189.6	133.0				

12-22 续表 12

	三、R&D 经费支出情况					
	③试验发展支出(万元)		其中：①政府资金(万元)		②企业资金(万元)	
	本年	上年	本年	上年	本年	上年
总计	83440.0	77040.2	1024.7	1580.5	81264.0	75079.0
大型	25227.3	29034.0	16.1	85.5	25211.2	28948.5
中型	24638.0	24821.7	364.5	366.2	23124.7	24409.1
小型	33574.7	23016.6	644.1	1108.8	32928.1	21573.5
微型		167.9		20.0		147.9
中央	307.3				307.3	
省(自治区、直辖市)	693.3	1060.0	4.3	32.0	689.0	1028.0
地(区、市、州、盟)	948.9	512.1	0.2		948.7	512.1
县(区、市、旗)	5739.7	3209.7	15.2	370.6	5724.5	2814.5
镇	50.0	50.0			50.0	50.0
乡						
村委会						
其他	75700.8	72208.4	1005.0	1177.9	73544.5	70674.4
内资企业	73046.5	57031.8	987.4	1527.5	70907.8	55145.4
国有企业		387.5		320.6		66.9
集体企业						
有限责任公司	18254.6	17068.1	46.2	215.3	17066.0	16828.2
国有独资公司		182.0				182.0
其他有限责任公司	18254.6	16886.1	46.2	215.3	17066.0	16646.2
股份有限公司	13704.5	5373.9	14.5	3.0	13690.0	5370.9
私营企业	41087.4	34202.3	926.7	988.6	40151.8	32879.4
私营独资企业						
私营合伙企业						
私营有限责任公司	37899.2	30636.0	830.2	983.6	37060.1	29318.1
私营股份有限公司	3188.2	3566.3	96.5	5.0	3091.7	3561.3
其他企业						
港、澳、台商投资企业	9572.0	12594.5	37.3	53.0	9534.7	12519.7
合资经营企业(港或澳、台资)	3125.7	3016.1	9.9		3115.8	3016.1
港、澳、台商独资经营企业	6446.3	9578.4	27.4	53.0	6418.9	9503.6
港、澳、台商投资股份有限公司						
外商投资企业	821.5	7413.9			821.5	7413.9

12-22 续表 13

	三、R&D 经费支出情况					
	③试验发展支出(万元)		其中：①政府资金(万元)		②企业资金(万元)	
	本年	上年	本年	上年	本年	上年
中外合资经营企业	435.3	515.3			435.3	515.3
中外合作经营企业						
外资企业	200.2	313.0			200.2	313.0
外商投资股份有限公司		6585.6				6585.6
其他外商投资企业	186.0				186.0	
采矿业	491.4	2014.6	18.8	70.0	472.6	1944.6
煤炭开采和洗选业						
黑色金属矿采选业						
有色金属矿采选业						
非金属矿采选业	491.4	2014.6	18.8	70.0	472.6	1944.6
制造业	82948.6	74293.6	1005.9	1480.5	80791.4	72432.4
农副食品加工业	2181.7	3377.7	10.0	161.6	2171.7	3216.1
食品制造业	1751.9	842.7	4.0	45.0	1747.9	797.7
酒、饮料和精制茶制造业	1449.6	792.5	26.8	320.6	1422.8	471.9
纺织业	684.6	359.3	13.4	15.0	671.2	344.3
纺织服装、服饰业	96.0	855.4			96.0	855.4
皮革、毛皮、羽毛及其制品和制鞋业	1650.2	1173.2		30.0	1650.2	1143.2
木材加工和木、竹、藤、棕、草制品业	1098.4	952.6	27.1	42.0	1068.8	910.6
家具制造业		378.2		50.0		328.2
造纸和纸制品业	83.0				83.0	
印刷和记录媒介复制业	392.8				392.8	
文教、工美、体育和娱乐用品制造业	283.8	226.0			283.8	226.0
石油加工、炼焦和核燃料加工业						
化学原料和化学制品制造业	9071.6	11363.0	155.5	367.4	8909.7	10661.3
医药制造业	8095.9	3600.1	358.0	161.6	7737.9	3438.5
橡胶和塑料制品业	1749.7	544.6			1749.7	544.6
非金属矿物制品业	2617.6	1901.6	41.9		2575.7	1901.6
黑色金属冶炼和压延加工业						
有色金属冶炼和压延加工业	7767.8	5162.9	169.8	113.6	6455.6	5049.3
金属制品业	269.1	686.8			269.1	686.8
通用设备制造业	1606.5	1270.6	18.4	5.0	1588.1	1265.6
专用设备制造业	1973.5	713.6	86.6	3.0	1886.9	710.6

12-22 续表 14

	三、R&D经费支出情况					
	③试验发展支出(万元)		其中：①政府资金(万元)		②企业资金(万元)	
	本年	上年	本年	上年	本年	上年
汽车制造业	2088.4	774.5	5.0		2083.4	774.5
铁路、船舶、航空航天和其他运输设备制造业						
电气机械和器材制造业	10468.7	16740.4	7.2	33.2	10461.5	16707.2
计算机、通信和其他电子设备制造业	26632.8	22073.9	82.2	132.5	26550.6	21895.0
仪器仪表制造业						
其他制造业						
废弃资源综合利用业	935.0	504.0			935.0	504.0
电力、热力、燃气及水生产和供应业		732.0		30.0		702.0
电力、热力生产和供应业		732.0		30.0		702.0
燃气生产和供应业						
水的生产和供应业						
公有经济	1820.9	1447.5	4.3	352.6	1816.6	1094.9
非公有经济	81619.1	75592.7	1020.4	1227.9	79447.4	73984.1
国有控股	1820.9	1447.5	4.3	352.6	1816.6	1094.9
集体控股						
私人控股	67131.4	54680.5	983.3	1096.8	64996.8	53249.4
港澳台商控股	8263.0	10232.0	37.1	53.0	8225.9	10157.2
外商控股	386.2	6898.6			386.2	6898.6
其他	5838.5	3781.6		78.1	5838.5	3678.9
吉安市	83440.0	77040.2	1024.7	1580.5	81264.0	75079.0
吉州区	2314.1	1958.2	14.6	59.5	2299.5	1898.7
青原区	3979.2	1686.0	20.0	35.0	3959.2	1651.0
吉安县	20098.8	24614.6	172.6	76.6	19919.8	24538.0
吉水县	4825.0	9345.0	202.7	349.1	4622.3	8661.6
峡江县	1213.9	711.0	16.9	135.0	1197.0	576.0
新干县	4454.8	443.2	23.7		4431.1	443.2
永丰县	10381.7	13188.8	158.8	152.4	9080.5	13036.4
泰和县	14034.4	6074.7			14034.4	6052.9
遂川县	7738.8	9611.4	392.8	707.9	7343.5	8903.5
万安县	6325.3	2708.5	9.7		6315.6	2683.9
安福县	4667.3	2615.4	12.9	5.0	4654.4	2610.4
永新县	2463.8	3028.7		60.0	2463.8	2968.7
井冈山市	942.9	1054.7			942.9	1054.7

12–22 续表 15

	三、R&D 经费支出情况					
	③境外资金(万元)		④其他资金(万元)		2.R&D 经费外部支出合计(万元)	
	本年	上年	本年	上年	本年	上年
总计		21.8	1151.3	358.9	2072.3	1941.9
大型					290.0	28.9
中型		21.8	1148.8	24.6	369.2	911.9
小型			2.5	334.3	1413.1	1001.1
微型						
中央					56.3	
省(自治区、直辖市)					15.5	96.0
地(区、市、州、盟)					6.3	
县(区、市、旗)				24.6	81.9	138.7
镇						
乡						
村委会						
其他		21.8	1151.3	334.3	1912.3	1707.2
内资企业			1151.3	358.9	1947.3	1602.4
国有企业						60.7
集体企业						
有限责任公司			1142.4	24.6	245.9	212.5
国有独资公司						
其他有限责任公司			1142.4	24.6	245.9	212.5
股份有限公司					14.5	150.0
私营企业			8.9	334.3	1686.9	1179.2
私营独资企业						
私营合伙企业						
私营有限责任公司			8.9	334.3	1654.5	1133.1
私营股份有限公司					32.4	46.1
其他企业						
港、澳、台商投资企业		21.8			35.0	339.5
合资经营企业(港或澳、台资)						339.5
港、澳、台商独资经营企业		21.8			35.0	
港、澳、台商投资股份有限公司						
外商投资企业					90.0	

12–22 续表 16

	三、R&D 经费支出情况					
	③境外资金(万元)		④其他资金(万元)		3.R&D 经费外部支出合计(万元)	
	本年	上年	本年	上年	本年	上年
中外合资经营企业					50.0	
中外合作经营企业						
外资企业						
外商投资股份有限公司						
其他外商投资企业					40.0	
采矿业					60.0	62.0
煤炭开采和洗选业						
黑色金属矿采选业						
有色金属矿采选业						
非金属矿采选业					60.0	62.0
制造业		21.8	1151.3	358.9	2012.3	1789.9
农副食品加工业					30.0	108.5
食品制造业					42.9	
酒、饮料和精制茶制造业					57.5	110.7
纺织业					15.0	
纺织服装、服饰业						
皮革、毛皮、羽毛及其制品和制鞋业					1.9	
木材加工和木、竹、藤、棕、草制品业			2.5		33.2	
家具制造业						
造纸和纸制品业						
印刷和记录媒介复制业					16.9	
文教、工美、体育和娱乐用品制造业					15.0	
石油加工、炼焦和核燃料加工业						
化学原料和化学制品制造业			6.4	334.3	281.7	264.4
医药制造业					780.3	718.0
橡胶和塑料制品业						
非金属矿物制品业					30.0	18.0
黑色金属冶炼和压延加工业						
有色金属冶炼和压延加工业			1142.4		195.0	20.6
金属制品业						
通用设备制造业					105.2	
专用设备制造业					51.4	150.0

12–22 续表 17

	三、R&D 经费支出情况					
	③境外资金(万元)		④其他资金(万元)		4.R&D 经费外部支出合计(万元)	
	本年	上年	本年	上年	本年	上年
汽车制造业						
铁路、船舶、航空航天和其他运输设备制造业						
电气机械和器材制造业					278.8	28.9
计算机、通信和其他电子设备制造业		21.8		24.6	77.5	370.8
仪器仪表制造业						
其他制造业						
废弃资源综合利用业						
电力、热力、燃气及水生产和供应业						90.0
电力、热力生产和供应业						90.0
燃气生产和供应业						
水的生产和供应业						
公有经济					90.7	156.7
非公有经济		21.8	1151.3	358.9	1981.6	1785.2
国有控股					90.7	156.7
集体控股						
私人控股			1151.3	334.3	1906.6	1683.7
港澳台商控股		21.8			35.0	
外商控股					40.0	
其他				24.6		101.5
吉安市		21.8	1151.3	358.9	2072.3	1941.9
吉州区					467.6	28.9
青原区					58.0	
吉安县			6.4		50.9	20.6
吉水县				334.3	79.0	262.7
峡江县					153.8	315.0
新干县					156.8	
永丰县			1142.4		173.9	903.8
泰和县		21.8				
遂川县			2.5		574.4	207.9
万安县				24.6	2.8	50.0
安福县					78.2	
永新县					276.9	153.0
井冈山市						

主要统计指标解释

专业技术人员 指从事专业技术工作和专业技术管理工作的人员，即企事业单位中已经聘任专业技术职务从事专业技术工作和专业技术管理工作的人员，以及未聘任专业技术职务，现在专业技术岗位上工作的人员。包括工程技术人员，农业技术人员，科学研究人员，卫生技术人员，教学人员，经济人员，会计人员，统计人员，翻译人员，图书资料、档案、文博人员，新闻出版人员，律师、公证人员，广播电视播音人员，工艺美术人员，体育人员，艺术人员及企业政治思想工作人员，共十七个专业技术职务类别。用来反映科技人力资源情况。

科技活动 指在自然科学、农业科学、医药科学、工程与技术科学、人文与社会科学领域(简称科学技术领域)中，与科技知识的产生、发展、传播和应用密切相关的有组织的活动。可分为研究与试验发展(R&D)、研究与试验发展成果应用及相关的科技服务三类活动。该定义是联合国教科文组织考虑成员国特别是发展中国家开展科技统计工作的需要，而对科技活动所作的统计界定。

科技活动人员 指直接从事科技活动、以及专门从事科技活动管理和为科技活动提供直接服务，累计的实际工作时间占全年制度工作时间10%及以上的人员。(1)直接从事科技活动的人员包括：在独立核算的科学研究与技术开发机构、高等学校、各类企业及其他事业单位内设的研究室、实验室、技术开发中心及中试车间(基地)等机构中从事科技活动的研究人员、工程技术人员、技术工人及其它人员；虽不在上述机构工作，但编入科技活动项目(课题)组的人员；科技信息与文献机构中的专业技术人员；从事论文设计的研究生等。(2)专门从事科技活动管理和为科技活动提供直接服务的人员，包括：独立核算的科学研究与技术开发机构、科技信息与文献机构、高等学校、各类企业及其他事业单位主管科技工作的负责人，专门从事科技活动的计划、行政、人事、财务、物资供应、设备维护、图书资料管理等工作的各类人员，但不包括保卫、医疗保健人员、司机、食堂人员、茶炉工、水暖工、清洁工等为科技活动提供间接服务的人员。该指标用来反映投入科技活动人力的规模。

研究与试验发展(R&D) 指在科学技术领域，为增加知识总量，以及运用这些知识去创造新的应用进行的系统的创造性的活动，包括基础研究、应用研究、试验发展三类活动。国际上通常采用R&D活动的规模和强度指标反映一国的科技实力和核心竞争力。

研究与试验发展(R&D)人员 指企业科技活动人员中从事基础研究、应用研究和试验发展三类活动的人员。包括直接参加上述三类项目活动的人员及这三类项目的管理和服务人员。

基础研究 指为了获得关于现象和可观察事实的基本原理的新知识(揭示客观事物的本质、运动规律，获得新发现、新学说)而进行的实验性或理论性研究，它不以任何专门或特定的应用或使用为目的。其成果以科学论文和科学著作为主要形式。用来反映知识的原始创新能力。

应用研究 指为获得新知识而进行的创造性研究，主要针对某一特定的目的或目标。应用研究是为了确定基础研究成果可能的用途，或是为达到预定的目标探索应采取的新方法(原理性)或新途径。其成果形式以科学论文、专著、原理性模型或发明专利为主。用来反映对基础研究成果应用途径的探索。

试验发展 指利用从基础研究、应用研究和实际经验所获得的现有知识，为产生新的产品、材料和装置，建立新的工艺、系统和服务，以及对已产生和建立的上述各项作实质性的改进而进行的系统性工作。其成果形式主要是专利、专有技术、具有新产品基本特征的产品原型或具有新装置基本特征的原始样机等。在社会科学领域，试验发展是指把通过基础研究、应用研究获得的知识转变成可以实施的计划(包括为进行检验和评估实施示范项目)的过程。人文科学领域没有对应的试验发展活动。主要反映将科研成果转化为技术和产品的能力，是科技推动经济社会发展的物化成果。

科技活动经费内部支出 指报告年内用于科技活动的实际支出，包括劳务费、科研业务费、科研管理费，非基建投资购建的固定资产、科研基建支出以及其他用于科技活动的支出。不包括生产性活动支出、归还贷款支出及转拨外单位支出。反映科技投入实际完成情况。

新产品 指采用新技术原理、新设计构思研制、生产的全新产品，或在结构、材质、工艺等某一方面比原有产品有明显改进，从而显著提高了产品性能或扩大了使用功能的产品。既包括政府有关部门认定并在有效期内的新产品，也包括企业自行研制开发，未经政府有关部门认定，从投产之日起一年之内的新产品。用来反映科技产出及对经济增长的直接贡献。

发明 专利法所称的发明是指对产品、方法或者其改进所提出的新的技术方案。

专利 是专利权的简称，是对发明人的发明创造经审查合格后，由专利局依据专利法授予发明人和设计人对该项发明创造享有的专有权。包括发明、实用新型和外观设计。反映拥有自主知识产权的科技和设计成果情况。

普通高等学校 指按照国家规定的设置标准和审批程序批准举办的，通过全国普通高等学校统一招生考试，招收高中毕业生为主要培养对象，实施高等教育的全日制大学、独立设置的学院和高等专科学校、高等职业学校和其他机构。

大学、独立设置的学院主要实施本科层次以上教育，高等专科学校、高等职业学校实施专科层次教育，其他机构是承担国家普通招生计划任务不计校数的机构。包括普通高等学校分校和批准筹建的普通高等学校等。

教学人员 指在国民经济各行业从事自然科学技术方面的教学活动的专业人员，包括：正副教授、讲师、助教、教师和在中学从事自然科学技术方面的教学活动的人员。

小学学龄儿童净入学率 指调查范围内已入小学学习的学龄儿童占校内外学龄儿童总数(包括弱智儿童，不包括盲聋哑儿童)的比重。计算公式为:

$$\text{小学学龄儿童净入学率}=\frac{\text{已入学的小学学龄儿童数}}{\text{校内外小学学龄儿童总数}}\times100\%$$

国家财政性教育经费 包括国家财政预算内教育经费，各级政府征收用于教育的税费，企业办学校教育经费，校办产业、勤工俭学和社会服务收入用于教育的经费。

文化事业机构 指从事专业文化工作和为专业文化工作服务的独立建制的单位。不包括这些单位另外举办独立核算的其他机构和各部门的业余文化组织。该指标主要反映文化事业机构发展规模水平。

艺术表演团体 指从事戏曲、音乐、舞蹈、杂技等专业艺术表演，有独立帐户的单位，不包括半工半艺、半农半艺和民间职业剧团。该指标主要反映全国专业艺术表演团体发展规模水平。

艺术表演观众人数(人次) 指售票、包场演出或民族地区免费演出的艺术表演观众人次数，不包括彩排审查和内部观摩演出的观看人次数。该指标主要反映全国观看专业艺术表演团体演出的效益规模。

卫生机构 包括医疗机构、疾病预防控制中心(防疫站)、采供血机构、卫生监督及监测(检验)机构、医学科研和在职培训机构、健康教育所等。

医疗机构 包括医院、社区卫生服务中心(站)、疗养院、卫生院、门诊部、诊所(卫生所、医务室)、妇幼保健院(所、站)、专科疾病防治院(所、站)、急救中心(站)和临床检验中心。医疗机构分为非赢利性医疗机构和赢利性医疗机构。

医院 包括综合医院、中医医院、中西医结合医院、民族医院、各类专科医院和护理院。

卫生技术人员 指卫生机构中医生、护理人员 、药剂人员、检验人员等卫生技术人员。

医生 指在医疗、预防保健机构工作且取得《执业医师证书》的执业医师和执业助理医师。

社会福利事业单位 指集中收养社会孤老、残、幼的机构，包括由民政部门管理的社会福利院、儿童福利院、精神病人福利院和城镇集体举办的福利院及农村集体举办的敬老院以及优抚医院和具有收养能力的社区服务中心等。该指标主要反映我国社会福利性单位的投入水平。

社会福利事业单位收养人数 包括民政部门管理和城镇、农村集体举办的社会福利事业单位中收养的老人、少年儿童、缺乏生活自理能力的残疾人员和精神病人。该指标主要反映收养性社会福利单位的收养能力。

社会福利企业单位 指以安置城镇有一定劳动能力的盲、聋、哑和肢体残疾人员就业为目的，享受国家减免税待遇的国有或集体企业。包括福利工厂、福利商业和服务业、假肢厂和安置农场等单位。该指标主要反映我国对残疾人照顾的特殊政策。

人民生活 13

PEOPLE'SLIVELIHOOD

●2016年，城镇居民人均可支配收人29306.96元，比上年增长8.2%。

●2016年，农村居民人均可支配收入11380元，比上年增长9.9%。

●2016年，城镇居民人均自有现住房面积44.69平方米，农村居民人均住房面积57.58平方米。

本篇章

资料整理	微机处理
陈荣安	陈荣安
周晓莲	周晓莲
徐冠华	徐冠华

13-1 历年商品零售价格指数

(以上年为 100)

年 份	吉安市	井冈山市	泰和县	年 份	吉安市	井冈山市	泰和县
1985	105.5		104.9	2001	97.1	99.7	97.8
1986	106.2		105.1	2002	101.0	100.4	98.7
1987	109.3		108.4	2003	100.9	101.4	101.0
1988	125.8	128.5	121.6	2004	101.6	103.4	103.7
1989	120.3	115.7	118.5	2005	101.0	101.7	101.3
1990	100.8	101.6	100.9	2006	101.0	102.6	100.6
1991	104.0	102.8	105.2	2007	104.3	106.3	105.5
1992	107.0	112.9	107.8	2008	104.6	107.6	107.0
1993	113.0	113.2	110.3	2009	98.7	101.3	99.9
1994	122.3	127.0	123.0	2010	102.8	104.0	102.3
1995	116.0	115.8	116.8	2011	104.8	106.4	105.3
1996	106.5	104.6	105.9	2012	101.2	102.8	102.4
1997	101.0	102.8	99.3	2013	100.6	101.0	100.6
1998	99.5	99.7	98.1	2014	100.9	100.4	100.8
1999	97.7	98.0	94.4	2015	100.3	101.6	100.8
2000	99.0	99.6	97.4	2016	100.1	102.5	99.4

13-2 历年居民消费价格指数

(以上年为 100)

年 份	吉安市	井冈山市	泰和县	年 份	吉安市	井冈山市	泰和县
1985	105.9		105.0	2001	97.9	100.2	98.4
1986	150.8		105.3	2002	99.0	99.8	99.6
1987	109.7		108.0	2003	101.6	102.9	101.3
1988	127.3	128.6	120.5	2004	103.5	105.2	104.2
1989	120.3	117.0	118.4	2005	101.5	103.3	101.7
1990	101.7	102.2	102.2	2006	100.7	101.9	100.9
1991	104.9	103.5	105.5	2007	104.1	106.1	106.0
1992	107.7	112.9	107.3	2008	105.7	105.6	106.7
1993	115.1	114.0	115.0	2009	99.2	100.2	99.1
1994	125.8	128.9	123.9	2010	102.8	103.5	103.3
1995	117.8	118.2	118.0	2011	104.7	106.0	105.4
1996	107.8	107.6	107.8	2012	102.6	102.8	103.0
1997	103.1	103.4	102.0	2013	102.3	102.7	103.5
1998	101.0	101.1	101.1	2014	102.2	102.1	102.2
1999	99.0	99.2	96.5	2015	101.5	102.1	101.8
2000	101.1	99.9	99.5	2016	101.3	103.1	101.8

13-3 2016年12月商品零售价格指数

项目名称	上月=100	上年同月=100	上年同期=100	2015年=100
商品零售价格指数	101.7	101.5	100.1	102.1
一、食品	104.3	105.5	103.0	107.2
1.粮食	101.4	99.7	99.7	100.7
大　　米	101.9	100.0	99.6	101.2
面　　粉	100.0	107.1	102.5	106.9
其他粮食	95.3	84.6	96.3	86.5
粮食制品	100.6	101.3	100.7	101.3
2.薯类	100.2	88.5	101.5	80.5
薯　　类	100.2	88.5	101.5	80.5
3.豆类	100.3	100.0	99.5	99.5
干　　豆	103.5	96.8	94.8	93.8
豆 制 品	99.7	100.6	100.4	100.6
4.食用油	101.1	99.8	98.0	100.4
食用植物油	101.3	98.5	97.5	99.2
食用动物油	99.0	131.9	109.1	128.0
5.菜	113.6	114.2	108.8	123.5
鲜　　菜	114.7	115.1	109.3	125.2
干菜及菜制品	101.1	104.0	103.5	105.8
6.畜肉类	103.4	106.7	110.3	113.0
猪　　肉	102.8	108.4	116.3	117.9
牛　　肉	103.4	99.5	94.8	99.1
羊　　肉	117.1	89.3	83.9	89.2
畜肉副产品	108.9	111.8	108.4	115.8
其他畜肉及制品	98.8	106.3	109.7	110.2
7.禽肉类	103.2	101.7	100.6	103.2
鸡	103.3	100.4	100.6	102.9
鸭	104.5	102.4	100.1	103.8
其他禽肉及制品	101.1	102.1	101.5	102.6
8.水产品	105.8	103.9	99.3	103.1
淡 水 鱼	106.7	105.7	101.5	106.4
海 水 鱼	104.4	103.5	97.8	101.8
虾 蟹 类	104.8	101.4	91.1	92.7
其他水产品及制品	104.4	100.1	98.0	99.3

13-3 续表 1

项目名称	上月=100	上年同月=100	上年同期=100	2015 年=100
9.蛋类	103.1	103.1	89.9	96.4
鸡　蛋	100.7	106.2	88.2	96.3
其他蛋及制品	107.9	97.6	93.3	96.6
10.奶类	100.8	100.7	102.9	104.0
鲜　奶	101.7	99.2	100.8	101.2
酸　奶	100.0	105.2	104.4	105.8
奶　粉	100.0	100.4	106.5	108.2
其他奶制品	100.0	103.1	102.3	104.2
11.干鲜瓜果类	107.9	110.5	94.1	100.6
鲜 瓜 果	108.9	113.9	93.2	101.1
坚　果	105.3	98.3	96.6	97.6
瓜果制品	101.6	102.2	101.3	102.2
12.糖果糕点类	100.8	101.5	99.3	101.3
食　糖	107.3	106.6	100.8	106.8
糖　果	100.0	100.0	99.7	99.8
糕　点	100.5	101.7	98.8	101.3
其他糖果糕点	100.0	100.0	100.0	100.0
13.调味品	100.0	105.7	103.2	106.3
食 用 盐	100.0	112.5	104.2	112.5
酱　油	100.0	102.6	101.6	102.6
食　醋	100.0	103.0	102.9	103.9
调 味 酱	100.0	103.6	102.3	103.6
味　精	100.0	103.8	105.6	106.3
其他调味品	100.0	100.0	100.8	100.8
14.其他食品类	100.4	103.2	105.9	107.2
方便食品	100.0	105.0	106.3	107.8
淀粉及制品	100.0	102.6	109.5	110.0
膨化食品	101.1	102.0	103.4	105.1
15.在外餐饮	101.1	105.1	104.0	106.2
正　餐	101.0	105.1	104.5	106.9
快　餐	102.2	102.2	100.2	102.2
地方小吃	100.0	113.3	110.0	113.3
其他在外餐饮	100.0	102.4	102.1	102.4

13-3 续表 2

项目名称	上月=100	上年同月=100	上年同期=100	2015 年=100
二、饮料、烟酒	100.3	99.8	101.5	101.6
1.茶及饮料	101.5	102.0	102.1	103.8
茶　　叶	102.9	102.9	100.8	103.5
固体咖啡	102.9	102.7	100.3	102.9
其他固体饮料	100.0	100.0	101.2	101.2
饮 用 水	100.0	104.4	104.9	105.9
果汁饮料	103.9	101.0	97.2	101.0
其他液体饮料	100.0	100.0	107.8	107.8
2.烟草	100.0	100.0	103.1	103.1
烟　　草	100.0	100.0	103.1	103.1
3.酒类	100.1	98.3	98.9	98.4
白　　酒	100.0	97.7	98.1	97.5
葡 萄 酒	103.4	98.4	103.8	100.4
啤　　酒	100.0	100.0	100.9	101.0
其他酒类	100.0	100.0	100.0	100.0
三、服装、鞋帽	102.7	100.5	100.4	104.3
1.服装	102.7	101.0	100.9	104.9
(1)男士服装	103.3	102.4	101.7	106.7
男式西服	105.6	107.0	105.2	113.5
男式冬衣	104.6	114.3	102.8	115.9
男式夹克衫	104.9	103.5	102.7	108.0
男式毛线衣	102.9	101.4	97.0	102.0
男式运动装	100.0	103.9	102.9	107.2
男式衬衫 T 恤	100.8	104.5	104.6	108.2
男式裤子	104.0	93.7	100.1	101.0
男式内衣	103.8	93.4	95.5	96.5
(2)女士服装	102.1	100.8	100.5	104.1
女式外套	102.9	102.7	102.6	106.7
女式冬衣	102.0	107.2	99.7	108.5
女式毛线衣	101.8	96.3	97.4	97.4
女式运动装	100.0	98.8	101.5	102.0
女式衬衫 T 恤	100.7	104.4	111.6	113.5
女式裤子	102.3	100.9	99.6	104.5

13-3 续表 3

项目名称	上月=100	上年同月=100	上年同期=100	2015 年=100
女式裙子	101.4	90.7	94.0	92.3
女式内衣	104.0	102.1	99.5	105.2
(3)儿童服装	104.1	95.5	99.4	101.2
婴幼服装	104.1	89.6	88.3	89.6
儿童上衣	104.0	105.0	103.8	110.7
儿童裤子	106.9	98.7	98.5	105.7
儿童裙子	101.0	80.4	96.2	85.4
2.鞋帽袜	103.0	99.0	98.9	102.9
(1)鞋	101.8	98.9	98.9	102.0
男　　鞋	103.4	93.8	96.0	97.1
女　　鞋	101.7	100.4	100.1	105.1
童　　鞋	100.0	102.3	100.1	101.7
(2)袜子	112.7	102.9	101.6	114.6
袜　　子	112.7	102.9	101.6	114.6
(3)帽子	105.5	82.1	84.5	86.3
帽　　子	105.5	82.1	84.5	86.3
3.其他衣着配件	100.0	96.6	97.4	97.2
其他衣着配件	100.0	96.6	97.4	97.2
四、纺织品	101.5	99.4	99.5	100.4
1.服装材料	107.7	103.4	99.2	107.6
服装材料	107.7	103.4	99.2	107.6
2.床上用品	100.1	98.4	99.5	98.8
被　　子	100.1	102.2	100.3	102.2
床单被套	100.0	99.9	99.9	99.8
其他床上用品	100.2	93.3	98.2	94.7
五、家用电器及音像器材	100.5	99.6	99.5	99.7
1.家庭设备	100.2	99.6	99.4	99.6
洗 衣 机	100.3	95.7	96.8	95.8
电冰箱(柜)	99.4	101.0	99.9	100.8
抽油烟机	100.6	100.1	99.7	100.1
空 调 器	100.2	99.9	99.9	100.0
热 水 器	100.6	100.0	99.6	100.0
炉具灶具	100.1	100.0	99.9	100.0

13-3 续表 4

项目名称	上月=100	上年同月=100	上年同期=100	2015 年=100
微 波 炉	100.4	99.5	99.5	99.5
厨房小家电	101.0	100.0	99.3	100.0
生活小家电	100.7	101.5	100.4	101.5
其他大型家用器具	100.4	100.1	99.6	100.1
2.文娱用耐用消费品	100.8	99.8	99.7	100.2
电 视 机	100.7	100.0	99.9	100.7
照 相 机	100.4	99.0	99.0	99.0
音 响	100.6	99.9	100.0	100.4
其他文娱耐用消费品	101.9	100.3	99.7	100.3
3.专业音像器材	101.2	97.8	98.7	97.9
专业音响器材	101.0	98.7	99.0	98.7
专业声像器材	101.5	96.8	98.3	97.0
六、文化办公用品	100.4	96.1	96.2	95.4
纸张文具	100.0	101.6	102.7	102.9
台式计算机	100.3	90.1	91.7	89.7
笔记本平板	101.0	93.4	93.5	92.4
电脑附件	100.4	95.4	94.8	92.8
打印复印机	101.4	99.4	96.5	97.6
教学设备	100.0	100.0	99.4	99.4
七、日用品	100.6	99.3	99.7	100.1
1.日用百货	100.1	98.0	98.5	98.1
电动自行车	98.5	92.9	95.7	92.9
自 行 车	102.2	102.2	100.2	102.2
雨 具	100.1	91.3	93.0	92.4
护理器具	100.0	100.0	100.0	100.0
清洁用纸	100.0	100.4	100.4	100.5
化妆器具	100.0	100.0	100.0	100.0
2.厨具餐具茶具	100.7	98.7	99.1	99.5
厨 具	102.2	98.6	97.1	98.6
餐 具	100.0	97.8	99.8	99.8
茶 具	100.0	100.0	100.0	100.0
3.清洗用品	101.2	99.6	101.8	102.3
清洗用品	101.2	99.6	101.8	102.3

13–3 续表 5

项目名称	上月=100	上年同月=100	上年同期=100	2015 年=100
4.其他日用品	100.8	101.4	100.0	101.5
灯　　具	102.5	101.5	99.0	101.2
箱　　包	100.6	97.3	97.3	97.3
母婴用品	100.0	103.2	101.0	103.2
眼　　镜	100.3	101.1	100.6	101.1
其他护理用品	100.3	101.2	101.3	101.9
其他日用杂品	102.0	105.7	102.3	105.7
八、体育娱乐用品	100.0	99.6	99.7	99.5
1.体育户外用品	100.0	99.6	100.0	99.6
体育户外用品	100.0	99.6	100.0	99.6
2.娱乐用品	100.0	99.6	99.6	99.4
乐　　器	99.8	97.1	99.9	99.0
游戏用品和玩具	100.0	100.0	98.6	98.6
园艺花卉及用品	100.0	100.0	100.0	100.0
宠物及用品	100.0	100.0	100.0	100.0
其他文化娱乐用品	100.0	100.0	100.0	100.0
九、交通、通信用品	99.8	96.1	97.3	95.8
1.交通运输机械	99.8	99.6	100.1	100.0
小型汽车	99.5	97.8	99.1	97.8
大中型客车	100.0	99.6	99.7	99.6
交通工具零配件	100.0	105.8	105.3	109.7
2.通信器材	100.0	83.6	87.6	81.2
固定电话机	100.0	100.0	99.9	100.0
移动电话机	99.8	82.0	86.5	79.3
其他通信器材	101.8	99.7	98.8	99.7
十、家具	101.7	98.7	97.4	99.3
柜	102.2	98.6	96.6	98.7
床	102.9	100.1	98.2	100.2
桌	100.3	95.0	96.1	95.4
椅	103.1	100.7	98.3	104.4
沙　　发	99.9	97.8	97.9	97.8
其他家具	103.9	100.6	96.3	100.6
十一、化妆品	100.6	101.5	100.9	101.6

13-3 续表 6

项目名称	上月=100	上年同月=100	上年同期=100	2015 年=100
清洁化妆品	100.0	100.0	100.0	100.0
护肤化妆品	100.0	100.9	100.9	100.9
彩妆化妆品	100.0	100.0	100.0	100.0
清洁类护理用品	102.7	105.2	102.7	105.5
护发美发用品	100.1	101.0	100.5	101.0
十二、金银饰品	101.2	108.8	99.7	104.3
金 饰 品	101.5	117.6	105.4	111.8
银 饰 品	101.4	104.6	99.4	103.1
铂金饰品	100.4	95.8	90.0	91.9
十三、中西药品及医疗保健用品	102.8	107.9	103.8	109.3
1.医疗卫生器具	100.9	112.3	105.5	113.9
医疗卫生器具	100.9	112.3	105.5	113.9
2.中药	102.7	103.1	101.4	104.4
中 药 材	104.4	104.5	102.8	107.4
中 成 药	101.5	102.1	100.4	102.2
3.西药	103.9	110.6	104.8	112.2
抗微生物药	110.4	136.3	115.6	139.1
消化系统用药	102.1	105.3	101.5	105.3
呼吸系统用药	100.0	100.0	100.0	100.0
解热镇痛药	101.7	110.8	111.9	119.0
抗肿瘤药	100.0	100.0	100.0	100.0
激素及影响内分泌药	102.6	106.5	102.8	107.7
心血管系统用药	101.8	106.1	102.3	107.3
血液系统用药	106.5	115.8	103.0	115.8
治疗精神障碍药	112.3	117.0	101.8	117.0
神经系统用药	100.0	100.0	100.6	100.6
消毒防腐及创伤外科用药	107.9	100.8	99.9	100.8
泌尿系统用药	103.3	114.0	108.2	117.9
维生素、矿物质类药	108.0	122.5	104.7	122.5
调节水、电解质及酸碱平衡药	100.0	94.9	97.4	94.9
4.保健器具及用品	100.0	104.1	102.9	105.3
保健器具	100.1	100.0	100.0	100.0
滋补保健品	100.0	105.4	103.9	107.1
十四、书报杂志及电子出版物	100.0	100.0	99.8	99.8

13-3 续表 7

项目名称	上月=100	上年同月=100	上年同期=100	2015 年=100
1.教材及参考书	100.0	100.0	99.5	99.5
工 具 书	100.0	100.0	100.0	100.0
教　　材	100.0	100.0	100.0	100.0
参考资料	100.0	100.0	100.0	100.0
其他教育用品	100.1	100.0	95.6	95.7
2.书报杂志	100.0	100.0	100.0	100.0
书报杂志	100.0	100.0	100.0	100.0
3.计算机办公软件	100.0	100.0	100.0	100.0
计算机办公软件	100.0	100.0	100.0	100.0
十五、燃料	102.1	105.3	96.3	100.8
1.煤炭及制品	103.4	107.0	100.9	107.0
原　　煤	103.1	104.4	100.4	104.5
煤 制 品	103.4	107.1	100.9	107.1
2.石油及制品	101.9	105.0	95.6	99.7
管道燃气	100.0	100.6	100.5	100.6
液化石油气	101.1	94.6	91.9	92.9
汽　　油	102.7	110.5	95.5	102.1
柴　　油	103.0	111.8	94.6	101.8
十六、建筑材料及五金电料	100.7	102.5	101.4	103.1
1.建筑装璜材料	100.6	103.3	102.0	104.2
木 地 板	100.3	99.5	107.3	107.4
瓷　　砖	102.1	103.5	103.7	105.9
水　　泥	100.0	112.6	99.4	112.3
涂　　料	100.0	100.0	100.0	100.0
板　　材	101.2	103.7	100.6	101.0
管　　材	100.6	98.9	99.2	98.9
厨卫设备	100.0	100.0	100.0	100.0
门　　窗	100.0	100.0	99.9	100.0
其他住房装潢材料	100.0	109.6	105.3	109.4
2.五金水暖	100.8	100.3	99.6	100.1
家用手工工具	100.0	100.0	100.0	100.0
配电附件	102.4	100.8	98.8	100.2
水暖器材	100.0	100.0	100.0	100.0

13-4 2016年12月居民消费价格指数

项目名称	上月=100	上年同月=100	上年同期=100	2015年=100
居民消费价格总指数	102.1	103.0	101.3	104.1
非食品烟酒价格指数	101.5	102.3	100.6	103.0
食品（原口径）指数	103.8	105.3	103.2	107.0
非食品（原口径）指数	101.4	102.2	100.6	103.0
服务价格指数	101.7	103.6	101.6	104.6
工业品价格指数	101.2	100.9	99.5	101.4
鲜活食品价格指数	107.6	109.1	104.3	111.7
消费品价格指数	102.3	102.7	101.2	103.8
能源价格指数	100.9	102.1	97.6	99.7
非食品价格指数	101.4	102.4	100.9	103.2
扣除食品和能源价格指数	101.4	102.4	101.2	103.6
扣除鲜菜鲜果价格指数	101.6	102.5	101.2	103.5
扣除自有住房价格指数	101.9	103.2	101.4	104.1
居住(扣自有住房)价格指数	101.8	105.6	101.8	106.0
一、食品烟酒	103.4	104.8	103.0	106.5
1.食品	104.9	105.5	103.0	107.4
(1)粮食	101.4	99.7	99.7	100.7
大　　米	101.9	100.0	99.6	101.2
面　　粉	100.0	107.1	102.5	106.9
其他粮食	95.3	84.6	96.3	86.5
粮食制品	100.6	101.3	100.7	101.3
(2)薯类	100.2	88.5	101.5	80.5
薯　　类	100.2	88.5	101.5	80.5
(3)豆类	100.3	100.0	99.4	99.4
干　　豆	103.5	96.8	94.8	93.8
豆 制 品	99.7	100.6	100.4	100.6
(4)食用油	101.1	100.0	98.1	100.6
食用植物油	101.3	98.5	97.5	99.2
食用动物油	99.0	131.9	109.1	128.0
(5)菜	113.3	113.9	108.6	123.1
鲜　　菜	114.7	115.1	109.3	125.2
干菜及菜制品	101.1	104.0	103.5	105.8

13-4 续表 1

项目名称	上月=100	上年同月=100	上年同期=100	2015 年=100
(6)畜肉类	103.4	106.7	110.3	113.0
猪　　肉	102.8	108.4	116.3	117.9
牛　　肉	103.4	99.5	94.8	99.1
羊　　肉	117.1	89.3	83.9	89.2
畜肉副产品	108.9	111.8	108.4	115.8
其他畜肉及制品	98.8	106.3	109.7	110.2
(7)禽肉类	103.2	101.6	100.6	103.2
鸡	103.3	100.4	100.6	102.9
鸭	104.5	102.4	100.1	103.8
其他禽肉及制品	101.1	102.1	101.5	102.6
(8)水产品	105.8	103.9	99.3	103.1
淡 水 鱼	106.7	105.7	101.5	106.4
海 水 鱼	104.4	103.5	97.8	101.8
虾 蟹 类	104.8	101.4	91.1	92.7
其他水产品及制品	104.4	100.1	98.0	99.3
(9)蛋类	103.1	103.1	89.9	96.4
鸡　　蛋	100.7	106.2	88.2	96.3
其他蛋及制品	107.9	97.6	93.3	96.6
(10)奶类	100.8	100.7	102.9	104.0
鲜　　奶	101.7	99.2	100.8	101.2
酸　　奶	100.0	105.2	104.4	105.8
奶　　粉	100.0	100.4	106.5	108.2
其他奶制品	100.0	103.1	102.3	104.2
(11)干鲜瓜果类	107.8	110.4	94.2	100.6
鲜 瓜 果	108.9	113.9	93.2	101.1
坚　　果	105.3	98.3	96.6	97.6
瓜果制品	101.6	102.2	101.3	102.2
(12)糖果糕点类	100.8	101.5	99.3	101.3
食　　糖	107.3	106.6	100.8	106.8
糖　　果	100.0	100.0	99.7	99.8
糕　　点	100.5	101.7	98.8	101.3
其他糖果糕点	100.0	100.0	100.0	100.0

13-4 续表 2

项目名称	上月=100	上年同月=100	上年同期=100	2015 年=100
(13)调味品	100.0	105.7	103.2	106.3
食 用 盐	100.0	112.5	104.2	112.5
酱　　油	100.0	102.6	101.6	102.6
食　　醋	100.0	103.0	102.9	103.9
调 味 酱	100.0	103.6	102.3	103.6
味　　精	100.0	103.8	105.6	106.3
其他调味品	100.0	100.0	100.8	100.8
(14)其他食品类	100.4	103.2	105.9	107.2
方便食品	100.0	105.0	106.3	107.8
淀粉及制品	100.0	102.6	109.5	110.0
膨化食品	101.1	102.0	103.4	105.1
2.茶及饮料	101.5	102.0	102.1	103.8
茶　　叶	102.9	102.9	100.8	103.5
固体咖啡	102.9	102.7	100.3	102.9
其他固体饮料	100.0	100.0	101.2	101.2
饮 用 水	100.0	104.4	104.9	105.9
果汁饮料	103.9	101.0	97.2	101.0
其他液体饮料	100.0	100.0	107.8	107.8
3.烟酒	100.0	99.4	101.6	101.4
(1)烟草	100.0	100.0	103.1	103.1
烟　　草	100.0	100.0	103.1	103.1
(2)酒类	100.1	98.3	98.9	98.4
白　　酒	100.0	97.7	98.1	97.5
葡 萄 酒	103.4	98.4	103.8	100.4
啤　　酒	100.0	100.0	100.9	101.0
其他酒类	100.0	100.0	100.0	100.0
4.在外餐饮	101.1	105.1	104.0	106.2
正　　餐	101.0	105.1	104.5	106.9
快　　餐	102.2	102.2	100.2	102.2
地方小吃	100.0	113.3	110.0	113.3
其他在外餐饮	100.0	102.4	102.1	102.4
二、衣着	102.7	100.2	100.3	104.2

13-4 续表 3

项目名称	上月=100	上年同月=100	上年同期=100	2015 年=100
1.服装	102.8	100.8	100.8	104.7
(1)男式服装	103.3	102.5	101.7	106.7
男式西服	105.6	107.0	105.2	113.5
男式冬衣	104.6	114.3	102.8	115.9
男式夹克衫	104.9	103.5	102.7	108.0
男式毛线衣	102.9	101.4	97.0	102.0
男式运动装	100.0	103.9	102.9	107.2
男式衬衫 T 恤	100.8	104.5	104.6	108.2
男式裤子	104.0	93.7	100.1	101.0
男式内衣	103.8	93.4	95.5	96.5
(2)女式服装	102.1	100.8	100.5	104.0
女式外套	102.9	102.7	102.6	106.7
女式冬衣	102.0	107.2	99.7	108.5
女式毛线衣	101.8	96.3	97.4	97.4
女式运动装	100.0	98.8	101.5	102.0
女式衬衫 T 恤	100.7	104.4	111.6	113.5
女式裤子	102.3	100.9	99.6	104.5
女式裙子	101.4	90.7	94.0	92.3
女式内衣	104.0	102.1	99.5	105.2
(3)儿童服装	104.1	95.5	99.3	101.1
婴幼服装	104.1	89.6	88.3	89.6
儿童上衣	104.0	105.0	103.8	110.7
儿童裤子	106.9	98.7	98.5	105.7
儿童裙子	101.0	80.4	96.2	85.4
2.服装材料	107.7	103.4	99.2	107.6
服装材料	107.7	103.4	99.2	107.6
3.其他衣着及配件	109.0	95.5	95.5	103.2
袜　　子	112.7	102.9	101.6	114.6
帽　　子	105.5	82.1	84.5	86.3
其他衣着配件	100.0	96.6	97.4	97.2
4.衣着加工服务费	98.6	98.2	100.2	101.8
衣着洗涤保养	97.3	96.6	100.4	103.4

13-4 续表 4

项目名称	上月=100	上年同月=100	上年同期=100	2015 年=100
衣着加工	100.0	100.0	100.0	100.0
5.鞋类	102.0	99.3	99.1	102.7
(1)鞋	102.0	98.4	98.7	101.9
男　　鞋	103.4	93.8	96.0	97.1
女　　鞋	101.7	100.4	100.1	105.1
童　　鞋	100.0	102.3	100.1	101.7
(2)鞋类加工服务	100.0	150.0	119.8	150.0
鞋类加工服务	100.0	150.0	119.8	150.0
三、居住	102.7	103.9	101.3	105.1
1.租赁房房租	101.8	102.5	103.2	105.5
公房房租	100.0	100.0	100.0	100.0
私房房租	102.0	102.8	103.5	106.1
2.住房保养维修及管理	104.5	114.8	104.1	115.2
(1)住房装潢材料	100.6	103.3	102.0	104.3
木 地 板	100.3	99.5	107.3	107.4
瓷　　砖	102.1	103.5	103.7	105.9
水　　泥	100.0	112.6	99.4	112.3
涂　　料	100.0	100.0	100.0	100.0
板　　材	101.2	103.7	100.6	101.0
管　　材	100.6	98.9	99.2	98.9
厨卫设备	100.0	100.0	100.0	100.0
门　　窗	100.0	100.0	99.9	100.0
其他住房装潢材料	100.0	109.6	105.3	109.4
(2)物业管理费	100.0	100.0	100.0	100.0
物业管理费	100.0	100.0	100.0	100.0
(3)住房装潢维修	108.4	128.4	106.9	128.4
装潢维修费	109.4	132.7	108.0	132.7
其他住房费用	100.0	100.0	100.0	100.0
3.水电燃料	100.2	101.2	100.1	100.9
(1)水	100.0	113.8	110.4	113.8
水	100.0	113.8	110.4	113.8
(2)电	100.0	100.0	100.0	100.0

13-4 续表5

项目名称	上月=100	上年同月=100	上年同期=100	2015年=100
电	100.0	100.0	100.0	100.0
(3)燃气	100.7	96.9	95.1	95.8
管道燃气	100.0	100.6	100.5	100.6
液化石油气	101.1	94.6	91.9	92.9
(4)取暖费	100.0	100.0	100.0	100.0
取 暖 费	100.0	100.0	100.0	100.0
(5)其他燃料	100.0	107.1	101.2	107.1
其他燃料	100.0	107.1	101.2	107.1
4.自有住房	103.6	102.0	100.9	104.1
自有住房	103.6	102.0	100.9	104.1
四、生活用品及服务	100.7	100.2	99.9	100.7
1.家具及室内装饰品	101.6	98.9	97.7	99.4
(1)家具	101.7	98.6	97.4	99.3
柜	102.2	98.6	96.6	98.7
床	102.9	100.1	98.2	100.2
桌	100.3	95.0	96.1	95.4
椅	103.1	100.7	98.3	104.4
沙　　发	99.9	97.8	97.9	97.8
其他家具	103.9	100.6	96.3	100.6
(2)室内装饰品	100.9	100.6	99.6	100.5
灯　　具	102.5	101.5	99.0	101.2
其他室内装饰品	100.0	100.0	100.0	100.0
2.家用器具	100.3	99.8	99.5	99.8
(1)大型家用器具	100.2	99.6	99.4	99.6
洗 衣 机	100.3	95.7	96.8	95.8
电冰箱(柜)	99.4	101.0	99.9	100.8
抽油烟机	100.6	100.1	99.7	100.1
空 调 器	100.2	99.9	99.9	100.0
热 水 器	100.6	100.0	99.6	100.0
炉具灶具	100.1	100.0	99.9	100.0
微 波 炉	100.4	99.5	99.5	99.5
其他大型家用器具	100.4	100.1	99.6	100.1

13-4 续表 6

项目名称	上月=100	上年同月=100	上年同期=100	2015 年=100
(2)小家电	100.8	100.9	100.0	100.9
厨房小家电	101.0	100.0	99.3	100.0
生活小家电	100.7	101.5	100.4	101.5
3.家用纺织品	100.3	98.4	99.5	99.1
(1)床上用品	100.1	98.4	99.5	98.8
被　　子	100.1	102.2	100.3	102.2
床单被套	100.0	99.9	99.9	99.8
其他床上用品	100.2	93.3	98.2	94.7
(2)窗帘门帘	103.3	96.6	99.2	100.4
窗帘门帘	103.3	96.6	99.2	100.4
(3)其他家用纺织品	100.0	100.0	100.0	100.0
其他家用纺织品	100.0	100.0	100.0	100.0
4.家庭日用杂品	100.9	99.8	100.0	100.7
(1)洗涤卫生用品	100.6	99.9	101.1	101.3
清洗用品	101.2	99.6	101.8	102.3
清洁用具	100.0	100.0	100.0	100.0
清洁用纸	100.0	100.4	100.4	100.5
(2)厨具餐具茶具	100.7	98.7	99.1	99.5
厨　　具	102.2	98.6	97.1	98.6
餐　　具	100.0	97.8	99.8	99.8
茶　　具	100.0	100.0	100.0	100.0
(3)家用手工工具	100.0	100.0	100.0	100.0
家用手工工具	100.0	100.0	100.0	100.0
(4)其他家庭日用杂品	101.6	100.2	98.6	100.3
配电附件	102.4	100.8	98.8	100.2
雨　　具	100.1	91.3	93.0	92.4
其他日用杂品	102.0	105.7	102.3	105.7
5.个人护理用品	100.5	101.3	100.8	101.4
(1)化妆品	100.0	100.2	100.2	100.2
清洁化妆品	100.0	100.0	100.0	100.0
护肤化妆品	100.0	100.9	100.9	100.9
彩妆化妆品	100.0	100.0	100.0	100.0

13-4 续表 7

项目名称	上月=100	上年同月=100	上年同期=100	2015 年=100
化妆器具	100.0	100.0	100.0	100.0
(2)其他护理用品类	101.0	102.4	101.3	102.6
清洁类护理用品	102.7	105.2	102.7	105.5
护发美发用品	100.1	101.0	100.5	101.0
护理器具	100.0	100.0	100.0	100.0
其他护理用品	100.3	101.2	101.3	101.9
6.家庭服务	100.0	105.9	104.3	107.5
家政服务	100.0	111.9	108.8	115.1
家庭维修服务	100.0	100.0	100.1	100.1
五、交通和通信	100.6	101.6	98.6	100.2
1.交通	100.9	102.2	98.8	100.5
(1)交通工具	99.5	97.3	98.6	97.3
小型汽车	99.5	97.8	99.1	97.8
电动自行车	98.5	92.9	95.7	92.9
自 行 车	102.2	102.2	100.2	102.2
其他交通工具	100.0	100.0	100.0	100.0
(2)交通工具用燃料	102.7	110.3	95.5	102.0
汽　　油	102.7	110.5	95.5	102.1
柴　　油	103.0	111.8	94.6	101.8
其他车用能源	102.5	98.8	98.5	98.8
(3)交通工具使用和维修	102.3	103.3	102.9	106.8
停 车 费	100.0	100.0	100.0	100.0
车辆使用费	100.0	103.5	102.9	103.5
交通工具零配件	100.0	105.8	105.3	109.7
车辆修理与保养	105.4	102.1	101.8	107.8
(4)交通费	101.3	104.0	102.1	103.3
市内公共交通	100.0	100.0	100.0	100.0
出租汽车	100.0	112.7	110.6	112.7
飞 机 票	111.1	97.3	98.8	93.4
火 车 票	100.0	100.0	100.0	100.0
长途汽车	100.0	109.5	104.0	107.1
其他交通费	103.5	110.0	101.6	110.0

13–4 续表 8

项目名称	上月=100	上年同月=100	上年同期=100	2015 年=100
2.通信	100.0	100.5	98.3	99.7
(1)通信工具	99.9	82.8	87.0	80.2
固定电话机	100.0	100.0	99.9	100.0
移动电话机	99.8	82.0	86.5	79.3
通信工具零配件	100.7	100.7	100.1	100.7
(2)通信服务	100.0	106.1	101.9	106.1
固定电话费	100.0	100.0	100.0	100.0
移动通信费	100.0	100.0	100.0	100.0
上 网 费	100.0	129.1	109.2	129.1
其他通信服务	100.0	100.0	100.0	100.0
(3)邮递服务	100.0	100.0	100.0	100.0
邮政邮寄	100.0	100.0	100.0	100.0
快递服务	100.0	100.0	100.0	100.0
六、教育文化和娱乐	100.1	101.5	101.0	101.9
1.教育	100.1	103.6	102.0	104.6
(1)教育用品	100.0	100.0	99.5	99.5
工 具 书	100.0	100.0	100.0	100.0
教　　材	100.0	100.0	100.0	100.0
参考资料	100.0	100.0	100.0	100.0
其他教育用品	100.1	100.0	95.6	95.7
(2)教育服务	100.1	103.8	102.1	104.8
学前教育	100.0	99.2	102.7	102.5
小学初中教育	100.0	109.6	103.2	109.6
高中中职教育	100.0	102.5	102.2	103.9
高等教育	100.0	106.6	102.2	106.6
课外教育	100.0	100.0	101.1	101.9
专业技能培训	100.8	100.8	100.5	101.4
2.文化娱乐	100.2	99.1	99.9	99.0
(1)文娱耐用消费品	100.8	96.8	97.2	96.8
电 视 机	100.7	100.0	99.9	100.7
照 相 机	100.4	99.0	99.0	99.0
台式计算机	100.3	90.1	91.7	89.7

13-4 续表 9

项目名称	上月=100	上年同月=100	上年同期=100	2015 年=100
笔记本平板	101.0	93.4	93.5	92.4
乐　　器	99.8	97.1	99.9	99.0
音　　响	100.6	99.9	100.0	100.4
其他文娱耐用消费品	101.9	100.3	99.7	100.3
(2)其他文娱用品	100.0	100.3	100.3	100.4
书报杂志	100.0	100.0	100.0	100.0
纸张文具	100.0	101.6	102.7	102.9
体育户外用品	100.0	99.6	100.0	99.6
游戏用品和玩具	100.0	100.0	98.6	98.6
园艺花卉及用品	100.0	100.0	100.0	100.0
宠物及用品	100.0	100.0	100.0	100.0
其他文化娱乐用品	100.0	100.0	100.0	100.0
(3)文化娱乐服务	100.1	100.8	100.3	100.8
电 影 票	100.0	100.0	100.0	100.0
景点门票	100.0	100.0	100.0	100.0
有线电视	100.0	100.0	100.0	100.0
健身活动	101.6	119.1	106.2	119.1
其他文娱服务	100.0	100.0	100.0	100.0
(4)旅游	100.0	99.1	100.9	98.7
旅行社收费	100.0	98.8	101.2	98.3
其他旅游	100.0	100.0	100.0	100.0
七、医疗保健	101.0	103.2	101.5	103.8
1.药品及医疗器具	102.6	108.1	103.9	109.6
(1)中药	102.7	103.2	101.4	104.4
中 药 材	104.4	104.5	102.8	107.4
中 成 药	101.5	102.1	100.4	102.2
(2)西药	104.0	110.7	104.8	112.3
抗微生物药	110.4	136.3	115.6	139.1
消化系统用药	102.1	105.3	101.5	105.3
呼吸系统用药	100.0	100.0	100.0	100.0
解热镇痛药	101.7	110.8	111.9	119.0
抗肿瘤药	100.0	100.0	100.0	100.0

13-4 续表 10

项目名称	上月=100	上年同月=100	上年同期=100	2015 年=100
激素及影响内分泌药	102.6	106.5	102.8	107.7
心血管系统用药	101.8	106.1	102.3	107.3
血液系统用药	106.5	115.8	103.0	115.8
治疗精神障碍药	112.3	117.0	101.8	117.0
神经系统用药	100.0	100.0	100.6	100.6
消毒防腐及创伤外科用药	107.9	100.8	99.9	100.8
泌尿系统用药	103.3	114.0	108.2	117.9
维生素、矿物质类药	108.0	122.5	104.7	122.5
调节水、电解质及酸碱平衡药	100.0	94.9	97.4	94.9
(3)滋补保健品	100.0	105.4	103.9	107.1
滋补保健品	100.0	105.4	103.9	107.1
(4)医疗卫生器具	100.9	112.3	105.5	113.9
医疗卫生器具	100.9	112.3	105.5	113.9
(5)保健器具	100.1	100.0	100.0	100.0
保健器具	100.1	100.0	100.0	100.0
2.医疗服务	100.0	100.0	100.0	100.0
(1)综合医疗类	100.0	100.0	100.0	100.0
一般医疗服务	100.0	100.0	100.0	100.0
一般治疗操作	100.0	100.0	100.0	100.0
护　　理	100.0	100.0	100.0	100.0
其他综合医疗服务	100.0	100.0	100.0	100.0
(2)诊断类	100.0	100.0	100.0	100.0
病理学诊断	100.0	100.0	100.0	100.0
实验室诊断	100.0	100.0	100.0	100.0
影像学诊断	100.0	100.0	100.0	100.0
临床诊断	100.0	100.0	100.0	100.0
(3)治疗类	100.0	100.0	100.0	100.0
临床手术治疗	100.0	100.0	100.0	100.0
临床非手术治疗	100.0	100.0	100.0	100.0
(4)康复类	100.0	100.0	100.0	100.0
康复医疗	100.0	100.0	100.0	100.0
(5)中医医疗服务类	100.0	100.0	100.0	100.0

13-4 续表 11

项目名称	上月=100	上年同月=100	上年同期=100	2015 年=100
中医治疗	100.0	100.0	100.0	100.0
(6)其他医疗服务	100.0	100.0	100.0	100.0
其他医疗服务	100.0	100.0	100.0	100.0
八、其他用品和服务	100.8	105.4	101.2	104.4
1.其他用品类	100.8	105.9	100.1	103.2
(1)首饰手表	101.0	108.6	100.3	104.5
金 饰 品	101.5	117.6	105.4	111.8
银 饰 品	101.4	104.6	99.4	103.1
铂金饰品	100.4	95.8	90.0	91.9
手　　表	100.0	104.5	104.4	104.6
(2)其他杂项用品	100.3	100.5	99.6	100.5
箱　　包	100.6	97.3	97.3	97.3
母婴用品	100.0	103.2	101.0	103.2
眼　　镜	100.3	101.1	100.6	101.1
2.其他服务类	100.9	105.1	102.2	105.6
(1)旅馆住宿	100.0	99.8	100.8	100.7
宾馆住宿	100.0	99.7	99.9	99.7
其他住宿	100.0	100.0	102.0	102.0
(2)美容美发洗浴	102.1	113.0	105.4	114.1
美　　容	105.4	109.4	102.3	111.1
美　　发	100.0	122.5	110.9	123.5
洗　　浴	100.0	100.0	100.0	100.0
(3)养老服务	100.0	100.0	100.0	100.0
养老服务	100.0	100.0	100.0	100.0
(4)金融保险	100.0	100.0	100.0	100.0
金融服务	100.0	100.0	100.0	100.0
车辆保险	100.0	100.0	100.0	100.0
旅行保险	100.0	100.0	100.0	100.0
其他保险	100.0	100.0	100.0	100.0
(5)其他服务类	100.0	100.0	100.0	100.0
中介服务	100.0	100.0	100.0	100.0
其他服务	100.0	100.0	100.0	100.0

13-5 城镇居民人均年可支配收入

年　份	吉安市	井冈山市	泰和县
1985	529.00		453.00
1986	668.04	697.00	609.38
1987	720.24	755.00	606.99
1988	788.40	1028.00	798.36
1989	897.96	1284.00	908.97
1990	1048.00	1331.00	1011.00
1991	1185.60	1445.00	1044.55
1992	1533.73	1764.00	1432.22
1993	1886.41	1950.00	1590.48
1994	2565.50	3180.00	2288.60
1995	2988.00	3507.00	2909.00
1996	3185.00	3767.00	3349.00
1997	3406.00	4256.00	3706.00
1998	3810.00	4540.00	4030.00
1999	4287.36	5145.00	4201.15
2000	4703.61	5847.00	4663.70
2001	5076.13	5870.00	5088.35
2002	6056.16	5999.00	6080.00
2003	6528.72	6539.16	6362.04
2004	7030.90	7149.56	6728.07
2005	8604.19	8035.34	7271.48
2006	9500.01	9229.18	7862.28
2007	11114.00	11459.82	9140
2008	12870.43	12732.27	11637.02
2009	14095.22	14015.89	12668.27
2010	15546.99	15400.84	13916.18
2011	17692.32	17110.53	15404.51
2012	20133.68	19461.88	16969.64
2013	22278.32	22390	18814
2014	24796.52	24794	20796
2015	27078.32	26951	22626
2016	29306.96	29215	24504

注：2014 年数据为新口径

13-6 城镇居民人均年生活消费性支出

年 份	吉安市	井冈山市	泰和县
1985	532.00		462.00
1986	667.68	564.00	545.65
1987	700.92	612.00	631.13
1988	849.48	1049.00	822.96
1989	898.80	1155.00	807.80
1990	975.00	1101.00	910.00
1991	1113.48	1202.00	997.16
1992	1272.03	1429.00	1127.04
1993	1565.65	1591.00	1170.53
1994	2222.69	2369.00	1883.56
1995	2722.00	2597.00	2568.00
1996	2735.00	2729.00	2498.00
1997	2854.00	3066.00	3093.00
1998	3807.00	4119.00	3022.00
1999	3282.79	3630.00	2929.07
2000	3621.47	3789.00	3305.72
2001	3528.35	3996.00	3375.76
2002	4863.00	3942.00	3945.96
2003	5048.52	4491.36	3908.76
2004	5362.18	5419.80	4340.83
2005	6189.59	6381.88	4677.82
2006	6381.66	6908.80	5173.56
2007	7270.48	7760.09	6006.31
2008	8575.65	7438.93	7045.17
2009	8306.13	7884.30	7936.90
2010	8893.32	8949.84	8929.51
2011	11559.78	9725.95	7961.35
2012	12667.45	10887.99	8903.49
2013	13798.54	11667.96	9442.33
2014	15121.36	15840.00	12792.00
2015	16628.19	17218.00	13956.00
2016	17452.03	18062	14919.00

注：2014 年以后数据为新口径

13-7 城市住户基本情况（新口径）

项　目	单　位	附加单位	合 计
可支配收入	元	人	29306.96
一、调查人口基本情况	--	户	
（一）期内住户成员数	人	户	3.30
（二）期末住户成员数	人	户	3.30
（三）期内住户常住成员数	人	户	3.16
二、常住从业人员就业情况	--	户	
（一）常住成员从业人数	人	户	1.73
（二）就业类型	人	户	1.73
1.雇主	人	户	0.01
2.公职人员	人	户	0.16
3.事业单位人员	人	户	0.27
4.国有企业雇员	人	户	0.09
5.其他雇员	人	户	0.82
6.农业自营	人	户	0.17
7.非农自营	人	户	0.20
（三）从事主要职业	人	户	1.73
1.国家机关、党群组织、企业、事业单位负责人	人	户	0.12
2.专业技术人员	人	户	0.25
3.办事人员和有关人员	人	户	0.30
4.商业、服务业人员	人	户	0.34
5.农、林、牧、渔、水利业生产人员	人	户	0.18
6.生产、运输设备操作人员及有关人员	人	户	0.15
7.军人	人	户	0.00
8.不便分类的其他从业人员	人	户	0.39

13-8 城镇居民住户年末主要消费品拥有量（新口径）

品　　名	单　　位	合　计
1.摩托车	辆	50.91
2.助力车	辆	70.68
3.家用汽车	辆	25.00
4.洗衣机	台	78.64
5.电冰箱	台	95.23
6.彩色电视机	台	131.59
7.家用电脑	台	53.18
8.组合音响	套	5.00
9.摄像机	架	3.86
10.照相机	架	14.77
11.中高档乐器	件	2.05
12.微波炉	台	32.95
13.空调器	台	107.05
14.热水器	台	82.50
15.消毒碗柜	台	6.14
16.洗碗机	台	1.82
17.抽排油烟机	台	53.18
18.健身器材	套	2.73
19.固定电话	部	24.55
20.移动电话	部	226.82

13-9 城镇居民家庭居住情况（新口径）

指　标	单　位	合 计
一、期末现住房情况	--	
现住房建筑面积	平方米	44.69
二、期末拥有房屋情况	--	
（一）期末拥有房屋面积	平方米	45.51
1.自有现住房面积	平方米	43.29
2.出租住房面积	平方米	1.57
3.出租商用建筑物面积	平方米	0.00
4.偶尔居住房面积	平方米	0.12
5.空宅或其他用途房面积	平方米	0.53
（二）期末拥有房屋价值	万元	13.20
1.自有现住房市场价估计值	万元	12.42
2.出租住房市场价估计值	万元	0.50
3.出租商用建筑物市场价估计值	万元	0.00
4.偶尔居住房市场价估计值	万元	0.01
5.空宅或其他用途房市场价估计值	万元	0.27
（三）期末拥有房屋市场价月租金	元	201.13
1.自有现住房市场价月租金	元	181.85
2.出租住房市场价月租金	元	19.28
3.出租商用建筑物市场价月租金	元	0.00
三、期内新购住房情况	--	
期内新购住房建筑面积	平方米	0.88
四、期内新建住房情况	--	
期内新建住房竣工建筑面积	平方米	0.11
五、期内住房大修或装修费用	万元	0.01

13-10 城市住户人均总收支（新口径）

指　标	单　位	合　计
总收入（未扣除生产费用）	元	32953.96
一、工资性收入	元	18844.99
（一）工资	元	17867.87
（二）实物福利	元	34.60
（三）其他	元	942.52
二、经营性收入	元	6491.12
（一）第一产业经营收入	元	1356.08
1.第一产业经营收入（不含惠农补贴）	元	1356.08
（1）农业	元	759.38
（2）林业	元	30.87
（3）牧业	元	560.62
（4）渔业	元	5.21
（二）第二产业经营收入	元	1448.98
1.采矿业	元	
2.制造业	元	472.74
3.电力热力燃气及水生产和供应业	元	
4.建筑业	元	976.24
（三）第三产业经营收入	元	3686.06
1.批发和零售业	元	2875.90
2.交通运输仓储和邮政业	元	335.99
3.住宿和餐饮业	元	165.99
4.房地产业	元	56.19
5.租赁和商务服务业	元	51.06
6.居民服务修理和其他服务业	元	112.86
7.其他	元	66.21
8.农林牧渔服务业	元	21.86
三、财产性收入	元	2485.09
（一）利息收入	元	148.64
（二）红利收入	元	148.07
（三）储蓄性保险净收益	元	
（四）转让承包土地经营权租金净收入	元	0.39
（五）出租房屋财产性净收入	元	470.13
（六）出租机械专利版权等资产的净收入	元	0.39
（七）其他财产净收入	元	42.52
（八）房屋虚拟租金	元	1674.96

13-10 续表 1

指 标	单 位	合 计
四、转移性收入	元	5132.75
（一）养老金或离退休金	元	3860.09
（二）社会救济和补助	元	56.82
（三）政策性生活补贴	元	14.36
（四）家庭外出从业人员寄回带回收入	元	814.85
（五）赡养收入	元	177.74
（六）报销医疗费	元	160.71
（七）从政府和组织得到的实物产品和服务折价	元	3.08
（八）现金政策性惠农补贴	元	11.24
（九）其他转移性收入	元	33.88
五、非收入所得	元	490.53
（一）出售资产所得	元	3.59
1.出售住房本金所得	元	
2.出售住房溢价所得（含亏损）	元	
3.出售股票基金收藏品本金所得	元	
4.出售股票基金收藏品所得（含亏损）	元	
5.出售生产性固定资产所得	元	1.71
6.拆迁征地补偿所得	元	1.24
7.出售其他财物和收回其他投资本金所得	元	0.64
（二）非经常性转移所得	元	485.69
1.博彩所得	元	9.53
2.婚丧嫁娶礼金所得	元	39.91
3.遗产及一次性馈赠所得	元	193.96
4.一次性赔偿所得	元	
5.提取住房公积金	元	48.05
6.调查补贴	元	149.74
7.其他非经常性转移所得	元	44.50
（三）其他非收入所得	元	1.24
六、借贷性所得	元	888.60
（一）提取储蓄存款	元	533.59
（二）借入款	元	302.53
（三）收回借出款	元	11.39
（四）收回储蓄性保险本金	元	
（五）住房贷款	元	41.09
（六）汽车贷款	元	

13-10 续表 2

指　标	单　位	合　计
（七）教育贷款	元	
（八）其他贷款	元	
（九）其他借贷所得	元	
总支出	元	24969.76
一、消费支出	元	17452.03
二、生产经营费用支出	元	2329.64
（一）第一产业经营费用支出	元	433.94
1.农业	元	237.77
2.林业	元	13.18
3.牧业	元	182.91
4.渔业	元	0.09
（二）第二产业经营费用支出	元	377.51
1.采矿业	元	
2.制造业	元	105.92
3.电力热力燃气及水生产和供应业	元	
4.建筑业	元	271.59
（三）第三产业经营费用支出	元	1518.18
1.批发和零售业	元	1297.78
2.交通运输仓储和邮政业	元	87.06
3.住宿和餐饮业	元	60.51
4.房地产业	元	9.74
5.租赁和商务服务业	元	6.52
6.居民服务修理和其他服务业	元	21.76
7.其他	元	20.95
8.农林牧渔服务业	元	13.86
三、财产性支出	元	27.44
（一）生活贷款利息支出	元	27.36
1.住房贷款利息支出	元	21.72
2.其他生活贷款利息支出	元	5.64
（二）其他财产性支出	元	0.08
1.非储蓄性财产保险支出	元	0.08
2.其他财产性支出	元	
三、转移性支出	元	1032.24
（一）个人所得税	元	5.68
（二）社会保障支出	元	794.60
1.个人缴纳的养老保险	元	660.65

13-10 续表3

指　标	单　位	合 计
2.个人缴纳的医疗保险	元	118.83
3.个人缴纳的失业保险	元	4.86
4.其他社会保障支出	元	10.26
1.城镇外来从业人员寄给家人的支出	元	
2.农村外来从业人员寄给家人的支出	元	
（三）外来从业人员寄给家人的支出	元	
（四）赡养支出	元	90.26
（五）其他转移性支出	元	141.71
四、部分商业保险支出	元	62.24
（一）意外伤害保险	元	12.69
（二）商业医疗保险（含大病保险）	元	25.26
（三）其他非储蓄性商业保险	元	20.76
（四）其他储蓄性商业保险	元	3.53
五、购置资产及非经常性转移支出	元	2049.08
（一）购置资产支出	元	813.65
1.建造住房支出	元	83.25
（1）建造住房材料	元	68.03
（2）建造住房雇工	元	15.22
2.购买住房支出	元	705.07
3.购建第一产业生产性固定资产	元	16.50
（1）购买或建造农业生产性用房	元	
①购买用房建筑材料	元	
②建筑农业生产用房雇工	元	
③购买农业生产用房	元	
④其他	元	
（2）购买役畜	元	1.00
（3）购买产品畜	元	
（4）购买或建造农业设施	元	
①大棚温室	元	
②自备井	元	
③喷灌设施	元	
④其他农业设施	元	
（5）购买农业机械	元	15.50
①大中型农用拖拉机	元	
②小型（手扶）农用拖拉机	元	14.39
③农用排灌动力机械	元	

13-10 续表3

指　标	单　位	合 计
④插秧机	元	
⑤收割机	元	
⑥脱粒机	元	
⑦其他农业机械	元	1.11
4.购建第二产业生产性固定资产支出	元	0.77
（1）采矿业	元	
（2）制造业	元	0.39
（3）电力热力燃气及水生产和供应业	元	
（4）建筑业	元	0.38
5.购建第三产业生产性固定资产支出	元	7.98
（1）批发和零售业	元	0.34
（2）交通运输仓储和邮政业	元	6.86
（3）住宿和餐饮业	元	0.38
（4）房地产业	元	
（5）租赁和商务服务业	元	
（6）居民服务修理和其他服务业	元	0.40
（7）其他	元	
6.购建其他资产支出	元	0.10
（二）非经常性转移支出	元	1235.43
1.博彩支出	元	18.10
2.婚丧嫁娶礼金支出	元	632.86
3.一次性赔偿支出	元	1.93
4.一次性馈赠支出	元	496.30
5.婚丧嫁娶宴请支出	元	5.22
6.其他非经常性转移支出	元	81.01
六、借贷性支出	元	2017.09
（一）存入储蓄款	元	1260.84
（二）借出款	元	84.15
（三）归还借款	元	27.16
（四）购买有价证券	元	
（五）其他投资支出	元	
（六）归还住房贷款	元	574.19
（七）归还汽车贷款	元	69.86
（八）归还教育贷款	元	
（九）归还其他贷款	元	
（十）其他借贷支出	元	0.89

13-11 城镇居民住户年人均生活消费支出（新口径）

指 标	单 位	合 计
（一）食品烟酒	元	5338.42
1.食品	元	4031.74
（1）谷物	元	507.26
（2）薯类	元	16.68
（3）豆类	元	58.24
（4）食用油	元	219.55
（5）蔬菜和食用菌	元	669.81
（6）肉类	元	950.27
（7）禽类	元	300.64
（8）水产品	元	283.92
（9）蛋类	元	89.41
（10）奶类	元	212.03
（11）干鲜瓜果类	元	447.52
（12）糖果糕点类	元	152.67
（13）其他食品	元	123.74
2.烟酒	元	341.21
（1）烟草	元	221.48
（2）酒类	元	119.72
3.饮料	元	69.15
4.饮食服务	元	896.32
（1）食堂用餐	元	89.04
（2）其他在外饮食	元	805.36
（3）食品加工服务费	元	1.93
（二）衣着	元	1458.72
1.衣类	元	1174.97
2.鞋类	元	283.75
（三）居住	元	3659.75
1.租赁房房租	元	29.36
2.住房维修及管理	元	266.27
3.水电燃料及其他	元	753.22
4.自有住房折算租金	元	2610.91
（四）生活用品及服务	元	1098.51
1.家具及室内装饰品	元	248.97
2.家用器具	元	217.07
3.家用纺织品	元	94.70

13-11 续表 1

指　标	单　位	合　计
4.家庭日用杂品	元	340.20
5.个人用品	元	165.57
6.家庭服务	元	32.01
其中：家政服务	元	6.39
（五）交通通信	元	2397.70
1.交通	元	1765.18
（1）交通工具	元	978.10
（2）交通费	元	134.55
（3）交通工具用燃料	元	369.47
（4）交通工具使用及维修	元	283.06
其中：车辆保险支出	元	120.75
2.通信	元	633.53
（1）通信工具	元	177.86
（2）通信服务	元	455.67
（六）教育文化娱乐	元	2109.14
1.教育	元	1384.10
（1）学前教育	元	127.28
（2）小学教育	元	170.31
（3）初中教育	元	92.45
（4）高中教育	元	248.31
（5）中专职高教育	元	28.07
（6）大专及以上教育	元	636.32
（7）成人教育	元	81.36
2.文化娱乐	元	725.04
（1）文娱耐用消费品	元	93.46
（2）其他文娱用品	元	134.93
（3）文化娱乐服务	元	496.64
（七）医疗保健	元	1045.03
1.医疗器具及药品	元	373.23
2.医疗服务	元	671.80
（1）门诊总费用	元	220.29
（2）住院总费用	元	451.51
（八）其他用品和服务	元	343.75
1.其他用品	元	204.76
2.其他服务	元	138.98
消费支出中服务消费支出	元	4165.89

13-12 城镇居民人均可支配收入（新口径）

指　标	单位	合计
可支配收入	元	29306.96
一、工资性收入	元	18044.99
（一）工资	元	17067.87
1.按月发放的工资	元	15286.70
2.补发工资	元	159.06
3.不按月发放的奖金、津贴、过节费等	元	1622.11
（二）实物福利	元	34.60
1.从单位或雇主得到的实物产品折价	元	5.86
（1）食品	元	5.72
①谷物、薯类及豆类	元	2.47
②食用油（植物油）	元	1.21
③蔬菜及制品	元	0.01
④肉、禽、蛋、奶及制品	元	1.20
⑤水产品及制品	元	
⑥糖、烟、酒、饮料类	元	
⑦干鲜瓜果类	元	0.38
⑧其他类食品	元	0.44
（2）衣着	元	
（3）居住	元	
（4）家庭设备和日用品	元	
（5）交通、通信工具及用品	元	
（6）教育文化娱乐用品	元	
（7）医疗保健用品	元	0.14
（8）其他用品	元	
2.从单位或雇主得到的服务折价	元	28.74
（1）免费或低价提供的工作餐	元	27.74
（2）免费或低价提供的住宿	元	1.00
（3）单位缴纳的水电费、取暖费、物业费等	元	
（4）免费或低价提供的交通和通信服务	元	
（5）单位缴纳的教育入学赞助费	元	
（6）免费或低价提供的旅游服务	元	
（7）其他服务	元	

13–12 续表 1

指　标	单位	合计
3.单位或雇主实物福利报销所得	元	
（三）其他	元	942.52
1.住房公积金	元	359.82
2.辞退金	元	
3.自由职业劳动所得（如稿费、翻译费）	元	11.93
4.安家费	元	
5.股票期权	元	
6.其他劳动所得	元	570.77
二、经营净收入	元	4293.63
（一）第一产业经营净收入	元	888.31
1.农业	元	500.87
2.林业	元	17.82
3.牧业	元	364.49
4.渔业	元	5.12
（二）第二产业经营净收入	元	1023.11
1.采矿业	元	
2.制造业	元	332.08
3.电力、热力、燃气及水生产和供应业	元	
4.建筑业	元	691.03
（三）第三产业经营净收入	元	2382.21
1.批发和零售业	元	1413.70
2.交通运输、仓储和邮政业	元	238.13
3.住宿和餐饮业	元	105.42
4.房地产业	元	46.55
5.租赁和商务服务业	元	39.98
6.居民服务、修理和其他服务业	元	89.14
7.其他	元	441.17
8.农林牧渔服务业	元	8.13
三、财产净收入	元	2457.92
（一）利息净收入	元	121.54
（二）红利收入	元	148.07
1.集体分配的红利	元	7.26

13-12 续表 2

指　标	单位	合计
2.其他红利收入	元	140.80
（三）储蓄性保险净收益	元	
（四）转让承包土地经营权租金净收入	元	0.39
（五）出租房屋财产性收入	元	470.13
（六）出租机械、专利、版权等资产的收入	元	0.39
（七）其他财产净收入	元	42.44
（八）房屋虚拟租金	元	1674.96
四、转移净收入	元	4510.42
（一）转移性收入	元	5532.75
1.养老金或离退休金	元	4060.09
（1）离退休金	元	3891.58
（2）（城镇）居民社会养老保险	元	112.51
（3）新型农村养老保险	元	13.31
（4）其他养老金	元	42.70
2.社会救济和补助	元	56.82
（1）最低生活保障费	元	36.71
（2）五保户救助金	元	0.86
（3）扶贫款	元	3.20
（4）救灾款	元	
（5）抚恤金	元	9.25
（6）其他社会救济收入	元	6.80
3.政策性生活补贴	元	14.36
（1）家电补贴	元	1.38
（2）能源补贴	元	
（3）免费或低价提供的住宿（廉租房）	元	
（4）其他生活补贴	元	12.98
4.报销医疗费	元	160.71
5.家庭外出从业人员寄回带回收入	元	814.85
6.赡养收入	元	177.74
7.其他经常转移收入	元	33.88
（1）失业保险金	元	
（2）经常性捐赠收入	元	1.25
（3）经常性赔偿收入	元	

13-12 续表 3

指　标	单位	合计
（4）其他转移性收入	元	32.63
8.从政府和组织得到的实物产品和服务折价	元	3.08
（1）食品	元	2.62
①.谷物、薯类及豆类	元	0.16
②.食用油（植物油）	元	2.26
③.蔬菜及制品	元	
④.肉、禽、蛋、奶及制品	元	
⑤.水产品及制品	元	
⑥.糖、烟、酒、饮料类	元	0.07
⑦.干鲜瓜果类	元	
⑧.其他类食品	元	0.12
（2）衣着	元	
（3）居住	元	
（4）家庭设备和日用品	元	
（5）交通、通信工具及用品	元	
（6）教育文化娱乐用品	元	
（7）医疗保健用品	元	0.04
（8）其他用品	元	0.27
（9）其他服务折价（不含廉租房）	元	0.14
9.现金政策性惠农补贴	元	11.24
（二）转移性支出	元	1022.33
1.个人所得税	元	5.63
2.社会保障支出	元	786.97
（1）个人缴纳的养老保险	元	654.31
（2）个人缴纳的医疗保险	元	117.69
（3）个人缴纳的失业保险	元	4.81
（4）其他社会保障支出	元	10.16
3.外来从业人员寄给家人的支出	元	
4.赡养支出	元	89.39
5.其他转移性支出	元	140.34
（1）经常性捐赠支出	元	20.19
（2）经常性赔偿支出	元	0.01
（3）其他经常转移支出	元	120.14

13-13　各县（市、区）城镇居民人均可支配收入

单位：元

县（市、区）	2016 年	2015 年	增长（%）
吉安市	29307	27078	8.2
吉州区	31416	28928	8.6
青原区	31449	28959	8.6
吉安县	27490	25454	8.0
吉水县	24726	22831	8.3
峡江县	23354	21545	8.4
新干县	27041	24992	8.2
永丰县	26343	24257	8.6
泰和县	24504	22626	8.3
遂川县	23451	21694	8.1
万安县	22649	20991	7.9
安福县	24623	22736	8.3
永新县	21039	19517	7.8
井冈山市	29215	26951	8.4

13-14 农村住户基本情况

年份\指标	调查户数（户）	调查人数（人）	人均纯收入（元）	人均生活消费（元）	家庭经营总收入（元）	家庭经营总支出（元）	人均住房面积（m²）
1984年	770	4665	317.89	244.15	375.12	74.34	18.40
1985年	830	4963	347.00	294.91	427.83	90.74	18.96
1986年	909	5366	352.89	317.10	449.35	106.47	19.93
1987年	900	5184	398.03	360.19	506.56	124.43	20.69
1988年	940	5413	468.17	441.43	623.81	171.92	20.80
1989年	940	5276	542.00	478.26	711.20	188.50	21.29
1990年	940	5177	656.00	586.90	856.29	219.04	22.32
1991年	940	4902	687.52	594.58	866.53	208.78	20.68
1992年	870	4494	766.35	659.48	984.70	255.35	21.47
1993年	870	4394	849.88	701.42	1059.01	328.66	25.73
1994年	869	4319	1134.46	979.95	1484.15	532.62	21.50
1995年	815	4042	1444.89	1200.13	1902.81	686.91	23.77
1996年	815	3913	1797.89	1381.11	2161.64	693.58	23.49
1997年	870	4028	2030.15	1554.63	2397.58	757.89	24.29
1998年	870	3936	2116.36	1516.29	2337.86	687.87	26.45
1999年	870	3867	2183.47	1686.66	2259.16	619.13	26.21
2000年	870	3846	2106.40	1597.01	2050.32	549.89	29.64
2001年	830	3614	2163.71	1693.83	2059.30	565.33	29.03
2002年	820	3588	2245.23	1710.44	1982.05	543.63	30.25
2003年	890	3501	2329.46	1800.12	2082.25	624.80	31.32
2004年	890	3799	2857.21	2107.55	2652.56	829.73	32.24
2005年	890	3813	3266.77	2387.11	2912.35	940.12	32.31
2006年	890	3776	3572.35	2477.78	2999.00	916.75	34.76
2007年	890	3758	4029.29	2771.72	3302.24	1047.02	34.28
2008年	890	3761	4638.19	3007.04	3772.63	1221.88	35.64
2009年	890	3769	5018.54	3203.43	3905.95	1189.95	38.21
2010年	890	3728	5569.58	3499.90	4128.12	1262.83	36.39
2011年	920	3795	6308.21	4132.83	5329.04	2069.48	38.52
2012年	920	3794	7102.86	4529.12	5531.94	1942.99	39.12
2013年	838	3407	8029.99	5031.04	6033.71	1548.94	43.39
2014年	780	2756	9262.80	6952.80	7109.03	2309.59	53.11
2015年	745	2502	10354.92	7947.26	7742.55	2505.56	56.16
2016年	760	2574	11380.00	8586.00	8141.97	2804.51	57.58

注：人均可支配收入2013年及以前年份数据为老口径数据。

13-15　农村居民人均总收入

指　　标	2016 年	2015 年
总收入	14714.57	13589.95
一、工资性收入	4322.50	3615.42
（一）工资	2988.76	2461.58
（二）实物福利	4.10	3.31
（三）其他	1329.64	1150.53
二、经营性收入	8141.97	7742.55
（一）第一产业经营收入	6465.23	6284.95
1.第一产业经营收入（不含惠农补贴）	6465.23	6284.95
（1）农业	4175.82	4042.43
（2）林业	701.25	843.18
（3）牧业	1478.02	1330.70
（4）渔业	110.13	68.64
（二）第二产业经营收入	275.43	219.93
1.采矿业		0.85
2.制造业	1.27	37.15
3.电力、热力、燃气及水生产和供应业		
4.建筑业	274.17	181.93
（三）第三产业经营收入	1401.31	1237.67
1.批发和零售业	690.37	563.86
2.交通运输、仓储和邮政业	325.34	292.81
3.住宿和餐饮业	33.21	40.20
4.房地产业	0.16	0.20
5.租赁和商务服务业	11.02	21.05
6.居民服务、修理和其他服务业	230.19	220.87
7.其他	56.06	21.56
8.农林牧渔服务业	54.96	77.11
三、财产性收入	153.60	194.75
（一）利息收入	30.40	36.59
（二）红利收入	82.63	122.94
（三）储蓄性保险净收益		
（四）转让承包土地经营权租金净收入	4.19	7.78
（五）出租房屋财产性净收入	6.68	1.18
（六）出租机械、专利、版权等资产的净收入	0.06	
（七）其他财产净收入	29.64	26.25
（八）房屋虚拟租金		

指　　标	2016年	2015年
四、转移性收入	2096.50	2037.24
（一）养老金或离退休金	246.25	221.10
（二）社会救济和补助	100.04	89.47
（三）政策性生活补贴	22.13	25.13
（四）家庭外出从业人员寄回带回收入	1269.66	1117.06
（五）赡养收入	198.27	184.95
（六）报销医疗费	116.33	114.61
（七）从政府和组织得到的实物产品和服务折价	4.93	3.87
（八）现金政策性惠农补贴	86.52	228.18
（九）其他转移性收入	52.38	52.86
五、非收入所得	352.09	456.97
（一）出售资产所得	49.72	57.28
1.出售住房本金所得		
2.出售住房溢价所得（含亏损）		
3.出售股票、基金、收藏品本金所得		
4.出售股票、基金、收藏品所得（含亏损）		
5.出售生产性固定资产所得	12.98	7.19
6.拆迁征地补偿所得	19.76	46.58
7.出售其他财物和收回其他投资本金所得	16.98	3.51
（二）非经常性转移所得	293.34	380.41
1.博彩所得	0.38	5.67
2.婚丧嫁娶礼金所得	70.39	95.25
3.遗产及一次性馈赠所得	37.47	99.99
4.一次性赔偿所得	1.86	4.09
5.提取住房公积金	16.47	
6.调查补贴	104.54	97.46
7.其他非经常性转移所得	62.22	77.94
（三）其他非收入所得	9.03	19.28
六、借贷性所得	814.74	841.10
（一）提取储蓄存款	699.16	774.37
（二）借入款	46.00	49.66
（三）收回借出款	23.56	13.18
（四）收回储蓄性保险本金		
（五）住房贷款	5.12	
（六）汽车贷款		
（七）教育贷款	8.82	1.61
（八）其他贷款	30.26	1.14
（九）其他借贷所得	1.81	1.14

13-16　农村居民人均总支出

指　　标	2016 年	2015 年
总支出	13822.69	12971.57
一、消费支出	8585.97	7947.26
（一）食品烟酒	2948.83	2862.52
1.食品	2437.83	2360.72
（1）谷物	449.40	462.61
（2）薯类	21.59	22.87
（3）豆类	38.31	36.88
（4）食用油	154.24	168.67
（5）蔬菜和食用菌	375.93	332.34
（6）肉类	587.22	543.57
（7）禽类	179.80	186.58
（8）水产品	121.46	113.71
（9）蛋类	93.62	95.60
（10）奶类	92.37	94.64
（11）干鲜瓜果类	162.44	160.10
（12）糖果糕点类	71.74	64.83
（13）其他食品	89.72	78.33
2.烟酒	336.86	334.99
（1）烟草	215.67	224.03
（2）酒类	121.19	110.95
3.饮料	48.32	44.42
4.饮食服务	125.82	122.40
（1）食堂用餐	6.28	5.39
（2）其他在外饮食	113.83	111.38
（3）食品加工服务费	5.71	5.63
（二）衣着	385.73	383.91
1.衣类	284.36	286.36
2.鞋类	101.37	97.55
（三）居住	2266.36	1909.71
1.租赁房房租	22.81	14.36
2.住房维修及管理	235.61	240.67
3.水电燃料及其他	545.27	495.61
4.自有住房折算租金	1462.67	1159.07
（四）生活用品及服务	529.76	465.75
1.家具及室内装饰品	82.07	88.81

13-16 续表 1

指　　标	2016 年	2015 年
2.家用器具	157.42	107.14
3.家用纺织品	33.40	46.99
4.家庭日用杂品	212.16	188.92
5.个人用品	26.57	23.58
6.家庭服务	18.14	10.32
（五）交通通信	843.33	706.21
1.交通	553.66	432.65
（1）交通工具	242.17	171.16
（2）交通费	52.29	50.64
（3）交通工具用燃料	144.80	141.74
（4）交通工具使用及维修	114.40	69.12
其中：车辆保险支出	45.09	9.67
2.通信	289.67	273.56
（1）通信工具	69.28	64.86
（2）通信服务	220.38	208.70
（六）教育文化娱乐	889.16	868.82
1.教育	700.01	673.08
（1）学前教育	63.62	55.15
（2）小学教育	89.49	85.91
（3）初中教育	81.49	81.26
（4）高中教育	161.32	140.97
（5）中专职高教育	16.51	19.13
（6）大专及以上教育	264.75	274.87
（7）成人教育	22.82	15.79
2.文化娱乐	189.16	195.73
（1）文娱耐用消费品	45.62	64.91
（2）其他文娱用品	67.67	60.25
（3）文化娱乐服务	75.88	70.57
（七）医疗保健	617.03	610.35
1.医疗器具及药品	172.87	166.19
2.医疗服务	444.16	444.16
（1）门诊总费用	228.15	210.88
（2）住院总费用	216.00	233.28
（八）其他用品和服务	105.79	139.98
1.其他用品	69.98	89.52

13-16 续表 2

指　　标	2016 年	2015 年
2.其他服务	35.80	50.46
二、生产经营费用支出	2804.51	2505.56
（一）第一产业经营费用支出	2182.02	2075.85
1.农业	1213.78	1163.52
2.林业	71.52	156.42
3.牧业	858.91	745.96
4.渔业	37.81	9.96
（二）第二产业经营费用支出	94.08	61.13
1.采矿业		
2.制造业	0.54	14.51
3.电力、热力、燃气及水生产和供应业		
4.建筑业	93.54	46.62
（三）第三产业经营费用支出	528.40	368.59
1.批发和零售业	315.07	201.75
2.交通运输、仓储和邮政业	94.65	77.52
3.住宿和餐饮业	11.42	6.33
4.房地产业		0.01
5.租赁和商务服务业	0.23	1.35
6.居民服务、修理和其他服务业	55.96	43.22
7.其他	10.17	2.63
8.农林牧渔服务业	40.89	35.76
三、财产性支出	8.10	15.09
（一）生活贷款利息支出	7.24	13.85
1.住房贷款利息支出	6.69	12.73
2.其他生活贷款利息支出	0.54	1.12
（二）其他财产性支出	0.86	1.23
1.非储蓄性财产保险支出	0.84	1.21
2.其他财产性支出	0.03	0.03
三、转移性支出	186.12	253.31
（一）个人所得税	0.77	0.72
（二）社会保障支出	124.81	192.83
1.个人缴纳的养老保险	66.91	100.86
2.个人缴纳的医疗保险	50.64	84.51
3.个人缴纳的失业保险	0.16	0.15
4.其他社会保障支出	7.10	7.31

13-16 续表3

指　　标	2016年	2015年
1.城镇外来从业人员寄给家人的支出		
2.农村外来从业人员寄给家人的支出		
（三）外来从业人员寄给家人的支出	2.80	
（四）赡养支出	15.89	15.76
（五）其他转移性支出	41.85	44.00
四、部分商业保险支出	19.93	12.59
（一）意外伤害保险	0.56	1.29
（二）商业医疗保险（含大病保险）	5.86	3.04
（三）其他非储蓄性商业保险	11.81	6.54
（四）其他储蓄性商业保险	1.70	1.72
五、购置资产及非经常性转移支出	1729.58	1634.14
（一）购置资产支出	1104.74	1074.34
1.建造住房支出	870.88	849.82
（1）建造住房材料	556.09	570.20
（2）建造住房雇工	314.79	279.61
2.购买住房支出	39.88	82.35
3.购建第一产业生产性固定资产	110.53	133.53
（1）购买或建造农业生产性用房	8.89	22.47
①购买用房建筑材料	4.33	16.42
②建筑农业生产用房雇工	0.81	5.63
③购买农业生产用房	3.73	
④其他	0.02	0.42
（2）购买役畜	20.39	26.58
（3）购买产品畜	3.12	
（4）购买或建造农业设施	1.06	3.68
①大棚、温室	1.06	3.68
②自备井		
③喷灌设施		
④其他农业设施		
（5）购买农业机械	77.07	80.79
①大中型农用拖拉机		15.42
②小型（手扶）农用拖拉机	9.63	17.49
③农用排灌动力机械		0.22
④插秧机		
⑤收割机	37.70	4.33

13-16 续表 4

指　　标	2016 年	2015 年
⑥脱粒机		1.50
⑦其他农业机械	29.74	41.84
4.购建第二产业生产性固定资产支出	2.00	
（1）采矿业		
（2）制造业		
（3）电力、热力、燃气及水生产和供应业		
（4）建筑业	2.00	
5.购建第三产业生产性固定资产支出	35.95	0.24
（1）批发和零售业	1.56	
（2）交通运输、仓储和邮政业	30.02	0.24
（3）住宿和餐饮业		
（4）房地产业		
（5）租赁和商务服务业		
（6）居民服务、修理和其他服务业	4.13	
（7）其他	0.24	
6.购建其他资产支出	45.51	8.40
（二）非经常性转移支出	624.84	559.80
1.博彩支出	2.57	2.71
2.婚丧嫁娶礼金支出	372.01	304.58
3.一次性赔偿支出	0.07	2.83
4.一次性馈赠支出	163.26	197.18
5.其他非经常性转移支出	48.06	52.49
六、借贷性支出	488.49	603.62
（一）存入储蓄款	274.82	465.88
（二）借出款	44.17	24.30
（三）归还借款	58.91	48.49
（四）购买有价证券		
（五）其他投资支出	0.72	
（六）归还住房贷款	43.83	49.93
（七）归还汽车贷款	58.30	8.81
（八）归还教育贷款		0.08
（九）归还其他贷款	1.39	2.95
（十）其他借贷支出	6.35	3.19

13-17 农村居民人均现金收入情况

指　　标	2016年	2015年
期内现金收入	12980.47	11687.65
一、现金工资性收入	4318.40	3612.10
（一）工资	2988.76	2461.58
（二）其他工资性收入	1329.64	1150.53
二、现金经营性收入	6533.23	5962.04
（一）第一产业现金经营收入	4856.49	4504.44
1.农业	2952.67	2665.76
2.林业	448.61	595.41
3.牧业	1349.40	1177.91
4.渔业	105.81	65.37
（二）第二产业现金经营收入	275.43	219.93
1.采矿业		0.85
2.制造业	1.27	37.15
3.电力、热力、燃气及水生产和供应业		
4.建筑业	274.17	181.93
（三）第三产业现金经营收入	1401.31	1237.67
1.批发和零售业	690.37	563.86
2.交通运输、仓储和邮政业	325.34	292.81
3.住宿和餐饮业	33.21	40.20
4.房地产业	0.16	0.20
5.租赁和商务服务业	11.02	21.05
6.居民服务、修理和其他服务业	230.19	220.87
7.其他行业	56.06	21.56
8.农林牧渔服务业	54.96	77.11
三、现金财产性收入	153.60	194.75
（一）利息收入	30.40	36.59
（二）红利收入	82.63	122.94
（三）储蓄性保险收益		
（四）转让承包土地经营权租金收入	4.19	7.78
（五）出租房屋财产性净收入	6.68	1.18
（六）出租机械、专利、版权等资产的净收入	0.06	
（七）其他财产性收入	29.64	26.25
四、现金转移性收入	1975.24	1918.75
（一）养老金或离退休金	246.25	221.10

13-17 续表 1

指　　标	2016 年	2015 年
（二）社会救济和补助	100.04	89.47
（三）政策性生活补贴	22.13	25.13
（四）家庭外出从业人员寄回带回收入	1269.66	1117.06
（五）赡养收入	198.27	184.95
（六）其他转移性收入	52.38	52.86
（七）现金政策性惠农补贴	86.52	228.18
五、非收入所得	352.09	456.97
（一）出售资产所得	49.72	57.28
1.出售住房本金所得		
2.出售住房溢价所得（含亏损）		
3.出售股票、基金、收藏品本金所得		
4.出售股票、基金、收藏品所得（含亏损）		
5.出售生产性固定资产所得	12.98	7.19
6.拆迁征地补偿所得	19.76	46.58
7.出售其他财物和收回其他投资本金所得	16.98	3.51
（二）非经常性转移所得	293.34	380.41
1.博彩所得	0.38	5.67
2.婚丧嫁娶礼金所得	70.39	95.25
3.遗产及一次性馈赠所得	37.47	99.99
4.一次性赔偿所得	1.86	4.09
5.提取住房公积金	16.47	
6.调查补贴	104.54	97.46
7.其他非经常性转移所得	62.22	77.94
（三）其他非收入所得	9.03	19.28
六、借贷性所得	814.74	841.10
（一）提取储蓄存款	699.16	774.37
（二）借入款	46.00	49.66
（三）收回借出款	23.56	13.18
（四）收回储蓄性保险本金		
（五）住房贷款	5.12	
（六）汽车贷款		
（七）教育贷款	8.82	1.61
（八）其他贷款	30.26	1.14
（九）其他借贷所得	1.81	1.14

13-18 农村居民人均现金支出情况

指　　标	2016 年	2015 年
期内现金支出	11228.86	10651.57
一、现金消费支出	6049.48	5693.73
（一）食品烟酒	2243.64	2108.12
1.食品	1736.61	1608.31
（1）谷物	126.59	113.31
（2）薯类	3.01	2.96
（3）豆类	35.32	33.94
（4）食用油	134.55	136.31
（5）蔬菜和食用菌	178.75	143.59
（6）肉类	579.09	529.33
（7）禽类	127.00	118.45
（8）水产品	117.09	110.58
（9）蛋类	24.70	32.15
（10）奶类	92.35	94.56
（11）干鲜瓜果类	160.96	158.54
（12）糖果糕点类	71.74	64.63
（13）其他食品	85.46	69.96
2.烟酒	336.86	333.77
（1）烟草	215.67	222.82
（2）酒类	121.19	110.95
3.饮料	48.32	44.41
4.饮食服务	121.85	121.63
（1）食堂用餐	2.32	4.62
（2）其他在外饮食	113.83	111.38
（3）食品加工服务费	5.71	5.63
（二）衣着	385.73	383.81
1.衣类	284.36	286.25
2.鞋类	101.37	97.55
（三）居住	552.64	521.92
1.租赁房房租	22.81	14.36
2.住房维修及管理	235.61	240.67
3.水电燃料及其他	294.23	266.89
（四）生活用品及服务	529.61	464.04
1.家具及室内装饰品	82.07	87.79
2.家用器具	157.42	107.14

13-18 续表 1

指　　标	2016 年	2015 年
3.家用纺织品	33.40	46.99
4.家庭日用杂品	212.02	188.22
5.个人用品	26.57	23.58
6.家庭服务	18.14	10.32
（五）交通通信	843.33	706.21
1.交通	553.66	432.65
（1）交通工具	242.17	171.16
（2）交通费	52.29	50.64
（3）交通工具用燃料	144.80	141.74
（4）交通工具使用及维修	114.40	69.12
其中：车辆保险支出	45.09	9.67
2.通信	289.67	273.56
（1）通信工具	69.28	64.86
（2）通信服务	220.38	208.70
（六）教育文化娱乐	889.16	868.82
1.教育	700.01	673.08
（1）学前教育	63.62	55.15
（2）小学教育	89.49	85.91
（3）初中教育	81.49	81.26
（4）高中教育	161.32	140.97
（5）中专职高教育	16.51	19.13
（6）大专及以上教育	264.75	274.87
（7）成人教育	22.82	15.79
2.文化娱乐	189.16	195.73
（1）文娱耐用消费品	45.62	64.91
（2）其他文娱用品	67.67	60.25
（3）文化娱乐服务	75.88	70.57
（七）医疗保健	499.57	500.84
1.医疗器具及药品	172.87	166.12
2.医疗服务（不含报销医疗费）	326.70	334.71
（1）门诊费用（不含报销医疗费）	193.88	187.42
（2）住院费用（不含报销医疗费）	132.82	147.29
（八）其他用品和服务	105.79	139.98
1.其他用品	69.98	89.52
2.其他服务	35.80	50.46

13–18 续表 2

指　　标	2016 年	2015 年
二、生产经营现金费用支出	2747.17	2439.10
（一）第一产业经营现金费用支出	2124.69	2009.39
1.农业	1181.67	1128.83
2.林业	71.52	156.42
3.牧业	835.81	714.18
4.渔业	35.68	9.96
（二）第二产业经营现金费用支出	94.08	61.13
1.采矿业		
2.制造业	0.54	14.51
3.电力、热力、燃气及水生产和供应业		
4.建筑业	93.54	46.62
（三）第三产业经营现金费用支出	528.40	368.59
1.批发和零售业	315.07	201.75
2.交通运输、仓储和邮政业	94.65	77.52
3.住宿和餐饮业	11.42	6.33
4.房地产业		0.01
5.租赁和商务服务业	0.23	1.35
6.居民服务、修理和其他服务业	55.96	43.22
7.其他	10.17	2.63
8.农林牧渔服务业	40.89	35.76
三、现金财产性支出	8.10	15.09
（一）生活贷款利息支出	7.24	13.85
1.住房贷款利息支出	6.69	12.73
2.其他生活贷款利息支出	0.54	1.12
（二）其他财产性支出	0.86	1.23
1.非储蓄性财产保险支出	0.84	1.21
2.其他财产性支出	0.03	0.03
四、现金转移性支出	186.12	253.31
（一）个人所得税	0.77	0.72
（二）社会保障支出	124.81	192.83
1.个人缴纳的养老保险	66.91	100.86
2.个人缴纳的医疗保险	50.64	84.51
3.个人缴纳的失业保险	0.16	0.15
4.其他社会保障支出	7.10	7.31
（三）外来从业人员寄给家人的支出	2.80	

13-18 续表 3

指　　标	2016 年	2015 年
1.农村外来从业人员寄给家人的支出	2.80	
2.城镇外来从业人员寄给家人的支出		
（四）赡养支出	15.89	15.76
（五）其他转移性支出	41.85	44.00
1.经常性捐赠支出	2.61	1.28
2.经常性赔偿支出		
3.其他经常转移支出	39.24	42.72
五、部分商业保险支出	19.93	12.59
（一）意外伤害保险	0.56	1.29
（二）商业医疗保险（含大病保险）	5.86	3.04
（三）其他非储蓄性商业保险	11.81	6.54
（四）其他储蓄性商业保险	1.70	1.72
六、购置资产及非经常性转移支出	1729.58	1634.14
（一）购置资产支出	1104.74	1074.34
1.建造住房支出	870.88	849.82
（1）建造住房材料	556.09	570.20
（2）建造住房雇工	314.79	279.61
2.购买住房支出	39.88	82.35
3.购建第一产业生产性固定资产	110.53	133.53
（1）购买或建造农业生产性用房	8.89	22.47
①购买用房建筑材料	4.33	16.42
②建筑农业生产用房雇工	0.81	5.63
③购买农业生产用房	3.73	
④其他	0.02	0.42
（2）购买役畜	20.39	26.58
（3）购买产品畜	3.12	
（4）购买或建造农业设施	1.06	3.68
①大棚、温室	1.06	3.68
②自备井		
③喷灌设施		
④其他农业设施		
（5）购买农业机械	77.07	80.79
①大中型农用拖拉机		15.42
②小型（手扶）农用拖拉机	9.63	17.49
③农用排灌动力机械		0.22

13-18 续表4

指　　标	2016年	2015年
④插秧机		
⑤收割机	37.70	4.33
⑥脱粒机		1.50
⑦其他农业机械	29.74	41.84
4.购建第二产业生产性固定资产支出	2.00	
（1）采矿业		
（2）制造业		
（3）电力、热力、燃气及水生产和供应业		
（4）建筑业	2.00	
5.购建第三产业生产性固定资产支出	35.95	0.24
（1）批发和零售业	1.56	
（2）交通运输、仓储和邮政业	30.02	0.24
（3）住宿和餐饮业		
（4）房地产业		
（5）租赁和商务服务业		
（6）居民服务、修理和其他服务业	4.13	
（7）其他行业	0.24	
6.购建其他资产支出	45.51	8.40
（二）非经常性转移支出	624.84	559.80
1.博彩支出	2.57	2.71
2.婚丧嫁娶礼金支出	372.01	304.58
3.一次性赔偿支出	0.07	2.83
4.一次性馈赠支出	38.85	197.18
5.其他非经常性转移支出	48.06	52.49
七、借贷性支出	488.49	603.62
（一）存入储蓄款	274.82	465.88
（二）借出款	44.17	24.30
（三）归还借款	58.91	48.49
（四）购买有价证券		
（五）其他投资支出	0.72	
（六）归还住房贷款	43.83	49.93
（七）归还汽车贷款	58.30	8.81
（八）归还教育贷款		0.08
（九）归还其他贷款	1.39	2.95
（十）其他借贷支出	6.35	3.19

13-19 农村居民人均可支配收入结构对比表

指　　标	2016 年	2015 年
可支配收入	11380.03	10354.92
一、工资性收入	4322.50	3615.42
（一）工资	2988.76	2461.58
1.按月发放的工资	1661.69	1405.04
2.补发工资	79.06	52.18
3.不按月发放的奖金、津贴、过节费等	1248.00	1004.36
（二）实物福利	4.10	3.31
1.从单位或雇主得到的实物产品折价	0.17	2.50
（1）食品	0.14	1.98
①谷物、薯类及豆类		0.73
②食用油（植物油）	0.02	1.03
③蔬菜及制品		
④肉、禽、蛋、奶及制品		
⑤水产品及制品		
⑥糖、烟、酒、饮料类		0.20
⑦干鲜瓜果类		
⑧其他类食品	0.13	0.01
（2）衣着		
（3）居住	0.03	
（4）家庭设备和日用品		0.46
（5）交通、通信工具及用品		
（6）教育文化娱乐用品		
（7）医疗保健用品		0.07
（8）其他用品		
2.从单位或雇主得到的服务折价	3.93	0.81
（1）免费或低价提供的工作餐	3.93	0.81
（2）免费或低价提供的住宿		
（3）单位缴纳的水电费、取暖费、物业费等		
（4）免费或低价提供的交通和通信服务		
（5）单位缴纳的教育入学赞助费		
（6）免费或低价提供的旅游服务		
（7）其他服务		
3.单位或雇主实物福利报销所得		

13-19 续表 1

指　　标	2016 年	2015 年
（三）其他	1329.64	1150.53
1.住房公积金	0.79	1.83
2.辞退金	0.71	1.50
3.自由职业劳动所得（如稿费、翻译费）	43.35	27.03
4.安家费		
5.股票期权		
6.其他劳动所得	1284.79	1120.17
二、经营净收入	4999.78	4788.56
（一）第一产业经营净收入	4075.67	3889.17
1.农业	2772.18	2622.30
2.林业	623.88	674.57
3.牧业	607.41	534.20
4.渔业	72.19	58.09
（二）第二产业经营净收入	174.55	121.25
1.采矿业		-9.87
2.制造业	0.43	16.92
3.电力、热力、燃气及水生产和供应业		-7.90
4.建筑业	174.12	122.09
（三）第三产业经营净收入	749.56	778.15
1.批发和零售业	345.78	323.34
2.交通运输、仓储和邮政业	202.16	194.62
3.住宿和餐饮业	-0.01	30.13
4.房地产业	0.16	0.19
5.租赁和商务服务业	10.14	19.63
6.居民服务、修理和其他服务业	133.93	155.52
7.其他	42.95	15.29
8.农林牧渔服务业	14.46	39.42
三、财产净收入	145.58	178.95
（一）利息净收入	23.23	22.09
（二）红利收入	82.63	122.94
1.集体分配的红利	65.45	16.44
2.其他红利收入	17.19	106.50
（三）储蓄性保险净收益		

13-19 续表 2

指　　标	2016 年	2015 年
（四）转让承包土地经营权租金净收入	4.19	7.78
（五）出租房屋财产性收入	6.68	1.18
（六）出租机械、专利、版权等资产的收入	0.06	
（七）其他财产净收入	28.79	24.96
（八）房屋虚拟租金		
四、转移净收入	1912.17	1771.99
（一）转移性收入	2096.50	2037.24
1.养老金或离退休金	246.25	221.10
（1）离退休金	131.08	127.22
（2）（城镇）居民社会养老保险	17.68	18.24
（3）新型农村养老保险	79.87	61.75
（4）其他养老金	17.62	13.89
2.社会救济和补助	100.04	89.47
（1）最低生活保障费	49.11	40.50
（2）五保户救助金	1.04	
（3）扶贫款	30.93	9.60
（4）救灾款	0.54	4.22
（5）抚恤金	5.55	19.78
（6）其他社会救济收入	12.87	15.37
3.政策性生活补贴	22.13	25.13
（1）家电补贴	0.87	2.19
（2）能源补贴		0.18
（3）免费或低价提供的住宿（廉租房）		
（4）其他生活补贴	21.26	22.76
4.报销医疗费	116.33	114.61
5.家庭外出从业人员寄回带回收入	1269.66	1117.06
6.赡养收入	198.27	184.95
7.其他经常转移收入	52.38	52.86
（1）失业保险金		
（2）经常性捐赠收入	1.68	0.70
（3）经常性赔偿收入	11.06	1.04
（4）其他转移性收入	39.64	51.13
8.从政府和组织得到的实物产品和服务折价	4.93	3.87

13-19 续表 3

指　　标	2016 年	2015 年
（1）食品	4.79	3.39
①.谷物、薯类及豆类	0.18	1.03
②.食用油（植物油）	4.61	2.36
③.蔬菜及制品		
④.肉、禽、蛋、奶及制品		
⑤.水产品及制品		
⑥.糖、烟、酒、饮料类		
⑦.干鲜瓜果类		
⑧.其他类食品		
（2）衣着		
（3）居住		
（4）家庭设备和日用品	0.14	0.27
（5）交通、通信工具及用品		
（6）教育文化娱乐用品		
（7）医疗保健用品		
（8）其他用品		
（9）其他服务折价（不含廉租房）		0.21
9.现金政策性惠农补贴	86.52	228.18
（二）转移性支出	184.33	265.25
1.个人所得税	0.77	0.75
2.社会保障支出	123.61	201.92
（1）个人缴纳的养老保险	66.26	105.62
（2）个人缴纳的医疗保险	50.15	88.50
（3）个人缴纳的失业保险	0.16	0.15
（4）其他社会保障支出	7.03	7.65
3.外来从业人员寄给家人的支出	2.77	
4.赡养支出	15.74	16.51
5.其他转移性支出	41.45	46.07
（1）经常性捐赠支出	2.58	1.34
（2）经常性赔偿支出		
（3）其他经常转移支出	38.87	44.73

13-20　农村居民人均食品消费量(新口径)

指　　标	2016年	2015年
一、粮食消费量	196.71	198.53
（一）谷物消费量	190.45	192.27
1.小麦	8.02	4.81
2.稻谷	179.64	184.32
3.玉米	0.70	1.23
4.其他谷物	2.09	1.91
（二）薯类消费量	0.91	0.84
1.红薯	0.70	0.69
2.马铃薯	0.17	0.08
3.其他薯类	0.05	0.07
（三）豆类消费量	5.34	5.42
1.大豆	0.95	0.77
2.其他豆类	4.40	4.65
二、油脂类消费量	12.65	13.04
（一）植物油	12.51	12.81
（二）动物油	0.14	0.23
三、蔬菜及菜制品消费量	98.76	93.38
（一）鲜菜	97.04	91.79
（二）干菜及菜制品	1.02	0.99
（三）鲜菌	0.55	0.46
（四）干菌及菌制品	0.15	0.14
四、肉类	19.62	21.74
（一）猪肉	16.66	18.92
（二）牛肉	1.55	1.28
（三）羊肉	0.10	0.08
（四）其他肉类及制品	1.32	1.46
五、禽类	7.99	8.09
（一）鸡	3.81	3.96
（二）鸭	2.99	2.79
（三）鹅	0.07	0.08

13-20 续表 1

指　　标	2016 年	2015 年
（四）其他禽类及制品	1.12	1.26
六、水产品	7.28	7.09
（一）鱼类	6.59	6.37
（二）虾、贝、蟹类	0.07	0.06
（三）藻类	0.16	0.13
（四）其他	0.47	0.52
七、蛋类及蛋制品	6.00	7.16
（一）鲜蛋	5.92	7.10
（二）蛋制品	0.07	0.06
八、奶和奶制品	5.08	4.99
（一）鲜奶	2.77	2.32
（二）酸奶	0.38	0.56
（三）奶粉	0.37	0.40
（四）其他奶制品	1.57	1.71
九、干鲜瓜果类	27.51	23.69
（一）鲜瓜果	24.68	20.87
（二）瓜果制品	0.65	0.69
（三）坚果类	2.17	2.14
十、糖果糕点类	4.52	4.48
（一）食糖	0.84	0.82
（二）糖果	0.51	0.74
（三）糕点	2.22	2.18
（四）其他糖果糕点	0.95	0.73
十一、饮料	0.18	0.17
（一）茶叶	0.18	0.17
十二、烟叶消费量	24.70	27.16
十三、酒	16.80	17.51
（一）白酒	2.83	2.84
（二）啤酒	13.92	14.66
（三）果酒	0.04	0.01

13-21 农户家庭情况

指　　标	单位	2016 年	2015 年
一、调查人口基本情况	--		
（一）期内住户成员数	人	3079.75	3013.25
（二）期末住户成员数	人	3073.00	3005.25
（三）期内住户常住成员数	人	2573.75	2501.50
（四）期内增加的住户成员数	人	7.00	5.00
（五）期内减少的住户成员数	人	6.75	8.00
二、常住成员情况	--	0.00	0.00
（一）常住成员与户主关系	人	2559.00	2470.50
1.户主	人	718.00	693.00
2.配偶	人	679.00	675.00
3.子女	人	660.00	649.50
4.父母	人	87.00	83.00
5.岳父母或公婆	人	2.00	1.50
6.祖父母	人	3.00	2.00
7.媳婿	人	92.00	87.50
8.孙子女	人	304.00	269.00
9.兄弟姐妹	人	1.00	2.00
10.其他	人	13.00	8.00
（二）性别	人	2559.00	2470.50
1.男性	人	1314.00	1285.50
2.女性	人	1245.00	1185.00
（三）年龄	人	2559.00	2470.50
1.5 岁及以下	人	164.00	171.50
2.6–15 岁	人	396.00	372.00
3.16–19 岁	人	115.00	105.50
4.20–24 岁	人	115.00	118.50
5.25–29 岁	人	130.00	119.00
6.30–34 岁	人	94.00	85.00
7.35–40 岁	人	154.00	176.00
8.41–50 岁	人	489.00	459.00
9.51–60 岁	人	509.00	473.00
10.61–65 岁	人	164.00	169.00
11.66 岁及以上	人	229.00	222.00
（四）民族	人	2559.00	2470.50
1.汉族	人	2532.00	2450.00
2.壮族	人	0.00	0.00
3.回族	人	0.00	0.00
4.苗族	人	0.00	0.00
5.维吾尔族	人	0.00	0.00
6.蒙古族	人	0.00	0.00
7.藏族	人	0.00	0.00
8.其他民族	人	25.00	20.50

13-21 续表

指　　标	单位	2016 年	2015 年
（五）户口登记地	人	2559.00	2470.50
1.本村（居委会）	人	2498.00	2423.00
2.村外乡（镇、街道）内	人	26.00	23.50
3.乡外县（区）内	人	30.00	17.00
4.县外市内	人	1.00	3.00
5.市外省内	人	2.00	3.00
6.省外	人	2.00	0.00
7.其他（如户口待定）	人	0.00	1.00
（六）户口性质	人	2559.00	2470.50
1.农业	人	2519.00	2437.50
2.非农业	人	39.00	31.00
3.其他	人	1.00	2.00
（七）健康状况	人	2559.00	2470.50
1.健康	人	2330.00	2229.00
2.基本健康	人	147.00	161.50
3.不健康，但生活能自理	人	74.00	70.00
4.生活不能自理	人	8.00	10.00
（八）参加医疗保险情况	人	2559.00	2470.50
1.新型农村合作医疗	人	2504.00	2414.50
2.城镇职工基本医疗保险	人	13.00	11.00
3.（城镇）居民基本医疗保险	人	24.00	12.00
4.公费医疗	人	8.00	5.50
5.商业医疗保险	人	4.00	0.50
6.其他医疗保险	人	6.00	4.00
7.没有参加任何医疗保险	人	6.00	24.00
（九）是否在校学生（6 周岁及以上填写）	人	2395.00	2298.00
1.由本户供养的在校学生	人	555.00	497.00
2.不由本户供养的在校学生	人	7.00	7.00
3.非在校学生	人	1833.00	1794.00
（十）6 周岁及以上住户成员受教育程度	人	2395.00	2298.00
1.未上过学	人	104.00	109.00
2.小学	人	969.00	943.00
3.初中	人	922.00	885.50
4.高中	人	265.00	249.00
5.大学专科	人	81.00	63.00
6.大学本科	人	47.00	43.00
7.研究生	人	7.00	5.50
（十一）15 周岁及以上住户成员婚姻状况	人	2028.00	1956.00
1.未婚	人	345.00	315.50
2.有配偶	人	1587.00	1539.50
3.离婚	人	20.00	22.00
4.丧偶	人	76.00	75.00
5.其他	人	0.00	4.00

13-22 农村住户年末耐用消费品拥有量

（每百户）

品　　名	单 位	2016 年	2015 年
1.家用汽车	辆	11.18	7.25
2.摩托车	辆	87.76	86.24
3.助力车	台	48.82	42.35
4.洗衣机	台	43.55	34.77
5.电冰箱（柜）	台	87.89	85.97
6.微波炉	台	4.21	4.03
7.彩色电视机	台	124.08	122.35
8.其中：接入有线电视	台	65.66	65.17
9.空调	台	31.58	24.97
10.热水器	台	60.53	55.3
11.其中：太阳能热水器	台	17.37	15.7
12.消毒碗柜	台	1.58	1.61
13.洗碗机	台	0.66	0.67
14.排油烟机	台	11.32	4.9
15.固定电话	线	24.74	28.46
16.移动电话	部	239.87	230.27
17.其中：接入互联网	部	72.76	59.13
18.计算机	台	20.66	17.92
19.其中：接入互联网	台	14.34	11.34
20.摄像机	台	0.39	0.47
21.照相机	台	1.97	1.95
22.中高档乐器	架	1.05	0.54
23.健身器材	台	0.39	0.67
24.组合音响	套	3.95	3.89

13-23 农村住户居住条件（新口径）

指　　标	单位	2016年	2015年
一、期末现住房情况	--		
现住房建筑面积	平方米	58.73	56.16
二、期末拥有房屋情况	--		
（一）期末拥有房屋面积	平方米	58.53	56.21
1.自有现住房面积	平方米	57.58	55.55
2.出租住房面积	平方米	0.07	0.02
3.出租商用建筑物面积	平方米		
4.偶尔居住房面积	平方米	0.07	0.01
5.空宅或其他用途房面积	平方米	0.80	0.63
（二）期末拥有房屋价值	万元	5.07	3.76
1.自有现住房市场价估计值	万元	4.99	3.67
2.出租住房市场价估计值	万元	0.02	0.00
3.出租商用建筑物市场价估计值	万元		
4.偶尔居住房市场价估计值	万元	0.00	0.00
5.空宅或其他用途房市场价估计值	万元	0.05	0.09
（三）期末拥有房屋市场价月租金	元	81.02	63.63
1.自有现住房市场价月租金	元	80.19	63.54
2.出租住房市场价月租金	元	0.83	0.09
3.出租商用建筑物市场价月租金	元		

13-24　各县（市、区）农村居民人均可支配收入

单位：元

县（市、区）	2016年	2015年	增长（%）
吉安市	11380	10355	9.9
吉州区	13862	12625	9.8
青原区	11350	10366	9.5
吉安县	9317	8283	12.5
吉水县	13825	12568	10.0
峡江县	10423	9519	9.5
新干县	12858	11700	9.9
永丰县	13347	12167	9.7
泰和县	12452	11351	9.7
遂川县	8570	7677	11.6
万安县	8490	7649	11.0
安福县	12125	11063	9.6
永新县	8432	7587	11.1
井冈山市	8577	7687	11.6

13-25　20年农村居民人均可支配收入对比表(老口径）

单位:元

年份	农民人均纯收入	比上年增加	比上年增长（%）
1995	1444.89	310.43	27.36
1996	1797.89	353.00	24.43
1997	2030.15	232.26	12.92
1998	2116.36	86.21	4.25
1999	2183.47	67.11	3.17
2000	2106.40	-77.07	-3.53
2001	2163.71	57.31	2.72
2002	2245.23	81.52	3.77
2003	2329.46	84.23	3.75
2004	2857.21	527.75	22.66
2005	3266.77	409.56	14.33
2006	3572.35	305.58	9.35
2007	4029.29	456.94	12.79
2008	4638.19	608.90	15.11
2010	5569.58	551.04	10.98
2011	6308.21	738.63	13.26
2012	7102.86	794.65	12.60
2013	8029.99	927.13	13.05
2014	9262	951.00	11.40
2015	10355	1093.00	11.80
2016	11380	1025.00	9.90

主要统计指标解释

一、价格指数

居民消费价格指数 是反映一定时期内城乡居民所购买的生活消费品价格和服务项目价格变动趋势和程度的相对数，是对城市居民消费价格指数和农村居民消费价格指数进行综合汇总计算的结果。该指数可以观察和分析消费品的零售价格和服务项目价格变动对城乡居民实际生活费支出的影响程度。

二、住户

住户 指居住在一个住宅内，共同分享生活开支或收入的一群人。居住在同一房间内、不共同分享生活开支的人群，每个人都视为一个住户。住家保姆、住家家庭帮工视为单独的住户。

根据居住的状态，可将住户分为家庭居住户和集体居住户。

家庭居住户指的是以家庭成员关系为主，居住在同一住宅内共同生活的住户。注意：同一住宅内有住家保姆或住家家庭帮工的，仍被视为家庭居住。

集体居住户指的是相互没有家庭成员关系，居住在同一房间内，不共同分享生活开支，独立生活的住户。如在工棚、工厂的集体宿舍以及在工作地的集体居住户，每个人都视为一个住户。

可支配收入 指调查户在调查期内获得的、可用于最终消费支出和储蓄的总和，即调查户可以用来自由支配的收入。可支配收入既包括现金，也包括实物收入。按照收入的来源，可支配收入包含四项，分别为： 工资性收入、经营净收入、财产净收入和转移净收入。计算公式为：

可支配收入 = 工资性收入 + 经营净收入 + 财产净收入 + 转移净收入

其中：经营净收入 = 经营收入 − 经营费用 − 生产性固定资产折旧 − 生产税

财产净收入 = 财产性收入 − 财产性支出

转移净收入 = 转移性收入 − 转移性支出

工资性收入 指就业人员通过各种途径得到的全部劳动报酬和各种福利，包括受雇于单位或个人、从事各种自由职业、兼职和零星劳动得到的全部劳动报酬和福利。

经营净收入 指住户或住户成员从事生产经营活动所获得的净收入，是全部经营收入中扣除经营费用、生产性固定资产折旧和生产税之后得到的净收入。计算公式具体为：

经营净收入 = 经营收入 − 经营费用 − 生产性固定资产折旧 − 生产税

财产净收入 指住户或住户成员将其所拥有的金融资产、住房等非金融资产和自然资源交由其他机构单位、住户或个人支配而获得的回报并扣除相关的费用之后得到的净收入。财产净收入包括利息净收入、红利收入、储蓄性保险净收益、转让承包土地经营权租金净收入、出租房屋净收入、出租其他资产净收入和自有住房折算净租金等。

财产净收入不包括转让资产所有权的溢价所得，这应该计入“非收入所得”。

转移净收入 计算公式为：转移净收入=转移性收入−转移性支出

转移性收入 指国家、单位、社会团体对住户的各种经常性转移支付和住户之间的经常性收入转移。包括政府、非行政事业单位、社会团体对居民转移的养老金或退休金、社会救济和补助、惠农补贴、政策性生活补贴、救灾款、经常性捐赠和赔偿以及报销医疗费等；住户之间的赡养收入、经常性捐赠和赔偿以及农村地区（村委会）在外（含国外）工作的本住户非常住成员寄回带回的收入等。

转移性收入不包括住户之间的实物馈赠。

转移性支出 指调查户对国家、单位、住户或个人的经常性或义务性转移支付。包括缴纳的税款、各项社会保障支出、赡养支出、经常性捐赠和赔偿支出以及其他经常转移支出等。

消费支出 指住户用于满足家庭日常生活消费需要的全部支出，包括用于消费品的支出和用于服务性消费的支出。根据用途不同，消费支出可划分为食品烟酒、衣着、居住、生活用品及服务、交通通信、教育文化娱乐、医疗保健、其他用品及服务八大类。根据来源不同，消费支出可划分为现金消费支出、实物消费支出（含自产自用、来自单位、来自政府和其他社会组织）。